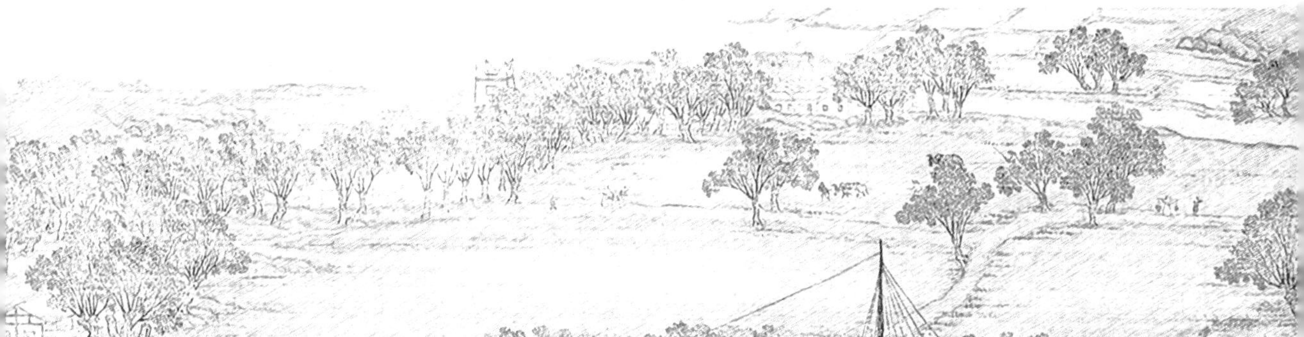

高等学校金融学专业主要课程精品系列教材

货币金融学

张成思　编著

高等教育出版社·北京

内容简介

本书立足中国，介绍货币金融学知识体系，共分四大模块，分别是基础知识篇、金融市场篇、货币银行篇、利率与汇率篇。基础知识篇详细介绍金融体系、金融机构和金融产品的基本概念与基本属性，是学习金融知识的必备基础；金融市场篇分别介绍货币市场、债券市场、股票市场和金融衍生品市场；货币银行篇系统介绍货币银行相关理论，并阐明了新旧理论之间的逻辑联系；利率与汇率篇分别介绍利率决定机制、利率期限结构和汇率决定机制。

本书有四个主要特色：第一，以中国经济运行机制特征为基础，对既有的标准知识体系进行了传承和发展，是一本更适合中国读者的基础性、全面性的货币金融学教材。第二，本书对货币金融学知识体系的介绍兼顾专业性和基础性，深入浅出，是零起点读者的友好型教材。第三，每章开篇均配有"学习目标"和"本章导读"，便于读者开篇即能了解全章重点内容。第四，资料丰富、立体多元。每章正文中的拓展阅读资料和每章结尾的练习题、补充阅读数字资源等构成了特色鲜明的新形态教材呈现模式。

本书适用于金融学、经济学、工商管理等经管类专业相关课程，也可供非经管类专业作为辅修课程教材，还可作为相关机构的培训教材。

图书在版编目（CIP）数据

货币金融学 / 张成思编著. -- 北京 ： 高等教育出版社，2024.5

ISBN 978-7-04-061849-5

Ⅰ. ①货… Ⅱ. ①张… Ⅲ. ①货币和银行经济学-高等学校-教材 Ⅳ. ①F820

中国国家版本馆CIP数据核字(2024)第047878号

货币金融学
Huobi Jinrongxue

策划编辑 赵 鹏 责任编辑 赵 鹏 荆雯旭 封面设计 张 志 版式设计 杨 树
责任绘图 马天驰 责任校对 窦丽娜 责任印制 赵 振

出版发行 高等教育出版社
社 址 北京市西城区德外大街4号
邮政编码 100120
印 刷 北京鑫海金澳胶印有限公司
开 本 787 mm × 1092 mm 1/16
印 张 32.25
字 数 760千字
购书热线 010-58581118
咨询电话 400-810-0598
网 址 http://www.hep.edu.cn
http://www.hep.com.cn
网上订购 http://www.hepmall.com.cn
http://www.hepmall.com
http://www.hepmall.cn
版 次 2024年5月第1版
印 次 2024年5月第1次印刷
定 价 78.00元

物 料 号 61849-00

前 言

近年来，国家提出了建设中国特色哲学社会科学自主知识体系的重要任务，这是中华优秀传统文化发展创新的必由之路，是时代赋予教育工作者的历史使命和责任担当。同时，党的二十大报告提出，深化金融体制改革，建设现代中央银行制度，加强和完善现代金融监管。这些都反映出金融在构建新发展格局和推动经济高质量发展中担当的重要角色。

在金融学科领域，货币金融、公司金融和资产定价（证券投资学）等核心课程共同构成了宏微观融合的现代金融学课程体系支柱。其中，货币金融学在传统货币银行学的基础上发展而来，国际上相关教材经常以“货币银行与金融市场学”来命名。不过，国际上流行的货币金融学教材内容与中国现实情况存在差距，无法实现以中国为观照、以时代为观照，选用此类教材教学不利于构建中国自主知识体系。本书则立足中国实际，针对中国问题，总结中国经验，推进知识体系完备化、系统化和中国化，推动课程体系的知识创新、理论创新、方法创新，使教材内容更适合中国的大学课程教学，更好地服务于中国自主知识体系建设。

从篇章逻辑来看，本书共分四大模块，包含基础知识篇、金融市场篇、货币银行篇、利率与汇率篇。各模块前后紧密联系，又相对独立。基础知识篇包括三章，详细介绍金融体系、金融机构和金融产品的基本概念及基本属性，是学习本书后续章节的基础，也是学习金融专业知识的必备基础知识；金融市场篇包括四章，分别介绍货币市场、债券市场、股票市场和金融衍生品市场；货币银行篇包括九章，依次介绍货币银行相关理论；利率与汇率篇包括三章，分别介绍利率决定机制、利率期限结构和汇率决定机制。通过学习本书，金融学类专业学生可以为后续学习“公司金融”“证券投资学”等课程打下扎实基础，非金融学类专业学生则可以通览金融学基础内容，为后续跨专业学习和从事相关工作奠定基础。

从内容设计与安排来看，本书有四个主要特色：

第一，立足中国，立德树人。国际上流行的金融学教材多以欧美发达经济体为基础进行相关知识介绍，而本书则以中国经济运行机制为基础，对既有的标准知识体系进行了传承和发展，是一本更适合中国读者的基础性、全面性的货币金融学教材。同时，本书坚持立德树人根本任务，通过中国在金融领域取得非凡成就的若干实例，弘扬中华民族伟大精神，勉励青年学生奋发图强、砥砺前行，引导读者树立正确的历史观、民族观、国家观和文化观。

第二，以例释义，适合初学。本书对货币金融学知识体系的介绍兼顾基础性、全面性和生动性，特别是第一部分基础知识篇的三章，系统介绍了什么是金融体系、金融机构和金融产品，为学习后续章节奠定基础。同时，本书在专业知识点和重要原理介绍过程中配有丰富的示例和图表，浅显易懂，是零起点读者的友好型教材。

第三，开篇导读，逻辑清晰。每章开篇均配有“学习目标”和“本章导读”。“学习目标”便于读者开篇即能了解全章重点内容。“本章导读”是每章精华内容的提炼，为教师和学生快速了解本章内容提供了清晰的逻辑线索。同时，本书对基础概念、专业术语和基本原理内容的阐释都力求简洁，注重语言流畅，前后章节的逻辑线条跃然纸上、清晰可见，便于教师教学和学生自学。

第四，资料丰富，立体多元。每章针对本章知识点精心设计了客观题和主观题等不同形式的练习题；正文中的拓展阅读资料和每章结尾的补充阅读数字资源等构成了特色鲜明的新形态教材呈现模式。

从读者对象来看，本书适用于金融学、经济学、工商管理等经管类专业为本科生开设的“金融学”“货币银行学”“货币金融学”“货币理论与政策”等课程，也可以作为非经管类专业的本科高年级辅修课程和研究生课程教材，还可以作为我国相关金融机构的培训教材。

另外，本书配有教学 PPT、习题答案等内容丰富的教学辅助资料，任课教师可以联系作者索取相关材料（zhangchengsi@gmail.com）。

本书作者

2024 年春于北京

致　谢

本书在编写过程中，得到了来自业界和学界同行的大力支持，他们对本书诸多理论内容和实务内容给出了建设性意见和建议。另外，黄鹏、秦艺轩、唐瑄、涂海洋、杨岳霖、王文佳、邹炬伸和邹远放提供了出色的助理工作。同时，还要特别感谢家人对我工作的温馨支持。作者在此对上述人员一并致谢。下面致谢名单为业界与学界同行，按姓氏拼音顺序排列。

业界：

樊　环　国家金融监督管理总局
付　强　中国建设银行
李　斌　中国人民银行
李宏瑾　中国人民银行
李晟旭　上海证券交易所
刘　雁　五矿国际信托有限公司
芦　哲　方正证券股份有限公司
潘祖阁　银河证券股份有限公司
佟冠良　昆仑银行股份有限公司
王麟铠　建信基金管理有限责任公司
王　琼　中央国债登记结算有限公司
魏　永　海通证券股份有限公司
夏阳华　泰康保险集团
姚小洁　中国华闻投资控股有限公司
尹学钰　中国国际金融股份有限公司
袁　江　中国农业银行
张步昙　中国工商银行
张国斌　国家外汇管理局
张皓冰　中国工商银行
陈卫东　中国银行
周　安　中国进出口银行
周诚君　中国人民银行

学界：

陈　泽　中国人民大学
褚勇强　北卡罗来纳大学(美国)
董　丰　清华大学

范从来　南京大学
郭　晔　厦门大学
高添驰　中国人民大学
何　平　清华大学
和　萍　中央民族大学
胡海峰　北京师范大学
田涵晖　对外经济贸易大学
李　晓　吉林大学
梁　琦　南开大学
刘莉亚　上海财经大学
刘晓蕾　北京大学
刘晓星　东南大学
刘泽豪　中国人民大学
马　俊　东北大学(美国)
任康钰　北京外国语大学
宋晓玲　北京语言大学
隋鹏飞　香港中文大学
孙晓华　大连理工大学
唐火青　首都经济贸易大学
谭小芬　北京航空航天大学
王晨曦　中国人民大学
王义中　浙江大学
王永钦　复旦大学
万光彩　安徽财经大学
邢天才　东北财经大学
杨子晖　中山大学
叶　茂　康奈尔大学(美国)
余明桂　中南财经政法大学
张　明　中国社会科学院
周晟宇　耶鲁大学(美国)
朱文宇　中国人民大学
祝梓良　四川大学

目　录

第一篇　基础知识

第二篇　金融市场

第四篇 利率与汇率

第一篇

基础知识

第一章

金融与金融体系

学习目标

1. 掌握金融的定义与范畴
2. 掌握金融体系的构成与运行机制
3. 掌握金融体系的类型
4. 掌握金融机构的定义与分类
5. 掌握金融市场的定义与分类
6. 掌握金融索偿权等关键术语

本章导读

金融活动的本质是资金跨时空的流转以及流转过程中经济主体对风险与收益的权衡。金融活动所依托的系统是金融体系，包括金融机构、金融市场、金融监管等一系列子系统。从基本功能看，金融体系能够使资金需求方和供给方通过直接融资市场（如股票市场和债券市场）或者间接融资中介（如银行）实现资金融通。一个国家的直接融资规模与间接融资规模的对比则刻画了该国金融体系的结构特征：如果直接融资规模占主导则称为市场主导型金融体系；如果间接融资规模占主导则称为银行主导型金融体系。

研究金融体系，金融机构和金融市场是首先需要学习的基础内容，同时还需要了解金融体系与经济运行的联系机制。为此，本章分别介绍金融的定义与范畴、金融体系的构成与运行机制、金融机构与金融市场的定义与分类，以及金融体系与经济运行的联系机制。

本章作为全书的开篇章节，与第二章和第三章构成本书的基础知识篇，篇幅略长，需要引入的基本概念和术语比较多，初学者不必恐慌，这些概念和术语在后续章节中还会反复出现，以便读者复习和掌握。

第一节 什么是金融

一、生活中的例子

在现代社会，人们在忙碌的日常生活中，可以随时通过手机下单一份美食作为午餐，到奶茶店买一杯香甜可口的奶茶让自己休憩片刻，通过手机银行转账支付房租，到银行办理购房抵押贷款，或者通过手机炒股软件将自己刚刚收到的年终奖金从活期存款账户转到股票账户用来购买股票。

这些生活中的例子每个人在不同年龄阶段可能都会经历。我们在享受现代社会各种便捷服务的同时，其实几乎每天都在与金融打交道。例如，对于个人来说，每个人都需要有一定的财务安排，特别是从学生时代进入工作阶段时，一方面需要有一定收入来支付生活开销，另一方面需要做好个人理财以实现资产或者财富的保值增值。首先，各种生活开销需要用钱来支付，我们在后续内容中将使用"货币"或者"资金"来代替"钱"这种生活俗语表述。我们通过辛勤工作获得货币形式的工资收入作为储蓄，这是我们应对各种开支的保障。

同时，我们的收入在支付生活开销之后可能还会有剩余。剩余的资金我们准备如何规划呢？这就是个人理财（或者说金融投资）问题。我们可能选择持有现金（或者银行活期存款），以备随时应付生活中的临时支出需要。我们也可能选择把剩余资金存成定期存款，以获得比活期存款高一些的利息，此时剩余资金或者存款也就是我们的本金，我们获得的利息是按照本金乘以一定的利率计算的（例如 2% 年利率的 3 年期存款）。

当然，我们还可以选择运用资金购买银行理财产品或者股票等金融产品，以获得可能更高的利息回报。不过，购买理财产品或者股票的回报（称为收益率）存在不确定性，即风险。如果我们不希望承担太大的风险，则可以考虑比同期限存款利率略高而风险相对股票低很多的国债（财政部代表国家发行的债券）。

说到这里，我们的财务安排实际上已经发展到金融投资和融资层面了，即运用资金和筹集资金的活动。不难看出，随着生活中相关例子的描述越来越细致，例子中的术语也越来越专业，越来越靠近金融中的专业术语。

事实上，与个人财务安排类似，企业和政府也都需要进行财务规划，或者说金融投资与融资安排，用以平衡好收入和开支活动，这些活动也都与金融紧密联系。例如，对于企业来说，创立初期尚无营业收入，可能需要向银行借款，开始生产销售以后获得收入，再分期偿还贷款并支付工人工资，剩余资金可以用于生产再投资或者金融投资等其他安排。对于政府来说，一方面通过税收等获得收入，另一方面需要为公众提供基础设施建设等公共服务而支出资金，在收入不足以弥补支出时，政府可能还要发行债券进行融资。

总之，金融活动已融入个人、企业、政府的社会生产和生活中。金融已经成为现代生活中不可或缺的一部分，无论个人、企业还是政府都可以通过更好地理解金融知识和应用金融服务而获益。事实上，无论中央政府还是地方政府，或者大型企业、中小企业以及居民个人，各个经济主体所面对的金融问题有共同之处，最基础的问题都是如何获得资金与如何分配盈余资金，而获得资金和分配资金需要权衡收益与风险。因此，资金（货币）、风险和收益是各类金融活动中需要考虑的核心要素。我们接下来用更专业的定义来归纳金融和金融活动相关的内容。

二、金融的定义与范畴

金融可以从不同的角度进行定义。从字面意义上理解,金融是资金融通,金融活动就是资金融通的过程,而金融学则是研究资金融通问题的学科。但是,随着经济社会的发展和相关学术研究的不断演进,特别是自1950年之后,学术界对金融投资中的风险与收益概念及度量标准的认识逐渐取得共识,金融的定义与范畴也相应更加明确。金融的核心内容也由早期的“资金融通”拓展到“资金融通”和“风险与收益”,其中“资金融通”更明确的表述是资金跨时空的流转,风险与收益则是指资金流转过程中涉及的不确定性(如资金借入方违约)和收益率水平(如资金借出方获得的利率水平)。为方便记忆,我们在图1-1中演示了金融的核心内容,并用如下等式加以概括:

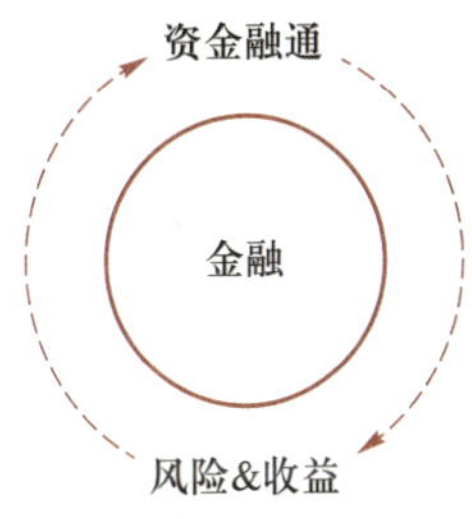

图1-1 金融的核心内容示意图

金融 = 资金融通 + 风险与收益

所以,金融可以定义为:资金跨时空流转以及流转过程中经济主体对风险与收益的权衡。相应地,金融学则是研究资金跨时空流转及流转过程中经济主体对风险与收益权衡的学科。其中,经济主体可以是居民、企业、金融机构或者政府部门等。不难看出,资金、收益和风险是构成金融的核心变量,其中资金更规范的表述是货币,我们将在第八章详细介绍;收益对应于资金借入和借出的成本(如存贷款利率),而风险则是金融交易中收益的不确定性。

由此,判断一个过程是否属于金融活动或者说金融交易,至少需要有三个要素:一是要有资金(或者货币)参与;二是资金要有跨时间和空间流转的过程,即资金融通;三是资金流转过程中涉及风险与收益问题。

例如,一家企业需要资金购买大型设备,但是企业目前没有足够资金来支付设备费用。此时,这家企业可以向银行申请10年期贷款。银行经过完整的审核评估之后,同意向这家企业发放100万元人民币贷款,期限10年,每年按照年化利率(按年度计算的利率)5%收取利息,贷款到期后偿还本金。

在这个简化的例子中,银行向企业发放贷款就是典型的金融活动,因为既有资金跨时空的流转(当前100万元资金由银行流转到企业,企业的资金在未来10年后流转到银行),又涉及风险与收益问题(银行评估放贷风险并收取相应利率)。

与上面的例子相对,消费者在商场的购物活动就不是金融交易。例如,消费者到商场购买服装,购物过程中虽然使用到资金,但消费者在商场柜台交付资金买到服装之后,这个购物过程就结束了,购物过程本身并没有涉及资金跨时间的流转(尽管资金在空间上可能有转移),也不涉及资金的风险与收益问题,因此购买服装这个活动只是一般的经济活动,而不是金融交易。

值得一提的是,金融与经济、金融学与经济学是两对可以对照理解的术语。经济学的范畴是从微观个体研究到宏观整体研究,因此经济学可以划分为研究微观个体决策的微观经济学和研究经济整体情况的宏观经济学。与此类似,金融学也可以划分为微观金融学(研究微观个体金融决策)和宏观金融学(研究宏观整体金融问题),从而形成了基于微观和宏观两大支柱的比较完备的金融学科体系。

拓展阅读 1-1

货币的时间价值

人们经常有一种直觉,就是今天的 100 元(货币)比明天的 100 元价值更高,或者说今天的 100 元比明天的 100 元能够买到更多的商品。这个直觉反映出货币具有时间价值,即不同时间点上的相同面值的货币的价值(或者说购买力)存在差别。货币的时间价值精准地刻画了金融的本质。

货币的时间价值是指货币在不同时间点上的相对价值变化。这个概念涉及货币在时间上的流动性、购买力以及投资回报等方面的考虑。具体来说,与货币时间价值相关的因素有通货膨胀、投资回报和机会成本等。

(1) 通货膨胀。由于通货膨胀的存在,货币的购买力随着时间的推移可能下降,相同数量的货币在未来可能无法购买同样数量的商品和服务。因此,等量的货币在不同时间点上的价值可能是不同的。例如,今天能用 100 元购买一篮子商品,但同样一篮子商品未来一年价格上涨了 5%,这样未来一年后的 100 元实际上只能购买相对较少的商品,因此货币在时间上失去了一些价值。

(2) 投资回报。通过将货币投入不同资产,可以在未来获得不同的收益。在这种情况下,时间价值体现在投资的回报率上。假设我们有一笔投资,初始投入为 100 万元,年回报率为 10%。在第一年结束时,原始的 100 万元因投资回报而增加到 110 万元,因此货币在时间上增加了价值。

(3) 机会成本。时间价值还涉及机会成本,即由于某项决定而错失的其他可能的收益。持有货币可能错失其他投资机会,这也是时间价值的一种体现。假设我们现在有 100 万元现金,在未来一年内可以选择一直持有现金,也可以考虑投资于预期收益率为 2% 的理财产品。如果我们选择持有现金,就失去了未来可能获得的理财产品投资回报。这个失去的潜在回报就是机会成本,是时间价值的一部分。

三、金融的参与者

因为金融本身是关于资金跨时空流转及流转过程中的风险与收益问题,所以金融活动包括储蓄、投资、融资、金融风险管理和宏观金融调控等活动。这些金融活动几乎涵盖了国民经济中每个层面的主体,包括居民个人、非金融企业、金融机构以及政府与国家。虽然这些经济主体参与金融活动的目的不尽相同,但是活动过程中都涉及资金的跨时空流转以及风险与收益的相关内容。

(一) 居民

居民个人在生活过程中参与储蓄、投资和融资等一系列金融活动。居民在获得资金收入之后，需要考虑各种支出使用多少，剩余部分有多少可以用来储蓄以备未来使用，储蓄期限多长时间合适以及选择什么样的存款机构进行储蓄等常见问题。同时，居民还需要考虑是否将一部分资金用于其他金融投资，例如购买股票、国债、信托等金融产品，以追求更高的收益率，当然也要相应承担更高的金融风险（收益率的不确定性）。无论是储蓄还是投资于其他金融产品，居民都会相应获得产品发行方给予的凭证（实物或者电子形式），这些凭证就是具有经济价值的金融资产。居民的储蓄和其他各种金融投资都可以看成居民的金融资产配置活动。

除此之外，居民个人参与的金融活动还有借贷或者说融资。例如，当个人需要购买耐用消费品（如家用小汽车）或者住房时，可以向银行等机构申请贷款，大部分情况下贷款发放机构需要审核申请人的相关资格，有的贷款可能还需要申请人提供抵押品。居民的借贷相应形成居民的负债。由于居民个人属于家庭成员，所以居民个人的金融活动实际上也就是众多家庭的金融活动。随着家庭金融活动的不断增加，家庭金融（household finance）逐渐发展成为金融学领域中的一个研究方向。

（二）非金融企业

非金融企业是国民经济发展的重要支柱，经常被称为生产型企业或者实体企业。实体企业的生产经营同样涉及储蓄、投资和融资等金融活动。企业在经营规模、所属行业以及所有制形式等方面各有不同，相应参与的金融活动也会有所差异。例如，经销五金商品的小商铺或者小型服装店在经营过程中可能不需要大额资金来运转，那么这些小商铺就很少参与借贷活动，而更多考虑销售收入的储蓄和投资问题。

相反，很多大型企业，例如一汽－大众汽车有限公司和中国移动有限公司等，一方面需要定期支付数千甚至上万名员工的工资，另一方面需要大量资金购置生产和销售的相关设备及厂房等，同时还需要考虑营业收入或者净利润的分配与投资等问题。相关业务经营中资金的流转还形成了企业的资产负债表、利润表等重要财务报表，对企业的相关活动进行记账。显然，这些大型企业参与的金融活动比居民个人或者小型商铺的内容更加丰富，既有大量的融资活动又有很多投资活动。事实上，研究企业金融活动的内容形成了金融学领域中另一个重要分支，即公司金融。

（三）金融机构

金融机构是专门从事金融活动的机构，因此金融机构天然涉足金融活动。例如，商业银行是大家最熟悉的金融机构之一，居民到银行存款以及企业向银行申请贷款是最常见的金融活动。通过这些金融活动，居民实现了闲余资金的储蓄，企业获得了资金以用于经营生产。当然，除了商业银行以外，金融机构还包括主要从事证券交易业务的证券公司和投资基金公司、开展保险业务的保险公司、开展信托业务的信托公司等多种机构。中央银行也属于金融机构，其通过与商业银行等金融机构开展资金往来活动（例如提高或者降低存款机构的法定准备金率）或者金融产品的交易活动（例如有价证券的买卖）来实现对货币供给量或者市场利率目标的调控。第二章第一节将进一步介绍金融机构的分类和具体内容。

（四）政府部门

政府部门也是金融活动的重要参与者。政府部门可以通过发行债务产品获得资金，成为融资方。中央政府可以通过发行国债进行融资，获得资金用来进行国家经济建设或者改善公共服务设施等。地方政府则可以发行地方政府债券，用于地方财政支出等活动。

第二节 金融体系

一、金融体系的构成与运行机制

（一）金融体系的构成

金融体系是一个综合概念，是金融机构、金融市场、金融监管及相关技术等的集合与总称，通过这一体系可以进行有价证券交易、利率定价、金融服务和金融政策调整等相关金融活动。金融体系是现代社会发展过程中的一个重要创造，其主要任务（功能）是将稀缺的可贷资金（loanable funds）从资金供给方转移到需求方，实现资金的跨时空流转，并实现对风险与收益的管理。

资金供给方也可以称为盈余方，实际上就是资金借出方（lender），即有多余资金可以用于储蓄或者投资的经济主体，包括居民、企业和政府等；资金需求方也可以称为赤字方，实际上就是资金借入方（borrower），即需要借入资金的经济主体，同样包括居民、企业和政府等。借出资金的活动可以概括为储蓄或者投资，借入资金的活动则可以概括为融资。

一般来说，资金供给方借出资金进行储蓄或者投资，主要目的都是获得收益；而资金需求方借入资金的目的则是多样的，例如用来购买商品和服务，投资于厂房扩建、设备更新或者金融市场等。通过以上这些资金借出和借入等金融活动，各行各业的产出得以增加，宏观经济得以发展，国民生活水平得以提高。

在上述活动中，资金借入方与资金借出方通过存款凭证、贷款凭证、股票、债券等金融产品实现资金融通，这些金融产品本质上都是某种形式的券书凭证，持有者拥有相应的索偿权利，即金融索偿权。

（二）金融体系的运行机制

1. 简化模型

金融体系运行的最主要功能是实现资金的跨时空流转。因此，我们在图 1–2 中刻画了金融体系中资金流转的简化模式，用以说明资金或者说货币如何在金融体系中实现流转。从图 1–2 中可以看到，资金从资金供给方流出，最终流入资金需求方。图中位于最左侧的资金供给方有盈余资金可以向外出借，位于最右侧的资金需求方因为短缺资金（或者其他考虑）而需要借入资金。

例如，有些居民的收入在用于日常消费等支出之后还有剩余，这些居民就属于资金供给方；有些居民需要购买耐用消费品或者住房等，但是收入又不足以支付这些商品，此时就成为资金需求方。同样，有的企业经营有方，企业利润（营业收入减去营业支出和税费等支出）高于企业新项目等的计划支出，此时这些企业就成为资金供给方；有些企业可能因为新开工项目需要大规模资金，但是企业利润不足以支撑

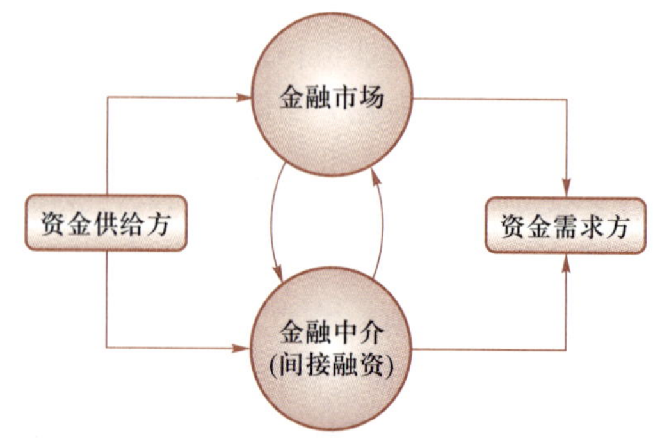

图 1–2 金融体系中资金流转的简化模型

新开工项目的支出，此时这些企业就成为资金需求方。

不仅居民和企业可以成为资金的供给方或者需求方，政府（地方政府或者中央政府）也是类似的：有些政府收入高于政府支出，有盈余可以出借，这些政府就是潜在的资金供给方；有些政府收入低于政府支出，需要借入资金才能顺利开展相关活动，这些政府就是资金需求方。不过，无论居民、企业还是政府，作为资金供给方或者资金需求方的角色在不同时期都可能发生变化，在一个时期是资金供给方，另外一个时期可能又成为资金需求方。

图 1–2 中箭头方向表示资金的流转方向。在图的最左侧，资金从资金供给方流出，通过上下两个分支流向资金需求方，上面经过金融市场（例如股票市场、债券市场等）流转，下面经过商业银行等金融中介流转。同时，图 1–2 中间部分带箭头的线条演示了金融市场的资金流入金融中介以及金融中介的资金流入金融市场的情况。关于金融中介和金融市场等详细定义和分类将在本章第四节进一步介绍。

首先，从图 1–2 上方的金融市场渠道来看资金的流转。例如，居民个人购买“中国移动”发行的股票就是通过金融市场实现资金从居民向企业流转。一般情况下，股票交易的过程会有经纪商或者交易商等机构参与。这些机构属于直接融资中介，即在金融市场上提供直接融资中介服务的金融机构，在美国主要是投资银行（investment banks），在中国则主要是证券公司。直接融资中介在股票市场上一方面帮助企业发行股票或债券，另一方面将股票或债券购买者的资金转移给发行股票或债券的企业。在股票买卖的例子中，投资者对企业拥有直接索偿权，虽然证券公司等机构也参与资金流转过程，但它们并不改变金融索偿权的原始属性，其业务过程也不涉及索偿权的转化，所以被称为“直接融资中介”。

其次，从图 1–2 下方的间接融资金融中介渠道来看对应的资金流转。典型的例子是有闲余资金的居民或者企业等将资金存入商业银行，商业银行再利用储户存入的资金向需要资金的企业发放贷款。在这个例子中，在银行存入资金的储户并不对企业拥有直接的索偿权，而是对银行拥有索偿权；银行对贷款企业拥有索偿权。可见，储户与企业之间的资金流转是通过银行等中介机构间接实现的。

同时，储户在银行的存款与银行向企业发放的贷款在期限、风险以及收益率等方面都可能明显不同：不同储户选择的存款期限可能是 3 个月、1 年或者 3 年，而银行向企业发放的贷款期限可能是 5 年或者 10 年；即使储户存款的期限与银行发放贷款的期限相同，但是一般情况下同期限的存款利率要低于贷款利率，这样银行才能获得存贷款利差收入。另外，银行存款作为储户的资产遇到违约的可能性很低，即使违约一般也有相当额度的存款保险（例如中国的存款保险限额是 50 万元人民币），而贷款作为银行的资产则有可能遭遇违约。

最后，在图 1–2 中间部分，两条带箭头的线条表明金融中介（如商业银行）也可以参与金融市场交易，从而形成资金的双向流动。一方面，金融中介通过发行金融产品（如股票或者债券）到金融市场借入资金（资金从金融市场流入金融中介）；另一方面，金融中介可以将获得的客户资金（如储户的存款、保险投保人存入的保险资金）投入到金融市场，购买其他公司发行的股票、债券等各种金融产品，从而实现金融风险管理和投资收益等目标。

2. 详细模型

图 1–2 简要刻画了金融体系中资金流转的模式，但是没有详细演示资金流转过程中所涉及的金融市场构成、金融中介构成、金融交易环节、金融监管以及为金融交易提供服务的

金融基础设施等详细内容。图 1–3 描绘了详细的金融体系构成及更细致的运行机制。为了简化说明，图 1–3 中的资金供给方和资金需求方与图 1–2 中的相同，都是指终端用户（end users），即资金的最终借出方和最终借入方，而不是中间借出方和中间借入方。

间接融资中介（如商业银行）属于中间借出方和借入方，它们虽然也经常开展资金借出和借入业务，但是它们的借出和借入业务主要是为终端用户使用资金提供通道（channel funds）。银行等机构在其业务过程中涉及金融索偿权的转化，例如把直接债务转化为间接债务才能完成资金的流转，所以被称为间接融资中介。

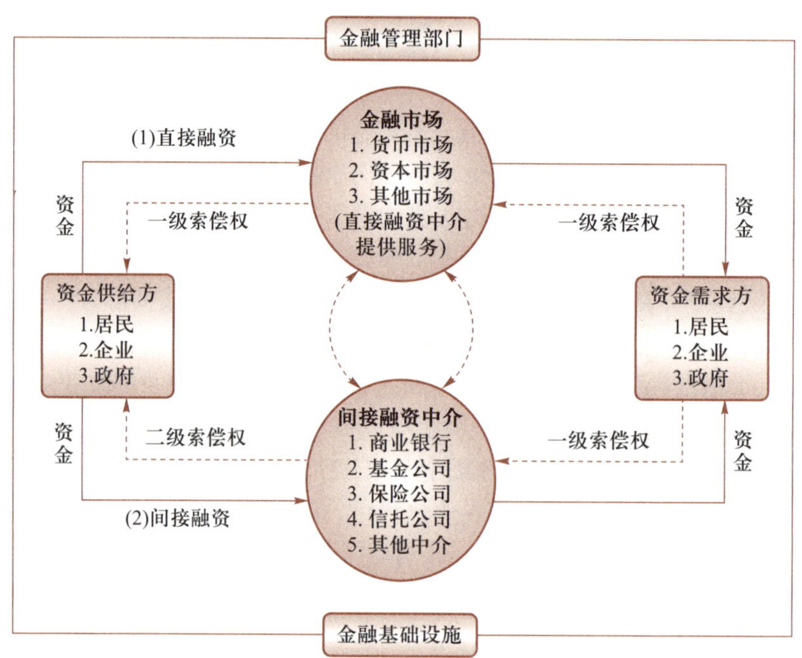

图 1–3 金融体系构成及运行机制

在图 1–3 刻画的金融体系运行机制中，由于现实中双方存在物理距离（很难直接巧遇）以及信息不对称[①]等因素，资金供给方和资金需求方通过有组织的渠道才能实现资金的借出和借入，即通过直接融资和间接融资两类渠道连接起来。直接融资是指资金供求双方借助直接融资中介机构（如交易商）通过直接融资市场（如货币市场和资本市场）进行资金融通。间接融资则是指资金供求双方分别与间接融资中介开展金融索偿权的交易来间接实现资金融通。

在资金流转过程中，需要借助各种金融产品来完成交易，这些金融产品本质上是一种合同凭证，这种凭证的持有方拥有相应的索要资金偿还等权利，即金融索偿权（financial

① 信息不对称是指涉事（如交易、谈判等）双方对于相关信息的掌握程度是不同的。一般来说，不对称强调的是其中一方掌握更多信息，因此相对于对手方来说具有更多信息优势。

claims)。在图 1-3 中，我们把资金的最终需求方发行的索偿权定义为一级索偿权(例如企业发行的债券、股票等)，把间接融资中介发行的索偿权定义为二级索偿权(例如银行发行的)。下面还会进一步介绍金融索偿权的相关内容。

3. 直接融资

直接融资是指资金需求方通过在金融市场直接发行金融索偿权从资金供给方获得资金的过程。我们国家的证券公司是常见的直接融资服务机构，与美国的投资银行的业务范围类似，扮演经纪商和交易商的角色。经纪商(brokers)是指为买卖双方撮合交易以获取佣金的中间机构。例如，证券经纪商是接受客户委托，代客买卖证券并以此收取佣金的中间机构。交易商(dealers)是指运用自有资金进行证券买卖交易并以此赚取差价的金融机构。因为经纪商和交易商并不吸收公众存款，所以它们属于非存款类金融机构。当然，交易商和经纪商并不是绝对分开的。事实上，很多证券公司在经营经纪业务的同时也开展自营业务，这样既是经纪商又是交易商。

金融市场典型代表包括货币市场和资本市场等，其中货币市场是短期资金市场，资本市场则是长期资金市场。因为有意愿进行交易的主体才会进入市场，所以金融市场的存在降低了资金供求双方的搜寻成本。同时，金融市场也降低了交易风险，因为金融市场接受金融管理机构的组织和监管，而且市场上的金融交易行为受到相关法律法规约束。

为了方便说明，我们在图 1-3 刻画的金融体系运行机制中，把资金的最终需求方直接发行的金融索偿权称为一级索偿权(primary claims)，把储蓄型金融中介发行的金融索偿权称为二级索偿权。一级索偿权和二级索偿权也可以分别称为直接融资索偿权和间接融资索偿权。

在直接融资市场上，资金供给方通过金融市场购买一级索偿权，从而实现资金从供给方向需求方的流转。相应地，图 1-3 上半部分显示的是资金从供给方流向需求方，一级索偿权相应从需求方转流转到供给方。资金供给方在资金减少的同时持有的金融索偿权增加，而资金需求方在获得资金的同时金融索偿权减少(流出)。

上面提到的金融索偿权产生于金融交易中的契约(合同)关系，金融索偿权持有方可以依据合同规定条件从债务人那里获得付款，或者要求实现合同具体规定的双方之间的某些金融属性的权利或义务关系。因此，金融索偿权可以用来指债务索偿权(debt claims)，即债权。例如公司债券、国债等，这些债券以契约(合同)的形式明确规定投资者与被投资方的权利与义务，无论被投资方有无利润，投资者(债券的持有者)均享有定期收回本金、获取利息的权利。再如，客户到银行存款，银行开具的存单、存折或其他储蓄凭证都是一种储蓄合同，银行是债务人，储户是债权人，存单和存折等就是一种债务索偿权。类似地，银行向企业发行贷款，企业与银行签订的贷款合同也是一种债务索偿权。

金融索偿权还包括股权索偿权(equity claims)。股权索偿权也可以称为权益索偿权或者所有权索偿权。例如，股票就是一种股权索偿权的表现形式。股票持有者与发行方不是简单的债务债权关系，股票持有者一般拥有在股东大会上的表决权和领取股利的权利，还可能拥有对上市公司资产现金流的索取权和对公司权益的索取权等权利。但权益类证券一般无还本日期的要求，持有者若无意继续持有，可依法转让而收回投资。

金融索偿权还可以是债权和股权的股债混合索偿权。例如，可转让债券是一种兼有债券和股票性质的混合索偿权，在不可转让条件下是一种债权，当满足可转让条件后又成为一种股权，所以是股债混合索偿权。

图 1–4 对金融索偿权的三种类型进行了概括，并在相应类别下给出了常见的例子。当然，基于单一的基础金融产品还可以设计出金融衍生产品，金融衍生产品的金融索偿权可能是更复杂的形式，需要视情况而具体确定。

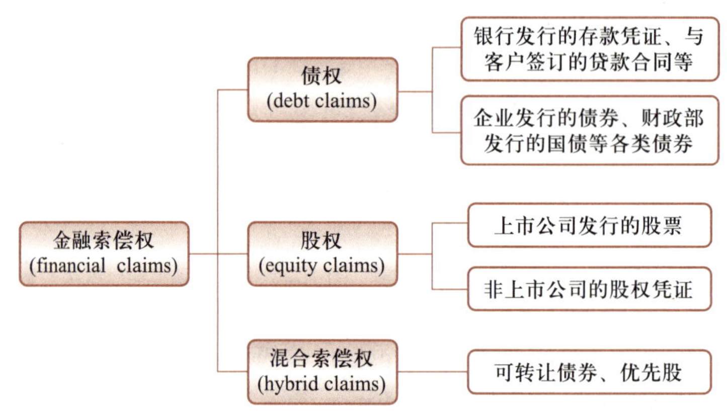

图 1–4 金融索偿权的分类及举例

需要说明的是，金融索偿权强调的是金融产品承载的索偿权特征，其内涵比金融证券（securities）的内涵更广。金融证券一般定义为金融市场上可以交易的权利凭证，例如债券、股票等。金融证券虽然也依托于交易合同，但是更强调交易属性，而金融索偿权更强调权利与义务关系，交易不是必要属性。例如，储户在银行的活期存款或者定期存款，一般情况下是不能进行转让交易的，所以一般来说普通存单或者存折不能称为金融证券，普通的银行贷款合同也不属于证券，但是存款和贷款合同都属于金融索偿权的范畴。我们将在第三章详细介绍金融索偿权和金融证券的相关概念与内容。

在以上直接融资交易过程中，金融市场上存在经纪商和交易商来为资金供求双方进行对接。在直接融资市场上，不仅可以交易资金需求方首次发行的金融索偿权，还可以对已经发行的金融索偿权再次进行交易，前者形成的市场称为一级市场（primary market），后者则称为二级市场（secondary market）。也就是说，一级市场是金融索偿权首次发行交易的市场，二级市场是对已经发行的金融索偿权再次进行交易形成的市场。二级市场的存在对于资金借出方（投资者）来说是一个巨大优势，因为资金借出方如果在借出资金之后发现自己也需要资金，此时可以很容易将持有的金融索偿权在二级市场转让卖出获得资金。从这个角度看，金融市场上并没有绝对意义上的资金盈余方或者短缺方，经济主体在资金供给和需求层面的角色是动态变化的。

4. 间接融资

间接融资需要通过间接融资中介机构完成。间接融资中介（例如图 1–3 中列举的商业银行、保险公司等）是资金流转过程中所依附的载体和桥梁，是资金供给方与需求方的中间媒介。间接融资中介包括商业银行、基金公司、保险公司、信托公司等金融机构，这些机构的特点是通过自身发行二级金融索偿权（如存单、基金份额、保险单等）吸收公众资金，然后通过发放贷款或者进行金融投资（如股票投资）等形式运用吸收来的资金。例如，储户把资金存放在银行，银行再把资金放贷给生产企业，这个过程相当于银行把储户与生产企业之间的直接债务转化为“储户与银行—银行与企业”这样的间接债务关系。所以，业务过程涉及金融索偿权的转化是间接融资的典型特征。

在图 1–3 中，由于间接融资中介机构并不是最终资金需求方，因此我们把间接融资中介机构用来获取资金的工具称为二级索偿权，例如银行发给储户的存款账户、保险公司卖给客户的保单等。在这个过程中，资金供给方通过银行存款、购买基金公司或信托公司发行的证券、购买保险公司发行的保险产品等将资金提供给间接融资中介机构，相应获得二级金融索偿权。然后，中介机构运用获得的资金购买资金需求方提供的一级索偿权（中介机构发放贷款或者购买资金需求方发行的证券等）。例如，商业银行将所获资金以贷款形式发放给企业，此时银行对企业拥有索偿权（一级索偿权），这笔贷款就成为银行的资产、企业的负债。

不难看出，间接融资与直接融资的主要区别之处在于：间接融资是金融中介机构向资金供给方发行二级索偿权获得资金的融资方式，而不是直接将资金需求方的一级索偿权销售给资金供给方。也就是说，在间接融资下，金融中介机构向资金供给方支付一定的利息借入资金，然后向资金需求方收取一定的利息而借出资金，资金流转过程中供给方提供的资金与需求方使用的资金没有直接对应关系（需求方并不清楚自己所使用的资金对应于哪一个供给方，供给方也不清楚自己提供的资金被哪个具体的需求方使用）。在直接融资中，虽然也有金融中介机构参与资金需求方与供给方的交易活动，但是这些金融中介机构并不发行二级索偿权，而是直接将资金需求方发行的一级索偿权在直接融资市场上销售，从而为资金需求方获得资金，需求方很清楚所获得的资金来自哪些具体的供给方，供给方也很清楚自己提供的资金被哪个具体的需求方使用。

二、金融体系的功能

在现代社会，居民储蓄投资、企业融资扩建、国家宏观政策调控无不依赖于金融体系。因此，金融体系无论对于微观经济个体还是对于宏观经济整体都至关重要。金融体系的功能反映了金融市场的功能，同时也代表了金融的功能。图 1–5 归纳了金融体系的六大经济功能，即支付清算、金融定价、财富管理、风险管理、资金供给、政策调控。

（一）支付清算功能

金融体系为商品、服务以及资产交易等提供支付清算服务，一般由一国的中央银行来统筹负责。金融体系提供的支付清算功能对于各类经济主体都非常重要，惠及居民、企业和政府。事实上，支付活动的完整过程不仅包括支付和清算，还包括结算，只是为了表述简便经常用“支付清算”来代表。其中，清算和结算均是清偿收付双方债权债务关系的过程及手段。在支付活动中，交易双方通过银行账户资金的往来完成交易。如果资金在同一银

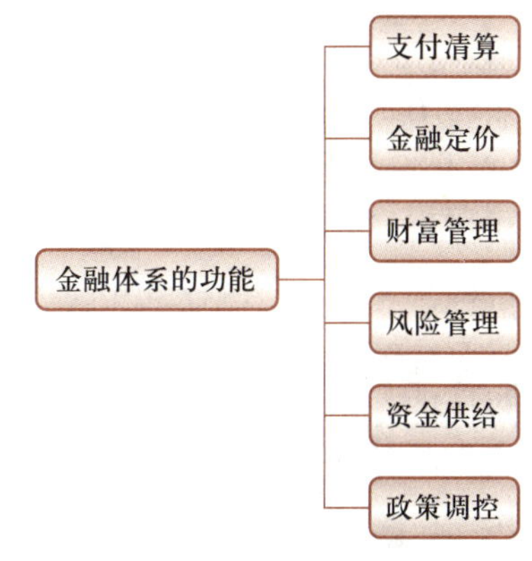

图 1–5 金融体系的功能

行内,则资金往来可以直接进行结算;如果涉及不同银行之间账户的资金往来,则需要先进行清算再进行结算。不难看出,清算描述的是资金往来的过程,结算刻画的是资金流转的结果。

清算(clearing)主要是指不同银行之间的货币收付,可以认为是发起行和接收行在结算进行之前对支付指令的发送、接收、核对确认,其结果是全面交换结算工具和支付信息,并建立最终结算金额(在金融交易中心,金额也经常称为头寸,英文是 position)。

结算(settlement)是指将清算过程中产生的待结算头寸分别在发起银行、接收银行进行相应的会计处理,完成资金转移,并通知收付双方的过程。例如,中国大多数银行的结算业务通过两类账户完成:一是银行间互相开立的代理账户;二是开立在中央银行、独立金融机构(如银联)或者第三方支付机构的账户。

(二)金融定价功能

金融体系的重要功能之一就是为金融产品定价提供了基础。金融体系的金融定价功能至少有两个层面的含义:一是金融体系可以为经济体中各部门提供金融产品的价格信息;二是金融体系解决了金融市场上交易主体之间对金融价格存在的信息不对称问题。没有金融体系的存在,市场上交易主体之间很难形成均衡的金融价格。

(三)财富管理功能

财富(wealth)是一个比较宽泛的概念,既包括现金资产,又包括金融索偿权资产(如股票、债券等),也可以包括房地产等其他类型的资产。我们这里介绍的金融体系提供的财富管理功能,主要针对与金融体系相关的财富,财富的持有者既可以是居民,也可以是企业或者政府。

例如,居民通过工作获得现金收入,在各种消费支出后如果还有剩余资金,这些资金就可以存到银行形成居民的储蓄,也可以用来购买商业银行发行的理财产品、上市公司发行的股票、政府发行的国债等。储蓄账户、理财产品、股票和债券都属于广义的金融产品,金融产品在金融体系中创造出来并通过金融体系进行流转,对于持有者来说就是金融资产或者金融财富。金融资产的持有者就是金融投资者,他们通过投资于金融体系中的各类金融产品而获得相应收益,从而实现财富管理的目标。

(四)风险管理功能

金融体系为投资者提供了管理风险的手段与途径。居民、企业和政府都可以通过参与金融投资活动来应对健康、财产以及收入等的不确定性(风险)。例如,金融体系中的保险产品属于一类典型的金融产品,投资者可以通过购买保险产品来对未来可能出现的各种风险进行防范。当然,投资者还可以选择购买金融体系中其他金融产品来实现资产或者财富的保值与增值,而财富实现保值增值也是应对风险的一种形式。金融体系的存在使得个人和机构都能通过金融投资实现风险共担或者风险降低,例如投资者可以通过把风险部分转移给愿意接受风险的单位(如保险公司)来实现风险共担,也可以通过金融投资的分散化实现降低投资风险的目标。

所以,金融体系可以通过保险、风险交易等多种机制,为投资者提供丰富的分散、转移和控制风险的手段和途径,从而降低健康保障、消费投资以及生产研发中的各类风险,实现风险管理的功能。

(五) 资金供给功能

资金供给包括短期的流动性供给和长期的信贷供给两个方面。金融中的流动性(liquidity)一般有两层含义:一是指资产变现(转让或者被转换成现金)的相对容易程度;二是指与现金资产类似的金融资产,对应于短期资金融通活动。金融体系的流动性供给职能中所指的流动性对这两层含义都有所超越。首先,金融体系为经济主体提供了现金和银行存款等金融资产,这类金融资产本质上就是现代金融体系下所定义的货币。货币具有完全流动性(perfect liquidity),因为货币不需要进行其他任何形式的转换就能直接使用,其他金融资产的流动性高低则可以参照货币进行测度。

虽然货币的流动性很高,但是货币资产的收益率(利率)一般低于其他同期限的金融产品,所以投资者可以将货币转换为债券、股票等其他金融资产而预期获得更高的收益率(当然相应要承担更高的风险)。如果有发达的金融体系,货币资产与其他金融资产的转换就非常容易实现。例如,股票投资者在需要货币时可以很容易在股票市场上将持有的股票售出从而获得现金。再如,一家商业银行需要短期资金时,可以在相应的金融市场上很容易借入所需的资金额度,这都依赖于发达的金融体系。

当然,已发行的金融工具还可以在金融体系中的二级市场进行再流通,从而增强了金融资产的流动性,更好地满足了各层次经济主体对流动性的需求。因此,金融体系承载着重要的流动性供给职能。如果没有金融体系,经济发展过程中就没有了流动性,这就好像人体没有了血液一样:没有了血液,人体就没有了生存的基础。

除了短期的流动性供给功能,金融体系还具有重要的信贷(credit)供给功能。这里的信贷通常是指期限较长的资金。信贷供给可以支持经济主体的消费与投资活动。消费者需要信贷来购买住房、家用小汽车或者偿还债务;商业企业需要信贷来购买货物、扩建厂房、发放工资等;各级政府也需要信贷资金来进行基础设施建设、支撑日常资金支出等活动。所以,信贷活动广泛存在于国民经济生活中,而金融体系则是信贷供给不可或缺的基础。

(六) 政策调控功能

从宏观层面看,政策调控是金融体系最重要的功能。金融体系是国家调控宏观经济的主要渠道。例如,中央银行通过货币政策工具调整金融市场上的利率水平,或者调整金融市场上的可贷资金数量,可以影响经济主体的消费支出计划、资金借贷成本,进而影响居民消费活动、企业生产活动等,从而影响总体经济产出和物价等指标。显然,如果没有金融体系的存在,国家的宏观政策调控实施起来就会相当困难,或者即使可以实施调控政策也很难形成畅通的传导过程,特别容易引起较高的经济波动。我们将在后续章节中详细介绍货币政策的调控过程,届时可以看到,金融体系是一个国家的货币政策、财政政策等宏观政策调控的必备基础。

三、金融体系的类型(金融结构)

(一) 分类标准

金融体系的类型也称为金融体系格局或者金融结构,可以根据金融体系当中直接融资规模与间接融资规模的相对比例,划分为市场主导型金融体系和银行主导型金融体系:如果直接融资规模占比高则属于市场主导型金融体系;反之,如果间接融资规模占比高则属于银行主导型金融体系(图 1–6 进行了形象地演示)。

为了更好地反映非金融企业部门的资金来源,直接融资规模可以统计非金融企业历年发行股票(包括首次公开发行和增发等方式)累计融资总额和非金融企业发行债券规模,间接融资主要统计非金融企业的银行贷款余额,这些指标均为存量指标。

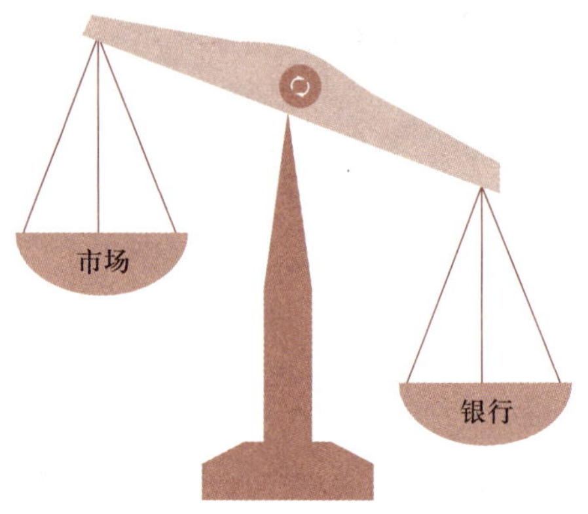

图 1–6 银行主导型金融体系的形象演示

需要注意的是,上述指标都是指企业通过不同融资方式获得的资金总额,而不是相应市场的市场价值(市值)。用市值刻画金融体系结构并不准确,甚至可能有误导性。因为金融体系结构刻画的是直接融资与间接融资的对比特征,所以从融资角度考察金融体系结构特征更符合基本定义,而如果使用股票市值、债券市值来反映金融体系结构特征则不够准确。例如,2007 年中国股票市场的市值是 33 万亿元人民币,而 2008 年则骤降到 12 万亿元人民币,但是这并不意味着企业股票市场获得的融资骤降,更不能说明中国金融体系结构在 1 年内发生巨变,因为这主要是国际金融危机对股票市场造成负面冲击所致。由于金融市场的市值指标可能在市场情绪等诸多因素影响下发生大幅波动,这些波动往往不能反映企业融资的实际变化情况。

根据上述说明,要准确刻画一个经济体的金融体系结构,直接融资占比和间接融资占比指标可以用以下公式进行计算:

$$\text{直接融资占比}=\frac{\begin{matrix}\text{非金融企业历年通过发行}\\\text{股票累计融资总额}\end{matrix}+\begin{matrix}\text{非金融企业发行}\\\text{的债券存量}\end{matrix}}{\begin{matrix}\text{非金融企业银行}\\\text{贷款余额}\end{matrix}+\begin{matrix}\text{非金融企业历年通过}\\\text{发行股票累计融资总额}\end{matrix}+\begin{matrix}\text{非金融企业发行}\\\text{的债券存量}\end{matrix}} \tag{1–1}$$

$$\text{间接融资占比}=\frac{\text{非金融企业银行贷款余额}}{\begin{matrix}\text{非金融企业银行}\\\text{贷款余额}\end{matrix}+\begin{matrix}\text{非金融企业历年通过发}\\\text{行股票累计融资总额}\end{matrix}+\begin{matrix}\text{非金融企业发行}\\\text{的债券存量}\end{matrix}} \tag{1–2}$$

根据上述指标的统计口径,图 1–7 给出了 1992 年至 2019 年中国历年金融体系结构情况。可以看到,我国的间接融资占比自 1996 年之后缓慢下降,由 90% 多下降到 80% 左右;直接融资占比(债券和股票融资规模占比之和)则由不到 10% 逐渐上升到 20% 左右。总体来看,在 1992 年至 2019 年期间,我国的金融体系结构属于银行主导型。

与中国金融体系结构形成鲜明对比的是美国。美国在 2011—2019 年直接融资占比一直在 70% 以上,属于典型的市场主导型金融体系。不过,根据前面介绍的相关测算标准,美国金融体系也并不是在所有时期都表现为市场主导型特征。例如,1970—2000 年,美国间接融资占比达到了 50% 以上,属于银行主导型金融体系。另外,无论中国还是美国,间接融资市场中债券占比都明显超过股票占比。

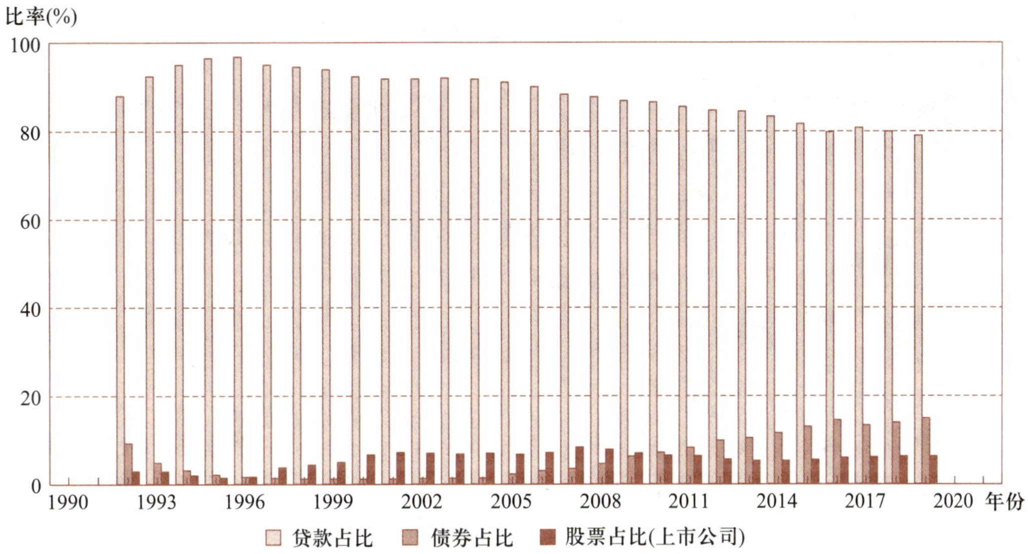

注:股票统计非金融上市公司历年发行额度累计存量,债券统计历年未到期存量(非金融企业债券),贷款统计非金融部门历年未到期存量(中长期+短期+外汇贷款+委托贷款+其他贷款+未贴现银行承兑汇票)。

图 1-7 中国金融体系结构特征:1992—2019 年

资料来源:中国人民银行资金流量表(非金融企业),经作者计算。

以上根据资金来源于间接融资市场和直接融资市场的规模来刻画金融体系结构特征。因为居民个人很难在直接融资市场上发行金融索偿权进行融资,所以一般来说金融体系分类中提及的融资主体主要是指企业。也就是说,对于银行主导型金融体系,银行为企业提供的资金规模大于企业通过金融市场获得的直接融资规模;反之,对于市场主导型金融体系,企业通过金融市场获得的直接融资规模大于银行为企业提供的资金规模。

注意,这里强调的是存量资金规模的大小,而并不强调银行或金融市场哪个更加重要。银行主导型金融体系并不意味着金融市场不重要,反过来,市场主导型金融体系也不意味着银行机构不重要。而且,无论是银行机构还是直接融资市场,对于企业来说都只是获得资金的外部渠道,企业还可以通过内部渠道获得资金。因此,即使我们用“银行主导型”和“市场主导型”来划分金融体系类型,也并不意味着银行或者市场对企业融资增量(流量)的贡献度必然超过 50%(因为有一部分资金是企业通过内部融资获得的)。

事实上,以银行为主体的间接融资渠道在多数国家都是非常重要的融资渠道。直接融资市场主要面向的是运行良好的大型企业,而其他企业外源融资主要依靠的仍然是间接融资(如银行贷款),这是国内外市场的普遍规律。事实上,间接融资具有诸多直接融资无法比拟的优势,可以降低交易成本(规模经济效益、专业性等),减少由信息不对称带来的逆向选择和道德风险等问题。另外,作为间接融资提供资金的主体,银行给企业发放贷款的过程也是货币创造的核心,所以银行的重要性还在于其与中央银行的业务往来中的特殊地位。

(二) 金融体系结构的进一步比较

需要注意的是,虽然直接融资和间接融资规模存量占比可以用来区分金融体系类型,但是实际上银行主导型和市场主导型金融体系的差异不仅仅在于融资渠道规模层面,还有许多其他维度的考虑，特别是与一国的银行体系业务运营特征、金融监管制度安排以及融资企业的公司治理特征等紧密相关。

例如，美国作为市场主导型金融体系，在直接融资与间接融资规模占比方面与中国的金融体系不同，不过美国的银行业存款类机构的规模层次特征与中国的情况差异并不是特别突出，而主要差异体现在存款类机构的业务运营方面。从中国和美国存款类机构的数量以及资产规模分布情况看，美国的存款类机构数量逐年减少，但是截至 2020 年仍然达到 4 375 家，美国资产规模排名前 6 位的存款性机构的资产占比达到 44%；中国的存款性机构数量在 2020 年也超过 4 000 家（4 113 家），银行资产规模主要集中于 6 家大型国有商业银行（中国银行、中国农业银行、中国工商银行、中国建设银行、交通银行、中国邮政储蓄银行，简称“中农工建交邮”），资产规模占比达到 48%。

虽然中国和美国的存款性机构在数量和资产规模分布方面具有相似性，但是美国银行监管的历史传统将银行放贷活动限制在为企业发放短期贷款、为居民提供消费信贷和房屋贷款层面，这也使得美国的企业需要到直接融资市场寻求资金；中国银行业的放贷活动不仅包括为居民提供消费信贷和房屋贷款，而且包括对企业发放长期和短期贷款，这就使得中国工商企业的主要融资渠道是银行机构。

市场主导型金融体系与银行主导型金融体系特征还与企业的公司治理特征紧密相关。准确地说，市场主导型和银行主导型金融体系会带来不同的公司治理特征。所谓公司治理（corporate governance），是指用来引领和控制公司发展的规则、实践和流程等形成的体系，主要涉及平衡公司利益相关者的利益，涵盖公司经营管理的所有领域，从行动计划和内部控制到绩效衡量和公司披露等。一般来说，在市场主导型金融体系下，企业融资主要依靠金融市场而不是银行，这样企业就需要根据金融市场的融资需求情况施行相应的公司治理策略，例如基于股东价值最大化理念开展公司治理活动；在银行主导型金融体系下，企业可能需要与为其提供长期贷款的银行进行合作，甚至需要对特定银行实施控股和交叉持股等公司治理措施。

第三节　金融机构概览

一、金融机构的定义与范畴

广义的金融机构是指所有从事金融业务的机构，涵盖金融服务行业内广泛的业务运营单位，包括金融管理机构（如中央银行和金融监管机构）、金融中介机构（如商业银行）和金融基础设施机构（如交易所和各类登记中心）。图 1–8 归纳了广义范畴的金融机构类别和代表性机构示例，其中金融管理机构包括中央银行和国家金融监管机构，金融中介机构包括银行业机构、证券业机构和保险业机构等，金融基础设施机构包括证券交易所和各类登记中心等。

注意，有一些金融机构只开展金融投资咨询或者保险代理等服务性业务，例如证券投资咨询公司和保险代理公司。这类机构一般不介入金融索偿权的买入和卖出或者金融索偿权的转化活动，而只提供咨询或代理服务，因此严格意义上讲并不属于标准的金融中介。不过，单纯从事咨询或代理服务业务的金融机构数量不多，开展的业务也在不断发展变化，很多业务也趋

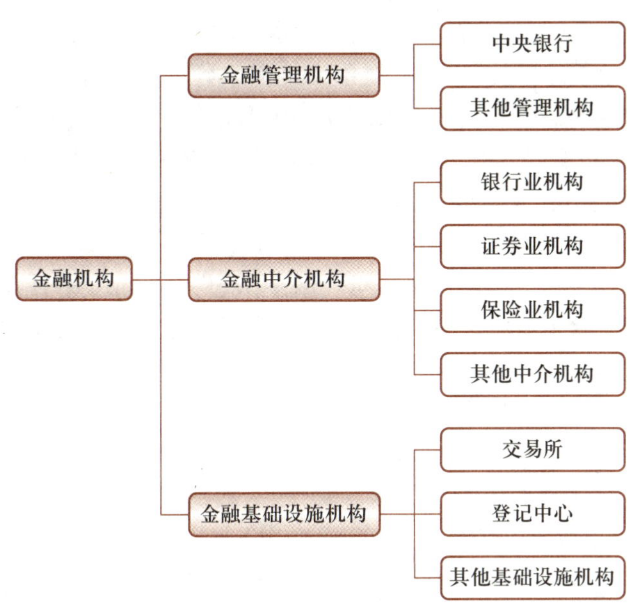

图 1-8 金融机构的分类与举例

近于金融中介业务属性，所以我们可以把这些机构也归类为金融中介机构（其他中介）。

狭义的金融机构经常用来指金融中介机构（financial intermediaries），即在金融活动中从事买入和卖出某种金融索偿权从而为资金需求方和供给方提供中介服务的金融机构。注意，学术界对金融中介的标准定义比较严格，一般只有从事金融索偿权买卖活动的金融机构才被定义为金融中介。也就是说，标准的金融中介定义强调金融机构要参与金融索偿权的买入和卖出过程。也就是根据这一标准，金融管理机构和金融基础设施机构一般都不被归类为金融中介（中央银行例外），因为它们一般不进行金融索偿权的买卖活动。

我们前面提到，还有少数单纯从事金融业务咨询或者代理活动的服务性金融机构（例如证券投资咨询公司和保险代理公司等），它们一般也不开展金融索偿权的买卖交易活动，所以严格意义上不符合金融中介的标准定义，但是可以视为广义上的金融中介。在中国，这些金融服务公司主要包括货币经纪公司、证券投资咨询公司、保险代理公司、保险公估公司、保险经纪公司等。

金融中介有狭义和广义之分，拓展阅读 1-2 对此进行了详细介绍。归纳起来，狭义的金融中介专指商业银行等间接融资中介，这些金融机构通过金融索偿权的转化重新创造资产和负债，从而为资金最终需求方和供给方提供居间服务，实现资金的跨时空流转。

广义的金融中介则可以概括为从事买入和卖出某种金融索偿权的业务从而为资金需求方和供给方提供中介服务的金融机构。本书中使用的金融中介以广义口径为标准，既包括间接融资中介又包括直接融资中介。其中，间接融资中介（狭义金融中介）是通过资产负债管理来达成资产或负债转换、风险转换和期限转换的金融中介机构，典型代表是商业银行，这类金融中介服务于间接融资市场；直接融资中介（例如证券公司）只是从事金融索偿权买入和卖出的居间服务，一般不进行资产和期限转换，此类金融中介服务于直接融资市场。

金融中介的定义与产业组织理论中的中介（零售商）定义类同。产业组织理论中的中介定义为从生产商那里购买特定商品和服务然后卖给最终消费者的代理机构。[①]在产业组织理论中，由于存在交易技术摩擦，因此需要中介机构。类似地，金融交易存在交易信息摩擦，银行、证券经纪商和交易商等扮演了金融交易的中介角色。例如，银行发放贷款相当于购买资金需求方发行的一级金融索偿权（贷款合同是银行持有的索偿权），银行吸收存款则相当于卖出二级金融索偿权（存款合同是储户持有的索偿权），这样资金通过金融索偿权的买卖实现了从资金供给方向需求方的流转。

根据以上说明，本书中"金融机构"与"金融中介"不等价交替使用，金融中介比金融机构范畴窄，专门指金融体系中从事金融索偿权买入和卖出的金融机构。当然，并不是所有金融机构都从事金融索偿权的买卖活动。例如，金融管理机构对金融交易进行监督管理，显然属于金融机构，但一般并不进行金融索偿权的买卖业务，所以不属于金融中介的范畴。再如，各类证券交易所和登记中心等机构，专门从事证券发行、登记、结算、付息和兑付等金融交易的服务业务，也属于典型的金融机构，即金融基础设施机构，但是这些机构并不开展金融索偿权的买入和卖出业务，所以也不属于金融中介的范畴。

注意，在金融机构分类中，中央银行是比较特殊的，既属于典型的金融管理机构，又属于标准的金融中介机构。虽然很多资料在介绍金融机构和金融中介的时候不提及中央银行，但是根据金融中介的标准定义（从事金融索偿权的买入卖出活动以实现资金融通），中央银行的业务中也包含此类活动。中央银行是"银行的银行"，对银行等存款性机构提供金融服务，包括为银行提供存款（银行的准备金）和贷款服务，这种服务与银行给其客户提供的媒介服务多少有些类似，所以中央银行也属于金融中介。不过，一般的金融中介是以营利为目的，而中央银行是一种不以营利为目的的特殊金融中介机构。

在实践中，一个国家的金融管理机构会对金融机构的范畴给出一定的界定标准（例如金融机构编码），还有的情况下会根据一个机构是否持有金融牌照来界定其是否属于金融机构。我们将在第二章对中国的金融机构分类进行详细介绍。

不管基于哪种角度对金融机构进行界定，金融机构都是使金融市场得以正常运行的机构。没有这些金融机构，金融市场就无法将资金供给方的资金转移到资金需求方，社会生产生活就无法正常运转。在资金流转过程中，这些不同类别的金融机构发挥着不同的职能。

拓展阅读 1-2

金融中介的定义与口径

一、金融中介的狭义与广义口径

金融中介的英文是 financial intermediaries，从字面意义理解就是在金融交易中担任中间人的角色。但是，究竟如何定义金融中介以及哪些金融机构属于金融中介，则需要明确狭义和广义口径。无论使用狭义定义还是广义定义，都需要在上下文中进行必要的说明。

---

① FREIXAS X，ROCHET J-C. Microeconomics of banking［M］. 2nd ed. Cambridge，Mass：MIT Press，2008.

狭义的金融中介专指商业银行等间接融资中介，这些金融机构通过金融索偿权的转化重新创造资产和负债，从而为资金最终需求方和供给方提供居间服务，实现资金的跨时空流转。所以，如果严格按照狭义口径定义金融中介，则必须涉及索偿权的买卖和转换，才能算是金融中介。总之，狭义的金融中介一定是要在资金供给方和需求方之间重新创造出某种索偿权，而不是仅仅将资金不加任何变化地在供求双方进行简单的传递。按此标准，银行等存款类金融机构是最典型的金融中介；西方的投资银行和中国的证券公司这类金融机构一般不从事金融索偿权的转化业务，所以不属于狭义的金融中介。

事实上，20世纪60—70年代在美国出现的资金从商业银行等传统金融中介流出的现象被称为“金融脱媒”（financial disintermediation），反映了当时对金融中介的界定范畴，即专指商业银行等存款类金融机构。“金融脱媒”中的“媒”就是金融中介，所以“金融脱媒”更准确的表述可能应该是“金融脱介”，只不过习惯成自然。

广义的金融中介则定义为在金融活动中扮演中间人的角色，从事买入和卖出某种金融索偿权的业务，从而为资金需求方和供给方提供中介服务的金融机构。在广义口径下，金融索偿权在买卖过程中并不一定发生转化。广义的金融中介可以分为商业银行等间接融资中介和证券公司等直接融资中介，因为它们都有金融索偿权的买卖业务。

二、不同教科书对金融中介的定义比较

由于不同教科书及相关资料的编写时代背景和国别背景不同，所以它们对金融中介的定义方式不尽相同，可能给读者带来一定困惑，我们下面进行简单的阐释说明（下面提及的教材信息参见本章补充阅读资料）。总体来看，以西方发达市场为蓝本的教科书一般都从狭义口径定义金融中介。例如，米什金（Mishkin）的《货币金融学》教材将金融中介定义为：通过发行负债获得资金，然后利用这些资金通过购买证券或发放贷款来获取资产的金融机构。米什金在教材中进一步强调金融中介必须要有资产负债转换，并直接通过资产参与投资活动。他按照资产/负债的种类来划分各种金融中介，并把银行和基金公司（养老保险基金和共同基金）等机构列在了金融中介中，但是没有列出美国的投资银行。可见，米什金是从狭义口径定义金融中介的。

博迪（Bodie）等人的《投资学》教材也是从狭义口径阐释金融中介，即：“金融中介把资金供给方和资金需求方聚集在一起，通过自己发行证券筹集资金来购买其他企业发行的证券。”可见，这里作者也是从狭义口径定义金融中介，不过表述方式与米什金的教材略有不同。

劳埃德（Lloyd）的《货币、银行与金融市场》教材也是从狭义口径定义金融中介，而且这本教材对金融中介的狭义口径定义非常清晰，即发行二级索偿权获得资金并使用这些资金购买一级索偿权，从而实现资金从供给方向需求方的流转。例如，银行发给储户的存款凭证就是一种二级索偿权，而银行与贷款企业的贷款合约就是一种一级索偿权（与最终资金需求方形成的合约是一级索偿权）。

不过，由美国投资管理与研究协会设立的特许金融分析师（CFA）职业资格认证考试的相关资料对金融中介的定义则比较宽泛，即"在金融活动中扮演中间人角色从而为金融交易提供帮助的机构就是金融中介"。所以，在 CFA 的口径下，投资银行 / 证券公司甚至证券投资咨询公司等都属于金融中介。

事实上，随着金融市场各种业务的多元化发展，证券公司 / 投资银行的业务不仅参与金融索偿权的买卖而且涉及资产负债转换业务。例如证券公司发行债券或者股权获得资金(进入自有资金科目)，然后对外进行股权投资等资产业务，这个过程实际上也涉及资产与负债的转换。所以，从广义口径来看，投资银行及证券公司都可以视为金融中介。

二、金融管理机构

整个金融体系中的金融活动都要受到金融管理机构的监督和管理。所谓金融管理机构，是指按照国家相关制度和规则安排，依法对金融活动进行监督和管理的部门。金融管理机构的主要职能是进行宏观金融调控、对营利性金融中介机构和金融市场进行监管、维护金融体系稳定运行。

2018 年 4 月以前，中国的金融管理机构主要包括中国人民银行（中国的中央银行）、中国银行业监督管理委员会、中国保险监督管理委员会、中国证券监督管理委员会。2018 年 4 月，中国银行业监督管理委员会与中国保险监督管理委员会合并为中国银行保险监督管理委员会。2023 年，国务院组建国家金融监督管理总局，统一负责除证券业之外的金融业监管，将中国人民银行对金融控股公司等金融集团的日常监管职责、有关金融消费者保护职责以及中国证券监督管理委员会的投资者保护职责划入国家金融监督管理总局，不再保留中国银行保险监督管理委员会；中国证券监督管理委员会由国务院直属事业单位调整为国务院直属机构。

中国的金融管理机构经过了上述改革，目前主要包括中国人民银行、国家金融监督管理总局（简称国家金融监管总局）和中国证券监督管理委员会（简称中国证监会）。

中国人民银行是中国的中央银行，是国务院的组成部门之一，主要负责制定和实施货币政策及宏观审慎政策等；国家金融监管总局和中国证监会是国务院直属机构，分别负责对银行与保险业以及证券业金融机构等的监管。

例如，图 1–3 中直接信贷市场中资本市场上的很多金融活动受到中国证监会的监督和管理，参与这一市场上相关金融交易的证券业金融机构（如证券公司）要接受中国证监会的监管；图 1–3 中金融中介机构下属的商业银行进行存贷款等业务既要接受国家金融监管总局的监管，又要受到中国人民银行相关规定的约束。关于金融机构的分类及其对应的监管部门，本书将在第二章进一步详细介绍。

三、金融中介机构

前面提到过，金融中介在金融市场上开展金融索偿权的买入和卖出活动，为资金需求方和供给方提供资金流转的中介服务，将资金从供给方流转到需求方。一般情况下，金融中介机构可以按照业务经营范围和业务特点进行分类，也可以按照监管范畴进行分类。各个国家的金融中介机构名称和业务经营范围并不完全相同，金融中介机构的主要监管部门也存在差别，所以每个国家的金融中介机构分类也略有不同。

如果按照业务范围和特点进行分类，最简单的一种划分是存款类和非存款类，例如商业银行和信用合作社属于典型的存款类中介机构，而证券公司、基金公司等则属于非存款类中介机构。还可以进一步将非存款类中介机构细分为契约类储蓄机构（contractual savings institutions）和投资类中介机构（investment intermediaries）。例如保险公司属于契约类储蓄机构，而证券公司则属于投资类中介机构。

中国的金融中介机构类别按业务范围和监管范畴划分，主要分为银行业、保险业、证券业三大类，其中银行业还可以再分为银行业存款类和银行业非存款类。按照上述标准，表1–1对中国典型金融中介机构及其主要资金来源与运用进行了归纳。因为中央银行是非营利性金融中介机构，所以这里暂时不对中央银行进行介绍。[①] 第二章将会对包括中央银行在内的各类金融机构进行详细介绍。

表1–1 中国典型金融中介类型及主要资金来源与运用

金融中介机构类别	主要资金来源	主要资金运用
银行业存款类机构：		
银行	存款	各类贷款、金融证券等
信用合作社	存款	各类贷款、票据贴现、证券投资等
农村资金互助社	存款	各类贷款等
企业集团财务公司	存款	各类贷款、证券投资等
银行业非存款类机构：		
信托公司	客户资金、同业存放	信托贷款、金融股权投资、同业拆借
贷款公司	股东资金	小额贷款、票据贴现
金融租赁公司	股东资金、客户存款	购买设备
汽车金融公司	股东资金	汽车贷款
消费金融公司	股东资金	消费贷款
银行理财子公司	股东资金	证券投资
金融资产管理公司	股东资金	证券投资
金融资产投资公司	股东资金	股权
信托业保障基金公司	股东资金、同业拆借、发行债券	向信托公司注资

① 还有一类银行是政策性银行，是指由政府创立、不以盈利为主要目的、为履行国家相关经济政策而在特定领域开展金融业务的专业性金融机构。政策性银行一般不向公众和企业吸收存款，而且不以盈利为主要目的，因此表1–1暂时没有包括政策性银行。

续表

金融中介机构类别	主要资金来源	主要资金运用
保险业机构：		
财产保险公司	保单保费	保险合同保费支出
人身保险公司	保单保费	公司债券、抵押贷款
再保险公司	保单保费	保险合同保费支出
保险资产管理公司	保险资金及客户资金	金融资产
企业年金管理机构	企业和职工定期缴纳的保险费	银行存款、国债、证券投资基金、金融债券
养老金管理机构	雇主和雇员的供款	公司债券和股票
证券业机构：		
证券公司（投资银行）	同业拆借、债券、股票质押融资、票据融资、证券卖出回购	证券投资、交易保证金、清算备付金、固定资产投资
证券投资基金管理公司	基金份额	股票、债券
期货公司	客户资金	期货产品

四、金融基础设施机构

在图 1–3 所示的金融体系中，一级索偿权和二级索偿权等各类金融索偿权的具体交易过程，还需要借助金融基础设施得以完成。金融基础设施是指为各类金融活动提供基础性公共服务的系统及制度安排，其中系统是指硬件设施（包括提供服务的机构与网络系统等），制度安排包括法律法规和会计制度等要素。金融基础设施是一个相对开放的概念，可以包括有形的提供登记托管和支付清算等服务的机构，也包括无形的支付清算体系、定价机制、征信系统、信用环境、会计准则以及金融法律法规等。如果从狭义角度界定，金融基础设施的内涵则主要指为金融活动提供登记托管、支付、清算、结算等服务的机构和系统。

第四节 金融市场概览

一、金融市场的基本定义

金融市场是金融体系的核心要素之一，是金融索偿权（金融产品或金融工具）进行交易、实现资金融通和流转的场所。在经济学中，市场是指把买方和卖方集中到一起的有组织的设施和场所，可以是有形的（有具体物理场所）也可以是无形的（基于电子设施和网络空间）。

从广义范畴看，金融市场是指从事货币资金借贷、证券发行与买卖、外汇买卖、贵金属交易以及其他各类金融产品交易的场所的总称，直接金融市场与间接金融市场共同构成金融市场整体。因此，广义上只要是金融产品交易的市场，就是金融市场。

狭义范畴的金融市场从直接融资与间接融资角度进行定义，主要指直接融资市场，例如债券市场和股票市场。回顾图 1–3 所示的金融体系运行机制，从融资渠道角度看，直接融资市场与间接融资中介是并列的，在这样的上下文中，金融市场可以用来专门指直接融资市场，而不包含间接融资市场。例如，本章第一节介绍的金融体系类型（金融结构）包括市场主导型和银行主导型金融体系，市场主导型中的金融市场就是专门指直接融资市场。狭义的金融市场体现的是直接融资功能，所以强调金融产品的可转让交易特征。例如，虽然银行存贷款市场属于广义上的金融市场，但是存款和贷款在一般情况下并不能进行转让交易，所以存贷款市场不属于狭义金融市场。

二、金融市场的内涵与功能

从货币流转角度看，金融机构是货币流转的主要机构，而金融市场则是货币流转的场所，也是金融机构进行交易、企业和个人进行投融资等活动的场所。显然，金融市场的参与者不仅包括金融机构（银行、证券公司、保险公司、投资基金公司等），也包括非金融企业和个人等经济主体。

既然金融机构等各主体的金融活动在金融市场上进行，就必然涉及金融工具（也可以称为金融产品），诸如股票、债券、衍生品等。事实上，金融机构、金融市场和金融工具共同构成了金融体系的核心要素。

从全球范围看，金融市场已经发展成为最大的市场之一，金融市场承载着各种各样的金融交易和金融活动，从而满足不同部门、不同群体和不同个人的金融需求。归纳来看，金融市场发挥以下几大职能：一是投融资的场所，即借贷等交易的场所，也就是资金集聚与流转的场所；二是提供流动性的场所，这一职能主要通过货币市场实现；三是发挥资产价格决定和价格发现的职能；四是提供风险分散和风险定价的场所。

三、金融市场上的交易

金融市场上交易的具体对象是金融产品或者称为金融工具，对于发行方（卖出方）来说是其负债或所有权受让，对于购买方来说是其资产，所以金融产品代表了交易双方的资产或者负债。但是用“资产或者负债”来表述比较烦琐且可能不准确，所以本章反复使用了“金融索偿权”来替代“资产或者负债”的表述。金融索偿权近似等价于金融产品，每个金融产品都对应于一种金融索偿权，但是金融索偿权是一种更抽象的表述，强调的是权利和义务，其具体表现形式是金融产品。例如，银行存款、银行贷款、存折存单、政府债券、股票、保险保单等都是金融产品，也都属于金融索偿权的具体形式。

金融产品多种多样，所以金融市场也种类繁多。我们在图 1–3 中已经看到，资金供给方和资金需求方既可以通过间接融资中介实现资金融通，也可以通过直接融资市场实现资金流转。在直接融资渠道中，资金需求方在金融市场上把可交易的金融产品（证券）卖给资金供给方获得资金，这些证券是对资金需求方未来收入或者资产的一种索偿权。在间接融资渠道中，相应的金融产品交易也形成了各种金融市场，例如存贷款市场、基金产品市场、保险产品市场等。

金融市场行使的主要经济功能是把资金从供给方转移到需求方，从而实现金融资源的有效配置。经济学中的资金需求方在融资过程中，可以通过不同的金融市场获得资金。例如,中国石油天然气集团公司(简称中石油)需要资金来扩建炼油厂或者购买大型设备,至少可以有三种选择:一是选择向商业银行借款;二是选择在债券市场上发行债券进行融资;三是选择在股票市场上增发股票进行融资。这三种融资方式需要运用三种金融工具,分别是贷款合同、债券和股票。这三种工具对应着三种金融索偿权。

贷款合同可以看成商业银行与中石油进行交易的金融工具。贷款是商业银行的资产,同时是中石油的负债,贷款合同代表着一种金融索偿权。贷款交易依托的市场就是贷款市场。但是,这种贷款合同一般情况下不能进一步转让交易。

债券是一种债务性证券(debt security),代表着一种债务索偿权。债券发行方定期支付利息并在到期日偿还本金。根据定义,债券买入方(投资者)和发行方(中石油)是债权债务关系。债券交易依托的场所就是债券市场。债券首次发行以后,还可以在债券市场上流通转让。

股票是一种权益性证券(equity security),代表着一种股权索偿权。股票买入方和发行方是所有权(equity)关系,股票持有者拥有对中石油公司资产和收益的索偿权。股票交易依托的场所是股票市场。股票首次发行以后,也可以在股票市场上流通转让。

四、金融市场的分类

金融市场的职能体现在各类不同的金融市场中。金融市场的分类可以有很多标准,可以按照市场上交易的金融产品种类、金融产品的期限、金融产品对应索偿权的特征、金融产品发行认购方式以及金融产品交易的市场组织形式等划分为不同的金融市场子市场,不同分类下的子市场彼此之间并不互相排斥。例如,政府发行的 15 年期债券是一种常见的金融产品,如果按照金融产品的种类划分,这个债券所在的市场是债券市场而不是股票或者其他金融产品市场。与此同时,因为这个债券的到期期限是长期(15 年),所以这个 15 年期债券交易的市场又属于按照金融产品期限划分的资本市场而不是货币市场。图 1–9 按照不同分类标准归纳了常见的金融市场分类情况。

(一)按产品种类分类

根据市场上交易的金融产品种类进行分类,金融市场可以分为资金市场、债券市场、股票市场、外汇市场、贵金属市场和衍生品市场等。不仅债券、股票等是常见的金融产品,资金或者说货币本身也是一种特殊形态的金融产品。所以,这里的资金市场是指交易的对象是资金,例如银行的存贷款业务,可以看成客户与银行进行资金的存入或者借贷交易(业务)。

再如,银行彼此之间有资金拆借交易,交易的对象也是资金,只不过有些情况下资金市场的名字可以更加具体。例如,美国的联邦基金市场(federal funds market),实际上是银行间资金市场,这里的 funds 是"资金"的意思。另外需要注意的是,因为存贷款属于典型的间接融资业务,所以如果基于狭义的金融市场定义(直接融资市场),存贷款市场一般不被列为一种金融市场。但是从广义角度看,资金市场仍然属于金融市场的一类。

(二)按到期期限分类

根据金融产品的到期期限,金融市场可以分为货币市场和资本市场。货币市场交易的是期限为 1 年以内的短期债务工具。资本市场交易的是 1 年以上中长期债务工具和股权工具。例如,银行间的隔夜资金拆借、企业发行的短期融资票据和短期国债等均在货币市场交易;上市公司发行的股票,企业、政府等发行的中长期债券等则在资本市场进行交易。

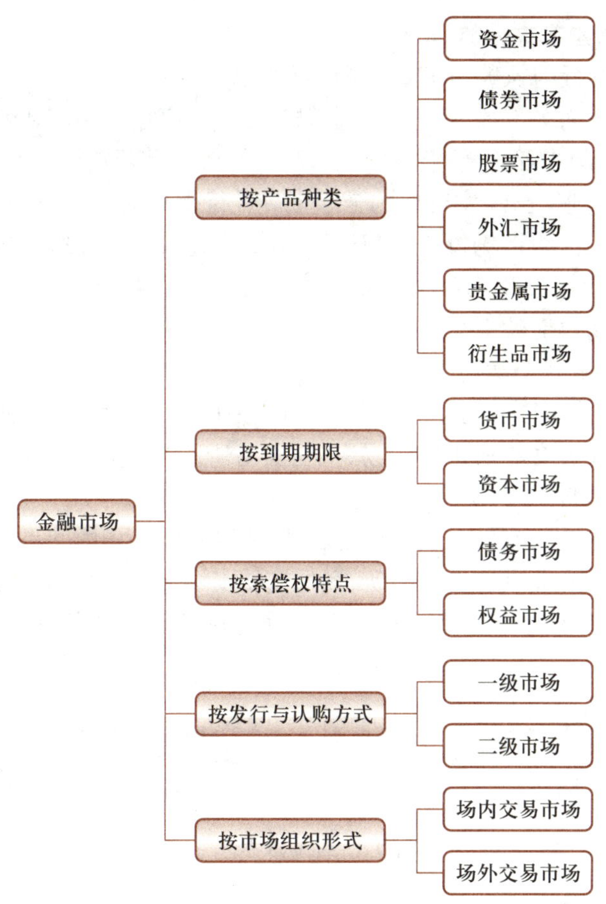

图 1-9　常见的金融市场分类

（三）按索偿权特点分类

根据金融产品的索偿权特点，金融市场可以划分为债务市场（debt market）与权益市场（equity market）。债务工具是一种标明债务债权关系的契约协议，而权益工具则给予持有人对发行公司的所有权。债券市场属于债务市场中的典型代表，按揭贷款市场或者称为住房贷款抵押市场（mortgage market）也属于债务市场。企业可以通过债券市场获得资金用于扩大生产，个人则可以通过按揭贷款市场获得资金，用于购买房地产。

例如，一家企业要想通过直接融资渠道获得资金，就可以选择在债券市场上发行债券。债券发行以后，这家企业需要定期向债券购买方支付利息，并在到期日偿还本金。债券和按揭贷款等债务性证券都有到期期限（maturity），一般 1 年以内的期限被称为短期，10 年以上的期限被称为长期，1~10 年的期限被称为中期。当然，也可以简单地将 1 年以上期限都称为长期。

此外，企业在一定条件下还可以通过权益市场进行融资。例如，企业通过上市发行股票，股票就是一种权益产品，股票投资者拥有分享企业净收入（扣除费用和税款后的收入）以及对公司重要问题进行表决等权益。股票一般没有到期日，所以是一种长期金融产品。

（四）按发行与认购方式分类

根据金融产品发行与认购方式，金融市场可以分为一级市场和二级市场。一级市场（primary market）也叫初级市场，是筹集资金的公司或政府机构将其新发行的股票或债券等金融产品销售给最初购买者的金融市场。所以，一级市场是新发行金融产品的交易场所，即发行市场。二级市场则是已经发行后的金融工具进行交易的流通市场。例如，一家企业首次上市公开发行股票，一级市场投资者获得股票以后，还可以在二级市场进行转让交易。所以，一级市场与二级市场彼此依存，如果没有一级市场就很难有二级市场，而如果没有二级市场，一级市场的交易可能就不会活跃。

（五）按市场组织形式分类

根据市场组织形式可以分为场内交易市场（交易所交易市场）和场外交易市场（OTC市场）。场内交易是指通过交易所进行交易，接受交易所监督管理；场外交易是指双方直接进行交易，无须交易所监督。

例如，中国的债券交易有场内交易市场和场外交易市场：场内交易市场包括上海证券交易所、深圳证券交易所和北京证券交易所；场外交易市场包括银行间债券市场和银行柜台市场，其中银行间债券市场的参与者限定为机构，属于场外债券批发市场，而银行柜台市场的参与者限定为个人，属于场外债券零售市场。

拓展阅读 1-3

中国的债券场外交易市场

1. 全国银行间债券市场

全国银行间债券市场是指依托于中国外汇交易中心暨全国银行间同业拆借中心（简称交易中心）和中央国债登记结算有限责任公司（简称中央结算公司），交易参与者主要包括商业银行、农村信用联社、保险公司、证券公司等金融机构的大宗交易市场（批发市场），交易业务类型包括现券交易、回购交易、债券借贷、债券衍生品交易等。全国银行间债券市场成立于1997年6月，是中国债券市场的主体部分，债券存量接近全市场的90%（截至2024年年初）。

2. 代办股份转让系统

代办股份转让系统又称三板市场，是指经中国证券业协会批准，具有代办系统主办券商业务资格的证券公司采用电子交易方式，为非上市股份有限公司提供规范转让服务的股份转让平台。代办股份转让系统是一个以证券公司及相关当事人的契约为基础，依托证券交易所和中央登记公司的技术系统和证券公司的服务网络，以代理买卖挂牌公司股份为核心业务的股份转让平台。证券公司以其自有或租用的业务设施，为非上市股份有限公司提供股份转让服务。证券公司依据契约，对挂牌公司的信息披露行为进行监督、指导和督促，中国证券业协会委托证券交易所对股份转让行为进行实时监控，并对异常转让情况提出报告。中国证券业协会履行自律性管理职责，对证券公司代办股份转让服务业务实施自律管理。

3. 债券柜台交易市场

债券柜台交易市场是银行间市场的延伸，属于零售市场，交易业务双方分别是柜台业务开办银行与个人及中小机构等柜台业务投资者。柜台流通式债券业务品种包括经发行人认可的已发行国债、地方政府债券、国家开发银行债券、政策性银行债券和发行对象包括柜台业务投资者的新发行债券。在柜台交易营业时间内，开办银行对债券进行连续双边报价，在其开办柜台交易的营业网点挂出全行统一的债券买卖价格及供投资人参考的到期收益率，实时办理债券和资金交割结算，并于交易结束后向中央结算公司发送有关数据及结算指令。

五、金融市场的有效性（效率性）

作为投资者，在金融市场上进行投资总是希望能够低价买入金融资产随后高价卖出，从而获得高收益。但是在发达的金融市场上往往并没有“免费的午餐”，投资者购买金融产品一方面没有多少讨价还价的余地，另一方面很难判断金融产品未来的价格走势。之所以很难判断金融产品价格走势，核心原因是发达的金融市场上各种金融产品的价格已经反映了投资者可以获得的各种信息，因此投资者没有额外信息可以用来预测。用专业的术语来说，如果金融市场是有效率的（efficient），那么金融产品的价格已经是市场的共识性估计值，此时金融市场上既没有价格被低估的金融产品，也没有价格被高估的金融产品。

上述内容就是著名的有效市场假说（efficient markets hypothesis），其核心内容是金融市场上证券价格与市场信息之间的关系。有效市场假说认为，当金融市场处于均衡状态时，证券价格反映了市场上的所有可用信息。理解有效市场假说，我们需要回顾经济学中常用的一个概念，即理性预期。一般来说，人们对于市场上某种产品的价格预期受到当前和历史价格影响，还会受到对未来经济走势预期的影响。也就是说，价格预期既会受到历史因素影响，也会受到对未来判断的影响。如果价格预期的形成基于过去和现在所有的可用信息（所有可用信息是关键词），此时的预期称为理性预期。理性预期理论认为，理性预期就是一种最优预测（optimal forecast）。这样，可以用以下公式表示理性预期：

$$E(P_{t+1})=P_{t+1}+v_{t+1} \tag{1-3}$$

式中：$E(\cdot)$表示预期操作符号；v_{t+1} 表示预测误差；P_{t+1} 表示 $t+1$ 时刻的现实价格。

理性预期的关键就在于该预测误差是服从均值为 0 的独立分布随机扰动项，从而保证 P_{t+1} 与价格预期之间的预测误差平均来看（取期望）等于 0。

理性预期理论表明，市场参与者如果在形成价格预期的过程中没有使用所有可用信息，那么就会为此付出代价。例如，生产厂商在生产产品并进行定价的过程中，由于没有考虑宏观政策对利率的调整以及由此对产品需求（下降）的影响，并没有及时调整生产策略，会在未来市场销售中遭遇产品价格下跌的损失。

对于金融市场来说，有效市场假说就是指证券价格反映了市场上所有可用信息。因为证券的收益率与价格紧密联系，所以还可以从证券收益率角度理解有效市场假说。在有效市场上，证券收益率只反映风险与流动性的差异。

我们以股票为例，假定均衡状态收益率是 10%，这一收益率 R 是基于价格 P 及分红 D 计算而来的，即：

$$R=\frac{P_{t+1}-P_t+D}{P_t} \tag{1-4}$$

有效市场假说认为证券的未来预期价格是理性的，即 t+1 时刻的预期价格应该正好等于利用所有可用信息得到的最优预测值。如果上例中的股票发行公司公告一个利好消息，那么股票的预期价格就会上升。此时的问题是当前的股票价格会如何反应？如果股票的风险与流动性都没有变化，那么均衡状态的收益率应该保持 10% 不变。由于利好消息导致预期价格上升，当期价格就会迅速反应出现上升，从而使得均衡收益率 10% 保持不变。

为了说明问题，我们可以假设上例中的股票当期价格是 100 元，预期价格也是 100 元，分红是 10 元，此时处于均衡状态，收益率就是 10%。此时，当公司宣布利好消息以后，预期价格上升到 120 元。因为公司股票的风险和流动性都没有发生变化，有效市场假说对应的结果应该是均衡收益率 10% 保持不变。那么，此时股票现价会变化到多少呢？我们利用之前的公式，把以上数字代入之后得到：10%=（120–P+10）/P。所以此时现价变为 118.18 元，这就是有效市场对应的现价。

有效市场假说的逻辑非常清楚。如果证券现价没有完全反映预期的变化，那么一定会存在没有开发出来的获利机会，市场参与者通过购买此类证券就可以获得超额收益。正是由于市场参与者会被这种获利驱使，只要一出现获利机会就会立刻被用光，从而使得证券现价迅速调整到均衡收益对应的价格。

有效市场假说可以分为三种形式，即根据证券价格所反映的市场信息层次划分为弱有效市场、半强有效市场和强有效市场。

弱有效市场是指证券价格反映了过去的所有信息，如成交价格、成交量等。在该类市场中，任何投资者都不能利用过去的信息制定投资策略进行证券买卖而获取异常收益率（在有效市场中，与风险水平相当的证券收益率为正常收益率，实际收益率与正常收益率的差额为异常收益率（abnormal return））。在弱有效市场上，市场行为的历史资料已经充分发挥了作用，不能再继续影响证券市场的价格走势。即证券价格充分反映了历史上一系列交易价格和交易量中所隐含的信息，或者说有关证券的历史交易信息已经被充分披露、均匀分布和完全使用，任何投资者都不可能通过使用任何方法来分析这些历史交易信息以获取超额收益。

半强有效市场是指证券价格已经反映了所有公开的信息，如公司的盈利宣告、股票分割、红利宣告等。在该类市场中，任何投资者不能利用公开的信息制定投资策略进行证券买卖获取异常收益率。

强有效市场是指证券价格已经反映了所有的信息，包括所有公开信息和私人信息及内部信息，它是有效市场的最高形式。在该类市场中，任何投资者都无法获得异常收益，公司内部人员也同样如此。强有效市场假说不仅指出证券价格反映了所有信息，而且强调信息准确、完整，充分反映了证券的真实基本价值（fundamental value）。

第五节　金融体系与经济运行的关系

一、基本流程

现代经济的顺畅运行离不开金融体系。我们可以把经济运行的主要参与者分为生产方和消费方，生产方主要是商业企业和政府部门，消费方主要是居民个人和家庭。图 1–10 通过三个流程来刻画金融体系与经济运行的关系，图中①、②、③分别表示三个流程的顺序。

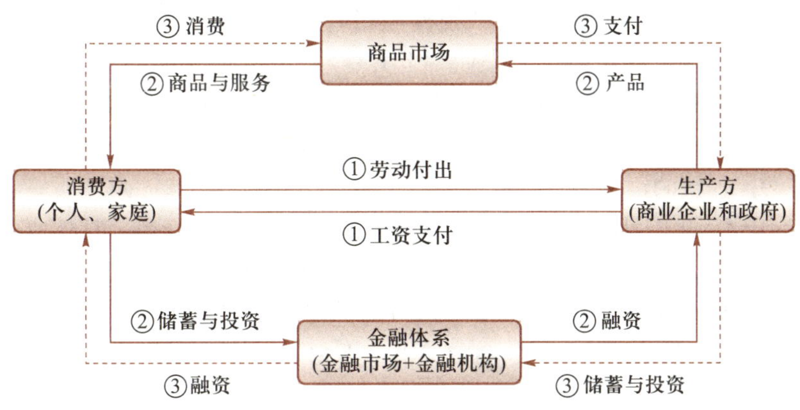

图 1–10　金融体系与经济运行的关系

第一个流程刻画企业生产与支付和工人劳动与收入之间的流转过程。企业作为现代社会的生产主体，需要劳动力和资本才能开展生产。作为消费方的居民个人可以向生产方提供劳动力，通过劳动获得工资收入，这是第一个流程。

第二个流程从企业融资生产开始，产品通过商品市场流向消费方。从企业生产层面看，企业除了工人之外还需要厂房和设备等才能开展生产，所以企业需要资金购买厂房和设备，当然也需要资金支付工人工资，这些资金主要通过各种融资方式从金融体系中获得。在这个过程中，金融体系发挥了支付清算、资金供给等职能。企业生产出产品以后在商品市场销售，消费方一方面把劳动付出获得的工资收入用来购买商品和服务，另一方面把剩余资金以储蓄和金融投资的方式投入金融体系。

第三个流程从消费方购买商品和服务的消费支出开始，支出资金流向生产企业，生产企业获得产品销售收入之后，一部分用来支付工人工资和偿还相关债务，剩余资金则以储蓄或者投资的方式进入金融体系。

二、金融体系与经济运行的更多互动

在图 1–10 描绘的金融体系与经济运行之间的关系中，还包含更多的金融活动。例如，居民通过劳动付出获得的工资收入可能不足以支付小汽车或者住房等，但是居民可以从金融体系中的银行部门获得贷款（如汽车消费贷款、住房抵押贷款）以实现对小汽车或者住房的购买愿望。在这个常见的例子中，如果没有金融体系的存在，那么很可能居民需要工作20~30年才能攒够一套住房的资金，几乎要等到花甲之年才能入住自己的房屋。但是，通过金融体系提供的按揭贷款服务，居民就可以在年轻时拥有自己的住房，等到30年后，既提前享受了拥有住房的快乐，又还清了所有贷款。再如，政府部门修建公路等公共设施也需要资金来支付建设工程费用，政府除了可以使用政府财政收入（例如税收）以外，还可以通过在金融市场发行债券的方式获得资金，从而完成公共基础设施的建设等任务。

另外，金融体系对于经济运行的重要性还体现在金融体系的金融定价、政策调控等职能。概括来说，金融体系决定了经济运行中资金的价格和数量，而资金的价格和数量会影响经济运行的健康状况。例如，当经济运行中可用资金减少、资金价格上涨即利率上升时，企业很可能因为融资成本上升而降低生产规模并相应减少雇佣工人数量，于是全社会的商品与服务支出会下降，由此很可能带来失业率上升、经济增长放缓的结果。相反，当经济运行中的可用资金增加、资金价格下降即利率下降时，企业的融资成本下降，企业就有动力借入资金来提高生产规模并相应增加雇用工人数量，于是商品与服务支出会增加，相应带来失业率下降、经济增速加快的结果。

在以上过程中，我们抽象地概括了金融体系如何决定金融价格。具体来说，资金价格（利率）的变化一般是由金融体系中的中央银行进行调控的，而中央银行对利率的调控是通过特定金融市场（例如货币市场）与特定金融机构进行金融工具的买卖交易得以实现的。我们将在第十一章详细介绍中央银行的利率调控等内容。

复 习 要 点

1. 金融的定义与范畴。
2. 金融体系的构成与运行机制。
3. 直接融资与间接融资的定义与特征。
4. 金融体系的功能。
5. 金融体系的类型（金融结构）。
6. 金融机构的定义与分类。
7. 金融市场的定义与分类。
8. 金融体系与经济运行的联系机制。

关 键 术 语

金融　资金融通　通货膨胀　机会成本
金融体系　金融机构　金融中介　中央银行
监管机构　金融基础设施　信息不对称　经纪商
交易商　直接融资　间接融资　金融索偿权
一级索偿权（直接融资索偿权）　二级索偿权（间接融资索偿权）
金融脱媒　银行业　保险业　证券业
证券　债权　股权　权益
金融市场　金融结构　银行主导　市场主导

一级市场　二级市场　债务市场　权益市场
货币市场　资本市场　场内交易　场外交易（OTC）
有效市场　收益率　风险　流动性
产品市场　要素市场

即测即评

请扫码检测本章学习效果。

练　习　题

1. 金融的本质是什么？
2. 什么是金融体系？
3. 如何理解货币的时间价值？
4. 资金需求方如何通过金融体系筹集资金？
5. 金融市场可以划分为哪些类型？
6. 银行主导型金融体系与市场主导型金融体系的主要区别是什么？
7. 金融体系如何影响经济运行？

参考答案

补充阅读材料

扫码查看本章补充阅读材料。

第二章

金融机构

学习目标

1. 了解金融机构的类型
2. 掌握银行业机构的分类
3. 掌握证券业机构的分类
4. 掌握保险业机构的分类
5. 掌握金融基础设施体系

本章导读

从学理上看，金融机构的分类可以有很多标准，例如按照是否吸纳存款分为存款类金融机构和非存款类金融机构。在实践中，比较权威的金融机构分类则是依据国家金融管理部门发布的金融机构分类标准进行划分，这类划分标准与金融机构所属的监管口径比较一致，便于读者学习，也适于在实践中应用。

本章对金融机构的分类及不同金融机构的特征进行介绍。根据中国人民银行发布的资料，截至2024年年初，中国金融机构总数为30 000家左右（不含港、澳、台地区的数据），主要金融机构数量分布如下：

（1）货币当局与国家金融监管机构共计4家，其中中国人民银行和国家外汇管理局属于货币当局，国家金融监管总局和中国证监会属于国家的金融监管机构。

（2）银行业金融机构共有4 600余家，其中银行业存款类机构有4 350余家，银行业非存款类机构有250余家。

（3）保险业金融机构有2 800余家，其中财产保险公司88家，人身保险公司91家，其他各类保险公司2 600余家。

（4）证券业金融机构有近25 000家，其中证券公司140家，公募基金公司139家，私募基金公司24 000余家，期货公司150家，证券投资咨询公司80家。

（5）主要金融基础设施机构有200余家，其中主要交易机构15家，主要登记结算类机构6家，主要资金清算中心5家，银行卡组织3家，征信机构近140家，法人信用评级机构55家。

第一节 金融机构的分类

一、金融机构的层级与分类方式

金融机构是金融体系的核心组成部分,也是资金得以顺利流转的核心部门。第一章的“金融机构概览”部分已经介绍过,广义的金融机构包括所有从事金融服务活动的机构。从不同金融机构在整个金融体系中的层级和职能分工总体来看,金融机构包括三大类:一是国家金融管理部门,包括中央银行和其他金融监管机构;二是金融中介部门,典型的金融中介机构包括银行业中介机构、保险业中介机构和证券业中介机构;三是金融基础设施部门,包括交易所和登记结算类机构等。这三大类基本涵盖了所有类型的金融机构,同时也基本适用于对世界各国金融机构的大类概括。

(一) 国家金融管理部门

国家金融管理部门是指由国家组建设立并依法制定和实施国家的金融政策、对各项金融活动进行监督管理、维护金融体系稳定运行等职能的机构。国家金融管理部门下属的各机构都属于金融机构。

本书使用“金融管理部门”而没有使用“金融监管部门”的表述,主要是因为“监管部门”的范畴比“管理部门”更窄,一般专指负责金融行业的监管机构,例如国家金融监管总局和中国证监会。但是并非所有国家金融管理部门都只负责金融监管。例如,中央银行是典型的国家金融管理部门。虽然中央银行也行使一定的金融监管职能,但其核心职能是制定和实施国家的货币政策,所以不宜把中央银行说成金融监管部门。

(二) 金融中介部门

金融中介部门是指在金融市场上从事买入和卖出某种金融索偿权从而为资金需求方和供给方提供中介服务的金融机构的集合。对于金融中介机构,可以从行业属性与监管口径进行子类划分。例如,可以将金融中介机构划分为银行业机构、保险业机构和证券业机构。这是我国金融行业中经常使用的一种划分方式,也是中国人民银行发布的《金融机构编码规范》采用的分类方式。

在这一分类体系中,银行业机构可以进一步划分为银行业存款类机构和银行业非存款类机构。其中,银行业存款类机构包括各类银行、信用合作社、农村资金互助社和企业集团财务公司,银行业非存款类机构包括信托公司、金融资产管理公司、金融租赁公司、汽车金融公司、贷款公司、货币经纪公司、消费金融公司和银行理财子公司等。这些机构都受国家金融监管总局的监管。

各类保险公司属于典型的保险业机构,也要接受国家金融监管总局的监管。证券公司则属于典型的证券业机构,接受中国证监会的监管。图 2–1 概括了我国金融中介机构的分类情况,我们在后面的《金融机构编码规范》中将做进一步介绍。

当然,还可以简单地按照是否能够吸收存款,将金融中介机构划分为存款类金融机构与非存款类金融机构。存款类金融机构主要通过存款形式向存款人举债而获得资金来源,如我国的各类银行、信用合作社、农村资金互助社和企业集团财务公司等;非存款类金融机构

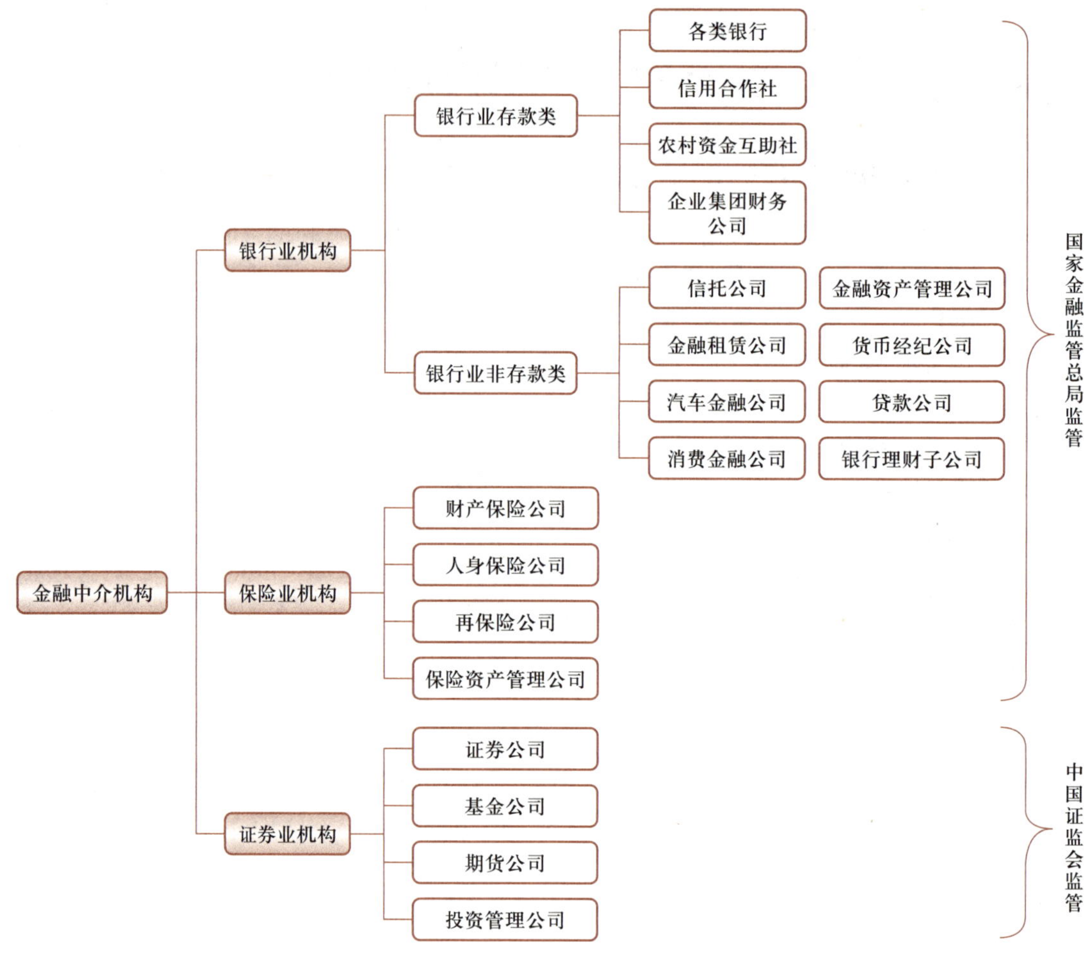

图 2-1　中国金融中介机构的类别划分

则是那些根据监管要求不得吸收存款的机构，例如我国的证券公司、基金公司、期货公司、保险公司、信托公司等。

对于非存款类金融机构，还可以将其进一步划分为契约类储蓄机构（保险公司等）和投资类金融机构（证券公司、基金公司等）。其中契约类储蓄机构（contractual savings institutions）是在长期契约的基础上按期取得资金，并将所获资金投资于金融市场的金融中介机构。

（三）金融基础设施部门

金融基础设施部门是指为各类金融活动提供基础性公共服务的系统及制度安排的集合，其中系统包括提供服务的机构与网络系统等，制度安排包括法律法规和会计制度等软性因素。相应地，金融基础设施机构是指提供登记托管和支付清算等服务的具体机构。例如，中央国债登记结算有限责任公司是我国证券市场的主要金融基础设施机构之一，承担国债、金融债券、企业债券和其他固定收益证券的登记、托管、结算、代理还本付息等职能。再如，中国证券登记结算有限责任公司也是我国证券市场的主要金融基础设施机构，主要承担股票类产品的登记、托管和结算职能，还承担了一部分跨市场（证券交易所市场与银行间市场）转托管债券的分托管职能（债券总托管方还是中央结算公司）。

二、《金融机构编码规范》

中国人民银行在2009年首次制定并发布的《金融机构编码规范》中，提供了一套中国境内的金融机构分类基准，并且给出了各类金融机构的具体组成。需要注意的是，中国人民银行发布的《金融机构编码规范》所涵盖的金融机构范围比较广，既包含由国家金融监管当局直接监管的典型金融中介机构，又包括部分不在国家金融监管当局直接监管名录内的其他从事金融业务的机构。例如，保险公估机构、保险代理机构、保险经纪机构、小额贷款公司等并不一定在国家金融监管总局的监管名录内，但是包含在《金融机构编码规范》范围内。还有少数从事金融业务的准金融机构，例如拍卖行和珠宝行等，这些机构的业务审批和直接主管部门并不是国家金融监管当局，所以一般并不包括在国家金融监管当局公布的金融机构名录中，但是这些机构的经营业务中包含金融服务，所以包含在《金融机构编码规范》中。

不难看出，《金融机构编码规范》中囊括的金融机构范围比国家金融监管当局所监管的金融机构名录更宽泛一些。在实践中，如果涉及法律层面的问题而需要严格判断一个机构及其业务是否归属于金融机构和金融业务时，基本判断标准则应该基于是否由国家金融监管当局直接监管以及是否持有金融业务牌照的事实，即国家金融监管当局的监管名录是比较严格的依据标准。按照中国人民银行发布的《金融机构编码规范》所制定的基准，中国的金融机构可以分为九大类，编码分别用字母A、B、C、D、E、F、G、H、Z表示，对应的名称列在表2-1中。

表2-1　中国金融机构编码及名称

机构编码	机构名称
A	货币当局
B	监管当局
C	银行业存款类金融机构
D	银行业非存款类金融机构
E	证券业金融机构
F	保险业金融机构
G	交易及结算类金融机构
H	金融控股公司
Z	其他

图2-2进一步详细列示了以上编码类别及其对应的典型子类内容。当然，随着中国金融体系的发展，可能不断有新的金融机构设立，《金融机构编码规范》也为新增金融机构设计了动态拓展机制。图2-2中列举的金融机构会随着时间变化而可能有动态调整。例如，

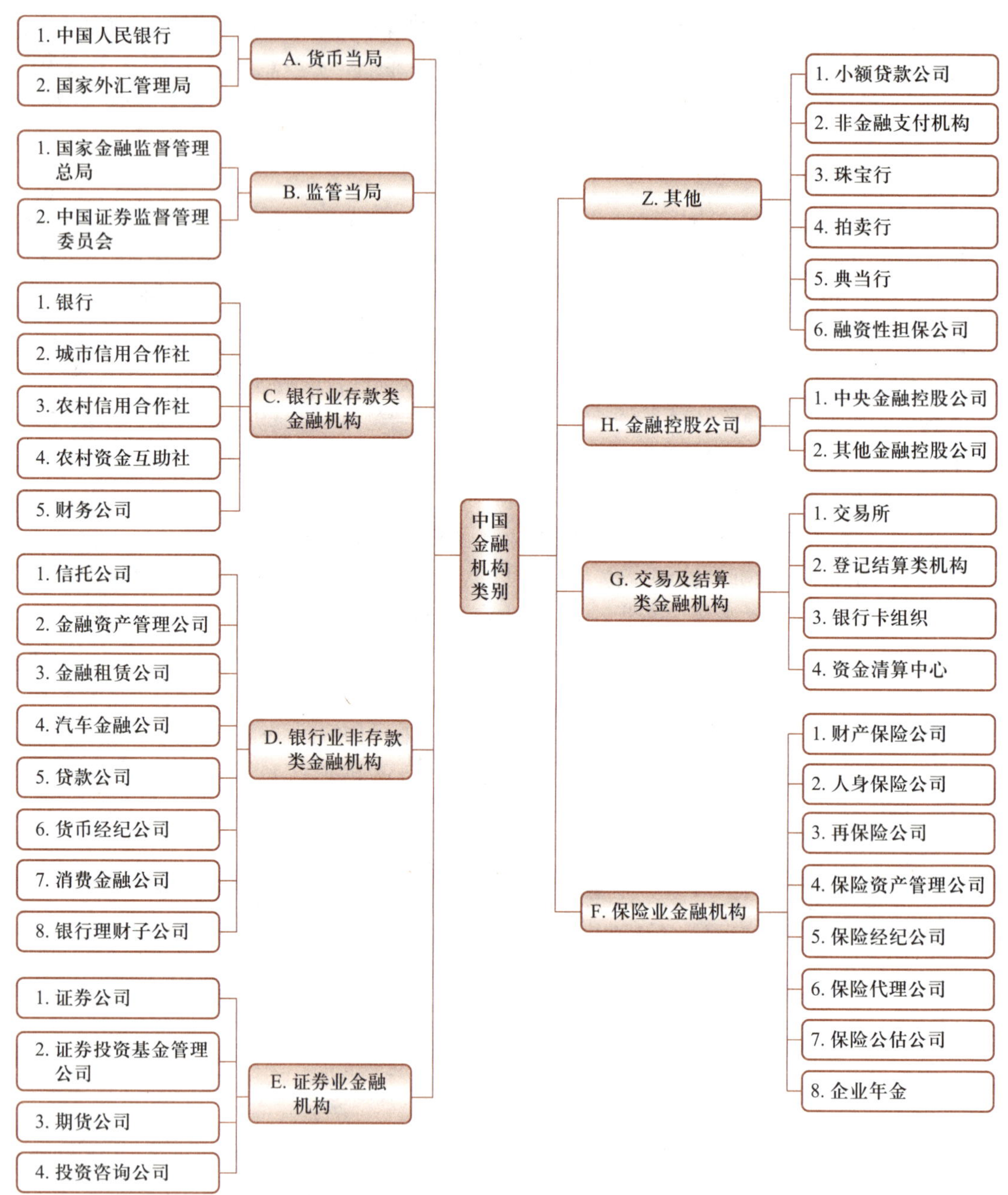

图 2–2 中国金融机构分类示意图

资料来源：根据《金融机构编码规范》绘制。

典当行的业务与经营在2018年之前由商务部主管，属于《金融机构编码规范》中的“其他”类别，2018年之后划归银行与保险监管机构主管，从监管口径上也可以相应分类到“银行业非存款类金融机构”。再如，2019年以前的编码规范中没有银行理财子公司，2019年以后才开始成立银行理财子公司，因为成立背景是基于银行的理财业务，所以可以归类为银行业非存款类金融机构，由银行与保险监管机构对其进行监管。

在《金融机构编码规范》的金融机构分类标准中，货币当局和监管当局属于国家金融管理部门，交易及结算类金融机构属于金融基础设施部门，其他类别的机构（C—F、H—Z）可以大致归为金融中介部门。在以上部门中，我国的货币当局是指中国人民银行与国家外汇管理局，监管当局在 2017 年之前分设中国证券监督管理委员会、中国银行监督管理委员会和中国保险监督管理委员会，2017 年之后对银行和保险分设的监管机构合并为中国银行保险监督管理委员会，2023 年 5 月在其基础上组建了国家金融监管总局。另外，结合前面对金融中介部门的分类标准的介绍内容，图 2-2 中列示的金融中介机构主要可以归纳为三大类，即银行业金融机构（包括存款类金融机构和非存款类金融机构）、证券业金融机构和保险业金融机构。

另外，根据所属监管部门，小额贷款公司、典当行等其他准金融机构靠近银行业金融机构类别。根据 2020 年 11 月中国人民银行发布的《金融控股公司监督管理试行办法》，金融控股公司是指依法设立，控股或实际控制两个或两个以上不同类型金融机构，自身仅开展股权投资管理，不直接从事商业性经营活动的有限责任公司或股份有限公司。从监管机制来看，2023 年 5 月前，由中国人民银行对金融控股公司实施日常监管，之后该职能划入新成立的国家金融监管总局。金融控股公司本身并不能简单划归为银行业、证券业或者保险业，其控股的具体金融机构才涉及具体分类问题。

第二节　银行业金融中介机构

在我们国家，银行业金融中介机构（下文简称银行业金融机构）的类型主要是依据监管口径来划分的。2023 年 5 月起，银行业金融机构由国家金融监管总局监管。我国银行业金融机构根据是否吸收存款又可以划分为两大类：一是银行业存款类金融机构；二是银行业非存款类金融机构。从本章第一节的图 2-1 中可以看出，银行业存款类金融机构主要包括银行、信用合作社、农村资金互助社和企业集团财务公司。这些机构一般都具有吸收存款的功能，因此统一归类为存款类机构。

银行业存款类金融机构是非常重要的金融中介机构，其主要负债（资金来源）是各类存款，主要资产（资金运用）是其发放的各类贷款。我们将在第八章看到，这些存款类金融机构的主要负债（各类存款）是货币总量的主要构成部分，而货币总量又是中央银行对宏观经济进行调控的重要中间目标（第十一至十二章详细介绍），所以银行业存款类金融机构不仅是市场上资金融通的重要中介，也是国家金融政策制定部门进行政策调控的重要交易对手方。

一般来说，银行业存款类金融机构需要按照中央银行的规定留足存款准备金。存款准备金分为法定存款准备金和超额存款准备金。法定存款准备金可以简称为法定准备金，是指存款类金融机构按照法律要求针对存款计提的准备金，是金融机构为保证客户提取存款、支付清算等需要而持有的作为准备的最低资金标准。法定准备金相对于存款的比例一般是由中央银行规定的，被称为法定存款准备金率或者法定准备金率（required reserve ratio）。超额存款准备金可以简称为超额准备金，是指存款类金融机构计提的准备金中超出法定准备金的部分。中央银行对超额准备金支付的利率称为超额准备金利率（interest rate on excess reserve,IOER)。IOER是由中央银行设定的,在实践中有时被作为一国政策利率的下限(第十二章详细介绍)。

一般来说,准备金包括存款类金融机构的库存现金(vault cash)和以存款形式存放于中央银行的准备金。注意,出于多种因素考虑,目前中国人民银行对存款类金融机构的准备金统计口径不包含库存现金,只统计各机构存放于中央银行准备金账户的存款。我们将在第八章和第十章对存款准备金相关概念和具体内容进一步详细介绍。

一、银行业存款类金融机构

银行业存款类金融机构中最常见的是各类银行,包括政策性银行和商业银行。我国的政策性银行是指由政府创立、不以盈利为主要目的、为履行国家相关经济政策而在特定领域开展金融业务的专业性金融机构。例如,中国农业发展银行是由政府创立的贯彻配合政府农业政策、为农业提供特别贷款等金融业务的政策性银行,中国进出口银行是由政府创立的支持国家对外经济贸易投资发展与国际经济合作的政策性银行。政策性银行虽然不吸收公众存款,但是可以吸收特定类型企业存款或者同业存款,因此也属于存款类金融机构。

商业银行是以盈利为目的的典型金融中介机构,传统业务主要集中于吸收存款和发放贷款,主要资产是发放的各类贷款,主要负债是吸收的存款。商业银行可以按照资产规模简单划分为大型和中小型银行等。从我国现实情况来看,各类商业银行的所有权(股权)结构比较复杂,而且商业银行所属的行政级别不同,因此不宜使用资产规模等单一指标进行分类。按照所有权结构、资产规模、行政级别和经营范围等综合标准,我国商业银行可以大致划分为大型商业银行、中小型全国性股份制商业银行、地方性商业银行、村镇银行和民营银行等几类。

商业银行的传统业务主要包括存款和贷款等内容,其中客户存款属于商业银行的负债,银行发放的贷款属于商业银行的资产,所以商业银行的资产负债表可以反映出商业银行的主要业务情况。当然,商业银行也提供一些中间服务并收取一定费用,这些业务属于商业银行的中间业务或者表外业务,不记入资产负债表。关于商业银行的具体业务经营以及资产负债表的内容,本书第十章详细介绍。

除银行以外,我国的银行业存款类金融机构还包括信用合作社、农村资金互助社和企业集团财务公司。虽然这三类机构都开展吸收存款和发放贷款等业务,但是具体业务对象和业务范围比商业银行更窄。下面分别介绍我国银行业存款类金融机构的具体情况。

(一) 政策性银行

我国的政策性银行是指由政府创立、不以盈利为主要目的、为履行国家相关经济政策而在特定领域开展金融业务的专业性金融机构。1994年,我国相继成立了国家开发银行、中国进出口银行和中国农业发展银行三大政策性银行,分别在开发性政策性金融业务、大型机电设备进出口融资业务和农业政策性扶植业务领域开展金融业务。

国务院于2015年明确了国家开发银行的定位是开发性金融机构(以开发性业务为主,辅以商业性业务)。所以,从严格意义上说,2015年之后国家开发银行不再属于纯粹意义上的政策性银行。我国的金融监管机构在统计口径中将国家开发银行与其他政策性银行并列统计。

（二）大型商业银行

我国的大型商业银行是指由国家主要控股的大型商业银行。这些银行的主要特点是国家通过财政部或财政部全资子公司主要控股，并且资产规模占比最高、经营地域广，在我国银行业金融机构中具有特殊重要的地位。目前，我国大型商业银行有六家，包括中国银行、中国农业银行、中国工商银行、中国建设银行、交通银行和中国邮政储蓄银行，其中前四位是在 1983 年从中国人民银行分离出来的传统四大国有商业银行。

交通银行虽然历史悠久，但是国家直接控股比例（财政部控股 26% 左右）相对传统四大国有商业银行低一些，而且其资产规模明显低于传统四大国有商业银行。中国邮政储蓄银行是在邮政储蓄管理体制改革的基础上于 2007 年组建的大型国有商业银行，其实际控股人为中国邮政集团有限公司（持有 70% 左右股权），而中国邮政集团有限公司是由财政部代表国务院履行出资人职能的中央管理独资公司，所以本质上中国邮政储蓄银行属于国有商业银行，其资产规模与交通银行基本相当。从整体来看，六家大型国有商业银行都是由财政部或者财政部下属的中投公司及其全资子公司中央汇金公司主要控股。

（三）全国性股份制商业银行

全国性股份制商业银行是指以股份制形式成立的全国性商业银行，在我国特指 12 家股份制商业银行，即兴业银行、招商银行、上海浦东发展银行、民生银行、中信银行、光大银行、平安银行、华夏银行、广东发展银行、恒丰银行、浙商银行和渤海银行。除了民生银行和平安银行之外，其他股份制商业银行从控股比例上看主要是中央企业控股或地方政府控股。

（四）地方性商业银行

我国的地方性商业银行主要包括城市商业银行和农村商业银行。之所以称为地方性商业银行，主要是因为这些银行大多是各城市或农村在本地原有城市信用合作社或农村信用合作社基础上重组改制建立的地区性商业银行。现在我们看到的以各个城市命名的商业银行（例如北京银行、北京农商银行、上海银行等），一般都属于地方性商业银行。

城市商业银行是以各个城市的信用合作社为基础改制组建形成的地方性银行业金融机构。农村商业银行则是以农村信用合作社为基础，由辖内农民、农村工商户、企业法人和其他经济组织共同入股组成的股份制地方性银行业金融机构。还有一些农村合作银行也处在改制为农村商业银行的过程中。和村镇银行相比，农村商业银行的经营范围略微宽广一些。

（五）村镇银行

村镇银行是指经相关监管部门批准，由境内外金融机构、境内非金融机构企业法人或境内自然人出资，在农村地区设立的主要为当地农民、农业和农村经济发展提供金融服务的银行业金融机构。村镇银行也是商业银行的一种，但是属于有限牌照，其经营区域和业务范围都有严格限制。我国的村镇银行一般规模较小，而且按监管要求必须由现有商业银行作为主发起行。我国银行业存款类金融机构中村镇银行数量最多，截至 2024 年共有 1 674 家。

（六）民营银行

民营银行是指由民间资本控股，主要为民营企业提供金融服务的银行。截至 2024 年，我国共有 19 家民营银行，分别是深圳前海微众银行、浙江网商银行、北京中关村银行、江苏苏宁银行、天津金城银行、上海华瑞银行、重庆富民银行、四川新网银行、湖南三湘银行、福建华通银行、温州民商银行、安徽新安银行、武汉众邦银行、威海蓝海银行、辽宁振兴银行、吉林亿联银行、梅州客商银行、江西裕民银行、无锡锡商银行。

（七）其他存款类金融机构

银行业存款类金融机构还包括其他存款类金融机构，这些机构虽然不是银行，但是主要业务仍然涉及吸收存款和发放贷款，包括城市信用合作社、农村信用合作社、农村资金互助社和企业集团财务公司。城市和农村信用合作社以及农村资金互助社正在逐步改制重组为城市或农村商业银行。

企业集团财务公司的资金来源主要是对口企业的资金，资金运用则可以参与各类金融产品的交易。我国的企业集团财务公司是指依据《中华人民共和国公司法》（简称《公司法》）和《企业集团财务公司管理办法》设立，为企业集团成员单位技术改造、新产品开发及产品销售提供金融服务，以中长期金融业务为主的金融机构。

企业集团财务公司是中国企业体制改革和金融体制改革的产物。国家为了增强国有大中型企业的活力，盘活企业内部资金，于 1987 年批准成立了中国第一家企业集团财务公司，即东风汽车工业集团财务公司。此后，一些大型企业集团也相继建立了财务公司。我国的企业集团财务公司的主要业务对象是企业集团的成员单位，可以从事存贷款、融资租赁、债券发行等多种业务。

二、银行业非存款类金融机构

我国的银行业非存款类金融机构，是指非存款类公司但是具有银行业的某些特征并且由国家银行与保险监管机构监管的金融机构，主要包括信托公司、金融租赁公司、汽车金融公司、消费金融公司、金融资产管理公司、贷款公司、货币经纪公司以及银行理财子公司。

（一）信托公司

1. 信托的定义

2001 年颁布的《中华人民共和国信托法》（简称《信托法》）对信托的定义是：委托人基于对受托人的信任，将其财产权委托给受托人，由受托人按委托人的意愿以自己的名义，为受益人的利益或者特定目的，进行管理或者处分的行为。在以上定义中，委托人一般是指投资者，受托人是信托公司。信托公司是指依法设立并获得信托牌照、主要经营信托业务的金融机构。截至 2022 年，中国共有 68 家信托公司，其中接近 80% 为国企或地方政府主要控股。

可以看出，信托（trust）是以信任委托为基础，投资者以委托人的身份将货币资金或者其他资产委托给信托公司，信托公司以受托人身份承诺和处理信托事务。信托公司作为金融中介，联结的资金供给方是有盈余资金的投资者，联结的资金需求方可以是企业和政府等，资金流转的载体是信托产品。

2. 信托公司的业务经营范围

按照监管部门的规定，信托公司的业务经营范围包括以下内容：①资金信托、动产信托、不动产信托、有价证券信托、其他财产或财产权信托业务；②投资基金业务（私募）；③企业资产重组、并购及项目融资、公司理财、财务顾问等业务；④受托经营国务院有关部门批准的证券承销业务；⑤办理居间、咨询、资信调查等业务；⑥代保管及保管箱业务；⑦存放同业、拆放同业、贷款、租赁、投资方式运用固有资产；⑧以固有资产为他人提供担保；⑨从事同业拆借；⑩受托境外理财；⑪ 开展法律规定或监管部门批准的其他业务。

了解信托公司业务经营范围的意义不仅在于对信托公司微观业务的理解，而且有助于了解信托公司可以参与哪些金融市场交易。例如，信托公司的业务范围中包括“从事同业拆借”，那么意味着信托公司可以进入我国的银行间市场的同业拆借子市场，与市场内其他金融机构进行资金的借入与借出。我们在第四章将会看到，银行间市场以及同业拆借市场都是货币市场的重要子市场（银行间市场与交易所市场相对，都是按照交易场所划分的；同业拆借市场则是按照交易的金融产品划分的）。

可见，信托公司是货币市场的参与机构之一，它与其他金融机构在市场上的交易会影响同业拆借资金的利率走势。事实上，同业拆借利率是中央银行实施货币政策的重要操作目标之一，对其他类别和期限的利率都有不可忽视的影响。我们在介绍其他金融机构的内容中，也将对各金融机构的业务经营范围加以说明，希望读者也能从业务经营范围中获得与上述分析类似的信息。

3. 信托公司的经营模式

信托公司作为非存款类金融机构，从业务经营是否涉及信托公司自身的资产与负债角度来看，信托公司经营的业务可以分为两大类：一类是主营的信托业务以及中间服务业务，这些业务不涉及信托公司自身的资产与负债；另一类是信托公司作为机构投资者参与金融市场投融资等业务，这类业务涉及信托公司自身的资产与负债，一般称为信托公司的固有业务。

从利润角度看，信托业务和其他中间服务业务为信托公司提供手续费及佣金收入，金融投融资等固有业务则为信托公司提供净投资收益和净利息收入，以上两类业务产生的经营成果均体现在信托公司相应的财务报表中。同时，根据《信托公司管理办法》第 30 条的规定，“信托公司应当依法建账，对信托业务与非信托业务分别核算，并对每项信托业务单独核算”，信托公司单独设立信托财务部，以各信托项目为会计主体，将不同委托人的信托财产分别管理、分别记账，形成信托项目资产负债表。

信托公司的信托业务部门在一定程度上可以视为西方发达金融市场中一些金融性公司为了分离特定业务而设立的特殊目的载体（special purpose vehicle，SPV）。信托公司的信托业务部门实际上是天然的 SPV，尽管信托公司也可以单独设立 SPV。SPV 也称为特殊目的机构/公司，组织形式上可以是发起公司的子公司，也可以和发起公司没有任何会计、法律和财务上的关联。在发达金融市场上，SPV 经常用于结构化金融交易，例如资产证券化产品的交易（资产证券化产品是指基于底层资产池进行重新设计的衍生金融产品），当然也可以用于分离某些公司的资产负债业务。所以，我国的信托公司通过《信托公司管理办法》的相应规定，实现了信托业务与信托公司自身的资产负债业务的分离。

综上所述，信托公司的信托业务不涉及信托公司自身的资产和负债变化，信托业务资金来源于信托公司以外的投资者，信托资金的使用方则是信托公司以外的资金需求方（可以是商业企业、其他金融机构或者政府部门）。信托公司在信托业务中扮演受托人的角色。

4. 信托公司的信托业务

信托公司的信托业务经营情况反映在财务部编制的信托项目相关的财务报表中，其中信托项目资产负债表是主要的信托业务财务报表，不要把这一报表与信托公司的资产负债表混同。表2-2报告了信托项目资产负债表的内容，分别是信托资产、信托负债和信托权益。信托项目的资产、负债和股东权益各项下的具体科目内容暂时不做详细介绍。不过，为初步了解表2-2列示的信托项目资产负债表中相关的信托业务内容，我们来看一个简单的融资信托业务例子。

表2-2 信托公司的信托项目资产负债报表科目

一、信托资产	二、信托负债
1 货币资金	20 交易性金融负债
2 拆出资金	21 衍生金融负债
3 存出保证金	22 应付受托人报酬
4 交易性金融资产	23 应付托管费
5 衍生金融资产	24 应付受益人收益
6 买入返售金融资产	25 应交税费
其中:6.1 买入返售证券	26 应付销售服务费
6.2 买入返售信贷资产	27 其他应付款项
7 应收款项	28 其他负债
8 发放贷款	29 信托负债合计
其中:8.1 基础产业	三、信托权益
8.2 房地产	30 实收信托
9 可供出售金融资产	30.1 资金信托
10 持有至到期投资	30.1.1 集合资金信托
11 长期应收款	30.1.2 单一资金信托
12 长期股权投资	30.2 财产信托
其中:12.1 基础产业	30.2.1 信贷资产证券化
12.2 房地产	30.2.2 其他资产证券化
13 投资性房地产	31 资本公积
14 固定资产	32 外币报表折算差额
15 无形资产	33 未分配利润
16 长期待摊费用	34 信托权益合计
17 其他资产	35 信托负债和信托权益总计
18 信托资产总计	
19 各项资产减值准备	

假定某生产型企业生产建设项目开发需要信托贷款（项目总额1亿元），委托信托公司成立一个名为“常青藤1号”的集合资金信托计划（项目周期为24个月）。① 信托公司向投资者募集资金，投资者的资金记入信托项目资产负债表中信托权益项下的“实收信托”科目

① 集合资金信托与单一资金信托相对。集合资金信托是典型的信托公司设计创制的产品，而单一资金信托的资金运用方式和对象等在许多情况下更体现委托人意愿。

中,属于信托项目的所有者权益。同时,“常青藤 1 号”信托项目资金募集完成、信托产品成立,“常青藤 1 号”信托产品作为资产记入信托项目资产负债表的资产项下的长期债权投资科目(基础产业)。注意,上述“信托项目资产负债表”是单独建立的账目,不与信托公司自身的资产负债表混同。

图 2–3 描绘了上述信托业务的过程。首先,生产型企业需要资金用于生产活动,假定资金需求总额为 1 亿元,该企业可以选择通过信托公司融资,委托信托公司为企业设立一项特定期限的信托计划(信托产品);然后,信托公司经过评估之后接受企业委托,设立信托计划,总份额为 1 亿元,并将信托计划对应的份额向投资者销售从而募集此项信托资金,投资者认购信托计划份额并将资金支付给信托公司;资金募集成功结束之后,由信托公司将募集资金发放给企业使用。当然,信托计划中一般会约定信托产品的到期日、收益率标准以及风险等级等指标。投资者持有信托产品到期之后,由资金的使用企业通过信托公司向投资者偿还本金并支付利息。

图 2–3 生产型企业通过信托公司进行融资的业务流程

一般情况下,信托产品的投资起点额度比较高(例如 100 万元或者 300 万元),预期投资收益率一般要比同期限的银行储蓄利率高,当然投资者承担的风险程度也相应更高。另外,从表 2–1 以及图 2–3 绘制的信托业务流程可以看出,与银行相比,信托公司在资金融通过程中存在诸多关键性的差别:一是投资者的资金并不形成信托公司的负债,信托公司只扮演受托人的角色;二是投资者的资金“专款专用”,资金投向明确,信托公司一般不对信托资金进行期限错配或者风险错配。

从监管机构对信托业务的要求和信托融资方式的本质来看,标准的信托融资属于间接融资,融资活动通过信托公司作为金融中介募集资金,再由信托公司向融资人提供资金,信托公司的角色是受托人,不同于证券公司所扮演的经纪商角色。尽管在有些非标准化的信托业务中,信托公司只扮演通道角色,信托产品承载的金融索偿权关系人直接由投资者和资金使用方构成,但是信托公司仍然进行了一定形式的资产转化,而且当资金使用方违约时信托公司一般也会采取措施进行处置,所以这种非标准化的信托业务也类似间接融资。当然,这种非标准化的通道类信托业务不是信托业务的本源所在,也不是国家金融监管部门鼓励的信托业务模式。

5. 信托公司的资产负债业务(固有业务)

信托公司自身的资产负债表所表现的内容是信托公司的资产负债业务情况,本质上反映了信托公司作为金融机构投资者在金融市场上的投融资情况。从资金的来源与运用角度来说,资产负债表中的负债与所有者权益科目反映了信托公司资产负债表内的资金来源情况,资产科目则反映了资产负债表内的资金运用情况(主要是金融投资)。

表 2–3 是模拟编制的一家信托公司(Z 公司)在 2024 年年初的资产负债表。通过观察资产和负债科目的占比情况可以看出,Z 公司的主要资金来源是所有者权益中的实收资本

（占负债和所有者权益的 52.2%）和未分配利润（占比 22%），负债占比较低。负债占比较低并不奇怪，因为《信托公司管理办法》规定，信托公司不得开展除同业拆入业务以外的其他负债业务，且同业拆入余额不得超过其净资产的 20%。同时，信托公司固有业务中的主要资金运用是交易性金融资产投资，交易性金融资产包括债券、股票等金融产品。这里只是对信托公司作为金融机构的概括性介绍，信托公司资产负债表的其他内容不再详细介绍，感兴趣的读者可以通过阅读信托公司的年报等资料了解相关信息。

表 2-3 Z 信托公司资产负债表（2024 年年初）

资产	金额（万元）	占比（%）	负债	金额（万元）	占比（%）
流动资产：	2 372 207	94.8	交易性金融负债	23 167	0.9
货币资金	187 741	7.5	应付职工薪酬	70 592	2.8
交易性金融资产	2 138 458	85.5	应交税费	94 948	3.8
其他应收款	45 709	1.8	其他应付款	2 785	0.1
一年内到期的非流动资产	300	0.01	长期应付款	44	0.002
非流动资产：	130 047	5.2	预计负债	63 932	2.6
债权投资	16 055	0.6	负债合计	255 468	10.2
其他非流动金融资产	61 235	2.5	所有者权益：		
固定资产	2 792	0.1	实收资本	1 305 106	52.2
无形资产	7 444	0.3	资本公积	150 000	6.0
开发支出	—	—	盈余公积	124 706	5.0
长期待摊费用	3 530	0.1	一般风险准备	116 286	4.6
递延所得税资产	34 962	1.4	未分配利润	550 688	22.0
其他非流动资产	4 029	0.2	所有者权益合计	2 246 787	89.8
资产总计	2 502 254	100	负债和所有者权益总计	2 502 254	100

（二）金融租赁公司

金融租赁公司是指经监管机构批准、以经营融资租赁业务为主的非银行金融机构。根据《金融租赁公司管理办法》的规定，金融租赁公司的业务经营范围包括下列部分或全部本外币业务：融资租赁业务；转让和受让融资租赁资产；固定收益类证券投资业务；接受承租人的租赁保证金；吸收非银行股东 3 个月（含）以上定期存款；同业拆借；向金融机构借款；境外借款；租赁物变卖及处理业务；经济咨询。经营状况良好，符合条件的金融租赁公司还可以开办下列部分或全部本外币业务：发行债券；在境内保税地区设立项目公司开展融资租赁业务；资产证券化；为控股子公司、项目公司对外融资提供担保；监管部门批准的其他业务。

通过上述业务内容可以看出，金融租赁公司在资金来源方面，可以通过自有资金、向其他金融机构借款以及发行金融债券等形式获得资金来源；在资金运用方面，主要从事融资租赁及其相关业务,还可以从事监管部门批准的证券投资业务。

典型的融资租赁业务经常发生在企业需要购买大型设备而又缺乏足够资金的背景下。需要购买设备的企业可以向金融租赁公司寻求融资帮助,由金融租赁公司出资购买设备,然后企业以支付租金给金融租赁公司的形式来租用设备。这样,企业只需在未来一定时期内按期支付租金就能使用所需设备进行生产,金融租赁公司相当于为企业提供了一笔中长期贷款。

下面举一个简单的例子来说明常见的融资租赁业务的过程。一家小型石油勘探企业的传统业务是承接各类小型的勘探业务。近来,公司陆续接到大中型勘探业务订单,但是现有设备无法满足勘探需要,为此,该公司需要购买一台大型勘探设备,价值约 1 亿元,而该企业没有足够资金购买此设备。为此,该企业与一家金融租赁公司签订合同,由金融租赁公司购买指定设备,然后企业租用这一大型设备,以合同约定形式每年支付租金,租期 20 年,年租金 800 万元,到期后设备归使用企业所有。为了方便理解,图 2-4 描绘了勘探企业、金融租赁公司和设备销售商之间的联系。

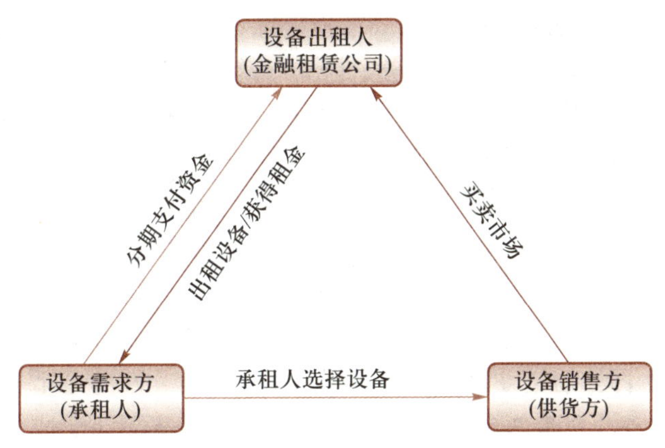

图 2-4 金融租赁业务流程示意图

在这个过程中,金融租赁公司作为出资人和设备出租方为设备使用企业(承租人)提供了融资租赁服务,按照承租人选定的设备从供货方购买。设备使用企业相当于从金融租赁公司获得融资用以购买设备,然后以分期付款的形式偿还资金。通过融资租赁业务,设备使用企业通过分期付款(租赁)的方式解决了无法在当期一次性支付大额资金的困境,通过期初的融资获得设备,设备投入使用就会不断带来营业收入,不仅可以按期偿还租金,而且可以获得净利润;出资方(金融租赁公司)则通过期初的资金投入获得了未来的利息收入(租金总额超过设备原值)等回报。

需要注意的是,我国还有融资租赁公司也从事融资租赁业务。由于融资租赁和金融租赁在英文名称上完全相同(financial leasing),容易引起混淆。我国的金融租赁公司和融资租赁公司在融资业务模式上比较类似,但是二者在产业划分、监管要求和其他金融业务等方面存在本质差别:金融租赁公司属于金融行业,是金融机构,接受银行与保险监管机构的监管;融资租赁公司属于租赁和商务服务业,属于非金融机构,主管部门是商务部。

另外,金融租赁公司作为金融机构,不仅可以吸收股东存款还可以进行同业拆借获得资金;融资租赁公司只能从股东处借款而不能吸收股东存款,也不能进入银行间同业拆借市场。同时,二者在租赁标的物、风险管理指标、计提呆坏账准备金、租赁资产登记以及对外开放程度等方面也都存在较大差异。

(三) 汽车金融公司

汽车金融公司是指经监管机构批准、为中国境内汽车购买和销售提供金融服务的非银行金融机构。汽车金融公司的资金主要来自银行的资金拆借,资金使用必须与汽车买卖业务相关。我国汽车金融业务以汽车消费信贷为主,按贷款对象可以分为零售型信贷和批发型信贷两类。零售型信贷主要是指汽车金融公司为汽车购买者提供消费信贷服务,批发型信贷则主要是指汽车金融公司为汽车经销商提供融资服务。随着盈利模式的不断发展,汽车金融公司的业务不断拓宽,例如可以为汽车购买者提供汽车融资租赁服务,这种融资租赁业务的基本流程与图 2-4 类似,只不过资金规模要小得多。

根据《汽车金融公司管理办法》的规定,汽车金融公司的业务经营范围包括以下内容:接受境外股东及其所在集团在华全资子公司和境内股东 3 个月(含)以上定期存款;接受汽车经销商采购车辆贷款保证金和承租人汽车租赁保证金;经批准,发行金融债券;从事同业拆借;向金融机构借款;提供购车贷款业务;提供汽车经销商采购车辆贷款和营运设备贷款,包括展示厅建设贷款和零配件贷款以及维修设备贷款等;提供汽车融资租赁业务(售后回租业务除外);向金融机构出售或回购汽车贷款应收款和汽车融资租赁应收款业务;办理租赁汽车残值变卖及处理业务;从事与购车融资活动相关的咨询、代理业务;经批准,从事与汽车金融业务相关的金融机构股权投资业务;经监管部门批准的其他业务。

(四) 消费金融公司

消费金融公司是指经监管机构批准、不吸收公众存款、以小额分散为原则为中国境内居民个人提供消费为目的的贷款服务的非银行金融机构。由于主要业务是提供贷款但又依法不能吸收存款,很多消费金融公司是由银行或其他金融集团注册成立的全资子公司。一般来说,消费金融公司的业务具有单笔授信额度小、审批速度快、无须抵押担保、服务方式灵活、贷款期限短等特点。

从业务经营范围来看,根据《消费金融公司试点管理办法》,消费金融公司可以经营下列部分或者全部人民币业务:发放个人消费贷款;接受股东境内子公司及境内股东的存款;向境内金融机构借款;经批准发行金融债券;境内同业拆借;与消费金融相关的咨询、代理业务;代理销售与消费贷款相关的保险产品;固定收益类证券投资业务;经过监管部门批准的其他业务。从业务内容上看,消费金融公司是既参与货币市场又参与资本市场的金融机构。

(五) 金融资产管理公司

一般意义上的金融资产管理公司是经营各类金融业务的综合性金融机构,具体业务范围以其所取得的金融牌照为基准。从广义角度上看,金融资产管理公司在国际金融市场上可以分为两类:一类从事优良资产管理业务,另一类(至少成立之初的目的)从事不良资产管理业务。前者外延较广,涵盖商业银行、证券公司等设立的资产管理子公司,面向个人和企业提供各类金融资产管理服务;后者则是专门为处置银行等剥离的不良资产而设立的金融资产管理公司。

在我国,金融资产管理公司是指经国务院决定设立的收购、管理和处置国有独资商业银行不良贷款的非银行金融机构。我国在1999年组建了华融、长城、东方和信达四家由国家投资的特定政策性金融资产管理公司,分别负责收购、管理和处置从工、农、中、建这四家当时的国有独资商业银行剥离出来的不良资产。当然,随着业务的拓展,如今金融资产管理公司的业务范围已经不局限于不良贷款处置,多数金融资产管理公司都取得了金融全牌照,意味着其业务范围涵盖各类金融业务。

根据国务院颁布的《金融资产管理公司条例》,中国的金融资产管理公司在其收购的国有银行不良贷款范围内,管理和处置因收购国有银行不良贷款形成的资产时,可以从事下列业务活动:追偿债务;对所收购的不良贷款形成的资产进行租赁或者以其他形式转让、重组;债权转股权,并对企业阶段性持股;资产管理范围内公司的上市推荐及债券、股票承销;发行金融债券,向金融机构借款;财务及法律咨询,资产及项目评估;中国人民银行、中国证监会批准的其他业务活动。金融资产管理公司还可以向中国人民银行申请再贷款。

(六) 贷款公司

在我们国家,贷款公司是指由监管机构依据有关法律、法规批准,由境内商业银行或农村合作银行在农村地区设立的专门为县域农民、农业和农村经济发展提供贷款服务的银行业非存款类金融机构。

根据《贷款公司管理暂行规定》,我国的贷款公司可经营下列业务:办理各项贷款;办理票据贴现;办理资产转让;办理贷款项下的结算;经监管部门批准的其他资产业务。贷款公司不得吸收公众存款。

需要注意的是,按照贷款公司设立的宗旨和相关监管要求,贷款公司开展业务必须坚持为农民、农业和农村经济发展服务的经营宗旨,贷款的投向主要用于支持农民、农业和农村经济发展。

(七) 货币经纪公司

货币经纪公司是指经监管机构批准在中国境内设立的、通过电子技术或其他手段专门从事促进金融机构间资金融通和外汇交易等经纪业务并从中收取佣金的金融机构。我国目前要求货币经纪公司不得开展自营业务。金融机构的自营业务就是指经监管机构批准使用自有资金和依法筹集的资金,以金融机构自身名义开展金融交易活动,以获取盈利的行为。事实上,我国大部分经纪类金融机构都不被允许开展自营业务。

根据《货币经纪公司试点管理办法》,货币经纪公司及其分公司可以经营下列全部或部分经纪业务:境内外外汇市场交易;境内外货币市场交易;境内外债券市场交易;境内外衍生产品交易;经监管部门批准的其他业务。货币经纪公司及其分公司从事证券交易所相关业务的经纪服务,需报经中国证监会审批。需要强调的是,在上述业务内容中,货币经纪公司参与的各个市场交易的业务都是经纪业务(brokerage),货币经纪公司自身并不参与金融资产的买入和卖出业务。

(八) 银行理财子公司

作为中国境内金融机构的银行理财子公司自2018年才开始设立。银行理财子公司是指商业银行经国务院银行业监督管理机构批准,在中华人民共和国境内设立的主要从事理财业务的非银行金融机构。所谓理财业务,是指银行理财子公司接受投资者委托,按照与投资者事先约定的投资策略、风险承担和收益分配方式,对受托的投资者财产进行投资和管理的金融服务。

商业银行设立理财子公司开展金融资产管理业务，主要是为了强化银行理财业务风险隔离，推动银行理财回归资管业务本源，建立符合资管业务特点的风控制度和激励机制，以促进银行理财业务规范转型。

根据《商业银行理财子公司管理办法》，银行理财子公司可以运用自有资金开展存放同业、拆放同业等银行间市场业务，投资国债、其他固定收益类证券以及国务院银行业监督管理机构认可的其他资产，其中持有现金、银行存款、国债、中央银行票据、政策性金融债券等具有较高流动性资产的比例不低于50%。从业务范围来看，银行理财子公司既参与货币市场又参与资本市场的金融交易活动。

第三节 证券业金融中介机构

证券业金融中介机构是指从事证券发行和交易服务的中介机构。常见的证券包括股票、债券和金融衍生品等。我国的证券业金融中介机构主要包括证券公司、证券投资基金管理公司和期货公司。注意，我国的证券投资咨询公司虽然也属于证券业金融机构，但是一般并不开展金融索偿权的买入和卖出业务，所以不是严格意义上的金融中介。我国证券业金融机构的主要监管部门是中证监会。

一、证券公司

证券公司是指依照《公司法》设立并经国务院证券监督管理机构审查批准而成立的专门经营证券业务、具有独立法人地位的金融机构，也称为券商。从业务范围和模式上看，我国证券公司与西方发达市场的投资银行（investment banks）在业务内容上比较类似。

证券公司的业务内容与其经营范围紧密联系。根据相关要求，证券公司的经营范围包括以下内容：证券经纪，证券投资咨询，与证券交易、证券投资活动有关的财务顾问，证券承销与保荐，证券自营，融资融券，证券投资基金代销，为期货公司提供中间介绍业务，代销金融产品，证券投资基金托管业务，保险兼业代理业务，销售贵金属制品等。另外，证券公司还可以开展客户资产管理业务，但是需要依照中国证监会发布的《证券公司客户资产管理业务管理办法》向中国证监会申请客户资产管理业务资格。未取得客户资产管理业务资格的证券公司，不能从事客户资产管理业务。

根据经营范围的要求，证券公司开展各项业务需要具备监管机构要求的业务资格。表2-4给出了证券公司可以开展的各项业务资格的详细内容（以2024年为例）。一些业务涉及的内容和术语将在后续章节中陆续介绍。

基于以上对经营范围和业务资格的解释，可以把证券公司的业务进行归类。在实践中，根据不同口径分类略有不同。一些公司分为个人金融、机构金融、投资管理、国际业务和其他，还有一些公司分为经纪业务、财富管理、投资银行、投资管理和海外业务等。虽然不同机构对业务总体分类略有不同，但是具体的业务内容是相近的。归纳起来，证券公司的主要业务可以概括为以下几项：

（1）经纪、财富管理和交易服务业务；

（2）资产管理业务（需要单独申请许可）；

表 2-4　证券公司的业务资格列表（2024 年）

1. 权证结算业务资格
2. 权证交易资格
3. ETF 一级交易商资格
4. 开放式证券投资基金代销业务资格
5. 中国证券登记结算有限责任公司结算参与人
6. 网上证券委托业务资格
7. 上海证券交易所会员资格
8. 深圳证券交易所会员资格
9. 注册登记保荐人资格
10. 为期货公司提供中间介绍业务资格
11. 网下询价配售对象资格
12. 深圳证券交易所大宗交易资格
13. 上海证券交易所大宗交易资格
14. 上海证券交易所 IPO 网下申购电子平台资格
15. 深圳证券交易所 EIPO 网下发行电子平台资格
16. 上海证券交易所固定收益综合系统一级交易商资格
17. 上海证券交易所大宗交易系统合格投资者资格
18. 全国银行间同业拆借业务资格
19. 直接投资业务试点资格
20. 融资融券业务资格
21. 股指期货交易业务资格
22. 开展约定购回式证券交易业务试点
23. 上海证券交易所质押式报价回购业务资格
24. 中国基金业协会基金评价会员资格
25. 向保险机构投资者提供综合服务的业务资格
26. 合格境内机构投资者从事境外证券投资管理的业务资格
27. 中小企业私募债券承销业务试点资格
28. 证券公司类会员参与非金融企业债务融资工具主承销业务资格
29. 代销金融产品业务资格
30. 开展保险机构特殊机构客户业务资格
31. 约定购回式证券交易权限（经深交所核准）
32. 从事股票收益互换业务资格
33. 柜台交易业务资格
34. 转融券业务试点资格
35. 转融通证券出借交易业务资格
36. 开展私募基金综合托管业务试点资格
37. 全国股份转让系统主办券商资格
38. 参与利率互换交易业务资格
39. 股票质押式回购业务交易权限（经上交所核准）
40. 股票质押式回购交易权限（经深交所核准）
41. 质押式报价回购交易权限
42. 数字证书认证业务代理资格
43. 浙江股权交易中心相关业务资格
44. 转融通业务试点资格
45. 约定购回式证券交易业务试点资格（经上交所核准）
46. 客户证券资金消费支付服务试点资格
47. 保险兼业代理资格
48. 互联网证券业务试点资格
49. 私募基金管理人资格
50. 场外市场收益凭证业务试点资格
51. 证券投资基金托管资格
52. 全国股份转让系统做市业务资格
53. 港股通业务交易权限
54. 黄金现货合约代理业务资格
55. 上海黄金交易所会员资格
56. 机构间私募产品报价与服务系统参与人资质
57. 上交所股票期权交易参与人资格
58. 期权结算业务资格
59. 微信开户创新方案
60. 开展非金融企业债务融资工具报价业务资格
61. 中国证券投资基金业协会会员资格
62. 中国期货业协会会员资格
63. 中国保险资产管理业协会会员资格
64. 私募基金业务外包服务机构备案资格
65. 深港通下港股通业务交易权限
66. 销售贵金属制品
67. 商品互换业务交易商资格
68. 原油期货业务资格
69. 跨境业务试点资格
70. 非权益类收益互换业务资格
71. 上海证券交易所债券质押式协议回购资格
72. 上海证券交易所上市基金主做市商资格
73. 国债期货做市商资格
74. 信用衍生品业务资格
75. 深交所股票期权交易参与人资格
76. 基金投资顾问业务试点资格
77. 黄金现货合约自营业务资格
78. 信用保护凭证创设机构资格（上交所）
79. 科创板转融券业务资格
80. 创业板转融券业务资格

注：上交所即上海证券交易所，深交所即深圳证券交易所。

（3）投资银行业务；

（4）资本中介业务；

（5）投资管理业务（自营业务、另类投资业务、私募股权投资业务）；

（6）研究与机构销售业务；

（7）国际业务。

在以上业务中，投资管理业务涉及证券公司的资本金，反映在资产负债表中；其他经纪服务类业务等不占用公司资本金，所以不记入资产负债表，证券公司赚取服务佣金和管理费。

作为示范，表 2-5 以中国银河证券股份有限公司为例，归纳了公司在 2020 年的主营业务指标情况。从表中可以看到，在该公司营业总收入中，证券经纪业务收入占比最高，其次是期货经纪业务收入，二者占总收入比重分别为 45% 和 30%，自营业务收入占比 12%。我们下面分别介绍证券公司的各类业务内容。

表 2-5　2020 年中国银河证券有限公司主营业务构成情况表

主营业务构成（按指标）	金额（亿元）	占比（%）
营业总收入	237.49	100
证券经纪业务	107.47	45.25
自营业务	27.60	11.62
期货经纪业务	72.29	30.44
资产管理业务	6.04	2.54
海外业务	16.18	6.81
投资银行业务	7.97	3.36
私募股权投资业务	4.16	1.75
其他业务	3.88	1.63
内部抵消	−8.10	−3.41

资料来源：原始数据来源于公司年报，经作者计算。

（一）经纪、财富管理和交易服务业务

证券公司的经纪业务主要包括证券及期货经纪业务，具体是指证券公司接受客户委托，代理客户买卖证券及期货并收取佣金的业务。例如，代理客户买卖股票、基金、债券和期货及其他衍生品等投资品种。目前多数证券公司在提供交易服务的基础上拓展，向客户提供综合财富管理服务。

证券公司的财富管理服务内容日益丰富。例如，证券公司提供金融产品销售服务，包括向客户提供各种金融产品销售服务和资产配置服务，其中相关金融产品由证券公司管理。与商业银行私人银行部门的财富管理相比较，证券公司具有一定的专业优势，并且逐步通过信息技术和丰富产品体系向现代化财富管理转型。

另外，证券公司还提供各类交易服务。例如，证券公司的资产托管业务就属于交易服务

业务。证券公司的资产托管业务包括为私募基金、公募基金等各类资管机构提供资产托管和基金服务的业务。例如,证券公司作为独立第三方,为客户持有或管理的资产提供资产保管、投资清算、估值核算、投资监督、信息披露等专业的资产托管服务。资产托管服务主要体现的是交易服务,因为证券公司围绕交易通道提供服务。

(二) 资产管理业务

证券公司的资产管理业务是一种持牌业务,是指证券公司作为资产管理人,根据资产管理合同约定的方式、条件、要求及限制,对客户资产进行经营运作,为客户提供证券及其他金融产品的投资管理服务。证券公司作为资产管理人,可以发行资管产品,赚取管理费和业绩报酬提成。例如,资产管理人通过发行集合资产管理计划、定向资产管理计划及专项资产管理计划等形式的产品,为机构与个人客户提供专业的资产管理服务,赚取管理及顾问费。

从本质上看,证券公司的资产管理业务与基金公司的资产管理业务是类似的,所以有资格开展资产管理业务的证券公司在资产管理业务上面临着与公募基金和私募基金相竞争的格局。

(三) 投资银行业务

证券公司的投资银行业务包括股票承销与保荐、债券承销、并购重组、财务顾问和金融创新服务(资产证券化等)。图 2-5 概括了投资银行业务所包括的具体内容。其中,股票承销与保荐业务包括为企业进行首次公开发行(initial public offering,IPO)并上市、上市公司再融资业务等。承销(underwriting)是证券公司代理证券发行人发行证券,有代销和包销两种方式。二者区别主要在承销期结束后,代销会把未售出的证券退还给发行人,而包销则由证券公司购入剩下的部分。保荐是指发行人申请公开发行股票、可转换为股票的公司债券时依法采取承销方式,或者公开发行法律、行政法规规定实行保荐制度的其他证券时,应当聘请具有保荐资格的机构担任保荐机构。

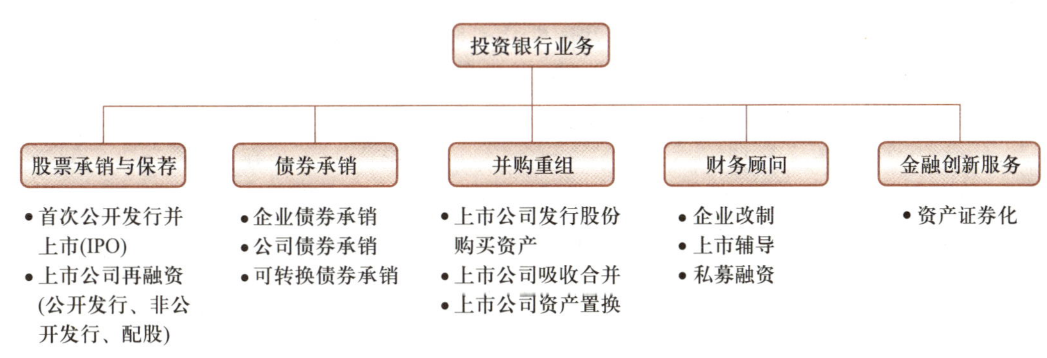

图 2-5 投资银行业务内容

在我国,一般情况下,证券公司投资银行业务下的承销业务收入体现在公司的利润表,但是不出现在证券公司的资产负债表中,因为该业务不涉及证券公司的资产与负债。虽然证券公司作为承销商可以进行证券发行余额包销,但是国内承销商在 IPO 中约定余额包销的情况在实际中几乎没出现过(主要发生在投资者申购新股中签弃购时,承销商会根据承销协议约定履行余额包销责任),这与美国等发达市场的情况不完全一样。

国内证券公司的债券承销业务中发生余额包销的情况要比股票 IPO 更为常见,待债券上市后会找机会进行处置(二次销售)。不过,无论是股票还是债券,如果发生了项目包销,相应的包销持仓会体现为承销商的自营投资,记入证券公司的资产负债表。

注意,美国的投资银行在 IPO 市场的标准做法是运用自有资金买入,然后在二级市场销售,此时投资银行作为金融中介使用了自有资金,相应业务内容从理论上看要记入资产负债表,此时投资银行可以赚取股票买卖的价差。不过,一般情况下,这个价差是投资银行与发行方约定好的承销费用,而且从 IPO 到二级市场销售的周期往往比较短,所以虽然美国投资银行的股票承销过程在理论上是先买入再卖出,但也不一定都体现在投资银行年度资产负债表中。

美国等发达市场的这种投资银行证券销售模式,在我国属于非常规业务。我国的证券公司目前还是以发行时一次性完成销售为主,尽量避免发生公司自有资金包销,占用公司资金。由于不同类型机构的资本实力和资金使用回报率的差异,我国的银行在债券承销业务中使用美国投资银行的这种交易方式比证券公司更常见。

(四) 资本中介业务

资本中介业务包括融资融券、股权质押等信用业务,场外期权、收益互换等场外衍生品业务以及股票、债券、衍生品的做市业务等。所谓做市业务,是指证券公司作为做市商在金融市场按照有关要求连续报出做市券种的现券买卖双边价格,并按其报价与其他市场投资者达成交易的业务。做市商通过买卖报价差额来补偿所提供服务的成本费用,并实现一定利润。不难看出,做市商是指在二级市场中提供流动性、提供双边报价并赚取价差的交易商。

(五) 投资管理业务

投资管理业务包括自营业务、另类投资业务和私募股权投资业务。

自营业务是证券公司使用自有资金或合法募集的资金进行股票、债券和衍生品等金融产品买卖的业务。例如,证券公司可以使用自有资金购买股票,参与资本市场交易,其资产项下有价证券增加,货币资金减少。当然,证券公司还可以参与货币市场(银行间市场)交易,例如在同业机构存放短期资金或者借入短期资金,此时证券公司参与的是货币市场业务。

另类投资业务(alternative investments)是证券公司进行自营投资品种以外的非标准化金融产品投资的业务。所谓非标准化金融产品投资,是指证券公司从事《证券公司证券自营投资品种清单》所列品种以外的金融产品、股权等另类投资业务,如房地产、证券化资产、对冲基金、私人股本基金、大宗商品、艺术品等。证券公司证券自营投资品种清单包括:

(1) 已经和依法可以在境内证券交易所上市交易和转让的证券。

(2) 已经在全国中小企业股份转让系统挂牌转让的证券。

(3) 已经和依法可以在符合规定的区域性股权交易市场挂牌转让的私募债券,已经在符合规定的区域性股权交易市场挂牌转让的股票。

(4) 已经和依法可以在境内银行间市场交易的证券。

(5) 经国家金融监管部门或者其授权机构依法批准或备案发行并在境内金融机构柜台交易的证券。

私募股权投资业务也称直投业务,是证券公司对非公开发行公司的股权进行投资,投资收益通过以后公司上市或购并时出售股权兑现的业务。这一业务对证券公司的资产负债表影响表现为长期股权投资或交易性金融资产科目金额的增减。

（六）研究与机构销售业务

研究与机构销售业务是指证券公司为客户提供专业化研究服务，通过推广和销售各类研究及金融产品获取服务收入的业务。例如，证券公司研究所向基金公司、保险公司等金融投资机构提供研究报告、分析师路演、组织上市公司调研等研究服务，相关金融投资机构通过租赁证券公司交易席位并进行交易产生佣金，完成对其提供服务的支付。

（七）国际业务

国际业务又称海外业务，是指证券公司通过设立境外分支机构开展投资银行、证券经纪、资产管理、自营投资等业务拓展海外业务收入的业务。当然，证券公司各种业务的分类和具体内容并非一成不变，也会随着市场发展和法规变化而动态变化。

二、证券投资基金管理公司

证券投资基金管理公司简称基金公司，是指经中国证监会批准，在中国境内设立，从事证券投资基金管理业务的金融机构。证券投资基金管理公司持有中国证监会颁发的基金牌照，可以向公众公开募集资金，所以也称为公募基金。

与公募基金相对的是私募基金，私募基金业务只允许向特定合格投资者进行资金募集。私募基金管理公司也不持有基金牌照，但是需要经过中国证券投资基金业协会（简称基金业协会）的登记备案和批准。一般来说，单纯开展私募业务的私募基金管理公司属于工商类企业，需要首先进行工商登记并获得工商营业执照，然后再根据基金业协会的规定，向基金业协会申请登记，报送企业相关信息，经过基金业协会办结登记手续之后方可开展私募业务。

我们之前介绍的信托公司也可以开展投资基金业务，信托公司的投资基金业务就属于私募基金业务。诸多“投资管理有限公司”和“资产管理有限公司”等可以开展私募基金业务。截至 2024 年，经过基金业协会登记备案并批准可以开展私募基金业务的私募基金管理人（公司）超过 2.4 万家。

基金公司对基金募集、基金份额的申购与赎回、基金财产的投资和收益分配等基金运作活动进行管理。目前我国的公募基金公司只被允许投资股票或债券，不能投资非上市公司股权、房地产，且有一定产品持仓比例要求；私募基金则无此类限制。

公募基金的盈利来源主要是收取客户申赎基金份额时的申购费、赎回费以及持有份额期间的管理费，一般不参与基金收益的分成。私募基金的盈利来源除了收取客户申购费、赎回费和管理费外，往往还会收取业绩报酬提成，以对其投资管理予以正向激励。

从业务经营范围和模式上看，我国的基金公司与美国的投资公司（investment companies）类似。根据《中华人民共和国证券投资基金法》（简称《证券投资基金法》）、《公开募集证券投资基金运作管理办法》和《私募投资基金监督管理暂行办法》，公募基金可以开展资金募集业务，由基金管理人管理、基金托管人托管，为基金份额持有人的利益进行证券投资活动；公募基金的投资标的包括股票、债券、货币市场工具、其他基金份额或金融衍生产品；私募基金非公开募集资金，由基金管理人管理、基金托管人托管，为基金份额持有人的利益进行证券投资活动；私募基金的投资标的包括股票、股权、债券、期货、期权、基金份额及投资合同约定的其他投资标的。可见，基金公司的主要业务模式是面向投资者发行基金产品份额获得资金，然后到货币市场和资本市场等金融市场进行投资，因此它属于间接融资金融中介机构。

基金公司在金融市场上的活动主要表现为购买各类金融资产，因此在实务中经常被称为“买方机构”。例如，一家基金公司可以投资货币市场的大额可转让存单或者购买其他基金公司发行的基金产品份额。但是，基金公司不能开展同业拆借业务，也不能发行债券或者股票进行融资活动，这是由基金公司的基本属性和业务特征决定的（基金公司不符合上市要求，也不需要通过上市融资），否则基金公司就不是单纯的“买方机构”了。

三、期货公司

期货公司是指依法设立，接受客户委托，按照客户指令，以期货公司的名义为客户进行期货交易并收取佣金的金融机构。期货公司是客户和交易所之间的纽带，其职能包括根据客户指令代理买卖期货合约，办理结算和交割手续，对客户的期货账户进行管理，为客户提供期货市场信息和咨询等。期货公司代理客户进行交易，因此代理交易所向客户收取保证金。

期货公司的盈利来源主要是客户交易手续费收入、客户账户闲置保证金产生的利息收入和自营投资收入。中国证监会发布的《期货公司监督管理办法》规定，期货公司的业务经营范围包括期货经纪业务、期货投资咨询业务和资产管理业务。

四、证券投资咨询公司

证券投资咨询公司是指依法成立、向客户提供投资咨询业务的金融机构。证券投资咨询公司在中国证监会备案后可以在全国股权转让系统开展公司挂牌推荐和做市业务。

证券投资咨询公司的经营范围包括：投资咨询、投资管理、资产管理、创业投资、实业投资、市场营销策划、企业形象策划、商务咨询、企业管理咨询、知识产权代理等。其中，证券投资咨询公司的盈利模式是作为证券投资者的职业性指导者，通过向客户提供参考性的证券市场统计分析资料，对证券买卖提出建议，代拟某种形式的证券投资计划等服务，收取相应的投资咨询费用。

从业务范围来看，证券投资咨询公司并不参与资本市场或者货币市场的交易活动。所以，证券投资咨询公司一般并不直接卷入金融索偿权的买卖活动，这一点与其他金融中介机构存在明显区别。

第四节 保险业金融中介机构

保险业金融中介机构是指从事保险相关服务的机构，其主要职责是提供和管理保险产品，促进保险合同的签订以及在风险发生时提供赔偿服务。主要的保险业金融中介机构包括财产保险公司、人身保险公司和其他保险业中介机构。这些保险业金融中介机构的存在和运营，丰富了保险市场，为客户提供了多元化的保险选择和服务。在监管方面，我国保险业监管体制自改革开放以来逐步发展完善，保险业金融中介机构的主要监管部门经历了中国人民银行（1979—1997 年）、中国保险业监督管理委员会（1998—2018 年）、中国银行保险监督管理委员会（2018—2023 年）和国家金融监督管理总局（2023 年至今）的更迭。

一、保险公司的类型与经营模式

(一) 保险公司的类型

保险公司是吸纳保费，并在被保险事件发生时向投保人赔付保险金的金融中介机构。投保人向保险公司支付的保费反映了被保风险的两个主要因素：一是被保险事件发生的概率，即投保人索赔的风险；二是在理赔时支付给投保人的保险金金额。

很多人对保险公司的印象比较刻板，甚至把保险公司视为普通的商业公司。事实上，保险公司属于典型的金融中介，因为保险公司向投保人发行保单筹集资金，并依照有关法律从事各类金融投资等资金运用业务，其业务涉及资产转换、风险转换和期限转换，从而实现资金的跨时空流转。因此，保险公司与银行等存款类金融机构类似，都是标准的间接融资金融中介机构。在我们国家，保险公司由银行与保险监管机构监管。

我国主要的保险业金融中介机构包括五类，分别是财产保险公司、人身保险公司、再保险公司、保险资产管理公司、企业年金基金管理机构。需要说明的是，我国《金融机构编码规范》中列示的保险业金融机构还提及了保险经纪公司、保险代理公司和保险公估公司。从严格定义上讲，这几类公司并不直接参与金融索偿权的买卖交易，所以不属于标准意义上“金融中介”的范畴，监管部门把这几类公司并称为“保险专业中介机构”。

不同类别的保险公司所从事的保险业务品种有相应区别。例如，财产保险公司从事财产保险（以财产及其有关利益为保险标的）；而人身保险公司从事人身保险（以人的身体和寿命作为保险标的），人身保险主要包括人身意外伤害保险、健康保险和人寿保险（人寿保险从属于人身保险，简称寿险）。

注意，《中华人民共和国保险法》（简称《保险法》）规定，一家保险公司不能同时经营寿险和财产保险，但是财产保险公司经批准可以经营短期健康保险和意外伤害保险。也就是说，我国人身保险中的短期健康保险和意外伤害保险是人身保险公司和财产保险公司都可以经营的。另外，我国人身保险公司一般以“某某人寿保险公司”命名，但是这些公司的业务并不局限于寿险（寿险只是人身保险的一个险种），不过寿险是此类保险公司的最主要业务（寿险规模占比一般超过 50%）。

(二) 保险公司的经营模式

从经营模式来看，保险公司主要是通过为投保人承担风险而收取保费，并使用保险公司控制下的资产进行投资来营利。保险公司有三个主要利润来源渠道，通常被称为“三差”，即死差益、利差益、费差益。“三差”来自实际业务与预计水平之间的差异。具体来说，死差益是指保险公司实际赔付少于预计水平所产生的盈余（实际风险发生率低于预计水平）；利差益是指保险公司实际投资收益高于预计投资收益时所产生的盈余；费差益是指保险公司实际营运管理费用低于预计营运管理费用时所产生的盈余。

为了考察保险公司的利润来源情况，表 2-6 展示了中国人寿保险（集团）股份有限公司 2020 年度的利润表。从表中可以看到，在营业收入中，保费业务收入占比 74.22%，投资净收益占比 25.16%；在营业支出中，赔付支出占比为 16.16%。

表 2-6 中国人寿保险(集团)股份有限公司合并利润表(2020 年度)

项目	金额(亿元)	占营收比例(%)
营业收入	8 249.61	100.00
已赚保费	6 046.66	73.30
保费业务收入	6 122.65	74.22
其中:分保费收入	0.01	0.00
减:分出保费	−60.53	−0.73
提取未到期责任准备金	15.46	0.19
投资净收益	2 075.41	25.16
其中:对联营企业和合营企业的投资收益	83.36	1.01
公允价值变动净收益	34.41	0.42
汇兑净收益	1.19	0.01
其他收益	1.48	0.02
其他业务收入	90.10	1.09
资产处置收益	0.36	0.00
营业支出	7 700.50	93.34
退保金	332.75	4.03
赔付支出	1 333.40	16.16
减:摊回赔付支出	41.34	−0.50
提取保险责任准备金	4 187.73	50.76
减:摊回保险责任准备金	4.53	−0.05
保户红利支出	282.79	3.43
营业税金及附加	12.78	0.15
手续费及佣金支出	843.42	10.22
管理费用	397.14	4.81
减:摊回分保费用	7.98	0.10
其他业务成本	240.18	2.91
资产减值损失	124.16	1.51
营业利润	549.11	6.66
加:营业外收入	1.21	0.01
减:营业外支出	5.44	0.07
利润总额	544.88	6.60
减:所得税	31.03	0.38
净利润	513.85	6.23
减:少数股东损益	11.17	0.14
归属于母公司所有者的净利润	502.68	6.09
加:其他综合收益	257.50	3.12

资料来源:中国人寿保险(集团)股份有限公司年报。

保险公司作为非存款类金融机构,可以经营两大类业务:一是保险业务,二是投融资业务。保险业务是指单纯的商业保险业务,投保人缴纳保费,保险公司承担保险责任。同时,保险公司作为金融机构,可以运用保费资金或者股东资金开展投融资业务,从而获得利息收入或者投资收益。从本质上来看,保险公司存在的基础是承担风险、提供保障。同时,如果一定时期内保费支出规模过大或者资金管理不善,都可能使保险公司的偿付能力遭受质疑。

保费收入是保险公司的主要资金来源之一。由于有源源不断的保费收入,保险公司掌握着大量的货币资金,它们是股市、政府债券和公司债券的重要投资者。保险公司会在金融市场进行组合投资,投资的金融产品以风险相对较低的类型为主,包括长短期债券、信托产品和银行存款等(各种金融产品的类型和特点将在第三章详细介绍)。可以看出保险公司在金融市场投资的产品期限包括短期也包括长期,所以保险公司是货币市场和资本市场的参与者。

从全球范围内的保险行业来看,财产保险公司和人身保险公司是最主要的两类保险公司。因此,我们下面将按照财产保险公司、人身保险公司和其他保险类公司与机构进行介绍。概括来看,财产保险公司的经营业务主要包括财产损失保险、责任保险、信用保险和保证保险、短期健康险和短期意外险等;人身保险公司的经营业务主要包括为客户提供个人和团体人寿险、意外险和健康险等。

二、财产保险公司

财产保险是指以财产及其有关利益为保险标的的保险,可以分为个人财产保险和商业财产保险,包括财产损失保险、责任保险、信用保险、保证保险等,涉及盗窃、财产、房屋、汽车和一般事故等诸多内容。

截至 2024 年 1 月,中国的财产保险公司有 83 家。此外,4 家保险业其他金融机构也属于财产保险公司范围,分别为 3 家农村保险互助社(联社),以及中石油专属财产保险股份有限公司。

对于财产保险公司来说,客户在购买财产保险产品时缴纳的保费是保险公司的负债,而客户的保费一般是缴纳到保险公司在银行开立的账户上,所以在负债形成的同时也对应形成保险公司的资产(保险公司在银行的存款)。财产保险公司的资产负债表对上述业务有具体的科目进行记账,客户缴纳的保费绝大部分用于未来或有赔付支出,通过提取"未到期责任准备金"记入保险公司的负债科目,同时记入资产项下的"银行存款"科目。作为示范,表 2-7 给出了平安财产保险股份有限公司 2020 年的资产负债表情况。

表 2-7 平安财产保险股份有限公司资产负债表(2020 年度)

资产	金额(亿元)	占比(%)	负债	金额(亿元)	占比(%)
货币资金	134.45	2.98	卖出回购金融资产款	138.00	3.06
金融投资	2 024.24	44.92	预收保费	135.14	3.00
其中:交易性金融资产	636.57	14.12	应付手续费及佣金	44.18	0.98

续表

资产	金额(亿元)	占比(%)	负债	金额(亿元)	占比(%)
可供出售金融资产	675.30	14.98	应付分保账款	106.34	2.36
持有至到期投资	712.37	15.81	应付职工薪酬	78.76	1.75
衍生金融资产	0.07	0.00	应交税费	39.86	0.88
买入返售金融资产	22.57	0.50	应付利息	3.32	0.07
应收保费	751.32	16.67	保户储金及投资款	0.19	0.00
应收利息	33.93	0.75	未到期责任准备金	1 663.82	36.92
应收分保账款	68.43	1.52	未决赔款准备金	965.37	21.42
应收分保未到期责任准备金	75.86	1.68	长期借款	51.95	1.15
应收分保未决赔款准备金	82.55	1.83	应付债券	136.02	3.02
长期股权投资	137.99	3.06	其他负债	108.23	2.40
存出资本保证金	42.06	0.93	负债差额	1.15	0.03
应收款项类投资	444.14	9.86	负债合计	3 472.33	77.05
固定资产	23.41	0.52	所有者权益(或股东权益):	0.00	0.00
无形资产	11.51	0.26	股本	210.00	4.66
递延所得税资产	85.86	1.91	资本公积金	3.08	0.07
投资性房地产	23.35	0.52	其他综合收益	17.80	0.40
定期存款	442.03	9.81	盈余公积金	543.93	12.07
其他资产	102.52	2.27	未分配利润	139.29	3.09
资产差额	0.45	0.01	一般风险准备	119.97	2.66
			股东权益差额	0.32	0.01
			归属于母公司所有者权益合计	1 034.40	22.95
			所有者权益合计	1 034.40	22.95
资产总计	4 506.73	100.00	负债及股东权益总计	4 506.73	100.00

资料来源:平安财产保险股份有限公司年报。

三、人身保险公司

人身保险是指以人的寿命和身体作为保险标的的保险,涉及死亡、疾病、残疾和退休等,包括人寿保险、健康保险和意外伤害保险等。表 2-8 给出了监管部门公布的 2022 年 4 月中国的人身保险公司总体经营情况(保费收入、赔付支出以及保单数量等)。从中可以看到,中国的人身保险公司保费收入来源分为寿险、意外险和健康险。

表 2-8 中国的人身保险公司经营情况(2022 年 4 月)

项目	本年累计/截至当期(亿元,万件)
原保险保费收入	15 629
其中:寿险	12 480
意外险	193
健康险	2 956
保户投资款新增交费	3 167
投连险独立账户新增交费	117
赔付支出	2 823
保险金额	5 428 137
其中:寿险	90 689
意外险	1 125 775
健康险	4 211 673
保单件数	30 293
其中:寿险	1 951
其中:普通寿险	1 511
意外险	12 946
健康险	15 396
总资产	221 319

资料来源:国家相关监管部门。

从投资属性来看,人身保险保单可以分为非投资性保单和投资性保单。非投资性保单在生效时同样是计入保费收入和银行存款,按照保险期记在保险公司负债科目的责任准备金项下。不过,对于人身保险公司来说,由于产品经常含有投资属性(例如定期返还利息或者分红等),因此含有投资性质的保单生效时,客户缴纳的保费在保险公司负债项下记入“保户储金及投资款”科目,同时在保险公司资产项下记入“银行存款”科目。

人身保险和财产保险的区别是非常显著的,它们业务性质不同导致它们在保费收入和控制资产方面的投资策略也不同。人身保险涉及人的死亡,死亡发生的年龄并不确定,这种不确定性意味着人们希望为自己投保,以保证在他们自己过早死亡时能为家庭提供福利。人身保险公司提供多种多样的产品,包括定期保单、终身保单、养老保单等。

人身保险和财产保险的资金来源特征决定了它们的资金运用(投资)也有不同特征:人身保险公司倾向于将更高比例的资产用于长期投资,例如政府和企业债券;财产保险公司多数保单为短期产品,一般会保留更多的流动性以应对索赔,因此更多投资于短期金融产品。

四、其他保险类公司与机构

（一）再保险

再保险也称“分保”，是指保险人在原保险合同基础上，通过签订分保合同，将其所承保的部分风险和责任向其他保险人进行保险的行为。再保险的基础是原保险，再保险的产生正是基于原保险人经营中分散风险的需要。在再保险交易中，分出业务的公司称为原保险人或分出公司，接受业务的公司称为再保险人或分保接受人。再保险转嫁风险责任支付的保费称再保险费；原保险人在招揽业务过程中支出了一定的费用，由再保险人支付给原保险人的费用报酬称分保佣金。

（二）保险资产管理公司

保险资产管理公司是指经监管部门批准，依法登记注册、受托管理保险资金的金融机构。从实质上看，保险资产管理公司是指主要股东或母公司为保险公司的资产管理机构，即保险系资产管理机构。

（三）企业年金基金管理机构

企业年金基金管理机构是指从事企业年金基金管理业务的法人受托机构、账户管理人、托管人和投资管理人等补充养老保险经办机构。从事企业年金基金管理业务的机构必须取得相应的企业年金基金管理资格并接受金融监管部门和人力资源社会保障行政部门的监管。我国目前由人力资源和社会保障部会商金融监管机构进行企业年金基金管理机构的资格认定。

（四）保险经纪公司

保险经纪公司是指依法成立的保险中介机构，针对客户需求为客户提供专业的保险规划和风险管理方案。一方面，保险经纪公司代表被保险人的利益，为被保险人设计保险方案，与保险公司商议达成保险协议。另一方面，保险经纪公司为保险公司承揽业务，向保险公司收取佣金。保险经纪公司还可以向投保人提供防灾防损、风险评估、风险管理、保险咨询或顾问等服务。

（五）保险代理公司

保险代理公司是指依据《公司法》《保险法》《保险专业代理机构监管规定》设立的专门从事保险代理业务的有限责任公司和股份有限公司。它属于专业保险代理人。保险代理公司的设立必须经过监管部门的批准，待其取得经营保险代理业务经营许可证，并办理工商登记手续、领取营业执照后，方可从事保险代理业务活动。

（六）保险公估机构

保险公估机构是指依照《保险法》等有关法律、行政法规，经监管部门批准设立并接受保险当事人委托专门从事保险标的的评估、勘验、鉴定、估损和理算等的机构。

第五节 金融基础设施

一、金融基础设施的基本概念

金融基础设施（financial infrastructure）是为各类金融活动提供基础性公共服务的系统

（硬件设施）及制度安排。系统包括登记托管系统、支付清算结算系统、征信系统等；制度安排则包括配套的法律法规、监管制度、会计准则、信用环境、定价机制等内容。

在实践中，还经常用到"金融市场基础设施"（financial market infrastructure）的表述。根据 2012 年国际清算银行（BIS）下属的支付与市场基础设施委员会[①]和国际证监会组织（International Organization of Securities Commissions）发布的《金融市场基础设施准则》，金融市场基础设施包括支付系统（payment systems）、中央证券托管机构（central securities depositories）、证券结算系统（securities settlement systems）、中央对手方（central counterparties）以及交易数据库（trade repositories）五类。

注意，以上提及的中央对手方又称共同对手方，是指清算结算过程中介入证券交易买卖双方之间，成为"买方的卖方"和"卖方的买方"的机构。"中央对手方"中的"中央"是指该机构处于买卖双方的中间位置，与中央银行或者国家管理机构没有必然联系。

因为金融市场基础设施与金融基础设施的原则和内容高度重合，所以我们统一使用金融基础设施的概念。中国人民银行发布了我国金融基础设施的统筹监管范围，从监管视角对我国金融基础设施进行了归纳，主要包括金融资产登记托管系统、清算结算系统（包括开展集中清算业务的中央对手方）、交易设施、交易报告库、重要支付系统、基础征信系统六类设施及其运营机构。

在实践中，金融基础设施均对应着具体的运营机构，即金融基础设施机构。具体的金融基础设施机构可以承担多种职责，所以可能交叉跨越上述六类系统中的多个系统。例如，中央结算公司既承担中央证券托管机构职责，又承担证券结算系统职责，所以中央结算公司既属于金融资产登记托管系统又属于清算结算系统。基于以上考虑，本节并未按照上述六类系统分别介绍金融基础设施机构，而是按照金融基础设施机构主要服务的金融市场来进行介绍。

按照服务面向的金融市场，我国的金融基础设施大体上可以分为证券市场基础设施、银行间市场基础设施、支付系统基础设施和征信系统基础设施。严格意义上说，我国的银行间市场还包含债券交易（债券是证券的一种），因此与证券市场存在重叠。但是我国证券交易所市场基础设施主要由中国证监会负责监管，而银行间市场基础设施主要由中国人民银行与国家金融监管总局、财政部、国家外汇管理局等其他主体负责监管，因此从证券市场和银行间市场来分类介绍金融基础设施是合理的。此外，支付系统基础设施和征信系统基础设施均由中国人民银行监管。

二、证券市场基础设施

我国证券市场基础设施机构主要包括中国证券登记结算有限责任公司（简称中证登）、证券交易所和期货交易所。

中证登是我国证券市场最重要的登记托管结算机构，由上海、深圳证券交易所各持

---

① 2014 年 6 月召开的全球经济会议决定将支付结算委员会（Committee on Payment and Settlement Systems，CPSS）更名为支付与市场基础设施委员会（Committee on Payments and Market Infrastructures，CPMI），以使委员会的名称和任务与其实际工作更加一致。委员会的运作方式、成员和职责不发生任何改变。

50%股份,业务覆盖主板上市公司以及新三板全部上市或挂牌的证券、非上市公司股份以及多种其他证券和股票衍生品交易。中证登还可以作为场内交易证券的中央对手方,以结算参与人为单位进行多边净额担保结算。所谓多边净额担保结算,是指证券登记结算机构介入证券交易双方的交易关系中,成为“所有买方的卖方”和“所有卖方的买方”,然后以结算参与人为单位,对其所有交易的应收应付证券和资金予以冲抵轧差,每个结算参与人根据轧差所得净额与证券登记结算机构进行交割。另外,中证机构间报价系统股份有限公司由多家证券公司共同持股,运营机构间私募产品报价与服务系统,为以非公开募集方式设立的产品提供发行交易与登记托管结算一体化的服务。

登记托管和清算结算服务为金融资产交易提供中后台支持,而交易达成还需要由前台的交易设施实现。上海证券交易所(简称上交所)、深圳证券交易所(简称深交所)和北京证券交易所(简称北交所)受中国证监会监督管理,为证券集中交易提供场所、设施和服务。上交所交易的股票分为主板和科创板,主板企业规模一般较大,科创板服务于科技型企业;深交所除了主板之外,还有创业板,服务于创业型企业;北交所主要服务于创新型中小企业。全国中小企业股份转让系统则主要服务于创新型、创业型、成长型中小微企业股份的转让,也称新三板;全国中小企业股份转让系统有限责任公司为其运营机构,股东包括中证登、上交所、深交所和四家期货交易所。此外,区域性股权交易市场由区域性金融交易中心等机构运营,为特定区域内的企业提供股权转让服务,也称四板。

上海期货交易所(简称上期所)、郑州商品交易所(简称郑商所)、大连商品交易所(简称大商所)、广州期货交易所(简称广期所)和中国金融期货交易所(简称中金所)为以农产品、工业品、贵金属和金融资产等为基础的期货期权等衍生品提供交易、结算和交割服务,且均被证监会批准为合格中央对手方。其中,上期所、郑商所、大商所均为事业单位,并与上交所和深交所共同控股中金所,四家期货交易所共同控股中国期货市场监控中心有限责任公司。该公司采集场外衍生品业务的交易数据与财务数据,运营期货场外交易报告库。

三、银行间市场基础设施

我国的银行间市场基础设施主要包括中央国债登记结算有限责任公司(简称中央结算公司)、银行间市场清算所(简称上清所)、中国外汇交易中心暨同业拆借中心(简称外汇交易中心)和上海票据交易所等。

中央结算公司是由国务院全资控股的中央登记托管结算机构,是财政部授权的国债总托管人、国家发展改革委授权的企业债总托管人、其业务还覆盖地方债、央行票据、金融债和资产证券化产品等。此外,根据监管部门的授权,中央结算公司还承担理财信息登记系统、信托产品登记系统和信贷资产登记流转系统的开发或运作。需要说明的是,中央结算公司不仅是银行间市场的主要金融基础设施,也是联通银行间市场与证券市场的重要金融基础设施,承担了证券市场与银行间市场的跨市场债券登记托管职能。图 2-6 归纳了中央结算公司与其他机构之间的互联互通情况。

上清所是由外汇交易中心、中央结算公司等机构发起设立的股份有限公司,为银行间的本外币和衍生品交易提供登记托管、清算结算、交割等服务,是中国人民银行认定的合格中

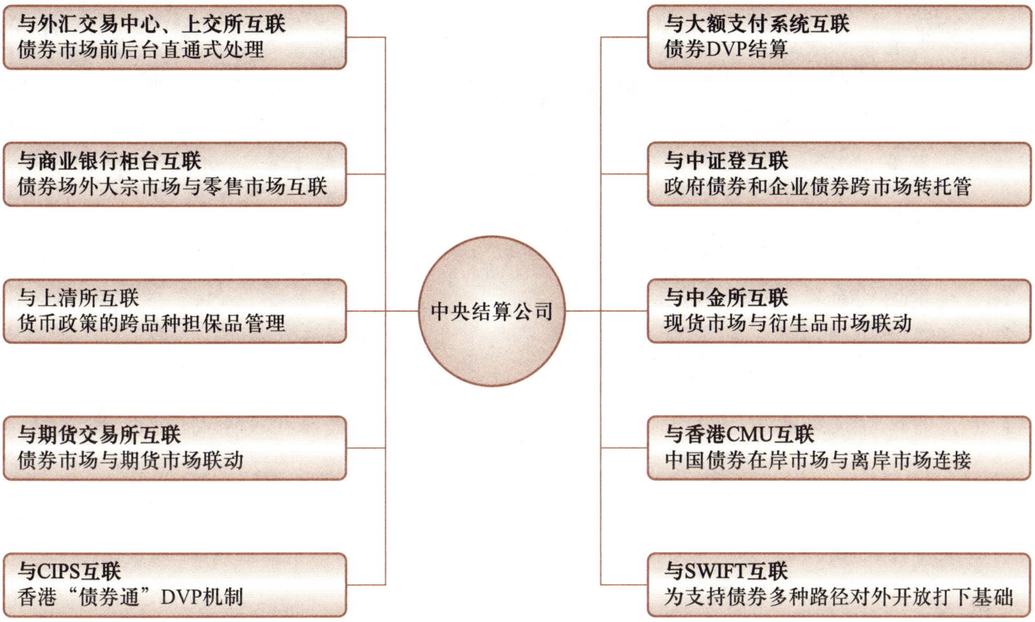

中央结算公司的互联	
与外汇交易中心、上交所互联	债券市场前后台直通式处理
与商业银行柜台互联	债券场外大宗市场与零售市场互联
与上清所互联	货币政策的跨品种担保品管理
与期货交易所互联	债券市场与期货市场联动
与CIPS互联	香港“债券通”DVP机制
与大额支付系统互联	债券DVP结算
与中证登互联	政府债券和企业债券跨市场转托管
与中金所互联	现货市场与衍生品市场联动
与香港CMU互联	中国债券在岸市场与离岸市场连接
与SWIFT互联	为支持债券多种路径对外开放打下基础

注:CIPS 全称为 cross-border interbank payment system(人民币跨境支付系统);DVP(delivery versus payment)是银行间债券市场交易的一种结算方式,称为“券款对付”。香港 CMU 是指香港金融管理局的债务工具中央结算系统(central moneymarkets unit)。SWIFT 的全称是 Society for Worldwide Interbank Financial Telecommunications(环球同业银行金融电信协会),是国际银行同业间的国际合作组织。

图 2-6 中央结算公司的互联互通情况

央对手方。银行间市场交易商协会(简称交易商协会)不属于登记托管结算机构,但作为银行间市场重要的自律监管和注册机构,主要负责在上清所交易的非金融企业债务融资工具等创新品种的准入和监管。

外汇交易中心是中国人民银行直属事业单位,是我国银行间货币、债券、外汇现货及衍生品市场的核心交易设施,还承担中国人民银行公开市场操作,发布人民币汇率中间价、上海银行间同业拆放利率、贷款市场报价利率等数据,服务于货币政策传导。

上海票据交易所是由中国人民银行清算总中心、交易商协会等机构共同持股的股份有限公司,是我国票据市场集登记托管、清算结算于一体的核心交易设施,承担中国人民银行的再贴现业务。

拓展阅读 2-1

银行间市场属于场内市场还是场外市场?

金融市场按照组织形式和交易程序可以分为场内交易市场和场外交易市场。场内交易市场是指由证券交易所组织的集中交易市场,有固定的交易场所、交易时间和交易规则;场外交易市场一般没有固定场所,由交易双方在交易商柜台自行交易。

我国的场内交易市场主要包括沪、深交易所和几个期货交易所，主要由中国证监会负责监管。银行间市场的交易主要是金融机构一对一询价，一般属于场外交易。不过，目前银行间市场也有两种不同交易模式：一种是中央对手方交易，彼此之间不知道对手是谁或者不需要彼此授信；另一种是交割信用风险由双方承担，交易所仅提供交割渠道。前者接近于场内交易，后者属于场外交易。

我国的银行间通用质押式回购业务是中央对手方交易的一个例子。交易双方仅需各自确定回购金额、利率和期限，无须寻找交易对手，成交单显示交易对手为上清所，上清所就是中央对手方。通用质押券业务是采用集中清算的三方回购交易业务，业务主要是银行间债券市场业务参与者将符合上清所要求的债券提交质押专户，上清所对质押专户的债券按照折扣率进行计算，业务参与者在额度范围内开展回购交易。开展通用质押式回购交易时，业务参与者需自行确定回购金额、利率和期限等要素，而对应的质押券由上清所自动选取、质押并进行存续期管理，包括估值盯市和质押券替换等。上清所按集中清算方式进行清算结算。

四、支付系统基础设施

（一）支付系统基础设施总体情况

我国的支付系统包括中国人民银行清算总中心系统和其他支付系统。其他支付系统包括商业银行行内业务系统、银联跨行支付系统、城银清算支付清算系统、农信银支付清算系统、人民币跨境支付系统、网联清算平台。

中国人民银行清算总中心（简称清算总中心）是中国人民银行直属事业单位，运营大额实时支付系统（HVPS）、小额批量支付系统（BEPS）、网上支付跨行清算系统（IBPS）、境内外币支付系统（CFXPS），它们统称为中国人民银行清算总中心支付系统，为中央银行、商业银行和全社会的资金流动提供底层的支付清算。在此基础上，其他清算组织分别服务于不同领域，为其成员机构的支付业务提供清算，然后将结果统一提交给中国人民银行清算总中心支付系统，由中央银行会计核算数据集中系统（ACS）完成机构间最终的资金结算。

注意，ACS 一般不被归类为支付系统。支付系统主要是资金往来通道和清算，最终结算不是由支付系统完成，而是由 ACS 完成。在支付领域，清算和结算是不同的概念。简单讲，清算是指日间大量交易轧差撮合留下净额，结算是指日终中国人民银行作最终法律意义上的会计账务核算确认。中国人民银行清算总中心全资子公司中志支付清算服务（北京）有限公司设有央行业务部，负责运行 ACS，这个机构很重要，负责管理中央银行账户（例如，商业银行在中国人民银行开设的存款准备金账户就开立在 ACS，与存款准备金率下调等货币政策操作息息相关），ACS 也成为货币政策传导的前端，对接中国人民银行货币政策司和支付结算司。

（二）中国银联

中国银联股份有限公司（简称中国银联）由国内 80 多家金融机构共同发起设立，于 2019 年 6 月取得了我国首张银行卡清算业务许可证，为使用银联标识银行卡完成的支付业务提供跨行清算。美国运通在中国境内的合资机构——连通（杭州）技术服务有限公司于2020年6月取得许可，在中国开展银行卡清算业务。2023年11月，万事达（Mastercard）控股的万事网联信息技术（北京）有限公司获得银行卡清算业务许可证，并被批准了银行卡清算机构开业申请。

（三）城银清与农信银

由中国人民银行清算总中心全资控股的城银清算服务有限责任公司（简称城银清）和部分持股的农信银资金清算中心有限责任公司（简称农信银），分别为城市商业银行和农村金融机构成员行之间的资金往来提供清算。城商行和农商行内部资金往来走的是城商行和农商行内部的行内系统；农信银网站上列有加入农信银的成员行，这些成员行之间的资金清算通过农信银进行，城银清的情况类似；如果金额很大，达到一定标准，农信银成员行支付还是通过大额支付系统进行，而不是农信银，城银清的情况类似。

（四）人民币跨境支付系统、网联清算平台

中国人民银行清算总中心主要控股的跨境银行间支付清算有限责任公司运营人民币跨境支付系统（CIPS），为我国内地和香港以及海外的金融机构的人民币跨境支付业务提供清算。另外，网联清算有限公司由非银行支付机构共同参股出资，为其网络支付业务提供清算。

五、征信系统基础设施

中国人民银行征信中心是中国人民银行直属事业单位，专门负责企业和个人征信系统（金融信用信息基础数据库，又承担企业和个人信用信息基础数据库职能）的建设、运行和维护工作。市场化征信机构可以合法采集企业、个人的信用信息，将其加工整理为征信产品，并有偿提供给具有合法需求的使用者。个人征信机构需取得中国人民银行批准的个人征信业务许可才可以开展相关信息采集，截至2020年年末，共有百行征信和朴道征信两家公司获得许可。

企业征信机构和法人信用评级机构由中国人民银行省级分支行办理备案并负责监管，市场化程度较个人征信业务更高。我国信用评级行业正处于对外开放的进程当中，标普和惠誉两大国际信用评级公司均已进入中国市场，这有助于提升我国信用评级质量，推动债券市场健康发展。

拓展阅读 2-2

中央国债登记结算有限责任公司

中央国债登记结算有限责任公司（简称中央结算公司）成立于1996年，是经国务院批准并出资设立的国有独资中央金融企业，是承担中央登记托管结算职能的金融基础设施，也是我国债券市场最早创立的金融基础设施。中央结算公司的业务范围不仅包括国债登记结算，还包括货币政策和财政政策实施的交易登记、银行业的信贷资产登记流转、理财登记托管以及信托登记托管业务等。自成立以来，中央结算公司从国债集

中托管起步，逐步发展成为各类金融资产的中央登记托管结算机构。中央结算公司是财政部授权的国债总托管人，主持建立和运营全国国债托管系统；是中国人民银行指定的银行间市场债券登记托管结算机构、商业银行柜台记账式国债交易一级托管机构；是授权的企业债券受理审核机构、总登记托管人及自律管理机构，并为企业债券全生命周期、信用体系建设、政府出资产业基金登记、国有企业债务风险监测等产业政策实施提供服务。根据监管部门授权，中央结算公司还承担理财信息登记系统、信托产品登记系统和信贷资产登记流转系统等的开发或运作。

截至2020年年末，中央结算公司全资设立银行业理财登记托管中心有限公司，控股银行业信贷资产登记流转中心有限公司和中国信托登记有限责任公司。这三家公司都属于金融基础设施机构，业务上均接受相应监管部门监管。

银行业信贷资产登记流转中心有限公司成立于2014年，主要承担信贷资产及银行业其他金融资产的登记、托管、流转和结算服务，代理本息兑付服务，交易管理和市场监测服务，金融信息服务和有关的咨询和技术服务，以及监管部门批准的其他业务。

银行业理财登记托管中心有限公司成立于2016年，主要业务包括理财登记托管结算业务，理财业务的风险监测与分析，理财大数据库的建设、信息和技术服务、市场研究，理财直接融资工具和银行理财管理计划业务的综合服务，理财信息披露、培训宣传、咨询评价和投资者教育等服务，以及监管部门同意的其他业务。

中国信托登记有限责任公司（简称中信登）成立于2016年，是为我国信托业提供基础设施服务的金融机构。中信登的主要职能定位于三大平台：信托业信托产品及其信托受益权登记与信息统计平台、信托产品发行与交易平台，以及信托业监管信息服务平台。

中央结算公司积极推进由单一的债券登记托管向全方位金融资产登记托管、由单一对接银行间债券市场向对接多个金融市场转型的发展战略，与国内外其他金融基础设施机构开展广泛的互联互通业务，还发挥了债券市场核心运行平台、金融市场定价基准形成平台、国家宏观经济政策实施支持平台和中国债券市场对外开放的门户平台等重要职能。

本章附录

本章附录一：中国金融机构编码规范中的术语与定义

本章附录二：中国金融机构的分类数量统计

复习要点

1. 金融机构的层级与分类。
2. 狭义金融中介的定义。
3. 广义金融中介的定义与分类。

4. 货币当局与监管当局。
5.《金融机构编码规范》的主要内容。
6. 银行业金融机构及其业务范畴。
7. 证券业金融机构及其业务范畴。
8. 保险业金融机构及其业务范畴。
9. 金融基础设施的定义及类别。

关键术语

金融机构	金融中介	金融基础设施
国家金融管理部门	中央银行	中国证监会
中国银保监会	国家金融监管总局	清算与结算
中央对手方	中央结算公司	金融控股公司
银行间市场	交易所市场	同业存款
同业拆借	场内交易	场外交易
存款类机构	非存款类机构	契约类储蓄机构
投资类机构	法定准备金	法定准备金率
超额准备金	超额准备金利率	商业银行
大型银行	股份制银行	政策性银行
开发性金融机构	投资银行	做市商
自营业务	私募股权投资	公募基金
私募基金	金融租赁	融资租赁
信托	证券公司	财产保险公司
人身保险公司	再保险	财务公司
贷款公司	货币经纪公司	汽车金融公司
消费金融公司	金融资产管理公司	银行理财子公司

即测即评

请扫码检测本章学习效果。

练习题

参考答案

1. 简述金融机构的层级与分类。
2. 简述狭义与广义金融中介的定义。
3. 阐释中国金融中介机构的监管体系。
4. 中国的哪些金融机构可以参与同业拆借市场交易?
5. 中国的银行业金融中介机构包括哪些?其业务经营范围有什么区别?
6. 中国的证券业金融中介机构包括哪些?其业务经营范围有什么区别?哪些属于直

接融资中介，哪些属于间接融资中介？

7. 中国的保险业金融中介机构包括哪些？其业务经营范围有什么区别？
8. 金融控股公司的监管机制是什么？
9. 中国金融基础设施机构有哪些类别？

补充阅读材料

扫码查看本章补充阅读材料。

第三章

金融产品

学习目标

1. 掌握金融产品的相关定义(金融证券、金融索偿权等)
2. 掌握债务类金融产品的特征与分类
3. 掌握权益类金融产品的特征与分类
4. 掌握金融衍生品的特征与分类
5. 了解混合证券的特征与分类

本章导读

金融产品也可以称为金融工具,是一种金融契约(合约)。从功能层面看,金融产品是金融市场上资金流转的载体,是各类经济主体用于储蓄、投资、融资以及风险管理等的工具。

金融产品与金融资产、金融证券以及金融索偿权等术语的含义与范畴非常接近而且存在交叉,但是又存在微妙差异。例如,金融产品对于买入方来说是金融资产,但是对于发行方来说就不是资产,所以"金融产品"要比"金融资产"的表述更加中性,内涵略宽。再如,金融证券主要是指可以转让交易的金融产品,但是诸如居民储蓄存款这种不可交易的金融产品就不能称为证券,所以金融证券并不能涵盖所有的金融产品。另外,金融索偿权强调金融产品对应的契约属性(债务、权益或者其他),所有金融产品都对应于某种金融索偿权。

本章详细介绍金融产品的定义与分类,阐释债务类、权益类、衍生品和混合证券等金融产品的特征与内容,并结合金融市场上的具体产品进行相关业务介绍。本章是学习后续章节内容的重要基础,相关定义和内容在其他章节(特别是金融市场的相关章节等)有广泛的应用。为了便于学习,本章并不对金融产品涉及的技术性内容(如产品定价)展开介绍,而着力于金融产品的概念性知识普及。

第一节 金融产品的相关定义与种类

一、金融产品的相关定义

（一）金融产品/金融工具

我们在日常生活中经常与实物产品（real product）打交道，例如手机、计算机、小汽车、企业厂房和设备等。这些实物产品为我们的日常生活和社会生产活动提供了重要基础。与此同时，我们还会接触到现金、存款、债券和股票等金融产品（financial product）。金融产品一般并不直接体现为实物产品形态，而是一种契约凭证，可以是纸质形式也可以是电子形式，用以表明债务债权关系或者所有权关系。例如，货币（包括现金和存款）可能是最常见的金融产品，货币持有人是债权人，货币的发行方是债务人；我们可以用现金购买手机，也可以用银行存款以转账形式购买实物产品。

常见的金融产品是金融机构（例如银行、保险公司、证券公司等）向居民、企业或者政府等经济主体提供的契约形式的产品。这种契约通常会规定产品存续期间不同时点的货币价值交换，而且这些交换可能取决于特定事件的实现与否。例如，债券是债权人（债券投资人）购买时支付现金流，以获得未来不同时间点的现金流，而能否获得这些现金流取决于未来债务人是否出现破产等情况。

归纳起来，金融产品是一种契约凭证，是资金融通的载体，是市场参与者用以储蓄、投资、融资和对冲风险等的工具。通过金融产品的买卖交易，经济主体实现储蓄、投资、融资和风险管理等需求，资金得以流转，社会生产活动得以完成，经济得以发展。不难看出，金融产品在交易过程中对于交易各方来说都是一种工具，用以完成储蓄、投资、融资和对冲风险等金融活动，所以金融产品与金融工具的表述几乎可以完全等价使用。本书中金融产品与金融工具等价交替使用。

事实上，金融产品有“一物五名”的说法，即同样的金融产品，根据不同的使用者、不同的使用目的、不同的功能和不同的属性特征，可以有五种不同的名字，即金融产品、金融工具、金融资产、金融证券和金融索偿权。虽然金融产品与金融工具的表述可以交替使用，但是金融产品与金融资产、金融证券以及金融索偿权之间还存在微妙的差异。下面分别介绍金融资产、金融证券和金融索偿权的定义，请读者注意它们与金融产品定义之间的联系与区别。

（二）金融资产

从本质上来看，金融产品（金融工具）是一种含有货币价值内容的契约（contract）。国际会计标准（International Accounting Standards，IAS）把金融产品（金融工具）定义为“任何可以使交易中一方形成金融资产而另一方形成金融负债或者权益受让的契约”。契约的形式多种多样：可能涉及两方，也可能涉及多方；契约方可能是个人，也可能是机构。契约的签订会使一方形成金融资产，而另一方形成金融负债或者权益受让。同时，这种契约凭证通常会指定产品存续期间不同时点的货币价值交换，这些交换可能取决于特定事件的实现与否。

例如，投资者购买企业发行的债券，买入的债券是投资者的资产，企业相应形成负债。

同时,债券持有者可能定期获得利息收入并在期末获得本金,也可能由于债券发行方违约而发生损失。再如,投资者购买企业发行的股票,股票是买入方的资产,表明投资者对企业拥有一定权力,同时形成了卖出方的权益受让。

所以,一般来说,金融产品对于买入方(或者说投资方)来说是其持有的金融资产,也可以是其持有的投资品,但是对于发行方来说则是负债或者权益受让。可见,虽然在大多数情况下金融产品也可以说成金融资产或者金融投资,但是金融产品的内涵要比金融资产略宽。

(三) 金融证券

既然金融产品是一种契约,那么金融产品一般都是以券书凭证(paper certificate)的形式出现,券书凭证上面列明金融产品的交易条款等信息,只不过在当今的电子化时代,实物形式的券书凭证越来越少,大多数金融产品都是以电子化形式存在的。因此,从宽泛意义上说,金融产品也可以称为金融证券,或者简称为证券(securities)。证券所依托的券书凭证是金融产品买入方(投资方)的投资证明。

从狭义角度说,金融证券比金融产品的范畴要小,并不是所有金融产品都被称为证券。在现代金融市场中,金融证券一般是指发行后在金融市场可以进行转让交易的金融产品,例如股票、债券、商业票据、银行发行的可转让存单和一些金融衍生品等。也就是说,金融证券的表述更强调金融产品的可转让交易(tradable)特征。有一些金融产品,例如普通的银行存款凭证和贷款凭证,一般不能进行转让交易,所以它们不是标准意义上的证券。还有一些金融产品,理论上是可以进行转让交易的,从标准定义上看属于证券,但是在实践中也可能存在某些特殊情况。例如,财政部代表国家发行的储蓄国债属于债券,但由于该产品是只向个人投资者发行的不可流通国债品种,所以不能转让交易。

(四) 金融索偿权

金融索偿权的概念我们在第一章介绍过,是指金融产品的持有方拥有的权利凭证。金融产品、金融工具或者金融资产都代表着某种金融索偿权。因此,金融产品、金融工具或者金融资产的交易本质上就是金融索偿权的交易。它们之间的联系可以概括如下:商业企业、金融机构和政府部门都可以在特定条件下发行金融产品,以其作为金融工具来承载特定性质的金融索偿权,从而完成相应的资金流转活动,这些金融产品相应成为持有方(买入方)的金融资产。

金融索偿权是一个含义较宽的名词术语。每一个金融产品都对应着特定的金融索偿权。金融产品的交易本质上就是金融索偿权的交易。这也是为什么第一章的图 1-3 中使用金融索偿权的概念来介绍资金的流转过程。如果使用金融产品、金融工具或者金融资产的表述,则不太容易区分一级和二级索偿权的差别;如果使用金融证券的表述,则无法涵盖银行存贷款等不能转让交易的金融产品。所以,此处使用金融索偿权的概念比较合适。

另外,金融索偿权可以根据对应金融产品的性质分为债务索偿权、权益索偿权和交易权等,其中权益索偿权也可以称为股权索偿权。例如,居民到银行存款,可以看成居民购买银行发行的存款合约。存款手续办理完成后,银行获得资金,居民获得存款凭证(存折等形式)。在这个例子中,存款凭证就是银行发行的一款金融产品,是银行用以获得资金及居民实现储蓄的金融工具。存款凭证对于居民来说是一种金融资产,相应形成银行的负债,所以存款凭证是一种债务工具,代表债务索偿权(debt claim)。再如,上市公司发行股票,股票是上市公司发行的金融产品，是上市公司用于融资的权益工具。股票（或者股份）对于持有者来说是一种金融资产，代表投资者拥有一种权益索偿权（equity claim）。另外，还有一些金融产品代表的是股债混合索偿权（hybrid claim）。

二、金融产品的种类

金融产品的种类很多，可以从索偿权特征、发行主体、交易的市场或者收益与风险特征等方面进行分类归纳。不同种类的金融产品形式也非常多样，可以是现金资产、支付或取得现金或其他金融资产的合约凭证以及所有权凭证等。

按照索偿权特征对金融产品进行分类是一种常见的做法，即考察金融产品对应的索偿权属于债务、权益还是交易权，从而将金融产品划分为债务、权益和衍生品。另外，还有一些金融产品同时涉及债务、权益和交易权当中的两种或者三种，从而形成混合金融产品（混合证券）。因此，归纳起来，金融产品可以分为债务、权益、衍生品和混合型产品四大类，如图 3-1 所示。金融产品的这种分类与第一章所介绍的金融索偿权的分类是类似的。

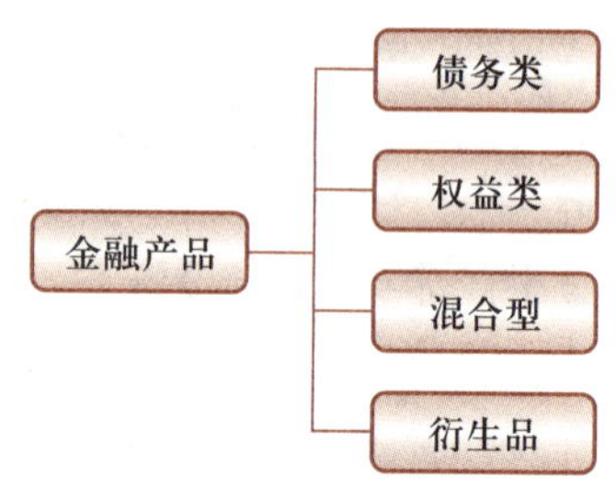

图 3-1 金融产品按照索偿权特征进行分类

（一）债务类金融产品

债务类金融产品的索偿权特征是债权债务关系，该类产品的持有者可以按期获得固定收益或按照特定公式计算的收益，并在到期时收回本金。因此，债务类金融产品也称为固定收益类金融产品，如果是证券产品则称为固定收益证券（fixed income securities）。例如，当一家企业需要资金开展业务或者扩建厂房时，它可能首先考虑传统的融资手段，即到银行去借贷。银行与这家企业签订贷款合同，贷款合同凭证就是银行设立的债务类金融产品，表明银行是这家借款企业的债权人，而企业则是银行的债务人，在合同规定的特定时间支付利息，并在合同到期时偿还本金。可见，债务类金融产品的持有方与发行方属于债权债务关系，债权人按期获得收益，并在产品到期日收回本金。

当然，如果这家企业具备一定条件，也可能考虑直接在金融市场发行债券进行融资。债券也是常见的债务类金融产品，是投资人的债权凭证，同时表明这家企业有还债义务。投资者购买企业发行的债券，企业相应获得所需资金，投资者则按期获得利息收入，并在到期日收回本金。当然，债务类金融产品还有很多，我们将在第二节进一步介绍典型的债务类金融产品。

（二）权益类金融产品

这类产品的索偿权特征是所有权关系，发行方不对持有方承诺支付任何形式的收益。普通股股票（common stock）属于典型的权益类金融产品。当一个企业需要更多的所有者参与来实现成长时，它可以选择以公开发行股票的形式募集资金。普通股股票凭证是一种权益类金融产品，权益或者说股权代表所有权。也就是说，当投资者购买股票时，投资者购买的是企业的所有权，企业则进行了权益受让而不是承担负债。当企业盈利时，投资者会以两种方式之一参与利润分配：一是获得企业支付的分红；二是获得股价上涨收益（企业将盈利用于业务发展而带动股价上升）。当然，如果企业经营不善出现亏损，那么股票价格就可能下降，投资者就可能承担股价下跌带来的亏损。可见，权益投资的表现直接与企业的经营状况相关，所以权益类产品投资一般要比债务类产品投资的风险更高。除了股票，基金产品也属于权益类金融产品，因为基金的投资者相当于股东，没有定期的利息收入，投资者收益随基金投向的具体品类价格变动而变动。因此，权益类金融产品的持有方与发行方属于所有权和权益受让关系，持有方不被承诺任何形式的收益，但是按持股比例拥有企业实物资产的所有权，可以获得分红或者权益溢价。

（三）混合金融产品

混合（hybrid）金融产品也可以称为混合证券，仍然是单个金融产品（没有其他底层基础资产），但是同时具有两种或者两种以上金融索偿权的特征。混合证券既可以是股权与债权的混合形式，也可以是债务与交易权的混合形式，还可以是两种以上索偿权的组合形式。所以，混合金融产品是兼具两种或者两种以上金融索偿权特征的单个金融产品。

例如，可转换公司债券（简称可转债）是一种典型的混合证券，是一种可以在特定时间、按特定条件转换为普通股股票的特殊企业债券。可转债具有债权和股票期权的双重属性，是债券和期权的混合。可转债具有债权性质，因为与其他债券一样，投资者可以选择持有债券到期，收取本息。同时，可转债具有股票期权性质，因为持有人可以选择在约定的时间内把可转债转换成公司股票，享受股利分配或资本增值。注意，虽然可转债含有期权（options）的属性，但是一般不把可转债称为衍生金融产品，因为它本身仍然是单个金融产品，而不是建立在其他基础金融资产之上。

再如，优先股（preferred stock）也是一种典型的混合证券，兼具股权和债权的属性。所谓优先股，是指在一般规定的普通种类股份之外，另行规定的一种股份，其股份持有人优先于普通股股东分配公司利润和剩余财产，但参与公司决策管理等权利受到限制。优先股股东优先于普通股股东分配公司利润，一般会定期获得固定或者浮动的票面股息率，也可以在一定条件下将优先股兑换成普通股，所以优先股股票兼具债权和股权的特征。

每种类型的混合证券都具有独特的风险和回报特征。可转债比普通债券具有更大的升值潜力，但是持有人获得的利息低于传统债券，同时仍面临标的公司表现不佳的风险。标的公司可能无法支付息票，也无法在到期时偿还债券面值。混合证券的其他风险包括递延支付利息、破产、市场价格波动、提前还款和流动性不足等。

基于以上介绍的特点，混合金融产品的投资者可能获得固定或者浮动收益，而且收益的形式可能是利息也可能是分红。有些混合金融产品在持有到期时可能获得面值返还，还有一些混合金融产品具有纳税优惠。不过，由于混合金融产品的性质比较复杂，转让交易可能比较困难。

（四）金融衍生品

顾名思义，金融衍生品是指基于其他金融产品（称为基础资产）而衍生出来的金融产品，其价格取决于所依托的基础资产。常见的金融衍生品（如远期、期货、期权和互换）对应的索偿权是一种交易的权利，这种交易权既不是债务也不是权益，投资者购买金融衍生品的回报决定于衍生品所依托的基础资产（例如债券或者股票等）。

例如，期权是一种典型的金融衍生品，期权合约凭证赋予买入方在未来某个时点以约定价格买入或者卖出特定金融产品的权利。买入方要为这一权利支付费用，这种费用称为期权费、佣金或者溢价(premium)。其他常见的金融衍生品还包括远期、期货和互换等,我们将在后续进一步介绍。需要注意的是,金融衍生品可以用于套期保值、对冲风险,是金融市场上用来进行风险管理的重要工具。当然,金融衍生品也可以用来为发行方提供流动性、为购买方提供投资组合的选项,甚至可以用于投机交易。

第二节 债务类金融产品

首先,债务类金融产品中最常见的品类之一是存款产品。例如,居民在银行的储蓄存款就是银行发行的债务类金融产品,存款凭证的持有者是债权方,发行存款的银行是债务方。其次,居民或者企业从银行借款,或者说银行对居民或企业发放贷款,此时贷款凭证也是债务类金融产品,银行是债权方,借贷资金的居民或者企业是债务方。最后,除了常见的存贷款产品是债务类金融产品,债券、商业票据和保险保单等都属于债务类金融产品。我们已经介绍过,从收益特征看,债务类金融产品的主要特点是可以定期获得固定额度或者固定形式的利息收入,因此债务类金融产品又可以称为固定收益产品或者固定收益证券。

一、存贷款产品

(一) 存款凭证

只有存款类金融机构才被允许吸收存款。客户在存款类金融机构(如商业银行、信用合作社等)存入资金,就获得存款类金融机构发行的存款凭证。存款凭证是客户的债权凭证,凭证的形式可以是存折或者存单等(纸质或者电子形式)。存款可按多种方式分类,根据存款期限不同可分为活期存款和定期存款。在我国,根据存款者不同可分为单位存款和个人存款,个人存款即居民储蓄存款。

定期存款一般不可以转让,但是银行发行的大额可转让定期存单(negotiable certificate of deposit,NCD)是可以在二级市场上转让流通的。NCD 是一种固定面额、固定期限、可以转让的大额存款凭证。一般情况下,NCD 不分段计息,存单到期后一次还本付息,逾期部分不计付利息。在我国,NCD 的发行单位限于各类银行,非银行金融机构不得发行大额可转让定期存单。NCD 按标准单位发行,面额较大,一般不记名(存单上没有投资人的信息)。NCD 相当于可转让的定期存款凭证。

当然,并不是所有的大额存单都可以转让,商业银行还发行不可转让的普通大额存单(certificate of deposit,CD),CD 的购买者可以是居民个人也可以是企事业单位。在我国,银行发行的普通 CD 的期限一般为 3 年或者 5 年,利息有按月支付和持有至到期一次性支付等不同形式,到期后银行返还本金。

归纳起来,存款类产品的主要功能是满足居民和企业的储蓄需求,同时是银行业存款类机构资金来源的重要渠道。对于存款类金融机构来说,一方面需要吸收存款(发行存款产品)来满足日常经营的流动性需求(客户取款等需求),另一方面需要通过吸收存款来动态支持贷款发放等资产类业务。我们在第十章会进一步介绍商业银行的存贷款业务等相关内容。

不同规模的存款类金融机构为了吸收存款,对存款利率的定价策略会有所不同。一般来说，对于同样期限的存款产品，小型商业银行要比大型商业银行支付的利率略高一些，民营银行要比国有银行支付的利率略高一些。表 3-1 归纳了 2022 年 6 月中国银行、中信银行和北京中关村银行各期限的存款利率水平。这三家银行分别属于国有大型商业银行、全国性股份制商业银行和小型民营银行。从表中列举的利率水平比较来看，北京中关村银行存款产品的利率水平明显高于另外两家商业银行的相同期限的产品，而中信银行又比中国银行的利率高一些。

表 3-1　不同银行的存款产品及对应利率水平（2022 年 6 月）　　单位：%

	活期	3 个月	1 年期	3 年期	5 年期
北京中关村银行	0.35	1.55	2.15	3.95	4.40
中信银行	0.30	1.40	1.95	3.00	3.00
中国银行	0.30	1.35	1.75	2.75	2.75

资料来源：各银行官方网站。

（二）贷款凭证

在我们国家，面向居民和企业的贷款发放机构主要包括以银行为代表的存款类金融机构、汽车金融公司、消费金融公司、贷款公司、小额贷款公司和企业集团财务公司。这些机构发行的贷款产品（贷款凭证）适用对象有所差别，相应的贷款业务特征也有所不同。图 3-2 归纳了可以发放贷款的主要金融机构及其贷款对象示例。我们下面分别对其中六类机构的贷款业务进行介绍。

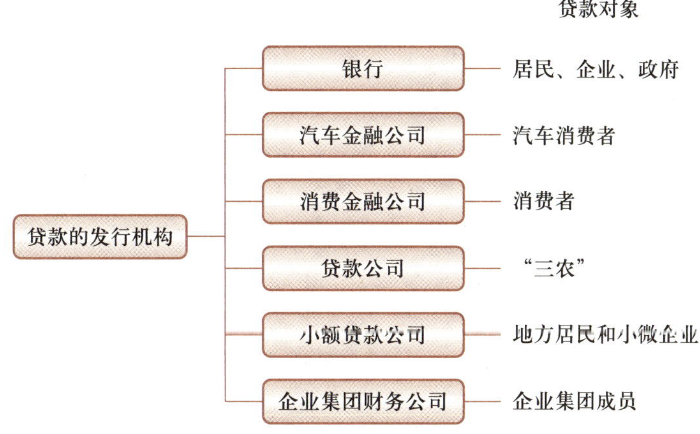

图 3-2　可以发放贷款产品的金融机构及贷款对象示例

1. 银行发行的贷款

银行发行的贷款是指银行对借款人提供并按约定利率和期限还本付息的货币资金。银行发放贷款，银行为债权人，借款人为债务人。居民个人和企事业单位均可以在满足条件的情况下向银行申请贷款。

贷款按期限长短划分，有短期贷款、中期贷款和长期贷款。按照我们国家的常规标准，短期贷款是指贷款期限在1年以内(含1年)的贷款。中期贷款是指贷款期限在1年以上(不含1年)5年以下(含5年)的贷款。长期贷款是指贷款期限在5年(不含5年)以上的贷款。

银行发行的贷款产品按有无担保划分,可以分为信用贷款和担保贷款。信用贷款是不需要担保或抵押而直接向借款人发放的贷款。担保贷款则是指由借款人或第三方依法提供担保而获得的贷款。担保贷款包括保证贷款、抵押贷款和质押贷款等形式。

2. 汽车金融公司发行的贷款

汽车金融公司是一种为汽车消费者及销售者提供金融服务的银行业非存款类金融机构。消费者在购买汽车时,可以向汽车金融公司申请贷款。汽车金融公司发行的贷款产品为消费者购买汽车提供了便利、快捷的金融服务。我国汽车金融公司需要经过国家金融监管总局批准设立,国家金融监管总局依法对汽车金融公司实施监督管理,而且汽车金融公司名称中应标明“汽车金融”字样。

汽车金融公司的贷款产品相对于银行贷款产品来说,优势主要在于便捷性,消费者在汽车销售处可以直接申请办理,审批程序相对简单,而且一般不要求不动产抵押、户口等硬性条件。由于汽车金融公司大多具有汽车厂家背景,如大众汽车金融公司、福特汽车金融公司等,所以汽车金融公司贷款基本只提供本品牌和相关品牌指定车型业务。

拓展阅读 3-1

中国第一家汽车金融公司

汽车属于耐用消费品,汽车消费对于经济增长具有重要作用。为了支持汽车产业发展,规范汽车消费信贷业务管理,同时履行加入世界贸易组织的承诺,2003年10月3日,银监会颁布实施《汽车金融公司管理办法》,决定开始设立汽车金融公司,从而开启了我国新一类的银行业非存款类金融机构。为增强该办法的可操作性,同年11月12日,银监会又颁布了《汽车金融公司管理办法实施细则》,从机构、人员市场准入和金融监管两方面对该办法进行了细化和补充。

2003年12月,银监会批准上汽通用汽车金融有限责任公司、丰田汽车金融(中国)有限公司和大众汽车金融(中国)有限公司等三家公司进行筹建。这三家公司是我国首批获准筹建的汽车金融公司。其中,上汽通用汽车金融有限责任公司是我国第一家获准开业的汽车金融公司,于2004年8月3日经银监会核准正式开业,注册地为上海,主要经营汽车零售信贷和批发信贷。

3. 消费金融公司发行的贷款

消费金融公司不吸收公众存款,以小额、分散为原则,是为消费者提供以消费(不包括购房和购车)为目的的贷款的非银行金融机构。在我国,消费金融公司名称中应当标明“消费金融”字样。

消费金融公司发放的消费贷款针对的是消费场景,一般由消费金融公司直接将贷款资金的额度支付给商家,不需要经过借款人先取款再付款的过程。消费贷款属于信用贷款,不需要进行抵押或者质押就可以获得贷款。

注意，蚂蚁花呗、京东白条等所提供的金融服务并不属于消费贷款，而是属于小额贷款。这是因为消费金融公司属于银行业非存款类金融机构，归口监管部门为银行业金融监管部门，蚂蚁花呗、京东白条的业务不属于金融机构提供的消费金融业务，而是属于非金融机构的小额贷款业务。另外，消费金融公司作为金融机构可以参与同业拆借、发行金融企业债券，而小额贷款公司目前还不可以参与此类业务。

4. 贷款公司发行的贷款

我国的贷款公司是指由境内商业银行或农村合作银行在农村地区设立的专门为县域农民、农业和农村经济发展提供贷款服务的银行业非存款类金融机构。贷款公司是由境内商业银行或农村合作银行全额出资的有限责任公司，归属银行业金融监管部门监管。

截至 2024 年，中国有 13 家贷款公司。根据《贷款公司管理规定》，贷款公司可经营以下业务：①办理各项贷款；②办理票据贴现；③办理资产转让；④办理贷款项下的结算等。贷款公司属于银行业非存款类金融机构，不得吸收公众存款，其资金来源于实收资本、向投资人的借款以及向其他金融机构的融资。同时，按照贷款公司设立的目的，其主要业务对象是“三农”部门（农民、农业和农村）。

5. 小额贷款公司发行的贷款

小额贷款公司由自然人、企业法人与其他社会组织投资设立，不吸收公众存款，经营小额贷款业务，公司形式可以是有限责任公司或股份有限公司。小额贷款公司虽然与“贷款公司”的名称只差两个字，但是机构属性明显不同：“贷款公司”属于银行业金融监管部门直接监管的标准金融机构（银行业非存款类金融机构），而小额贷款公司注册的审批机构则是地方性金融监管部门（省政府金融办等），审批条件比贷款公司和消费金融公司都更为宽松。另外，贷款公司的主要业务对象是“三农”部门，而小额贷款公司的业务对象不要求局限于农村地区，既可以是农民，也可以是城镇居民，还可以是小微企业。

需要注意的是，虽然《金融机构编码规范》中将小额贷款公司归为“其他类”金融机构，但是截至 2024 年，小额贷款公司的直接监管部门仍然是地方管理部门，而不是国家金融监管部门，所以不属于标准意义上的金融机构，而是属于地方金融组织。在我国，地方金融组织包括依法设立的小额贷款公司、融资担保公司、区域性股权市场、典当行、融资租赁公司、商业保理公司、地方资产管理公司等，这些机构都不能跨区域经营，设立审批都归地方，也按属地监管。

按照国家金融管理部门的相关要求，小额贷款公司应当主要经营放贷业务，而且其贷款产品需要突出小额、分散的特点，提高对小微企业、农民、城镇低收入人群等普惠金融重点服务对象的服务水平。根据相关规定，小额贷款公司对同一借款人的贷款余额不得超过小额贷款公司净资产的 10%，对同一借款人及其关联方的贷款余额不得超过小额贷款公司净资产的 15%。地方金融监管部门根据监管需要，可以下调前述贷款余额最高限额。

小额贷款公司发放贷款同样需要具有资金来源基础。对经营管理较好、风险控制能力较强、监管评价良好的小额贷款公司，经地方金融监管部门批准可依法开展发行债券、以本公司发放的贷款为基础资产发行资产证券化产品、股东借款等业务。按照相关要求，小额贷款公司通过银行借款、股东借款等非标准化融资形式融入资金的余额不得超过其净资产的

1倍；通过发行债券、资产证券化产品等标准化债权类资产形式融入资金的余额不得超过其净资产的4倍。地方金融监管部门根据监管需要，可以下调前述对外融资余额与净资产比例的最高限额。

6. 企业集团财务公司发行的贷款

企业集团财务公司是指以加强企业集团资金集中管理和提高企业集团资金使用效率为目的，为企业集团成员单位提供财务管理服务的银行业存款类金融机构，归属于银行业金融监管部门监管。企业集团财务公司经营的业务主要是为企业集团成员单位服务，贷款业务也不例外。企业集团财务公司的基本业务主要包括以下几类：

（1）为成员单位办理财务和融资顾问、信用鉴证及相关的咨询、代理业务。

（2）协助成员单位实现交易款项的收付。

（3）经批准的保险代理业务。

（4）为成员单位提供担保。

（5）办理成员单位之间的委托贷款及委托投资。

（6）为成员单位办理票据承兑与贴现。

（7）办理成员单位之间的内部转账结算及相应的结算、清算方案设计。

（8）吸收成员单位的存款。

（9）为成员单位办理贷款及融资租赁。

（10）从事同业拆借等。

另外，符合条件的财务公司，可以向监管部门申请从事下列业务：

（1）经批准发行财务公司债券。

（2）承销成员单位的企业债券。

（3）对金融机构的股权投资。

（4）有价证券投资。

（5）成员单位产品的消费信贷、买方信贷及融资租赁。

可以看到，企业集团财务公司在一定程度上可以看成集团中各成员单位的"银行"，在以上这些业务中，贷款业务包括基本业务中的第（4）、（6）、（9）项和可申请业务中的第（5）项，即为成员单位提供的担保、票据承兑与贴现、贷款及融资租赁以及消费信贷、买方信贷及融资租赁等业务，通过这些业务形式，企业集团财务公司实现对成员单位的贷款服务。

二、债券

债券是政府部门、金融机构、工商企业等为筹借资金而发行的债务工具，承诺按照一定利率标准按期支付利息，并按约定条件偿还本金的债权债务凭证。债券购买方与发行方之间是一种债权债务关系，债券发行方是债务人，债券购买方是债权人。因为传统上的债券按照固定、预先确定的票面利率（也称息票利率）按期支付利息，所以债券属于典型的固定收益证券。

（一）债券的种类

债券按照不同划分标准可以分为很多种类，常见的划分标准包括偿还期限、付息方式、发行主体、是否可转换、能否提前偿还等。下面分别介绍这些划分标准对应的债券种类。

根据偿还期限不同，债券可以分为短期、中期和长期债券。一般来说，偿还期限在 10 年以上的为长期债券；偿还期限在 1 年以下的为短期债券；偿还期限在 1 年或 1 年以上、10 年以下（包括 10 年）的为中期债券。

根据付息方式不同，债券可以分为零息债券、定息债券、浮息债券。零息债券，也叫贴现债券，是指债券券面上不附有息票，在票面上不规定利率，发行时按规定的折扣率以低于债券面值的价格发行，到期按面值支付本息。零息债券的期限一般比较短。定息债券即固定利率债券，是将利率印在票面上（当然也可以是电子形式）并按期向债券持有人支付利息的债券，该利率不随市场利率的变化而调整。浮息债券即浮动利率债券，息票率随市场利率变动而调整，往往是中长期债券。

根据发行主体不同，债券可以分为政府债券、金融债券、公司债券和外国债券。政府债券是由政府发行的，包括中央政府发行的国债和地方政府发行的地方政府债券。金融债券是由银行和非银行金融机构发行的债券。公司债券是由公司发行的债券。外国债券是由外国机构在本国发行的以本币计价的债券，一般会有一个具有本国特色的名称，例如外国机构在中国发行的以人民币计价的债券称为熊猫债券。

根据是否可转换为股票，债券可以分为可转换债券和不可转换债券。我们之前介绍过，可转换债券是指在特定时期内可以按某一固定的比例转换成普通股的债券，它具有债务与权益双重属性，属于一种混合性筹资方式，即混合证券。与可转换债券不同，不可转换债券是指不能转换为普通股的债券，又称为普通债券。由于没有赋予债券持有人将来成为公司股东的权利，不可转换债券的利率一般高于可转换债券。

根据债券能否提前偿还，债券可以分为可赎回债券和不可赎回债券。可赎回债券是指在债券到期前，发行人可以以事先约定的赎回价格收回的债券。公司发行可赎回债券主要是考虑到公司未来的投资机会和回避利率风险等问题，以增加公司资本结构调整的灵活性。不可赎回债券是指不能在债券到期前收回的债券。

债券的品类虽然很多，但是一般都包含一些基本要素。这些要素是指发行的债券上必须载明的基本内容，是明确债权人和债务人权利与义务的主要约定，具体包括债券面值、现价、息票、息票利率（票面利率）、到期收益率、偿还期限、付息期和折价或溢价发行等要素，这些要素与债券的收益率紧密相关。表 3-2 归纳了与债券特征相关的主要术语及其解释。

表 3-2　刻画债券特征的术语

术语	术语解释
面值	面值=票面标明的价值
现价	现价=市场成交价
息票	息票=每期支付的利息额度
息票利率	息票利率=每年支付的利息占票面金额的比率
到期收益率	到期收益率=投资收益/发行价=(利息＋价差)/发行价
即期收益率	即期收益率=息票/现价

续表

术语	术语解释
市场利率	市场利率=金融市场的利率水平
折价发行	折价发行=低于票面价格发行
溢价发行	溢价发行=高于票面价格发行
久期	久期=债券的平均到期时间

（二）债券的收益率

对于债券投资者来说，收益率是一个非常关键的指标。由于债券既有票面利率，又可能有面值与市场成交价的价差变化，所以债券的利率和收益率概念由多个指标刻画。下面分别具体介绍。

票面利率，即息票利率（coupon rate），指债券发行方在发行时承诺债券持有人按照债券面值支付的年利率。“息票”一词来自英文 coupon，原指旧时债券票面的一部分，债券持有人可以将其剪下，在债券付息日携带至债券发行人处兑付当期利息，年利息收入与债券面值的比率就是息票利率，又称为名义收益率或票面收益率。例如，1 000 元面值的债券，每年的息票利息是 20 元，那么票面利率就是 2%。

到期收益率（yield to maturity，YTM），是投资者按市场价格购买债券并持有至到期所获得的整体收益率水平。从数学角度看，它是将所有未来现金流之和(来自息票和本金偿还)折现到当前市场价格的折现率。到期收益率相当于投资者按照当前市场价格购买并且一直持有至到期时可以获得的年平均收益率，其中隐含了每期的投资收入现金流均可以按照到期收益率进行再投资。例如，一个面值 1 000 元的 3 年期债券，息票率是 2%(按年支付利息)，投资者当前以 980 元的市场价格买入并持有至到期，则投资者购买这只债券的到期收益率隐含在下面等式的折现率 R 中：

$$980=\frac{20}{1+R}+\frac{20}{(1+R)^2}+\frac{20}{(1+R)^3}+\frac{1\,000}{(1+R)^3} \tag{3-1}$$

上述等式右侧每个分数的分子刻画了债券投资者未来 3 年每年的现金流收入情况，分母则是将对应收入折现到当前的价值，R 就是投资者持有债券的到期收益率。

如果初学者理解上述等式有困难，可以通过更简单的例子来理解，即投资者购买 1 年期的债券，面值是 1 000 元，息票率是 2%(按年支付利息)，投资者当前仍然以 980 元的市场价格买入并持有至到期。在这个例子中，投资者持有债券 1 年到期，他的票面利息收入是 20（1 000 × 2%）元，同时到期还会获得债券的面值 1 000 元返还。此时投资者购买这只债券的到期收益率 R 可以很直观地表示出来，即：

$$980\times(1+R)=20+1\,000 \tag{3-2}$$

或者等价写成：

$$980=\frac{20}{1+R}+\frac{1\,000}{1+R} \tag{3-3}$$

式(3-3)清晰地表明了到期收益率 R 作为未来现金流对应折现率的经济含义。

即期收益率(current yield),是指债券息票收益与当前债券市场价格之比,可以衡量债券某一期间所获得的现金收入相较于债券价格的比率。例如一张息票收益率为2%的债券,面值是 1 000 元,当前市场价格为 1 030 元,则当前收益率为 1.94%(20/1 030)。一般来说,当期收益率的变动总是预示着到期收益率的同向变动,可以为投资者判断债券到期收益率的走势提供信息。

赎回收益率(yield to call,YTC),计算方法与到期收益率类似,不同的是,折现期并非债券的偿还期限,而是债券的赎回日期和赎回价格。赎回收益率考虑了在债券到期前赎回债券对收益率的影响,并应在发行者可以赎回债券的第一个日期执行。

最差收益率(yield to worst,YTW),是指债券的到期收益率和赎回收益率中较低的那一个。反映经纪人报酬的收益是根据购买时的加价或佣金、出售时的减价或佣金以及经纪人对服务收取的其他费用进行调整的收益。

以上对债券相关的基本概念进行了初步介绍。关于债券的等价和交易等相关内容,在第五章关于债券市场的内容中会进一步介绍。

三、企业发行的商业票据

商业票据是由企业开出的无担保短期票据,一般是指由出票人签发,无条件约定自己或者他人支付一定金额,可以流通的有价证券。

商业票据的期限在 1 年以下,利率一般高于同期银行存款利率。商业票据可以由企业直接发售,也可以由经销商代为发售。如由经销商发售,则他实际在幕后担保了售给投资者的商业票据。商业票据有时也以折扣的方式发行。

商业票据的关系人有出票人、付款人、收款人、承兑人、背书人、持票人和保证人。出票人是指签发票据并将票据交付给他人的人。出票人是指票据的主债务人。付款人是指支付给持票人或收款人票面金额的人。付款人并不一定是出票人,他只是出票人的债务人。收款人是指收取票款的人。收款人有权要求出票人或付款人付款或承兑。票据是远期票据时,收款人或持票人向付款人要求付款人同意到期付款,则该付款人就是承兑人。背书人是指在票据上背书转让给其他人的人,一般是在票据的背面签字或盖章。持票人是指持有票据的人,只有持票人才有权要求付款或承兑。保证人是指以自己的名义对票据付款加以保证的人。保证人可以为出票人、背书人、承兑人。

商业票据主要可分为汇票、本票和支票。其中,汇票是由出票人签发的,要求付款人在见票时或在一定期限内,向收款人或持票人无条件支付一定款项的票据。本票是由出票人签发的,承诺自己在见票时无条件支付确定的金额给收款人或持票人的票据。支票是由出票人签发,委托办理支票存款业务的银行或者其他金融机构在见票时无条件支付确定的金额给收款人或持票人的票据。

汇票根据出票人不同可以分为银行汇票和商业汇票。其中,商业汇票可分为银行承兑汇票和商业承兑汇票,银行作为承兑人的被称为银行承兑汇票,工商企业作为承兑人的被称为商业承兑汇票。

四、保险公司发行的保险产品

保险合同是投保人与保险人(保险公司)约定保险权利义务关系的协议。对于保险公司来说,保险合同是一种吸纳资金的券书凭证,保险公司吸纳保险资金以后再进行其他投资活动。也就是说,保险合同是资金流转的工具和载体,因此保险合同不仅仅是一个商业产品,同时也是一个标准的金融产品。

一份保险合同存在两个保险当事人,分别是投保人和保险人。投保人是指与保险人订立保险合同,并按照合同约定负有支付保险费义务的人。保险人也称承保人,是指经营保险业务的保险公司。

在保险合同中,还存在三个合同关系人,分别是被保险人、受益人和保单持有人。被保险人是指受保险合同保障并享有保险金请求权的人。受益人是指在人身保险合同中由被保险人或者投保人指定的享有保险金请求权的人。保单持有人是拥有保单各种权利的人。在人身保险合同中,投保人对被保险人必须有保险利益;在财产保险合同中,投保人对保险标的要有保险利益。不难看出,投保人、被保险人或者第三人都可以成为受益人。

根据保险合同的约定,收取保险费是保险公司的基本权利,赔偿或给付保险金是保险公司的基本义务。与此相对应,交付保险费是投保人的基本义务,请求赔偿或获得保险金是投保人的基本权利。

根据第二章对保险公司的相关介绍,保单是保险公司发行的债务类产品,保费收入是保险公司的负债,保单则是被保险人持有的索偿权凭证,即在出险时获取保险公司赔付的索偿权。只要符合保单约定条件,被保险人就可以索偿。从这个角度看,保险产品又具有某些期权的性质,因为一旦条件满足,就可以强行要求兑现权利(向保险公司索偿的权利)。

保险产品多种多样。根据保险标的不同,保险可分为财产保险、人身保险和责任保险等。其中,财产保险是以物或其他财产利益为标的的保险,人身保险是以人的生命、身体或健康作为保险标的的保险,责任保险是以被保险人的民事损害赔偿责任为保险标的的保险。

保险产品还可以根据是否含有投资属性,分为:保障类产品(定期寿险、意外伤害保险、医疗保险、疾病保险)、储蓄型保险(终身寿险、年金保险、生死两全保险、分红型保险、万能寿险)、投资型保险等(投资连结保险、变额年金保险)。

五、固定收益类(债务类)信托产品

第二章曾经介绍过信托公司以及信托业务的基础知识。信托本质上是基于信任的一种信托关系,在这种关系中,一方(委托人)给予另一方(受托人)权利,为一方(受益人)的利益持有财产或资产的所有权,委托人与受益人可以相同也可以不同。设立信托的目的之一是为委托人的资产提供法律保护,确保这些资产按照委托人的意愿分配,并节省时间、减少文书工作,在某些情况下还可以避免或减少继承税或遗产税。

在我国,信托产品的发行本质上是采用信托基金的形式,尽管信托公司可以作为私募基金管理人发行私募基金(向特定投资者募集资金),但是其他信托产品在设立过程中也主要采取类似共同基金的募集形式，募集社会上不特定投资者的资金，并投资于实业项目或固定的有价证券组合等金融产品。

根据定义，信托基金与证券投资基金具有相似之处，二者均由集体投资组成，将许多投资者的资金组合起来，由专业的资产管理机构投资于特定资产。但是，信托基金和证券投资基金也存在明显差异。下面归纳了信托基金和证券投资基金的三方面主要区别：

第一是投资标的的差异。证券投资基金的投资标的虽然涵盖股票、债券甚至其他基金等类别，但是一般为金融产品。信托基金的投资标的不仅包括金融产品，还包括实业项目。例如，发行机构可以发行信托基金来向企业提供信托贷款，并将贷款偿付额作为投资收益转移给信托基金投资者。又如，地方政府可以为基础设施建设项目形成的应收账款设立信托基金，将应收账款置换为流动资金，并将实收账款作为投资收益向投资者发放。

第二是资产管理方式的差异。证券投资基金的管理者往往对基金进行积极管理，频繁调整持有的资产组合以期获得更高的收益率。而信托基金并不总是需要主动管理。例如，投资于实业项目的信托基金在项目到期前无法调整投资标的。当然，随着信托基金业务不断发展，投资于金融资产的信托基金管理者也需要开展主动管理工作。

第三是收益分配方式的差异。证券投资基金投资者的收益由基金的资产净值决定，投资者根据其持有份额按比例分配基金的收益或损失。也就是说，证券投资基金是一种权益类产品。信托基金既可能是权益类产品，也可能是债务类产品，甚至可能同时是权益类和债务类产品。某些投资于基础设施建设项目的信托产品同时发行两种受益权，优先级受益权向公共投资者发行，支付固定收益；次级受益权由项目所在地政府持有，获得项目收益中向优先级受益权持有者支付后的部分。该信托基金对于公众投资者而言是债务类产品，而对于当期政府而言则为权益类产品。

通过上述介绍可以看出，信托产品的种类非常丰富，可以根据信托产品的功能类型划分为融资类和投资类信托产品，也可以根据收益类型划分为固定收益类和权益类信托产品。其中，固定收益类信托产品属于债务类金融产品，这类产品本质上代表的是一种债务索偿权，不过在实务工作中一般称为固定收益类信托产品。此外，信托产品可以根据投资标的划分为基础产业类信托、工商企业类信托、房地产类信托、金融类信托和工商企业类信托等，还可以按照融资方式划分为贷款类信托、权益类信托、租赁类信托等。

在一项信托产品成立之前，信托公司会发布该产品的募集计划，向投资者明确该信托产品的项目名称、成立日期、项目期限、投资标的、投资门槛、收益分配方式等信息，并设定募集时限。募集期满后，拟设立的信托产品将停止募集资金，并将募集获得的资金投资于预先设定的投资标的，按照约定时点（每季度、每年或项目到期时）向投资者分配投资收益。

固定收益类信托产品（债务类产品）按照产品约定的业绩比较基准向投资者支付收益，到期返还本金；权益类信托产品的业绩比较基准不固定，其收益水平由所投资的项目或资产组合的价值决定。上面提及的贷款类信托、租赁类信托一般是固定收益类信托产品。不过，有一些信托产品（信托计划）的设计比较复杂，即使是投资于不动产项目，资金偿还模式也有可能涉及权益形式，所以区分固定收益类还是权益类信托产品，一方面需要看信托产品的具体投资标的（如果投资标的是权益类产品则信托产品也是权益类型），另一方面需要看信托产品对资金偿还的设计模式。

第三节 权益类金融产品

一、股票

（一）股票概述

股票是典型的权益类金融产品。股票是由公司（企业）以募集资金为目的向投资者出售代表一定权利的权属凭证。我国《公司法》中对企业的类型进行了界定和划分，包括有限责任公司、股份有限公司等。无论什么类型的公司，股东的权利都可以称为“股权”，所以各类公司都有股权，公司股权的持有人就是股东。股份有限公司的股权可以称为股份，而有限责任公司的股权严格意义上不能称为股份，而应称为出资额。

根据《公司法》的规定，公司的股份采取股票的形式，股票是公司签发的证明股东所持股份的凭证。股票也是代表公司部分所有权的凭证，股票所有者对公司事务拥有投票权，对公司经营利润拥有索偿权，权利的大小取决于拥有股票的份额。

一般来说，只有依法设立且合法存续的股份有限公司才可以发行股票。股份有限公司又可以分为上市公司和非上市公司。所谓上市公司，是指所公开发行的股票经过国务院或者国务院授权的证券管理部门批准，在证券交易所上市交易的股份有限公司。

上市公司首次公开发行（IPO）股票募集资金需要经过一系列流程。以 2024 年国内公司 IPO 为例，首先公司需要改制为股份有限公司，需要聘请具有证券从业资格的保荐机构（主承销商）、会计师事务所、资产评估机构、律师事务所等进行有关工作上市辅导。辅导工作完成后，需要向当地证监局申请辅导验收，合格后由保荐机构协调中介机构制作上市申请材料，然后向拟选定上市的证券交易所（如上交所、深交所、北交所等）提交上市申请材料，经过证券交易所初审，出具上市问询函；保荐机构协调中介机构按照要求时间答复，交易所审核回复没有问题后，提交上市委员会审核通过，转报中国证监会注册申请；中国证监会相关部门审核通过后，出具同意注册文件，拟上市公司及其保荐机构（主承销商）在发行前规定日期内将招股说明书意向书刊登在至少一种中国证监会指定的上市公司信息披露报刊上。最后，由保荐机构（主承销商）作为股票的卖方，向合格投资者询价，确定发行价格后，利用证券交易所的交易系统向投资者公开竞价销售。

上市公司也可以非公开发行股票募集资金，发行方式可以分为两种，一种是定向增发股票，另一种是引入战略投资者。定向增发股票是指向特定机构（或个人）投资者发行股票。中国证监会对战略投资者也有比较明确的定义，即具有同行业或者相关行业较强的重要战略性资源，与上市公司谋求双方协调互补的长期共同战略利益，愿意长期持有上市公司较大比例股份，愿意并且有能力认真履行相应职能，委派董事实际参与公司治理，提升上市公司治理水平，帮助上市公司显著提高公司质量和内在价值，具有良好诚信记录，最近三年未受到监管行政处罚或被追究刑事责任的投资者。

与上市公司相对，非上市公司是指没有在证券交易所上市的股份有限公司。一般情况下，只要是股份有限公司就可以发行股票，所以非上市公司也可以发行股票。但是，非上市公司发行的股票不能进入证券交易所转让出售，只能通过场外交易的方式流通，例如可以在一些股权转让交易中心转让。同时,非上市公司在制定员工持股及管理者收购计划时,其股权购买价格的确定没有相应的股票市场价格作为定价基础。

上市公司的股票可以在股票交易所被公开购买或卖出。股票不能公开交易的公司(非上市公司)也称为内部持有的公司,内部持有的公司所有者往往也是经营者。每当需要筹集额外资金时,公司可以发行新股。这一过程稀释了现有股东的所有权和其他权利(当然前提是他们不购买任何新发行的股票)。公司还可以进行股票回购,这样会使现有股东的股票增值,对现有股东有利。

(二) 股票与公司的业务经营

公司发行股票来为其经营业务筹措资金。股票持有者(股东)购买股票相当于购买了公司的一部分所有权,根据所持股份的类型,可能对公司部分资产和收益享有权利。换句话说,股东是股票发行公司的所有者,所有权由一个人的持股比例决定。例如,如果一家公司有 10 000 股发行在外的股票,一个人拥有 100 股,该人将拥有公司资产和收益的 1%。

注意,虽然股东拥有公司发行的股份,但并不拥有公司本身。公司是一种特殊的组织形式,从法律上讲公司是法人,需要纳税,可以借款,可以拥有财产,也可以被起诉。也就是说,公司作为法人拥有自己的资产,公司的固定资产(如办公楼、桌椅)属于公司而不是股东。这就是所谓的“所有权和控制权分离”。这种区分很重要,因为公司财产与股东财产在法律上是分离的,这限制了公司和股东的责任。如果公司破产,法院可以责令公司出售所有资产,但股东的个人资产没有风险,法院甚至不能强迫股东卖掉股票(尽管股票价值可能大幅下降)。同样,如果大股东个人破产,不能出售公司的资产来偿还债权人。

股票所有者对公司事务的投票权通过股东大会实现,股票持有者在股东大会上选举公司董事会成员,董事会是公司实际控制人,负责增加公司的价值。然而,董事会每年仅召开数次,公司的日常经营事务由董事会任命的职业经理人负责。经理人拥有无须经过董事会允许就做出绝大多数商业决策的权力。董事会的职责是对经理人进行监督,以保证经理人做出最有利于股票所有者权利的决策。一旦发生经营不善的情况,经理人可能面临被免职的风险。如果某一个投资者拥有大多数股份,其投票权就会增加,从而可以通过任命董事会间接控制公司的发展方向。

(三) 股票投资

股票作为一类金融投资品,最重要的两个特征是剩余索偿权和有限责任。剩余索偿权表示股票所有者处于对公司资产或收入要求排序的最后一位。一方面,股票持有者在日常经营中对支付利息和税款后的运营收入拥有索偿权,经理人可以决定将这部分利润以现金股利形式发放给股票持有者,或者将利润再投资于公司的发展,这些留存收益仍反映在股票价值中。另一方面,在公司资产的清算中,公司股票的持有者仅能获得向税务机关、员工、供应商和债权人等其他利益相关者支付后剩余的部分。有限责任表示一旦公司发生破产,股票投资者可能面临的最大损失是其持有的股票价值完全归零,而不必为公司清算付出自己的个人资产,从而其责任限定于初始投资额之内。

股票主要分为普通股和优先股两个类别,投票权和剩余索偿权是普通股的特征。与普通股不同,优先股同时具有股票和债券的特征,属于混合证券(第五节将详细介绍)。优先股与债券类似,优先股股东通常没有投票权,仅能获得固定的支付,且对资产和收益的要求权高于普通股股东,在公司破产和清算时享有优先权。同时,优先股在分红方面具有股票的特征,如果经理人决定当期不分红,则无须向优先股股东配发股利。但是,一旦经理人决定分红,则在向普通股股东支付股利之前,必须向优先股股东支付当期和之前未支付的股利。而且,虽然优先股股东获得的支付是固定的,但是由于该支付被视为股利,公司可能无法从优先股股利支付中获得像利息支付一样的税务减免。另外,投资于优先股的公司所获得的股利收入大部分同样不被视为应纳税收入。因此,优先股被一些公司视为良好的固定收益金融产品。

拓展阅读 3-2

有限责任公司和股份有限公司的区别

有限责任公司和股份有限公司在规模、设立方式、管理要求等方面存在差别。从总体特点上看,有限责任公司作为规模较小、私密性高的公司形式,保护股东之间的信任关系,公司运营上具有灵活性,其设立与运营步骤相对简单;股份有限公司则规模相对庞大,公众性强,通过发行股票融资,股东人数众多,公司决策与股东持股数量有关。出于保护公众的目的,无论从设立条件还是设立程序上说,股份有限公司的设立都比有限责任公司的设立更严格且复杂。归纳起来,具体差异表现在以下方面(这里以 2024 年相关法规为例,若法规变化,对公司设立和经营的要求也可能相应调整):

(1) 股权表现形式不同。有限责任公司的权益总额不作等额划分,股东股权通过所认缴的出资额比例来表示,股东表决和偿债时以其认缴的出资额比例享有权利和承担责任;股份有限公司的全部资本分为数额较小、每股金额相等的股份,股东表决权按认缴的出资额计算,每股有一票表决权。

(2) 设立方式及流程不同。有限责任公司只能由发起人集资,不能向社会公开募集资金,也不能发行股票,不能上市。

(3) 股东人数限制不同。有限责任公司的股东不得多于 50 人;股份有限公司必须有 2~200 名发起人,股东人数无限制。

(4) 组织机构设置规范化程度不同。有限责任公司比较简单、灵活,可以通过章程约定组织机构,可以只设董事、监事各一名,不设监事会、董事会;股份有限公司要求严格,必须设立董事会、监事会,定期召开股东大会,而上市公司在股份有限公司的基础上,还要聘用外部独立董事。

(5) 股权转让交易不同。有限责任公司的股东之间可以相互转让出资额,向股东以外的人转让出资时需要其他股东同意,股权流动性差;股份有限公司的股票可以公开发行和转让。

(6) 社会公开度不同。有限责任公司的生产、经营和财务状况只需按公司章程规定的期限向股东公开,无须对外公布;股份有限公司要定期公布财务状况,上市公司要通过公共媒体向公众公布财务状况。

另外，不同公司的设立方式和类型不同，其股份或者股权的交易市场也不同。表3-3归纳了相应情形。可以看出，按照是否可以直接进入资本市场和产权交易市场，股份有限公司的非公开募集公司不存在外部资本市场，而国有的有限责任公司则可以在国有产权交易中心进行股份转让。

表 3-3 不同类别公司及其股份（股权）交易市场情况

分类	设立方式	类型	股份（股权）交易市场
股份有限公司	公开募集（发起股东＋外部股东）	上市公司	主板市场
		非上市公司	创业板市场、柜台交易系统
	发起设立（发起股东＋全体股东）	非上市公司	内部市场
有限责任公司	全体股东设立（发起股东＋全体股东）	国有有限责任公司	国有产权交易中心
		其他有限责任公司	没有统一市场

二、基金

（一）基金的定义

基金是共同基金（mutual fund）的简称。基金是由具有资金募集资格的基金公司发行的金融产品。基金公司一方面发行基金产品募集投资者的资金，另一方面将募集到的资金投资于股票、债券等金融工具。基金由专业的基金经理运营，基金经理决定基金的投资方向，并试图为基金的投资者创造收益。基金的投资组合的构建和维护应当符合其产品说明书中规定的投资标的。基金类别一般根据其投资组合的目标证券种类和所寻求的回报类型来划分，常见的基金类别包括股票基金、固定收益基金、货币市场基金、行业基金、另类基金、智能贝塔基金、目标日期基金，甚至还有基金的基金（购买其他基金份额的基金）等。

基金使小资金量投资者和个人投资者能够获得专业管理的股票、债券和其他证券投资组合。普通的基金可能同时持有数十种甚至上百种不同的证券，这意味着基金的股东（购买基金份额的投资者）可以用小规模资金实现投资分散化（多样化）。以个人投资者为例，如果之前只购买了“中国移动”的股票，那么他在该股票本季度业绩表现不佳时会损失很多，因为他所有资金只与这一家公司挂钩。与此同时，如果另一位投资者购买了持有“中国移动”股票的基金，当“中国移动”本季度业绩表现不佳时，他的损失可能会比较少，因为“中国移动”的股票很可能只是该基金投资组合的一小部分。

基金持有者根据其持有份额按比例分配基金的收益或损失。基金投资于大量证券，其业绩表现为基金总市值的变化，而总市值是由基础投资的综合业绩得出的。基金份额通常可以根据需要以基金当前的资产净值进行购买或赎回。与股票不同的是，基金的资产净值在市场交易时间内不会波动，但在每个交易日结束时进行结算。因此，当资产净值结算时，基金的价格也会更新变化。

投资者可以通过三种方式从基金中获得回报：

（1）来自股票股息和基金组合中持有债券的利息。基金向投资者分配它在一定时期所获得的几乎所有收入。基金通常给投资者一个选择，要么接受收益分配，要么重新投资收益以获得更多的股份。

（2）如果基金卖出价格上涨的证券，基金就会获得资本收益。获得的资本收益可以继续投资于证券，也可以将这些收益转移给投资者进行分配。

（3）如果基金持股价格上涨但未被基金经理出售，基金的净值就会上升。此时，投资者可以卖掉基金份额以获利。

（二）基金的特性

基金既是一种投资，也是一个实际的公司。这种双重性质似乎很奇怪，但这与“GZMT”既是股票代码又代表贵州茅台股份有限公司类似。当投资者购买贵州茅台股票时，他购买的是该公司及其资产的部分所有权。同样，基金投资者也在购买基金公司及其资产的部分所有权。不同的是，贵州茅台股份有限公司的业务是生产和销售酒，而基金公司的业务则是进行金融投资。

如果基金被理解为一种虚拟公司，其首席执行官是基金经理，有时称为投资顾问。基金经理由董事会聘请，在法律上有义务为基金股东的最大利益工作。大多数基金经理也是基金的所有者。在一家基金公司里，其他雇员很少。投资顾问或基金经理可以聘请一些分析师来帮助挑选投资或进行市场研究。基金会计负责计算基金的资产净值，从而来决定基金价格的上涨或下跌。基金需要有合规工作人员，可能还有律师，以跟进政府和监管部门的法律法规变化。大多数基金都是一家规模更大的投资公司的一部分，最大的投资公司有数百个独立的基金。

（三）基金的种类

1. 股票型基金

股票型基金是比较有代表性的基金类别。顾名思义，这类基金主要投资股票。股票基金包括不同的子类别：一些股票型基金是根据它们投资的公司的规模来命名的，如小型、中型或大型。另一些则是以它们的投资方式命名的，如积极增长型、收入导向型、价值型等。股票型基金也可以按投资国内股票还是外国股票来分类。

2. 固定收益类基金

基金的另一重要大类是固定收益类基金。固定收益类基金专注于支付固定回报率的投资，如政府债券、公司债券或其他债务工具，将投资组合的利息收益转移给基金份额持有者。固定收益类基金有时用于指代债券基金，这些基金往往积极管理，并寻求购买相对低估的债券。债券基金的回报率可能高于存单和货币市场投资，但同时也并非没有风险。由于不同类型债券的存在，债券基金的投资标的可能存在很大差异。例如，专门投资高收益垃圾债券的基金比投资政府证券的基金风险要大得多。此外，几乎所有的债券基金都面临利率风险，这意味着如果利率上升，基金的价值就会下降。

需要说明的是，我们之前介绍的信托产品中也有固定收益类产品，但是信托中的固定收益类产品与固定收益类基金存在本质的区别。对于投资者而言，固定收益类信托产品属于债务类金融产品，而固定收益类基金则属于权益类金融产品。固定收益类信托产品定期支付利息，到期返还本金；固定收益类基金并不定期返还利息，只是投资对象集中于固定收益类金融产品，投资者最终收益情况以赎回时点上的基金市值为依据。

3. 指数基金

还有一类基金也非常受欢迎，即指数基金。指数基金的投资策略是基于这样一种信念：要想持续跑赢大盘是非常困难的，而且往往代价高昂（风险高）。因此，指数基金经理可以选择购买与中证 500 指数或者上证 50 指数等主要市场指数相对应的股票。这种投资策略所需要的策略研究相对少一些，因此在将收益转移给股东之前需扣除的费用就更少。这些基金的设计往往考虑到了对成本敏感的投资者。

4. 货币市场基金

货币市场基金投资于货币市场工具，货币市场由安全（无风险）的短期债务工具组成，主要是短期政府债券等。货币市场投资的安全性较高，虽然投资回报并不丰厚，但投资者几乎不必担心损失本金。典型货币市场基金回报率一般略高于银行定期存款的收益率，略低于大额存单收益率。虽然货币市场基金投资于安全资产，但在特殊时期也可能出现损失。例如，2008 年国际金融危机期间，很多货币市场基金就出现了亏损。

5. 交易所交易基金

交易所交易基金（exchang-traded fund，ETF）是投资于特定证券指数所对应组合证券的开放式基金，其基金份额用组合证券进行申购和赎回（一般不准许现金申购和赎回），其结构是投资信托，在证券交易所交易。ETF 管理的资产是一篮子股票组合，这一组合中的股票种类与某一特定指数包含的成分股票相同，每只股票的数量与该指数的成分股构成比例一致，其交易价格取决于一篮子股票的价值，即“单位基金资产净值”。ETF 通过分散投资，降低了投资风险，并且结合了封闭式与开放式基金的优点，为普通投资者提供了一个当天套利的机会。

ETF 因为具有股票特征，所以和其他基金相比有额外优势。例如，ETF 可以在整个交易日的任何时点进行买卖，可以卖空或者用保证金购买，费用通常也低于其他基金。另外，许多 ETF 还受益于活跃的期权市场，投资者可以在期权市场对冲自己的 ETF 头寸。ETF 还享有基金的税收优惠。与其他基金相比，ETF 往往更具成本效益和流动性。

三、银行理财产品

我国的银行理财是商业银行或者商业银行理财子公司（下面统称银行）开发设计、销售并担任产品管理人的资金投资和管理计划。银行按照与客户约定的投资方向和投资方式对客户委托的资金进行资产管理，投资收益和风险按照客户与银行的约定方式进行分担。2020 年，银行理财在我国资产管理行业规模中占比接近 1/3。截至 2020 年年末，我国非保本理财资金余额已超过 20 万亿元人民币。

银行理财在我国资产管理行业中还扮演着资金“委托人”的角色。银行理财经常会通过委托外部机构（委外）的模式将资产转移给非银行金融机构管理。委外模式的初衷是优势互补，非银行机构投研、精细化操作、信用甄别、杠杆操作等能力更强，有助于弥补银行理财的短板。同时，银行理财也可以通过委外学习非银行机构的债券投资模式，转移自身管理和业绩压力，并可以按照预期收益入账。当然，委外投资也可能带来金融风险和同业套利链条等问题。

2004 年，中国光大银行发行了国内首只外币理财产品“阳光理财 A 计划”、首只人民币理财产品“阳光理财 B 计划”,标志着我国银行业正式出现了个人理财业务。长期以来,国内商业银行的盈利模式比较单一,仅依靠传统的信贷业务使得经营风险不断加大,商业银行急于通过风险小、收益稳定的中间业务培育新的利润增长点,而个人理财业务正是以利率市场化为工具,提供分层次、差别化服务的一项新型中间业务,是中间业务创新的尝试。

我国银行业监管部门于 2005 年发布了《商业银行个人理财业务管理暂行办法》,允许理财业务的投资收益与风险由客户或者客户与银行按照约定方式承担,意味着“预期收益 + 超额收益留存”模式的合规化,即银行可以给予理财客户固定收益率,客户自行承担投资风险与固定收益以外的投资收益。早期的理财产品是我国利率双轨制下的产物,在利率市场化仍未形成的背景下,银行通过发行理财产品高息揽储,获得市场化的资金,又能够通过承诺固定收益,分享投资收益高于客户预定收益率的部分。但是,早期的银行理财业务风险实质上由银行承担,无论投资盈亏与否银行都对投资者进行兑付,即刚性兑付,而刚性兑付的银行理财负债端与银行表内负债无异,同时不受银行资产负债表的表内监管指标管控,所以会积累潜在的风险。

到了 2018 年,为满足金融改革的要求并顺应行业发展趋势,国家金融监管部门陆续出台了多项金融资产管理新规,以规范资产管理行业。2018 年 4 月,国家金融管理部门联合发布《关于规范金融机构资产管理业务的指导意见》(简称 2018 年资管新规),针对同类资管业务的管理规定标准不一致、部分业务发展不规范、监管套利、产品多层嵌套、刚性兑付、规避金融监管等问题提出了一系列政策法规,开启了大资管领域跨行业统一监管的时代。2018 年资管新规引导了银行表内和表外隔离,理财业务打破刚性兑付,由理财子公司来运营资管业务,实现净值化管理,更多参与大类资产配置。

2018 年资管新规对中国的银行理财有多方面影响。首先,从客户端来看,最大的影响是刚性兑付被打破。2018 年资管新规明确资产管理业务是金融机构的表外业务,金融机构不得开展表内资管业务,金融机构发行的新产品需符合 2018 年资管新规相关规定,意味着银行新发行的保本理财产品不再存续。同时,合格投资者认定标准进一步趋严,例如要求家庭金融净资产不低于 300 万元,且不得使用贷款、发行债券等筹集的非自有资金投资资产管理产品,防止借助贷款或通过其他借贷方式变为合格投资者。

其次,从理财产品端来看,禁止滚动发行,实现净值化管理,理财产品线也更加丰富。2018 年资管新规要求理财产品实行净值化管理,坚持公允价值计量原则,鼓励以市值计量所投资资产,允许符合条件的封闭式理财产品采用摊余成本计量。2018 年资管新规根据募集方式和投资性质不同对资管产品进行分类,对同类产品适用统一的监管规则,解决了银行理财权益类资产、衍生类资产面临的开户问题或工商登记等问题。

最后,从投资端来看,允许资产管理产品再投资一层资产管理产品,但所投资的资产管理产品不得再投资公募证券投资基金以外的资产管理产品。2018 年资管新规还要求风险隔离、业务隔离,主营业务不包括资产管理业务的风险机构应当设立具有独立法人地位的资产管理子公司开展资产管理业务。

四、权益类信托产品

前文介绍过固定收益类(债务类)信托产品,同时也简单说明了权益类信托产品。权益类信托产品是指将信托资金投资于权益类金融产品(如股票或其他权益类金融产品)或者能够带来回报的各种权益的资金信托品种,这些权益可以是基础设施收费权、旅游项目收费权、教育项目收费权等,也可以是另外一个信托的受益权本身等。

例如,信托资金募集成立信托产品,可以投资于上市公司的股票,也可以投资于其他金融机构发行的权益类金融产品等。拓展阅读 3-3 介绍了五矿国际信托有限公司在 2021 年设立的一款权益类信托产品对应的信托计划内容,信托资金的主要投向就是股票等权益类资产。当然,权益类信托产品的品种非常丰富,资金除了投向股票之外,还可以投向更复杂的权益类型。例如 2021 年上半年国内诸多信托公司设立了一款挂钩“中证 500”股票指数的期权交易产品(中证 500 指数雪球产品),此时信托计划募集资金投向证券公司发行的期权产品,大类上仍然属于权益类信托产品,只不过这种信托产品的具体设计更加复杂。

拓展阅读 3-3

权益类信托产品举例

下面简单介绍 2021 年 5 月五矿国际信托有限公司发行的一个权益类金融产品。根据产品说明书,这一信托产品本质上是一款私募基金产品,属于净值型权益类产品。这一产品的特点是无固定收益承诺,投资者委托信托公司认购该信托产品本质上是投资于一款基金产品的份额,对应于一种权益而非债务。

产品名称:恒信日鑫 98 号—常春藤 2 号集合资金信托计划。

受托机构:五矿国际信托有限公司。

投资性质:阳光私募。

产品说明:本信托计划为净值型权益类产品,主要投资于“五矿信托—恒信日鑫 77 号—常春藤 1 号集合资金信托计划”(以下简称“常春藤 1 号”)A 类信托单位,闲置资金可投资于银行活期存款、货币市场基金、债券逆回购等现金类资产。“常春藤 1 号”为净值型权益类产品,根据投资顾问上海常春藤资产管理有限公司出具的投资建议,主要投资于股票等权益类资产。

投资范围:主要投资于“常春藤 1 号”A 类信托单位,闲置资金可投资于银行活期存款、货币市场基金、债券逆回购等现金类资产。

第四节 金融衍生产品

一、期货

期货(futures)是一种要求当事人在预定的未来日期以约定价格进行资产交易的金融合约。期货合约在质量和数量上都是标准化的,以便在期货交易所进行交易。期货合同的买方在期货合同到期时承担购买和接收标的资产的义务。期货合约的卖方在到期日承担提供和交付标的资产的义务。期货的标的资产可以是金融资产,如市场指数,也可以是实物商品,如石油和大豆等。

期货合约交易的结算方式包括实物交割和现金结算两种。如果公司预期未来需求某种生产原材料,则可以签订该原材料期货的实物交割合同,以锁定材料的未来价格,并在合约到期时在指定地点进行实物交割。然而,大多数期货合约都来自投机交易的交易员。这些合同一般不进行实物交割,而是以现金结算的方式结算原始交易价格和收盘交易价格的差额。

期货具有投机和套期保值两项基本功能。期货合约允许投资者推测商品价格的变动方向,并借助期货合约获得利润。如果一个投资者预期标的资产价格上涨,他可以买入期货头寸。如果商品的价格确实上涨,并且在到期时高于原合约价格,那么投资者就可以通过以较低的合约价格买入商品,并在现货市场上以较高的价格方式卖出的方式获得利润。如果在到期日商品的价格低于期货合同中规定的购买价格,投资者也可能蒙受损失。反之,如果投资者预测标的资产价格将下跌,也可以做空或卖出期货头寸。如果价格真的下跌,投资者将通过在现货市场买入资产,在期货市场卖出资产的方式获得利润。如果到期日价格高于合约价格,投资者将面临亏损。值得注意的是,实际交易中两份合约的差价将在投资者的经纪账户中以现金结算,从而不会发生任何实物产品转手。

套期保值又称对冲(hedge),指投资者在买进(或卖出)实际货物的同时,在期货交易所卖出(或买进)同等数量的期货交易合同作为保值,是一种用于避免或减少由价格发生不利变动造成损失的手段。例如,玉米种植户可以利用买进期货锁定玉米作物的出售价格。通过这样做,他们降低了风险,并保证未来价格固定。如果未来玉米价格下跌,玉米种植户从对冲交易中获利,可以抵销在市场上出售玉米的损失。在这种盈亏相抵的情况下,对冲有效地锁定了一个可接受的市场价格。

二、远期

远期合约(forward contract)是指双方在未来某一天以特定价格买卖资产的定制合同。远期合约的交易对手之间可以定制交易条款。远期和期货合约都涉及在未来以固定价格买卖商品的协议,但两者之间有细微差别。期货合约在交易所交易,而远期合约不在交易所交易,因此后者被视为场外交易工具。远期合约的结算在合约结束时进行,而期货合约每天结算。最重要的是,期货合约是标准合约,并非由交易对手定制。远期合约的市场规模巨大,世界上许多大公司都运用远期合约来对冲货币和利率风险。不过,由于远期合约的细节并不公开,仅限于买方和卖方获知,所以很难对远期合约市场的规模进行准确估计。

虽然远期合约的场外交易性质使得定制各种条款更容易,但缺乏集中清算机构也会导致更高的违约风险。远期合约市场规模庞大且不受监管,这意味着在最坏的情况下,远期合约市场可能发生传染性的连续违约。尽管金融机构在选择交易对手时非常谨慎,以减少这种风险,但大规模违约的可能性确实存在。由于远期合约非标准化,只在约定的结算日结算,而不像期货那样按市价计价。如果合约规定的远期价格与结算时的即期价格相差甚远,发起远期合约的金融机构就面临更高的违约风险。

三、期权

期权(option)是以股票等证券的价值为基础的衍生产品。期权合约赋予持有人在特定时间内以约定价格购进或售出资产的权利。期权是一种权利而非义务,期权的持有人可以在约定时点以一定的价格交易资产,但并非必须进行交易。根据持有人的交易方向,可以将期权分为看涨期权(call option)和看跌期权(put option)。看涨期权允许期权持有人在特定时间内以约定价格购买资产。看跌期权允许期权持有人在特定时间内以约定价格出售资产。一个期权合约必然同时涉及一个买方和一个卖方,每个看涨期权有一个看涨买方和一个看跌卖方,而看跌期权有一个看跌买方和一个看涨卖方。

一项期权合约规定了期权的标的资产、到期日和行权价格。期权的标的资产指选择购买或出售的资产,包括股票、政府债券、货币、股票指数、商品期货等。期权是这些标的资产"衍生"的,因此称为金融衍生产品。值得注意的是,期权出售人不一定拥有标的资产。期权是可以"卖空"的,期权购买人也不一定真的想购买资产标的物。因此,期权到期时双方不一定进行标的物的实物交割,而只需按价差补足价款即可。期权的到期日是合约双方约定的期权到期时点。根据执行方式,期权可以分为欧式期权和美式期权。欧式期权仅能在到期日执行,美式期权则可以在合约设立至到期日之间的任何时点执行。一旦期权被执行,期权持有人将以约定的行权价格购进或售出标的资产。

与股票和期货等资产不同,期权具有非线性的损益结构。以某股票的看涨期权为例,看涨期权的买方预期在期权有效期内,标的股票的价格将上涨或保持在期权的执行价附近。看涨期权合约设立时,买方向卖方支付一定的溢价,称为期权费或期权价格。如果在到期日标的股票的价格高于或等于执行价格,则期权的买方可以执行期权,以较低的执行价格买入股票,并在股票市场上以较高的价格卖出,获得的利润等于买卖价差减期权费。看涨期权的卖方将不得不以低于市场价格的执行价格向买方出售标的股票,其亏损额同样等于买卖价差减期权费。到期日股票价格越高,看涨期权买方的利润和卖方的亏损就越高。因此,从理论上说,看涨期权的买方可能有任意大的利润,而卖方可能面临任意大的亏损。

反之,如果标的股票的价格在到期日低于执行价格,则看涨期权的买方就不会选择执行期权,买方和卖方在到期日没有任何交易发生。此时买方的亏损额等于设立期权合约时付出的期权费,而卖方的利润等于期权费。因此,看涨期权买方的最大亏损和卖方的最大利润都是有限的,等于期权费。对于看跌期权而言,买方的亏损和卖方的利润最多等于期权费,这一点与看涨期权相同。需要注意的是,由于股票价格最多跌为零,不可能跌为负值,因此看跌期权买方的利润和卖方的亏损也是有限的,等于执行价格与期权费之差。

四、互换

互换(swap)又称掉期,是一种允许合约双方互换两种不同金融工具的现金流或负债的衍生合约。互换标的几乎可以是任何金融工具,大多数互换交易都涉及基于名义本金金额(如贷款或债券)的现金流。通常情况下,双方本金不需要转手,互换合约实现的是两种现金流的交换:一种现金流通常是固定的,而另一种现金流是基于基准利率、浮动货币汇率或指数价格而变动的。互换交易不在交易所交易，互换合约设立的主要方式是企业或金融机构之间根据双方需求定制场外交易合同，散户投资者一般不参与互换交易。

利率互换是一种常见的互换工具。在利率互换中，双方根据名义本金金额交换现金流，以对冲利率风险或进行投机，实际操作中，一般不发生现金流的全额交换，仅发生差额的支付。下面是一个利率互换示例：假设ABC公司刚刚发行了100万元人民币的5年期债券，其可变年利率定义为上海银行间同业拆放利率（SHIBOR）加1.3%，当前SHIBOR为2.5%。ABC公司管理层担心利率上升。与此同时，ABC公司的管理团队发现XYZ公司愿意为ABC公司所发行债券的（浮动）利息支付提供资金。作为交换，ABC公司须向XYZ公司支付5%的固定年利率，对应本金等于100万元人民币，为期5年。如果利率在未来5年内大幅上升，ABC公司将从互换中受益。如果利率下降、持平或只是些许上升，XYZ公司将受益。

除了利率互换外，相对常见的互换工具还包括商品互换、货币互换、总收益互换和信用违约互换等。商品互换是指在约定的期限内，将浮动的大宗商品价格交换为固定价格。商品互换涉及的大宗商品通常为原油。下面是一个商品互换示例：A和B两家公司都计划在3个月后购买1 000桶原油，A公司希望将未来原油价格锁定在30美元/桶，而B公司则愿意承担价格波动的风险，那么两家公司可以以30美元/桶的协商价格签订商品互换合约。假如3个月后原油价格上涨至40美元/桶，则B公司需向A公司支付市场价格与协商价格之间的差价，即10 000美元。反之，若3个月后原油价格下跌至协商价格以下，如25美元/桶，则A公司需要向B公司支付差价5 000美元。

在货币互换中，双方交换以不同货币计价的债务的利息和本金。与利率互换不同，在货币互换中本金将与利息债务一起进行交换。货币互换可以在国家之间进行。例如，中国与阿根廷进行货币互换，帮助后者稳定外汇储备；在2010年欧洲金融危机期间，美国联邦储备委员会（美国的中央银行）与欧洲中央银行采取了积极的互换策略以稳定欧元价值。

在总收益互换中，资产的总收益被转换成固定利率。交易的一方向另一方支付固定利率，以换取风险资产（如股票或指数）的总收益。例如，投资者可以向股票持有者支付固定利率，以换取一定时期内股票增值与股息支付之和。

信用违约互换是一种交换信用风险的工具。签订信用违约互换的双方中面临信用风险（来自所持有的未清偿债权）的一方（买方）向另一方（卖方）支付固定金额，如果借款人违约，卖方则需向买方支付损失的贷款本金和利息。

第五节 混合证券

混合证券是指债务类证券、权益类证券以及金融衍生品等不同证券产品以一定的方式结合的金融产品，可以融合不同类别金融证券产品的特性和优点，反映了金融产品的创新发展。从理论上讲，任意两类或两类以上市场的基本证券都可以相互整合，形成新的混合证券。从实践角度看，混合证券应用于债券市场、股票市场、衍生品市场和商品市场，表现为以上几大市场的基本证券的组合体。本节主要介绍股票与债券、债权与衍生品、股权与衍生品等混合证券。

一、股票与债券混合证券

股票与债券混合证券(简称股债混合证券)是混合证券最常见的形式之一,这种证券在收益与清算等方面往往兼顾了股票与债券的多种特征。股票的特征是收益取决于公司的经营状况,在清偿顺序中位于末端;债券的特征是收益确定,按时还本付息且优先清偿。常见的股债混合证券包括优先股与永续债券两种。

(一) 优先股

优先股在股息支付方面优先于普通股,但没有投票权。在欧洲市场发行优先股的目的主要是让部分股东在投票权相同的情况下获得更高的收益,但在美国市场投资者倾向将优先股视为一种高风险的固定收益工具。我们将优先股归类为混合证券的原因在于,优先股具有明显的债券特征——收益确定且没有投票权。但是,同时优先股也具有股票特征:①发行人并没有按时还本付息的义务,即当公司当年盈利不佳时,发行人不发放股利也不会违约;②清偿顺序位于债券之后。

值得注意的是,当优先股具有累积派息权时,优先股未支付的股息将不断累积;公司在没有先向优先股股东派发累积股息前,不能向普通股股东分配股息。在这种情况下,优先股的股息更像是被延期了,这与延期付息债券(deferred coupon bond)相似。

(二) 永续债券

永续债券(perpetual bonds)是指预先没有规定到期日、发行人需要永久按期付息的一种债券类工具。现存的最古老的永续债券是1648年荷兰水务当局发行的债券。现实中永续债券往往给予发行人在若干年后的认购期权,发行人可以根据利率情况决定是否赎回。永续债券的“永续”特性与股票类似,只要发行人仍然存在就有义务定期向永续债券持有者支付利息。从这个角度来看,永续债券兼顾了债券的收益稳定性与股票的永久存续性。

二、债权与衍生品混合证券

一方面,以《巴塞尔协议》为代表的金融监管体系对银行等金融机构的资本充足率做出了更加严格的限制,银行等机构的融资需求更加复杂;另一方面,随着资本市场规模的不断扩张,投资者对不同类型的产品的需求也越发旺盛。在这种背景下,各种创新性的结构化产品层出不穷,具有代表性的债权与衍生品混合证券(简称债衍混合证券)包括可转换债券、反向可转换债券、或有可转换债券与强制转换债券等。

(一) 可转换债券

可转换债券(简称可转债)是结合了债券与期权(未来的转换权)的混合证券。可转债给予持有者在未来某个时点将债券转换为普通股的权力,因此可转债的价值受到债券票面利率与普通股价格的双重影响。因为可转债的价值实际包含了一个期权的价值,所以它支付的利息要低于同条件的普通债券。由于在理论上未来股票的价格是没有上限的,所以可转债持有者在未来的最大收益是没有上限的,而可能的最大损失仅仅是期权的费用。在实际中,前人研究发现规模更小的公司更有可能通过发行可转债来融资,而规模更大的公司则更加倾向于发行债券。

与可转债相类似的是可交换债券(exchangeable bond)。二者的区别在于,可转债在持有者行权后会转换为发行方的新发股票,而可交换债券在持有者行权后将会转换为其他公司的存量股票。

(二) 反向可转换债券

反向可转换债券(reverse convertible bond)是指在债券到期日,发行人有权选择以现金还本付息,或是向持有人交付事先约定的一定数量的其他证券产品。反向可转换债券的价值同样受到债券息票与标的证券价格的影响。但与可转换债券不同的是,反向可转换债券的收益率要高于相同条件的普通债券,因为反向可转换债券的持有者实际上卖出了一个期权,他们实际上承担了标的证券价格下行的风险。

与可转换债券相比,反向可转换债券的另一个不同点在于,反向可转换债券发行人向持有人交付的往往是与发行人无关的证券。在这一点上,反向可转换债券更像是可交换债券。实务中,反向可转换债券的标的证券可能是某只股票、某种商品或市场指数,发行方与持有方往往都与标的证券无关。从这个角度来看,反向可转换债券更像是一种结构化金融产品,而不是融资工具。

(三) 或有可转换债券

或有可转换债券(contingent convertible bond)是一种存在转换触发机制的混合证券。债券发行时双方约定触发条款,当触发条件被违反后,该条款允许发行人将债券转换为普通股;若触发条件没有被违反,发行人仍需按时还本付息。或有可转换债券的发行方大多是《巴塞尔协议》监管下的银行机构,触发条件是银行的某项财务监管指标,目的是在银行财务状况恶化时补充资本金以满足监管的要求。需要注意的是,或有可转换债券的转换不是发行人或持有人的权力,而是在银行的资本监管指标未能达标时自动触发的,目的是吸收银行的损失,为银行提供缓冲资本,避免银行陷入财务困境。

或有可转换债券主要由欧洲金融机构发行,美国银行业禁止使用这种债券进行融资。尽管早在 20 世纪 90 年代就有学者提出了或有可转换债券的概念,但在 2008 年后业界才真正开始接受这种混合证券。

(四) 强制转换债券

强制转换债券(mandatory convertible bond)通常在一定年限内支付固定利息,然后在未来某个指定的日期自动转换为普通股。顾名思义,强制转换债券的转换是强制的,所以持有者必须承担全部股票价格波动的风险。为了对风险进行补偿,强制转换债券支付的利息会高于相同条件的普通债券。在实务中,强制转换债券大多被高杠杆企业用来优化其资产负债表(通过增发股票可以降低杠杆率)。例如,2014 年,菲亚特克莱斯勒汽车公司发行了一种强制转换债券,作为减少债务和获得投资计划资金的工具。

三、股权与衍生品混合证券

股权与衍生品混合证券是同时带有股权与衍生品特征的结构化证券产品,其中较为典型的是可转换优先股(convertible preferred stock)。可转换优先股给予持有者在未来某个时点将优先股转换为普通股的权力,使得投资者能够从未来可能的股价上行中受益。从这种角度来看,可转换优先股同时具有股票、债券与期权的特征,对于需要稳定收益而又希望从公司未来股价上涨中获益的投资者具有很强的吸引力。

四、其他混合证券

（一）实物支付债券

实物支付债券（payment-in-kind bonds，PIK 债券）是指允许债务人通过支付额外的债券以支付利息的一种债券。20 世纪 80 年代，PIK 债券作为一种新兴的融资方式出现在美国。当 2000 年后私募资本开始兴起时，实物支付债券很受人们欢迎，但在 2008 年国际金融危机发生后，实物支付债券的热度开始逐渐下降。

"实物支付" 的名字可能略有误导：此类债券的发行方实际上是用标的债券代替利息 "支付" 给投资者。因为债券本身是一种凭证（如纸质凭证），和现金相比可以看成实物，所以中文翻译使用了 "实物支付" 的说法。也就是说，发行方在债券到期之前并不向投资者支付利息，而是将利息累加到债务额度之上，直到债券到期日一并计算，类似于一种延期付息债券。不难看出，实物支付债券对于前期不愿进行现金支出的公司具有吸引力。

实物支付债券是混合型产品融资的一种，其具有债务和股票的特征。延期支付利息使得公司在举债期间有了更多的现金流可用，但是相应期末债务到期的偿付规模会更高。所以，如果公司经营不善，投资者在期末不仅不能获得原本承诺的利息额度，而且有可能损失本金。因此，实物支付债券虽然是单个的债券产品，但是同时投资者的收益与企业表现挂钩，具有权益特征，属于一种股债混合证券。

在公司的资本结构中，PIK 债券的偿还优先级仅排在权益之前，通常排在传统债务之后，但在破产清算时的偿还顺序取决于具体协议和债务文件的条款。在破产情况下，PIK 债券往往排在传统债务、普通债券之后。这种债券的特性意味着在公司破产清算时，PIK 债券持有人很可能会是最后收到偿还的债权人之一。由于这个原因，PIK 债券提供较高的收益率（如 10%~20%）。通过使用 PIK 债券，债务人可以延迟现金的利息和本金支付达数年之久。PIK 债券可以没有一般债券那样的固定赎回期限，但并非所有 PIK 债券都是 1 年期或更短。赎回条款可能会根据具体协议而有所不同。由于上市预期的存在，评级机构对待 PIK 债券更类似于债务而非权益。由于以上特点，国际上许多私募股权投资基金在杠杆融资（leveraged buyout）时喜欢使用 PIK 债券。

实物支付债券一般由陷入财务困境的公司发行，且在清偿时优先级较低。通常情况下，实物支付债券的期限为 5 年甚至 5 年以上，且大多数实物支付债券缺乏抵押品或基础资产的支撑，因此实物支付债券的违约风险较高。对于发行人而言，实物支付债券的优点在于在持有期内不发生现金支付，因而能够在持有期内缓解现金流压力。但是，在到期时实物支付债券要求发行人支付全部本金与利息，此时如果发行人的流动性问题仍未解决，债券就会面临违约的风险。

投资实物支付债券的投资者大多是机构投资者，他们愿意承担更高的风险，以换取更高的收益率作为补偿。一般情况下，发行人为替代现金利息支付而额外发行的债券的到期日与实物支付债券相同。但在一些特殊情况下，它们的到期日也可能不同。由于实物支付债券的现金流是不稳定的，因此追求稳定收入的投资者最好规避这种债券。

事实上，不仅债券有实物支付的形式，其他形式的证券也有实物支付产品，这些证券统称为实物支付证券。实物支付证券使发行人有机会延迟现金分红。同时，作为回报，发行公司通常同意为证券提供更高的回报率。

为了说明实物支付证券的运行方式，我们可以举一个例子。

金融机构 W 购买了陷入困境的 A 公司价值 100 万元人民币的实物支付债券。债券的利率为 10%，A 公司承诺在 5 年期满时合并支付利息和本金。按照产品设计，每年该债券产生 10 万元的利息，但是 A 公司在 5 年期间不需要按期支付该金额，而是将利息计入实际的债务额度中，也就是增加了 W 持有的债券额度。这样，在第一年年底，A 对 W 欠下了 110 万元债务。第二年，A 需要按照 110 万元的债务再计算当年利息，即 $100\times(1+10\%)\times10\%=11$（万元）。也就是说，到第二年年底，A 欠 W 的债务（或者说 W 持有的债券额度）是 $110+11=121$（万元）。以此类推，A 的债务数额逐年增长，直到债券到期，通过计算可以得出 5 年期末 A 需要支付的债务总额是 161.051 万元人民币。

（二）灾害债券

灾害债券（catastrophe bond，CAT 债券）是 20 世纪 90 年代保险公司为转移突发自然灾害对公司造成的损失而创造的一种混合债券。作为一种转移巨灾风险的工具，CAT 债券的核心是风险转移机制：在发行时条款约定的自然灾害触发后，CAT 债券的名义价值将自动减小，以缓解保险公司因集中赔付而造成的财务压力。从损失吸收的角度来看，CAT 债券是保险公司的一种风险证券化工具。通过发行 CAT 债券，保险公司将巨灾风险转移到了债券持有者身上。

1997 年 6 月，美国 USAA 保险公司第一次发行了飓风巨灾债券，发行总金额 4.77 亿美元，是世界巨灾债券史上的里程碑式事件。目前全世界范围内每年发行的巨灾债券超过 400 亿美元，涵盖了气候异常、飓风与地震等自然灾害。

CAT 债券与或有可转换债券设计原理相似，且最终目的都是缓解发行方的财务压力。但不同点在于，CAT 债券的触发条件是外生的自然灾害等，而或有可转换债券往往由发行公司的内生性因素——财务指标等触发。

复习要点

1. 金融产品、金融工具、金融资产、金融证券及金融索偿权的联系与区别。
2. 存贷款产品的定义、分类与特征。
3. 债券的定义、分类与特征。
4. 商业票据的定义、分类与特征。
5. 权益类金融产品的定义、分类与特征。
6. 金融衍生产品的定义、分类与特征。
7. 混合证券的定义、分类与特征。

关键术语

金融产品	金融工具	金融资产	金融证券
金融索偿权	债务类产品	权益类产品	刚性兑付
混合证券	贷款凭证	地方金融组织	债券
债券即期收益率	债券到期收益率	债券息票	商业票据

信托	保险	股票	基金
对冲	股份有限公司	有限责任公司	定向增发
战略投资者	优先股	永续债券	可转换债券
实物支付证券	灾害债券	衍生品	远期
期货	期权	互换	

即测即评

请扫码检测本章学习效果。

练 习 题

1. 金融资产、金融证券、金融索偿权彼此之间的联系与区别是什么?
2. 什么是金融证券?
3. 债务类金融产品有哪些?
4. 权益类金融产品有哪些?
5. 常见的金融衍生产品有哪些?
6. 为什么说优先股属于一种混合证券?
7. 债券的票面利率与到期收益率有什么联系?

参考答案

补充阅读材料

扫码查看本章补充阅读材料。

第二篇

金融市场

第四章

货币市场

学习目标

1. 掌握货币市场上的金融工具及其特点
2. 掌握同业拆借市场的政策调控功能
3. 掌握可转让存单市场的含义及交易机制
4. 掌握票据的相关概念及票据市场的类型和交易机制
5. 掌握回购协议市场的定义、特点及交易机制
6. 掌握短期政府债券的定义及两种主要短期政府债券
7. 掌握货币基金市场与欧洲美元市场的含义

本章导读

货币市场并不单纯是指交易货币的市场，而是指短期金融工具交易的市场。它是提供流动性的金融市场，也是中央银行进行货币政策调控依托的主要金融市场之一。货币市场上交易的金融工具都是短期债务类金融产品，这些产品的发行机构一般都有较高的信用等级，所以货币市场具有流动性高、安全性强和价格风险低等特点。

中央银行、商业银行以及其他各类金融机构都是货币市场交易的活跃主体。中央银行通过货币市场调节短期市场利率，商业银行可以在货币市场调节资金余缺以满足临时流动性需求，其他各类金融机构也可以通过货币市场交易进行流动性管理和部分资产管理。当然，从短期融资功能角度看，货币市场是符合一定条件的企业发行短期债务工具进行短期融资的重要市场。

货币市场是由很多子市场组成的，划分角度可以多样。根据货币市场上交易的金融工具，可以把货币市场划分为同业拆借市场、可转让存单市场、票据市场、回购协议市场、短期政府债券市场、货币基金市场和欧洲美元市场。本章对上述货币市场子市场涉及的相关金融工具进行介绍，并对各市场的交易机制进行详细说明。

第一节　货币市场概览

一、货币市场交易的主要金融工具

货币市场（money market）属于短期资金市场，是金融体系流动性的提供场所，一般指 1 年以下期限的资金借贷及有价证券的交易市场，一般交易金额比较大，属于机构参与的批发市场。

货币市场上交易的金融工具既可以是货币资金，也可以是金融机构或者商业企业发行的金融产品。图 4-1 归纳了货币市场上交易的主要产品，包括同业资金、可转让存单、票据、回购协议、短期政府债券、货币基金和欧洲美元。其中，前六种是国内货币市场上交易的主要金融工具，而欧洲美元则是国际货币市场上交易的一种产品。

图 4-2 对上述货币市场产品的发行方和交易方进行了描述，其中商业票据和银行承兑汇票与图 4-1 中的票据相对应（二者都属于主要的票据类产品）。从货币市场产品的发行机构和交易主体来看，同业拆借的交易标的是金融机构之间的同业资金（主要是商业银行的超额准备金），交易主体是各类金融机构；可转让存单的发行机构是银行业存款类金融机构（主要是商业银行），普通存单的发行对象可以是个人、非金融企业、机关团体等非金融机构投资人，但是可转让存单的转让交易主体一般是金融机构；商业票据的发行机构是大型企业，转让交易主体是各类金融机构；回购协议的发行主体是包括中央银行在内的各类金融机构，交易主体也是金融机构；短期政府债券的发行部门是财政部和地方政府，转让交易主体则是各

图 4-1　货币市场交易的产品

图 4-2　货币市场的产品类型与投资主体

类金融机构;货币基金的发行方是各类基金公司,交易主体包括金融机构、企业和个人投资者;欧洲美元市场则是各国金融机构都可以参与的离岸货币市场的典型代表。

根据我国货币市场交易的主要产品,图 4-3 给出了 1998 年至 2021 年各产品对应的市场交易规模的走势情况。可以看到,我国货币市场中回购协议市场规模自 2000 年之后逐渐占据主导地位,其次是同业拆借市场和票据贴现市场,其他几个子市场的交易规模都明显低于上述两个子市场。注意,回购协议市场规模在货币市场中占主导,与我国中央银行以回购协议市场利率作为货币政策调控的市场基准利率(货币政策操作目标)是紧密联系的。关于市场基准利率以及其他货币政策的内容将在本书第十二章介绍。

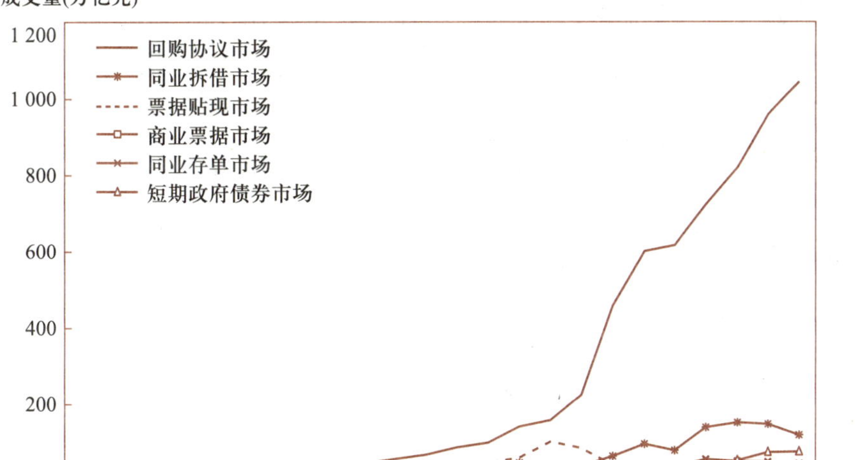

图 4-3　中国货币市场主要子市场交易额(1998—2021 年)

资料来源:Wind&CEIC 数据库。

二、货币市场的特点

货币市场是一个专有名词,虽然以“货币”命名,但却并非是指专门用来交易货币的市场。货币市场上交易的金融产品具有较高流动性和安全性,这些特性与货币的属性类似,因此被称为货币市场。注意,本书在第十五章和第十六章讨论货币需求的理论中,会用到“货币资产市场”的概念,它是指货币供给与需求形成的市场(market for money),与本章介绍的货币市场的概念不同。

货币市场的功能主要体现在两个方面:一是为机构提供短期流动性,例如商业银行通过同业拆借获得短期资金以满足法定存款准备金率的要求;二是可以在为投资者对冲机会成本的同时解决短期投资愿望,例如投资者可以买入货币市场产品后静观市场变化,随时可以卖出然后投资于长期债券市场、股票市场等其他市场。

尽管货币市场的子市场很多(有多少货币市场产品就可以有多少个子市场),但是货币市场上交易的金融工具都具有几个共同特点,即额度大、期限短、流动性强和安全性高。

第一,额度大。货币市场工具一般以大额批发为主,例如,我国商业银行发行的100万元人民币面额存单、美国市场上常见的100万美元面额存单等。大额批发的特点加上没有存款准备金要求和相对较低的监管负担,使得货币市场成为机构筹集和存放短期资金的青睐之地。大额批发的特点也决定了货币市场主要是供机构投资者使用。个人参与货币市场,一般都是作为资金供给者。而且,由于货币市场单笔交易数额较大以及监管的需要,个人一般不能直接参与货币市场的交易,主要通过投资货币市场基金间接投资于货币市场工具,但也有个人直接持有短期政府债券和大面额可转让存单的特殊情况。

货币市场上的批发借贷机构包括商业银行和其他存款机构、中央银行、证券公司以及其他金融性公司等大型金融机构,美国还有房地美和房利美这样的政府支持型企业(government-sponsored-entities,GSEs)。除了货币市场基金以外,货币市场工具很少在个人投资者进行交易的零售市场上使用。不过,随着创新型证券产品和交易方式的发展,个人投资者也越来越多地通过不同形式参与到货币市场的交易中。

第二,期限短。货币市场工具期限短,一般在1年以内,期限品种从隔夜到1年不等,多见的是3个月以内的品种。例如,金融机构的同业拆借资金,按照期限一般可以分为隔夜、7天、14天、21天、1个月、3个月、6个月、9个月和1年。在实际操作中,双方还可以约定其他期限,如3天、10天等。

第三,流动性强。货币市场工具的品类期限短,同时有活跃的二级市场,使得货币市场产品的流动性非常强,很容易在市场上被买入和卖出。

第四,安全性高。货币市场工具的发行主体信用等级高,因为只有具备高资信等级的企业或机构才有资格进入货币市场来发行产品筹集短期资金。因此,货币市场产品的价格风险和违约风险都比较低,即安全性比较高。

三、货币市场的参与者

货币市场是提供流动性的重要市场,流动性的直接供给方主要是金融机构,个人和非金融企业也可以通过一定渠道(如购买可转让存单和短期债券等)成为货币市场流动性的供给方(投资者),而流动性的需求方则既包括金融机构,又包括非金融企业和政府部门,但不包括个人投资者。所以,个人、非金融企业、金融机构和政府部门都可以是货币市场的参与者,但是在交易活动中所扮演的投融资角色并不相同。

图4-4列举了货币市场的主要参与者及其在货币市场的主要交易活动,包括政府部门、中央银行、商业银行、非银行金融机构(如养老金和共同基金、消费金融公司)以及非金融企业等。

对于政府部门来说,货币市场是短期国债和其他短期政府债券的发行场所,即货币市场是政府部门进行短期融资的市场。例如,当一国政府需要临时性资金来满足先支后收的需求时,就可以在货币市场发行短期国债(treasury bill)。19世纪70年代,英国政府因为地方政府融资及开拓苏伊士运河的需要,经常缺乏短期周转资金,于是开始发行1年以内的短期国债。

中国在改革开放以后的短期国债发行始于 1994 年，当时只有 6 个月和 12 个月期限的短期国债，1996 年开始发行最短 3 个月期限的国债，此后短期国债品种和规模得到不断发展。图 4-5 给出了 1997—2018 年中国历年短期国债的发行规模。事实上，短期国债的发行和转让也是中央银行实施货币政策的重要基础，中央银行在短期国债的二级市场与其他金融机构开展国债买卖或者回购业务，可以调节市场上资金供求状况。

对于金融机构来说，中央银行、商业银行和其他金融机构都是货币市场的重要参与者。金融机构既可以是流动性的供给方（投资方），也可以是流动性的需求方（融资方）。涉及货

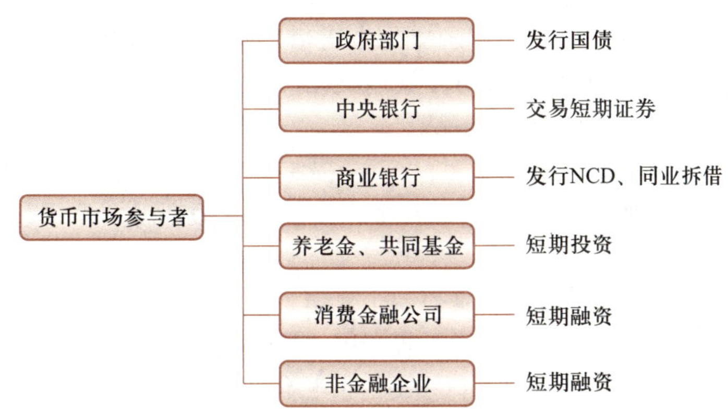

图 4-4　货币市场的参与者及其主要活动

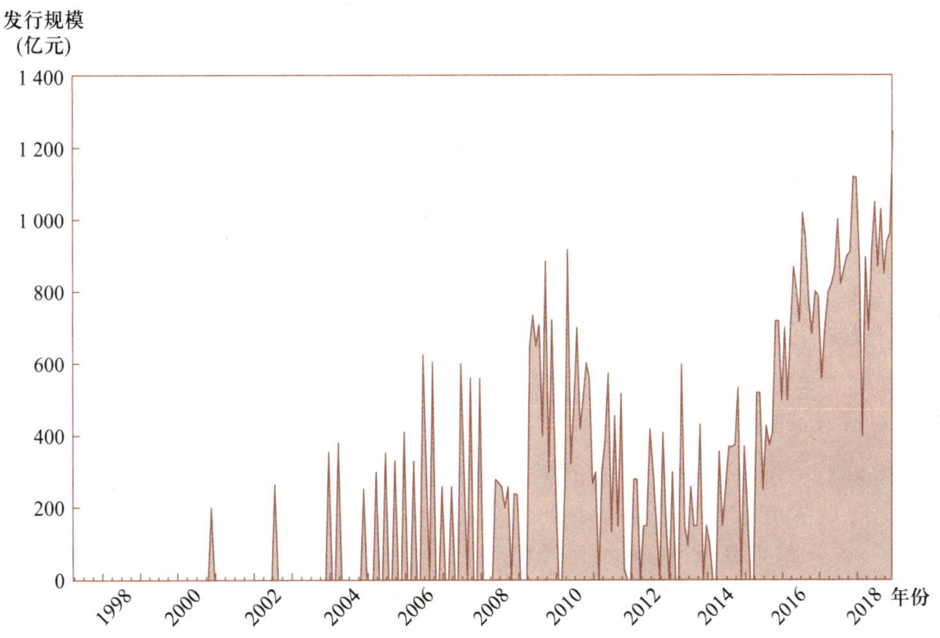

图 4-5　中国历年短期国债发行规模（1997—2018 年）

资料来源：Wind。

币市场交易的金融机构包括中央银行、商业银行和非银行金融机构。

对于中央银行来说，货币市场是重要的政策调控途径。中央银行可以通过货币市场与其他金融机构进行短期证券的买卖交易，从而释放或者回收资金，进而影响短期市场利率和货币供给等指标，实现一系列货币政策目标。

对于商业银行来说，参与货币市场的形式也非常丰富，可以发行可转让存单和银行承兑汇票等产品进行短期融资，也可以购买其他金融机构发行的短期金融产品，还可以开展同业拆借业务和回购业务等调节银行自身的短期流动性状况。

对于非银行金融机构来说（如证券公司、基金公司和养老金机构等），货币市场也提供了一个短期投资和短期融资的场所，它们既可以将一部分资金投资于货币市场，从而获得相对稳健的短期回报，又可以通过货币市场（如同业拆借）借入资金以缓解临时的流动性需求。还有一些金融机构（例如汽车金融公司、消费金融公司等）利用货币市场出售商业票据获得资金，然后再将资金借给消费者购买商品。

对于信用度高的非金融企业来说，货币市场提供了可用的短期融资场所。很多大型商业企业，在需要短期流动性资金时，可以在货币市场发行短期融资票据（商业票据中的一类），用以获得短期资金补充。

当然，从投资层面来看，非金融企业以及个人作为投资者可以通过共同基金或者银行理财产品等方式间接参与到货币市场工具的投资中。尽管我国曾经出现过非金融企业被允许直接进入货币市场（如银行间市场）进行投资的情况（如购买债券），但是这种情况并不常见，而且现在这种情况已经不被允许了。

拓展阅读 4-1

中国的银行间市场

银行间市场是以合格机构投资者为主体的金融市场集合。从交易产品类别划分，银行间市场包括银行间债券市场、银行间同业拆借市场、银行间外汇市场、银行间票据市场和银行间黄金市场等子市场。其中，银行间同业拆借市场和银行间票据市场属于货币市场的子市场。需要注意的是，上述银行间子市场是从交易产品的类别进行划分，而不是从产品的期限进行划分的。例如，银行间债券市场既包括短期债券市场（属于货币市场），也包括长期债券市场（属于资本市场）。因此，银行间市场与货币市场以及资本市场彼此之间并不是包含和被包含的关系，而是定义的角度不同。

1. 银行间债券市场

我国银行间债券市场始建于 1997 年 6 月，主要依托全国银行间同业拆借中心、中央国债登记结算有限责任公司和银行间市场清算所股份有限公司运行，参与主体包括商业银行、农村信用联社、证券公司和保险公司等金融机构，主要进行债券买卖和回购业务。银行间债券市场是我国债券市场的主体部分，记账式国债和政策性金融债券均在该市场发行并上市交易。银行间债券市场还有第三方回购交易。银行间债券市场参与者通过双边报价、一对一询价方式逐笔达成交易。

除银行间债券市场之外，我国还有交易所债券市场。交易所债券市场是通过证券交易所（如上海证券交易所和深圳证券交易所）的交易系统和中国证券登记结算有限责任公司的后台结算系统完成债券交易和结算的市场。银行间债券市场与交易所债券市场在交易主体、交易方式、职能、债券类型等诸多方面都存在一定区别。例如，银行间债券市场面向的交易主体是特定金融机构，而交易所债券市场则面向所有交易者；银行间债券市场通过一对一询价方式达成交易，而交易所债券市场则是以价格优先和时间优先原则进行集中撮合竞价交易；银行间债券市场是批发市场，而交易所债券市场是零售市场；银行间债券市场具有货币政策调控职能（是中央银行开展公开市场操作的重要平台），而交易所债券市场则主要是为投资者提供交易场所。表 4-1 归纳了两个债券市场的主要区别。

表 4-1　银行间债券市场与交易所债券市场的比较

市场	交易主体	交易方式	职能	托管机构	债券类型
银行间债券市场	金融机构	询价逐笔交易	货币政策调控	中央国债登记结算有限责任公司	国债、地方政府债、央行票据、可转让存单、政策性银行债、企业债、中期票据（非金融企业）、短期融资券（非金融企业）、非政策性银行的金融债、资产支持证券、政府支持机构债、国际机构债
交易所债券市场	金融机构、商业企业及个人	竞价集中撮合交易	金融交易场所	中国证券登记结算有限责任公司	记账式国债、地方政府债、国家开发银行发行的金融债、企业债、公司债、可转债、可交换公司债、中小企业私募债、次级债、企业资产/信贷资产支持证券

2. 银行间同业拆借市场

同业拆借市场是指除中央银行以外的金融机构进行短期资金融通的市场，属于货币市场，能够为准备金不足的金融机构提供融资需求，形成的同业拆借利率不仅影响其他货币市场利率，对资本市场和衍生品市场的资产定价也有重要影响。我国银行间同业拆借市场主要依托全国银行间同业拆借中心运行，主要提供银行间外汇交易、人民币同业拆借等业务。

3. 银行间外汇市场

我国银行间外汇市场是指经国家外汇管理局批准的可以经营外汇业务的境内金融机构间进行人民币与外币交易的市场。银行间外汇市场依托中国外汇交易中心运行，市场的参与主体包括商业银行、非银行金融机构和外资金融机构，主管机构包括中国外汇交易中心上海总部、北京备份中心和其他分中心。

4. 银行间票据市场

我国银行间票据市场是指由中国人民银行领导的中国银行业资金拆借中心发行中央银行票据、企业短期融资券的中心交易场所和各商业银行间开展票据交易的场所，也属于货币市场。票据市场主要进行短期资金融通，交易主体广泛，在整个货币体系中处于基础地位。银行间票据市场的交易产品是交易资金往来过程中产生的本票（银行本票和企业融资券）、汇票和支票等，并进行发行、担保、承兑、贴现、转贴现和再贴现等操作，以实现短期资金的融通。

5. 银行间黄金市场

国际上成熟的黄金市场包括实物黄金市场和衍生品黄金市场。我国目前形成了由上海黄金交易所、二级黄金交易中心、银行柜台和首饰金店组成的三级实物黄金交易体系。上海黄金交易所是我国唯一的黄金场内交易所。随着黄金期货等衍生品逐渐推出，上海黄金交易所的黄金现货交易和衍生品交易趋于活跃。央行在上海黄金交易所基础上对其交易系统加以改进和扩展，建立起银行间黄金市场。

第二节 同业拆借市场

一、同业拆借市场的定义

同业拆借市场是金融机构彼此之间进行无担保短期资金融通的市场。“同业”是指金融行业，因此参与主体仅限金融机构。同业拆借市场主要是为了满足金融机构调剂资金头寸的需要，各国中央银行对同业拆借资金的用途一般都有所规定。例如，中国人民银行规定，同业拆入资金用于弥补票据结算、联行汇差头寸的不足和解决临时性周转资金的需要[①]，禁止金融机构利用同业市场的拆入资金发放固定资产贷款或者用于投资；拆出资金限于留足存款准备金和归还中国人民银行到期贷款之后的闲置资金。

同业拆借市场的早期形成主要源于中央银行对商业银行等存款类金融机构的法定存款准备金的要求，即法定准备金政策。我们在第二章介绍过，存款类金融机构按照法律要求针对存款计提准备金，用以保证客户提取存款、支付清算等需要。如果计提的准备金未能达到监管要求，商业银行会受到相应处罚。当然，如果计提的准备金超出法定准备金，超出部分即为超额准备金。

商业银行在同业拆借市场上交易的主要是各银行存放于中央银行的超额存款准备金。在特定时间点，准备金不足的银行（准备金低于法定准备金率标准或需要更多准备金应对客户临时取款等）便向其他金融机构拆入资金以达到法定准备金率的要求，或者用来满足其他

① 联行汇差是指办理联行业务时汇入资金和汇出资金的差额。所谓联行业务是指银行机构相互委托或代理的收付款业务。

短期流动性需求，而拆出资金的金融机构获得相应利息收益。

随着市场的发展，很多非银行金融机构也逐渐被允许参与同业拆借市场交易。这样，同业拆借市场上的交易对象也就不再局限于商业银行的准备金，还包括非银行金融机构的活期存款。随着同业拆借市场的发展以及不同国家对同业拆借业务的管理办法有所变化，金融机构开展同业拆借的目的也可能有所变化，拆借的用途也从单纯满足准备金要求发展到解决金融机构多种临时性资金需求。

同业拆借一般都是短期的，有隔夜、1 周、2 周、3 周、1 个月至 1 年不等，最主要的形式是隔夜拆借。中国人民银行对不同金融机构可拆入资金的最长期限有不同规定。例如，政策性银行、中资商业银行等拆入资金最长期限为 1 年，金融资产管理公司、保险公司、金融租赁公司、汽车金融公司等最长期限为 3 个月，而信托公司、证券公司等最长期限为 1 周。

拓展阅读 4-2

美联储为何在 2020 年 3 月将法定准备金率降为 0?

法定准备金率是货币政策工具的常用选项。但是，自 20 世纪 80 年代中期之后，美国的公开市场操作取代了法定准备金率，逐渐成为美联储货币政策的主要工具。在这样的背景下，法定准备金率自 20 世纪 90 年代之后出现降低趋势。美联储对交易性账户的存款准备金率和非交易性账户的存款准备金率规定有所不同，后者自 1990 年起已经降到 0%。对于交易性账户的法定准备金征收方式类似累进制个人所得税，有一个免征额和一个低准备金存款额，免征额以下的交易性存款不征收法定准备金，免征额与低准备金存款额之间的征收 3% 的准备金率，低准备金存款额以上的部分在 1980—1993 年的准备金率为 12%，1993 年之后降为 10%，并一直持续到 2020 年 3 月（图 4-6）。在此期间，美联储并不经常调整法定准备金率比例，经常调整的是免征额和低准备金存款额这两个临界点。

到了 2019 年 1 月，美联储宣布将实行充裕准备金制度，并相应于 2020 年 3 月 20 日宣布对交易性账户存款执行 0% 的法定准备金率政策。这一举措取消了所有存款类金融机构的法定准备金要求，帮助存款类金融机构为居民和企业提供更多贷款。

虽然美联储不再要求存款类金融机构必须计提准备金，但是并不意味着美国的存款类金融机构不会主动计提准备金。同时，即使存款类金融机构不被要求保持一定比例的准备金，它们也还需要遵循“应急资金计划”（contingency funding plans）等要求保持充足的流动性，以应对临时性的资金需求。而且，大型银行会有流动性覆盖率等《巴塞尔协议》中对资本充足率指标的要求，从而确保银行持有充足流动性。

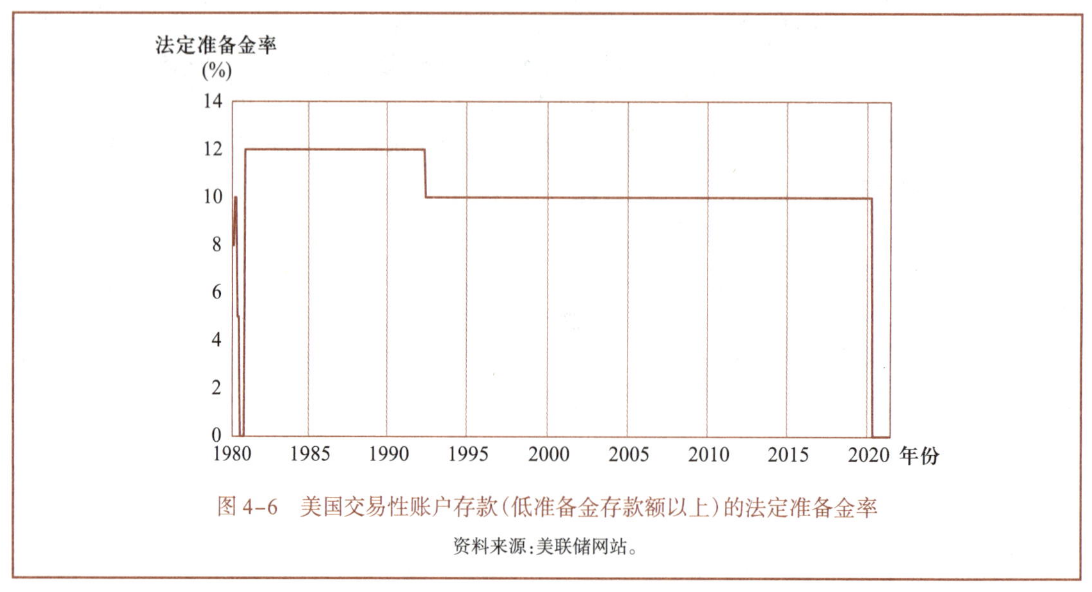

图 4-6　美国交易性账户存款（低准备金存款额以上）的法定准备金率

资料来源：美联储网站。

二、同业拆借的交易流程

我国各金融机构参与同业拆借交易必须遵循中国人民银行制定的《同业拆借管理办法》。2016 年以前，金融机构进入同业拆借市场交易必须经过中国人民银行审批。2016 年之后，同业拆借由审批制改为备案制，金融机构参与同业拆借市场需要通过交易中心进行相关材料备案，经交易中心核准后即可开展同业拆借交易。我国同业拆借交易的主体是经全国银行间同业拆借中心备案批准的具有独立法人资格的商业银行及其授权分行、农村信用联社、城市信用社、财务公司和证券公司等有关金融机构。事实上，中央银行对哪些金融机构可以参与同业拆借市场交易有明确要求。根据中国人民银行 2007 年发布的《同业拆借管理办法》，可以申请进入我国同业拆借市场的金融机构包括 16 类，涵盖了所有的银行业金融机构和绝大部分非银行金融机构，具体机构类型归纳在表 4-2 中。

表 4-2　可以进入中国同业拆借市场的金融机构类型

（1）政策性银行
（2）中资商业银行
（3）外商独资银行、中外合资银行
（4）城市信用合作社
（5）农村信用合作社县级联合社
（6）企业集团财务公司
（7）信托公司
（8）金融资产管理公司
（9）金融租赁公司
（10）汽车金融公司
（11）证券公司
（12）保险公司

续表

(13) 保险资产管理公司
(14) 中资商业银行(不包括城市商业银行、农村商业银行和农村合作银行)授权的一级分支机构
(15) 外国银行分行
(16) 中国人民银行确定的其他机构

进入同业拆借市场的金融机构,需要通过全国统一的同业拆借网络进行线上拆借交易。全国统一的同业拆借网络主要是指全国银行间同业拆借中心的电子交易系统,早期还有中国人民银行分支机构的拆借备案系统,现在基本不再使用。全国银行间同业拆借中心是中国人民银行直属事业单位,全称是“中国外汇交易中心暨全国银行间同业拆借中心”。不难看出,这个单位名称中实际上融合了两个中心,即 1994 年成立的“中国外汇交易中心”(China Foreign Exchange Trade System,CFETS)和 1997 年成立的“全国银行间同业拆借中心”,这两个中心实际上是同一个单位,即中国外汇交易中心暨全国银行间同业拆借中心。

同业拆借的交易时间为北京时间每周一至周五(法定假日不开市)。交易过程中实行询价交易方式,经交易方确认报价后,由交易系统自动生成成交通知单,作为交易双方成交确认的有效凭证。成交双方根据成交通知单,按规定的日期全额办理资金清算,自担风险。

从我国同业拆借交易的资金划转流程来看,发生在存款类机构之间的同业拆借交易,资金划转通过各自在中国人民银行的准备金账户转账完成交易。非存款类金融机构的同业拆借交易,资金划转通过各自在商业银行的银行账户进行。同业拆借资金的流转属于短期借贷,分别记入金融机构资产负债表的“拆出资金”和“拆入资金”科目。

需要注意,金融机构的同业拆借(inter-bank offering)与存款类金融机构的同业存款(inter-bank deposit)是两个不同的业务。同业拆借仅指银行间同业拆借中心成交的拆借,受中央银行的额度和期限限制。而同业存款是指存款类金融机构彼此之间进行的存款业务,在银行资产负债表中对应于“存放同业”和“同业存放”科目。拓展阅读 4-3 中对同业拆借和同业存款进行了详细介绍。

拓展阅读 4-3

银行间市场的同业拆借与同业存款的区别

同业存款是指存款类金融机构彼此之间的短期闲置资金存放业务。对于存款类金融机构 A 来说,如果 A 将 100 万元短期闲置资金存放于其他存款类金融机构,则机构 A 的资产负债表中的资产科目“存放同业”相应增加。反之,如果机构 B 将 100 万元闲置资金存放于机构 A,则机构 A 的资产负债表中的负债科目“同业存放”相应增加。所以,对于存款类金融机构来说,同业存款业务对应于资产负债表中的同业存放和存放同业两个科目,分别记录本机构收到其他存款类金融机构存放的短期资金和本机构存放于其他存款类金融机构的短期资金情况。同业存放科目是一个存款类金融机构的负债项(资金来源),而存放同业科目则是一个存款类金融机构的资产项(资金运用)。

与同业存放和存放同业业务相似但又有所区别的是同业拆借业务，又称为同业拆款、资金拆借等。同业拆借也是金融机构的资金往来业务，但与同业存款有所不同。首先，对于业务参与机构来说，同业存款业务只发生在存款类金融机构之间，而同业拆借业务则不局限于存款类金融机构，银行业非存款类金融机构以及证券业和保险业的大部分机构也都可以参与同业拆借业务。其次，对于业务交易形式来说，同业拆借是线上进行，同业存款是线下开展。最后，同业存款业务的目的主要是盈利，而同业拆借业务的主要目的则在于调剂头寸和临时性资金余缺。

金融机构在日常经营中，由于存放款的变化、汇兑收支增减等原因，在一个营业日末，可能出现资金收支不平衡的情况，一些金融机构收大于支，另一些金融机构支大于收，资金不足方要向资金多余方借入资金以平衡收支，于是产生了金融机构之间进行短期资金相互拆借的需求。资金多余方向资金不足者贷出款项，称为资金拆出；资金不足方向资金多余方借入款项，称为资金拆入。这些都属于同业拆借的业务范畴。

三、同业拆借市场的利率指标体系

同业拆借市场形成的利率指标是短期市场利率的重要指标。由于同业拆借可以发生在存款类金融机构之间，也可以发生在更广泛的金融机构之间，所以可以形成多种利率指标。同时，同业拆借利率指标可以是基于市场成交形成的**成交型利率指标**，也可以是基于资金借出方的报价形成的**报价型利率指标**。也就是说，同业拆借市场上的利率指标可以划分为两类，一类根据实际成交利率计算，另一类根据金融机构报价利率计算。这些利率指标对于金融市场定价和宏观政策调控都能提供重要的信息。

（一）成交型利率指标

中国同业拆借市场的成交型利率指标包括银行间同业拆借利率（IBOR）和存款类机构同业拆借利率（DIBOR）。银行间同业拆借利率（IBOR）是我国银行间市场上的金融机构（包括银行和非银行金融机构）之间拆借交易形成的成交利率，以交易量为权重对实际成交利率加权平均计算获得，包括从隔夜到 1 年等多个不同期限品种。存款类机构同业拆借利率（DIBOR）是我国银行间市场上存款类金融机构之间拆借交易形成的利率，计算方式和期限品种与银行间同业拆借利率相同。图 4-7 描绘了 IBOR 和 DIBOR 隔夜利率的走势。从中可以看出，这两个利率指标在大部分时间都非常接近甚至完全重合。

其他国家同业拆借市场的成交型利率指标与我国类似。例如，美国的联邦基金利率（federal funds rate，FFR）就是美国联邦基金市场（同业拆借市场）上金融机构之间隔夜拆借准备金形成的成交型利率。联邦基金利率是美联储货币政策的操作目标，也是美国金融市场定价的基准利率。图 4-8 描绘了 2000—2021 年美国联邦基金利率的走势。从中可以看到，2008 年国际金融危机之后，美联储将联邦基金利率下调至接近 0 利率的水平，虽然 2016—2019 年利率水平有所上升，但是 2020 年年初开始的全球新冠疫情对经济增长带来的冲击很大，以至于美联储再次将联邦基金利率下调至贴近于 0。

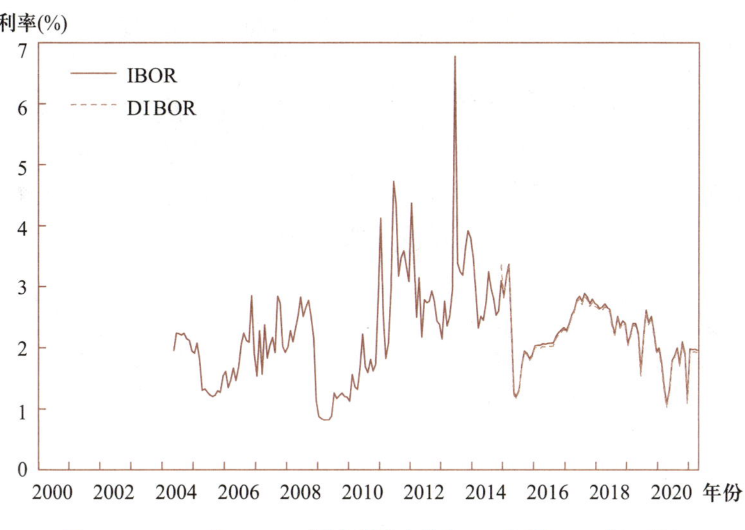

图 4-7　IBOR 和 DIBOR 隔夜利率走势（2000 年至 2021 年 4 月）

资料来源：Wind。

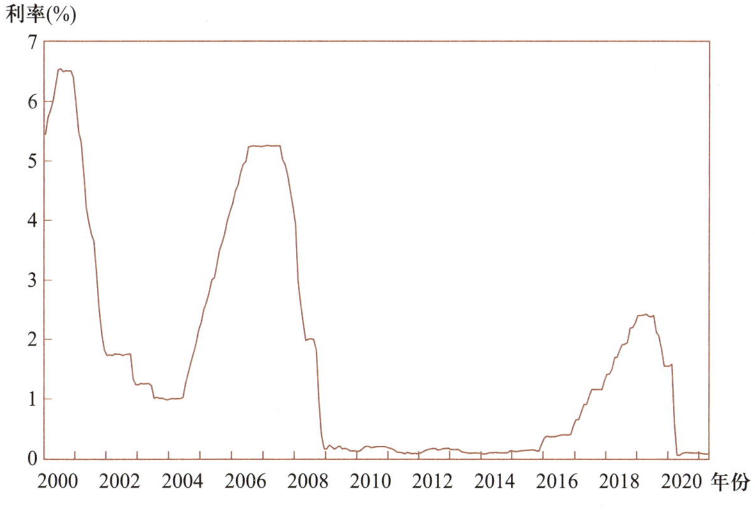

图 4-8　美国联邦基金利率走势（2000 年至 2021 年 4 月）

资料来源：美联储。

（二）报价型利率指标

中国同业拆借市场的报价型利率指标主要有上海银行间同业拆借利率（Shanghai Interbank Offered Rate，SHIBOR）和境内外币同业拆借参考利率（CFETS Interbank Reference Offered Rate，CIROR）。

1. SHIBOR 指标

SHIBOR 以位于上海的全国银行间同业拆借中心为技术平台计算、发布并命名，是由信用等级较高的银行组成报价团自主报出的人民币同业拆出利率计算确定的算术平均利率，是单利、无担保、批发性利率。对社会公布的SHIBOR期限品种包括隔夜、1周、2周、1个月、3个月、6个月、9个月及1年。

SHIBOR报价银行团由18家商业银行组成。报价银行是公开市场一级交易商或外汇市场做市商，在中国货币市场上人民币交易相对活跃、信息披露比较充分的银行。中国人民银行成立SHIBOR工作小组，依据《上海银行间同业拆放利率（SHIBOR）实施准则》确定和调整报价银行团成员、监督和管理SHIBOR运行、规范报价行与指定发布人行为。

全国银行间同业拆借中心受权进行SHIBOR的报价计算和信息发布。每个交易日根据各报价行的报价，剔除最高、最低各4家报价，对其余报价进行算术平均计算后，得出每一期限品种的SHIBOR，并于工作日上午11:00对外发布。图4-9刻画了SHIBOR隔夜利率的时间序列走势。

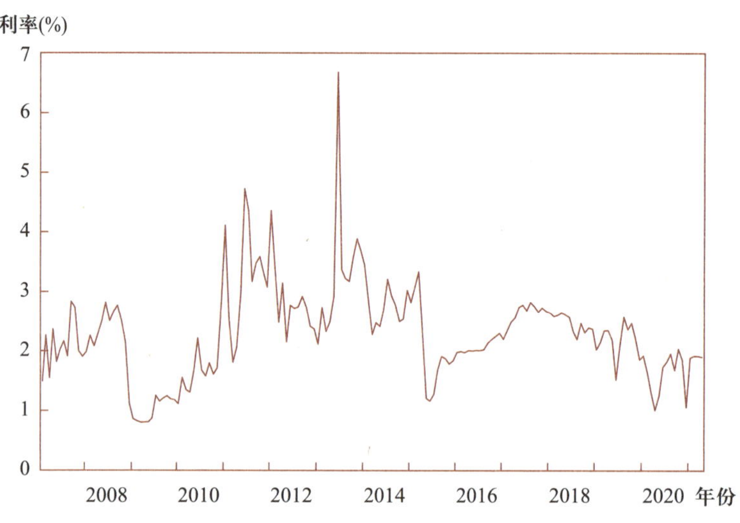

图4-9 SHIBOR隔夜利率的走势图（2007年至2021年4月）

资料来源：Wind。

2. CIROR指标

CIROR是由交易中心根据境内信用等级较高、外币定价能力较强、外币拆借交易相对活跃的银行报价计算并发布的以单利计息、无担保、批发性的拆出利率。目前公布的CIROR币种为美元，品种包括隔夜、1周、2周、1个月、3个月、6个月、9个月及1年。

CIROR的报价银行团由23家左右商业银行组成。交易中心每个交易日根据各报价行的报价，剔除最高、最低各2家报价，对其余报价进行算术平均计算后，得出每一期限品种的USD CIROR，并于工作日上午10:00对外发布。CIROR报价行与交易中心签署外币拆借报价行协议，承诺遵守报价规则，履行报价行义务，并接受交易中心的检查和评估。

SHIBOR和CIROR都是国内的报价型利率指标，国际上经常使用的报价型同业拆借利率指标包括伦敦银行间同业拆借利率和欧元银行间同业拆借利率等。

3. LIBOR 指标

伦敦银行间同业拆借利率(London interbank offered rate,LIBOR),是伦敦货币市场上全球主要银行之间的无担保资金拆借报价利率。LIBOR 的口径涵盖隔夜、7 天、1 个月、2 个月、3 个月、6 个月和 1 年共 7 种期限,以及美元、欧元、英镑、日元和瑞士法郎共 5 种货币。

2014 年之前,LIBOR 由英国银行家协会管理和发布。2014 年之后,LIBOR 由美国洲际交易所(Intercontinental Exchange,ICE)管理和发布。每个交易日上午 11:45 左右,美国洲际交易所发布 LIBOR 数据。LIBOR 的计算过程类似奥运会跳水比赛的裁判打分:ICE 向各报价行询价后,剔除最高和最低报价并对其余报价进行算术平均,得出每一期限和货币品种的 LIBOR。LIBOR 的报价团包括 20 家全球主要银行,其中部分报价行仅对某一种或几种货币进行报价。

LIBOR 在全球范围内被用作金融衍生品、债券以及贷款定价的基准利率。在经济下行时期,LIBOR 还常被作为衡量银行体系健康状况的指标。然而,在 2012 年被曝光的 LIBOR 操纵丑闻使得 LIBOR 的可靠性广受质疑,不得不面临废止。除部分美元品种外,其他币种 LIBOR 将于 2021 年 12 月 31 日起停止公布,其余美元 LIBOR 也于 2023 年 6 月 30 日起停止公布。

4. EURIBOR 指标

欧元银行间同业拆借利率(Euro interbank offered rate,EURIBOR),是反映欧元区银行之间拆借资金的无担保利率。包括 7 天、1 个月、3 个月、6 个月、1 年共 5 种期限品种。EURIBOR 的报价团由欧元区货币市场上交易量最大且信用良好的 19 家银行组成。EURIBOR 的计算中首先剔除所有报价中最高和最低的 15%,然后求其余报价的算术平均值获得。EURIBOR 在中欧时间每天上午 11:00 左右确定和公布。EURIBOR 为欧元区利率互换、利率期货、抵押贷款等金融产品提供了基准利率。

图 4-10 描绘了 LIBOR 和 EURIBOR 隔夜利率走势。

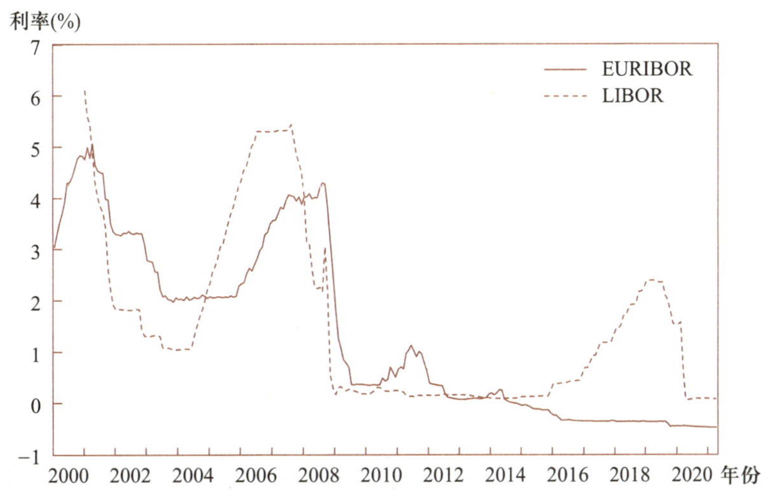

图 4-10 LIBOR 和 EURIBOR 隔夜利率走势(2000 年至 2021 年 4 月)

资料来源:Wind。

四、同业拆借市场的政策调控功能

同业拆借市场是中央银行调控市场利率的主要市场。中央银行通过公开市场操作或者再贷款等货币政策工具的调整,可以直接影响商业银行可贷资金的规模,也就是影响同业拆借市场上的资金供求状况,进而影响市场上的拆借利率。如果同业市场的短期利率具有示范和引领效应,则整个市场的短期利率(例如短期存贷款利率、短期国债收益率)将会发生同向变化。

短期利率的变化一般会影响经济主体对未来短期利率预期的同向变化,同时影响长期利率的同向变化,进而实现中央银行的调控目标。可以想象一下,如果短期利率下降而长期利率不变,则需要长期资金的融资主体完全可以选择不断借入短期资金实现长期融资需求,此时长期资金的需求会下降;根据供给与需求决定价格的基本经济学原理,长期资金价格(长期利率)也会下降。

所以,在相对发达的市场上,长短期利率会维持一个相对稳定的关系,这种关系称为利率期限结构,我们将在本书第十八章详细介绍。图 4-11 刻画了 2002 年至 2021 年期间中国的短期利率(SHIBOR 隔夜)与 3 年期和 5 年期国债收益率的走势图,总体上看长短期利率的升降走势具有一定的可比性。不过,由于我国利率市场化的发展与完善还需要一定时间,所以长短期利率的走势关系并未表现出相对稳定的对应关系,甚至有一些时期短期利率持续高于长期利率。

美联储通过公开市场操作工具开展的传统货币政策调整,本质上也是影响美国同业拆借市场的利率,即联邦基金利率,进而实现货币政策的最终目标。不过,美国的同业拆借市场经常被称为“联邦基金市场”(federal funds market)。“联邦基金”(federal funds)实质上是商业银行在美联储的超额存款准备金,而不是一般意义上的“基金”。图 4-12 描绘了美

图 4-11 SHIBOR(隔夜)与 3 年期和 5 年期中国国债收益率(2002 年至 2021 年)

资料来源:Wind。

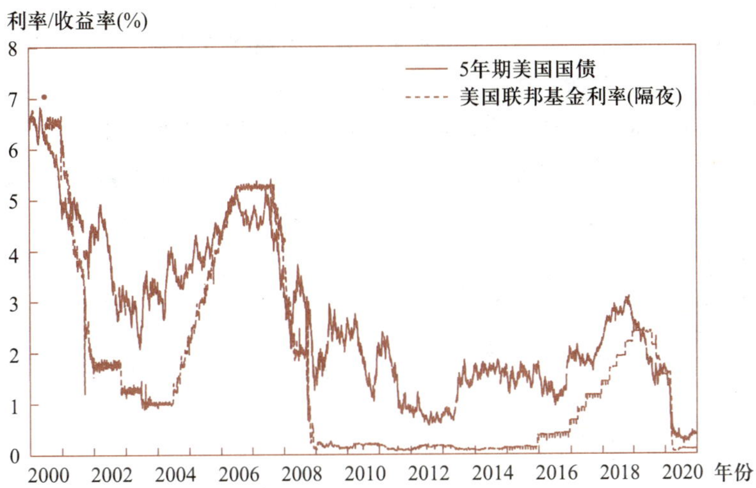

图 4-12 美国联邦基金利率(隔夜)与 5 年期美国国债收益率(2000—2020 年)

资料来源:美联储。

国联邦基金利率(隔夜)与 5 年期美国国债收益率的走势对比,可以看出,美国的长短期利率关系表现得更加稳定。

拓展阅读 4-4

美联储从利率走廊体系转向利率地板体系

2008 年以前,美国采用利率走廊体系(corridor system)调控联邦基金利率。利率走廊体系将美联储设定的向银行机构发放贴现贷款的利率水平作为利率走廊上限,将零(超额准备金利率等于零)作为利率走廊下限。美联储通过公开市场操作调控准备金供给量,使得联邦基金利率维持在利率走廊上下限之间的目标值附近。如图 4-13(a)所示,均衡联邦基金利率由准备金供给量与准备金需求曲线向下倾斜的部分的交点决定。如果美联储希望将联邦基金利率从 ffr_1 调升至 ffr_2,则可以通过公开市场操作将准备金供给从 S_1 降至 S_2 的方式实现。

2007 年美国次贷危机引发国际金融危机后,美联储采取的量化宽松货币政策导致准备金供给量大幅提高。[①] 联邦基金利率对准备金供给量的弹性大幅下降,通过公开市场操作小幅调整准备金供给量几乎无法引起联邦基金利率变化。因此,美联储将利率调控方式从传统的利率走廊体系转变为地板体系(floor system)。

---

① 美国次贷危机(subprime crisis)是指 2006—2008 年发生在美国因次级抵押贷款机构破产、投资基金被迫关闭、股市剧烈震荡引起的金融危机。美国次贷危机是从 2006 年春季开始逐步显现的。2007 年 8 月开始席卷美国、欧盟和日本等世界主要金融市场。次贷危机致使全球主要金融市场出现流动性不足危机。

在地板体系下，美联储通过调整超额准备金利率(IOER)，在不改变准备金供给的情况下直接调控联邦基金利率。如图 4–13(b)所示，假设准备金供给量为固定且足够大的 S，S 与准备金需求曲线相交于平坦部分。由于均衡联邦基金利率与超额准备金利率相等，如果美联储希望将联邦基金利率从 ffr_1 提高至 ffr_2，则只需将超额准备金利率从 ffr_1 提高至 ffr_2。在现实中，联邦基金市场上的部分非银行类参与者(如政府支持机构)由于无法享受超额准备金利率带来的便利收益，因而愿意在市场上以低于超额准备金利率的价格出借资金。所以，现实中联邦基金利率往往低于超额准备金利率。

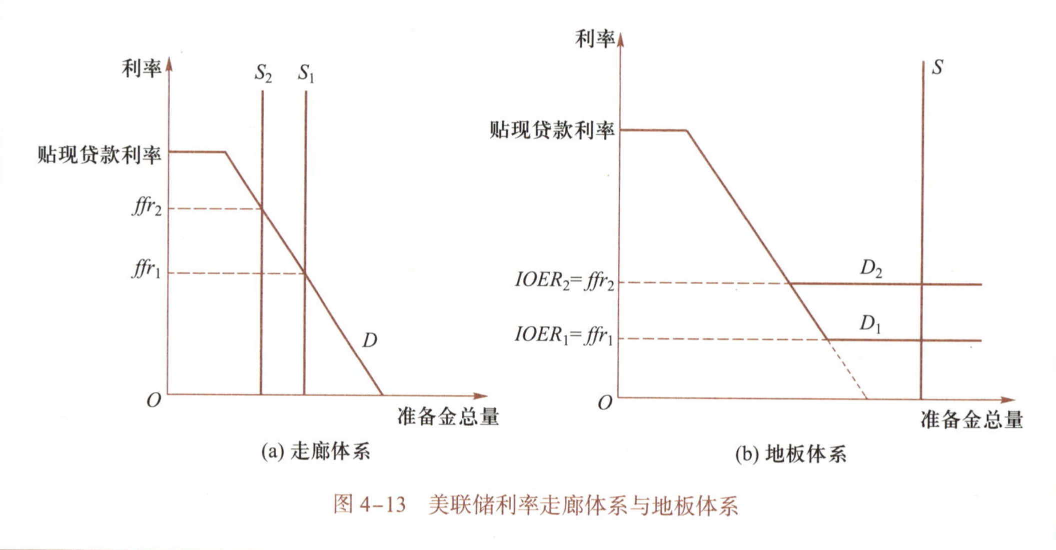

图 4–13 美联储利率走廊体系与地板体系

第三节 可转让存单市场

一、可转让存单的定义与发展

可转让存单的英文名称是 negotiable certificates of deposit，简记为 NCD，直译是“可转让存款凭证”。因为 NCD 一般面额较大，期限固定，因此在中文语境下经常被称为大额可转让定期存单。

一般来说，NCD 是商业银行发行的一种定期存款凭证，是银行存款的证券化产品，凭证上印有一定的票面金额、存入日、到期日以及利率，到期后可按票面金额和规定利率提取全部本利，逾期存款不计息。商业银行发行的大额存单也有在到期日之前不能进行转让交易的，这种不可转让大额存单是一种普通的存款凭证。

从名称上已经能够看出，NCD 发行后可以在到期日之前进行转让交易，即可以在二级市场上流通转让，但是不能提前支取。NCD 按标准单位发行，面额较大，不同国家的面额区间有所不同，在美国一般最低面额 10 万美元，更常见的是 100 万美元及以上面额。中国的 NCD 业务与美国等发达市场类似，主体是银行同业存单，期限有 1 个月、3 个月、6 个月、9 个月、1 年、18 个月、2 年、3 年和 5 年等，收益率一般略高于同期限储蓄国债利率。

从世界范围看,NCD 的发展历史实际上折射了金融产品和金融市场的发展变化。特别是在 20 世纪 60 年代之后,随着美国利率市场化不断发展,诸多企业为了增加临时闲置资金的利息收益,纷纷将资金投资于安全性较好又具有一定收益的货币市场基金、国债等货币市场产品,从而使得资金从传统金融媒介(商业银行)不断流出,即"金融脱媒"。

为了留住资金,商业银行开始发行高于同期限存款利率的可转让存单产品。1961 年,当时美国的纽约国立城市银行(今天的花旗银行)率先设计了 NCD 这种短期的有收益票据来吸引企业的短期资金,而且当时的美国证券交易商"贴现证券公司"(Discount Security Corporation)同意为此产品设立一个二级交易市场,从而为 NCD 的流通交易提供了巨大帮助,美国的 NCD 市场自此快速发展。

不过,到了 1966 年,由于美国的公开市场利率不断攀升,达到了美国商业银行法中 Q 条例规定的上限(Q 条例是指美联储禁止会员银行向活期储户支付利息并同时规定定期存款支付利息最高限额的条例①),限制了 NCD 发行银行的利率支付上限,投资者又迅速从 NCD 市场撤离到其他市场,导致 NCD 市场大幅萎缩。为了应对这种局面,美国的商业银行又开始开发商业票据和欧洲美元市场,特别是花旗银行率先在伦敦发行了欧洲美元 NCD,即以美元为标的在国外发行的 NCD。当然,1970 年之后,美国逐渐取消了对 NCD 利率上限的规定,促使 NCD 市场再度活跃起来。

以美国为例,NCD 按照发行者可以分为四类,即国内存单、外国存单、欧洲美元存单和储蓄机构存单。其中国内存单由美国国内银行发行;外国存单(也叫扬基存单)是外国银行在美国的分支机构发行的一种可转让存单,其发行者主要是西欧和日本等地的著名国际性银行在美国的分支机构;欧洲美元存单由美国境外银行(外国银行和美国银行在外的分支机构)发行,欧洲美元存单的中心在伦敦,但欧洲美元存单的发行范围不局限于欧洲;储蓄机构存单则由一些非银行机构(储蓄贷款协会、互助储蓄银行、信用合作社)发行。

二、NCD 的交易机制

NCD 的交易机制涉及发行主体、投资主体和转让机制等内容。从美国等发达市场的 NCD 交易机制来看,发行机构是主要银行等存款类金融机构,投资主体可以是金融机构也可以是商业企业,投资人可以在 NCD 的二级市场进行转让交易,利率由市场决定。

中国的 NCD 市场最早开始于 1989 年。但是由于缺乏规范统一的交易市场等问题,中国人民银行于 1997 年暂停了银行的大额存单业务。2013 年,经中国人民银行批准,商业银行之间可以开展大额存单业务,被称为同业存单,只是此类大额存单仅限金融机构参与交易。注意,同业存单在银行的会计科目上记录在应付债券而不是存款,不需要缴纳准备金。2015 年,中国人民银行发布了《大额存单管理暂行办法》,重新启动非金融机构作为投资人

① 1929 年美国经历了经济大萧条,金融市场随之进入了一个管制时期,美国联邦储备委员会颁布了一系列金融管理条例,并且按照英文字母顺序为这一系列条例进行排序,其中对存款利率进行管制的规则正好是第 Q 项,因此该项规定被称为 Q 条例。后来,Q 条例成为对存款利率进行管制的代名词。Q 条例规定,银行对于活期存款不得支付利息,并对储蓄存款和定期存款的利率设定最高限度,当时上限规定为 2.5%,此利率一直维持至 1957 年,之后频繁调整。Q 条例对银行资金的来源与运用都产生了显著影响。

的 NCD 市场。中国人民银行授权全国银行间同业拆借中心为大额存单业务提供第三方发行、交易和信息披露平台。NCD 的转让可以通过第三方平台开展，但是转让范围限于非金融机构投资人及中国人民银行认可的其他机构。同时，NCD 可以用于办理质押业务，包括但不限于质押贷款、质押融资等。

不难看出，中国的 NCD 发行主体是商业银行，但是从交易市场来看，中国目前的 NCD 市场实际上分割为金融机构彼此交易的同业存单市场和非金融机构作为投资人的 NCD 市场，两个市场是不互通的。

第四节 票据市场

一、票据的相关概念

票据市场（paper market）是指在商品交易和资金往来过程中产生的以汇票、本票和支票的发行、担保、承兑、贴现、转贴现、再贴现来实现短期资金融通的市场。票据市场是短期资金融通的主要场所，是直接联系产业资本和金融资本的枢纽，作为货币市场的一个子市场。在整个货币市场体系中，票据市场是最基础、交易主体最广泛的组成部分。票据市场可以把"无形"的信用变为"有形"，把不能流动的挂账信用变为具有高度流动性的票据信用。票据市场的存在与发展不仅为票据的普及推广提供了充分的流动性，还集中了交易信息，极大地降低了交易费用，使得票据更易为人所接受。

（一）本票

本票是指出票人在票据到期日见票时无条件支付确定金额给收款人的票据凭证。本票一般是债务人向债权人发出的支付承诺，承诺在约定期限内支付一定的款项给债权人。本票由出票方本人签发并自负付款义务，所以只涉及出票人和收款人两方（见图 4-14）。本票可以再分为一般本票和银行本票。一般本票（promissory note）的出票人为企业或个人，票据可以是即期本票，也可以是远期本票；银行本票（cashier's order）的出票人是银行，只能是即期本票。

图 4-14 本票交易流程

《中华人民共和国票据法》（简称《票据法》）对本票的定义专指银行本票，签发本票的出票人必须是经过中国人民银行当地分支行批准办理银行本票业务的银行机构。截至 2023 年中国没有商业本票，一般企事业单位不能签发本票。

我国《票据法》对本票有若干较为严格的规定。本票必须记载收款人名称，否则本票无效。所以，我国只有记名本票，不存在无记名本票。另外，本票自出票之日起，付款期限最长不超过 2 个月；本票持票人未按规定期限提示见票的，丧失对出票人以外前手当事人的追索权，所以我国的本票均为见票即付的本票，不承认远期本票的效力。

（二）汇票

汇票（bill of exchange，draft，postal order，money order）是出票人签发，委托付款人在见票时或者在指定日期无条件支付确定金额给收款人或者持票人的票据。汇票是一种委托付款凭证，在国际结算中广泛使用，基本法律关系至少有三方：出票人、付款人和收款人。汇票须经付款人承兑才生效。所谓承兑，是指付款人在汇票上签上“承兑”字样，表示愿意到期进行支付。

汇票的常见交易流程如图 4–15 所示。为了便于记忆汇票和本票的区别，可以简单归纳为：A 出票并付款是本票；A 出票 B 付款是汇票。

汇票可以按照承兑人不同分为商业承兑汇票（简称商承）和银行承兑汇票（简称银承）。由企业或个人承兑的汇票称为商业承兑汇票；由银行承兑的汇票则称为银行承兑汇票。汇票还可以按照付款日期不同分为即期汇票和远期汇票，根据汇票上付款日期的记载方式进行区别。例如，记载方式为“见票即付”的汇票是即期汇票，其他记载方式则为远期汇票（如“见票后若干天付款”“出票后若干天付款”“定日付款”等）。如果汇票上未记载付款日期，则视作见票即付。

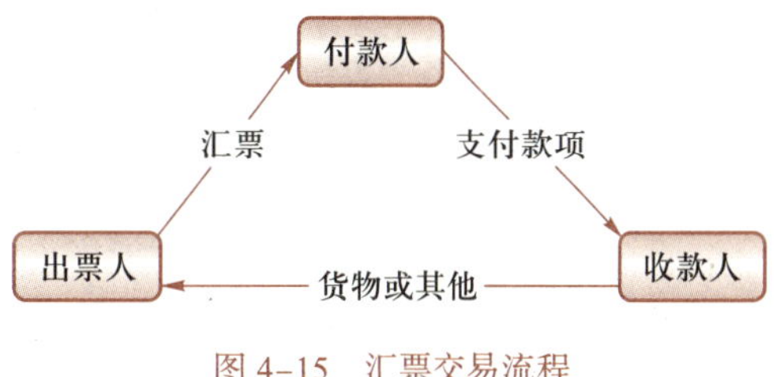

图 4–15 汇票交易流程

（三）支票

支票也是票据的一种，是由出票人签发，委托办理支票存款业务的银行或者其他金融机构在见票时无条件支付确定的金额给收款人或者持票人的票据。支票是委托付款凭证，但是支票的付款人比较特殊，必须是有支票存款业务资格的金融机构，一般是银行。

二、票据市场分类

票据市场是发达国家货币市场的重要组成，也是中国货币市场的组成部分。2000 年 11 月，我国第一家专业化票据经营机构——中国工商银行票据营业部在上海成立，标志着票据市场的发展进入了专业化、规模化和规范化的新阶段。票据业务的发展，可以拓宽企业融资渠道，缓解企业间债务拖欠问题，改善商业银行信贷资产质量，加强中央银行间接调控功能。商业汇票的承兑、贴现、再贴现是目前我国货币市场中票据业务的主要形式。

票据市场按照不同角度可以划分为多种子市场。例如，票据市场按票据发行主体来划分，可以分为银行票据市场和商业票据市场；按交易方式来划分，可以分为票据发行市场、票据承兑市场和票据贴现市场；按照票据的种类划分，有商业银行票据市场、银行承兑汇票市场、短期融资性票据市场等。

票据市场可以按照交易品种划分为商业票据（commercial papers）市场和承兑汇票市场。有真实交易背景的商业票据称“真实票据”，无真实交易背景的商业票据称“融通票据”。我国现行立法强调票据应有真实交易背景，发达市场经济国家的票据主要是融通票据。票据市场的交易采用“贴现”方式，因而这个市场也称票据贴现市场。

融通票据与企业信誉相关。融通票据又称金融票据或空票据，是指一种既没有原因债务也没有对价的授受，专门为取得资金而发行的票据，不是以商品交易为基础产生的票据。对价是指可以支持一项简单交易（或合约）之物，如货物、劳务、金钱等。

银行承兑票据一是指经银行允诺在票据到期时履行支付义务也即“承兑”的商业票据；二是指银行本身签发用以筹集资金的票据。我国银行承兑票据仅指前者，而发达市场则主要交易后者。

三、商业票据市场

商业票据（commercial papers）是指由金融公司或某些信用较高的企业开出的、有确定面额和到期日的短期本票（promissory note），又称商业本票或一般本票。由于政策法规的原因，中国目前没有商业本票（商业票据），所以下面内容主要以发达国家的市场发展为例进行介绍，之后介绍我国商业票据市场的发展情况。

早期的商业本票是为确保债权而有实质交易基础的交易性商业本票。例如，企业 A 向企业 B 购买一套设备，B 为指定收款人，A 在 3 个月后需要支付 100 万美元。企业 A 可以开出一张本票，标明支付额度和日期，然后交给企业 B，这样企业 B 相当于持有企业 A 发行的债券凭证，在到期日即可获得付款。

不过，有交易做基础的商业本票往往由于金额不整齐等原因而造成票据交易上的不便，因此随着时间推移和市场需求的发展，工商企业为筹集短期资金而经由银行等金融机构保证程序发行的融资性商业本票逐渐兴起。融资性商业本票不仅具有整数金额、方便交易的优点，而且有金融机构保证，所以跃升为市场交易的主流品种。如今，发达国家市场上的商业票据多是融资性商业本票，因此对于企业来说发行商业票据类似于发行短期债券，它属于短期融资工具。

商业票据的发行一般需要经过金融机构保证，不过取得银行授信承诺的上市公司、政府机构等可以不经过金融机构保证，具体要求还要看各国的相应票据法如何规定。商业票据可以由企业直接发售，也可以由交易商（dealer）代为发售。监管部门对出票企业信誉审查十分严格，如由经销商发售，则经销商实际担保了售给投资者的商业票据。

对于融资企业来说，发行商业票据的主要优点是融资成本低于从银行直接获得贷款的成本。以美国为例，信用度高的大型企业发行商业票据进行融资，其成本可以比从银行贷款低 2~3 个百分点。商业票据在到期之前可以在货币市场上转让、贴现。在美国，商业票据是一种以融资为目的，由公司直接发行或通过经纪商向投资者发行的一种无担保的本票，期限一般在 270 天以下。商业票据是美国货币市场产品的重要组成部分，其市场规模多年来保持在 1 万亿美元以上（见图 4–16）。

与发行其他证券产品相比，企业发行商业票据的主要动力是可以避免来自监管部门的各种烦琐的信息披露要求，而信息披露既要花费时间又要消耗人力、物力。根据美国的金融法律要求，美国货币市场受到美国证监会的监管，企业发行各种证券产品需要在证监会注册并按要求进行信息披露。但是，期限在 270 天以下的大面额商业票据发行则不需要注册。美国市场上大部分商业票据期限为 5~45 天，平均为 30 天左右，最低面额一般为 10 万美元，常见的是 100 万美元的倍数。根据美国证券法，商业票据的融资用途只能是当期交易（current transactions）或者建筑项目融资。

从商业票据的融资主体来看，相当比例的商业票据是由非银行金融公司发行的，最多见的是大型企业集团的财务公司。财务公司融资之后，再使用这些资金开展消费贷款业务。当然，除了财务公司以外，保险公司、证券公司、银行控股公司以及政府部门也通过发行商业票据进行融资。根据各类公司的经营特点，筹集来的资金可以用于购买存货、管理应收账款或者用于其他当期支出。

图 4-16 美国商业票据规模(2001—2021 年)

资料来源:美联储网站。

商业票据市场的发展和运转依靠完善的信用评级体系。而在货币市场上发行商业票据的公司,90% 以上获得的是评级公司给予的最高信用评级,因此几乎没有出现票据到期不能偿付的现象。由于商业票据的期限短、信用好,多数投资者以持有至到期为目的,所以,其二级市场并不十分活跃。那些财务状况不好、不能获得高评级的公司,它们一般是以支付更高的利息为代价,从银行获得贷款。

中国的票据和发达市场上的票据在含义上有着较大差别。中国的票据仅限于商业汇票、银行本票和支票等交易性票据。由于银行本票和支票在银行直接兑现,目前我国市场上交易的票据仅限于商业汇票,按照承兑主体分为银行承兑和商业承兑两种,其中银行承兑汇票占绝大部分。

在我国,贴现和转贴现是票据业务的主要方式,票据市场也可以称为贴现市场。此类票据的签发和流通转让必须具有真实的贸易往来背景。因此,商业票据在中国首先是一种结算工具和支付手段,其次才具有融资功能。而在我国银行间市场发行的企业短期融资券,其发行方式和功能与美国货币市场上的商业票据类似:在银行间市场上发行和交易,为企业实现短期融资的目的。从一定程度上说,中国的企业短期融资券才是真正意义上的“商业票据”。

四、银行承兑汇票市场

(一) 交易机制

银行承兑汇票是银行应其商业客户的申请在汇票到期后接受付款或者保证付款的一种凭证,在国际贸易支付活动中具有相当长的历史。因为银行接受付款义务,所以银行承兑汇票的英文是 bankers' acceptance。我们可以把银行承兑汇票想象成一种商业公司开出的类似支票的金融工具,其票面特征是明确标明具体哪家银行在什么日期负责兑现多少额度等相关信息。常见的到期日从 30 天到 270 天不等。

一般情况下，开出银行承兑汇票的公司多是对应银行熟悉的客户。对于银行来说，承诺到期见票付款是一种服务，所以相应会向出票公司收取一定佣金。当然，银行一般也不会凭空对某家公司提供承诺付款服务，会要求公司在汇票到期日前按汇票上对应的资金额度将资金存放到银行。例如，一家进出口公司因为进口货物而要支付款项，就可以发给对方与货款额度对应的银行承兑汇票，因为银行承兑汇票有具体银行承诺兑现，为收款方提供了支付保证。

正是因为银行承兑汇票拥有银行的支付保证，银行的信誉度一般都比较高，所以银行承兑汇票常被视为接近无风险的金融工具，具有较高的市场流动性（当然与国债相比还是会有些许违约风险的）。例如，在上面的货物进出口例子中，当收款方收到银行承兑汇票以后，可以不用等到汇票到期就可以在市场上把这张汇票卖出。因为汇票上已经明确写明到期后的金额，因此卖方可以按面值折价卖出（类似债券交易），从而兑现，买方则可以在到期后获得价差收益。在发达的票据市场上，银行承兑汇票通过交易商在二级市场上进行交易。这种交易机制与商业票据和短期国债的交易类似。

在我们国家，各类企业发行的银行承兑汇票也有二级市场上的贴现和转贴现交易。上海票据交易所（简称票交所）于 2016 年年底成立，进一步推动了银行承兑汇票市场的发展。在票交所成立以前，银行承兑汇票的转贴现通过各个银行以及一些财务公司自己一对一沟通来成交。票交所成立以后，各机构则需要通过票交所进行交易。参与方除了银行、财务公司之外，券商也可以通过自有资金参与，另外也有一些资管产品参与。

中国的银行承兑汇票业务有分地区的统计数据。图 4-17 给出了 2004 年至 2022 年期间北京市的银行承兑汇票市场余额情况。从图中可以看到，北京市银行承兑汇票市场规模自 2004 年开始持续上升，从期初不足 600 亿元人民币发展到 2019 年的 7 000 多亿元。2019—2022 年市场余额出现较明显下降趋势，可能是相关业务受到新冠疫情的影响。

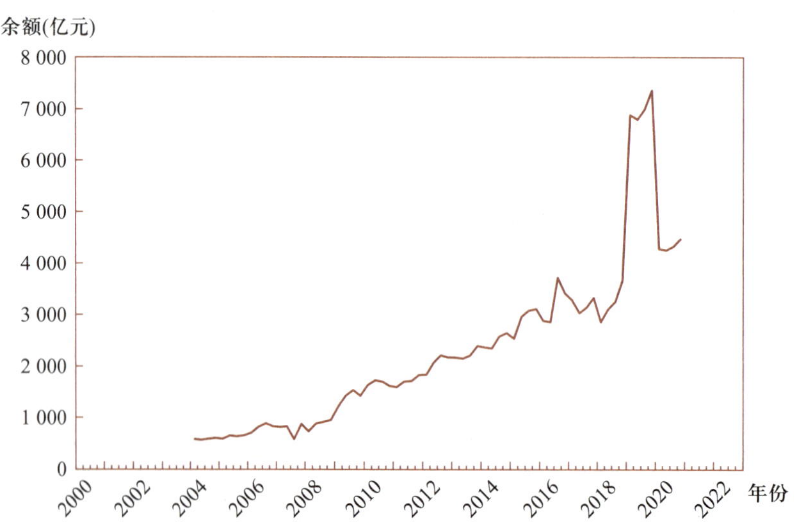

图 4-17　北京市银行承兑汇票余额（2004—2022 年）

资料来源：Wind。

（二）发展历史

18—19 世纪，英国伦敦拥有非常活跃的银行承兑汇票交易。此后，美国的银行承兑汇票市场逐渐发展起来。虽然美国不是银行承兑汇票的发源地，但是其银行承兑汇票市场的发展历程比较具有代表性，其市场可以回溯到 1913 年美联储成立之时。当时，美联储允许银行参与银行承兑汇票市场，美联储自身也定期参与该市场的交易，以帮助银行承兑汇票市场实现稳定性和流动性。到了 20 世纪 70 年代末，美国的银行承兑汇票市场已经发展得比较成熟，同时美联储也能通过短期国债市场的交易实现存款准备金的管理，美联储开始停止参与银行承兑汇票的现券买卖（回购交易则持续到 1984 年）。根据相关统计数据，美国银行承兑汇票市场交易规模从 1960 年的 20 亿美元增长到 1984 年的 750 亿美元，在 20 余年间增长了近 40 倍。

不过，20 世纪 80 年代之后，多方面因素导致美国的银行承兑汇票市场逐渐萎缩。第一，随着跨国公司日益增多和信息技术的发展，国际贸易的结算手段更加多元化；第二，其他各种金融工具不断出现，特别是资产支持型商业票据和欧洲商业票据的发展，对银行承兑汇票起到了替代作用；第三，银行承兑汇票收益率与欧洲美元存款利率的利差不断缩小；第四，银行承兑汇票的政策红利逐渐消失，例如美国 20 世纪 90 年代末对存款准备金征缴对象的调整，使得银行承兑汇票在一定限额内免除存款准备金的相对优势消失。因此，2008 年以后，美国的银行承兑汇票市场规模回落到不足 50 亿美元。

第五节　回购协议市场

一、回购协议概述

通俗来说，回购协议是合同双方在初期销售某项标的资产的同时签订一份在将来某时点再购回这项资产的协议。虽然上述过程听起来可能有些复杂，但我们在生活中也经常会遇到类似的事情。例如，你现在急需用钱，但是由于手头没有闲钱，为了凑齐所需资金，你把自己的家用小汽车暂时以 10 万元卖（押）给你的好友，但是你可以和朋友约定，等你资金周转回来时再从他那里用 11 万元的价格把车买回来。这样一个简单的操作完美契合了回购协议的精神。不难看出，这个过程本质上有些类似质押贷款。

货币市场上的回购协议标的物当然不是小汽车。回购协议的标的物明确规定是有价证券。不同国家的回购协议市场对于回购协议标的物的规定有所不同。就我国而言，回购协议标的物是经中国人民银行批准、可用于在回购协议市场进行交易的政府债券、中央银行债券及金融债券等。

回购协议交易的特点主要体现在四个方面：

一是流动性强。回购协议以短期为主，大量回购协议交易是隔夜回购。所以，期限短所对应的直接特点就是流动性增强。

二是安全性高。回购协议是规范性的场内交易，交易双方的权利、责任和义务都有明确规定。同时，由于期限较短，其价格风险（价格波动）较小。而且，回购协议相当于质押贷款，由于质押品的存在，回购协议双方履约的可能性高。

三是收益稳健。回购协议是一个先卖后买的过程。在买卖之间,标的资产的价格有所变化,这个价差就是资金贷出方的收益。在现实回购交易中,这个价差的实现是由事先规定的回购利率所确定的。回购利率是市场公开竞价的结果,一般平均高于银行同期存款利率。

四是回购协议的融入方免交存款准备金。银行是回购交易的主要金融机构,对于传统的存款业务,银行每吸收一笔存款都要按照中央银行规定的法定存款准备金缴纳存款准备金。而在回购协议市场,银行融入的资金按规定免交存款准备金,这使其成为银行扩大筹资规模的重要方式。

二、回购协议交易的具体过程

从交易模式上来看,货币市场交易可以分为现券交易和回购协议交易。现券交易是指交易双方以约定的价格在当日或次日转让债券所有权、办理券款交割的交易行为;回购协议交易则是以有价证券作为质押的短期资金拆借活动,在形式上表现为附有条件的证券买卖。所以,现券交易中标的工具的债权债务关系发生转移,而在回购协议交易中标的工具的债权债务关系并不发生转移。

凡是金额确定的标准金融合约,如国库券、银行承兑票据、大额定期存单等,均可作为回购协议交易的对象。一般情况下,两个金融机构进行回购协议交易会涉及两个步骤:第一个步骤是A方卖出作为质押品的回购资产并以此借入资金,而B方买入返售资产并借出资金;第二个步骤是回购协议到期A方偿还本金和利息从而赎回质押品,而B方返还质押品并获得A方返还的本金及相应利息。

图4-18演示了一个典型的债券回购协议交易过程。在我国的回购协议交易中,第一步交易中借出资金的一方称为逆回购方,相应的另一方定义为正回购方。因此,在图4-18中,机构A是正回购方,而机构B是逆回购方。为了说明回购协议交易的具体过程,假定机构A现持有1 000万元的国债,距离国债到期日还有1年时间,但它急需1 000万元的流动资金,3个月后可获得相应现金。与此同时,机构B有1 000万元的可贷资金。双方进行回购协议交易的条件基本具备,并进入交易流程。

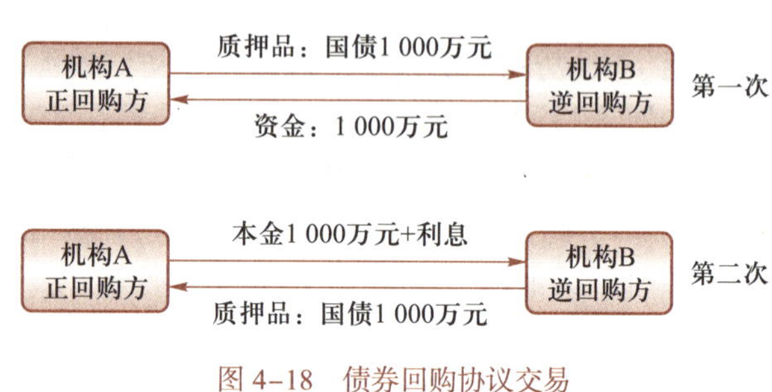

图4-18　债券回购协议交易

此回购协议交易的整个过程可以归纳为两次交易。第一次交易:A和B两个机构签订一份回购协议,A将1 000万元国债质押给B,B向A借出相应数额的资金。第二次交易:3个月后,A按当时约定的价格向B公司赎回1 000万元国债并支付其间相应的利息。

在以上交易中,机构A是正回购方,机构B是逆回购方。另外,回购协议的交易双方不仅可以是普通的商业金融机构,也可以是中央银行与其他金融机构。不过需要注意的是,图4-18介绍的回购协议交易中的交易流程是基于中国实践,其他国家的正回购和逆回购的交易流程并不必然与中国的交易方向相同。例如,以债券为交易标的,中国人民银行与其他金融机构进行逆回购交易(中国人民银行的逆回购业务)时,第一步是其他金融机构将其所持有的债券质押给中国人民银行，从而获得中国人民银行的资金流入，第二步是其他金融机构向中国人民银行偿还资金赎回债券；美联储的逆回购业务（同样以债券标的为例）的顺序则相反，第一步是美联储将债券质押给其他金融机构从而获得其他金融机构的资金流入，第二步是美联储向其他金融机构返还资金赎回债券。也就是说，正回购和逆回购的定义以及与之对应的业务操作顺序并没有国际通行的标准，一般在各国实践中约定俗成。

随着我国银行间债券市场的发展，债券回购协议交易也得到了迅速的发展。为了规范管理，1995 年 8 月，中国人民银行、财政部、中国证监会联合发布了《关于重申对进一步规范证券回购业务有关问题的通知》，严禁回购协议交易中的买空卖空行为和非金融机构参与回购协议市场，证券交易所开办回购协议交易必须经过中国人民银行批准，回购证券限于国债和金融债券，并且确立了参与者登记和交易情况申报制度。目前，参加银行间债券市场回购业务的市场成员包括中资商业银行及授权分行、在华外资银行分行、中外资保险公司、证券公司、基金公司和农村信用社联社等。

由于参加银行间债券市场的机构比参加拆借市场的机构更为广泛，债券回购的风险又低于信用拆借，因此回购协议交易与拆借相比逐渐发展得更为活跃，回购利率也更加稳定，在反映金融市场流动性松紧方面的代表性也更加充分。由于拆借和回购已成为商业银行等金融机构流动性管理的主要方式，银行间市场的同业拆借和回购协议利率从一定程度上反映了货币市场的基准利率水平，成为中国人民银行货币政策调控的重要利率指标。

第六节 短期政府债券市场

一、短期政府债券概述

短期政府债券是一国政府部门为满足短期资金需求而发行的期限在 1 年以内的债务凭证。广义上的政府债券不仅包括国家财政部门发行的债券，还包括地方政府及政府代理机构发行的债券。狭义上的政府债券多指国家财政部门发行的债券。短期政府债券市场作为货币市场子市场，最典型的交易工具是 1 年以内的短期国债，英文以 T-bill（treasury bill）表示，用以区分 1~10 年期限的中期国债（T-note）和 10 年以上期限的长期国债（T-bond）。中国的短期政府债券主要是短期国债和中央银行票据。短期国债是指财政部发行的短期债券；中央银行票据是指由中国人民银行发行的短期债券。

二、中央银行票据

中央银行票据（简称央票）期限一般不超过 1 年（偶尔也有长至 3 年的品种），其发行主体为中央银行，是为调节货币发行量面向中央银行的一级交易商（在我国主要是商业银行以及部分证券公司等金融机构）发行的债务凭证。我国中央银行票据通过中央银行公开市场操作系统发行，在银行间债券市场交易，在中央结算公司托管，主要目的是调控基础货币。基础货币是指中央银行发行的现金与各金融机构在中央银行的存款准备金总和，是货币供给总量的基础，我们将在第十一章和第十二章详细介绍。

中央银行为什么要发行央票呢？从我们国家来看，中国人民银行在历史上多次发行央票，主要是为了对冲基础货币的被动变化，特别是由外汇占款带来的基础货币扩张。中央银行发行央票回收基础货币，以避免货币供给过度扩张。不过，自2010年之后，中国人民银行几乎很少通过发行央票来调节基础货币，主要是因为外汇占款规模有所下降，同时中央银行其他可选的货币政策工具更加丰富。

上面提到的外汇占款是指本国中央银行收购外汇资产而相应投放的本国货币。在我国，一般外汇资产引入国内以后（例如国内公司出口货物收到的美元款项），需要按国家结售汇等相关规定兑换成人民币才能进入流通使用。在这个过程中，外汇成为中央银行的资产，与此同时，中央银行用人民币兑换外汇而投放的人民币即为外汇占款，形成基础货币增量。上述内容在学习了第十一章和第十二章之后可能理解起来会更加容易。

三、短期国债

短期国债是指期限为1年以内的国债。我国国债按照发行方式分为记账式国债和储蓄国债两大类。其中，记账式国债又分为贴现国债和附息国债两大类。贴现国债就是通过贴现方式发行（没有利息、折价发行）的短期国债，分为91天、182天和273天三个品种；付息国债则有1年、3年、5年、7年、10年、15年、20年、30年和50年等期限品种。对于储蓄国债，一般是长期国债，通过商业银行柜台向个人投资者发行，分为凭证式（到期一次性还本付息）和电子式（每年付息、到期还本）。

记账式国债与储蓄国债在发行对象、交易机制等方面存在诸多差别，而且货币市场上交易活跃的短期国债主要是指记账式国债。记账式国债由财政部通过无纸化方式发行，以计算机记账方式记录债权债务关系，并通过证券交易所的交易系统发行和交易，具有活跃的二级市场。而储蓄国债是财政部面向居民个人发行、以吸收个人储蓄资金为目的、满足长期储蓄性投资需求的不可流通的记名国债品种。储蓄国债一般由财政部委托商业银行进行销售，居民购买之后不可流通，也就没有二级市场。

归纳起来，记账式国债和储蓄国债的区别包括：①发行对象不同。记账式国债个人和机构都可以购买，而储蓄国债仅限个人购买。②流通方式不同。记账式国债可以在上交所、深交所或者银行柜台上市流通，其二级市场交易价格由市场决定，债券持有人可以随时转让；储蓄国债不能上市流通，没有二级市场，但可以按有关规定提前兑取，按实际持有时间及相应利率档次计付利息。③票面利率确定机制不同。记账式国债的票面利率是由国债承购包销团成员投标确定的；储蓄国债的利率是财政部和中国人民银行参照同期银行存款利率及市场供求情况等因素确定的。④到期前变现收益预知程度不同。记账式国债二级市场交易价格由市场决定，到期前市场价格（净价）有可能高于或低于发行面值；而储蓄国债投资者提前兑取所能获得的收益是可以预知的，而且本金不会低于购买面值，一般不承担市场利率变动带来的价格风险。

拓展阅读4-5

我国国债市场发展历程

中华人民共和国成立后，发行国债分为两个时期：20世纪50年代为一个时期，80年代以后为另一个时期。20 世纪 50 年代，我国统一发行了 6 次国债。第一次是 1950 年发行“人民胜利折实公债”，目的是平衡财政收支、稳定物价。从 1954 年起，为了筹集国民经济建设资金，我国连续 5 年发行“国家经济建设公债”，1968 年本息还清后，一直到 1981 年，没有发行国内公债。

1981 年以后，我国每年发行国债。1988 年，我国分两批开展国债流通转让业务试点，从而出现了国债的二级市场。1991 年，全国 400 个城市全面开放国债的二级市场。1991 年，国债发行采取承购包销的方式。1993 年，国债发行采取一级自营商制度，实行每年付息和净价交易方式。1994 年，财政部第一次发行半年期、一年期和两年期国债。短期国债的出现促进了货币市场的发展，同时也为本书第十一章和第十二章介绍的中央银行公开市场操作业务奠定了基础。

四、短期国债市场与货币政策调控

《中华人民共和国中国人民银行法》(简称《中国人民银行法》)明确规定中央银行不得向政府直接提供融资，因此中央银行不能直接认购、包销国债和其他政府债券，中央银行购买国债需要通过商业银行间接购买。这种特定法律要求具有特定的历史背景(20 世纪 90 年代中期)，包括中国人民银行与商业银行分离、中国人民银行与财政部资金分离和促使政府融资走向市场等。另外，中国目前短期国债市场规模相对较小，也尚未成为货币市场的主力品种，而且中央银行参与的短期国债交易主要以回购协议而不是现券交易的形式进行。

一般来说，中央银行进行短期国债的现券买卖可以引导利率长期趋势，而债券回购协议交易则主要调整短期利率波动。我国的利率趋势目前并不是通过货币市场的债券买卖引导，所以回购协议交易是主体，现券交易次之。未来，随着中央银行引导市场基准利率的重要性提升，这一情形可能逐渐发生变化。

在美国等发达国家，财政部发行的短期国债期限包括 1 个月、3 个月、6 个月以及 12 个月。美国短期国债流动性高，由于美元的“世界货币”地位等因素，美国国债通常被视为国际上的无风险投资工具。1998 年以前，美国短期国债的标价最低是 10 000 美元，1998 年之后出现了最低标价为 1 000 美元的短期国债，而且美联储设立了个人可以直接通过网络购买短期国债的选项，这使得美国短期国债的受众面更加广泛。另外，美联储可以通过公开市场操作从一级交易商(选定的大型金融机构)购买国债，但也不可以直接向财政部认购国债。

第七节 货币基金市场

货币基金也称为货币市场基金或者货币市场共同基金(money market mutual funds，MMMF)，它们本质上都是一样的。货币基金的发行方主要是各金融机构(基金公司)，产品购买方是个人投资者。货币市场产品的交易一般都是大额交易，这就使得个人投资者望而却步。而货币基金的出现，使得个人投资者可以通过购买基金份额的形式直接参与到货币市场产品的交易当中。货币基金由基金管理人运营，专门投资于货币市场工具（如国债、中央银行票据、商业票据、银行定期存单、政府短期债券、高评级企业债券、同业存款等）。

货币基金只有一种分红方式——红利转投资。货币基金的单位基金资产净值一般是固定不变的，每份单位始终保持在 1 元，超过 1 元后的收益会按时自动转化为基金份额，拥有多少基金份额即拥有多少资产。例如，一位投资者以 100 万元人民币投资于某个货币基金，可拥有 100 万份基金份额；一年后，若投资回报率是 5%，那么该投资者就多了 5 万份基金份额，总价值 105 万元。

从货币基金市场的发展来看，美国 20 世纪 70 年代货币基金的出现，直接导致了利率上限规定（美联储的 Q 条例）的废除，加速金融脱媒（disintermediation），即存款从传统金融媒介（银行）中流出转而在金融市场上直接购买金融产品，并且催生了商业银行的货币市场账户等。

中国的货币基金发展时间相对短一些，但是规模自 2010 年之后快速增长（图 4-19），2012 年超过 1 万亿元，2017 年突破 7 万亿元，2021 年上升到接近 10 万亿元。

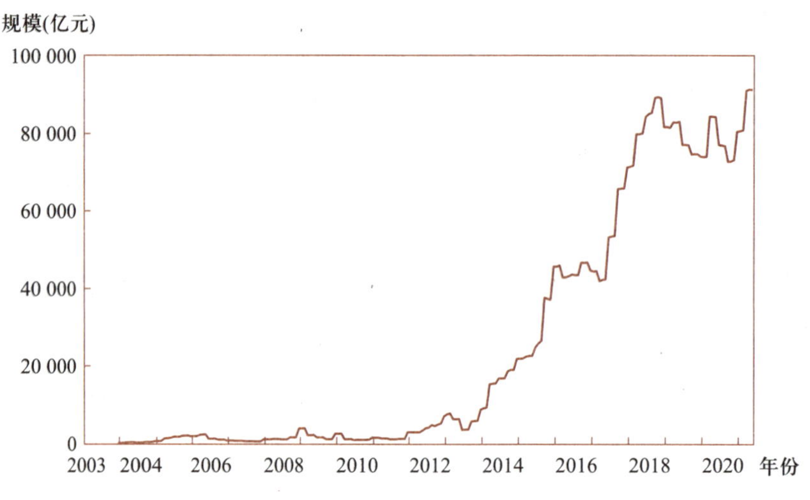

图 4-19 中国货币基金市场规模（2003 年 12 月至 2021 年 5 月）

资料来源：Wind。

第八节 欧洲美元市场

欧洲美元市场是指离岸美元拆借市场。所谓欧洲美元，是指美国本土以外的美元资产（存款、可转让存单等）。在第二次世界大战之前，许多大型跨国企业以及各国政府部门都会持有一定规模的美元资产备用，这些美元资产一般都存放在纽约的大型银行。第二次世界大战以后，冷战的爆发使得各国（特别是苏联）担心美元资产存放在美国会遭受罚没或者其他威胁,便开始寻求新的国际存放地。欧洲(主要是英国伦敦)的一些大银行抓住了这一机会,承接了世界各国的美元资产存放业务,欧洲美元也因此而得名。

欧洲美元市场发展迅速,其中主要原因是存放收益一般高于在国内的存放收益,而借款利率又比国内市场更加优惠。能够做到这一点,是因为欧洲美元市场是离岸市场,存放欧洲美元的跨国银行与美国本土银行所受的监管不同,可以接受更窄的存贷利差。

欧洲美元是伦敦银行间市场交易的活跃产品。伦敦的一些大型银行在伦敦银行间欧洲美元市场扮演经纪人的角色。来自世界各国的银行在这一市场上买卖隔夜资金,买方银行支付的利率是伦敦银行间拆入利率,卖方银行提供的利率则是伦敦银行间同业拆借利率。由于诸多银行参与这一市场的交易,欧洲美元的买卖价差一般比较小。当然,欧洲美元存款是定期存款,不同期限的对应利率各不相同。另外,通过对比欧洲美元的隔夜 LIBOR 与美国联邦基金利率可以看到(图 4-20),二者走势非常接近,说明二者存在替代关系,也就说明美国联邦基金市场与伦敦银行间欧洲美元市场是彼此竞争的。

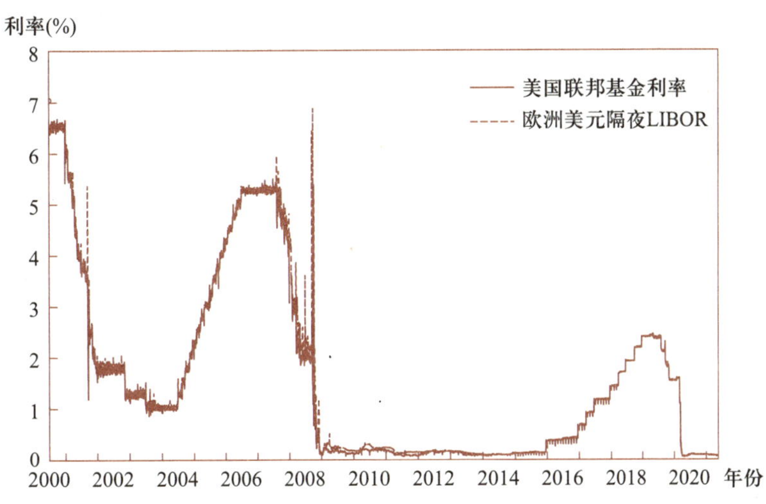

图 4-20 隔夜 LIBOR 与联邦基金利率(FFR):2000 年 1 月—2021 年 5 月

资料来源:美联储圣路易斯分行。

复习要点

1. 货币市场的定义。
2. 货币市场的特点。
3. 货币市场的参与主体以及交易品种。
4. 同业拆借市场的交易主体。
5. 同业拆借市场的主要利率指标。

6. 本票与汇票的区别。
7. 商业承兑汇票与银行承兑汇票的区别。
8. 回购协议交易的流程。
9. NCD 市场的发展历史。
10. 短期政府债券市场的功能。
11. 欧洲美元市场的发展历程。

关键术语

大额可转让定期存单（NCD）	同业存单	金融脱媒
商业票据	商业承兑汇票	银行承兑汇票
认购	欧洲美元	同业拆借
联邦基金	Q 条例	SHIBOR
LIBOR	EURIBOR	货币市场
货币基金	回购协议	短期国债
外汇占款	基础货币	

即测即评

请扫码检测本章学习效果。

练习题

参考答案

1. 货币市场交易的金融工具有哪些？
2. 货币市场的职能是什么？
3. 货币市场有哪些特点？
4. 银行承兑汇票在国际贸易中有什么应用？
5. 为什么说同业拆借市场具有政策调控职能？
6. 哪些机构可以进入中国的同业拆借市场？
7. 同业拆借与同业存放有什么区别？
8. 中国的银行间市场与交易所市场在管理主体和参与主体上各有哪些区别？
9. 如何理解货币市场具有的货币政策调控功能？

补充阅读材料

扫码查看本章补充阅读材料。

第五章

债券市场

学习目标

1. 掌握债券市场与资本市场的联系
2. 掌握债券的构成要素
3. 掌握债券的不同种类
4. 掌握债券的发行与转让定价原理
5. 掌握中国债券市场的登记托管与业务监管
6. 掌握交易所市场的债券发行与交易机制
7. 掌握银行间市场的债券发行与交易机制

本章导读

第三章曾经对债券这种常见的金融产品进行了相关介绍。债券进行交易的市场便是债券市场。债券市场是企业和政府开展融资的重要市场，是投资者分散化投资的重要渠道，也是金融市场上长短期利率传导机制的形成基础。从发行和转让的先后顺序来看，债券市场既有发行的市场（一级市场），也有转让交易的二级市场。从期限来看，短期债券产品的交易属于货币市场，中长期债券的交易属于资本市场。

另外，从交易场所来看，中国目前有银行间债券市场、交易所债券市场和银行柜台交易市场等，目前债券交易规模最大的市场是银行间债券市场。对于企业和政府来说，在选择债券的具体发行市场时，需要根据不同类别债券的发行主管部门以及不同交易场所的监管规定进行确定。

本章以中国债券市场的基本情况为基础，首先介绍债券市场与资本市场的关系以及债券市场的一级和二级市场划分，然后详细介绍债券的构成要素、债券的种类、债券市场的交易机制以及债券定价等内容，为读者详尽展示中国债券市场的体系结构、交易机制与发展情况。

第一节　债券市场概览

一、债券市场与资本市场

我们在第一章曾经介绍过，金融体系的重要职能之一是将资金从供给方转移到需求方。当商业企业、金融机构以及政府部门需要借入长期资金开展各项活动时，摆在它们面前的融资方案有两种：一种选择是向商业银行贷款，通过银行这一传统金融中介进行融资，即间接融资；另外一种选择是通过债券市场发行债券或者通过股票市场发行股票，直接向资金供给方融入资金，即直接融资。显然，债券市场是企业等经济主体进行融资的重要场所，同时也为资金供给方（盈余方）提供了投资场所。

在中文语境下，债券包括短期债券和中长期债券，所以债券市场上的产品既包括中长期债券，又包括短期债券。此时，债券市场并不对应于英文语境下的 bond market，因为 bond market 主要是指期限在 10 年以上的长期债券市场。然而，随着各国金融市场实践的发展，1~10 年期限的中期国债和企业债也并不少见，因此 bond market 的含义也可以拓展到 1 年以上期限的债券。对于 1 年以下期限的短期债券，一般在货币市场的内容中进行介绍。

1 年以上期限的中长期债券市场属于资本市场的一部分。资本市场是中长期证券发行和流通的金融市场，是指原始期限在 1 年以上的有价证券的交易市场，又可以称为长期证券市场。资本市场上交易的证券既包含债务类也包含权益类，例如中长期债券市场和股票市场等。

图 5-1 归纳了中国资本市场的主要构成情况。中国的资本市场目前以中长期债券市场和股票市场为主，其中股票市场是由上海证券交易所（上交所）、深圳证券交易所（深交所）、北京证券交易所（北交所）以及新三板和新四板构成的多层次证券交易系统，具体内容将在第六章详细介绍。同时，中国资本市场也有其他场外债务与股权融资工具市场，是对债券市场和股票市场的补充。本章介绍债券市场，第六章将介绍股票市场，对于其他债务与股权融资工具交易市场不做详细介绍。

资本市场对于商业企业、政府部门以及金融投资者等经济主体来说都非常重要。对于商业企业来说，进入资本市场融资与进入货币市场融资的目的明显不同。商业企业到货币市场融资主要是为了获得营运资金，用于企业短期营运支出。而商业企业到资本市场融资则主要是为了获得资金用于长期投资性支出，例如扩建厂房、购买设备和技术等。也就是说，企业在资本市场发行债券或者股票获得资金是为了支持能够获得长期回报的项目。

企业不仅可以在资本市场发行中长期债券，还可以发行股票进行融资，不过债券是债务工具，股票则是权益工具，二者的索偿权特征是不同的。对于企业决策者来说，如何确定企业的资本结构（债务与权益类融资产品的配置比例）并非易事。

对于政府部门来说，虽然财政收入是政府支出的主要资金来源，但是当财政收入无法满足政府支出时，特别是当政府需要资金开展基础设施建设、公共卫生建设等投资项目时，可以通过资本市场发行债券获得长期资金，从而实现各项建设目标。中央政府在资本市场发行中长期国债用以支持国家建设。地方政府发行中长期债券用以支持当地政府的各类建设项目等。

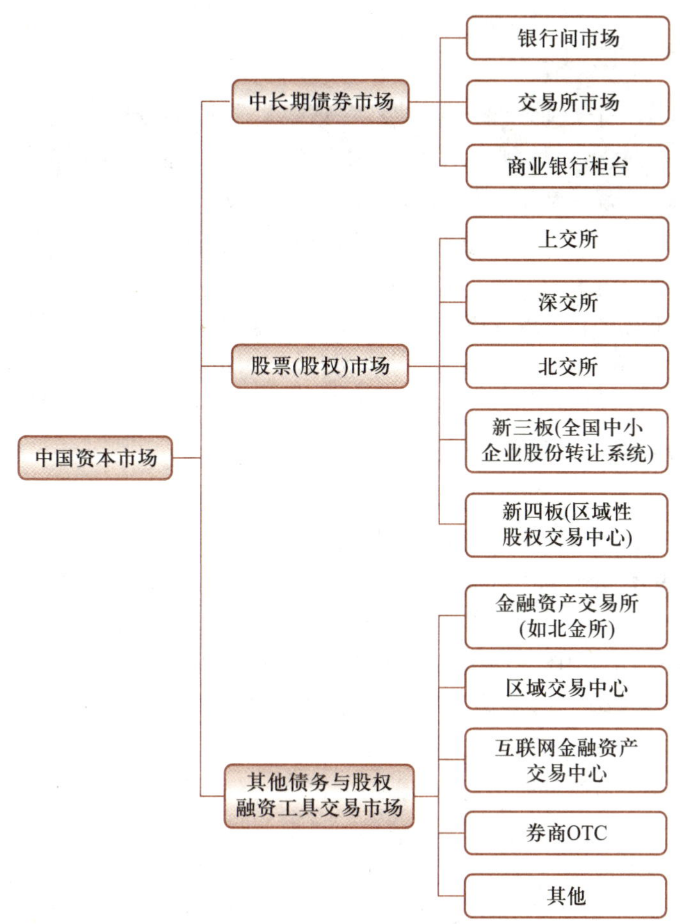

图 5-1　中国资本市场的主要构成

对金融投资者(个人或者机构)来说,在资本市场投资与在货币市场投资的动机也不同。货币市场为投资者提供短期资金的存放地;资本市场则不同,资本市场为金融投资者提供长期投资的场所。投资者可以直接购买债券和股票,也可以把资金委托给专业金融机构,通过金融机构投资于债券和股票等证券产品。

股票市场和中长期债券市场是常见的资本市场。股票市场是专门对股票进行公开交易的市场,包括股票的发行和转让。股票是由股份公司发行的权益凭证,代表持有者对公司资产和收益的剩余要求权。根据交易场所,股票交易可分为场内交易市场和场外交易市场,在我国前者以沪、深交易所为代表,后者以全国中小企业股份转让系统为代表。

长期债券市场是长期债券进行交易的市场,包括债券的发行和转让。债券是债务人为筹集资金,按照法定程序发行并向债权人承诺在指定日期还本付息的有价证券,债券的投资者与发行人之间是一种债权债务关系。我国目前的债券发行与交易主要集中在银行间市场和证券交易所市场进行。

二、一级市场与二级市场

可以试想一下，一个企业如果因扩建厂房或者购买设备需要融入长期资金，暂时又无法或者不愿意从银行获得贷款，那么可以考虑到货币市场或者资本市场去融资，而考虑的关键因素是融资成本，也就是利率。如果利率没有太大波动，企业选择在货币市场进行融资也并非不可行。例如，滚动发行短期债券，即本次发行的短期产品到期后可以接续发行短期产品，用以连续支持融资需求。

但是，现实中市场上的利率不断变化，如果企业选择在货币市场融资支持厂房扩建、设备购买等需要长期才能收到回报的业务，那么很可能面临利率变化带来的融资成本波动。因此，企业在固定资产投资等方面的融资活动经常通过资本市场实现，主要就是考虑长期金融产品的利率波动风险相对较低；尽管长期产品由于期限长，一般情况下对应的利率水平要高于短期产品的利率。

根据资本市场功能划分不同，股票市场和长期债券市场均存在一级市场（primary market）和二级市场（secondary market）。一级市场是组织证券发行的市场，发行方通过在一级市场以股票或债券等证券形式募集到资金，可将其用于固定资产投资、扩大再生产、基础设施建设等经济活动当中，实现融资的目的。企业在一级市场第一次销售证券的过程被称为首次公开发行。一级市场在发挥融资功能的同时，还发挥价值发现与信息传递的功能。发达的一级市场能够相对准确地确定金融资产的价值。

二级市场是对已经发行的证券进行交易的市场，当股票或债券持有人希望提前变现，同时有投资人希望将资金用于股票或债券投资时，双方可以在二级市场实现金融资产的转让交割。一般来说，资本市场都有发达的二级市场。很多投资者在购买股票或者债券之后，在未持有至到期的情况下可能需要转让，二级市场为此提供了便利的交易场所。

总之，一级市场与二级市场有着紧密的相互依存关系。一级市场是二级市场存在的前提，为二级市场提供了证券交易标的；二级市场的存在保证了发行证券的市场流动性并为一级市场的发行定价提供依据。基金公司、企业以及个人投资者既可以在一级市场认购证券，也可以在二级市场买卖证券。

第二节 债券的构成要素

从严格定义来说，短期债券的发行与流通市场属于货币市场，而中长期债券市场属于资本市场。下面介绍的债券相关知识并不局限于中长期债券。

首先回顾一下第三章介绍过的债券的基本定义以及债券的面值、发行价、票面利率与到期收益率。债券是政府、工商企业以及金融机构等债务人为筹集资金按照法定程序发行并向债权人承诺于指定日期还本付息的债务凭证和有价证券。

按照债券的基本定义，债券发行方需要向投资人定期支付利息，而且到期后发行方必须按照票面价值向投资人返还资金。债券的票面价值是指债券凭证票面上标明的价值，称为面值（face value，par value）或者到期值（maturity value）。

除面值以外，债券凭证上还会标明票面利率或者定期支付的利息额度，这一利率称为票面利率或者息票收益率，相当于债券面值的某个百分比，对应的利息额度被称为息票。息票收益率可以是固定的（在债券的整个年期内息票收益率均固定）、浮动的（息票收益率根据某个参考利率定期变化）或零息率（息票收益率为 0）。“息票”本意是代金券，原指旧时债券票面的一部分，债券持有人可将其剪下，在债券付息日携至债券发行人处要求兑付当期利息；现在发行的债券则多采用电子化形式（或者只是在纸质凭证上面标明息票收益率）。

图 5-2 是一张 5 000 元面值的 5 年期企业债券票样，其凭证上印有“利率按年息 9%”的字样，意思就是每年向投资人支付 5 000 × 9%=450 元利息，这 450 元就是息票额度，9% 就是息票收益率（票面利率）。当然，在当今的债券发行和交易过程中，已经很少有这种实物形式的债券，一般都是以电子形式进行记录。

5000　5000
企业债券
代理发行　XV0000000
认购者姓名
票样　伍仟圆
认购时间　年　月　日
发债企业：
还本日期　年　月　日
利率按年息 9 %计算
企业法人：
发售单位盖章
主管：　支取时复核：　经办：　认购时复核：　记帐：　经办：

图 5-2　债券票样

在债券交易环节，虽然债券凭证上标有面值额度，但是投资者认购面值 5 000 元、票面利率 9.5% 的新发债券，实际付出的价格可以是 5 000 元，也可以是 4 900 元，还可以是 5 100 元，主要取决于市场上利率的走势（以及债券评级）。假设不考虑债券违约问题，如果当前市场利率是 12%，明显高于债券票面利率，如果债券发行方仍按照面值发行，那么很可能无人购买。此时发行方可以考虑按照 4 900 元（低于面值）的价格发行，以吸引投资人。反之，如果市场利率只有 7%，低于债券息票收益率，则发行方可能选择 5 100 元进行发售。当然，发行方还可以根据市场情况选择按照面值发行。以上三种情况分别称为折价发行、溢价发行和平价发行，无论哪种形式都存在一个实际发行价格，即发行价。

对于债券发行的以上三种情况，债券发行人到期的偿还额均为票面额 5 000 元。由于债券的面值与发行价可能有差异，债券的投资收益不仅取决于票面利率和偿还期限，还取决于面值与发行价之间的价差。我们把债券的利息收入、价差利得之和与购买成本的比值称为债券的到期收益率。

关于债券的面值、发行价、息票利率（票面利率）以及到期收益率等相关定义，本书第三章已经做过介绍，具体可参见表 3-2。

不同国家的债券市场发展程度有所不同。不过，因为债券的基本属性都是债务融资，所以债券的发行主体大同小异，不外乎中央政府、地方政府、政府机构、各类企业等。这些部门发行债券用以支持各自部门的建设或发展需要。

第三节 债券的种类

一、债券分类

债券市场的债券种类按照发行主体进行大类划分，一般可以分为政府债券（国债、地方政府债券、政府机构债券）、企业债券和外国债券。在政府债券中，国债由财政部代表国家发行，包括短期国债（期限≤1 年）、中期国债（1 年 < 期限≤10 年）和长期国债（期限 > 10 年），短期、中期和长期国债对应的英文术语分别是 treasury bill、treasury note 和 treasury bond，分别简写为 T-bill、T-note 和 T-bond；地方政府债券（municipal bond）由各级地方政府发行；政府机构债券由政府所属机构或者与政府有直接关系的企业发行。企业债券（corporate bonds）则由企业发行。外国债券是境外机构以发行市场所在国货币为面值货币发行的债券。

中国债券市场的债券种类总体上也分为以上三个大类，发行主体分别对应中央政府、地方政府、政府机构、企业和境外机构，只不过每个层次主体下面对应的债券类型还需要进一步细分。例如，我国企业所有制比较丰富（如国有和非国有），金融类企业（金融机构）与非金融企业有所区分，同时企业发行债券的审批主管部门和托管登记平台也不同，所以我国企业层次的债券又可以分为金融债券、企业债券和公司债券等类别，这些债券类别名称看起来可能容易产生困惑，但本质上都是企业层面的债券，我们将在下面分别具体解释。

归纳起来，从发行主体对中国债券市场上的债券种类进行划分，可以分为政府债券（国债、地方政府债券、政府机构债券）、企业层次债券（金融债券、企业债券、公司债券）和熊猫债券（外国机构在中国发行的人民币债券）。注意，虽然中国人民银行发行的中央银行票据也属于中国官方公布的债券种类，但是中央银行票据在 2010 年之后很少发行，又属于货币市场产品，所以本章不再对中央银行票据进行详细介绍。

另外，如果按照付息方式，债券可以分为零息债券（zero-coupon bond）和附息债券（coupon bond）。零息债券不定期支付利息，一般折价发行，到期按面值一次性偿还。常见的零息债券是 1 年以内的短期国债。注意，在中国债券市场上，1 年以内的零息债券又被称为贴现债券。

附息债券是指附有息票的债券，按息票利率（票面利率）定期支付利息，到期按面值偿还。附息债券的付息方式可以进一步分为固定、浮动和利随本清等多种形式。固定利率附息债券发行时标明票面利率、付息频率、付息日期等要素，按照约定利率定期支付利息，到期日偿还最后一次利息和本金；浮动利率附息债券以某一短期货币市场参考指标为债券基准利率并加上利差（发行主体可通过招标确定）作为票面利率，基准利率在待偿期内可能变化，但基本利差不变；利随本清债券发行时标明票面利率，到期兑付日前不支付利息，全部利息累计至到期兑付日和本金一同偿付。

从信用风险状况来看，中央政府发行的国债、国有银行发行的金融债和国有政策性银行发行的政策性金融债几乎都没有信用风险，只有利率变化影响债券收益率，所以也称为利率债券;其他品类有信用评级浮动的债券则称为信用债券。所谓信用债券,是指政府之外的主体发行的、约定了确定的本息偿付现金流的债券,具体包括企业债、公司债、短期融资券、中期票据、分离交易可转债、资产支持证券、次级债等品种。因此,如果从有无信用风险这个层面对债券品种进行划分,那么债券还可以分为利率债和信用债两类。

图 5-3 归纳了资本市场上的债券按照发行主体、付息方式以及信用等级进行分类的情况。下面主要从发行主体的划分标准对各类债券的详细内容进行介绍。

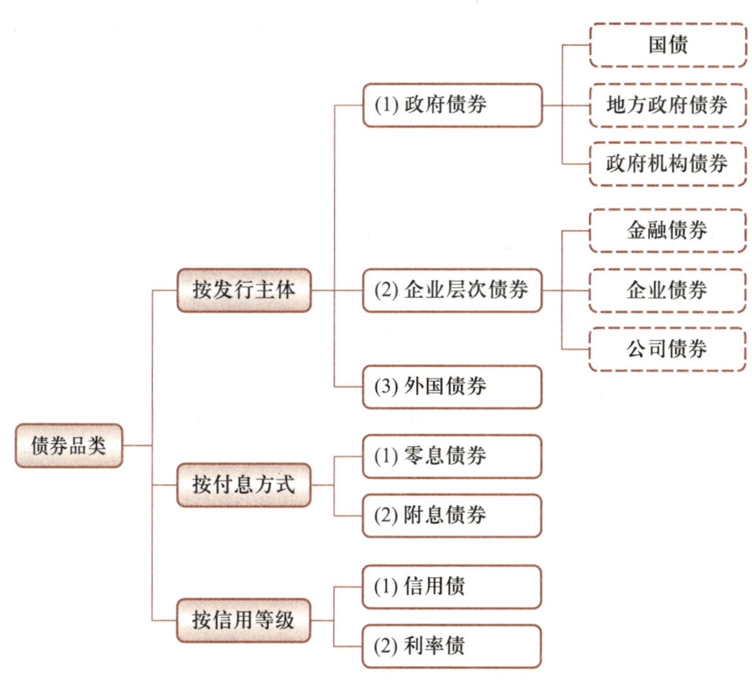

图 5-3 中国资本市场的债券分类

拓展阅读 5-1

同业存单和资产支持证券是否属于债券?

同业存单是存款类金融机构法人在全国银行间市场上发行的记账式定期存款凭证,属于大额可转让存单(NCD)的一种形式;资产支持证券(ABS)是以基础资产(如贷款、债券等)所产生的现金流为偿付支持的证券,属于结构化金融衍生品。尽管同业存单和资产支持证券这两类证券在诸多口径下(如中国外汇交易中心、中国债券信息网、Wind 数据库中国债券市场数据子库等)都被归入债券市场品类,但是同业存单和资产支持证券都不属于标准的债券品类。

同业存单不属于商业银行发行的标准意义下的债券品类,主要原因有以下四个方面:

第一，从功能视角看，存款凭证对应于间接融资，而债券对应于直接融资，二者的功能本质不同。事实上，同业存单本质上是存款凭证，仍然属于NCD，而NCD的功能本源不是用于直接融资（美国花旗银行于1961年创造的第一张NCD就是为了稳定存款来源，应对“金融脱媒”），而是为了存款类机构更好地履行间接融资市场的中介职能而诞生的，即最终是为了服务于银行对商业企业发放贷款等业务。所以，多数情况下存款类机构不是NCD筹集资金的最终使用方，而债券则是资金最终使用方直接发行的。尽管银行发行金融债券所募集的资金也可以投入资产业务用于其金融中介功能（特别是政策性银行），但主要还是用于补充资本，同时发行对象、发行期限和监管边界都有很大差异。

第二，同业存单本质上是同业存款，而不是债券发行。理论上，同业存单的发行主体和投资主体分别对应于同业资金拆入方和拆出方；在实际操作中，同业存单的投资和交易主体是全国银行间同业拆借市场成员、基金管理公司及基金类产品，其二级市场交易通过全国银行间同业拆借中心的电子交易系统进行，参考同期限上海银行间同业拆放利率定价，所以同业存单市场的参与者、金融基础设施和定价均依托于银行间同业拆借市场，而非银行间债券市场。

第三，同业存单由于本质上是可交易的同业存款，所以相对于商业银行（或其他金融机构）发行债券的监管限制较少，发行成本更低。尽管2018年之后同业存单已经逐步被纳入宏观审慎评估体系考核范围，但同业存单的发行仍然采用备案制，发行流程相对简单；商业银行发行金融债券则采用核准制，且需要满足最近三年连续盈利、贷款损失准备计提充足、风险管理指标符合相关规定等一系列条件，并负担承销、评级、信息披露等方面的更高成本。

第四，发行同业存单不能达到商业银行发行标准债券品类的主要目的。中国的商业银行发行债券的主要动机之一就是补充资本，用以补充商业银行资本的典型债券品类是商业银行永续债（补充其他一级资本）和二级资本债（补充二级资本）。同业存单的期限为1年以下，这意味着发行同业存单无法补充商业银行的资本。

资产支持证券同样也不属于债券，其与标准的债券品类有更本质的差异，主要原因在于以下两个方面：

第一，债券是基础金融产品，而资产支持证券实际上是结构化金融衍生品，不是基础金融资产，也自然不是标准的债券。虽然资产支持证券的优先级（senior tranches）的收益特征与债券有相似之处（固定收益、固定期限），但是劣后级的风险和收益特征更接近股权投资而非债券投资。

第二，从索偿权特征看，资产支持证券不属于对金融机构或非金融企业的利益要求权（如债券），而属于对基础资产产生的现金流（及剩余权益）的要求权。资产支持证券的这一特性反映在资产证券化的实际操作中，则是资产支持证券的发起人将基础资产出售给特殊目的载体（SPV），从而实现发起人和证券化的基础资产的破产隔离。

二、国债

国债是财政部代表国家发行的债券，是中央政府筹集财政资金的工具，是金融市场的基础产品，也是财政政策与货币政策的联结纽带之一。国债在各国宏观调控和促进经济金融发展方面显示出巨大作用。国债的发行主体是中央政府，在债券中具有最高信用等级，由一国财政部具体负责发行。不同国家的国债发行和交易机制并不完全相同。第四章已经介绍过，中国的国债可以分为不能上市流通的储蓄国债和可以上市流通的记账式国债。

（一）储蓄国债

储蓄国债主要通过商业银行代销，按照票面价格发行，发行对象仅限个人投资者，机构投资者不能购买，持有期内票面利率固定不变，票面利率就是投资者的到期收益率。储蓄国债有凭证式和电子式两种。居民购买凭证式国债需要到银行柜台办理，购买成功后获得银行提供的制式国债购买凭证；居民购买电子式国债既可以到银行柜台办理，也可以通过电子银行办理，银行不出具制式购买凭证，只以电子记账方式记录投资者购买情况。

拓展阅读 5-2

储蓄国债提前兑取利息计算方式

储蓄国债提前兑取业务只能通过承销团成员（如各商业银行）营业网点柜台办理。居民提前兑取储蓄国债时，承销团成员按照从上一付息日（含）至提前兑取日（不含）的实际天数和财政部规定的执行利率向投资者计付利息。

1. 储蓄国债（电子式）提前兑取利息计算规则

以 2017 年财政部发行的第 2 期电子式储蓄国债为例，提前兑取的利息计算规则如下：

持有时间不满 6 个月，提前兑取不计利息；持有时间满 6 个月，不满 2 年，按照发行利率计算利息，同时扣除 180 天利息；持有时间满 2 年，不满 3 年，按照发行利率计算利息，同时扣除 90 天利息；持有时间满 3 年以上（5 年期电子式国债），按照发行利率计算利息，同时扣除 60 天利息。财政部规定，国债承销团成员在办理电子式国债提前兑取时，可以按本金 1‰ 标准收取手续费。

2. 储蓄国债（凭证式）提前兑取利息计算规则

凭证式国债提前兑取也按靠档计息的方式计算利息，但计息标准与电子式国债有所不同。以 2017 年财政部发行的第 5 期凭证式储蓄国债为例，3 年期发行年利率 3.90%，5 年期发行年利率 4.22%，提前兑取利息计算具体规则如下：

持有时间不满 6 个月，提前兑取不计利息；持有时间满 6 个月不满 1 年，按照 0.74% 的利率计算利息；持有时间满 1 年不满 2 年，按照 2.74% 的利率计算利息；持有时间满 2 年不满 3 年，按照 3.49% 的利率计算利息；持有时间满 3 年不满 4 年（5 年期凭证式国债），按照 4.01% 的利率计算利息；持有时间满 4 年不满 5 年（5 年期凭证式国债），按照 4.15% 的利率计算利息。财政部规定，国债承销团成员在办理凭证式国债提前兑取时，可以按本金 1‰ 标准收取手续费。

多数情况下，凭证式储蓄国债到期一次还本付息，而电子式储蓄国债按年付息；二者对于未到期提前兑取的利息计算规则也不相同。图 5-4 演示了一位居民在 2019 年 4 月购买了财政部发行的 2019 年第 4 期电子式储蓄国债之后，于 2021 年 6 月登录其个人电子银行账户查看电子式储蓄国债账户信息的情形。其中显示的“期限 60 月”是指本期国债为 5 年期国债，“剩余期限 34 月”是相对于 2021 年 6 月计算的。

储蓄国债（电子式）			
债券代码:	191704	债券全称:	2019年第四期储蓄国债（电子式）
发行开始日:	2019/04/10	发行截止日:	2019/04/19
提前兑付开始日:	2019/04/20	提前兑付截止日:	2022/03/31
起息日:	2019/04/10	过户截止日:	2024/04/01
到期日:	2024/04/10	剩余期限:	34月
利率类型:	固定利率	利率:	4.27%
利息方式:	附息固定利率	期限:	60月
计息周期:	0月	下次付息日:	2022/04/10

图 5-4　电子式储蓄国债示例

（二）记账式国债

记账式国债通过相关金融机构（承销团成员）向全社会各类投资者发行，个人和机构投资者均可以参与认购以及转让交易。由于记账式国债流动性更高，一般情况下同一时期内同期限的记账式国债票面利率低于储蓄国债票面利率。而且，投资者购买记账式国债的价格并不一定等于票面价格，所以记账式国债的到期收益率并不一定等于票面利率。我们将在后面进一步详细介绍债券的价格与到期收益率的关系。

对于中央政府来说，为什么既发行可流通的记账式国债，又发行不可流通的储蓄国债呢？这主要是因为发行国债筹集资金不仅需要考虑融资成本，还要考虑发行国债对金融市场发展的影响以及发行对象的覆盖范围，从而提高发行国债筹集资金的效率。以机构投资者为主要发行对象的可流通国债，其收益率曲线是市场化利率体系形成的重要基础；以居民个人为发行对象的储蓄国债，则可以广泛覆盖个人投资者群体，从而在汇聚社会闲散资金助力国家建设的同时，为广大居民提供安全稳定的储蓄产品。

中国的国债市场在经历了 20 世纪 50 年代的初步尝试和 60—80 年代的停滞之后，在 80 年代开始逐渐恢复和发展至今，形成了以可流通的记账式国债为主、不可流通的储蓄国债为补充的格局。

图 5-5 描绘了 2004 年至 2021 年中国记账式国债和储蓄国债的发行规模占比情况，可以看到，中国的国债发行结构以记账式国债为主、储蓄国债为辅，2020 年和 2021 年的储蓄国债年度发行规模占比都在 10% 以下。也就是说，从发行规模上看，记账式国债是近年来中央政府的主要融资手段，储蓄国债是一种补充。因为记账式国债有二级市场可以流通转让，对于金融市场发展具有重要意义，所以下面详细介绍记账式国债的基本特征以及发行和交易机制。

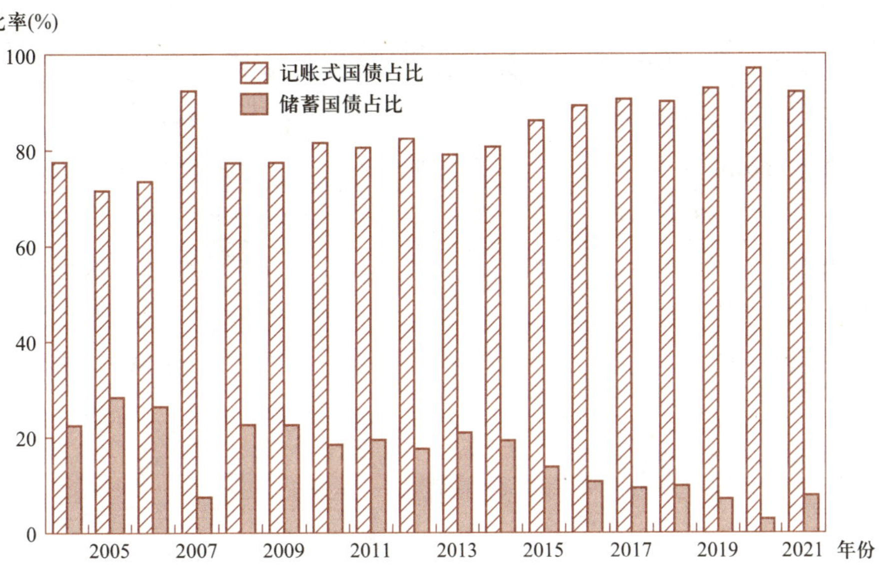

图 5-5 中国记账式国债与储蓄国债的发行规模占比(2004—2021 年)

资料来源:中央结算公司。

从我国一级市场的发行机制来看,记账式国债发行招标通过财政部政府债券发行系统进行,招标对象是机构投资者,称为记账式国债承销团成员(包括各类银行、证券公司等),也可以称为一级交易商(primary dealers)。这种承销机制与发达市场的国债交易机制类似。

中国国债承销团的组建由财政部会同有关部门根据市场环境和国债发行任务等确定。其中,储蓄国债承销团组建工作由财政部会同中国人民银行负责,记账式国债承销团组建工作由财政部会同中国人民银行和中国证监会负责。在具体工作中,各金融机构报名参加国债承销团,由财政部会同有关部门,根据财政部、中国人民银行和中国证监会联合发布的《国债承销团组建工作管理办法》对报名机构进行审核,选定承销团成员后进行公示并签订承销协议。表 5-1 列举了 2021—2023 年中国记账式国债承销团成员候选名单,其中包括 6 家国有大型银行、7 家证券公司以及其他商业银行等共 55 个金融机构。

表 5-1 2021—2023 年记账式国债承销团成员候选名单

序号	机构名称	序号	机构名称
1	中国工商银行股份有限公司	7	上海浦东发展银行股份有限公司
2	中国建设银行股份有限公司	8	兴业银行股份有限公司
3	中国农业银行股份有限公司	9	杭州银行股份有限公司
4	交通银行股份有限公司	10	江苏银行股份有限公司
5	中国银行股份有限公司	11	浙商银行股份有限公司
6	招商银行股份有限公司	12	中信银行股份有限公司

续表

序号	机构名称	序号	机构名称
13	宁波银行股份有限公司	35	贵阳银行股份有限公司
14	平安银行股份有限公司	36	洛阳银行股份有限公司
15	恒丰银行股份有限公司	37	汇丰银行(中国)有限公司
16	长沙银行股份有限公司	38	广东顺德农村商业银行股份有限公司
17	上海银行股份有限公司	39	中信建投证券股份有限公司
18	天津银行股份有限公司	40	江苏江南农村商业银行股份有限公司
19	中信证券股份有限公司	41	平安证券股份有限公司
20	北京银行股份有限公司	42	北京农村商业银行股份有限公司
21	中国光大银行股份有限公司	43	东北证券股份有限公司
22	中国邮政储蓄银行股份有限公司	44	招商证券股份有限公司
23	徽商银行股份有限公司	45	广州农村商业银行股份有限公司
24	广发银行股份有限公司	46	东莞农村商业银行股份有限公司
25	南京银行股份有限公司	47	国泰君安证券股份有限公司
26	中国民生银行股份有限公司	48	东莞银行股份有限公司
27	东方证券股份有限公司	49	厦门国际银行股份有限公司
28	河北银行股份有限公司	50	广州银行股份有限公司
29	中原银行股份有限公司	51	中国国际金融股份有限公司
30	郑州银行股份有限公司	52	盛京银行股份有限公司
31	华泰证券股份有限公司	53	渣打银行(中国)有限公司
32	华夏银行股份有限公司	54	第一创业证券股份有限公司
33	上海农村商业银行股份有限公司	55	贵州银行股份有限公司
34	渤海银行股份有限公司		

记账式国债可以在交易所市场发行,也可以在银行间债券市场发行,还可以同时在银行间债券市场和交易所市场发行(跨市场发行)。一般情况下,交易所市场发行和跨市场发行的记账式国债,个人投资者都可以认购,而银行间债券市场发行的国债主要是针对机构投资者的,个人投资者认购会有一些限制条件。

记账式国债使用竞争性招标方式向承销团成员招标发行,招标标的为利率或价格,包括单一价格、修正的多重价格(混合式)招标方式。在单一价格招标方式下,标的为利率时,全场最高中标利率为当期国债票面利率,各中标机构均按面值承销;标的为价格时,全场最低中标价格为当期国债发行价格,各中标机构均按发行价格承销。

在修正的多重价格招标方式下,标的为利率时,全场加权平均中标利率为当期国债票面利率,低于或等于票面利率的中标标位按面值承销,高于票面利率的中标标位按各中标标位的利率与票面利率折算的价格承销;标的为价格时,全场加权平均中标价格为当期国债发行价格,高于或等于发行价格的中标标位按发行价格承销,低于发行价格的中标标位按各中标标位的价格承销。

从记账式国债的托管机制来看,中央结算公司为记账式国债债权总托管机构,同时为银行间债券市场(含商业银行柜台)的记账式国债债权分托管机构。中证登的上海和深圳分公司为交易所债券市场的记账式国债债权分托管机构。这些债权托管机构在财政部收到发行款后,为认购人办理债权登记和托管。记账式国债上市以后,各期国债可在各交易场所间相互转托管。财政部委托中央结算公司、中证登上海和深圳分公司以及商业银行办理记账式国债利息支付及到期偿还本金等事宜。

记账式国债按照是否付息分为贴现和附息两种。记账式贴现国债指国债券面不附有息票(不按票面价格定期支付利息),发行时按规定的折扣率,以低于债券面值的价格发行,到期按面值支付本金的国债。贴现国债一般都为短期产品,例如 91 天、182 天、273 天等期限品种,属于货币市场产品。可以看出,贴现国债的发行价格与其面值的差额即为债券的利息,基于利息和交易价格以及持有期限可以计算相应到期收益率。

例如,假定期限为 1 年、面值为 100 元的记账式国债发行价为 98 元,票面利率为 0。投资者持有至到期后获得兑现的金额为 100 元,与发行价 98 元之间的差价 2 元即为利息收入,折合年化到期收益率为 2.1%。表 5-2 进一步演示了投资者在一级市场和二级市场购买贴现国债的到期收益率计算场景。

表 5-2 记账式贴现国债的到期收益率计算场景

场景 1:一级市场购买

期限 91 天、面值为 1 000 元的国债,发行价格为 990 元。到期收益率(年化)计算为:

$$(1\,000-990)/[990\times(91/365)]=4.05\%$$

场景 2:二级市场购买

原始期限 91 天、面值为 1 000 元的国债,剩余期限为 30 天,购买价格为 995 元。到期收益率(年化)计算为:

$$(1\,000-995)/[995\times(30/365)]=6.1\%$$

记账式附息国债是指按照票面利率定期支付利息、到期还本付息的记账式国债。附息国债一般为长期债券,有 1 年、3 年、5 年、7 年、10 年、15 年、20 年、30 年、50 年期等品种,属于资本市场产品。记账式附息国债在一级市场发行招标的标的是票面利率或者债券价格,各承销团成员报价竞标形成一级市场的发行招标票面利率或者发行价格。二级市场交易则是对债券价格进行竞价交易,票面利率以一级市场招标发行确定的票面利率为准。

记账式附息国债在交易过程中的年化收益率的计算,不仅需要考虑票面利率,还要考虑交易价格与面值价差。例如,在二级市场上,如果投资者买入价格为 108.12 元、票面利率为 3.14%、距离到期 8.282 年的国债,持有至到期按面值 100 元兑现。在这个例子中,投资者的到期收益率既与票面利率有关,又与买入价格有关,实际上隐含在交易价格、票面利率和面值之间的一个现金流折算关系中（详细计算方式参见本章第四节“债券的定价”部分）。表 5-3 演示了记账式附息国债在一级市场和二级市场交易对应的到期收益率计算场景。

表 5-3　记账式附息国债的到期收益率计算场景

场景 1：一级市场购买

期限 3 年、面值为 1 000 元人民币的国债，发行价格为 1 000 元，市场竞价票面利率为 3.69%。到期收益率（年化）计算为：

$$到期收益率=3.69\%$$

场景 2：二级市场购买

原始期限 3 年、面值为 1 000 元人民币的国债，剩余期限为 2 年，购买价格为 1 010 元，票面利率为 3.69%。则到期收益率（年化）YTM 满足下式：

$$1\,010=36.9/(1+YTM)+36.9/(1+YTM)^2+1\,000/(1+YTM)^2$$

经过计算，YTM=3.17%。

国债还可以有息票与本金分离交易的形式，即注册利息与本金分离交易证券（separate trading of registered interest and principle securities，STRIPS）。国债 STRIPS 是将附息国债的利息和本金进行拆分，得到多个零息债券，以满足只有特定期限购买需要的投资者。反之，多个零息债券也可以组合成与普通的长期债券相同的现金流。在一个发达的金融市场上，无套利定价理论保证了两者的价值应该非常接近。中国目前还没有国债 STRIPS 交易，美国财政部则在 1984 年开始发行国债 STRIPS。

根据 STRIPS 的基本原理，如果没有发行成本，市场定价也是完全公允的，那么政府实际上可以只发行零息债券，因为只要把原本计划发行的附息债券拆开就可以了。但是，现实中要考虑发行成本，政府发行一个 10 年期的国债，只需要招标一次，中间定期付息即可。而如果政府自己拆开发行，那么发行的次数要大幅增加，需要招标的债券数量也要显著增加，这些对政府来说都是需要考虑的成本。

三、地方政府债券

地方政府债券是各级地方政府为了建设学校、道路、交通等公共项目进行融资而发行的债券。根据财政部印发的《地方政府债券发行管理办法》，中国的地方政府债券是指省、自治区、直辖市和经省级人民政府批准自办债券发行的计划单列市人民政府发行的、约定一定期限内还本付息的政府债券。

地方政府债券包括一般债券（general obligation bond）和专项债券（revenue bond）。一般债券为没有收益的公益性项目发行，主要以一般公共预算收入作为债券的还本付息资金来源；专项债券为有一定收益的公益性项目发行，以公益性项目对应的政府性基金收入或专项收入作为债券还本付息的资金来源。目前我国地方政府债券的一般债券有 1 年、3 年、5 年、7 年、10 年等期限，专项债券有 1 年、2 年、3 年、5 年、7 年、10 年等期限。

我国地方政府债券可以通过中央结算公司招标或定向承销等方式，在银行间和交易所债券市场发行和交易，在中央结算公司办理总登记托管，在国家规定的登记托管机构办理分登记托管。地方政府债券在全国银行间债券市场(商业银行柜台市场除外)、证券交易所债券市场均实行一级托管,各类投资者直接在登记托管机构开立债券账户,实行穿透式管理。发行结束后,按有关规定及时上市交易。

地方财政部门如果采用承销方式发行地方政府债券,需要与主承销商协商确定利率(价格)区间,各承销商在规定时间内报送申购利率(价格)和数量意愿,按事先确定的定价和配售规则确定最终发行利率(价格)和各承销商债券承销额。

地方财政部门如果采用招标方式发行地方政府债券,需要科学制定招标规则,明确招标方式和中标原则,合理设定投标比例、承销比例等技术参数。地方财政部门通过财政部规定的电子招标系统,要求各承销商通过该系统在规定时间报送投标利率及投标额,按地方财政部门制定的招标发行规则,确定债券发行利率及各承销商债券中标额。地方财政部门可结合市场情况和自身需要,采用弹性招标方式发行地方政府债券。

信用评级是地方政府债券的发行和转让交易的基础。地方财政部门从具备中国境内债券市场评级资质的信用评级机构中依法择优选择信用评级机构,并按规定及时披露所选定的信用评级机构。信用评级机构对地方政府债券进行评级,为投资者提供相应评级信息。

针对地方政府债券利息收入的税收政策对债券交易的影响不可忽视。中国自 2012 年之后,对投资地方政府债券(包括机构投资者和个人投资者)取得的利息收入免税。有一些国家对不同地区的投资者实施不同的税收政策。例如,美国规定本地投资者购买地方政府债券的利息收入免税(跨州不免税)。对于投资者来说,利息收入免税是地方政府债券的吸引人之处。在期限、流动性和风险可比的情况下,投资者在比较利息收入免税的债券与不免税的债券的收益率时,会考虑以下无差异等式关系:

$$i_m=i_b(1-t) \tag{5-1}$$

式中:i_m 表示利息收入免税的地方政府债券的收益率;i_b 表示利息收入不免税的其他债券的收益率;t 表示利息收入的平均边际税率。

显然,税率越高,投资免税的地方政府债券的相对收益越高。

四、政府机构债券

政府机构债券(government agency bond)是指由政府所属机构或与政府有直接关系的企业所发行的债券,筹集资金主要用于发展各机构或公司的事业。这些与政府有关的机构或政府资助企业具有某些社会功能,它们通过发行债券获得资金,其债务偿还义务由各机构或企业承担。政府机构债券虽然不是政府的直接债务,但通常也受到政府担保,所以信用等级比较高。

政府机构债券还可以分为政府支持债券和政府支持机构债券。前者主要指政府机构(如原铁道部)发行的债券,后者主要指政府支持机构(如中央汇金投资有限责任公司)发行的债券。由于 2013 年之后不再单独设立铁道部,目前我国市场上的政府机构债券都是政府支持机构债券。

2013 年以前,我国铁道部是政府所属部门而不是政府资助型机构或企业,其发行的铁路建设债券属于政府支持债券,债券发行审批部门为国家发改委。2013 年之后,原铁道部的企业职责改为由中国铁路总公司承担,中国铁路总公司发行的铁路建设债券也相应成为政府支持机构债券，其投资人所得税减半征收的优惠政策延续。

由财政部全额出资组建的中央汇金投资有限责任公司(简称汇金公司)发行的债券一直属于政府支持机构债券，债券发行审批部门为中国人民银行。汇金公司是由国家出资对重点金融机构进行股权投资的金融控股机构，属于政府资助型机构，履行国有金融资产出资人的职责，发行债券是为了获取在股权投资过程中所需的资金，所以汇金公司发行的债券也属于政府支持机构债券。

拓展阅读 5-3

2008 年铁道部发行 800 亿元债券

2008 年，随着中国“十一五”铁路规划出台，国内铁路建设进入高速发展期，铁路融资需求急剧扩大。继 2007 年发行 450 亿元铁路建设债券后，2008 年中国铁道部向国家发改委申报铁路建设债券发行总额 800 亿元人民币，首期 200 亿元于 2008 年 9 月发行。铁道部是唯一经国家发改委、中国人民银行批准，以政府名义发行企业债券和短期融资券的政府所属部门。根据铁道部公布的《铁路“十一五”规划》，“十一五”期间我国铁路基本建设投资目标为 1.25 万亿元。

在 2008 年之前的 4~5 年时间，中国铁路建设投资只有“十一五”计划的 1/5。以前铁路建设的投资主要来自铁路自身运营收入、政府补贴等，但若铁路建设全部依赖上述来源，缺口依然很大。所以，铁道部着手扩大融资途径，进一步加快铁路改革步伐，将在扩大股改试点、引入战略投资者、扩大铁路建设债券发展规模等多方面加大力度，提高筹融资能力。2008 年铁路建设债券由中信证券、中国国际金融有限公司等作为联合主承销商，中信证券为牵头主承销商。

五、金融债券

金融债券是由银行和非银行金融机构发行的债券。在英国和美国等国家，金融机构发行的债券属于公司债券。在中国和日本等国家，金融机构发行的债券称为金融债券。

中国的金融债券通过中央结算公司发行，在银行间债券市场交易，在中央结算公司托管，主要包括以下三种：

(1) 政策性金融债券。发行主体为开发性金融机构(国家开发银行)和政策性银行(中国进出口银行、中国农业发展银行)。

(2) 商业银行债券。发行主体为境内设立的商业银行法人，分为一般金融债、小微企业贷款专项债、“三农”专项金融债、次级债、二级资本工具等品种。

(3) 非银行金融债券。发行主体为境内设立的非银行金融机构法人，包括银行业金融机构发行的财务公司债券、金融租赁公司债券、证券公司债券、保险公司金融债和保险公司次级债。

金融债券可以缓解银行等金融机构的资金来源不足和期限不匹配的矛盾。一般来说，银行等金融机构的资金主要有四个来源,即吸收存款、向其他机构借款、向中央银行借款和发行债券。存款资金的来源不够稳定;向其他商业银行或中央银行借款获得的主要是短期资金,而且受到各种条件约束,容易造成资金来源和资金运用在期限上的错配。

发行金融债券可以在一定程度上解决以上问题。债券在到期之前一般不能提前兑付,只能在市场上转让,从而保证了所筹集资金的稳定性。同时,金融机构发行债券时可以灵活规定期限,比如为了一些长期项目投资,可以发行期限较长的债券。因此,发行金融债券可以使金融机构筹措到稳定且期限灵活的资金,从而有利于优化资产结构,扩大长期投资业务。

由于银行等金融机构在国民经济中占有较特殊的地位,政府对其运营又有严格监管,所以金融债券的信用等级通常高于其他非金融机构债券,违约风险相对较小,具有较高的安全性。与此对应,金融债券的利率通常低于同期限的企业债券利率,高于风险更小的同期限国债和银行储蓄存款利率。

六、企业层次债券

中国不同类别的非金融企业发行债券的审批和管理程序不尽相同,因此企业层次债券又划分为企业债券、公司债券、可转换债券与可交换债券、非金融企业债务融资工具和中小企业私募债券。

(1)企业债券(enterprise bond)。企业债券的发行须经国家发改委核准,发行主体为中央政府部门所属机构、国有独资企业或国有控股企业(发债主体的限制比公司债券狭窄),通过中央结算公司发行系统面向银行间债券市场和交易所市场统一发行,在银行间及交易所债券市场交易,在中央结算公司总登记托管。

企业债券包括中小企业集合债券、项目收益债券和可续期债券。中小企业集合债券是由牵头人组织,发债主体为多个中小企业所构成的集合。发行企业各自确定发行额度分别负债,使用统一的债券名称,统收统付。期限一般为 3~5 年。项目收益债券的发行主体为项目实施主体或其实际控制人,债券募集资金用于特定项目的投资与建设,本息偿还资金完全或主要来源于项目建成后的运营收益。可续期债券的发行主体为非金融企业,在银行间债券市场发行。无固定期限,嵌入发行人续期选择权,内含发行人赎回权,具有混合资本属性。

(2)公司债券(corporate bond)。公司债券的发行须经中国证监会核准,发行主体为股份有限公司和有限责任公司(非公司制企业不得发行公司债券),在交易所债券市场公开或非公开发行,在证券交易所上市交易或在全国中小企业股份转让系统转让,在中证登登记托管。

(3)可转换债券与可交换债券。可转换债券是指经中国证监会核准,发行主体为境内的上市公司,在一定期间内(不得早于自发行之日起 6 个月)依据约定条件可以转换成股份的债券。其期限为 3~5 年。可转换债券在交易所债券市场发行、交易,在中证登登记托管。可分离债券是认股权和债券分离交易的一种可转换债券,期限最短为 1 年。

可交换债券(exchangeable bond)是在可转换债券基础上创设的一种金融产品,全称为“可交换他公司股票的债券”,是指上市公司股份的持有者通过抵押其持有的股票给托管机构进而发行的公司债券。该债券的持有人在将来的某个时期内,能按照债券发行时约定的条件用持有的债券交换发债人抵押的上市公司股权。可交换债券是一种内嵌期权的金融衍生品，可以视为可转换债券的一种。

（4）非金融企业债务融资工具。此类债券在交易商协会注册发行，发行主体为具有法人资格的非金融企业，面向银行间债券市场发行，在银行间债券市场交易，在上清所登记托管。包括短期融资券（期限 1 年以内）、超短期融资券（期限为 270 天以内）、中期票据（期限 1 年以上）、中小企业集合票据、非公开定向债务融资工具、资产支持票据等。

（5）中小企业私募债券。此类债券的发行在交易所备案，发行主体为境内中小微型企业（非上市公司），面向交易所债券市场合格投资者非公开发行，只在合格投资者范围内转让，在中证登登记托管。

七、熊猫债券

熊猫债券是指境外机构在中国境内发行的人民币计价债券。发行人主要是国际开发机构和境外银行，不过跨国企业也逐渐重视在中国发行熊猫债券融资。熊猫债券在银行间债券市场发行、交易，一部分在中央结算公司登记托管，另一部分在上海清算所登记托管。

拓展阅读 5-4

中国优化注册发行机制支持跨国企业公开发行熊猫债券

2014 年，中国交易商协会在中国人民银行指导下，正式建立境外非金融企业熊猫债融资渠道，德国戴姆勒公司首次在中国银行间市场发行 5 亿元定向债务融资工具。此后，外国政府类机构、国际开发机构、境外金融机构陆续进入中国债券市场融资。截至 2021 年 5 月末，中国交易商协会共支持 45 家境外机构发行熊猫债 2 964.5 亿元，发行人所属区域覆盖中东欧、欧元区、北美、东亚、东南亚等。

宝马集团将中国作为其全球战略引领性市场，重视在中国市场融资。2019 年 3 月，宝马集团以定向方式发行首单熊猫债，两年间在银行间市场共计发行熊猫债 155 亿元。2021 年 6 月 10 日，德国宝马集团在中国银行间市场以公开发行债券方式募集人民币 35 亿元，成为首家在中国市场公开发债的欧洲企业。此次宝马集团首次尝试公开发行的熊猫债，包括中期票据和短期融资券两个品种。其中，中期票据由中国银行、中国工商银行主承销，发行利率为 3.44%（3 年期），短期融资券由中国银行、汇丰银行（中国）主承销，发行利率为 3.03%（1 年期），两只债券获得了境内外投资者的踊跃认购，认购倍数分别达到 2.99 倍和 3.35 倍。欧洲企业成功公开发行熊猫债，不仅可形成良好的示范效应，为更多境外企业畅通融资渠道、拓展投资者群体、降低融资成本，而且对于中国债券市场吸引优质跨国企业、实现高质量发展也具有重要意义。

中国遵循“规范化、市场化、国际化”原则，不断优化熊猫债注册发行管理方式，加强信息披露与国际接轨，发布系列配套自律规则，为跨国企业在中国市场公开发行债券提供了制度依据和行动指南，为跨国企业在中国运营提供良好融资环境。

第四节　债券的定价

一、债券价格与到期收益率的计算

债券定价是指债券的现时交易价格（称为现价）与未来现金流收入之间的数量等式关系，这种关系遵循一定规律。一般来说，债券现价等于未来的分期收入基于市场利率的折现。债券投资人拥有对未来收入流的索偿权，未来的收入包括各期息票收入及到期后的面值支付。这些收入经过市场利率（期限、风险和流动性特征相同产品的市场利率）的折现决定了债券现价。当市场利率发生变化时，债券的交易价格就会随之发生变化。

债券现价是如何确定的呢？这就需要确定每期息票支付对应的现价以及债券到期后的面值支付对应的现价。事实上，债券现价就等于基于市场利率对未来这些支付收入的折现。

对于按年支付息票的债券，其定价公式是：

$$P=\frac{C_1}{(1+i)^1}+\frac{C_2}{(1+i)^2}+\cdots+\frac{C_n}{(1+i)^n}+\frac{F}{(1+i)^n} \tag{5-2}$$

式中：P 表示债券现价；C 表示债券的定期息票支付（C_1 表示第 1 年的息票支付，以此类推）；F 表示债券面值；i 表示市场利率；n 表示到期年限。

对于按半年支付息票的 n 期债券，因为是每半年支付一次，所以支付总次数变化为 $2n$。同时，每半年支付的息票额度是 $C/2$（C 是息票按年支付标准），每半年支付对应的利率也相应变为年利率 i 的 1/2。因此，按半年付息的 n 期债券定价公式可以写成如下形式：

$$P=\frac{C/2}{(1+i/2)^1}+\frac{C/2}{(1+i/2)^2}+\cdots+\frac{C/2}{(1+i/2)^{2n}}+\frac{F}{(1+i/2)^{2n}} \tag{5-3}$$

一般情况下，现实中息票采取固定付息形式（每期都相同）。下面我们举一个简单的 1 年期债券按年支付的例子：假设当前市场利率是 5%，1 年期债券息票是 50 元，票面价格是 1 000 元，那么均衡状态下债券的现价应该是多少？

$$P=\frac{50}{1+5\%}+\frac{1\,000}{1+5\%}=1\,000（元）$$

根据债券的现价、面值以及息票，可以计算债券的到期收益率。根据定义，债券到期收益率是一种折现率，可以使投资债券获得的所有未来现金流（面值和息票）经过折现以后等于当前债券市场价格。对于上述 1 年期的债券产品来说，债券到期收益率 = 投资总收益/发行价，即投资者购买债券并持有至到期的到期收益率（YTM）可以计算为：

$$YTM=\frac{C+F-P}{P}=\frac{50}{1\,000}=5\%$$

下面再考虑另外一种情况：如果市场利率升高到 10%，其他条件不变，那么债券现价应该是多少？这个问题的意思是说，如果购买债券的到期收益率要求也是 10%，现价还是 1 000 元，你还愿不愿意买呢？所以，如果购买债券并要求到期收益率等于当前市场利率，那么现价应该计算如下：

$$P=\frac{50}{1+10\%}+\frac{1\ 000}{1+10\%}=954.5(\text{元})$$

也就是说，如果投资人购买债券的现价是 954.5 元，那么持有至到期的到期收益率就是 10%，即：

$$YTM=\frac{C+F-P}{P}=\frac{50+1\ 000-954.5}{954.5}=10\%$$

拓展阅读 5-5

中国的债券估值信息

债券估值是债券市场价格发现功能的重要保障，是债券市场价格信息的重要补充。在国内，市场机构主要参考中央结算公司的全资子公司——中债金融估值中心有限公司（简称中债估值中心）每日发布的债券估值信息。中债估值中心是依托中央结算公司作为中央托管机构的中立地位和专业优势建立的第三方估值机构，与债券发行及交易等相关方没有直接的经济利益联系，客观公允，专业性强，因而市场认可度较高。除了中债估值中心之外，还有中证估值和中国外汇交易中心估值等，不同机构根据各自的测算模型为市场提供债券估值信息。

投资者主要参考收益率曲线、估值和指数等债券价格指标来观察债券市场价格与风险状况。债券收益率曲线（本书第十八章将详细介绍）是反映一组币种和信用风险均相同但期限不同的债券收益率值的连线，为价格信息缺乏的债券提供估值收益率基准。国债收益率曲线是债券收益率曲线族系的基石，代表了一国无风险利率水平。中央结算公司于 1999 年编制发布了第一条人民币国债收益率曲线。经过多年的发展，国债收益率作为代表性市场利率具备了良好的基准性和公信力，受到国家层面的高度关注与市场各方的广泛认可。自 2013 年党的十八届三中全会明确提出“健全反映市场供求关系的国债收益率曲线”以来，国债收益率曲线编制的市场条件日益成熟，数据源持续丰富，已得到广泛应用。

在国债无风险利率确定后，可根据代表性样本的价格与信用编制债券收益率曲线作为债券的估值收益率基准。债券估值是指在收益率曲线的编制基础上，综合考虑债券条款、发行主体经营及财务、外部增信、流动性等定价影响因素，确定估值点差，再加上估值收益率基准得到债券的估值收益率（贴现率），最后对债券基础条款确定的现金流进行贴现得到债券估值，反映公平交易下债券可变现的价格（具体方法参见中债估值中心 2019 年发布的《中债债券收益率曲线和估值基本原则》）。市场机构在实践中一般会适当根据市场变化和自身掌握信息，在债券估值基础上进一步加减点对债券定价。从总体上看，中债估值是一级市场发行与二级市场交易的重要参考。

二、债券价格与到期收益率的关系解析

前面初步介绍了债券的交易价格与到期收益率计算之间的联系。刻画债券收益情况的要素非常多元(包括票面价格、票面利率、交易价格和到期收益率等),因此有必要对债券价格与到期收益率之间的关系进行详细阐释。

无论是政府还是企业发行的债券,都有两个共同的要素:面值和票面利率。例如某只债券产品,票面价格为 1 000 元,票面利率为 10%,期限为 1 年。这意味着,此时买入这只债券产品,一年后将获得本金 1 000 元和 100 元的利息。为了便于读者理解接下来的分析,我们以一种较为特殊的债券产品——零息债券(zero-coupon bond)来分析债券的供给和需求问题,进而讨论债券的交易价格与到期收益率之间的联系。

顾名思义,零息债券指不支付利息的债券。例如,当我们买入一只面值为 1 000 元人民币、期限为 1 年的零息债券,一年之后我们将确定获得 1 000 元面值返还。但是问题的关键在于,站在现在这个时点,这只债券市场价格为多少我们才会去购买(投资)? 明确了市场价格才能进一步分析投资这只债券的收益。

要解答这些问题,我们需要再次回顾到期收益率的基本概念。债券的到期收益率是指使未来现金流量的现值等于债券当前市价的折现率。例如,投资一只面值为 1 000 元、期限为 1 年的零息债券,未来(一年后)可以获得的现金流量为 1 000 元,若现在这只债券的实际市场价格为 850 元,那么使得一年之后 1 000 元的现值等于 850 元的折现率就应该是 $(1\,000 \div 850)-1 \approx 17.6\%$。

换句话说,站在现在这个时点,以 850 元的价格买入面值 1 000 元、期限为 1 年的零息债券,持有至到期的收益率是 17.6%。如果用 F 表示债券面值,用 i 表示到期收益率,用 P 表示债券市场价格,那么对于上例中 1 年期的零息债券,三者之间的关系用公式可以表达为:

$$P=\frac{F}{1+i} \tag{5-4}$$

进一步整理,到期收益率 i 可以写成:

$$i=\frac{F}{P}-1 \tag{5-5}$$

不难看出,债券到期收益率和债券价格之间呈反向关系:债券价格越高,到期收益率越低;反之,债券价格越低,到期收益率就越高。债券到期收益率与债券价格之间的反向关系不仅对零息债券适用,而且对于附息债券同样适用。这一反向关系也不难理解。可以想象一下,我们在市场上买入的债券价格越高,未来到期获得的价差(面值与交易价格之差)就越小,收益率就会相应越小。

在给定债券面值的条件下,债券价格是由市场供给和需求共同决定的。从市场供给方看,债券价格越高,政府或企业就越会倾向于发行更多债券,也即市场供给方视角下的债券价格和市场上的债券供给量正相关;从市场需求方看,债券价格越高,需求量就越小,因此需

求方视角下的债券价格和债券需求量负相关。图 5-6 演示了债券价格以及到期收益率与市场上债券数量之间的关系。债券市场的供给曲线和需求曲线相交于 C 点，此时对应的债券价格为 850 元，表明供给与需求达到均衡状态时的债券价格为 850 元。此例中债券面值为 1 000 元，当市场供给与需求达到均衡时的债券价格为 850 元时，可以计算出均衡状态下的到期收益率为 17.6%。图中纵轴还给出了其他非均衡状态时的债券交易价格与对应到期收益率的情况。

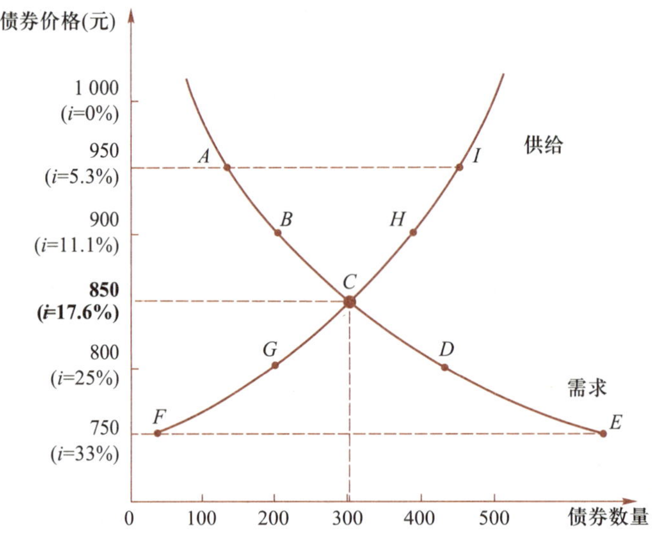

图 5-6　债券市场供给与需求关系决定债券价格的图示

从上述分析可以看出，债券到期收益率是由债券市场的供给和需求共同决定的。那么，哪些因素会影响债券市场的供给和需求呢？一般来说，在其他因素保持不变（包括价格）的情况下，债券市场的需求受到投资者财富水平、预期真实收益率、债券投资风险以及债券流动性等因素的影响。表 5-4 归纳了相关因素的影响机制。另外，在保持其他因素不变（包括价格）的情况下，影响债券市场供给的因素包括预期投资收益、预期通胀率和政府赤字规模等。表 5-5 对影响债券市场供给的相关因素进行了归纳。总之，债券到期收益率是在债券市场供给和需求达到平衡决定债券市场价格的同时被确定下来的，到期收益率和债券价格之间呈现此消彼长的反向关系。

表 5-4　债券市场需求的影响因素及影响机制

投资者财富水平	投资者持有的各类资产的总价值（财富水平）越大，需求量越大。
债券的预期真实收益率	债券相对于可替代资产的预期真实收益率越高，需求量越大。
债券的投资风险	债券真实收益率所面临的不确定性程度（投资风险）越高，需求量越小。
债券的流动性	流动性是指变现的难易程度和速度，债券的流动性越好，需求量越大。

表 5-5 债券市场供给的影响因素及影响机制

预期投资收益	债券发行方预期投资的预期收益增大时，债券供给线将向右移动，反之则向左移动。
预期通胀率	预期通胀率增大将使债券供给曲线向右移动，这一效应又被称为“费雪效应”，即随着预期通胀率的增加，预期真实收益率将下降，此时市场将自动调整，最终会使债券的名义收益率升高。
政府赤字规模	政府预算赤字增加，债券发行方（政府）将增大债券发行量以弥补赤字，使债券供给线向右移动。

三、债券的转让报价

对于刚刚发行或恰好处于计息日的债券，式（5-2）和式（5-3）可以准确计算债券现价。但是，如果债券交割时点处于两个计息日之间，就面临如何在债券价格中体现利息归属的问题：在下一计息日来临时，债券本期的利息会全部支付给债券买方（新持有人）。但是，从上一计息日到交割日之间是由债券卖方（上一持有人）持有债券的，因而这段时间内的利息应当支付给卖方。这就要求债券买方在交易时对卖方进行相应补偿。例如，投资者甲持有的某债券上一计息日为 1 月 1 日，下一计息日为 7 月 1 日。甲于 3 月 1 日将该债券出售给投资者乙。1 月 1 日至 3 月 1 日之间的债券利息收入应归属甲，3 月 2 日至 7 月 1 日之间的利息收入应归属乙。但是，债券发行方于 7 月 1 日将 1 月 1 日至 7 月 1 日之间的票面利息全部支付给乙，因而乙应当在交易时将多收的利息提前补偿给甲。现实交易中通过引入债券全价（full price）和债券净价（flat price）的概念解决这一问题。

如果债券在两个计息日之间交易，债券全价等于债券从上一计息日至到期产生的现金流在交割日的现值。我们来考虑一个分期付息、到期一次性偿还本金的债券。债券面值为 F，每期支付息票为 C，到期收益率为 i。从上一计息日（不含）至到期还需付息 n 次，两个计息日之间的天数为 T，从上一计息日到交割日之间的天数为 t。则债券全价 DP 的计算公式为：

$$DP=\left[\frac{C}{1+i}+\frac{C}{(1+i)^2}+\cdots+\frac{C+F}{(1+i)^n}\right]\times(1+i)^{t/T} \tag{5-6}$$

式（5-6）方括号内的项代表债券从上一计息日至到期产生的现金流在上一计息日的现值，这部分现值在交割日的价值即为 DP。

从上一计息日到交割日期间产生的利息称为应计利息（accrued interest，AI）。应计利息按单利计算。在上例中，应计利息 AI 的计算公式为：

$$AI=C\times\frac{t}{T} \tag{5-7}$$

债券净价是债券全价与应计利息之差。债券净价 CP 的计算公式即为：

$$CP=DP-AI \tag{5-8}$$

在现实债券市场交易中，投资方根据估值收益率测算出净价以后，交易双方确定指令时使用净价概念，以便更直观地确定交易金额。交易中虽然按债券净价进行报价，但按债券全价进行交割。这是因为债券全价中应计利息部分的价值必定随时间接近下一计息日而上升。当投资者观察到债券全价上升时，就难以准确判断这种变化多大程度上是由供需关系变化引起的，多大程度上是由应计利息价值上升引起的。而债券净价排除了应计利息的累计效应，其变化反映的完全是市场供需关系变化情况。因此，投资者按反映供需关系变化的债券净价进行报价，同时按照包含对债券卖方利息补偿的债券全价进行交割。

拓展阅读 5-6

债券转让报价计算示例

下面给出了一个二级市场债券转让价格计算的实例。二级市场转让一般是买卖双方针对到期收益率报价进行交易。如图 5-7 所示，这里债券全称为 2018 年记账式附息(第十一期)国债。由“基本条款”栏目下的信息可以获知：该债券从 2018 年 5 月 17 日开始计息，期限为 10 年，每年计息 2 次，到期时一次性偿还本金。债券的票面价值为 100 元，票面利率为 3.69%。当前日期(2021 年 6 月 21 日)的上一计息日为 2021 年 5 月 17 日，下一计息日为 2021 年 11 月 17 日，两个计息日间隔 184 天，当前日期距上一计息日已经过了 35 天，债券从上一计息日(不含)至到期还需计息 14 次。“最新估值”栏目下的“估值收益率”即为债券的到期收益率(YTM)，等于 2.970 7%。根据以上信息可以计算该债券的全价和净价。将数据代入式(5-6)至式(5-8)，计算得到债券在估值日的全价为 104.810 2 元，净价为 104.459 3 元，即“最新估值”栏目中的“估值净价”。

18附息国债11[180011.IB] - 基本条款 一图透视 | 财务报告 中华人民共和国财政部

最新指标	
剩余年限	6.9014Y
票面利率(当期)	3.6900%
最新评级	--/-- ⓘ

最新估值 中债估值 | 中证估值 | CFETS... | 上清所...

估值收益率(%)	估值净价	估值时间	估值类型
2.9707	104.4593	2021-06-21	
--	--	2021-06-21	

基本条款

债券代码	180011.IB	债券简称	18附息国债11
当前余额(亿元)	1,230.20	债券类型	国债
质押券代码	--	折合标准券元	--
上市日期	2018-05-21	摘牌日期	2028-05-16
交易市场	180011.IB(银行间债券),180011.BC(银行柜台债券),019593.SH(上海),101811.SZ(深圳)	海外评级	无
最新债项评级	--	评级机构	--
票面利率(当期)	3.6900	发行价格(元)/最新面值(元)	100.0000/100.0000
利率类型	固定利率	息票品种	附息
付息频率	每年付息2次	下一付息日	2021-11-17
利率说明	3.69%	距下一付息日（天)	148
计息基准	ACT/ACT	票息类型	附息
剩余期限(年)	6.9014	期限(年)	10
起息日期	2018-05-17	到期日期	2028-05-17
发行规模(亿元)	410.2	发行方式	公募
债券全称	2018年记账式附息(十一期)国债	是否城投债曲线样本券	否
发行人	中华人民共和国财政部	发行人企业性质	--
发行人注册地址	北京市三里河路南三巷3号		
托管机构	中央国债登记结算有限责任公司	担保人	--
增信方式	--	增信情况	--
缴款起始日/截止日	2018-05-17/--	主承销商	
内含特殊条款	--	下一行权日	--
条款说明	--		

图 5-7 2018 年记账式附息(第十一期)国债基本信息

四、债券的即期收益率

债券不仅有到期收益率，还有即期收益率（current yield）的概念。即期收益率也称为当期收益率、本期收益率或直接收益率，是息票（债券票面利息）与债券市价之比，即：

$$i_c = \frac{C}{P} \tag{5-9}$$

即期收益率反映了投资者的投资成本带来的收益情况，并没有考虑债券投资所获得的资本利得或损失，只衡量债券某一期间所获得的现金收入与债券现价的比率。注意，即期收益率与息票收益率不同。息票收益率（C/F）是理论上的收益率，由息票（利息）除以面值而得，所以当债券的市价改变时，息票收益率仍维持不变，但即期收益率则发生变化。根据定义，投资溢价发行（$P>F$）的中长期债券，即期收益率会低于息票收益率；投资折价发行（$P<F$）的中长期债券，即期收益率会超过息票收益率。

例如，投资者以现价 950 元购买债券，每年 60 元利息，则即期收益率为 60/950=6.3%。也就是说，若要提高即期收益率，最直接的方法就是提高息票利率或降低购买价格。不难看出，债券现价越接近债券面值，期限越长，即期收益率就越接近到期收益率；反之，即期收益率越偏离到期收益率。同时，债券的即期收益率与现价呈反比关系，到期收益率与现价也呈反比关系。因此，虽然即期收益率绝对值水平的高低并不必然反映到期收益率的高低，但是即期收益率的变动方向总是预示着到期收益率的同向变动。

如果市场利率发生变化，之前发行的未到期债券要进行转让，那么交易价格的变化幅度与到期期限有紧密联系。表 5-6 演示了市场利率发生变化以后，原始价格相同但期限不同的债券转让价格的变化情况。不难看出，距离到期期限的时间越长，新的交易价格变化越大。

表 5-6 久期与债券价格变化示例

假设各期限债券的原始利率均为 4%（票面利率），如果市场利率上升至 5%，各债券价格将如何变化：

剩余期限	原始价格	利率上升后的新价格
10 年	1 000 元	922.78 元
20 年	1 000 元	875.38 元
30 年	1 000 元	846.28 元

因此，债券的剩余期限越长，利率变化对债券价格的影响越大。

五、债券的久期与风险

以上例题实际上隐含了一个度量债券价格的利率风险指标，即债券久期（duration）。由于决定债券价格利率风险大小的因素主要包括偿还期和息票利率，需要找到某种方法准确直观地反映出债券价格的利率风险程度。经济学家麦考利（F.R. Macaulay）于 1938 年提出“久期”的概念，把债券的到期期限（或剩余期限）、票面利率、利息支付方式和市场利率四个因素综合起来进行债券价格的利率风险度量。具体来说，久期表示了债券的平均还款期限，它是每次支付现金所用时间的加权平均值,权重为每次支付的现金流的现值占现金流现值总和的比率。久期越短,债券对利率的敏感性越低,风险越低;反之,久期越长,债券对利率的敏感性越高,风险越高。在上例中,由于其他条件都相同,期限越长,久期越长,利率变化以后对应价格变化就会越大。

久期的计算方法之一是平均期限法(也称麦考利久期):将债券的偿还期进行加权平均,权重为相应偿还期的现金流(利息支付)贴现后与市场价格的比值。

另外,中央政府发行的国债因为有国家信用做担保,一般被认为是无风险债券,但是市场利率变化仍然会影响之前已发行国债的二级市场成交价格。当前国债的到期收益率一般被用作计算之前已经发行的国债在二级市场转让时定价的折现因子(市场利率)。例如,10年前发行的20年期限国债,在二级市场上进行销售时,其销售价格就可以按照当前发行的10年期国债到期收益率进行计算。如果当前国债收益率高于债券的息票利率,那么转让债券的价格就会低于面值,即折价交易;反之,如果当前国债收益率低于息票利率,那么转让就是溢价交易。

当然,非政府部门发行的债券,如企业信用债券,一般都存在一定程度的违约风险(default risk)。所以,当投资者购买此类债券时,所要求的收益率应该在无风险收益率的基础上再加上风险溢价,这个收益率才是决定债券现价的折现因子,即:

$$i_d=r_f+r_p \tag{5-10}$$

式中:i_d 表示折现因子;r_f 表示无风险利率;r_p 表示风险溢价。

市场上的风险溢价水平反映了投资者选择信用债券而放弃利率债券(国债)所需要的补偿。从宏观层面看,这种风险溢价水平与经济周期有关。在经济繁荣期,企业运行良好,债务支付所需的现金流比较充裕,投资者的风险溢价要求相对比较低,此时企业发行债券的折现因子相对较低;反之,在经济衰退期,企业债务支付可能出现困难,因此投资者的风险溢价要求就会比较高,折现因子就会相应升高。

从微观层面看,企业的资本结构(capital structure)特征影响企业债券定价中的折现因子。企业的资本结构由债务和权益构成,债务反映的是借款情况,而权益反映的是所有权情况。企业的资本结构特征可以用杠杆率(leverage ratio)来反映,而杠杆率会影响企业发行债券的折现因子中的风险溢价水平。具体来说,企业杠杆率是企业债务相对于权益的比率(债务/权益)。在其他条件相同的情况下,企业杠杆率越高,其债券投资者的风险越高,因此投资者要求的风险溢价就会越高。

关于企业资本结构问题,经济学家弗兰克·莫迪格利安尼(Franco Modigliani)和莫顿·米勒(Merton Miller)提出了著名的MM定理:在一定的条件下(特别是不考虑所得税影响),企业的资本结构(负债与权益的结构)都不影响企业的市场总价值。企业如果偏好债务筹资,债务比例相应上升,企业的风险将随之增大,进而反映到股票价格上,股票价格就会下降。也就是说,企业从债务筹资上得到的好处会被股票价格下跌抹掉,从而导致企业的总价值(股票加上债务)保持不变。企业以不同的方式筹资只是改变了企业的总价值在股权者和债权者之间分割的比例,而不改变企业价值的总额。当考虑所得税因素之后,结论为:企业的资本结构影响企业的总价值,负债经营将为公司带来税收节约效应。

再回到杠杆率问题。在遭遇收入下滑境况时,低杠杆率企业可以通过减少对股权持有人的分红来缓解收入下降的困境,而高杠杆率企业由于债务工具的契约要求缺乏这样缓解困境的选项,其债券违约风险更高,甚至会因此被迫进入破产程序。

另外,企业发行的信用债券都会有评级公司给出的信用评级,信用评级的高低也会影响风险溢价水平。信用债的评级从高到低可以分为 A、B、C、D。目前,国际上公认的三大信用评级机构包括美国的标准普尔公司(Standard&Poor's)、穆迪投资服务公司(Moody's Investors Service)和惠誉国际信用评级有限公司(Fitch Ratings)。不同公司的信用等级划分大同小异。例如,标准普尔公司信用等级标准从高到低可划分为:AAA 级、AA 级、A 级、BBB 级、BB 级、B 级、CCC 级、CC 级 C 级和 D 级。前四个级别的债券相对信誉高、风险小,是"投资级债券";第五级开始的债券信誉低,是"投机级债券"。

为了全方位监测债券风险变化,除了信用评级之外,学术界和市场机构还构建了多种风险表征指标,国内债券市场较有代表性的是中债估值中心提供的中债价格指标体系。这些指标按照风险来源可分类为:一是表征信用风险,较有代表性的是中债市场隐含评级。市场隐含评级是从市场价格信息中提炼,并综合发行主体相关信息得到的债券信用风险表征指数。中债市场隐含评级能够从市场价格变动中及时捕获发债企业信用资质变化,是市场投资者监测信用风险的重要工具,是对评级公司评级的重要补充。二是表征市场风险,较有代表性的是中债 VaR(value at risk,风险价值)、CVaR(conditional VaR,条件风险价值)、关键利率久期等。VaR 揭示了一定概率水平下债券在未来持有期内的最大可能损失。CVaR 反映了超过最大可能损失后的平均损失,可以辅助银行等金融机构进行风险管理。关键利率久期反映债券价格对收益率曲线上特定关键期限点利率变化的敏感程度。三是表征债券流动性风险,较有代表性的是中债流动性指标。它从即时性、市场宽度、市场深度等维度,综合了 30 余个流动性影响因素,形成债券流动性综合评价指标。

第五节　中国债券市场的发展

一、中国债券市场基本信息

债券市场上交易的债券品类很多,其中国债是具有代表性的债券品类。新中国在 20 世纪 50 年代曾经发行国债,主要用于补充财政预算收入、支持国家经济建设、回笼货币并稳定物价和金融等方面。1959 年至 1981 年期间,我国暂停了国债发行;1981 年以后,国债发行逐渐恢复。国债从 1981 年恢复发行至今,已经走过了 40 多年的发展历程。1996 年年末,中央登记托管机构建立,债券市场由此进入快速发展期,市场规模不断增长,市场创新不断涌现,市场主体日趋多元化,市场活跃度稳步提升,对外开放稳步推进,制度框架也逐步完善。根据《中国债券市场概览》,2021 年中国债券市场的年发行额达 42 万亿元(占当年名义 GDP 的 40%),债券交易量超过 1 700 万亿元。

表 5-7 归纳了我国债券市场的主要信息。从中可以看到,目前中国的债券包括国债、地方政府债券、金融债券和企业债券等多个品种;债券市场分类包括银行间和交易所等多个子

市场;债券托管机构主要有中央结算公司、中证登和上清所;管理部门包括财政部、中国人民银行、国家发展改革委等。

表 5-7 中国债券市场主要信息

主要交易场所	银行间债券市场 交易所债券市场 商业银行柜台市场
债券品种	中央银行票据 国债 地方政府债券 政府机构债券 金融债券 企业债券 公司债券 熊猫债券
债券市场分类	银行间债券市场(批发市场) 交易所债券市场(集中撮合交易的零售市场) 商业银行柜台市场(零售市场) 自贸区债券市场(离岸市场)
结算机制	全额结算 净额结算
债券托管机构	中央国债登记结算有限责任公司(中央结算公司) 中国证券登记结算有限责任公司(中证登) 银行间市场清算所股份有限公司(上清所)
中央对手方	中证登 上清所
管理部门	国家发展和改革委员会(国家发展改革委) 财政部 中国人民银行 中国证券监督管理委员会 国家金融监督管理总局 国家外汇管理局
市场规模	发行量 37.75 万亿元(2020 年) 托管量 104.32 万亿元(2020 年) 交易量 1 566.48 万亿元(2020 年,其中现券、回购交易及债券借贷 1 540.11 万亿元,国债期货交易 26.37 万亿元)

注:数据截至 2020 年年底。本表并未严格按照货币市场和资本市场对债券进行归类;同业存单和资产支持证券不属于标准的债券产品,未被纳入本表的债券品种。

银行间债券市场是中国债券市场的主体，交易所债券市场和商业银行柜台市场份额相对较小。商业银行等金融机构已成为国债和政策性金融债的主要投资者。1997 年 6 月以前，商业银行主要通过证券交易所进行国债买卖。1997 年 6 月之后，根据国家相关管理规定，商业银行全部退出交易所的债券交易，并通过新建立的银行间债券市场进行债券交易，商业银行办理国债现券交易的债券托管与结算，统一通过中央结算公司进行。2000 年前后，财政部在银行间债券市场上发行的国债全部采用市场化招标方式发行，其他各类债券发行的利率和买卖价格也主要由市场决定，标志着中国债券交易的市场化定价机制逐渐成熟。从货币政策层面看，由于国债市场是财政政策和货币政策的天然结合点，债券的市场化定价对畅通货币政策传导机制具有重要意义。

在我国，国债在货币政策操作中的角色还有较大提高空间。一方面，我国的国债总体规模不大，中央银行公开市场操作可以运用的国债规模相对较小；另一方面，由于国债期限结构和品种结构仍需优化，加之国债的交易活动主要是在各市场机构之间进行，中央银行还未能广泛参与其中。因此，短期国债市场无论在政府的短期融资管理方面，还是作为中央银行参与金融市场运作的手段方面，均有提升空间。

另外，从表 5-7 中还可以看到，中国除了银行间债券市场外，还有交易所债券市场，但目前两个市场之间存在一定分割，对债券市场整体效率与安全有一定影响。近年来主管部门推出了一系列促进市场统一的措施，如证券公司、基金公司进入银行间债券市场、跨市场发行国债等措施，加强了银行间债券市场和交易所债券市场之间的联动性，对促进银行间与交易所债券市场互联互通起到了积极作用。从市场现实运行情况看，这些措施尚未完全解决中国债券市场分割的核心问题，突出表现在两个市场存在一定价差，两个市场的托管结算体系存在一定分割和重复建设，从而在一定程度上增大了市场成员跨市场交易的操作成本和操作风险，不利于市场要素的自由流动和市场主体的良性竞争，难以充分发挥金融基础设施的规模经济效应。不过，随着中国现代化金融体系建设目标不断推进和国家管理部门之间的协调努力，中国债券市场互联互通正在加速发展，债券市场分割问题将会得到根本性解决。

二、中国的债券托管与监管

（一）债券的托管

在中国债券市场上，目前涉及债券集中托管业务的机构有三家，即中央国债登记结算有限责任公司（简称中央结算公司）、中国证券登记结算有限责任公司（简称中证登）和银行间市场清算所股份有限公司（简称上清所）。其中，中央结算公司占据了市场主要份额。表 5-8 对中国主要三家托管机构的基本情况进行了归纳和比较。下面分别对这三家债券托管机构进行介绍。

中央国债登记结算有限责任公司（中央结算公司），于 1996 年经国务院批准设立，是具有系统重要性的国家级金融市场基础设施。中央结算公司现为有限责任公司，由国务院出资，是国有独资企业，持非银行金融机构牌照，是我国 26 家中央金融企业中唯一一家专门从事金融基础设施服务的机构。中央结算公司受中国人民银行、财政部和国家金融监管总局等多部门监管。

中国证券登记结算有限责任公司（中证登），按照《证券法》关于证券登记结算集中统一运营的要求，于 2001 年经国务院同意、中国证监会批准成立，并设立上海、深圳分公司，承接沪深交易所登记结算业务，受中国证监会监管。中证登的职能包括：证券账户、结算账户的设立和管理；证券的存管和过户；证券持有人名册登记及权益登记；证券和资金的清算交收及相关管理；受发行人的委托派发证券权益；依法提供与证券登记结算业务有关的查询、信息、咨询和培训服务等。目前，中证登托管的品种包括股票、基金、债券、证券衍生品等，并以股票为主。其托管的债券品种包括公司债券、可转债、分离式可转债、中小企业私募债券等，并承担国债、地方政府债券和企业债券的托管职责。

上清所于 2008 年经中国人民银行批准设立，是场外市场中央对手清算机构，受中国人民银行监管。上清所的职能包括：为金融市场现货和衍生品交易、经中国人民银行批准的人民币跨境交易等提供本外币清算服务，包括清算、结算、交割、保证金管理、抵押品管理、信息服务、咨询服务等。目前，上清所的业务类型包括中央对手清算和登记托管两类。其中，中央对手清算服务于利率衍生品、外汇及汇率衍生品、航运及大宗商品金融衍生品、债券。其托管的债券品种包括非金融企业债务融资工具（及大额存单）等。

表 5-8　中国债券市场三家托管机构比较

托管机构		中央结算公司	中证登	上清所
成立时间		1996 年	2001 年	2008 年
批准机构		国务院	中国证监会	中国人民银行
监管机构		中国人民银行、财政部、国家金融监管总局、发改委、中国证监会	中国证监会	中国人民银行
所有制性质		国有独资公司	股份制公司	股份制公司
主要品种		政府债、政策性金融债、商业金融债、企业债、国际机构债等	政府债、企业债、公司债等	非金融企业债务融资工具等
业务份额（2020 年年末）	托管	77.14 万亿元，占比 73.95%	13.81 万亿元，占比 13.24%	13.37 万亿元，占比 12.81%
	结算	943.23 万亿元，占比 61.24%	294.61 万亿元，占比 19.13%	302.26 万亿元，占比 19.63%
托管体系		中央登记，一级托管为主，二级托管为辅；政府债、企业债、信贷资产支持证券的总托管人	直接持有为主、间接持有为辅	直接托管
结算方式		实时全额	全额 + 净额	全额 + 净额

（二）债券业务的监管

中国债券市场目前实行分市场、分券种多头监管。归纳起来，债券业务的监管机构主要包括中国人民银行、中国证监会、国家金融监管总局、财政部、国家发改委和国家外汇管理局。表 5-9 归纳了各监管机构的监管内容。

表 5-9 中国债券业务的监管机构与监管事项

监管机构	监管事项
中国人民银行	银行间债券市场、商业银行柜台市场交易的债券： 中央银行票据、金融债券、证券公司短期融资券、非金融企业债务融资工具、信贷资产支持证券、熊猫债券等 （其中银行间债券市场非金融企业债务融资工具的发行注册由中国人民银行主管的交易商协会进行行业自律性监管）
中国证监会	交易所市场交易的债券： 公司债券、证券公司短期融资券、可转换债券、可交换债券、企业资产支持证券、熊猫债券、国债期货
国家金融监管总局	银行业机构发行的金融债、信贷资产支持证券、保险公司次级定期债券、保险公司金融债券
财政部	国债、地方政府债券、熊猫债券
国家发改委	企业债券、熊猫债券、铁道债券
国家外汇管理局	熊猫债券

三、中国债券市场结构

中国债券市场自创立以来不断发展，不同债券品类对应的市场结构日益丰富。以 2020 年为例，我国银行间、交易所和商业银行柜台市场的债券发行规模分别为 21.3 万亿元、15.1 万亿元和 1.7 万亿元人民币。

根据中国债券市场交易规则，银行间债券市场发行的债券种类包括国债、地方政府债、央行票据、金融债、企业债、中期票据、短期融资券、非公开定向债券融资工具、国际机构债、政府支持机构债、标准化票据和项目收益票据。图 5-8 和图 5-9 分别描绘了中国银行间债

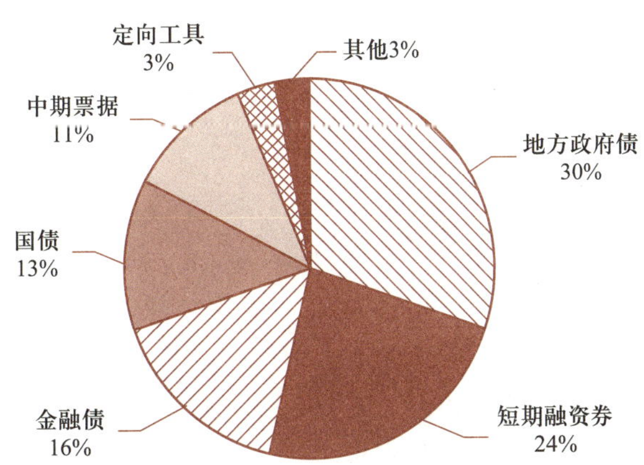

图 5-8 中国银行间债券市场各类债券发行规模占比（2020 年）

资料来源：中国债券信息网，经作者计算。

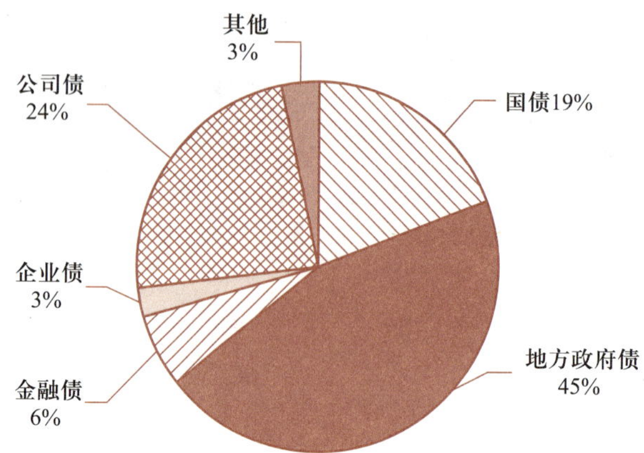

图 5-9 中国交易所债券市场各类债券发行规模占比(2020 年)

资料来源:中国债券信息网。

券市场和交易所债券市场不同品类债券的发行规模结构,图 5-10 和图 5-11 分别描绘了中国银行间债券市场和交易所债券市场不同期限债券种类发行规模结构。

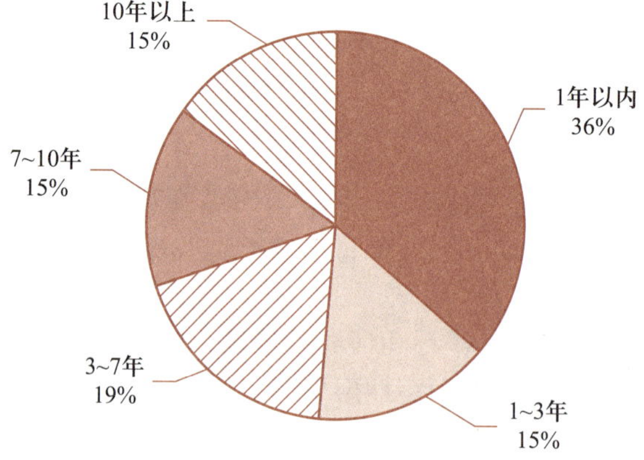

图 5-10 中国银行间债券市场不同期限债券发行规模占比(2020 年)

资料来源:中国债券信息网,经作者计算。

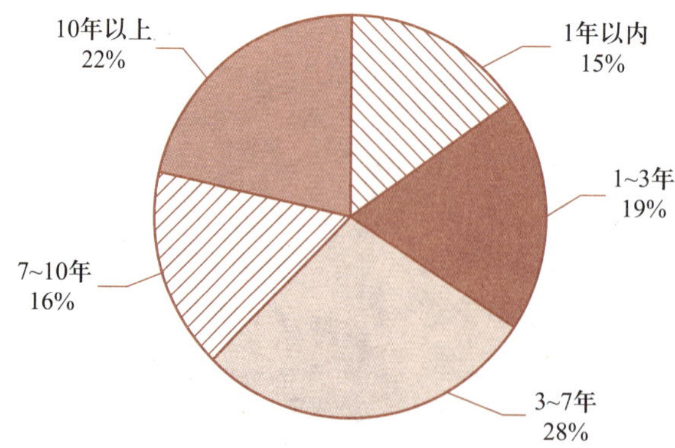

图 5-11 中国交易所债券市场不同期限债券发行规模占比(2020 年)

资料来源:中国债券信息网,经作者计算。

从图 5-8 和图 5-10 可以看到,银行间债券市场的债券中发行规模占比较高的种类包括地方政府债(30%)、短期融资券(24%)、金融债(16%)、国债(13%)以及中期票据(11%)。银行间债券发行的期限以短期为主,其中发行期限为 3 年以内(含 3 年)的中短期债券发行规模占比超过半数(51%),期限为 3~10 年(含 10 年)的中长期债券以及 10 年以上的长期债券发行规模分别占 34% 和 15%。

图 5-9 和图 5-11 显示,在交易所债券市场发行的债券种类包括国债、地方政府债、金融债、企业债、公司债、政府支持机构债、可转债和可交换债。其中发行规模占比较高的债券种类包括地方政府债(45%)、公司债(24%)、国债(19%)。交易所债券发行的期限较长,其中期限 10 年以上的长期债券发行规模占 22%,期限为 3~10 年(含 10 年)的中长期债券发行规模占 44%,期限为 3 年以下(含 3 年)的中短期债券发行规模占比为 34%。

拓展阅读 5-7

中国债券市场的参与者

债券市场参与者可以从一级市场和二级市场两个层面进行介绍。下面分别对中国债券市场的一级市场和二级市场的主要参与者进行归纳。

1. 一级市场参与者

(1) 发行人。经监管部门审批或备案具备发行资格的筹资人可在银行间债券市场、交易所债券市场、商业银行柜台市场发行债券,包括中央及地方政府、中央银行、政府支持机构、金融机构、企业法人、国际开发机构等。

(2) 承销商。指导与帮助发行人完成债券发行,参与债券发行认购,在发行期内将承销债券向其他结算成员(和分销认购人)进行分销,并在债券存续期内牵头其他市场中介一起监督债券发行人履行相关义务的金融机构。目前具备全国性主承销商资格的主要是大型商业银行、股份制银行、大型券商及部分城市商业银行。

(3) 直接投资人。经债券监管部门批准可以参与债券投标和申购但不能进行分销的机构。目前企业债券发行引入了直接投资人。

2. 二级市场参与者

(1) 做市商。经中国人民银行批准在银行间债券市场开展做市业务,享有规定权利并承担相应义务的金融机构。做市商按照有关要求连续报出做市券种的现券买、卖双边价格,并按其报价与其他市场参与者达成交易。

(2) 货币经纪公司。经监管部门批准在中国境内设立的,通过电子技术或其他手段,专门从事促进金融机构间资金融通和外汇交易等经纪服务,并从中收取佣金的非银行金融机构。其进入银行间债券市场从事经纪业务须向人民银行备案。

(3) 结算代理人。受市场其他参与者的委托并为其办理债券结算等业务的金融机构。开办债券结算代理业务须经人民银行批准。在开办结算代理业务前,结算代理人应与委托人签订代理协议。结算代理人为委托人在中央结算公司以委托人的名义开立债券托管账户，代理委托人使用该账户进行债券托管和债券结算。

（4）境内投资人。商业银行、信用社、非银行金融机构（包括信托公司、财务公司、租赁公司和汽车金融公司等）、证券公司、保险公司、基金公司、非金融机构、非法人机构投资者（包括信托产品，证券公司资产管理计划，证券投资基金，社会保障基金、企业年金等养老基金，慈善基金等社会公益基金，私募基金，基金管理公司及其子公司特定客户资产管理计划，期货公司资产管理计划，保险资产管理公司资产管理产品等）、个人投资者（可参与柜台市场）。

（5）境外投资人。包括境外央行或货币当局、主权财富基金、国际金融组织、人民币业务清算行、跨境贸易人民币结算境外参加行、境外保险机构、合格境外机构投资者（QFII）、人民币合格境外机构投资者（RQFII）；在境外依法注册成立的商业银行、保险公司、证券公司、基金管理公司及其他资产管理机构等各类金融机构，上述机构依法合规面向客户发行的投资产品，以及养老基金、慈善基金、捐赠基金等中国人民银行认可的其他中长期机构投资者。

复习要点

1. 债券市场与资本市场之间的联系与区别。
2. 刻画债券的相关变量。
3. 债券的品类。
4. 债券的发行与转让定价。
5. 中国债券市场的登记托管和业务监管。
6. 中国交易所债券市场的债券发行与交易机制。
7. 中国银行间债券市场的债券发行与交易机制。
8. 中国债券市场结构。
9. 中国债券市场（一级和二级）参与者。

关键术语

债券市场	资本市场	一级市场	二级市场
信用债券	利率债券	债券面值	债券息票
债券票面利率	债券全价	债券净价	应计利息
到期收益率	即期收益率	债券承销	记账式国债
储蓄国债	交易所债券市场	银行间债券市场	单一价格招标
混合式招标	STRIPS	地方政府债券	政府机构债券
金融债券	企业债券	公司债券	可转换债券
可交换债券	熊猫债券	债券托管机构	中央结算公司
中证登	上清所	市场利率	折价发行
溢价发行	债券久期	债券评级	

即测即评

请扫码检测本章学习效果。

练 习 题

参考答案

1. 债券定价与哪些因素有关？这些因素受到哪些变量的影响？

2. 中国公司债券的发行主体为股份有限公司和有限责任公司，非公司制企业不得发行公司债券。如果一个国有企业，名称是某某有限公司，那么这家企业是否既可以选择发行企业债券（由国家发改委审批），又可以选择发行公司债券（由中国证监会审批）呢？

3. 比较中国和美国对各类债券的税收政策异同。

4. 同业存单和资产支持证券属于债券吗？

5. 根据以下债券基本条款计算债券当前估值净价：

2018 年 1 月 1 日开始计息，期限为 10 年，每年分别在 6 月 30 日和 12 月 31 日计息 2 次，到期时一次性偿还本金；债券的票面价值为 100 元，票面利率为 3.18%。当前日期为 2021 年 6 月 30 日；债券当前估值收益率为 2.25%。

补充阅读材料

扫码查看本章补充阅读材料。

第六章

股票市场

学习目标

1. 掌握股票的种类
2. 掌握股票发行与转让机制
3. 掌握股票价格指数的含义
4. 掌握中国的证券交易所系统
5. 掌握股票定价机制
6. 掌握有效市场假说

本章导读

股票市场的一级市场(发行市场)可以为企业提供长期融资渠道,同时,股票市场的二级市场是投资者进行股票投资的金融市场。很多人都对股票市场颇感兴趣,尽管他们可能并不是专业的投资者,也并非金融从业人员,但是参与股票市场交易如今已经非常容易。在2000—2022年间,中国股票市场分别在2007年和2014年见证了两次创纪录的高点,股票市场在此期间也经历了非常明显的起伏波动。当股票价格的波动较为剧烈时,股票市场容易产生投机行为,但这种投机行为并不一定能够持续。

在股票市场上,投机性泡沫是指投资者过于乐观给股票价格带来的不理性的增长。当市场中的投资者认为这种投机性泡沫不可持续时,他们会将所持有的资产变现,造成市场中的资产价格下跌,泡沫破裂。这样的波动会导致收益与损失被放大,从而使金融系统不稳定。当泡沫破裂时,金融市场的危机可能传递到实体经济中,造成实体经济衰退。因此,了解和掌握股票市场的基础内容,理性参与股票市场交易,对于股票市场的健康发展至关重要。

本章在第三章介绍的股票相关知识的基础上,详细介绍股票的种类、股票的发行与转让机制、股票价格指数的含义、股票的定价机制和有效市场假说,并且介绍我国股票交易所依托的证券交易系统,为读者系统了解中国股票市场提供基础知识。

第一节　股票的种类

当上市公司需要增加自身投资所需的长期资本时，就可以在证券交易所公开发行股票。股票代表着投资者在公司所有权中所占的份额以及对未来公司收益的索偿权。股票分为优先股和普通股。顾名思义，优先股股东享有的部分权利要优于普通股股东，优先股股东可以优先获得股利，在公司清算时对公司资产优先受偿，除此之外还可以享有更高的股息收益率。

一、普通股

普通股是代表公司净收入和资产所有权的权益索偿权，是企业股票非常重要的一种形式。普通股是一种“剩余索偿”（residual claim），因为普通股股东的股息获得顺序在优先股股东利润分配和公司留存未分配利润之后。如果一家上市公司被清算，那么公司的可用资产首先需要偿付债务，然后剩余资金用来偿付优先股股东，在此之后才能对普通股股东按持股比例进行剩余资产分配。

投资者持有普通股股票，意味着投资者要承担所有权对应的风险，例如企业经营失败或者企业收入大幅下降等情况。当然，投资者的权益风险高低取决于持有的股份额度，如果股份额度有限，风险也就有限。

普通股股东拥有一系列权利，例如经营决策的参与权、盈余分配权、剩余资产分配权、优先认股权等权利。普通股股东有权参加股东大会，在股东大会上可以就公司的财务报表和经营状况进行审议，对公司的投资计划和经营决策有发言权、建议权，有权选举董事和监事，对公司的财务预决算方案、利润分配方案以及修改公司章程等拥有广泛的表决权。

尽管多数情况下普通股赋予股东每股一份投票权，有的公司偶尔也会发行不具有投票权的股票。例如，公司可以发行 A 级普通股和 B 级普通股，A 级普通股股东有投票权，B 级普通股股东没有投票权。在交易所上市的公司一般不发行这种分级普通股，但是不在交易所上市的公司所发行的股票有时会采用这种分级形式。

上市公司未分配利润一般不分配给投资者，而是用来进行投资活动。中国市场的一些成长性较好的上市公司经常选择不向投资者支付股息或者红利，因为公司发展较快，急需大量的资金进行投资再生产活动。在这种情况下，投资者可以从公司股票的价格上涨中获益。而在该种情况下，股票价格上涨主要是由公司将留存收益进行扩大再生产和股票回购所推动的。

如果公司回购了自身的股票而不进行出售，那么这些股票就相当于被注销了。当这部分股票被注销后，剩余的流通在市场中的股票往往会升值。普通股股东在公司中拥有投票权，这是优先股股东所不具备的。但是，持有股份较少的股东一般不行使他们的投票表决权。

二、优先股

优先股是按照约定的票面股息率，优先于普通股分配公司利润的股票，是公司股票的另一种形式。优先股介于债务证券和权益证券之间,兼具这两种长期融资方式的优劣。相对于普通股的"剩余索偿",优先股是一种对公司资产和收入的"优先索偿"(prior claim),但是优先股股东也不是最先被偿付的,公司的债权人必须在优先股股东之前被偿付。

如果公司不向优先股股东派发股息,优先股股东也不能像未被偿付的债权人一样要求公司破产清算。优先股是公司的股本,计入公司净值,是未来发行更多债务的支撑。相对于债务融资,使用优先股融资也是更加灵活的融资安排,因为如果公司收入状况不佳就可以选择不向优先股股东派发股息。

优先股股东参与公司决策管理等权利受到限制。一般而言,优先股股东不出席股东大会会议,所持优先股股份没有表决权,但是如果公司在规定的一段时间里没有派发股息,优先股股东也能参与表决。在中国,公司累计 3 个会计年度或连续 2 个会计年度未按约定支付优先股股息时,优先股股东就有权出席股东大会,每股优先股享有公司章程规定的表决权。

不同国家对优先股股息的税收政策并不相同。在中国,优先股股息派发不可以抵减税收费用,没有税盾效应,这使得公司发行优先股融资的成本高于债务融资,而且对于企业所得税税率较高的公司更加明显。在美国,美国公司投资于非附属公司的优先股股利能够享受 70% 的税收抵减,这一税收条款使得优先股更受意图投资于其他公司的美国公司的青睐,并且有时能以低于债务证券的利率发行。

根据股息率的确定方式,优先股可以划分为固定股息率优先股和浮动股息率优先股。前者的股息率在该优先股的存续期内不做调整;后者的股息率将按照约定方式进行调整,例如通过基准利率加上基本利差的方式确定,也可能通过市场询价方式确定。

根据股息的分配方式,优先股可以划分为可累积优先股和非累积优先股、参与优先股和非参与优先股、可转换优先股和不可转换优先股等。可累积优先股是指当公司在某一时期所获盈利不足,导致当年可分配利润不足以支付优先股股息时,则将该优先股的应付股息累积到以后某年盈利时,在普通股股息发放之前,连同本年优先股股息一并发放。非累积优先股不能要求公司在以后年度补发所欠股息。参与优先股是指按照约定的股息率分配股息之后,有权同普通股股东一起参加剩余税后利润分配的优先股。非参与优先股只能获取约定的股息但不能参与公司额外分红。可转换优先股是指在规定的时间内,优先股股东或发行人可以按照一定的转换比率把优先股换成该公司普通股;否则是不可转换优先股。

对于投资者而言,优先股是介于普通股和债券之间的投资方式。与债券相比,优先股往往会提供高于债券的收益以及相匹配的较高风险。当市场利率波动时,优先股的价格波动往往比债券更加剧烈。与普通股相比,优先股的期望收益更低,风险也就相对较低。对于优先股的发行公司而言,优先股同样是处于普通股和债券之间的融资方式,有着股票融资的增加净值、可以选择不派发股息的优点,又有着债务融资的较低成本且相对固定的特点。

2014 年 3 月,中国证监会颁布《优先股试点管理办法》,优先股的发行逐步规范。《优先股试点管理办法》要求上市公司向不特定对象发行优先股需要满足以下情形之一:①普通股是上证 50 指数成分股;②以向不特定对象发行优先股作为支付手段收购或吸收合并其他上市公司;③以减少注册资本为目的回购普通股。另外,《优先股试点管理办法》要求上市公司不得发行可转换为普通股的优先股,只有商业银行可以向特定对象发行触发事件发生时强制转换为普通股的优先股。

第二节　股票发行与转让

一、股票发行

（一）股票发行的相关概念

首次公开发行（IPO）是指上市公司第一次将公司的股份进行公开发售。上市公司在一级市场面向承销商（在中国主要是证券公司）发行股票。在我国，股票在二级市场上市交易的首日一般没有涨跌幅限制，二级市场交易价格相对于发行价经常出现大幅上涨的情况。例如，2023 年 4 月 10 日上市的中信金属，上市首日最高上涨超 100%。

次级股票发行是已经发行过流通股的上市公司发行新股的行为。为了在市场中发行新股，上市公司必须要在中国证监会进行备案核查。美国市场实行暂搁注册简化其发行新股的流程，新股可以在两年之内被认购而无须在发行日全部被认购。暂搁注册避免了多次认证备案过程产生的费用，使得上市公司能够更快地对市场利好消息作出反应。

（二）股票发行流程

在中国，证券公司（在美国是投资银行）的主要工作之一是帮助需要融资的公司发行股票（或债券）进行融资。一家或者多家证券公司负责设计和出售这些新的证券。对于计划在中国股票市场公开发行股票并上市的公司来说，需要了解申请发行股票并上市的流程。归纳起来，主要工作流程包括以下几个方面：

第一，金融中介机构辅导并出具相关文件。金融中介机构（主要是证券公司）对拟上市公司及相关信息披露义务人进行辅导培训，促进辅导对象具备上市公司应有的公司治理结构、会计基础工作、内部控制制度等要素，充分了解多层次资本市场各板块的特点和属性，树立进入证券市场的诚信意识、自律意识和法治意识。同时，金融中介机构为企业 IPO 的业务活动制作和出具发行保荐书、上市保荐书、审计报告、法律意见书、资产评估报告、鉴证报告等文件。

第二，发行人内部决议。股票发行人召开董事会和股东大会表决通过申请股票发行并上市的相关议案。

第三，中国证监会或者证券交易所对申请上市公司的材料进行审核。中国证监会股票发行审核委员会或证券交易所上市委员会对是否同意发行人股票首次公开发行进行审核表决。同时，由交易所审核通过的发行申请还需要递交证监会进行注册。截至 2022 年年底，中国主板还是核准制，公司在主板上市仍由中国证监会审核；科创板和创业板实行注册制，交易所进行审核，审核过会后还需要提交中国证监会进行注册（注册可能出现不予注册的情况，尽管这种情况比较少见）。2023 年 2 月，股票发行注册制正式实施。

第四，公司股票发行上市。发行人、证券公司与证券交易所沟通发行和上市方案，并提交相关材料。

二、股票转让

股票代表具有流动性的凭证，在一级市场发行以后，可以在二级市场进行转让交易。中国所有在市场上公开发行、交易股票的公司都受中国证监会监管。中国证监会于 1992 年设立,其主要职责是依照法律、法规和国务院授权,对证券市场进行监管。

近年来,中国的股票转让交易数量与交易金额快速上升。公募基金、证券公司、对冲基金等大型机构投资者在股票市场上扮演重要角色,市场中绝大部分的大额交易均由这些金融机构发起。不过,我国目前个人投资者(散户)的交易总额仍然占据股票市场绝大部分的交易份额。

普通居民、地方与中央政府、外国投资者和众多的金融机构持有在中国证券市场上交易的股票。其中,主要的金融机构是公募基金和私募基金,证券公司和部分产业基金也持有一部分股票。第二章曾经介绍过,公募基金(public offering of fund)是指以公开方式向社会公众投资者募集资金并以证券为投资对象的证券投资基金,从事公募基金业务需要取得中国证监会颁发的公募基金牌照;私募基金(private offering of fund)是指以非公开方式向特定投资者募集资金并以特定目标为投资对象的证券投资基金,从事私募基金业务需要通过中国证券投资基金业协会的登记备案审批。

个人投资者参与股票二级市场交易,首先需要在证券公司开立证券账户,并与银行资金账户关联,之后通过证券公司或者第三方机构提供的股票交易软件即可参与股票市场的买卖交易日活动。图 6-1 展示了一个股票交易的界面,显示了各个股票在交易日的实时现价、涨跌幅、当日开票价以及市盈率(每股价格与每股收益之比)、换手率等相关信息。投资者可以根据相关信息对股票交易操作做出相应判断。

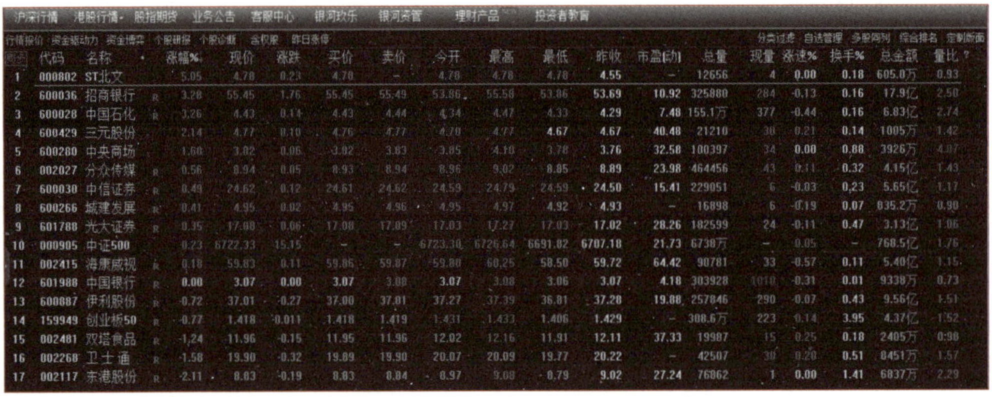

沪深行情 港股行情 股指期货 业务公告 客服中心 银河玖乐 银河资管 理财产品 投资者教育

行情报价 资金驱动力 资金博弈 个股研报 个股诊断 含权股 昨日涨停 分类过滤 自选管理 多股同列 综合排名 定制版面

	代码	名称		涨幅%	现价	涨跌	买价	卖价	今开	最高	最低	昨收	市盈(动)	总量	现量	涨速%	换手%	总金额	量比
1	000802	ST北文		5.05	4.78	0.23	4.78	–	4.78	4.78	4.78	4.55	–	12656	4	0.00	0.18	605.0万	0.93
2	600036	招商银行	R	3.28	55.45	1.76	55.45	55.49	53.86	55.58	53.86	53.69	10.92	325880	284	-0.13	0.16	17.9亿	2.50
3	600028	中国石化	R	3.26	4.43	0.14	4.43	4.44	4.34	4.47	4.33	4.29	7.48	155.1万	377	-0.44	0.16	6.83亿	2.74
4	600429	三元股份		2.14	4.77	0.10	4.76	4.77	4.70	4.77	4.67	4.67	40.48	21210	30	0.21	0.14	1005万	1.42
5	600280	中央商场		1.60	3.82	0.06	3.82	3.83	3.85	4.10	3.78	3.76	32.58	100397	34	0.00	0.88	3926万	4.07
6	002027	分众传媒	R	0.56	8.94	0.05	8.93	8.94	8.96	9.02	8.85	8.89	23.98	464456	43	0.11	0.32	4.15亿	1.43
7	600030	中信证券	R	0.49	24.62	0.12	24.61	24.62	24.59	24.79	24.59	24.50	15.41	229051	6	-0.03	0.23	5.65亿	1.17
8	600266	城建发展	R	0.41	4.95	0.02	4.95	4.96	4.95	4.97	4.92	4.93	–	16898	6	-0.19	0.07	835.2万	0.90
9	601788	光大证券	R	0.35	17.08	0.06	17.08	17.09	17.03	17.27	17.03	17.02	28.26	182599	24	-0.11	0.47	3.13亿	1.06
10	000905	中证500		0.23	6722.33	15.15	–	–	6723.30	6726.64	6691.82	6707.18	21.73	6738万	–	0.05	–	768.5亿	1.76
11	002415	海康威视	R	0.18	59.83	0.11	59.86	59.87	59.80	60.25	58.50	59.72	64.42	90781	33	-0.57	0.11	5.40亿	1.15
12	601988	中国银行	R	0.00	3.07	0.00	3.07	3.08	3.07	3.08	3.06	3.07	4.18	303928	1010	-0.31	0.01	9338万	0.73
13	600887	伊利股份	R	-0.72	37.01	-0.27	37.00	37.01	37.27	37.39	36.81	37.28	19.88	257846	290	-0.07	0.43	9.56亿	1.51
14	159949	创业板50	R	-0.77	1.418	-0.011	1.418	1.419	1.431	1.433	1.406	1.429	–	308.6万	223	0.14	3.95	4.37亿	1.52
15	002481	双塔食品	R	-1.24	11.96	-0.15	11.95	11.96	12.02	12.16	11.91	12.11	37.33	19987	15	0.25	0.18	2405万	0.98
16	002268	卫士通	R	-1.58	19.90	-0.32	19.89	19.90	20.07	20.09	19.77	20.22	–	42507	30	0.20	0.51	8451万	1.57
17	002117	东港股份	R	-2.11	8.83	-0.19	8.83	8.84	8.97	9.08	8.79	9.02	27.24	76862	1	0.00	1.41	6837万	2.29

图 6-1 股票交易界面示例

计算机的大规模使用和信息技术的快速发展,使得机构投资者进行程序化交易成为可能。程序化交易可以使机构投资者按照预先设定的程序进行买入或卖出的操作。在中国,由于股票市场设有涨跌停限制和 T+1 的交易规则,程序化高频交易目前还未被大规模地使用。

所谓涨跌停限制规则,是指证券交易所为了抑制过度投机行为,防止市场出现过度波动,而在每日交易中规定当日的证券交易价格在前一个交易日收盘价的基础上上下波动的幅度。股票价格上升到该限制幅度的最高限价为涨停板,下跌至该限制幅度的最低限度为跌停板。

上海证券交易所和深圳证券交易所对上市交易的股票实行涨跌幅限制。例如,在一个交易日内,主板除首次公开发行上市前五个交易日外,股票交易价格相对上一交易日收市价格的涨跌幅度最大不得超过一定程度(如 10%),投资者在二级市场交易过程中的委托报价如果超过涨跌幅限制,则被视为无效委托。例如,一只股票前一交易日收盘价格为每股 6 元,按照10%涨跌幅限制规则，当日涨停价格为每股6.6元，跌停价格为每股5.4元。

投资者在购买股票时可以不使用全额资金，而是通过保证金交易制度，即融资融券的方式来买入或者卖出股票。融资融券中的保证金要求指的是购买股票的资金中可以借入部分的百分比。在股价上涨的时候，保证金交易可以放大投资者的收益，因为此时投资者的一部分资金并非来自自身本金。在股市出现泡沫的时候，保证金交易的风险是非常大的。

上海证券交易所和深圳证券交易所规定的融资融券维持保证金比率为50%。所谓维持保证金比率，就是投资者自身权益价值占整个投资组合市场价值的最小比例。为了防止投资风险，很多经纪公司设置了极高的维持保证金比率，但是针对不同投资风格、不同交易习惯的投资者，经纪公司会有着不同的要求。

例如，假设投资者购买了价值100元的股票，其中50元为自有本金，50元由经纪公司借入。如果股票价值下跌到了80元，意味着在整个投资组合中，投资者个人本金只有30元。如果维持保证金比率为25%，那么意味着在这个投资组合中，本金至少为20元，在此时，投资者将不会收到催缴保证金的通知。当股票价值下降到60元时，投资者的本金为10元，已经跌破了维持保证金比率，这时投资者将会收到追加保证金的通知，如果投资者不按时缴纳保证金，将会被强行平仓。

拓展阅读 6-1

2018年光大证券乌龙指事件

2013年8月16日11点05分，上证综指出现大幅拉升，大盘一分钟内上涨超5%，最高涨幅5.62%，指数最高报2 198.85点，盘中逼近2 200点。下午2点，光大证券公告称策略投资部门自营业务在使用其独立的套利策略系统时出现问题。此次事件后来被称为“光大证券乌龙指事件”。

事件触发原因是程序化交易过程中的系统缺陷。光大证券的策略投资部使用的套利策略系统出现了问题，该系统包含订单生成系统和订单执行系统两个部分。核查中发现，订单执行系统针对高频交易，在市价委托时，对可用资金额度未能进行有效校验控制；而订单生成系统存在的缺陷，会导致特定情况下生成预期外的订单。

后来经过检查，发现问题出自程序化交易系统的订单重下功能：当日11时2分，第三次180ETF套利下单，交易员发现有24只股票申报不成功，于是使用“重下”功能，但这一功能没有经过实盘验证，计算机程序把买入24个成分股写成了买入24组180ETF成分股，结果生成巨量订单。光大证券乌龙指事件反映出，程序化交易过程中必须确保交易设定的正确性，否则错误指令可能带来意想不到的严重后果。

第三节 股票价格指数

股票价格指数描述的是指数构建所包含的股票在交易日的集体表现情况。股票价格指数还可以用来评价特定个股和基金相对于市场的表现情况。中国股票市场有多种不同的股票价格指数，用于反映不同类别股票价格的总体走势情况，如上证综指、深证成指、沪深 300 指数、上证 50 指数、中证 500 指数等。反映总体股票价格走势的上证综指和深证成指的走势情况如图 6–2 所示。沪深 300 指数、上证指数和中证 500 指数的历年走势情况如图 6–3 所示。下面分别对这些主要股票价格指数的编制背景及其反映的信息进行介绍。

上证综指全称为上海证券综合指数，是由上海证券交易所编制，以上海证券交易所挂牌上市的全部股票为计算范围，以发行量为权重进行加权计算出的综合股价指数，其走势反映了上海证券交易所上市股票价格走势的总体情况。该指数自 1991 年 7 月 15 日起发布，早期以 1990 年 12 月 19 日为基日，基日指数定为 100 点；2005 年后修改为以 2005 年 12 月 30 日为基日，基日指数定为 1 000 点，由上海证券交易所上市的所有完成了股权分置改革公司

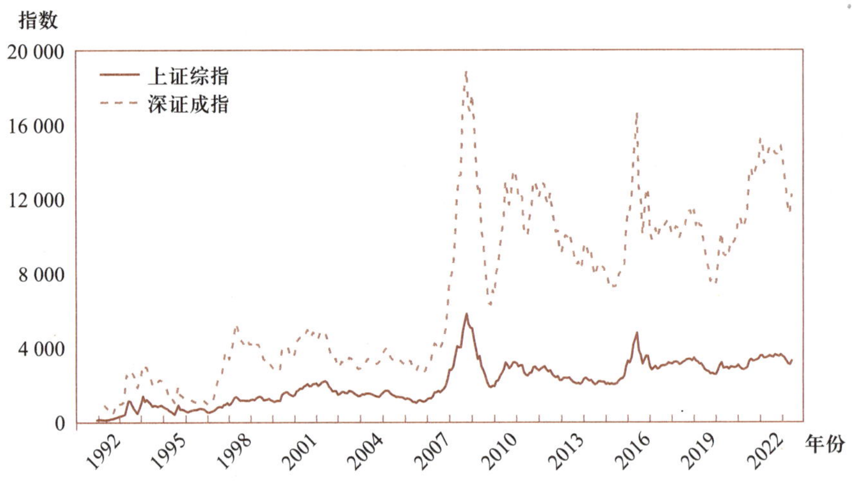

图 6–2　上证综指与深证成指走势（1991 年 12 月—2022 年 6 月）

资料来源：Wind。

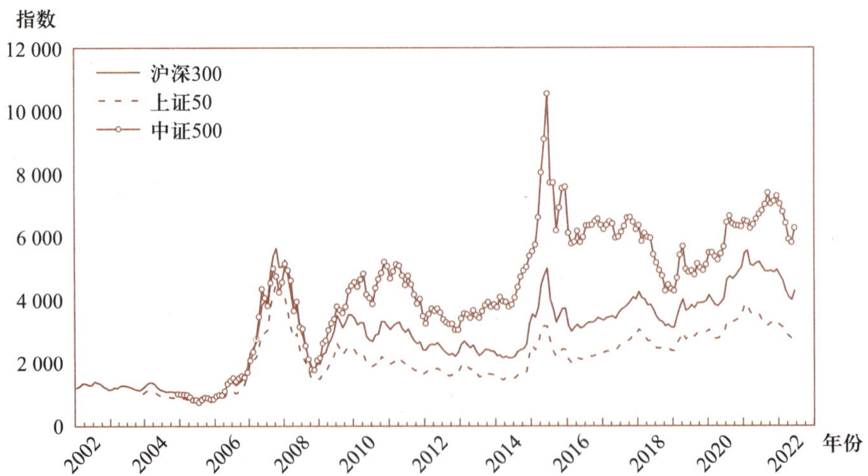

图 6–3　沪深 300、上证 50 和中证 500 股票价格指数走势（2002 年 1 月—2022 年 6 月）

资料来源：Wind。

的股票组成,此后实施股权分置改革的股票在方案实施后的第二个交易日纳入指数,按总股本加权计算。图 6-2 中"上证综指"刻画的是 2005 年修改后的新上证综指,反映了中国股权分置改革实施后公司的股价变动情况。

深证成指全称为深圳证券交易所成分股价指数,由深圳证券交易所编制,是深圳证券交易所的主要股票价格指数,按一定标准从深圳证券交易所上市股票中选取具有市场代表性的上市公司股票作为样本(早期为 40 家,2015 年之后为 500 家),以样本股的自由流通股数作为权重,采用一定加权方法获得综合股价指数。深证成指反映了深圳证券交易所市场主要股票价格走势的总体情况。该指数以 1994 年 7 月 20 日为基日,基日指数定为 1 000 点。为保证客观、公正,深圳证券交易所在每年 1 月和 7 月的首个交易日定期更换代表性降低的上市公司,样本调整方案在前一年的 12 月和当年 6 月提前公布。

沪深 300 指数由中证指数有限公司编制,用来描述沪、深两市规模最大、流动性最好的 300 只股票的价格变动情况。沪深 300 指数的基日为 2004 年 12 月 31 日,基日指数为 1 000 点。该指数由于样本空间相对较大,截至 2022 年 6 月 30 日,其总市值达到 52.44 万亿元人民币,占 A 股总市值的 56%,可以较好地反映中国 A 股市场股价走势的总体情况。鉴于沪深 300 指数较好地反映了 A 股市场的变化情况,中国金融期货交易所于 2010 年推出了对应的股指期货——沪深 300 股指期货,以此来丰富投资者的交易手段。

上证 50 指数由上海证券交易所编制,目标在于建立成交活跃、规模大、作为金融衍生工具基础的投资指数。该指数从上海证券交易所上市股票中挑选规模大、流动性好的最具代表性的 50 只股票作为样本,按照特定加权方法计算股价指数,综合反映了上海股票市场最具影响力的一批龙头企业的股票价格走势情况,指数基日为 2003 年 12 月 31 日。

中证 500 指数由中证指数有限公司编制,是从全部 A 股中剔除沪深 300 指数成分股以及总市值前 300 名的股票后,由剩余股票中总市值的前 500 名构成的加权股价指数,反映了中国 A 股市场中一批中型市值公司的股票价格走势情况。中证 500 指数于 2007 年 1 月 15 日正式发布,指数基日为 2004 年 12 月 31 日,基日指数为 1 000 点。

拓展阅读 6-2

中国的股权分置改革

股权分置,是指中国A股市场上的上市公司的股份曾经分为流通股与非流通股的情况。向社会公开发行且能在证券交易所上市交易的股份称为流通股。公开发行前暂不上市交易的股份称为非流通股。同一上市公司股份分为流通股和非流通股的状况简称股权分置。

由于股权分置不能适应资本市场改革开放和稳定发展的要求,所以通过股权分置改革,能够消除非流通股和流通股的流通制度差异。股权分置改革是为了解决中国 A 股市场相关股东之间的利益平衡问题而采取的举措。

到 2006 年年底,中国沪深两市已完成或者进入改革程序的上市公司占应改革上市公司的 97%,对应市值占比 98%。中国证监会于 2007 年宣布中国股权分置改革任务基本完成。

股权分置改革结束了上市公司两类股份、两种价格并存的历史，强化了上市公司各类股东的共同利益基础，为完善市场定价功能和资源配置功能、提高上市公司治理水平和推进市场创新发展创造了基础条件。改革稳定了市场预期，增强了投资者信心，促进了机构投资者队伍壮大，上市公司结构进一步改善，市场制度创新和产品创新步伐加快。

第四节 多层次证券交易系统

股票交易和股权转让依托于证券交易系统。我国目前主要设有全国性交易所市场证券交易系统（上海证券交易所、深圳证券交易所、北京证券交易所）、新三板市场交易系统（全国中小企业股份转让系统）、新四板市场交易系统（区域性股权交易中心），用来进行股票交易和股权转让。其中，全国性交易所市场证券交易系统包括主板、科创板和创业板，一般把主板称为一板，把科创板和创业板称为二板。多层次证券交易系统中的板块划分主要是为了根据不同发行人的情况制定相应的配套规则（包括上市审核、交易、投融资等规则），从而满足不同类型企业在不同发展阶段的融资需求。例如，对于交易所市场，上交所和深交所的主板面向大型和特大型企业，科创板和创业板面向科技型和创业型中小企业，北交所则面向创新型中小企业；新三板市场面向创新创业和成长型中小企业；新四板市场则面向其他有股权融资需求的中小微企业。

图 6–4 归纳了截至 2021 年我国股票和股权交易依托的多层次证券交易系统和对应的

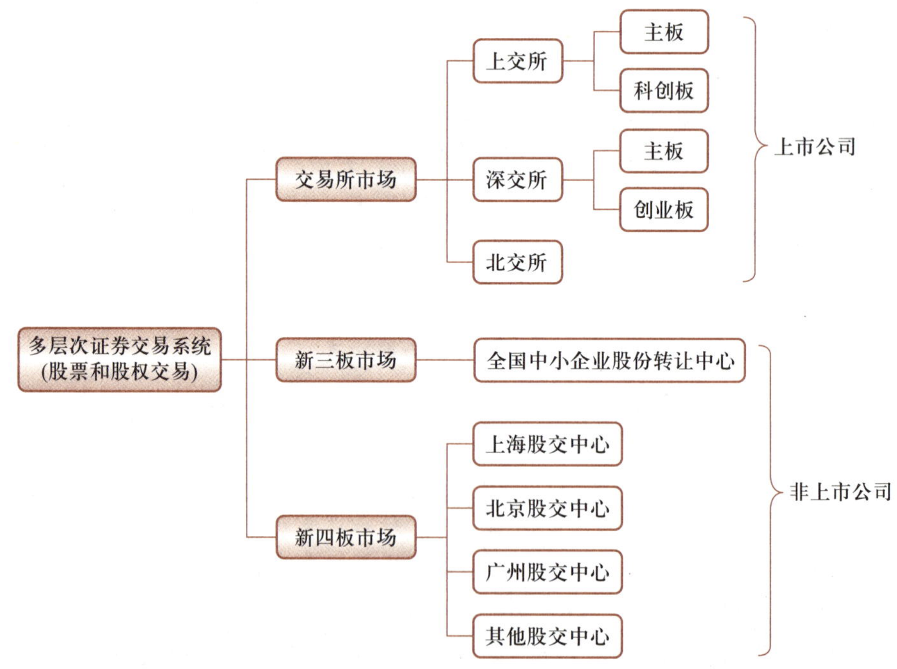

注：图中“上海股交中心”全称为“上海股权托管交易中心”，其他股交中心全称类似。

图 6–4 中国多层次证券交易系统

板块市场情况。其中，上市公司的股票在交易所市场进行交易，非上市公司的股票在新三板和新四板市场进行交易；交易所市场属于场内市场，新三板和新四板属于场外市场。

一、全国性交易所市场证券交易系统

全国性交易所市场证券交易系统有上海证券交易所、深圳证券交易所和北京证券交易所，分别简称上交所、深交所、北交所。截至 2022 年 6 月，在上交所上市的企业有 2 098 家，在深交所上市的企业有 2 645 家，在北交所上市的企业有 96 家。企业如果要在这三大交易所上市，需要在公司治理、财务指标等方面达到一定要求。

（一）深圳证券交易所

深交所于 1990 年试营业，成立初期归中国人民银行深圳市分行管理，1993 年 4 月 1 日深圳证券管理委员会成立以后由证券管理委员会管辖。随着深交所的交易逐步活跃，上市公司数量逐渐增加，影响范围也不断扩大。1997 年 8 月，国务院决定，将深交所划归中国证监会直接管理。2000 年 10 月，为配合创业板筹建，深交所 A 股新股发行及上市被全部停止。直到 2004 年 5 月深交所设立中小板之后，深交所才重新恢复新企业上市。2009 年 10 月 23 日，深交所创业板正式启动。截至 2023 年，深交所设有主板市场和创业板市场。

（二）上海证券交易所

上交所成立于 1990 年 11 月 26 日，同年 12 月 19 日开业。1993 年上交所成立上市委员会，标志着对上海证券市场的统一管理。1997 年 8 月，上交所与深交所一同被划归中国证监会管理。2003 年 1 月 2 日，为了丰富市场资讯，上证国债指数正式发布，填补了我国证券市场债券指数的空白。2010 年 3 月 31 日，上交所融资融券业务开始运行，投资者投资方式进一步丰富。

2019 年，中国在上交所设立科创板，并试点注册制，这是对证券市场改革的又一次新尝试。设立科创板并试点注册制有助于提升服务科技创新企业能力、增强市场包容性、强化市场功能，也是多层次资本市场建设的重要举措之一。截至 2023 年，上交所设有主板和科创板两个市场。

（三）北京证券交易所

北交所成立于 2021 年 9 月，是经国务院批准设立的第一家公司制证券交易所，受中国证监会监督管理。其经营范围是依法为证券集中交易提供场所和设施、组织和监督证券交易以及证券市场管理服务等业务。从核心内容看，北交所为新三板精选层企业发行和交易股票提供服务，是中国深化新三板改革的重要措施。

北交所的定位清晰，即：以坚持服务创新型中小企业为市场定位；与沪深交易所、区域性股权市场错位发展和互联互通，发挥转板上市功能；与新三板现有创新层、基础层坚持统筹协调与制度联动，维护市场结构平衡。

北交所的目标明确：一是构建一套契合创新型中小企业特点的涵盖发行上市、交易、退市、持续监管、投资者适当性管理等的基础制度安排，提升多层次资本市场发展普惠金融的能力；二是畅通北交所在多层次资本市场的纽带作用，形成相互补充、相互促进的中小企业直接融资成长路径；三是培育一批优秀的创新型中小企业，形成创新创业热情高涨、合格投资者踊跃参与、中介机构归位尽责的良性市场生态。

在这些交易所中，投资者的交易单据都是完全电子化的，都通过计算机进行。超过 95% 的交易都是通过指定订单周转系统（SuperDOT）进行的。当订单被执行的时候，关于该订单的报告会通过同样的系统很快地到达交易所办公室。

当股价达到一个新的价格时，这个信息会很快地传达到交易所报价系统中。交易所报价系统是实时更新的，展现了整个市场中每只股票当时的交易情况，其展示的信息包括但不限于股票代码、股价、成交量、相对于前一交易日的涨跌情况、当日振幅等。股票代码是由一串数字和市场代码后缀组成的，在上交所上市的股票后缀为 SH，在深交所上市的股票后缀为 SZ。每一个股票代码都代表了特定的公司。

在一些情况下，股价在交易日波动的幅度会非常大。在 2015 年 6 月 12 日到 7 月 3 日的十几个交易日内，上证指数从 5 174.42 点下跌到 3 686.92 点，总跌幅达到 28.75%，尤其是在 2015 年 6 月 19 日和 6 月 26 日这两个交易日，分别下跌 6.42% 和 7.4%，出现了近千只股票跌停的情况，部分上市公司甚至用停牌的方法来缓解自身股价下跌的趋势。

二、其他交易系统

除了上交所、深交所和北交所之外，我国还有新三板和新四板交易系统。

新三板全称为全国中小企业股份转让系统，主要为非上市股份有限公司的股份公开转让、融资、并购等相关业务提供服务，并于 2006 年 1 月在深交所正式挂牌启动。截至 2020 年 12 月，新三板共有挂牌公司 8 187 家，总股本为 5 335.28 亿股，涵盖了软件、生物制药、新材料、文化传媒等新兴行业。而在此之前的三板市场被称为老三板，包括原来在全国证券交易自动报价系统（STAQ）和全国电子交易系统（NET）挂牌公司和退市公司。相对于主板、创业板来说，新三板的影响力较小，规模也比较小。

新四板全称是区域性股权交易中心，是为特定区域内的企业提供股权、债券转让和融资服务的场外市场，是公司规范治理、进入资本市场的孵化器。2012 年，国家为了促进中小企业发展，解决区域小微企业融资难问题，允许各地区申请设立区域性股权交易中心，由省级人民政府实施监督管理，在中国证监会备案，服务于特定区域内的中小微企业。截至 2021 年，在中国证监会备案的区域性股权交易中心有 36 家。

拓展阅读 6-3

不同证券交易系统上市公司的股票代码规则

中国股票市场目前总体分为 A 股和 B 股。A 股是人民币普通股，是由中国境内公司发行，供境内投资者以人民币认购和交易的普通股股票；B 股是人民币特种股票，即以人民币标明面值，以外币认购和买卖，在中国境内（上海、深圳）证券交易所上市交易的外资股。

在中国证券交易所或交易系统上市的公司，其股票交易代码有一定规则。截至 2023 年，上交所和深交所 A 股市场均有两个板块。在这些板块上市的公司股票代码规则如下：

上交所 A 股主板上市公司的股票代码以 600、601 或 603 开头，其中 6006 开头的是最早上市公司的股票，6016 开头的为大盘蓝筹股。上交所 A 股科创板上市公司的股票代码以 688 开头。

深交所A股主板上市公司的股票代码一般以000开头(有两只股票代码升级以后采用001开头,即001696宗申动力、001896豫能控股)。深交所A股原中小板上市公司的股票代码以002开头,现该板块已并入主板。深交所A股创业板上市公司的股票代码以300开头。

第五节 股票估值

股票估值是指对股票的内在价值(理论价值)进行确定。在现实中,由于股票的当前市场价格可能并不等于内在价格,所以对股票进行估值对于投资者来说非常重要。投资者通过了解股票的内在价值,可以确定股票当前市场价格是否被高估或者低估。

股票估值方法包括绝对估值法和相对估值法。

一、绝对估值法

绝对估值法是通过对上市公司历史及当前基本面分析和对未来反映公司经营状况的财务数据的预测,获得上市公司股票的内在价值。绝对估值法包括股息折现模型(dividend discount model,DDM)和现金流折现模型(discounted cash flow model,DCF)。

股息折现模型采用持有该股票能够获得的未来现金股息的折现值之和来估计当前股票价值。例如,假设投资者永续持有一只股票,当前股票价格 P 可以由如下公式得出:

$$P=\frac{D_1}{(1+d)}+\frac{D_2}{(1+d)^2}+\frac{D_3}{(1+d)^3}+\cdots \tag{6-1}$$

式中:D_n 为第 n 年的预期发放股息,$n=1,2,3,\cdots$;d 为折现率。

如果我们预期公司未来各期派发等量的股息 D,则方程就可以简化为:

$$P=\frac{D}{d} \tag{6-2}$$

如果公司长期稳定地派发现金股利,且未来股息发放情况可以预期,则股息折现模型能够较为准确地揭示公司股票的内在价值。但是,如果公司股息派发情况难以预期,运用股息折现模型就不具有可行性。这种情况下可以考虑运用现金流折现模型进行估值计算。

现金流折现模型采用公司未来自由现金流的折现值之和来估计股票内在价值,计算公式为:

$$P=\frac{FCF_1}{(1+d)}+\frac{FCF_2}{(1+d)^2}+\frac{FCF_3}{(1+d)^3}+\cdots \tag{6-3}$$

式中:FCF_n 为第 n 年的预期自由现金流,$n=1,2,3,\cdots$。自由现金流指公司资金满足日常经营管理和资本开支等项目以后能有效分配给股东的现金流,反映了公司发放现金股利或进行股票回购的能力。

假设已经知道了预期股息或预期自由现金流以及折现率的大小,那么可以得到股票当前的内在价值。如果股价低于该理论值，就可以买入该股票；如果股价高于该理论值，就需要将它卖出。在现实世界中，每个投资者预期股票所能带来的股息或自由现金流并不一致，这也是能形成交易的原因之一。

拓展阅读 6-4

绝对估值法应用

贵州茅台股份有限公司是中国 A 股主板上市公司。投资者预期该公司将在未来 10 年内每年派发现金股利 50 元/股，并且预期 10 年后公司股票的出售价格为 1 000 元/股，公司股票的折现率为 8%，则当前股票的价格 P 应该为多少比较合理？

由于公司股利发放情况可以预期，采用股息折现模型对股票价值进行估计。根据式（6-1），当前股票价格应为：

$$P=\sum_{i=1}^{10}\frac{50}{(1+8\%)^{i}}+\frac{1\,000}{(1+8\%)^{10}}=798.70(\text{元})$$

使用绝对估值法进行估值时，折现率的决定往往是一个比较重要的问题。一般认为，折现率应该是投资者持有该股票所能获得的收益率。根据资本资产定价模型，个股收益率应等于无风险收益率加上风险溢价，其中无风险收益率一般为政府长期债券的收益率。

风险溢价一般由两部分组成：市场风险溢价和个股风险溢价。市场风险溢价一般是基于历史数据得出的，是指持有该只股票平均收益率超出无风险收益率的部分。个股风险溢价是由贝塔系数所衡量的，表示个股收益率对整个市场收益率变化的敏感程度。

假设沪深 300 指数收益率的变化可以代表整个市场收益率的变化，若沪深 300 指数收益上升 1%，而个股收益率上升了 2%，该股票的贝塔系数就等于 2。这也说明该股票的风险大于市场平均风险，因为其波动大于市场平均波动。

根据以上阐释，资本资产定价模型描述了个股收益率与市场风险溢价和个股风险溢价之间的关系。根据该模型，个股收益率可以由如下方程给出：

$$d=R_{\mathrm{f}}+\beta\cdot R_{\mathrm{m}} \tag{6-4}$$

式中：d 为个股收益率；R_{f} 为无风险收益率；β 为个股的贝塔系数；R_{m} 为市场组合的风险溢价（市场收益率减去无风险收益率）。

如果我们进一步假设持有该股票所获得的股息收益 D 每年会按照一定的增长率增长（假设该固定增长率为 g），那么估计的股票价值 P 可由如下方程给出：

$$P=\frac{D}{d-g} \tag{6-5}$$

二、相对估值法

相对估值法通过将待估值股票与其他可比公司股票的市盈率、市净率、市售率、市现率等价格指标进行比较，来判断待估值股票是否被合理定价。可比公司指的是与待估值公司在所处行业、主营业务、经营规模、成长阶段等方面相似的公司。例如，投资者希望运用相对估值法对山西汾酒公司的股票进行估值。山西汾酒公司属于食品饮料行业，主营业务为白酒，2021 年 6 月 25 日的总市值为 3 893 亿元。投资者可以考虑选取处于同一行业、主营业务相同且总市值相近的泸州老窖（总市值 3 441 亿元）和洋河股份（总市值 3 211 亿元）等作为可比公司。

市盈率（price-to-earning ratio，PE）是相对估值法最常用的估值指标。市盈率是每股价格与每股收益的比值，或总市值与净利润的比值，计算公式为：

$$市盈率=\frac{每股价格}{每股收益}=\frac{总市值}{净利润} \tag{6-6}$$

实际计算中，每股收益通常选用三种不同的口径：最近一个完整会计年度的每股收益、最近 12 个月的每股收益、预测的年度每股收益。前两种口径完全采用已知的历史数据计算市盈率，优点在于计算结果客观可信。然而，投资者往往更加关心公司未来盈利能力，历史每股收益未必反映公司未来盈利情况。第三种口径对公司未来盈利情况进行预测，但是可能存在预测误差。不管采用哪种口径的每股收益，都必须确保待估值公司和可比公司采用一致的口径。

市盈率的含义是股票投资年度收益率的倒数。例如，某股票当前的价格为 50 元/股，预测下一年每股收益为 5 元，则该股票的市盈率为 50/5=10。假设公司净利润全部以现金股利形式发放，若当前购买该股票并持有一年，则持有期收益率为 5/50=10%，与市盈率互为倒数。因此，如果待估值公司的市盈率显著高于可比公司市盈率，就意味着投资待估值公司股票所获得的收益率显著低于可比公司，即待估值公司股票价格被高估，反之，则说明待估值公司股票收益率显著高于可比公司，股票价格被低估。

市盈率具有容易理解、便于计算的优点，但是也有比较明显的缺陷：首先，当每股收益为负值时无法运用市盈率进行比较估值；其次，市盈率无法区分经营活动和非经营活动（如金融资产收益）产生的利润，进而可能降低公司之间的可比性。因此，现实估值中还常计算市净率（每股价格/每股净资产）、市销率（每股价格/每股营业收入）和市现率（每股价格/每股现金流量）等指标与市盈率互为补充。下面对市净率加以简要介绍。

市净率（price-to-book ratio，PB）是另一种常用的估值指标。市净率是每股价格与每股净资产的比值，亦即总市值与净资产的比值，计算公式为：

$$市净率=\frac{每股价格}{每股净资产}=\frac{总市值}{净资产} \tag{6-7}$$

净资产又称账面价值，是公司总资产与总负债的差值。假设公司立即出售所有资产并清偿所有债务，股东可获得的剩余部分就是公司的净资产。总市值又称市场价值，也就是投资者在股票市场上购买公司发行的全部股票所需花费的成本。

账面价值和市场价值都是反映公司总价值的指标，但是二者的经济学含义具有明显区别。账面价值可以通过公司的资产负债表计算获得，反映的是公司过去经营成果中股东占有的价值。根据绝对估值法相关内容，市场价值等于公司未来现金流的折现值之和，反映的是投资者对公司未来经营情况的预期。因此，市净率衡量的就是公司在现有价值的基础上创造未来现金流的能力。市净率越高，表示投资者相信公司未来创造价值的能力越强。

高市净率对应着两种可能的情形:①公司当前的资产质量非常高,创造价值能力很强,具有很好的发展前景;②公司股票价格被高估。因此,运用市净率进行股票估值时,如果注意到某公司的市净率显著高于(低于)同行业公司,则应当首先分析该公司的资产质量和发展前景是否较同行业其他公司有明显优势(劣势),如果答案是否定的,才能得出该公司股票价格被高估(低估)的结论。

市净率指标不仅被广泛用于估值实践,而且是现代资产定价理论的重要组成部分。尤金·法玛和肯尼斯·弗伦奇运用美国股市数据检验发现,1963 年至 1990 年期间市净率最高(后 5%)的股票构成的组合的月度回报率为 0.30%,而市净率最低(前 5%)的股票构成的组合月度回报率为 1.83%。① 这恰恰说明低市净率的股票更可能被低估,因此能够产生更高的回报率。

拓展阅读 6-5

基于市盈率的股票估值

绿地控股集团股份有限公司是中国 A 股主板上市公司,简称绿地控股,代码 600606,属于房地产开发行业。某一时点绿地控股的股票价格为 5.5 元 / 股,最近 12 个月每股收益为 1.3 元,则其市盈率为 5.5/1.3=4.2。选定新城控股(601155)、招商蛇口(001979)和金地集团(600383)作为绿地集团的可比公司,同一时点可比公司的相关数据如下:

股票名称	每股价格(元)	每股收益(元)	市盈率
新城控股	41.9	6.9	6.1
招商蛇口	11.0	1.6	7.0
金地集团	10.3	2.1	4.8

绿地控股和可比公司(包括自身)的平均市盈率为 5.5,高于绿地控股的市盈率 4.2,因此根据市盈率判断绿地控股该时点价格被低估。如果按可比公司平均市盈率计算,绿地控股股票该时点的合理价格为 1.3 × 5.5=7.2(元/股)。

第六节 有效市场假说

一、基本内容

有效市场假说(efficient markets hypothesis)是关于金融市场上证券价格与市场信息之间的关系的假说。有效市场假说认为,当金融市场处于均衡状态时,证券价格反映了市场上

---

① FAMA E F, FRENCH K R. The Cross-Section of Expected Stock Returns [J]. Journal of Finance, 1992, 47(2): 427-465。

的所有可用信息。

要理解有效市场假说，我们需要回顾经济学中常用的一个概念，即理性预期。一般来说，人们对于市场上某种产品的价格预期受到当前和历史价格影响，还会受到对未来经济走势预期的影响。也就是说，价格预期既会受到历史因素影响，也会受到对未来判断的影响。如果价格预期的形成基于过去和现在所有的可用信息（所有可用信息是关键词），此时的预期称为理性预期。理性预期理论认为，理性预期是一种最优预测，即预测值与现实值的差从长期看可以忽略不计，且差值序列服从独立分布。这样，可以用以下公式表示理性预期：

$$E(P_{t+1}) = P_{t+1} + v_{t+1} \tag{6-8}$$

式中：v_{t+1} 表示预测误差。

理性预期的关键就在于该预测误差是服从均值为 0 的独立分布的随机扰动项，从而保证 t+1 实现的价格（P_{t+1}）与价格预期之间的预测误差平均来看（取期望）等于 0。

理性预期理论暗示，如果市场参与者在形成价格预期过程中没有使用所有可用信息，那么就会为此付出代价。例如，生产厂商在生产产品并进行定价的过程中，没有考虑宏观政策对利率的调整以及由此对产品需求（下降）的影响，没有及时调整生产策略，就可能在未来市场销售中遭遇产品价格下跌的损失。

对于金融市场来说，有效市场假说就是指证券价格反映了市场上所有可用信息。因为证券的收益率与价格紧密联系，所以还可以从证券收益率角度理解有效市场假说。在有效市场上，证券的收益率只反映风险与流动性（risk and liquidity）的差异。

我们以股票为例，假定均衡状态收益率是 10%，这一收益率 R 是基于价格 P 及分红 D 计算而来的，即：

$$R=\frac{P_{t+1}-P_t+D}{P_t} \tag{6-9}$$

有效市场假说认为，证券的未来预期价格是理性的，即 t+1 时刻的预期价格应该正好等于利用所有可用信息得到的最优预测值。如果上例中的股票发行公司公告一个利好消息，那么股票的预期价格就会上升。此时的问题是当前的股票价格会如何反应。如果股票的风险与流动性都没有变化，那么均衡状态的收益率仍然应该保持 10% 不变。由于利好消息导致预期价格上升，那么当期价格就会迅速反应出现上升，从而使得均衡收益率 10% 保持不变。

为了说明问题，假设上例中的股票当期价格是 100 元，预期价格也是 100 元，分红是 10 元，此时处于均衡状态，收益率就是 10%。当公司宣布利好消息以后，预期价格上升到 120 元。由于公司股票的风险和流动性都没有发生变化，有效市场假说对应的结果应该是均衡收益率保持 10% 不变。那么，此时股票现价会变化到多少呢？我们利用之前的公式，把以上数字代入可得：

$$10\%=\frac{120-P+10}{P}$$

计算得到，此时现价变为 118 元，这就是有效市场对应的现价。

有效市场假说的逻辑非常清楚。如果证券现价没有完全反映预期的变化，那么一定会存在没有开发出来的获利机会，市场参与者通过购买此类证券就可以获得超额收益。正是由于市场参与者会被这种获利驱使，所以获利机会只要一出现就会立刻被用光，从而使得证券现价迅速调整到均衡收益对应的价格。

二、有效市场假说的三种形式

有效市场假说可以分为三种形式,即根据证券价格所反映的市场信息层次,划分为弱有效、半强有效和强有效市场假说。

在弱有效市场(weak-form efficiency)中,证券价格反映了过去的所有信息,如成交价格、成交量等。在该类市场中,任何投资者都不能利用过去的信息制定投资策略进行证券买卖而获取异常收益率(在有效市场中,与风险水平相当的证券收益率为正常收益率,实际收益率与正常收益率的差额为异常收益率(abnormal return))。在弱有效市场中,市场行为的历史资料已经充分发挥了作用,不能再继续影响证券市场的价格走势。即证券价格充分反映了历史上一系列交易价格和交易量中所隐含的信息,或者说有关证券的历史交易信息已经被充分披露和完全使用,任何投资者都不可能通过使用任何方法来分析这些历史交易信息以获取超额收益。

在半强有效市场(semi-strong-form efficiency)中,证券价格已经反映了所有公开的信息,如公司的盈利宣告、股票分割、红利宣告等。在该类市场中,任何投资者不能利用公开的信息制定投资策略进行证券买卖来获取异常收益率。

在强有效市场(strong-form efficiency)中,证券价格已经反映了所有的信息,包括所有公开信息和私人信息及内部信息,它是有效市场的最高形式。在该类市场中,任何投资者都无法获得异常收益,公司内部人员也同样如此。强有效市场假说不仅指出证券价格反映了所有信息,而且强调信息准确、完整,充分反映了证券真实的基本价值(fundamental value)。

复习要点

1. 普通股与优先股的区别。
2. 股票的发行与转让机制。
3. 股票价格指数的含义。
4. 中国的证券交易系统。
5. 股票估值的基本原理。
6. 有效市场假说的内容。

关键术语

股票市场	普通股	优先股	IPO
上证综指	深证成指	上交所	深交所
北交所	新三板	新四板	股票估值
市盈率	每股收益	弱有效市场	半强有效市场
强有效市场			

即测即评

请扫码检测本章学习效果。

练　习　题

参考答案

1. 企业选择上市发行股票进行融资，主要动机是什么？

2. 中国和美国上市公司发行的普通股和优先股在股息收入的税收政策方面有哪些异同？

3. 优先股有哪些特性？其与债券和股票的联系与区别是什么？

4. 一个公司要在中国进行股票 IPO，需要经过哪些主要流程？证券公司在 IPO 过程中主要承担哪些工作？

5. 假设投资者预期中国移动通信股份有限公司将在未来 10 年内每年派发现金股利 5 元/股，并且预期 10 年后公司股票的出售价格为 100 元/股，公司股票的折现率为 10%，则当前股票的价格 P 应该为多少？

6. 如何判断一个市场是否是有效市场？

补充阅读材料

扫码查看本章补充阅读材料。

第七章

金融衍生品市场

学习目标

1. 掌握远期合约的交易机制
2. 掌握期货合约的交易机制
3. 掌握期权合约的交易机制
4. 掌握互换合约的交易机制
5. 掌握金融衍生品市场的功能
6. 掌握不同金融衍生品交易的市场组织形式

本章导读

金融衍生品通常是在单一名称的金融产品基础上衍生设计出的金融产品，其价值由该衍生品所依托的基础资产的价值派生而来。当然，金融衍生品依托的基础变量也可以是商品或者其他非金融产品。金融衍生品主要用于金融市场中交易主体进行金融风险管理（特别是对冲风险），当然也可以用于流动性管理和满足融资及投机等需求。

常见的金融衍生品包括四类，分别是远期合约、期货合约、期权合约和互换合约。从基本定义来看，远期合约是交易双方签订的在未来某一时间按照约定价格买卖特定金融产品的合约；期货合约是交易双方通过期货交易所进行交易的合约，交易中一方在未来某一时间按照约定价格从另一方买入特定对象（可以是商品也可以是金融资产），每日需要清算损益，交易所通过保证金等措施保障双方不出现违约；期权合约赋予交易双方中的买方在未来某一时间按照约定价格从对手方买入或者向对手方卖出特定金融资产的权利；互换合约是双方同意在设定期间内的预定日期互换一系列现金流的合约。

可以看出，以上四类常见的金融衍生品都是交易方在当前达成关于未来进行某种交易的约定。所有金融衍生品合约本质上都存在两类头寸（positions），即做多头寸和做空头寸，简称多头（long position）和空头（short position）。多头就是指买入，空头就是指卖出。不过，每类金融衍生品的多空头特征、双方权利和义务属性以及交易机制并不相同，各衍生品的功能自然也存在明显差别。本章将对以上四类金融衍生品的基本定义、典型特征以及交易机制进行介绍。

第一节　远期合约市场

一、远期合约的基本概念

远期合约的标的可以是金融资产也可以是商品，前者是金融远期合约，后者则是商品远期合约。金融市场范畴内的远期合约市场主要是指金融远期合约市场。本节主要介绍金融远期合约相关内容，在不做特殊说明的情况下，远期合约即指金融远期合约。

金融远期合约是交易双方所达成的一种合同契约，约定了在未来的交易中以当前所确定的价格交易特定的金融资产。不难看出，远期合约与现货合约形成了鲜明的对比，现货合约是交易双方根据当前市场情况即时买卖一项资产。金融远期合约一般都在场外交易，交易双方一般是金融机构或者金融机构与其客户。

金融远期合约可以用来规避金融工具价格变化所带来的风险。金融资产价格波动越剧烈，远期合约的运用越广泛，在衍生品市场中的地位也越重要，尤其是用来对冲外汇市场中价格波动所带来的风险（如图 7-1 所示）。本节主要介绍外汇市场中远期合约的运用。

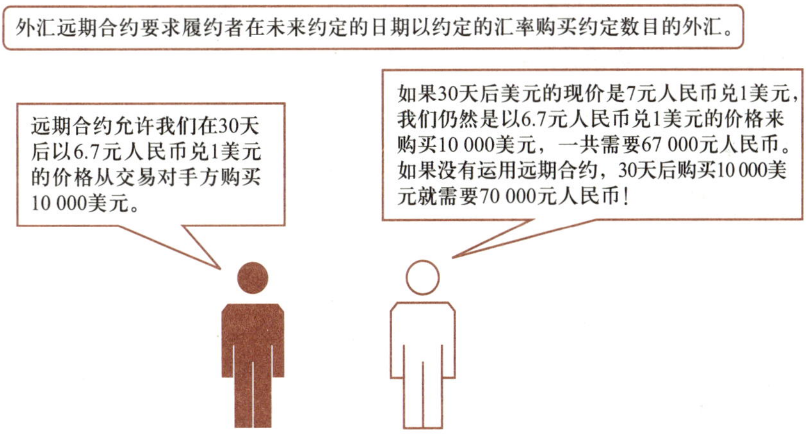

图 7-1　外汇远期合约对冲汇率风险

汇率代表一种货币可以兑换其他货币的金额（第十九章介绍汇率相关内容）。汇率风险指的是汇率波动造成投资者所持有资产价值的波动，由此可能给投资者带来预期之外的损失。汇率越不稳定，汇率风险就越大。自从 20 世纪 70 年代世界范围内主要工业国开始采用浮动汇率制度以来，汇率波动得越来越剧烈。另外，随着国际贸易的发展和各国金融市场的全球化，各国对以外国资产为标的的金融工具的需求也开始增加。这也造成了投资者在进行外汇交易的过程中，汇率波动更加剧烈，其所面临的汇率风险增加。这些市场参与者需要从远期合约市场中找到对冲风险的工具。

在外汇交易中，即期汇率是即期（当前）进行交易的汇率。在远期合约中，交易双方所有条款都在即期达成一致，约定在未来的某一个时点执行。金融中介（例如经纪人、经纪机构等）一般负责撮合交易。在远期交易合约中，外汇远期合约比较常见，一般是由大型商业银行提供给其客户，使得他们可以在未来的某个交易日以约定好的汇率获得所需外汇。商业银行同时也持有一定的外汇储备以对冲自己所面临的汇率风险。

大型商业银行拥有很多在全球范围内经营的客户，这些客户知道在未来的某个时点自己可能收到一定数量的外汇，他们可以将这些外汇兑换为所需币种，用于偿还债务，购买商品、服务或者金融工具。例如，一家美国公司为了偿还即将到期的国内债券，希望在6个月之内将其所持有的日本股票市场上的股票出售，再将日元兑换为美元来偿还国内的债务。

大银行不仅以即期汇率买入或者卖出外汇，也会以远期汇率买入或者卖出外汇。而远期汇率又倾向于收敛到即期汇率值。影响远期汇率的因素与即期汇率的因素类似，包括两国利率差、预期通胀率、对两国经济展望、对货币政策与财政政策变化的预期等。这些因素都会影响外汇的供给与需求，从而影响即期汇率和远期汇率水平。

一家银行买入外汇远期合约再卖出，在这一过程中可以通过销售这些合约来盈利，向希望对冲汇率风险的客户提供服务，其盈利来源于银行买卖合约的差价。大型银行拥有悠久的外汇业务服务历史，特别是1972年之后国际货币体系由固定汇率体系转变为浮动汇率体系，远期合约成为贸易便利化服务的自然产物。

二、远期合约的交易机制

在金融远期合约交易中，一方扮演多头角色（long position，即买方），承诺在约定日期以约定价格买入特定资产；另一方扮演空头角色（short position，即卖方），承诺在同一约定日期以同样的约定价格卖出特定资产。

以外汇远期合约为例，很多大银行都有即期和远期外汇交易员，他们专门负责银行的外汇即期和远期交易。而且，很多大银行每日都会报出该银行各种外汇即期和远期的买价（bid）和卖价（offer）。表7-1演示了某银行在2021年12月1日的人民币对美元的即期和远期牌价。第一行表示该银行即期买入美元的报价为1美元兑6.425 6元人民币，即期卖出美元的报价为1美元兑6.427 6元人民币。也就是说，如果该银行现在从客户手上买入1万美元，银行愿意支付64 256元人民币；反过来，如果该银行现在向客户卖出1万美元，客户需要支付64 276元人民币。第二行到第四行分别表示该银行当前买入和卖出1个月、3个月和6个月远期美元的价格。

外汇远期合约也可以用来对未来汇率的变化进行套利活动。例如，一位投资者认为6个月之后的即期汇率将低于今天报出的远期汇率，就会考虑现在签订一份远期合约，约定在未来以较高的远期汇率卖出一笔外汇，即空头。如果投资者判断正确，那么他将在6个月之后再进入即期市场，在那时以较低的即期汇率买入这一外汇。举例来说，投资者与表7-1中的银行签订远期合约，约定6个月以后按照6.426 5的价格向银行卖出1万美元（银行按照现行牌价从投资者那里买入1万美元），这样6个月以后投资者将从银行获得64 265元人民币。假定6个月以后市场上即期汇率确实下降了，银行报出的人民币对美元的即期卖出

表 7-1　2021 年 12 月 1 日某银行人民币对美元外汇牌价
（报价表示 1 美元兑换人民币数量）

期限	买入	卖出
即期	6.425 6	6.427 6
1 个月远期	6.425 8	6.427 8
3 个月远期	6.426 1	6.428 1
6 个月远期	6.426 5	6.428 3

汇率是 6.416 5，那么此时投资者用之前远期合约中获得的 64 265 元人民币从银行买入的美元数量是 64 265/6.416 5=10 015.58（美元）。也就是说，投资者通过外汇远期合约操作，获利 15.58 美元。

同样，如果投资者认为 6 个月之后的即期汇率高于现在的 6 个月远期汇率，他会现在签订一份远期合约，未来以较低的汇率买入一笔外汇，即多头。如果投资者判断正确，那么他将在 6 个月之后进入即期市场，以较高的即期汇率将买入的这笔外汇卖出。事实上，正是这些套利交易行为使得远期汇率逐渐收敛到市场所预期的未来即期汇率水平，最终形成无套利均衡市场。外汇远期合约还可以用来对冲汇率风险，案例分析 7-1 对此进行了分析说明。

拓展阅读 7-1

外汇远期合约交易

投资者在即期约定好固定的交易汇率、交易数量，然后在未来的某一天按照约定好的条款与银行进行交易。例如，中国银行的客户 A 将在 6 个月之后收到 100 万美元的款项，需要将其换成人民币在国内使用，而客户 B 在 6 个月之后恰好需要 100 万美元。两位客户都知道美元兑换人民币的即期汇率，但是都担心未来 6 个月之内的外汇风险会使他们遭受损失。这两位客户都可以通过银行签订外汇远期合约，以规避汇率变动的风险。中国银行在此合约达成过程中扮演外汇做市商的角色，即向客户报出特定外汇的买卖价格（双向报价），并在约定价格上接受客户的买卖要求，以其自有外汇和资金与客户进行外汇交易。

假设按照远期汇率 1 美元可以兑换 6 元人民币，那么客户 A 将 100 万美元卖给中国银行可以获得 600 万元人民币，此时，1 美元=6 元人民币为卖价，客户 A 可以规避汇率下跌的风险。例如，6 个月之后汇率变为 1 美元兑换 5.9 元人民币，如果未做远期外汇合约交易，客户 A 在那时只能兑换 590 万元人民币。

与此同时，中国银行以 1 美元=7 元人民币的 6 个月远期汇率出售这 100 万美元给需要美元的客户 B，客户 B 届时需要支付 700 万元人民币，客户 B 可以规避汇率上涨的风险。例如 6 个月之后汇率是 1 美元兑换 7.5 元人民币，如果未做远期外汇交易，客户 B 届时需要用 750 万元才能兑换到 100 万美元。不难计算，在整笔交易中，中国银行获利 100 万元人民币。

当然，任何持有外汇的市场参与者都要面临汇率风险。这是因为银行与其客户之间安排的远期协议往往不能完全匹配。例如，客户 A 将会在 6 个月之后收入 100 万美元，客户 B 在 6 个月之后需要 90 万美元。对于中国银行来说，此时客户 A 收到的金额与客户 B 需求的金额之间的差值会存在汇率风险。在这个案例中，风险暴露（或者称为风险敞口）为 10 万美元，其价值也会随着汇率的波动而变化。

对于上述例子中的多头和空头来说，外汇远期合约交易的收益取决于合约执行价格 S_T 和合约到期时标的资产的即期价格 K。对于多头来说，远期合约交易中 1 单位标的资产对应的收益为 S_T-K；对于空头来说，远期合约交易中 1 单位标的资产对应的收益则为 $K-S_T$。

不难看出，多头和空头交易的收益可正可负，关键在于合约执行价格与到期时市场即期价格的高低比较情况。图 7–2 演示了远期合约交易中多头和空头的收益情况。可以看到，多头的收益理论上可以随着执行价格升高变得无限大，而空头的收益最高上限是执行价格为 0 时的情形。

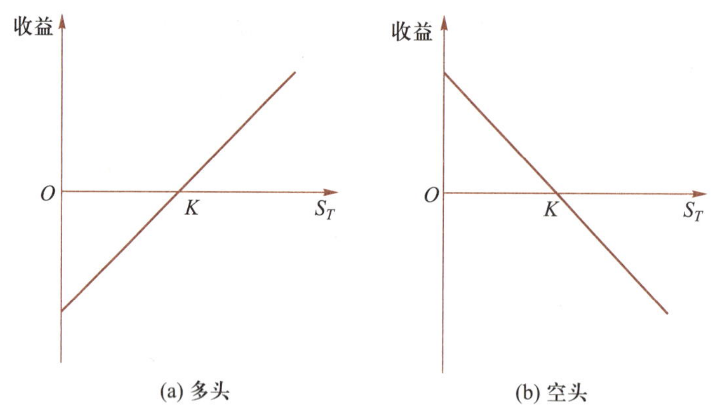

图 7–2 远期合约交易中多头与空头的损益

外汇远期合约可以提供套利机会，也可以帮助交易者对冲汇率风险，消除由于汇率波动所带来的不必要的损失，提供交易的便利。但是，远期合约也存在一些缺陷：首先是寻找交易对手有时候比较困难，如果寻找银行帮助撮合交易还需要付出一笔不菲的交易费用；所寻找的交易对手必须对标的资产有着对应的需求，并且交易期限必须要完全对应。其次是协议的一方可能发生违约，合约条款无法履行，解决这些问题可能需要通过法律手段。

中国的外汇远期交易市场规模与外汇即期合约相比还比较小（见表 7–2），可能是因为寻找交易对手和维持远期合约的执行都需要较高的成本。为了使远期合约成本与违约风险最小化,期货合约这样一种标准化合约的形式被广泛应用到了股票、债券等各种金融工具中。

表 7-2 人民币外汇合约成交量 单位:亿元人民币

合约类型	2016 年	2017 年	2018 年	2019 年	2020 年
外汇即期合约	588 348.90	640 077.12	734 966.49	783 172.97	820 580.15
外汇远期合约	25 252.81	28 630.53	35 488.46	26 257.41	38 613.79

资料来源:国家外汇管理局。

三、中国远期合约市场的发展

中国的金融远期合约交易始于 1997 年中国银行试点办理远期结售汇业务。2005 年,中国人民银行和国家外汇管理局下发一系列文件扩大外汇远期业务主体,放开交易限制,中国外汇远期市场形成。2005 年,债券远期交易在银行间市场推出。债券远期交易指交易双方约定在未来某一日期,以约定价格和数量买卖标的债券。2007 年,以 3 个月 SHIBOR 为基准,中国正式推出利率远期合约业务,利率远期市场成为中国远期合约市场的一部分。

根据表 7-2 给出的中国外汇远期合约市场的交易情况,2016 年以来中国远期外汇市场的规模保持在 2.5 万亿至 3.8 万亿元人民币。2020 年,中国远期外汇市场交易额为 3.86 万亿元人民币,其中银行对客户市场交易额和银行间外汇市场交易额分别占比 80% 和 20% 左右。

图 7-3 展示了中国债券远期合约市场的历年交易规模。远期交易的债券包括已在银行间债券市场进行现券交易的中央政府债券、中央银行债券、金融债券和经央行批准的其他债券券种。自 2005 年起,债券远期合约交易结算量逐步升高,在 2008 年达到峰值之后呈现下降趋势,并且在 2010—2016 年维持较低水平。2010—2016 年债券远期交易量急剧下降可能与《全国银行间债券市场债券远期交易主协议》(简称《主协议》)的签署进度有关。根据相关规定,2009 年 3 月至 9 月为《主协议》实施的过渡期,截至 2009 年 9 月还未签署《主协议》的市场参与者不得进行新的债券远期交易。《主协议》的条款相对复杂,参与机构需要付出较大的人力、物力进行协议的谈判和签署,且《主协议》为双边协议,即参与机构必须两两签订协议才能进行债券远期交易,因此,《主协议》的签署进展较为缓慢。不过,随着我国银行间债券市场于 2015 年开始推出标准债券远期合约交易,债券远期合约市场再度活跃,自 2016 年之后交易规模不断增加。

图 7-4 展示了 1998 年至 2020 年期间中国利率远期合约市场的交易规模。在 1998—2003 年,利率远期合约市场的交易规模在 1 000 亿美元左右徘徊。2004 年,市场规模跃升到 5 000 亿美元。2004—2020 年,利率远期合约市场的交易规模每年有所变化,大多保持在 4 000 亿 ~6 000 亿美元这一区间。

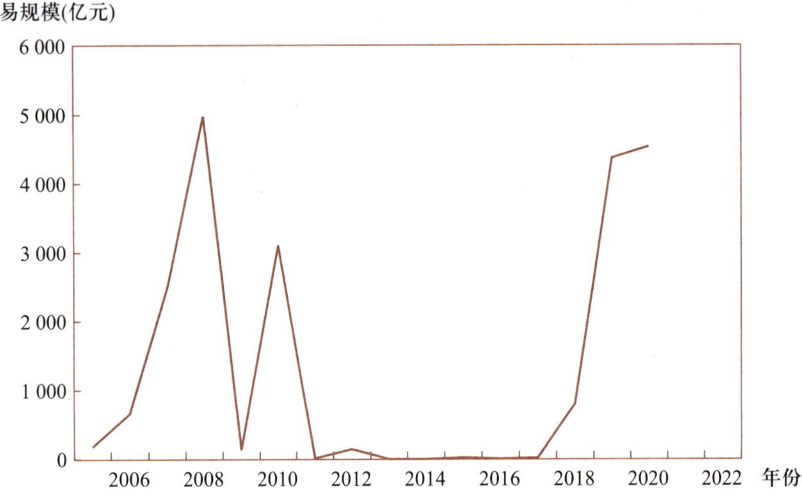

图 7-3 中国债券远期合约市场交易规模(2005—2020 年)

资料来源:中国债券信息网、中国外汇交易中心。

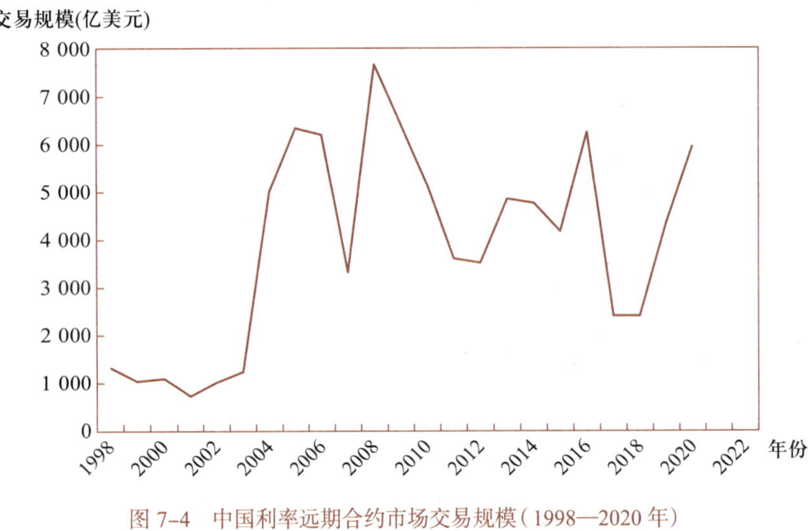

图 7-4 中国利率远期合约市场交易规模(1998—2020 年)

资料来源:Wind。

除了金融远期合约市场之外,还有商品远期合约市场。中国的商品远期合约市场始于 1997 年大宗商品电子交易模式的推出。该模式允许大宗商品的中远期订货交易。2002 年,《大宗商品电子交易规范》的发布明确了大宗商品电子交易的参与方要求和电子交易的业务程序,推动了商品远期合约市场的兴起。事实上,中国商品远期合约市场发展十分迅速。2009 年仅有约 200 家大宗商品电子类交易市场。而到 2020 年年底,中国已有 2 000 多家此类市场,实物交易规模超过 30 万亿元,交易品种涉及农产品、金属、能源等。

从远期合约市场的管理来看,商品远期合约市场和金融远期合约市场的监管要求有所不同。根据国家外汇管理局相关规定,金融机构欲进入银行间外汇市场,需将内部操作规程和风险管理制度在中国外汇交易中心进行备案。然而，取得商品远期合约市场的交易商资格只需获得交易中心的批准，准入门槛较低。

第二节　期货合约市场

一、期货合约的基本概念

农产品与其他大宗商品（如原油、钢铁）市场是国民经济发展的重要支撑，但是这些商品的价格波动比较剧烈。在金融市场，金融资产的价格波动也十分剧烈。在这种情况下，期货市场应运而生，大部分交易者利用期货的价格变动来规避现货市场中商品价格或者金融资产价格的风险。

期货合约不同于远期合约。期货合约属于场内交易，需要通过交易所进行交易，在金融工具种类、标的数量上面是完全标准化的，交易日期也完全固定。远期合约则是场外交易，交易方需要与商业银行或其他金融中介约定这些参数。

期货的标的资产种类多样，有股票、股票指数、政府债券和外汇等金融资产，也可以是大豆、原油等商品类资产。期货合约在全球的交易所中都有交易，例如芝加哥期货交易所、中国金融期货交易所等。

期货合约规定的是在未来某一个交易日交易特定数量的金融工具。例如，国债期货的每笔合约金额为 10 万元，交割时间为每年的 3 月、6 月、9 月、12 月。在每个交易日，都会有该标的资产的 4 种价格，分别对应着一年中 4 个不同的交割时间。需要注意的是，在今天至到期日之间的任何一个交易日，期货合约都可以被交易。买方与卖方需要考虑的是期货价格与现货价格孰高孰低问题。

如果国债期货在当天与到期日之间价格上升，卖方实际上放弃了获得额外收益的机会，因为交易双方已经约定好了交易的价格，不能更改。如果期货的价格在到期日发生下跌，那么买方也必须要放弃能以更低价格买入期货的机会。如果没有期货合约，当期货价格朝着与上述变化相反的方向波动时，交易一方同样要受到损失。案例分析 7-2 对国债期货交易过程进行了分析说明。

拓展阅读 7-2

国债期货交易

假设明年 12 月交付的面值 100 000 元的国债期货的价格为 96 000 元。如果临近交易日时现货价格达到了 97 000 元，卖方还是需要以 96 000 元的约定价格卖出，此时买方就能以比现货更低的价格买入标的资产。

在这笔交易中，卖方损失了 97 000−96 000=1 000（元），而买方获利 1 000 元。然而，如果临近交易日的时候现货价格下降到了 95 000 元，此时买方损失 1 000 元，而卖方获利 1 000 元。

因为期货合约是完全标准化的，所以交易双方是完全零和博弈，但是这种情况在远期合约市场中很少见。假设银行有一笔发放出去的贷款将在明年 8 月到期，而银行预期利率处于下跌趋势。如果银行现在不采取任何措施，那么在到期日收回这笔贷款时，就只能以更低的利率将这笔资金再贷出去。为了避免这一情况发生，银行可以现在购买一份国债期货合约来对冲上述风险（假设银行在收回贷款之前没有多余现金用来直接购买国债，所以采用购买国债期货的方式来对冲风险）。如果利率继续下跌，贷款以较低利率放出，但是利率下跌，债券的售价也会变高，因此从国债期货合约升值中所获收益可以对冲贷款利率下跌的损失。

期货合约所约定的是未来的交易。为了获得经纪费用，清算所作为经纪人需要保证交易顺利完成。为此，在整个交易过程中，交易双方都需要提供履约保证金（也称为保证金要求），由清算所设定。清算所在交易双方买卖期货之前收取初始保证金（保证金相对于合约金额是比较小的）。

二、期货的交易机制

期货可以用来管理标的资产的价格风险，也可以用来进行套利。期货的价格在交易中形成，决定因素有很多，其中最重要的是现货价格。期货与现货价格具有高度的相关性，一般是同升同降。这并不是一种偶然情况，而是套利者追求无风险利润所导致的。

我们来考虑国债期货在 3 个月之后的价格显著高于即期价格的情况。套利者会在即期市场中买入一份国债，再卖出一份 3 个月之后交割的国债期货合约。在这个过程中，套利者只需要支付国债的持有成本，但是只要期货价格可以高于现货价格和持有成本之和，套利者就可以盈利。相反，如果期货价格低于这两者之和，套利者可以买入期货合约，并在即期市场中卖出一份国债，从而在期货到期后盈利。

当期货交割日临近时，所借入的建仓资金的时长也在缩短，相应的持有成本也在变小，期货价格与现货价格的差值也在逐渐缩小。当期货价格等于现货价格加上持有成本时，套利活动才会停止，这就是一种收敛的表现。因此在到期日的前一天，现货价格实际上就等于期货价格，因为借入资金的时间跨度几乎为 0，其持有成本也几乎为 0。因此，由于期货价格与现货价格具有高度相关性，且期货价格与现货价格会收敛为同一个值，期货价格最终是由标的资产的现货价格所决定的。

三、中国期货市场的发展

中国期货市场诞生于 1990 年。当时，经国务院批准，郑州粮食批发市场引入期货交易机制，成为中国首家商品期货市场。由于缺乏统一的监管机制，到 1993 年，中国各地陆续创建了 50 多家期货交易所和数百家期货经纪公司，期货市场陷入无序状态。同年，国务院开展期货市场的治理整顿工作。1998 年，国务院对期货交易所进行合并重组，并缩减了期货交易品种。2006 年，中国金融期货交易所成立，标志金融期货市场成为中国期货市场的一部分。2019 年，期货公司首次在 A 股上市，开拓了资本市场融资渠道。2020 年，国务院宣布取消期货公司外资股比限制，进一步引入境外资本投资中国期货市场。

图 7-5 展示了 2002—2022 年中国期货市场的交易情况。自 2002 年以来，中国期货市场成交量和成交额基本保持上升趋势。以单边计算，2022 年，中国期货市场成交额为 534.9 万亿元，成交量为 67.68 亿手。中国期货市场的交易品种也不断增多，既覆盖了农产品期货和工业品期货，也产生了股指期货、国债期货等金融期货。截至 2022 年年底，中国 4 家商品期货交易所（郑州商品交易所、上海期货交易所、大连商品交易所、广州期货交易所）和 1 家金融期货交易所（中金所）已批准上市期货品种 72 个，包括 65 个商品期货和 7 个金融期货。总体来看，中国期货市场形成了商品期货与金融期货、境内市场与境外市场协同发展的格局。

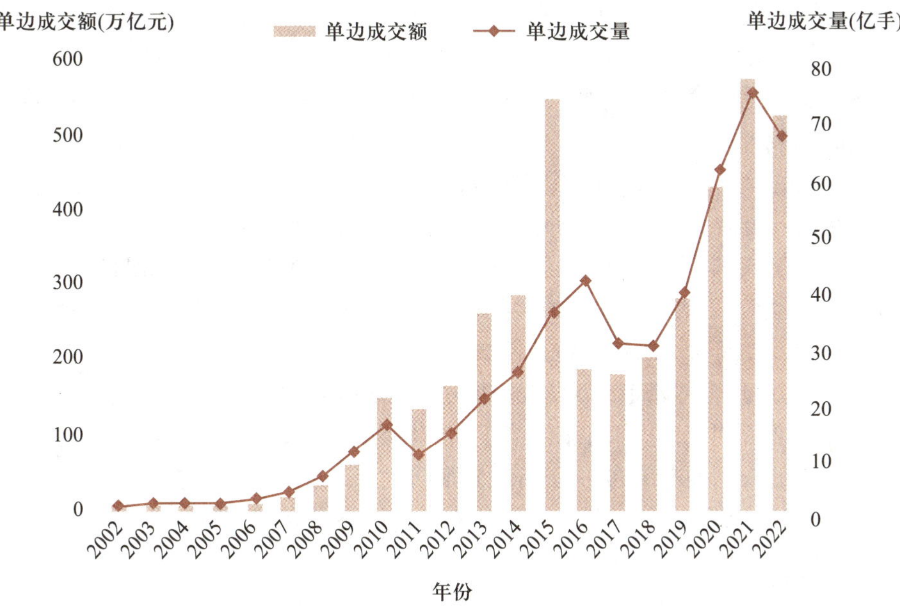

图 7-5　2002—2022 年中国期货市场成交额与成交量

资料来源：中国期货协会。

从监管角度看，1999 年开始实施的关于期货交易的“一个条例、四个管理办法”构建了中国期货市场的监管框架。一个条例是指《期货交易管理暂行条例》；四个管理办法分别是指《期货交易所管理办法》《期货经纪公司管理办法》《期货经纪公司高级管理人员任职资格管理办法》和《期货从业人员资格管理办法》。2000 年，中国期货业协会的成立意味着自律组织纳入市场监管体系。目前，中国期货市场由国务院期货监督管理机构（简称期货监管机构）统一监督管理。具体来说，我国期货市场是由中国证监会、中国证监会地方派出机构、期货交易所、中国期货业协会以及中国期货市场监管中心组成的“五位一体”的期货市场监管协调体制。截至 2024 年年初，中国已有 5 家期货交易所和 150 家期货公司。国务院发布的《期货交易管理条例》规定，期货交易所的负责人由期货监管机构任免，管理办法由期货监管机构制定；期货公司业务实行许可制度，期货监管机构按照其期货业务种类颁发许可证；期货交易需要严格遵守保证金制度。

第三节 期权合约市场

一、期权的基本概念

在之前的章节中，我们说明了投资者可以使用期货来对冲价格变化的风险。因此，当投资者希望在未来对金融工具进行交易的时候，可以首先在期货市场对该标的资产的期货进行交易，对冲预期之外的价格风险。但是，这种对冲行为也有缺陷，就是在消除价格变动所带来的可能损失的同时，也消除了价格变化给投资者可能带来的额外收益。期权则既可以用来对冲标的资产未来价格变化的风险，又可以为投资者提供价格变化可能带来的收益。

期权是交易双方签订的合约，赋予买方一种权利，使其可以在约定的交易日期以约定的价格买入或者卖出标的资产。这个约定的价格称为执行价格，这种权利持续到合约到期日为止。期权的购买者购买的是一种"强买强卖"的权利，也就是说，到期日如果期权买方要求行权，卖方不能拒绝。当然，期权买方在获得权利的同时需要向卖方支付期权费。

期权按照履约方式可以分为多种类型，常见的有欧式和美式两种。欧式期权的买方在到期日前不可行使权利，只能在到期日行权。美式期权的买方可以在到期日或之前任一交易日提出执行。显然，美式期权的买方"权利"相对较大，美式期权的卖方风险相应也较大。因此，同样条件下，美式期权的价格也比欧式期权高。

现今，主要的期货合约都有可对应的期权选择，例如股指期货、利率期货、外汇期货等。这一类期权称为期货期权，它们同样也给予期权购买者在未来约定时间以约定价格买入或者卖出对应期货的权利而非义务。在临近到期日时，期货价格会收敛至标的资产的现货价格。因此，在到期日，投资者对期货合约进行对冲与对标的资产进行对冲的效果相同。

二、期权的交易机制

期权合约可以按照买方行权方向（买入还是卖出）分为卖出期权和买入期权，或者称为看跌期权和看涨期权。下面分别介绍看跌期权和看涨期权的交易机制。

看跌期权（put option）是指期权买方（多头）拥有在将来某一天或一定时期内，按照规定价格和数量，卖出标的资产的权利。投资者买入看跌期权之后，有权在规定的日期或期限内，按合约规定的价格和数量向期权卖方（空头）出售某种标的资产。一般来说，当投资者预判市场未来有下跌趋势时，就有动力购买看跌期权。在看跌期权的有效期内，当资产价格下跌到一定程度后，买方行使期权从而获利。图 7-6 演示了看跌期权交易双方的损益情况。

例如，某客户向机构 A 购买了某股票的卖出期权，有效期为 2 个月，每股协议价格为 100 元，数量为 100 股，期权费为每股 10 元。在这 2 个月内，如果股票价格下跌到每股 50 元时，客户行使期权，按照约定的每股 100 元将股票卖给机构 A。这时该股票每股市价与协议价格的差价为 50 元，扣除期权费 10 元，每股可获利 40 元（经纪人佣金等费用暂且不计），100 股可获利 4 000 元。

另外，期权对买方来说是可以转让的。如果标的证券的交易行情看跌，造成看跌期权上涨，投资者可以直接出售期权。这样，他不仅可以赚取前后期权的差价，而且可以转移该标

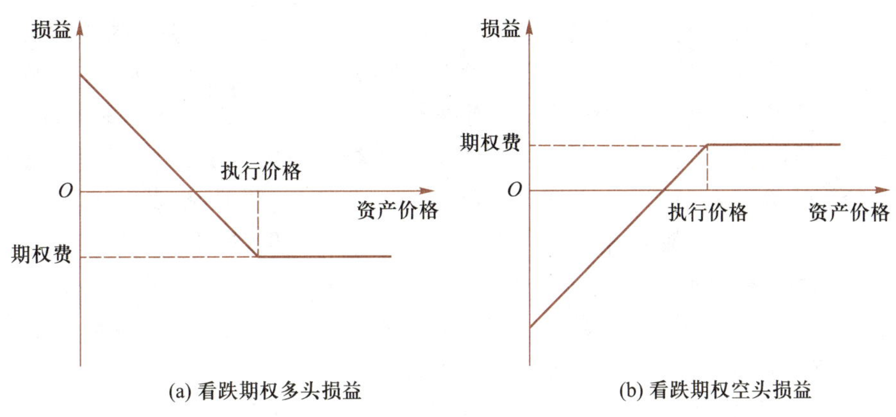

图 7-6　看跌期权交易双方损益图

的证券未来交易行情突然回升的风险。以上面的股票期权案例来说，假设股票行情在 2 个月内保持了每股 100 元的水平，不仅没有下跌，反而逐步回升。此时，客户行使期权卖出股票或转让期权，不但无利可图，而且要损失期权费。因此，看跌期权一般在证券交易行情有下跌趋势时使用。

看涨期权（call option）是指期权的买方（多头）在协议规定的有效期内，拥有按规定的价格和数量买进标的资产的权利。期权购买者购进这种期权，是因为他对资产价格看涨，将来可以获利。购进期权后，当资产价格高于协议价格加上期权费之和时，期权购买者可按协议规定的价格和数量购买该资产，然后按市价出售，或转让期权获取利润。当资产价格在协议价格加上期权费之和与协议价格之间波动时，期权购买者将遭受一定损失；当资产价格低于协议价格加上期权费时，期权购买者将损失期权费，并将放弃买进期权。因此，期权购买者的最大损失不过是期权费。图 7-7 演示了看涨期权交易双方的损益情况。

期权的买方为了获得这种权利必须向期权的卖方支付一定的费用，所支付的费用称为期权费，又称为期权的权利金，也叫期权价格。由于期权是较为灵活的选择权，对买方十分有利，同时也意味着对卖方不利，因而卖方必须制定合理的期权费。

在购买了期权之后，如果该期权没有被执行，那么期权买方只会损失一笔期权费。如果期权买方考虑的是对冲风险，则会把期权费用视为一笔保险费，可以控制未来可能的损失程

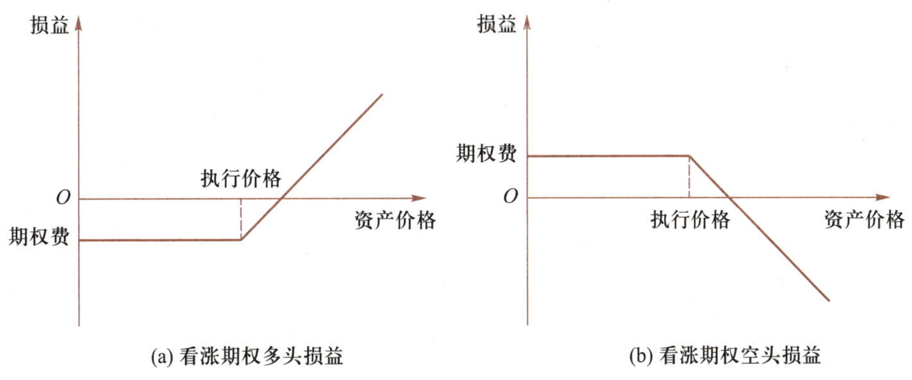

图 7-7　看涨期权交易双方损益图

度。而对于投机者来说，期权费则是他们认为价格朝预期方向波动而愿意付出的成本。

总的来说，如果投资者想在未来的某个交易日购买一份预期价格可能上涨的标的资产，那么他应该支付相应的期权费去购买一个看涨期权，以获得在未来以相对较低价格买入该资产的权利。如果投资者需要在未来特定的交易日卖出一份预期价格可能下跌的标的资产，那么投资者需要买入一份看跌期权，以获得未来以相对较高的价格卖出该资产的权利。

期权价格的决定因素较多，但是在所有的场外市场中，期权费都是由供求关系决定的。期权市场与期货市场不同，期货市场中交易双方都可以是对冲者，在交易的过程中都可以相应地规避掉自身的风险；在期权市场中，只有期权买方也就是期权费的支付方才可以对冲风险，而期权卖方只能承受获得期权费所转移而来的风险。

对于任何期权来说，期权价格都会随着以下因素的变化而变化：

（1）标的资产的价格波动越剧烈，期权价格越高。因为如果标的资产的价格不发生波动，期权也就失去了规避价格波动风险的意义。标的资产的价格波动越剧烈，代表着期权被执行的概率越高，执行期权时期权卖方损失的概率也越大，对卖方的风险补偿（也就是期权价格）相应也就会越高。

（2）期权的到期时间越长，期权的价格越高。因为标的资产的波动幅度是有限的，如果到期时间是在当天的后一个交易日，那么即使标的资产达到最大的波动幅度，也有可能不会高过或者低于执行价格。到期时间越长，代表标的资产价格有充分的时间波动以达到执行价格，期权执行的可能性越大，同时其不确定性也会增加，期权价格显然就会变高。

（3）对于看涨期权来说，执行价格相对于标的资产的现货价格越低，那么期权价格会越高；看跌期权与此类似，标的资产相对于执行价格越低，那么期权价格会越高。因为看涨期权的价格远低于标的资产的价格时，代表期权被执行的概率较大，期权卖方损失的概率也较大，对其风险补偿也会更高，所以期权费会升高。对于看跌期权，道理是完全类似的。

三、中国期权市场的发展

中国期权市场的发展可以追溯到 2002 年，当时中国银行上海分行推出首个外汇期权产品，允许开立外币账号的客户向中国银行卖出期权。2011 年，国家外汇管理局发布通知，允许取得交易资格的银行在银行间外汇市场开展期权交易。2013 年，中信证券、中金证券、中信建投、银河证券、招商证券、光大证券 6 家证券公司首批获得场外期权试点资格。2015 年，上交所推出中国首只场内期权——上证 50ETF 期权。2017 年，豆粕期权和白糖期权的上市也弥补了中国商品期权的空白。

尽管中国期权市场发展时间并不长，但目前期权交易情况发展良好。根据中国期货业协会发布的数据，2021 年一季度国内商品期权和金融期权合计成交量为 3.81 亿手，同比增加 18.9%，其中金融期权成交量为 3.37 亿手，占比 88.3%，商品期权成交量为 4 462 万手，占比 11.7%；成交金额 4 281 亿元，同比增加 72%，其中金融期权成交金额为 3 741 亿元，占比 87.4%，商品期权成交额为 540 亿元，占比 12.6%。但从种类上看，截至 2022 年年底，中国只有 28 种商品期权和 10 种金融期权，期权品种上不够协调，种类数量也偏少。

从期权市场的管理看，目前场内期权市场对投资者的开户要求较高，需在资产规模、期货交易经历等方面满足一定条件。对于期货公司，根据《上海期货交易所期权交易管理办法》,则需在完成技术系统、业务制度、风险管理和人员配备等相关准备工作后,方可开展期权交易。期权交易实行保证金制度。期权交易的买方支付权利金,不交纳保证金;期权交易的卖方收取权利金,必须交纳保证金。场外期权市场则实行机构监管和自律监管相结合的监管模式,一份管理规定对应一个具体产品。不同期权交易市场的管理制度不尽相同,有的市场实施事前市场准入制度,也有的市场实施事后产品备案制度。

第四节 互换合约市场

一、互换合约的基本概念

互换合约简称互换,也称为调期或者掉期,是常见的金融衍生品之一。互换交易一般都在场外进行。互换是指交易双方就未来一个时期内一系列现金流进行交换达成的合约。一般来说,合约会规定现金流的计算方式以及支付的日期。现金流的计算经常会用到利率、汇率或者其他市场指标的未来价值。事实上,能形成互换合约交易,主要是因为市场参与主体对未来利率、汇率等合约标的涉及的经济指标的走势判断不同。

例如,企业 A 发行了 1 亿元的浮动利率债券,不过企业 A 对市场的判断是未来 3 个月利率有可能上升(如平均达到年化利率 3%)。此时正好企业 B 发行了 1 亿元的年化利率为 2.8% 的固定利率债券,而且企业 B 对市场的判断与企业 A 相反,认为未来 3 个月市场利率平价会下降到年化 2.8% 以下。此时,企业 A 与企业 B 就可以达成互换协议,企业 A 按照固定利率 2.8% 的水平计算利息支出,企业 B 则换成浮动利率水平计算利息支出,在约定的期限末双方按照实际情况兑现合约承诺即可完成互换交易。

二、互换的交易机制

我们这里以利率互换为例进行介绍。利率互换是利率衍生品中常见的一类产品。利率互换是交易双方在一笔名义本金数额的基础上相互交换具有不同性质的利率支付,即同种标的资产不同利率的利息交换。通过这种互换行为,交易一方可将某种固定利率资产或负债换成浮动利率资产或负债,另一方则取得相反结果。利率互换的主要目的是降低双方的资金成本,并使各自得到自己需要的利息支付方式,如固定利率或者浮动利率。

例如,D 公司有一笔贷款,期限 10 年,从 2021 年 1 月 1 日至 2031 年 1 月 1 日,每半年付息一次,利率水平为人民币 6 个月 SHIBOR+70 个基点。D 公司预期在今后 10 年之中,贷款利率呈上升趋势,如果持有浮动利率债务,利息负担会越来越重。同时,由于利率水平起伏不定,公司无法精确预测贷款的利息负担,从而难以进行成本计划与控制。因此,D 公司希望能将此笔贷款转换为固定利率贷款。D 公司可以通过与银行做一笔利率互换交易,将浮动利率换给银行,同时从银行获得固定利率。这样,D 公司就可以将未来 10 年的贷款债务成本确定在一个固定利率水平上。

为了说明利率互换的交易过程,我们使用常见的隔夜指数互换来进行说明。所谓隔夜指数互换(overnight index swap,OIS),是指利率互换双方中一方持有隔夜利率债务,而另一方则持有固定利率债务,本金相同,双方约定进行利率互换。例如,机构 A 持有 100 亿元的贷款债务，利息按照市场上隔夜利率水平计算，即机构 A 持有的是浮动利率，假定期限为 3 个月。与此同时，机构 B 也持有 100 亿元 3 个月期的贷款债务，但是利息是按照固定利率 2% 计算，即机构 B 持有固定利率。（此例中所有利率均为年化利率）。

此时，可能出于对市场利率走势的判断不同，机构 A 在未来 3 个月内更愿意持有固定利率债务，而机构 B 则更愿意持有浮动利率债务，此时双方就可以进行利率互换。在具体交易过程中，未来 3 个月期间双方彼此之间不需要进行任何操作，双方继续按自己原来的债务条件偿还各自的债务（现实中双方各自的债务也不一定真正存在）。在合约 3 个月到期时，双方再根据合约条件进行资金交割。

具体来说，首先按照市场利率的现实变化情况，计算出 3 个月期间隔夜利率的平均值是多少，然后与固定利率水平进行比较，进而确定双方如何进行资金清算。假定 3 个月内隔夜利率平均值为 2.8%，根据互换合约，机构 B 承诺承担这个 2.8% 的利率成本；根据互换合约，机构 A 应该承担的利率成本是固定利率 2%。按照这样的互换约定，3 个月到期后可以看到，机构 B 应该承担的利率成本是 2.8%，比其未做互换合约之前原本所持有的利率 2% 要高出 2.8%–2%=0.8%，那么机构 B 只需要在 3 个月到期时将 0.8% 对应的额度支付给机构 A，就可以完成此笔互换合约的交易。反过来，如果 3 个月内隔夜利率平均值为 1.8%，此时根据互换合约规定，机构 B 应该承担的利率是 1.8%，比互换之前承担的利率成本少 2%–1.8%=0.2%，所以机构 A 需要在到期日将 0.2% 对应的额度支付给机构 B，此时就完成了互换合约交易。

可以看出，上述利率互换合约的清算规则是双方中谁少支付多少额度（双方原来的债务条件与互换合约相比），就将对应额度在到期日补偿给对方即可，而其中哪一方少支付多少额度的判断标准是根据互换合约其应该承担的利率成本与其未签订合约之前的利率成本进行比较。

在上述例子中的第一种情况（隔夜利率平均为 2.8%），机构 B 在未签订合约之前的利率成本是 2%，所以其在 3 个月期间内的利率成本支出一直是按照原来的 2% 进行计算的（因为合约在未到期前隔夜利率的最终平均值并不确定），但是按照合约规定机构 B 需要承担的利率成本则是 2.8%，所以机构 B 在 3 个月期间内的利息成本支出与其合约承诺承担的利率成本相比少支出了 0.8%。因此，在合约到期进行交割时，机构 B 向机构 A 补偿 0.8%，就兑现了合约中的承诺。机构 A 在获得机构 B 0.8% 的补偿之后，利率支出成本从 2.8% 相应减少到 2.8%–0.8%=2%，也实现了合约规定承担的利率水平（根据合约，机构 B 换到的利率是固定利率 2%）。

三、中国利率互换市场的发展

中国的利率互换市场自 2006 年开始发展，依托于全国银行间市场开展交易。2006 年，中国人民银行发布《关于开展人民币利率互换交易试点有关事宜的通知》，并授权全国银行间同业拆借中心发布银行间回购定盘利率。回购定盘利率不仅为银行间市场成员回购交易提供价格基准，而且是银行间市场成员开展利率互换、远期利率协议、短期利率期货等利率衍生品业务的参考利率。在此背景下，国家开发银行与全国银行间同业拆借中心于 2006 年联合推出了银行间回购定盘利率，包括隔夜（标识为 FR001）和七天（标识为 FR007）两个品种，主要目的就是给银行间市场开展利率互换、远期利率协议等衍生品业务提供参考利率。2008 年，中国人民银行发布《关于开展人民币利率互换业务有关事宜的通知》，参与机构拓展到所有银行间债券市场参与者。2014 年，人民币利率互换集中清算业务在银行间市场清算所股份有限公司推出。

人民币利率互换在发展初期参考利率主要为 1 年期定期存款利率，2007 年 SHIBOR 规模迅速增加，在 2008 年推出 FR007 后，以 FR007 为参考利率的互换占据绝大部分。截至 2020 年年底，人民币利率互换以 FR007 和 SHIBOR 为主，其中 FR007 占比约为 90%，SHIBOR 占比约为 10%，而以存、贷利率为基准的利率互换交易规模则可忽略不计。以 FR007 为参考利率的利率互换合约交易情况如图 7-8 所示，可以看出，以 FR007 为参考利率的利率互换以 1 年期为主，其他占比相对较多的期限分别为 3 个月、6 个月、9 个月、5 年。

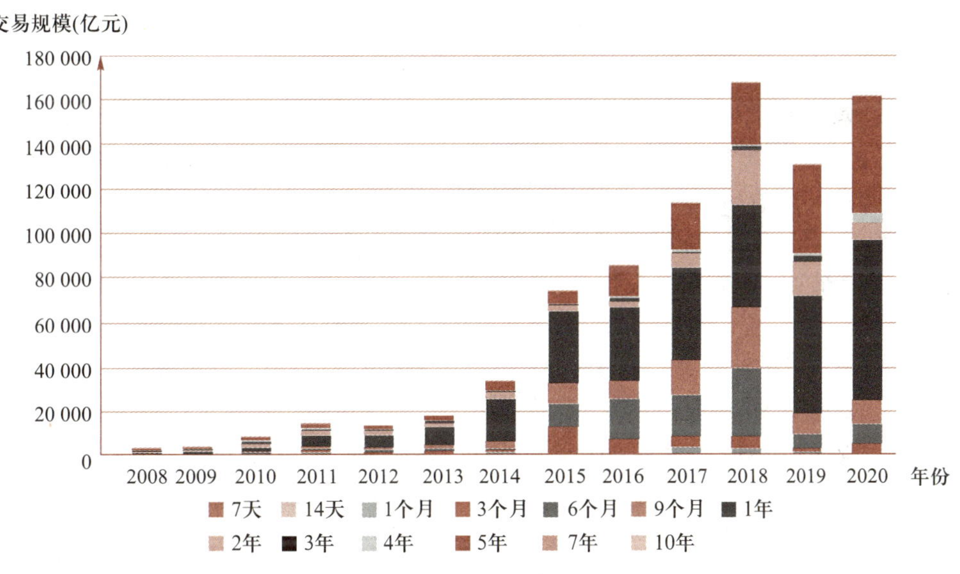

图 7-8　以 FR007 为参考利率的利率互换交易规模

资料来源：Wind。

从利率互换市场的管理来看，市场投资者在我国开展人民币利率互换交易实行备案制。根据中国人民银行发布的《关于开展人民币利率互换业务有关事宜的通知》，经相关监督管理机构批准开办衍生产品交易业务的市场投资者中，具有做市商或结算代理业务资格的金融机构可与其他所有市场参与者进行利率互换交易，其他金融机构可与所有金融机构进行出于自身需求的利率互换交易，非金融机构只能与具有做市商或结算代理业务资格的金融机构进行以套期保值为目的的利率互换交易。截至 2020 年 12 月 31 日，已有 580 家机构或产品开通了该业务。

金融机构开展利率互换交易需要签订中国银行间市场交易商协会发布的《中国银行间市场金融衍生产品交易主协议》，并将其利率互换交易的内部操作规程和风险管理制度送交易商协会和交易中心备案。内部风险管理制度至少应包括风险测算与监控、内部授权授信、信息监测管理、风险报告和内部审计等内容。

第五节 金融衍生品市场的功能

金融衍生品进行交易的市场有场内市场也有场外市场。金融衍生品市场的主要功能是对冲风险（hedging）或者称为风险转移（risk transfer）。此外，金融衍生品市场还具有预期价格发现、融资和提高市场流动性等其他次要功能。

一、主要功能

金融衍生品市场的主要功能是对冲风险，也称为风险转移。金融衍生品可以使市场参与者通过基础产品的反向价格变动来实现风险对冲。事实上，对冲就是“给自己补偿”（indemnify）。通过金融衍生品市场，经济主体可以将自己不想要的风险转移给其他愿意承担这一风险的市场参与者。从本质上看，金融风险源自特定金融资产未来价格的不确定性，而不同市场参与者对这种不确定性（例如利率上升或者下降、汇率上升或下降）的预测一般并不相同，所以会在市场上形成交易。

在期货市场，风险对冲通过买卖期货合约实现。例如，一个大豆加工厂商想要保护自己免受大豆价格上涨的影响，可以考虑在当前时点买入大豆期货合约。如果未来大豆现货价格升高，期货合约的价格与现货价格的走势相同，也会升高。此时，大豆加工厂商可以高价卖出期货合约，从而获得利润，这一利润可以对冲现货市场上的损失。

如果一个种大豆的农民想要保护自己免受未来大豆价格下跌的影响，可以在当前时点卖出期货合约。如果价格像预期的那样下跌，期货合约的价格下跌将与现货价格变化大致相同。然后，农民可以用较低的价格买回期货合约从而获利，这样可以抵销现货市场上的损失。

在以上两种情况下，对冲操作都有效地中和了不利风险（unfavorable risk）。不过，期货交易中对于对冲者有利的风险（favorable risk）也被中和了。在上面的例子中，如果现货价格下跌，大豆加工厂商就会在期货合约上蒙受损失；如果现货价格上涨，则农民在期货合约上受到损失。所以，在期货交易中，规避不利风险的代价就是不得不放弃有利风险。

与期货合约相比，期权合约的对冲功能要更好一些。在期权合约中，大豆生产厂商会购买看涨期权，而豆农会购买看跌期权。只有当预期的不利价格风险成为现实时，期权才会被执行。因此，通过期权进行对冲并不意味着放弃有利的风险。如果不利风险没有实现，期权买方损失的只是期权费。总体而言，期权比期货更有效，但也更昂贵——期权是风险更低、回报更低的对冲。对于其他金融衍生品而言，例如互换和复杂衍生品，具体的成本—收益权衡取决于特定合约的具体特征，但总体原则是相同的。

从交易对手的特征来看，金融衍生品市场通常包括对冲者（希望规避风险）和投机者（希望承担风险以赚取利润）。因此，衍生品交易可能在三种情况下发生：

情况Ⅰ：在两个对冲者之间发生。

情况Ⅱ：在对冲者和投机者之间发生。

情况Ⅲ：在两个投机者之间发生。

在第一种情况下，一个需要预防价格上涨的对冲者（多头对冲者）与一个需要防范价格下跌的对冲者（空头对冲者）进行交易。在理论上，可能存在一个所有参与者都是对冲者的衍生品市场，但这样的市场可能不会“出清”，因为可能有太多空头或多头对冲者。除非巧合，空头对冲者和多头对冲者的数量不太可能相等，所以可能导致一些对冲者无法对冲。

在第二种情况下，一方是对冲者，另一方是投机者。投机者参与这笔交易并承担风险的动机可能来自两个方面。第一种是投机者可能拥有（至少在他自己看来）关于未来价格变动的更有优势的知识或信息，希望通过利用与对冲者相反的预判来赚取利润。因此，虽然对冲者可能希望避免价格上涨的风险，但投机者可能相信价格不会上涨。第二种是投机者没有任何信息优势，但在合约条款中从对冲者那里获得隐性价格溢价。因此，从长期来看，投机者赚取这种溢价作为承担风险的回报。

第三种情况的交易发生在两个投机者之间。他们可能对市场有相反的预期，或者其中一方可能只是想通过反复交易获得正常的“溢价”，而另一方可能有信息优势。

从经济学的福利角度来看，以上三种情况中的前两种具有福利增强效果。在第一种情况下，虽然是零和交易（一方从对冲中获得的收益是另一方的损失），但是交易双方都不寻求收益，双方的风险都降低了，两者都受益（获得正效用），没有人受到伤害。

在第二种情况下，风险从一个不愿承担风险的一方转移到风险寻求方，而这些人通过专门从事这种活动，可能更有效地承担风险。在大多数市场中，风险从对冲者转移到主动承担风险的投机者（希望从价格变化中获利）。

第三种情况是纯粹的投机性交易，一个投机者以牺牲另一个投机者的利益为代价获得收益。尽管这种交易可能有一些积极的间接影响，例如增加市场的流动性，增加有助于价格发现的新信息等，但这是一种零和活动，一般不会增加福利。

二、其他功能

（一）预期价格发现

金融衍生品市场将关于未来价格的各种不同判断融汇到一起，可以快速捕捉新信息，具有一定的预期价格发现功能。

期货市场的价格发现功能最为明显。首先，并非所有基础商品或金融工具都有活跃的、价格披露透明的现货市场，而期货市场则以其标准化的可交割品种更快、更清晰地为当前价格建立一个透明的基准。其次，即使存在透明和活跃的现货市场，现货市场也很难提供关于未来价格的信息。

因此，虽然组织良好的现货市场（如股票市场）也具有价格发现功能，但那只是对当前价格的发现。而期货市场有助于发现预期的未来价格，反映了市场对未来某一时点预期价格的共识。预期价格发现的过程也带来了跨期资源分配功能。通过该功能，市场参与者能够比较当前和未来的价格，并决定其库存（存货）在即时销售和存储以待未来销售之间的最优分配。这一信号倾向于减少从一个时期到另一个时期的价格波动。

期权市场与标的资产价格之间的关系弱于期货市场与其对应的现货市场之间的关系。这是因为期权是一种或有索偿权（contingent claims）。例如，买入期权可能会也可能不会最终增加对该商品的需求。只有在执行或可能执行期权时，期权市场才会影响标的资产市场的需求或供应。因此，期权对标的资产的价格发现功能较弱。

互换交易对底层资产的价格发现功能并不明显，但确实发挥了发现利率和货币风险的

"价格"的功能。因此,利率互换中的"互换利率"确立了市场预期利率波动的程度。

(二)融资

互换及类似的衍生品允许借款人以不同的货币或不同的利率形式(固定利率和浮动利率)筹集资金,从而扩大了借款人的融资渠道,同时避免了不必要的货币或利率风险。因此,它们发挥了融资功能。如果没有货币和利率互换,发展中国家的企业以外币筹集外债的风险将大得多,因为货币和利率风险可能使它们的风险过大。因此,这些工具显然有助于资本跨境流向最有效的用途。信用违约互换也增加了金融机构向偏远市场的借款人放贷的意愿,从而扩大了借款人获得信贷的渠道。

大多数衍生品市场的运作都是在部分保证金的基础上进行的,即买卖双方在交易时只存入合约价值的一小部分资金(如 10%)。因此,衍生品交易具有杠杆特征,这本身就是一种融资方式。而且,使用标准化期货合约可以更容易地利用商品库存筹集资金,因为放款人有标准化质量和快速流动性的保证。这种融资的便利有助于提高经济活动的总体水平。

(三)提高市场流动性

衍生品市场的部分保证金使交易员能够买卖比现货市场大得多的合约。标准化还意味着,与现货市场中许多不同品种相关的交易可以通过一种期货或期权合约进行(例如,对 10 种不同类型的原油进行对冲的交易可以通过布伦特原油期货合约进行)。这些特点使得衍生品市场的流动性非常强,通常比相同标的现货市场的流动性更强,因此大型交易可以轻松进行。衍生品发挥的这种流动性功能使市场整体上更有效率,"买入价"和"卖出价"之间的差距更小。

流动性功能从一定程度上取决于特定国家的信贷市场是否有效。在一些国家,通过银行贷款为现货市场大宗商品或股权交易融资并不容易。交易者要想获得以实物大宗商品存货或股权为抵押的贷款,必须经历相当大的困难。部分保证金制度为这些交易者提供了一个简单而自动的流动性机制,这带来市场总交易量的大幅增长。额外的交易量使市场更深化,从而帮助所有参与者快速地以较低的价差完成交易。即使有良好的组织和规范,现货市场也不能发挥这一功能。

第六节 金融衍生品交易的市场组织形式

通过本章介绍,我们了解到金融衍生品交易的市场组织形式包括场内交易和场外交易。其中,远期合约和互换合约是场外交易,期货合约是场内交易,而期权合约既可以是场内交易又可以是场外交易。

首先,对于金融衍生品的场内交易来说,交易双方通过交易所进行交易和交割。例如,机构 A 与机构 B 达成一笔黄金期货交易,3 个月以后机构 A 从机构 B 那里按照 7 850 元/盎司的价格购买 100 盎司的黄金。这笔交易实际上是机构 A 与期货交易所签订一个买入协议,机构 B 与交易所签订一个卖出协议,价格标准都是 7 850 元/盎司。这种场内交易机制的安排优势很明显,交易双方不必担心信用违约问题,交易所通过向交易双方收取保证金(margin)来确定双方履行合同义务。

现代金融衍生品的交易所系统一般都是电子交易系统,所以交易双方通过计算机和交易所相连,发布交易指令,执行交易要求,通过交易所实现交易条件的匹配。电子交易系统的普及也使得金融衍生品高频算法交易被使用得越来越多，通过计算机程序根据交易条件发出交易指令。微观金融领域的期权定价公式等基础理论也被广泛地应用于相关算法交易。

我国开设场内期权交易的交易所包括上交所、深交所、中金所和几家商品期货交易所（大商所、郑商所、上期所、广期所等）。

其次，对于金融衍生品的场外交易来说，交易双方一旦达成场外交易合约，双方可以通过中央对手方（central counterparty）进行交割清算，也可以双方自行清算。在场外市场上，中央对手方有些类似交易所清算机构，处于衍生品交易双方中间，使交易双方不必承担某一方出现违约的风险。如果交易双方不通过中央对手方而自行清算，双方通常需要就交易内容签订全面的协议，协议内容包括交易终止的条件、协议终止时清算规模如何计算以及其他相关事宜。

在现实的场外交易中，大型银行往往扮演做市商的角色。也就是说，它们针对特定场外交易衍生品同时报出买入价和卖出价。这样，衍生品交易双方分别与做市商进行买卖活动，通过做市商实现了衍生品的场外交易，而做市商则通过在买卖两端交易的价格差获得价差收益。

虽然金融衍生品的场外交易不通过交易所，但是监管部门对场外交易的监管不断完善，相关监管措施不断规范场外交易的操作流程，也相应提升了场外交易市场的透明度。2008年国际金融危机以来，世界各国对金融衍生品的场外交易市场监管不断加强，场外交易的流程越来越靠近场内交易，表现为场外衍生品交易日趋标准化，交易需要通过指定的交易平台进行，而且在大多数情况下，金融机构通过中央对手方开展金融衍生品交易。

复习要点

1. 远期合约的定义、特点及交易机制。
2. 期货合约的定义、特点及交易机制。
3. 期权合约的定义、特点及交易机制。
4. 互换合约的定义、特点及交易机制。
5. 中国各类金融衍生品的市场发展情况。
6. 金融衍生品市场的功能。
7. 金融衍生品交易的市场组织形式。

关键术语

金融衍生品	基础资产	对冲	投机
多头	空头	保证金	买入价
卖出价	远期合约	期货合约	期权合约
互换合约	隔夜指数互换（OIS）	看涨期权	看跌期权
欧式期权	美式期权	场内交易	场外交易
中央对手方			

即测即评

请扫码检测本章学习效果。

练 习 题

参考答案

1. 如何运用外汇远期合约对冲外汇风险?
2. 期货合约与远期合约相比较有什么区别?
3. 看涨期权和看跌期权分别在什么情况下可以考虑使用?
4. 举例说明金融机构如何运用金融衍生品进行风险对冲。
5. 隔夜指数互换(OIS)是一种利率互换,其中隔夜利率每天变化,固定端3个月期限的利率为2%。假定3个月到期后,隔夜利率平均为2.2%,交易双方应如何交割?如果隔夜利率平均为1.7%,则交易双方又应该如何交割?(所有利率均为年化利率)

补充阅读材料

扫码查看本章补充阅读材料。

第三篇

货币银行

第八章

货币

学习目标

1. 掌握货币的基本定义
2. 掌握货币的职能
3. 了解货币体系与形态的演进历程
4. 掌握货币的统计与度量标准
5. 掌握与货币相关的重要概念(库存现金、准备金、基础货币)

本章导读

金融的本质是货币跨时空流转以及流转过程中经济主体对风险与收益的权衡,其中"货币跨时空流转"也即资金融通,是金融的核心内容之一。因此,货币是金融学中备受关注的核心指标,也是金融学中的重要基础概念,与宏观经济发展联系紧密。事实上,货币与通胀率及利率在诸多金融理论中是并行的核心指标。本章介绍货币的相关概念以及统计与度量等内容,第九章将介绍通胀率的相关内容,利率的相关内容将在第十七章中具体介绍。

通过本章学习可以了解以下几点主要内容:

第一,货币是被普遍接受的交易媒介、支付手段或者记账单位;货币的职能包括交易媒介、价值尺度和价值贮藏。

第二,货币体系经历了足值货币、代用足值货币和信用货币的演进过程,货币形态也相应从商品货币演进到纸币、电子货币、数字货币等形式。

第三,中国的货币总量按照统计口径宽窄可以划分为M0、M1和M2等不同层次,其中M0指流通中的现金(不含银行库存现金),M1指流通中的现金与企业活期存款的加总,M2指M1与企业定期存款、居民储蓄存款和其他存款等的加总(或者写成M2=M1+准货币)。M2相较M1的统计口径更广一些,所以M2被称为广义货币,M1被称为狭义货币。

第四,流通中现金、银行库存现金以及存款类机构在中央银行的准备金存款总和称为基础货币,基础货币是货币供给的基础。

第一节 货币的定义

一、货币的基本定义

在现代社会的日常生活中,我们几乎每天都要用到“钱”来完成各种经济活动:骑行共享单车需要使用手机扫码支付骑行费用,在超市购物需要用现金或者银行卡等来结账,网络购物或者订餐也都需要使用钱来支付。在这些日常支付过程中,我们可能使用了不同形式的钱,有时候使用的是现金,还有时候使用的是手机绑定的银行账户中的活期存款。如果忽然提出一个问题:到底什么是钱?还真不一定能够马上找到合适的答案。

当然,在专业术语中,我们一般很少用“钱”这一表述,更规范的术语是货币(money)。那么,如何定义货币呢?经济学中对于货币的定义一般从货币的性质、具体职能(functions)以及人们使用货币的目的来进行阐释。货币是一种独特的金融工具,是被普遍接受的交易媒介(medium of exchange)、支付手段(means of payments)或者记账单位(unit of account),用以购买商品与服务、清偿债务或者记录账务等活动。

货币定义中的第一组关键词是交易媒介、支付手段和记账单位。也就是说,货币是一种媒介、工具和记账单位,只要能够完成交易、支付和记账等活动就可以,所以其形式可以多样化。例如,现金(cash,currency)显然是货币的一种形式,是典型的用以完成交易的媒介。再如,我们银行存款账户中的存款也可以完成交易、支付和记账等活动,因此存款其实也是货币的一种形式,或者说货币不仅包括现金,也包括存款。关于这一点,我们在后面的货币的统计与层次划分中还会进一步阐释。

货币定义中的第二个关键词是“普遍接受”。如果一种交易媒介只能在有限范围内使用,而不能被普遍接受,那么它也难以成为货币。例如,快餐店的代金券、商场的购物券等也是一种交易媒介,我们可以用代金券去购买快餐店的汉堡,也可以用商场的购物券购物。但是快餐店的代金券和商场的购物券都不具有普遍接受性,只能在特定的快餐店和商场使用,而且很可能规定了有效时限和可买商品的范围。

因此,代金券和购物券都因为不能被“普遍接受”而不属于货币。那么,一种交易媒介怎样才能做到被普遍接受呢?这一媒介要么具有特殊的内在价值,要么具有信用(credit)支撑。这里所说的“信用”接近“信誉”的意思(金融中的“信用”含义很广泛,还可以表示“资金”和“信贷”)。谁的信用最高呢?一般来说,国家信用最高。因此,在现代经济中,一种媒介要成为货币,其发行主体一般都是国家,这样发行的货币才具有普遍接受性,才不会受到使用时间和空间的限制。

拓展阅读 8-1

代金券是货币吗?

我们在日常生活中经常会接触到代金券或者消费券,例如在商场购物或者其他场所消费时,商家为了促销可能向顾客发放代金券,上面标明 100 元或者其他面值,可以在特定时间段和特定地点消费使用。那么,代金券是否属于货币呢?为了澄清这个问题,我们下面通过一个简单的例子来进行说明。

张大明是某大学金融学专业的二年级学生,利用暑假时间在某快餐店兼职做服务员,兼职一个月的工资约定为3 000元人民币。在兼职结束结算工资的时候,门店经理找到大明,询问大明是否愿意接受工资2倍额度(6 000元人民币)的快餐店代金券作为兼职工资。大明拒绝接受代金券,坚持要3 000元人民币而不要2倍于工资额度的代金券。最后,这家快餐店给大明的银行活期存款账户转账人民币3 000元,这样张大明的收入相应增加。

在这个简单的例子中,我们其实已经预览了货币的相关概念和问题:张大明为什么选择3 000元人民币现金而不选择2倍于现金的代金券?代金券是不是货币?为什么张大明接受银行转账?转到张大明银行账户中的钱与现金有没有区别?这些问题看似简单却暗示出准确给出货币的经济学定义并不容易,"货币""钱""现金""银行存款"和"收入"等不同表述存在微妙的区别和联系。

二、法定货币与法偿货币

一个国家发行的货币可以分为主币和辅币。主币又称本位币,是一个国家的基本通货和法定的计价结算货币;辅币是指主币单位以下的小额货币,用以辅助主币的流通(如日常小额交易或找零之用)。我国的本位币是人民币"元",辅币是人民币"角"和"分",人民币由中国人民银行统一印制、发行。

基于以上说明,还可以引出货币的另外两个相关定义:一个是法偿货币(legal tender),另一个是法定货币(fiat money)。二者都是从国家法律角度对现代信用货币进行定义,只是强调的角度略有差别。现代信用货币制度下的货币一般既是法偿货币又是法定货币。

法偿货币是指支付商品服务或清偿债务时在法律上不能被拒绝的货币,例如在我国任何面值的人民币都是法偿货币。可以看出,法偿货币的概念从法律上强调货币在偿付环节的威严。注意,法偿货币又可以按照对主币和辅币的使用是否有限制划分为无限法偿和有限法偿(如图8-1所示)。无限法偿是指货币具有无限清偿的能力,任何情况下都不得被拒收;有限法偿则主要针对辅币而言,即每次交付的辅币数量有一定限制,超过限额,收方可以拒收。

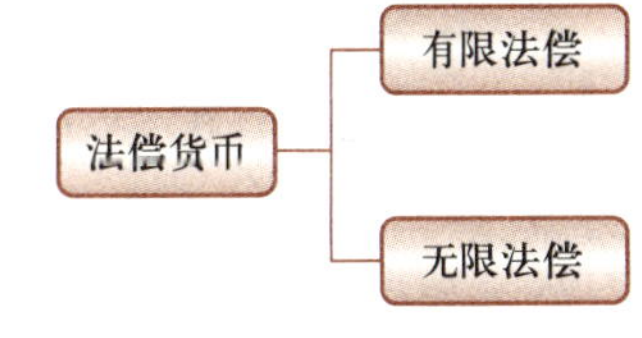

图8-1 货币的法偿属性分类

中国的人民币主币和辅币都是无限法偿货币。《中国人民银行法》第16条规定:"中华人民共和国的法定货币是人民币。以人民币支付中华人民共和国境内的一切公共的和私人的债务,任何单位和个人不得拒收。"

法定货币是指不代表实质的商品或货物(与黄金相对),发行者也没有将货币兑换为实物的义务,只依靠政府法令使其成为合法通货的货币。因此,法定货币强调的是货币的法律地位。现代货币一般都属于法定货币。

从上述描述可以看出,法定货币和法偿货币的定义,彼此之间既有一定的交叉同时侧重点又不同:法定货币与商品货币相对,强调的是币材本身没有什么内在价值,有价值是因为国家法律规定了其面值多少。正是因为有了国家信用做背书,持有者才认可货币的价值,才能达到“普遍接受”的效果。英文单词“fiat”(法定)来自拉丁文,意思是“就应该这样”,可以体会出法定货币的内在含义。其次,法偿货币并不从货币(币材)本身是否有价值角度来定义货币,而是强调国家法律规定其在支付清偿过程中的效力。

显然,法定货币和法偿货币的定义侧重点不同,但二者并不相互排斥。事实上,很多国家的货币都经历了首先作为法定货币,然后进一步规定法偿范围(有限还是无限)的过程。我国现行的人民币既是法定货币又是法偿货币,而且是无限法偿货币。

第二节 货币的职能

货币的职能,就是货币在现实经济生活中扮演什么角色,发挥什么功能。从货币的定义可以看出货币具有三大职能,即交易媒介(支付手段)、价值尺度和价值贮藏。

一、交易媒介

货币的第一个职能是交易媒介和支付手段(medium of exchange and means of payments)。货币的出现极大简化了人们的商品交易和债务清偿活动,因此货币的第一个职能就是交易媒介或者支付手段,解决了物物交换的低效问题。在易货经济时代(barter economy),商品交换只有在双向巧合条件下(双方恰好同时有对彼此的需求)才能进行,交易过程没有货币作为媒介非常困难。

可以试想一下,在一个没有货币作为媒介的时代,所有商品交换都需要以物换物,这种双向巧合所带来的搜寻和匹配成本非常高。或许在人类经济活动早期以自给自足作为主要生产生活方式的背景下,并不需要太多的物物交换就可以满足基本需求,只有在这样的状态下易货经济才可能得以运行;而生活在当代社会,很难想象没有货币作为媒介的社会经济生活是什么样子。

试想一下,如果张大明在快餐店兼职工作一个月得到的工资不是现金(也不是代金券),而是 100 个汉堡,不用说使用汉堡去换别的商品,就算只扛着这些汉堡到市场上走一圈就得汗流浃背,更不用说要想什么办法能够保持汉堡的新鲜继而能够不断地用这些汉堡来兑换需要的商品。不难想象,没有货币作为交易媒介的经济生活有多困难。

确实,在没有货币的易货经济中,物物交换下的交易成本非常高,毕竟要找到双向巧合的情况,需要大量的搜寻和匹配时间,造成巨大的交易摩擦。为了解决这一问题,从原始社会就开始出现形形色色的“货币”,如贝壳、牲畜、绢帛等被用作交易媒介。事实上,当以货币支付结束一个完整的交易过程时,此时的货币已经不仅是交易媒介,同时具备了支付手段的职能,所以此时货币所体现出来的职能是“交易媒介”,也是“支付手段”。

由于易货经济没有货币作为媒介,每个人不得不尽可能生产自己所需的全部商品,所以很难出现专业化分工,也就难以提高生产效率,从而使得经济也很难得到发展。而货币的出现改变了这样的状态,特别是货币的交易媒介职能,直接促进了经济的发展。因此,把货币比喻成经济体的血液非常贴切:货币促进循环、增加交易,从而带动了经济发展。

二、价值尺度

货币的第二个职能是价值尺度（unit of value）。这一职能也可以称为度量单位或者记账单位的职能，是指衡量客观对象的价值属性与价值量的标准，也就是一种标准的度量单位（例如 100 万元人民币、10 万美元），方便价值评估和计算。马克思把货币赋予交易对象以价格形态的职能定名为价值尺度职能，使其内在“价值”能够相互比较。在我们国家，绝大多数商品价格以人民币标价，各个公司的财务报表也用人民币标价，那么人民币（元）就是一种价值尺度或者说记账单位。有了这个标准尺度，比较不同商品的价值就非常直观。

同时，货币的价值尺度职能可以简化交易价格的数量。在易货经济模式下，由于没有货币作为价值尺度标准，价格只能由两种相互交易的商品来表示。例如，易货经济模式下有 4 种商品 A、B、C、D，则有 6 种价格形式，即 A/B、A/C、A/D、B/C、B/D、C/D。

也就是说，在没有货币作为媒介的情况下，社会经济生活中的价格形式可以用一般性的计算公式表示为 $P=N(N-1)/2$，其中，P 表示价格，N 表示商品数量。当商品数量很少的时候，这种易货价格表现形式还可以较为轻松地计数。但是，随着商品数的增加，我们用商品相互表示的交易价格数量将极速增加，势必为经济生活带来不便。而如果以货币作为媒介，则用货币表示的价格标签数量与商品数量相同，这样就大大简化了交易价格的数量。

我们在表 8–1 中对易货经济下和货币媒介下的价格标签数量进行了举例对比。不难看出，随着商品数量的增加，没有货币作为交易媒介的易货经济的价格标签数量急剧增加，当商品种类达到 1 000 种的时候，易货经济的价格标签数量达到了将近 50 万种。显然，现代经济中商品数量何止 1 000 种，如果没有货币作为交易媒介，交易价格的标签数量将会大得惊人。

表 8–1 易货经济和货币媒介下价格标签数量对比

商品种类	价格标签数量（物物交换）	价格标签数量（货币媒介）
3	3	3
5	10	5
10	45	10
1 000	499 500	1 000

三、价值贮藏

货币的第三个职能是价值贮藏（store of value）。既然货币是一种被广泛接受的交易媒介和支付手段，可以用来交换商品和服务，那么货币自然就具有价值贮藏的职能，各种经济交易可以长时间、跨地域进行。价值贮藏是货币的重要职能之一，也体现了货币的时间价值。

在本章第一节拓展阅读 8–1 中，张大明之所以坚持要求现金而不要看似额度更高的代金券，也反映出大明心里清楚货币具有价值贮藏的职能，而代金券不具备这一职能。现金或者银行存款都属于货币，在未来需要购买任何商品时都可以使用。而代金券则不同，不仅使用的空间受限，使用的时间也受限，一般在有效期过后就不能兑换任何商品，所以不具有价值贮藏的职能。

在物物交易的原始社会，因为购买与销售同时进行，所以不涉及价值贮藏。而货币出现后，购买与销售相互独立，此时货币表现出价值贮藏职能。例如，我们付出自己的劳动换得货币形式的收入，可以存放起来在以后需要某种商品时再使用，这个过程就体现了货币的价值贮藏职能。当然，货币的价值贮藏职能是否有效，依赖于物价变化情况。例如，在物价快速增长情况下(高通货膨胀时期)，由于贬值严重，货币就无法进行有效的价值贮藏。货币的价值贮藏职能与其作为交易媒介的职能密不可分，货币的价值必须相对稳定，才能被广泛接受为交易媒介。

第三节　货币体系与货币形态的演进

一、货币体系的演进

一般认为物物交换是货币和货币体系产生的根源。也有货币史学家认为债务记录才是货币出现的前驱。这两种观点都有一定道理，而且两种情况(物物交换和债务记录)都能找到历史上的相关记载。不过，无论哪种观点，货币体系的演进过程与货币形态的发展变化都紧密联系。概括起来，货币体系的演进经历了足值货币(full-bodied money)、代用足值货币(representative full-bodied money)和信用货币(credit money)[①] 体系三个阶段。

(一) 足值货币

早期的货币体系是足值货币体系。足值货币也称为实物货币，其作为货币用途的价值与其作为非货币用途的价值相等。足值货币本身具有十足的内在价值，是以自身所包含的实际价值同商品世界的其他商品进行交换的，属于内在价值的等量交换。诸多生产生活资料如农具、牛羊、石器、贝壳、棉花、粮食等在不同时期被用作货币。

(二) 代用足值货币

随着社会经济的发展，足值货币的携带和使用越来越不方便，因此出现了代用足值货币，即用纸币等轻便形式来代表对应的足值货币价值。代用足值货币体系的主要特点是其背后由足值货币作为支撑，发行方承诺代用足值货币的兑换义务(早期的发行方多为私人部门)。也就是说，作为代用足值货币的纸币持有人，随时可以向纸币发行方索偿等值的足值货币。在代用足值货币体系下，足值货币仍然是交易使用的货币形式之一，同时伴有纸币形式的代用足值货币的使用。

中国是很早创造及使用代用足值货币的国家。早在公元1000年前后，宋朝时期的四川地区就出现了代用足值货币形式。当时一些私人铺户为不便携带大量足值货币的商人提供现金(贵金属货币)保管业务，存款人把现金交付给铺户，铺户把存款数额填写在特制的纸卷上交还存款人，并收取一定的保管费。这种临时填写存款金额的纸券被称为交子。交子类似一种存款凭证。

随着经济发展，交子的使用越来越广泛，许多商人联合成立专营发行和兑换交子的交子铺，并在各地设分铺。由于铺户恪守信用，随到随取，交子逐渐赢得信誉。为了避免金银铸币等足

---

① 注意，在没有特定上下文时，某些债券等金融产品也可以称为“credit money”。但是，在讲货币体系(特别是现代信用货币体系)的时候，一般专指法定货币体系，此时的信用货币就是“fiat money”。

值货币搬运的麻烦，商人之间的大额交易越来越多地直接用交子来完成。后来交子铺户在经营中发现，交子的持有人一般不会在集中时间段来兑付足值货币，所以印刷一部分没有足值货币做支撑的交子来使用也不会危及交子信誉，于是他们便开始印刷有统一面额和格式的交子，作为一种新的流通手段向市场发行。这种模式已经逐渐具备了信用货币体系的特征。不过，由于交子并非国家发行，其信用支撑体系比较脆弱，最终在公元1100年前后被废止。

（三）信用货币

代用足值货币必须百分之百由足值货币来背书。也就是说，面值100两黄金的代用足值货币必须要有100两足值货币形式（如100两黄金）作为支撑，代用货币持有人随时可以要求兑换为足值货币。但是随着经济快速发展，这种需要足值货币背书的代用货币仍然难以满足需要，因为毕竟代用货币最终还是面临兑换为足值货币的问题。

如果有一个稳定的货币体系，经济主体对货币百分之百有信心，那么代用货币是否有足值货币来背书也就不那么重要，也不存在兑换或者用足值货币来清算的问题。因此，当国家信用足够强，可以代替足值货币来对纸币等没有内在价值的货币形态提供信用支撑时，就可以实现信用货币体系。

1972年之后，世界范围内多数国家逐渐迈入了信用货币体系。① 无论各个国家的货币单位名称如何变化，其共同特征都是货币的币材本身没有内在价值，货币的价值（面值）由国家法令或者政府政令来确定。显然，信用货币体系具有明显的优势：能够最大限度地满足经济发展对交易媒介的需求，同时制造成本低廉，而且货币供给量不再受到金属矿藏的影响。当然，信用货币体系对货币供给规模的调控提出了更高要求，供给过少可能不利于经济发展，而供给过多又可能带来较高的货币贬值和通货膨胀。因此，稳定运行的信用货币体系对国家、政府和中央银行的决策机制提出了较高要求。

二、货币形态的演变

（一）基本背景

货币形态的演变经历了从无到有、从重到轻、从繁到简的漫长演进历程。最初是没有金属货币也没有纸币的时代，人们之间的交易都通过"以物换物"进行，诸如各种货币史材料中的插图那样，"一头牛换五把石斧，一把石斧换一石米"。后来随着社会经济的发展，人们发现物物交换很不方便，于是开始选择美观、坚固、特定的贝壳等商品货币作为交易的媒介。但是贝壳作为币材也有这样那样的缺点（例如容易磨损、产地向外运输不便），所以后来使用金、银和铜等金属制作成金属货币，作为交换中介与计价工具，自然就把金、银等称为"货币"。

金属货币虽然不容易磨损，但是也存在明显的缺点，这些缺点对于其他商品货币来说也是共有的。第一个缺点是数量不容易控制。以黄金为例，当黄金矿藏发掘量突然大增时，流通中的货币数量就会大幅增加，从而导致通货膨胀等一系列经济问题。第二个缺点是质量容易出现很大变化。例如，在金属货币时代，人们总倾向于把成色高的金属货币"窖藏"起来，从而使得流通中的金属货币成色越来越差，即"劣币驱逐良币"现象。当然，金属货币的另外一个缺点是比较重，不易携带，所以后来人们发明了用纸印刷的货币，即纸币，如宋朝时

---

① 本书第十九章将详细介绍国际货币体系演进过程。

的交子。交子出现五六百年后(16—17 世纪),欧洲才引入了纸币制度。

早期由富商发行的纸币不具有普遍接受性特征,不是法定货币。当纸币统一由政府发行时,则称为“法币”。中国在金朝时在一定范围内推行了纸币。在元朝时,就由政府统一发行纸币并代替铜钱和银两流通,这可能是世界上最早的“法币”。随着经济的发展,社会积累了越来越多的财富,而财富分配并不均匀,就出现了有些人需要向别人借钱,而另一些人则愿意把钱借给别人,收取利息,让自己的钱生出更多的钱。这样,就出现了借贷,即信用。有了信用,就自然会产生信用机构,就有了银行。

再后来,支票、电子货币甚至数字货币等货币形态日益增多。与此相对应,现代经济体出现资本市场等各种金融市场,在市场中有各种金融工具和交易金融工具的金融机构,以及对市场进行监管的金融监管机构,从而形成了现代化的金融体系。

(二) 货币形态演变的历史阶段

货币形态的发展历史,在各个国家有着不同的演进逻辑,而且不同国家的资料记载和侧重点不尽相同。总结来看,货币形态的演进历程大致可以分为六个标志性的历史发展阶段,如图 8-2 所示。

从图 8-2 可以看到,货币形态演进的第一个阶段是易货经济时代,没有货币作为交易媒介,谷物和牛羊是很受欢迎的交易物,最早有记载的物物交换出现在公元前 9 世纪左右的古埃及。第二个阶段是非金属商品(实物)货币时代,大致从公元前 4 世纪延续到公元前 1 世纪。第三个阶段是金属货币的使用,这个阶段应该是最长的,从公元前 1 世纪一直沿袭到公元 19 世纪。第四个阶段是纸币的萌芽(代用足值货币),纸币作为代用足值货币在中国唐代和宋代都有记载,后来使用纸币作为货币的理念从中国传到欧洲,特别是 13 世纪意大利人马可波罗在游历中国之后将纸币作为货币的理念带到欧洲;到了 16—17 世纪,欧洲一些国家才开始出现纸币形式的货币(例如,1661 年欧洲的瑞典才开始发行纸币);17 世纪欧洲银行业发展进一步推动了纸币的使用,特别是公元 1609 年历史上第一家真正意义上的银行——阿姆斯特丹银行成立,用银行券代替硬币,推动了纸币的发展。第五个阶段是 18—19 世纪金本位的发展,金币是货币的主要形态。第六个阶段是 1945 年以后世界范围内信用货币体系下纸币和硬币形式的货币(法定货币)的广泛使用,以及信用货币体系下电子货币(手机支付)的大发展,

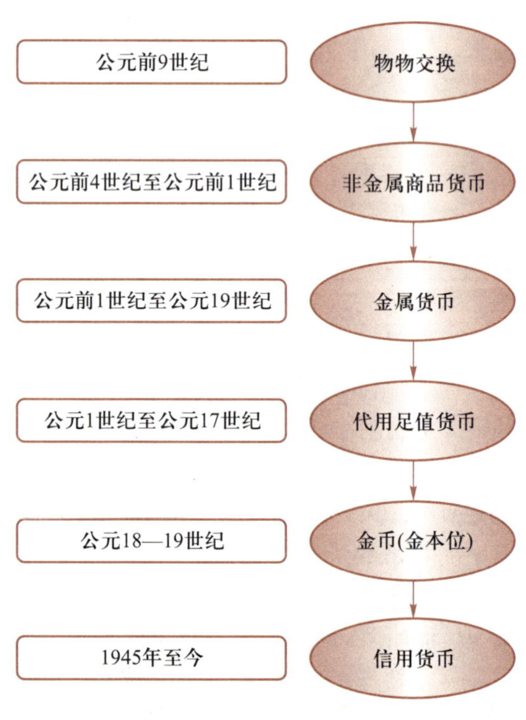

图 8-2 货币形态演变的历史阶段

根据上述内容可以看出,货币出现以后,其形态从非金属商品货币(贝壳、牲畜、盐、烟草、布帛等)演变为金属商品货币(金、银、铜),然后发展到早期局部使用的纸币形式的代用

足值货币和后来的纸币形式的现代信用货币，之后进一步演变，出现了支票、电子货币（借记卡和手机支付等）、数字货币等形式，货币的支付体系也随之发生变化。

总起来看，货币形态可以划分为两大类，一类有内在价值（intrinsic value），另一类则无内在价值。例如，金和银都可以用来制作首饰，也可以在工业和医疗领域使用，所以除了用作货币的币材之外，金和银还有其他价值；纸币则不同，除了用作货币之外并无明显的其他价值。所以，商品货币（包括非金属和金属）属于有内在价值的货币形态，而纸币则属于无内在价值的货币形态。现代信用货币体系下的硬币（coins）一般使用普通金属制作，也属于无内在价值的货币形态。

史学家认为，最先创造并开始使用金币和银币的，是公元前600年铁器时代的小亚细亚西部的一个叫利迪亚的小国（Lydia，也译作吕底亚），位于现在的土耳其境内。此后，货币的形态不断变化。1661年，瑞典将硬币发展成为银行券；1950年，第一张信用卡诞生了。之后，人类社会进入了现代信用货币体系，基于国家信用的纸币形态被广泛使用。

拓展阅读 8-2

格雷欣法则与铸币税

在货币形态演变的历史长河中，出现过很多有意思的历史事件，后来形成了使用很广的专业术语，例如“劣币驱逐良币”和“铸币税”等。

“劣币驱逐良币”的原意是等值流通的金币或银币在成色或者金银成分上存在差别，那么成色好、实际金银含量高的良币必然会被融化或者收藏而退出流通，而成色差、实际金银含量低的劣币反而充斥市场。“劣币驱逐良币”的现象又称为“格雷欣法则”（Gresham’s law）或者颇具汉语色彩的“葛氏定律”。根据史料记载，这里所说的格雷欣，全名是托马斯·格雷欣（Thomas Gresham），是16世纪英国的一位有较强家族背景的商人资本家。他曾在一个时期内担任女王伊丽莎白一世的顾问，并且出资在伦敦建立了英国皇家交易所（Royal Exchange）。他曾经上书伊丽莎白女王，“劣币与良币不可能同时流通，劣币终将把良币逐出陛下的领土”。当然，早在格雷欣之前，中国古代已经有人提出类似“劣币驱逐良币”的现象，可能是因为历史记录的影响范围不同而没有得以扬名。

信息不对称是“劣币驱逐良币”现象存在的基础，如果交易双方对货币的成色与真伪都十分了解，持有较低实际价值货币者就很难将这些货币交易出去而换得与优质货币等价值的商品。但是由于交易者双方信息不对称，在交易之前商品售卖者无法得知购买者所持有的币质优劣，在交易之后，该交易者便会将所收入的劣质货币投入市场进行交易，从而使得市场中优质货币数量变少，劣质货币数量变多，形成了“劣币驱逐良币”现象。

铸币税（seigniorage）也是一个常用术语。它是指在金属货币制度下，铸造货币的实际成本与货币表面价值之差归铸币者所有的收入。而在信用货币（纸币）制度下，发行货币的收益减去成本即是铸币税。

三、电子货币

自 20 世纪末开始,随着银行卡和支付技术的发展,纸币在人们日常消费中的使用逐渐减少,银行借记卡等形式的电子货币被广泛使用。此后,随着智能手机的普及,微信钱包、支付宝钱包等电子钱包的使用日益频繁,甚至有取代纸币之趋势。

电子货币是以电子化形式存在的货币,是指存在于银行计算机系统并随时可以通过电子化方式进行交易的货币。不难看出,电子货币并不是物理意义上存在的货币,但它与我们的银行账户紧密联系在一起,随时可以兑换成物理形态的纸币。因此,电子货币的价值是建立在信用货币基础上的。

如今,大部分企业的职工工资都使用电子货币形式,发放到职工的银行借记卡上,借记卡上储存的就是电子货币。可见,电子货币可以存在于各种形式的账户上。最常见的就是银行发放的借记卡,企业和个人把货币存到银行,银行就在相应的账户上增加电子记录。

电子货币在全球范围内被广泛使用。电子货币不仅随时可以兑现成看得见、摸得着的纸币,而且通过电子货币系统,使用和监测都非常方便。电子货币系统是指通过银行卡或计算机账户进行货币存储或转账等功能的系统。电子货币可以大规模减少现金和支票的使用,更低碳。读者应注意,信用卡可以作为电子货币,但是如果是信用卡透支的部分,则不属于货币供给,因为货币供给的基本定义是现金加各种存款,属于银行的负债,而信用卡透支额度是银行的资产、个人的负债。因此,信用卡透支只是延迟了支付,在一段时间内减少货币需求,并不影响货币供给。

电子货币的使用依赖于强大的支付清算系统。国内的电子货币使用,依赖于中国支付清算系统,包括中央银行支付清算系统、第三方服务组织支付清算系统(如银行卡跨行支付系统等)、银行业金融机构行内支付系统和金融市场支付清算系统等。跨国的电子货币使用,则要依赖于国际支付清算系统。例如,纽约清算所银行同业支付系统(clearing house inter-bank payments and settlements,CHIPS),主要进行跨国美元交易的清算;再如,环球同业银行金融电信协会(SWIFT),是国际银行同业间的国际合作组织,成立于 1973 年。目前全球大多数国家大多数银行已使用 SWIFT 系统,为银行的跨国结算提供了安全可靠、自动快捷的通信业务。

电子货币如此盛行,是否有可能取代纸币?这个问题在以前可能还没有那么严重,但是随着智能手机的普及,加之中国发展起来的微信和支付宝,大家发现一部智能手机,只要和银行账户建立关联,就可以轻松地成为一个电子钱包,里面装的就是电子货币。由于手机已经成为个人随身必备的设备,所以手机钱包中的电子货币,在中国几乎取代了现金交易。

拓展阅读 8-3

什么是 SWIFT 系统?

1. SWIFT 的基本背景

SWIFT(环球同业银行金融电信协会)是一个全球性的金融机构网络信息系统。1973 年,SWIFT 成立并提出了比电传系统更有效的传输金融信息的代码系统。SWIFT

总部位于比利时布鲁塞尔,避开了在伦敦和纽约等主要金融城市。截至 2024 年,SWIFT 承载了全球一半的高额跨境支付,覆盖 200 多个国家和地区。

SWIFT 被全球数千家银行用来以安全和标准化的方式交流金融交易信息。在引入 SWIFT 之前,银行使用电传系统进行国际交易。与 SWIFT 相比,电传系统依赖于句子而不是代码来描述每笔交易,所以是一个效率缓慢的订单支付系统,对于银行和用户来说都比较煎熬。

2. SWIFT 的运行机制

SWIFT 用于在两家银行之间进行资金转账。当两家银行有商业往来时,银行在收到 SWIFT 消息后立即进行转账。个人账户中的资金通过银行的商业账户转入另一个人的账户,同时银行在这个过程中收取费用。如果两家银行没有直接商业关系,中间银行可以协助办理,但是接受服务的银行需要支付费用。此外,如果转账涉及两种货币,其中一家银行需要进行货币兑换。

事实上,SWIFT 网络并不直接转移资金,而是通过 SWIFT 代码在机构之间传递交易指令。SWIFT 系统的应用标准化了用于实际资金转账的 IBAN(国际银行账号)和 BIC(银行标识符代码)格式。

SWIFT 代码(ISO–9362 或 BIC 代码)是 SWIFT 为每个金融机构分配的一个由 8 或 11 个字符组成的唯一代码,包括机构代码、国家代码、位置代码(或城市代码)和一个可选的分支机构代码,用于识别各个分支机构。IBAN 代码和 SWIFT 代码不同。SWIFT 代码仅标识银行,而 IBAN 代码标识银行和银行的特定账户。美国不参与 IBAN,而是使用 ABA 路由号码进行国内支付,使用 SWIFT 代码进行国际支付。

3. SWIFT 的管理机制

SWIFT 是一个合作组织,理论上不受任何国家的控制,但是实践当中还是会受到合作组织中的强国影响。SWIFT 组织由 25 人左右的董事会管理,并由 G10 国家中央银行(包括比利时国家银行、加拿大银行、德意志联邦银行、法兰西银行、意大利银行、日本银行、荷兰银行、瑞典国家银行、瑞士国家银行、英格兰银行、美国联邦储备系统)和欧洲中央银行共同监管。

从理论上讲,SWIFT 属于中立角色,不对制裁做出任何决定。但是由于 SWIFT 需要遵从比利时法律,因此它必须遵守欧盟法规,包括欧盟主导的制裁。例如,2012 年,SWIFT 根据当时欧盟第 267/2012 号条例对伊朗施加了限制。2022 年,SWIFT 将部分俄罗斯银行排除在其支付系统之外。

四、数字货币

(一) 数字货币的定义

数字货币是指数字化形式的电子货币。数字化类似于数字签名,是加了烙印的电子货币,具有独特性。数字货币虽然一般也以电子形式存在,但是数字货币不同于电子货币。电子货币本质上只是我们银行账户的电子化形式,转账传输的只是金额,而数字货币更像是赋予了身份证信息的电子货币。

数字货币与虚拟货币也完全不同,也不属于同一个层次。顾名思义,虚拟货币是指非真实的货币，经常出现在游戏中，例如计算机游戏中的各种奖励钱币都是虚拟货币，现实世界不予认可，只有在游戏环境中才有效。

数字货币的实现方式有很多种。假设我们从银行获得金额为 1 万元的数字人民币，银行需要对金额及其他特征数据进行数字签名（比如分行号码、所允许的转用次数、有效期、是否可追踪等）。这一串数据对应的 1 万元就是数字货币。因为这 1 万元的数字货币是从银行获得，所以银行要从对应的银行账户里扣掉 1 万元，同时发送一份拷贝数据给清算服务器。你获得的这一串数据（数字货币）具有唯一性特征，不管你复制多少份都代表同一个数字货币，所以你无法同时把它支付给两个公司。当你把它给接受者的时候，接受者收到后可以把它存到银行里，银行间再通过清算银行进行清算。中国人民银行已经在 2021 年推出了数字人民币。

比特币虽然也是以数字形态出现，但是它与银行发行的数字货币不同。银行发行的数字货币（尽管目前还很少）是真正意义上的货币，从本质上讲仍然是基于国家信用发行的一种法定货币，只是存在的形态特征与传统形式相比发生了变化。但是比特币并非银行发行，也不代表一种国家负债，不能被广泛接受，所以它只是一种商品或者资产，但不是标准意义上的货币。

（二）数字货币的意义

既然数字货币是电子货币的一种形式，为什么要推出数字货币呢？首先，数字货币承载的科技手段比传统的电子货币更丰富，可以减少跨境支付方面可能存在的障碍，提高跨境支付效率，解决全球金融基础设施问题。具体来说，传统形式的跨国支付一般需要通过特定全球跨境清算体系，特别是 SWIFT 和纽约清算所银行同业支付系统（CHIPS），而 SWIFT 系统和 CHIPS 系统的使用又存在一定的门槛，特殊时期甚至会对一些国家的跨国支付进行限制和制裁（参考拓展阅读 8–3）。以数字人民币为例，如果利用数字人民币进行跨境支付，境外商家即使没有中国境内银行账户，也可以直接开设数字人民币钱包，与境内交易方直接使用数字人民币交易，而且交易时间短，无须支付银行汇款费用等，还可以避免汇率风险。其次，数字货币的推行，还有利于中央银行等金融管理部门更有效地管理货币流通，有利于决策层更精准地制定货币政策。因此，数字货币的应用既有利于居民和企业等的跨境交易活动，也有利于金融监管和政策制定。

拓展阅读 8–4

中央银行数字货币

中央银行数字货币（central bank digital currency，CBDC）是由央行发行的、以电子状态存在的货币，具有不同的类型。从发行对象来区分，可以分为针对个人发行的零售型 CBDC 以及仅限于商业银行等机构使用的批发型 CBDC。而根据转移机制，又可以分为基于账户制的 CBDC 以及基于代币制的 CBDC。前者的技术路线更靠近商业银行的存款账户管理，而后者的技术路线则靠近私人加密数字货币的数字钱包管理。

央行数字货币的本质是电子化的现金。央行数字货币在微观使用上可以等同于电子化的现金，所以从静态角度理解，央行数字货币就是对传统 M0(纸币和硬币)的替代，将原来笨重的纸币和硬币形式替换为更便捷的电子化支付形式。但考虑到货币派生进程会影响金融体系扩张过程，而数字化的信息技术能够令货币流转过程中几乎所有重要的信息均在银行系统留有记录。

第四节 货币的统计与度量

一、货币总量的层次划分

经济中任何一个时间点上的货币总体数量被称为货币总量(monetary aggregate)或者货币供给量(money supply)。那么，如何度量经济中的货币总量？这就需要遵循一定的统计和度量标准。货币是一种交易媒介，因此原则上能够扮演交易媒介的货币形式都应该统计在内。能够扮演交易媒介的货币形式包括现金和各类存款等多种形式，但是不同形式货币的流动性高低不同，所以货币可以相应划分为不同层次，这样有利于不同层次货币的统计。

根据统计口径宽窄不同，货币、货币总量(货币供给总量)可以划分为流通中现金、狭义货币和广义货币等不同层次。图 8-3 展示了货币不同层次度量指标之间的关系，图中每个圆的大小代表对应货币层次指标的规模。

第一个层次是流动性最高的流通中现金(currency in circulation)，也可以称为流通中货币或公众持有的现金，包括流通中的纸币和硬币，但不包括商业银行的库存现金。流通中现金用 M0 表示。

第二个层次是 M0 加上流动性比较高的活期存款，用 M1 表示，也称为狭义货币。我国 M1 中活期存款特指商业银行的支票存款(截至 2022 年 1 月的统计口径)，是来自企业、机关团体部队、农村和个人信用卡类的活期存款。

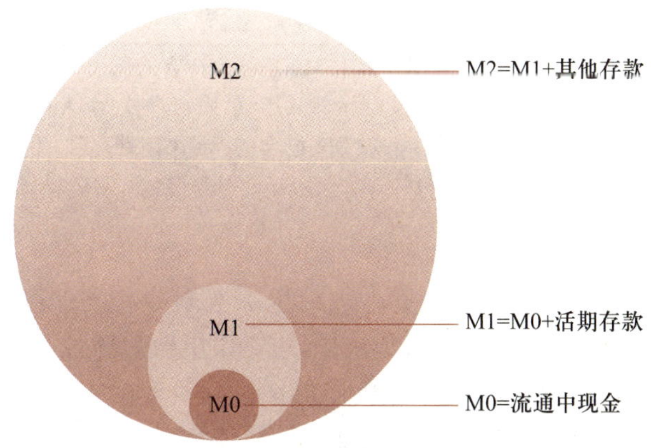

图 8-3 不同货币层次度量指标之间的关系

第三个层次是 M1 加上其他存款等（M2 中的其他各类存款等内容在不同国家的统计中可能略有不同），用 M2 表示，也称为广义货币。在国际货币基金组织给出的货币统计口径对应的称谓中，M2 减去 M1 的部分被称为准货币（quasi money）。当然，有些国家还会统计更宽口径的广义货币（依次称为 M3、M4 等）。

在图 8–3 中，我们刻意将 M0 和 M1 的圆画得较小，而 M2 的圆相对大得多，这是为了与中国现实情况保持一致。以中国人民银行公布的 2022 年 1 月中国各个层次货币规模统计数据为例，M0、M1 和 M2 分别为 10.6 万亿元人民币、61.4 万亿元人民币和 243 万亿元人民币。也就是说，三个层次的货币指标比例约为 M0∶M1∶M2=1∶6∶23。

各个国家对货币总量的层次划分标准基本都与国际货币基金组织公布的基本准则保持一致，不过由于各国金融体系发展的阶段不同，金融机构和金融产品在类别和名称上都可能存在不同，所以各国不同层次的货币总量具体组成内容可能不完全相同。

通过对比中国和美国货币供给总量的层次划分，可以进一步理解货币层次划分的基本理念，而且可以看出不同国家金融体系和金融工具的差异（比如个人支票的普及程度和电子支付）。

对于中国来说，根据截至 2022 年 1 月中国人民银行发布的货币总量统计口径标准，可以将中国的货币分为三个层次，具体内容列在表 8–2 中。

表 8–2　中国的货币总量层次划分（2022 年 1 月）

名称	组成	规模（万亿元）
M0	流通中现金	10.62
M1	M0 +企业活期存款 =M1	10.62 +50.77 =61.39
M2	M1 +企业定期存款 +居民储蓄存款（活期+定期） +其他 =M2	61.39 +43.74 +108.67 +29.31 =243.11

注：表中是中国未经季节性调整的原始数据。表中 M0 是公众持有的现金，不包括商业银行库存现金。M1 包含的“企业活期存款”是指企业活期存款+机关团体部队存款+农村存款+个人持有的信用卡类存款（农村存款是指农村合作信用社中的农村集体单位的存款）。M2 包含的“居民储蓄存款”包括居民活期和定期储蓄存款。M2 成分中的“其他”包括非存款类金融机构存款、客户证券保证金、非存款类机构持有的货币市场基金份额等。

美国的中央银行（美联储）公布的货币供给量层次划分和统计口径具体内容归纳在表 8–3 中。从中可以看出，美国的货币层次与中国的货币层次总体上是一致的，只不过美国的银行账户以及支票使用与中国有所不同（美国的活期存款专门指那种不支付利息的支票账户），所以 M1 和 M2 两个层次的口径和内容相应有所不同。

表 8-3　美国的货币总量层次划分(2022 年 1 月)

名称	组成	规模(亿美元)
M0	流通中的现金	21 333
M1	M0 +活期存款(demand deposits) +其他流动性存款(other liquid deposits) =M1	21 333 +47 699 +136 650 =205 682
M2	M1 +小额定期存款(10 万美元以下) +零售货币市场基金 =M2	205 682 +876 +10 612 =217 170

注:表中数据是美国未经季节性调整的原始数据。表中 M0 是公众持有的现金,不包括美国财政部和联邦储备银行所持有的联邦储备纸币和硬币,也不包括存款类机构的库存现金。活期存款是国内持牌商业银行、外国银行的美国分行和代理机构以及 Edge Act 公司的活期存款(不包括存款机构、美国政府、外国银行和官方机构持有的金额)减去收款过程中的现金项目和美联储浮动资金。其他流动性存款包括存款类机构的可转让提款单(NOW)和自动转账服务(ATS)余额、信用合作社的股票汇票账户、储蓄机构的活期存款和储蓄存款(包括货币市场存款账户)。小额定期存款是指金额低于 10 万美元的定期存款,存款机构的个人退休账户(IRA)和 Keogh 账户余额从小额定期存款中扣除(Keogh 计划是美国的一个税收递延养老金计划)。货币市场基金的 IRA 和 Keogh 账户余额从零售货币市场基金中扣除。

对比截至 2022 年 1 月中美两国货币总量层次具体组成内容可知,M0 的口径基本相同,都是指流通中的现金,而两个国家的 M1 和 M2 统计口径则略有区别:中国 M1 只统计企业活期存款,而美国 M1 则包括居民和企业等所有部门的活期存款(2020 年 5 月之前不包括非支票账户的活期存款,2020 年 5 月之后包括非支票账户的活期存款);中国 M2 与美国 M2 的统计口径基本一致,不过中国 M2 中包括所有规模的存款,而美国 M2 中不统计 10 万美元以上的大额定期存款(美国 2006 年以前将大额定期存款统计在 M3 中,2006 年美国终止了 M3 的统计和数据披露)。

需要注意的是,各国货币总量的统计口径都可能随着经济的发展和金融市场的发展而发生调整。例如,我国 1994 年首次公布的货币供给量统计口径为:M0=流通中现金;狭义货币 M1=M0+单位活期存款;广义货币 M2=M1+储蓄存款+企业定期存款。2001 年 6 月份第一次修订货币供给量统计口径,将证券公司客户保证金补充计入 M2。2002 年年初,第二次修订货币供给量统计口径,将在中国的外资、合资金融机构的人民币存款分别计入不同层次的货币供给量。之后又在多个时期对货币供给总量的统计口径进行过修订。表 8-2 中的货币供给总量统计口径是截至 2022 年 1 月的标准。

同样,其他国家的货币供给总量的统计口径也会定期进行修订。例如,在 2020 年 5 月之前,美国的 M1 和 M2 的统计口径分别为:

M1=M0+支票账户存款+其他付息支票账户存款

M2=M1+ 活期储蓄存款 +小额定期存款+零售货币市场基金份额

而 2020 年 5 月之后,美联储对货币供给总量的统计口径进行了调整,将活期储蓄存款(saving deposits)从 M2 中调整到 M1 的统计口径中。这样,2020 年 5 月之后美国的 M1 和

M2 的统计口径相应调整为：

M1=M0+支票账户存款+其他付息支票账户存款+ 活期储蓄存款

M2=M1+小额定期存款+零售货币市场基金份额

因此，观察美国货币总量的走势，会发现 2020 年前后 M1 出现非常明显的跳跃，主要原因就在于统计口径发生了变化。图 8-4 展示了美国 M1 和 M2 在 2015 年 1 月至 2022 年 1 月的走势对比情况，可以非常明显地看到 M1 在 2020 年 5 月之后规模发生巨大变化。因为 M2 包含 M1，所以 M2 的统计口径并没有发生实质性变化，所以从图 8-4 中可以看到美国的 M2 在 2020 年 5 月之后并没有出现类似 M1 那种拐点性的巨大跳跃。另外，在美国，高于 10 万美元的存款在 2006 年之前一直统计在美国的 M3 中，但是 2006 年以后美国终止了 M3 的统计度量，所以这类大额存款目前尚未统计在 M2 中，也没有相关数据披露。

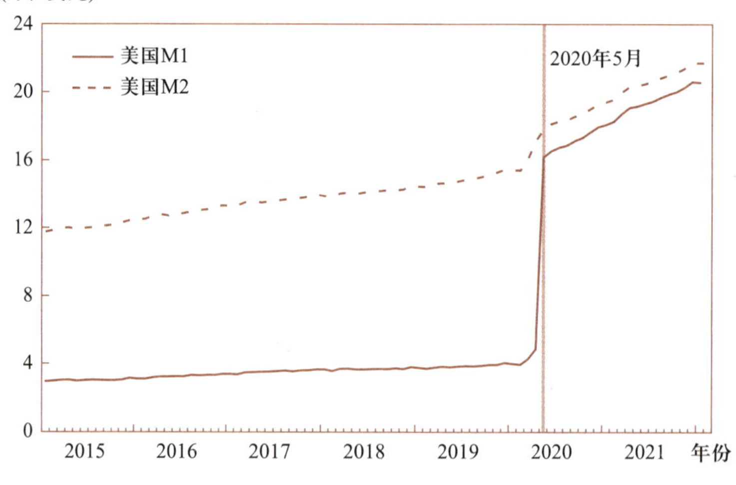

图 8-4　美国 M1 与 M2 走势（2015 年 1 月至 2022 年 1 月）

拓展阅读 8-5

美联储为何在 2020 年调整了 M1 和 M2 的口径？

美联储在 2020 年将原有 M2 中存款类机构和货币市场存款账户中的活期储蓄存款划入 M1，这使得美国的 M1 大幅增加，甚至与 M2 有些接近。这是因为，美联储于 2020 年 3 月 15 日宣布，自 2020 年 3 月 26 日起，将净额交易账户[①]的存款准备金率降至 0%。此举消除了美国对所有存款类机构的准备金要求，使需要缴纳准备金的“交易账户”和

① 净额交易账户（net transaction accounts）即净交易账户。美联储只对净交易账户有法定存款准备金的要求。这里的净交易账户是指交易账户总额减去对其他存款类金融机构负债后的差额，而交易账户实际上是指期限短、流动性高的负债比例较高的账户。

不需要缴纳准备金的“储蓄存款”之间不存在监管区别。因此在 2020 年 4 月 24 日，美联储删除了 D 条例（Regulation D，即储蓄机构存款准备金要求条例）中储蓄存款每月 6 次转账的限制，消除了这一监管区别。在以上背景下，储蓄存款与 M1 中其他支票存款的交易账户具有相同的流动性特征，所以将储蓄存款纳入了 M1 的统计。

二、与货币总量相关的几个概念

在理解货币总量的统计与度量概念过程中，还需要掌握与货币总量有微妙联系的几个概念：现金（包括流通中现金和银行库存现金）、货币发行、准备金和基础货币等。这些概念将在后续章节中反复遇到，需要明确理解各自的具体内容。

（一）现金

现金有公众持有的现金和银行库存现金之分。公众持有的现金又经常被称为流通中现金。在日常生活中，我们可以随时到银行取出现金。从统计口径来说，当这些现金从银行柜台或者自动取款机取出来的瞬间，公众持有的现金增加，银行库存现金相应减少。银行库存现金是一个专业术语，英文为 vault cash，vault 意思是金库和保险库。一般情况下，银行等存款类金融机构在自己的金库会临时存放一些现金，以便满足日常取款等临时性需求。从统计口径看，货币总量 M2 包含公众持有的现金和各类存款，但不包含银行库存现金。

（二）货币发行

与货币紧密联系的一个概念是货币发行。从中央银行的货币发行角度看，无论是流通中的现金还是银行库存现金，都是中央银行发行的现金。因此，在中央银行资产负债表（将在本书第十一章详细介绍）的负债项下，有一个科目“货币发行”，这个科目统计的就是流通中的现金与银行库存现金之和。表 8–4 展示了中国人民银行资产负债表的科目内容以及 2022 年前三个月各个科目的数据。从负债科目中可以看到，“货币发行”科目在 2022 年 2 月总规模为 104 182.46 亿元，这个规模就是流通中现金（M0）与银行库存现金的加总，即：

$$货币发行=流通中现金+银行库存现金 \tag{8-1}$$

表 8–4 中国人民银行资产负债表 单位：亿元

项目 item	2022 年 1 月	2022 年 2 月	2022 年 3 月
国外资产 foreign assets	225 696.18	225 836.31	226 202.31
外汇 foreign exchange	213 200.55	213 262.43	213 494.82
货币黄金 monetary gold	2 855.63	2 855.63	2 855.63
其他国外资产 other foreign assets	9 640.00	9 718.25	9 851.87
对政府债权 claims on government	15 240.68	15 240.68	15 240.68
其中：中央政府 of which：central government	15 240.68	15 240.68	15 240.68
对其他存款性公司债权 claims on other depository corporations	134 700.09	137 638.35	129 348.52
对其他金融性公司债权 claims on other financial corporations	4 112.28	4 114.28	4 118.03

续表

项目 item	2022 年 1 月	2022 年 2 月	2022 年 3 月
对非金融性部门债权 claims on non-financial sector			
其他资产 other assets	23 376.00	23 399.38	23 816.35
总资产 total assets	**403 125.23**	**406 229.00**	**398 725.89**
储备货币 reserve money	331 197.31	328 648.67	335 458.34
货币发行 currency issue	111 876.69	104 182.46	100 737.77
金融性公司存款 deposits of financial corporations	194 279.92	204 313.02	215 231.70
其他存款性公司存款 deposits of other depository corporations	194 279.92	204 313.02	215 231.70
其他金融性公司存款 deposits of other financial corporations			
非金融机构存款 deposits of non-financial institutions	25 040.69	20 153.20	19 488.86
不计入储备货币的金融性公司存款 deposits of financial corporations excluded from reserve money	6 040.61	6 918.20	7 090.10
发行债券 bond issue	950.00	950.00	950.00
国外负债 foreign liabilities	1 036.28	1 633.74	1 188.03
政府存款 deposits of government	49 781.39	54 659.49	42 002.79
自有资金 own capital	219.75	219.75	219.75
其他负债 other liabilities	13 899.89	13 199.15	11 816.88
总负债 total liabilities	**403 125.23**	**406 229.00**	**398 725.89**

资料来源:中国人民银行。

(三) 准备金

准备金也可以称为存款准备或者存款准备金(reserve),通常用字母 R 表示,包括法定存款准备金和超额存款准备金。法定存款准备金可以简称为法定准备金(required reserve),通常用字母 RR 表示;超额存款准备金可以简称为超额准备金(excess reserve),通常用字母 ER 表示。根据上述介绍可知:

$$R=RR+ER \tag{8-2}$$

一般情况下,为应对临时性取款等需求,中央银行会要求商业银行等存款类金融机构根据存款规模计提相应的法定准备金,最低计提标准称为法定准备金率。例如,如果银行存款总量是 10 万亿元,中央银行规定的法定存款准备金率是 10%,则计提准备金规模为 10 × 10%=1(万亿元)。如果商业银行愿意留存更多的资金,则超过法定存款准备金率标准要求的那部分资金称为超额存款准备金。

我们将在第十一章至第十四章看到,准备金是银行等存款类金融机构发放贷款和购买有价证券等资产业务的基础,而商业银行这些资产业务可以在促进经济往来的同时带来存款增加,我们称之为存款创造。根据货币的统计度量标准,现金和存款都属于货币总量的范畴,所以银行通过运用准备金发放贷款等业务会创造出存款货币。也就是说,准备金不属于货币总量的统计范畴，而是货币总量的源泉和基础。

银行等存款类金融机构的准备金主要体现在各银行在中央银行开立的准备金账户的规模，即存放于央行的准备金存款。准备金存款是商业银行的资产，对应则是中央银行的负债。同时，从功能角度看，银行库存现金也属于银行准备金的一种形式，所以存放于央行的准备金存款加上银行库存现金共同构成了银行总准备金，即：

$$准备金=银行库存现金+存放央行的准备金存款 \tag{8-3}$$

需要提醒的是，中国人民银行对于银行等存款类金融机构的准备金统计口径与式（8-3）略有不同，只统计各机构存放于中央银行的准备金存款，而不包含银行库存现金。不过，这种准备金的统计口径并不影响基础货币的口径，因为基础货币既包含了流通中现金，又包含了银行库存现金。第十四章对此进行了详细阐释，这里不再赘述。

（四）基础货币

根据式（8-3）的准备金范畴，准备金与流通中现金之和构成基础货币。在表 8-4 中，中国人民银行资产负债表中负债项下的“储备货币”科目给出的就是基础货币。根据表 8-4 中储备货币项下的构成内容来看，可以把基础货币分解为货币发行、金融性公司存款和非金融机构存款，其中金融性公司存款即为银行等金融机构存放于央行的准备金存款，非金融机构存款是指第三方支付公司（如支付宝和微信等所属的支付公司）将客户的临时性资金存放于其在中央银行开设的备付金账户中的存款。为简单起见，可以把金融性公司存款和非金融机构存款统称为各机构存放于央行的准备金存款。由此，我们可以把基础货币写成如下构成形式：

$$基础货币=货币发行+存放于央行的准备金存款 \tag{8-4}$$

结合前面的式（8-1），还可以将式（8-4）写成如下形式：

$$基础货币=流通中现金+银行库存现金+存放于央行的准备金存款 \tag{8-5}$$

我们之前在式（8-3）中已经给出一般情况下的准备金构成情况，由此可以把式（8-5）写成：

$$\begin{aligned}基础货币&=流通中现金+(银行库存现金+存放于央行的准备金存款)\\&=流通中现金+准备金\end{aligned} \tag{8-6}$$

我们将在第十三章和第十四章看到，准备金是银行发放贷款等业务进而创造存款的基础，基础货币则是货币总量的派生基础。也就是说，基础货币通过商业银行的存款创造过程，可以实现成倍扩张的效果，从而形成 M1 和 M2 等货币总量。从基础货币到货币总量的扩张倍数称为货币乘数，即基础货币乘以货币乘数等于货币总量。基础货币与货币总量的关系可以写成如下形式：

$$货币总量=基础货币\times货币乘数 \tag{8-7}$$

拓展阅读 8-6

微信和支付宝的零钱属于哪个货币层次？

随着智能手机的普及，人们通过将银行账户与微信和支付宝等进行关联，可以非常方便地进行电子支付等活动。除了与个人银行账户关联之外，微信和支付宝等平台还提供第三方“钱包”功能，用于存放“零钱”，而这种钱包并不需要关联我们个人的银行卡。例如，即使没有银行账户，微信用户照常可以用微信“抢红包”，“抢到”的红包金额显示为微信零钱。那么，从货币层次划分角度看，这些并不属于个人银行账户的零钱到底存放在哪里呢？这些零钱属于现金还是M1抑或M2呢？事实上，这些零钱存放于微信和支付宝等所属的第三方支付公司在中国人民银行开设的备付金账户。自2017年开始，中国人民银行要求第三方支付公司按照中央银行要求缴存“备付金”。2019年之后，第三方支付公司为客户提供的这类钱包业务中的资金按要求百分之百存放于备付金账户。

因此，客户在微信和支付宝等第三方支付平台中的零钱属于中央银行的基础货币构成，而不是流通中现金，也不属于M1或M2。

事实上，我们通过电商平台购物，支付给商家的资金并没有即时转入商家的银行账户，而是临时存放于第三方支付平台一段时间（如7天），在确认收货之后才由第三方支付平台转入商家银行账户。这些在途资金实质上存放于第三方支付平台在中央银行的备付金账户中，同样属于中央银行的基础货币范畴。

三、中国货币总量的统计口径变迁

中国的货币总量层次划分随着经济社会的发展在不断完善，纳入统计指标的内容也随之进行了多次修正和完善。中国人民银行于1994年首次公布货币总量统计口径。此后，中国人民银行分别在2001年、2002年、2011年、2018年对货币总量的统计范围进行了四次修改：2001年将证券保证金纳入M2统计范围；2002年将在中国的外资、合资金融机构的人民币存款业务分别计入对应层次的货币总量；2011年将住房公积金中心存款和非存款类金融机构在存款类金融机构的存款纳入对应层次的货币总量；2018年完善了货币供给量中货币市场基金部分的统计方法，用非存款机构持有的货币市场基金取代货币市场基金存款（含存单），新纳入统计的负债是货币市场基金份额，而非存款类公司货币市场基金存款，是普遍认为的影子银行体系之一。

图8–5描绘了1996年1月至2022年1月中国的M0、M1和M2的时序走势图。截至2022年1月，中国M0、M1和M2分别为10.6万亿元、61.4万亿元和243万亿元。从2022年全年可比统计口径来看（注意M2是存量指标而GDP为流量指标），广义货币总量M2是同期名义GDP的2倍左右。经济学中经常使用M2与名义GDP的比值表示一国货币化程度，即：

$$货币化程度=\frac{M2}{名义\ GDP} \tag{8–8}$$

事实上，我们在后续章节将会看到，M2与名义GDP的比值也就是货币流通速度的倒数。货币流通速度是指一定时期内单位货币承担的平均经济交易量，或者简单地理解为单位时间内货币周转的次数。所以，货币化程度越高，货币流通速度越低。

由于金融创新带来的货币形式日益多样，货币层次的统计难度也越来越高，不容易获得准确的统计结果。因此，一些国家不再统计M3或者更高阶的货币供给量数据（例如美国在2006年以后终止M3的统计和数据披露）。

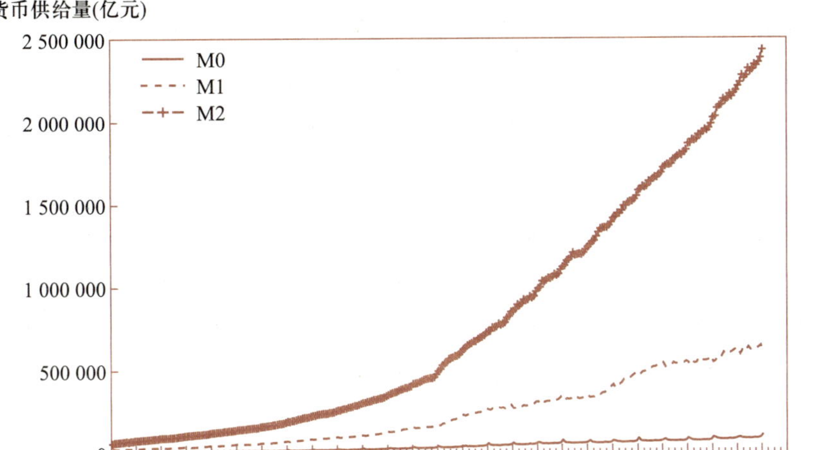

图 8-5　中国的货币供给量 M0、M1 与 M2（1996 年 1 月—2022 年 1 月）

资料来源：中国人民银行。

拓展阅读 8-7

银行存款账户的名称与分类

银行的存款账户名称有很多种类，储蓄存款（savings deposit）、活期存款（demand deposit）和定期存款（time deposit）等表述有时候会让人感到困惑。例如，一般认为储蓄存款不是也应该有活期和定期之分吗？那么这几类存款到底有什么区别呢？这主要是名称习惯和统计习惯问题。一般来说，活期和定期是从存款期限和支取形式上的差别角度进行定义的，而我国的商业银行对存款的分类统计还会按照单位（企业）和个人来区分。储蓄存款和企业存款的说法就是基于对单位和个人的区分。

具体来说，在我国的银行体系下，储蓄存款是针对居民个人的，银行统计的也就是居民储蓄存款，包括居民活期储蓄存款和居民定期储蓄存款。也就是说，储蓄存款的完整说法应该是居民储蓄存款，可以分为活期和定期。而当我们直接使用活期存款和定期存款的名称时，实际上是省略了"企业"二字，完整的表述应该是企业活期存款和企业定期存款。另外，在我国，支票存款也主要是对企业而言的。由于支票账户中的资金是见票即付的，所以支票账户也被认为是一种活期存款账户。

理解了以上存款名称对应的内容和统计口径之后，就可以再观察表 8-2 中我国货币供给的层次划分，注意 M1 和 M2 所包含的存款差别。在有的材料中可能看到，M1 被写为 M0 加上"活期存款"，这个"活期存款"确切的内容就是企业活期存款。同样，M2 在有些材料中被写为 M1 加上定期存款、储蓄存款和其他存款等，这里的定期存款和储蓄存款的确切名称分别是企业定期存款和居民储蓄存款。

> 注意，上述中国的银行存款账户的名称与对应内容并不一定适用于别的国家。例如，美国的银行账户名称一般不以存款主体是居民还是企业进行划分。美国的活期存款（demand deposit）主要就是指包括居民和企业在内的支票账户存款（checking account deposit）。美国还有一类账户从期限角度看也属于活期账户，但是不能开支票，即储蓄账户（savings account）。储蓄账户也不是只针对居民或者企业，居民和企业都可以开立。另外，美国的定期存款（time deposit）同样既可以是居民的也可以是企业的。所以，对于不同国家的储蓄存款账户等名称的具体含义，需要区别对待，不能一概而论。

复习要点

1. 货币的定义与职能。
2. 货币形态和体系的演进历程。
3. 现代信用货币的统计、度量与层次划分。
4. 现金、准备金、基础货币等相关概念。

关键术语

足值货币	实物货币	代用足值货币	金属货币
商品货币	信用货币	法定货币	法偿货币
纸币	电子货币	数字货币	比特币
狭义货币	广义货币	准货币	流通中的现金
支票存款账户	活期存款账户	定期存款账户	储蓄存款账户
货币市场基金	银行库存现金	中央银行货币发行	准备金
超额准备金	法定准备金	基础货币	货币乘数
货币总量	货币供给	格雷欣法则	劣币驱逐良币
铸币税			

即测即评

请扫码检测本章学习效果。

练　习　题

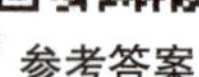

参考答案

1. 电子货币与数字货币有什么区别？
2. 代用足值货币体系和信用货币体系有什么区别？
3. 如何度量一国货币化程度？
4. 中国的M1和M2统计口径标准是什么？
5. 美国在2020年5月对M1的统计口径进行了调整，具体调整内容是什么？调整的主要原因是什么？

6. 中国的 M2 与美国的 M2 的统计口径有什么相同与不同之处?
7. 中国人民银行资产负债表中的“货币发行”具体包括哪些科目?
8. 商业银行一般都有库存现金,这部分现金是否属于 M0 的范畴?
9. 什么是法定存款准备金和超额存款准备金?
10. 基础货币的定义是什么?

补充阅读材料

扫码查看本章补充阅读材料。

第九章

通货膨胀

学习目标

1. 掌握通货膨胀的相关概念
2. 掌握总体价格的度量指标
3. 掌握通胀率的计算方法
4. 掌握通货膨胀的经济影响
5. 了解菲利普斯曲线的内容
6. 了解 *IS* 曲线的基本内容

本章导读

通货膨胀是经济学和金融学中的重要概念，与货币和利率并行影响宏微观金融决策，对家庭部门、企业部门、政府部门以及金融市场和宏观经济的发展都具有广泛影响。从基本定义看，通货膨胀是用来反映物价变化情况的指标，可以使用总体价格指数在一个时期内的变化率来度量，即通货膨胀率，简称通胀率。

国家统计局一般会公布总体价格的度量指标，常见的是消费者价格指数（CPI），基于CPI可以计算出相应的通货膨胀水平（通胀率）。因为通货膨胀会影响真实投资收益率（名义收益率减去通胀率）、企业真实融资成本（名义利率减去通胀率）等指标，进而影响宏观经济发展，所以通货膨胀水平高低对于国家经济政策的制定具有重要影响。

本章对通货膨胀的相关概念、总体价格的度量指标、通胀率的计算、通货膨胀的影响以及菲利普斯曲线等内容分别进行介绍。其中，菲利普斯曲线从本质上揭示了通货膨胀的主要成因，即成本推动、需求拉动以及二者的混合影响。虽然有观点认为通货膨胀总是货币扩张（特别是本书第十五章介绍的货币主义理论），但是在现实中货币与通货膨胀似乎并不总是表现出同步升降和直接的因果关系，因此不能简单地把通货膨胀归因于货币扩张。

第一节　通货膨胀的相关概念

对于普通公众来说,通货膨胀可能是一个既熟悉又陌生的术语,熟悉是因为在媒体舆论中经常会碰到相关表述,陌生是因为通货膨胀属于经济学和金融学中的专业术语,普通公众并不一定能掌握其确切含义。从字面意思看,“通货”似乎与货币(或者说钱)相关,“膨胀”在中文语境下也容易理解,所以“通货”和“膨胀”合在一起容易被理解为货币发行多了导致“钱不值钱”。这个理解与通货膨胀的含义很靠近,但并不是通货膨胀的准确定义。

通货膨胀(inflation)简称通胀,是指经济中总体物价水平随着时间推移而上涨的现象。通货膨胀会减少每单位货币的购买力,意味着商品和服务的价格随时间推移而升高,居民生活成本增加。例如,汽油价格由去年每升 6 元上涨到今年每升 7 元,理发价格由去年单次 25 元上涨到今年单次 30 元,这些都是生活成本增加的具体表现。

通货膨胀描述了总体物价水平的变化情况。由于商品和服务种类繁多,标价千差万别,所以总体物价水平一般是由国家相关部门(如国家统计局)基于一定统计方法计算出代表性科目的平均价格水平,并以指数形式(如 98、100、103、106 等)公布。

总体物价上涨的幅度反映了通货膨胀程度或者通货膨胀水平。根据一定时期内总体物价增长速度的情况,可以形象地用“爬行”“步行”“跑步”“狂奔”等词语来描述通货膨胀的状态:一般认为年均物价增速不超过 3% 属于较为安全的爬行通胀(creeping inflation);年均物价增速在 3%~10% 属于步行通胀(walking inflation),需要引起关注、警觉并加以调控;年均物价增速在 10%~20% 属于跑步通胀(running inflation),对经济发展具有明显的负面影响,需要政府运用强力的货币政策和财政政策手段进行控制,避免物价增速水平跑步进入恶性通胀;年均物价增速超过 20% 甚至更高而且表现出难以控制的态势(如每周甚至每天物价都在频繁增长)可以认为是恶性通胀(hyper inflation),在此情形下通货膨胀就像狂奔的野牛一样难以控制,往往反映了一国货币体系濒临甚至已经进入崩溃的状况。

图 9–1 刻画了不同的总体物价增长速度对应的通货膨胀类型。曲线 C 代表爬行通胀,总体物价水平在 10 年内增长了 30% 左右;曲线 W 代表步行通胀,总体物价水平在 10 年内增长了 50% 左右;曲线 R 代表跑步通胀,即总体物价水平在 10 年内增长了 100%;最后一条曲线 H 代表恶性通胀,总体物价水平在 1 年内增长了 120%,而且表现为物价过度增长的势头难以得到有效控制。

当然,上述根据总体物价增长速度对通货膨胀的类型划分都是描述性质的,只是用来大致刻画一个时期内通货膨胀水平的高低情况。对于每个时点上(例如每月、每季度)通货膨胀的精确水平,则使用对应时点的通胀率来表示。

当然,如果总体物价随时间推移出现持续下跌,则称为通货紧缩(deflation),简称通缩。另外,与通货膨胀相关的一个经济现象是滞胀(stagflation),即经济增长停滞的同时伴随着高通货膨胀,这种现象出现的主要原因是商品市场供给与需求失衡造成物价上涨,而经济运行由于各种原因导致劳动力需求不足,从而造成失业率上升。

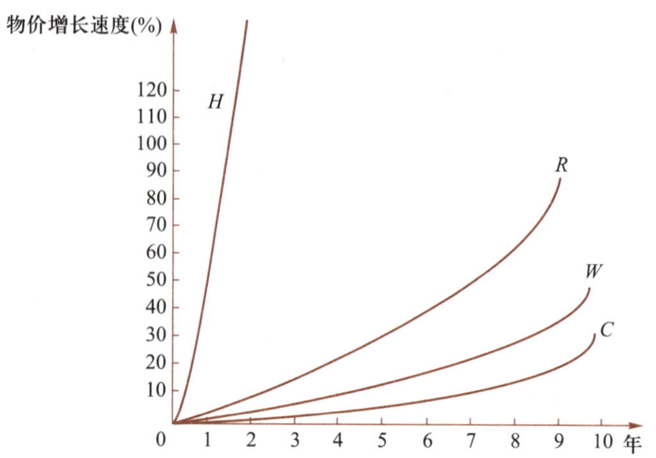

注:H、R、W、C 分别表示是恶性通胀、跑步通胀、步行通胀和爬行通胀(英文首字母缩写)。

图 9-1 根据总体物价增长速度情况对通货膨胀的描述

拓展阅读 9-1

20 世纪 70—80 年代美国经济的滞胀现象

20 世纪 70—80 年代,美国经济运行特征可以用高油价、高通胀率、高失业率和经济衰退来刻画。由于当时的石油供给危机,原油价格不断攀升。1979 年 11 月,每桶西德克萨斯中质原油的价格超过 50 美元(按 2019 年美元不变价格计算),并在 1981 年 3—4 月达到 100 美元的峰值(见图 9-2)。

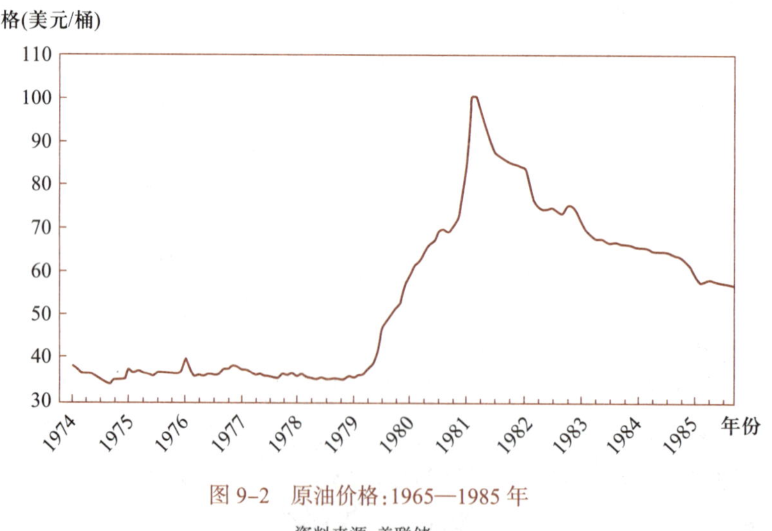

图 9-2 原油价格:1965—1985 年

资料来源:美联储。

从美国经济数据的历史表现来看，20 世纪 70 年代的通货膨胀率处在高位。例如，基于核心 CPI（剔除食品和能源价格的 CPI）计算的通胀率在 1980 年达到年均 13.5%。与高通胀相伴的是不断攀升的失业率以及经济衰退。图 9–3 描绘了 1965—1985 年美国的基于核心 CPI 计算的通胀率与失业率的走势，从中可以看到 20 世纪 70—80 年代通胀率与失业率同向上升的情况。

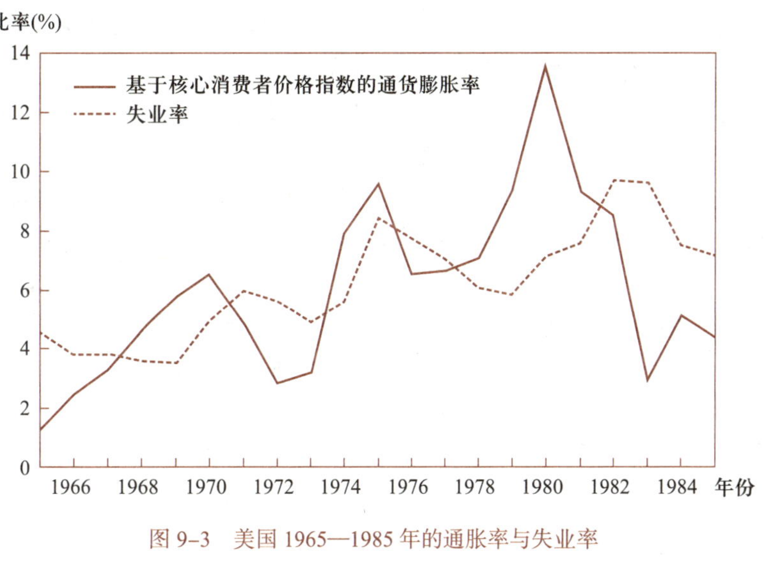

图 9–3　美国 1965—1985 年的通胀率与失业率

资料来源：美联储。

从上述经济表现可以看出，在 20 世纪 70—80 年代，美国的高通胀率和高失业率并存，这是比较典型的“滞胀”现象。根据标准的经济学理论，通货膨胀应该与失业率成反比，与经济增长成正比。所以，油价上涨带来通胀率上升本应促进经济增长，但事实却恰好相反。事实上，发达市场国家陷入滞胀的事实给经济学和金融学的相关理论带来了挑战，也为经济金融理论的不断拓展和完善提供了现实案例。

第二节　总体价格的度量指标

我们在日常生活中接触的价格往往是单个商品的价格，例如一袋面包 10 元，一瓶牛奶 5 元，一部手机 2 000 元，理发一次 30 元，这些都是单个商品或者服务的价格。因为人们生活中面对的商品和服务等是非常多样的，所以某一个或者某几个商品及服务的价格很难反映物价的综合情况。如果通过某种方式能够获得经济中加总的一般性价格指标，则可以看到更全面的价格信息，所以总体价格水平及其变动情况对于家庭、企业以及政府都更有参考价值。

总体价格是指一个经济体在一段时间内的总体商品与服务等的一般或总体价格。为了衡量总价格水平，可以计算人们在市场上购买一篮子商品的平均成本，也可以通过其他统计方式获得总体价格水平。下面分别介绍几种总体价格的度量指标。

需要注意的是，价格水平并不等同于通货膨胀水平（通胀率），二者之间存在简单的转化关系。也就是说，通胀率可以通过计算价格水平的变化率来获得。所以，基于下面介绍的总体价格度量指标，可以很容易获得相应的通胀率水平，但是我们仍然不能简单地用价格指标代替通货膨胀指标，以免造成概念上的混淆。

一、消费者价格指数

消费者价格指数（consumer price index，CPI）是度量消费商品及服务项目价格随时间变动的相对数。所谓消费商品及服务项目，指的是居民日常生活中，以满足自身和家庭成员需要为目的而经常、多次支出的最终产品，不包括资本投资类支出（如金融产品支出），也不包括由政府支出的产品（如卫生保健、教育等方面的公共支出）。

由于居民消费的类别和品种成千上万，很难逐一进行统计，为观察总体价格的变动情况，CPI 的编制过程中通常选取一些消费量较大、能够代表多数居民日常消费行为的商品和服务项目，用它们的价格变化情况来代表全部商品和服务的价格变化情况，这些代表性商品和服务项目的集合称为 CPI 的商品篮子。截至 2024 年，中国 CPI 的商品篮子包括 8 个商品大类，分别是食品烟酒、衣着、医疗保健、生活用品及服务、教育文化和娱乐、居住、交通和通信以及其他用品和服务。

以上这些分类以及分类中更细的子项构成每隔几年可能有更新和调整。主要是因为随着经济社会发展，消费商品和服务不断推陈出新，居民消费结构也在相应发生变化，所以 CPI 的商品篮子也随之进行调整。统计部门一般根据某一时期居民消费结构确定商品篮子组成，并在接下来的一段时间内根据固定的商品篮子编制 CPI。

物价指数序列编制的起始时期称为基期，一般将基期指数设定为 100。例如，将第 0 期作为基期，则第 T 期 CPI 的计算公式为：

$$CPI_T = 100 \times \frac{\sum_n P_T^n Q_T^n}{\sum_n P_0^n Q_0^n} \tag{9-1}$$

式中：P_T^n 和 Q_T^n 分别代表第 n 种消费品在第 T 期的价格和消费量。

根据以上计算公式，基期 CPI 等于 100。如果某期 CPI 大于 100，则说明本期消费品总体价格高于基期，反之则说明本期消费品总体价格低于基期。例如，假设某经济中只消费面包和牛奶两种商品，以 2020 年 1 月作为基期。基期面包价格为 5 元/个，消费量为 100 个；牛奶价格为 10 元/杯，共消费 50 杯。2021 年 1 月，面包价格为 7 元/个，消费量为 150 个；牛奶价格为 12 元/杯，共消费 70 杯。则 2021 年 1 月的 CPI 为：

$$\text{CPI} = 100 \times \frac{7 \times 100 + 12 \times 50}{5 \times 100 + 10 \times 50} = 130$$

在上面的计算中，尽管 2021 年 1 月与 2020 年 1 月面包和牛奶的消费量并不相同，但是由于基期的商品篮子（100 个面包，50 杯牛奶）一旦确定就不再变动，所以 2021 年 1 月的 CPI 仍然需要按基期的商品篮子来计算。

中国国家统计局每 5 年进行一次基期轮换，通常将尾数为“0”或“5”的年份作为接下来 5 年 CPI 编制的基期。例如,2016 年至 2020 年的基期为 2015 年,这样两个相邻周期之间有 1 年是重叠的,从而使得不同基期之间的物价指数都是可比的。每次基期轮换时,国家统计局不仅会调整商品篮子中现有项目的权重,还会增加新出现的产品并删除已被淘汰的产品。例如,2006 年基期轮换时删除了寻呼机(寻呼机是手机广泛使用之前曾被使用的通信工具);2021 年基期轮换时增加了外卖、母婴护理服务、新能源小汽车、可穿戴智能设备、网约车等新兴商品和服务项目。

在 2021 年开始的一轮基期轮换周期内(2021—2025 年),CPI 的商品篮子共包括 268 个基本分类。每次基期轮换时,各类商品在 CPI 编制中的权重由国家统计局参考全国城乡居民家庭各类商品和服务消费支出比重确定。图 9–4 展示了 2016—2020 年周期内 8 个大类商品在 CPI 编制中的权重。权重最高的类别为食品烟酒类,为 30%;其次为居住类的 21%;交通和通信类、生活用品及服务类、教育文化和娱乐类的权重也都超过了 10%。

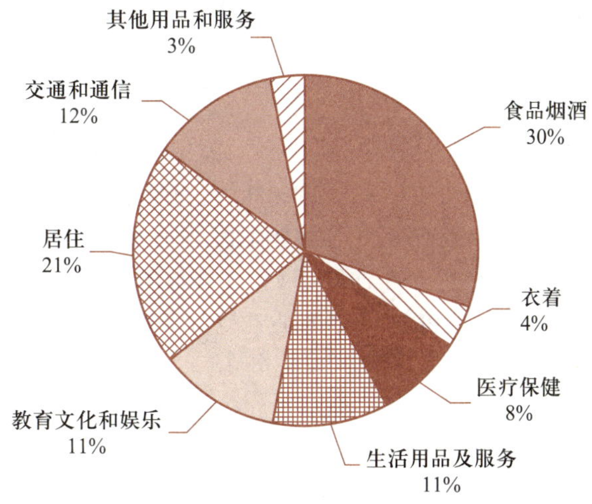

图 9–4 2016—2020 年中国 CPI 编制中分类权重

资料来源:国家统计局,经作者计算。

中国的 CPI 编制中所使用的价格数据通过抽样调查获得。统计部门首先在全国范围内抽选约 500 个市、县,确定近 10 万个采集价格的调查网点,包括商场(店)、超市、农贸市场、服务网点和互联网电商等。然后,统计部门按照“定人、定点、定时”的方式派调查员到调查网点或互联网采集价格。价格采集频率因商品而异:对于 CPI 中的粮食、猪牛羊肉、蔬菜等与居民生活密切相关、价格变动相对比较频繁的食品,每 5 天调查一次价格;对于服装鞋帽、耐用消费品、交通通信工具等大部分工业产品,每月调查 2~3 次价格;对于水、电等政府定价项目,每月调查核实一次价格。

基于 CPI 计算出的通胀率(简称 CPI 通胀率)是度量通货膨胀程度的常用指标,反映的是居民消费商品和服务项目总体价格的变化情况。图 9–5 绘制了我国 2000 年至 2020 年 CPI 指数以及 CPI 通胀率(CPI 指数的同比增长率)的走势情况。从图中可以看出,中国 2000—2020 年的 CPI 通胀率水平在–2% 至 8% 之间,其中负值只出现在 2002 年和 2008 年前后,其他大部分时期在 2% 上下变动,比较明显的周期性高点分别出现在 2004 年、2007 年、2011 年和 2019 年。

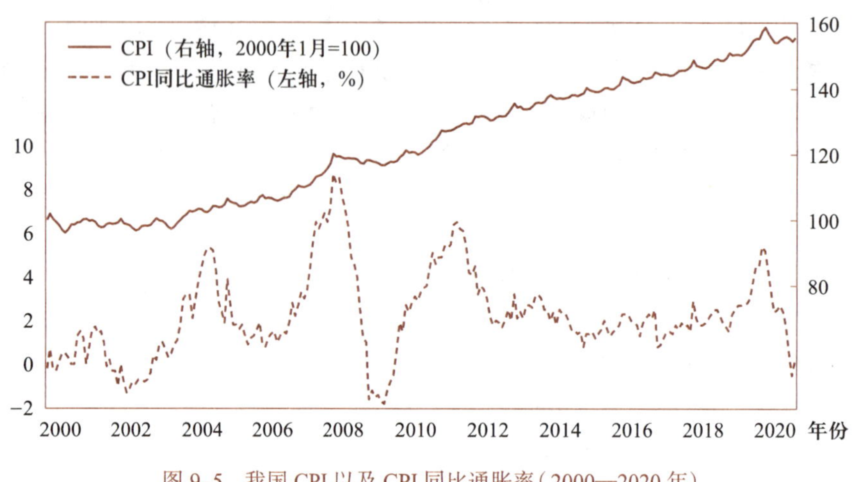

图 9-5 我国 CPI 以及 CPI 同比通胀率（2000—2020 年）

资料来源：国家统计局。

二、核心 CPI

核心 CPI 是反映消费商品和服务项目价格趋势性变化的价格指数。核心 CPI 的度量方法很多，最常见的方法是从 CPI 中剔除食品和能源价格，这种计算方法也常常被用作核心 CPI 的定义。图 9-6 展示了 2006—2020 年我国 CPI 通胀率（同比口径，下同）、核心 CPI 通胀率、食品 CPI 通胀率和车用燃料 CPI 通胀率（代表能源类消费品的价格变化率）的走势情况。可以看到，食品和车用燃料 CPI 通胀率的波动性远高于 CPI 通胀率和核心 CPI 通胀率，核心 CPI 通胀率较 CPI 通胀率更加平稳。

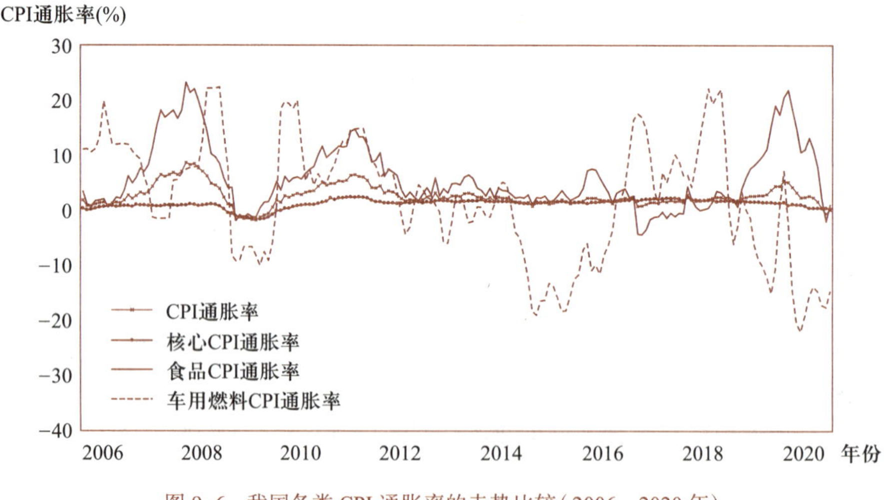

图 9-6 我国各类 CPI 通胀率的走势比较（2006—2020 年）

资料来源：国家统计局。

为什么度量消费品价格的趋势性变化需要剔除食品和能源价格呢？这是因为一方面食品和能源价格容易受到临时性因素影响，相比其他消费品价格具有更高的波动性。例如，自然灾害、流感暴发等不可抗力会导致短期内食品供应短缺，食品价格大幅上涨。然而，这种价格上涨是不可持续的，一旦自然灾害造成的影响被修复，或禽流感疫情得到控制，食品价格就会回落到先前水平。又如，2021 年 3 月发生的“长赐”号集装箱船堵塞苏伊士运河事件严重影响了海上石油运输，导致能源价格在短期内大幅上升，事件解决后又快速回归至原先水平。因此，临时性因素导致的食品和能源价格变动并非总体消费品价格的趋势性变化。

另一方面，宏观经济政策（尤其是货币政策）很难对诸如自然灾害等临时性因素造成的食品和能源价格短期波动形成有效调控。仔细观察图 9-6 可以发现，CPI 通胀率的几次明显波动（如 2007—2008 年、2009—2012 年，2019—2020 年）均由食品 CPI 通胀率带动。也就是说，如果机械地根据 CPI 通胀率进行货币政策调控，可能因为 CPI 构成中的食品与能源价格等临时性波动而导致货币政策频繁转向，进而降低政策的稳定性和连续性。因此，很多经济学家认为，核心 CPI 通胀率可以更准确地反映消费品价格的趋势性变化，故而宏观政策调整需要考虑核心 CPI 通胀率的变化情况。

三、其他价格指数

CPI 主要是基于消费及服务项目而编制的总体价格指数。除了 CPI 之外，还可以根据对应商品类别不同构造其他价格指数，包括生产者价格指数、商品零售价格指数、固定资产投资价格指数和 GDP 平减指数等。其中，生产者价格指数和 GDP 平减指数是除 CPI 之外比较常见的总体价格度量指标。

生产者价格指数（producers' price index，PPI）全称工业生产者价格指数，包括工业生产者出厂价格指数和工业生产者购进价格指数。工业生产者出厂价格指数是反映一定时期内全部工业产品第一次出售时的出厂价格总水平的变动趋势和变动幅度的相对数。工业生产者购进价格指数是反映作为中间投入的原材料、燃料、动力购进价格总水平的变动趋势和变动幅度的相对数。PPI 涵盖的产品类别非常丰富：工业生产者出厂价格统计调查涵盖 40 个工业行业大类、1 300 多个基本分类的工业产品价格；工业生产者购进价格统计调查涵盖 9 大类、800 多个基本分类的工业产品价格。

PPI 的统计口径对应的是中间产品的价格。中间产品是指为了再加工或者转卖以供其他产品生产使用的商品和服务。需要注意的是，PPI 的统计口径中虽然同样涵盖部分生活资料，如食品、衣着、一般日用品、耐用消费品等，但是这些商品在被 PPI 统计时尚处于生产环节，购买者为下游生产者或零售商，购买目的是零售或进一步加工，因而是中间产品。而在 CPI 的统计中，这些商品已经进入超市货架，购买者为消费者，购买目的是直接消费，因而是最终产品。所以，PPI 统计口径中的生活资料与 CPI 统计口径中的消费品并不等同。

拓展阅读 9-2

CPI 与 PPI 走势分化

图 9-7 对比了 2000—2020 年中国 CPI 通胀率与 PPI 通胀率（同比口径）的走势情况。PPI 通胀率比 CPI 通胀率波动性更大，且二者走势常常存在差异，这种差异在 2009 年之后表现得更加明显，而且走势出现分化。例如。2012—2016 年，CPI 通胀率总体平稳，而

PPI 通胀率出现持续大幅下滑;2018—2019 年,CPI 通胀率缓慢上行,而 PPI 通胀率则表现为明显下降;2020 年二者走势也呈现出明显的分化态势。

造成 CPI 与 PPI 通胀率分化的可能原因包括中间产品定价受全球化因素影响更强,上下游企业的议价能力存在差异等。当然,要获知二者分化的明确原因,还需要进行更深入的科学研究。

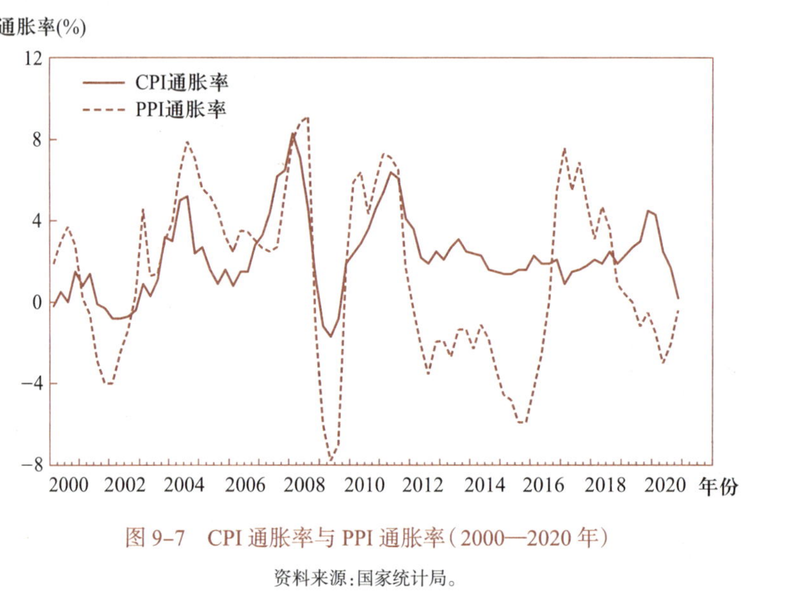

图 9-7 CPI 通胀率与 PPI 通胀率(2000—2020 年)

资料来源:国家统计局。

GDP 平减指数(GDP deflator)是反映所有国内最终产品价格变化情况的价格指标。GDP(gross domestic product)表示国内生产总值。GDP 平减指数是口径较宽的价格指数,除了涵盖 CPI 统计口径下国内生产的消费品(CPI 中包括进口消费品而 GDP 平减指数不包括),还包括国内生产的资本品、公共消费品和出口商品。GDP 平减指数可以根据一定的统计方法进行编制,也可以通过公布的名义 GDP 和真实 GDP 数据进行计算。国家统计局一般会公布以不变价格测算的 GDP 和以当年价格测算的 GDP,前者即真实 GDP,后者是名义 GDP。GDP 平减指数可以通过当期名义 GDP 与真实 GDP 之比来计算。根据 GDP 平减指数就可以计算对应的同比或环比 GDP 平减指数通胀率。

第三节 通胀率的计算

通胀率的计算是通过比较前后两个时点上总体价格指数的变化率来实现的。在具体计算中,根据物价指数的数据频率和对应的计算方式,有环比和同比两种不同口径的通胀率计算方式。如果计算相邻两个月或者相邻两个季度总体物价指数的变化率,那么计算结果是环比增长率,即环比口径的通胀率。如果使用当前月份或者季度的物价指数与上年同期进行比较来计算物价指数的变化率,那么计算结果就是同比增长率,即同比口径的通胀率。当然,如果物价指数是年度数据,环比和同比的计算形式和计算结果是一样的。

假定物价指数的数据频率是季度(每年有 4 个季度),则环比口径的通胀率(π_t)计算公式为:

$$\pi_t = \frac{P_t - P_{t-1}}{P_{t-1}} \times 400\% \tag{9-2}$$

而同比口径的通胀率计算公式为:

$$\pi_t = \frac{P_t - P_{t-4}}{P_{t-4}} \times 100\% \tag{9-3}$$

注意,式(9–2)中通胀率的计算采用了年化增长率(annualized growth rate)的计算方式(乘以 400%),这样才能与对应的同比口径通胀率具有可比性(同比增长率的时间跨度为 1 年)。所谓年化增长率是指将 1 年以内的增长率指标转换为年度增长率指标。对于季度频率的物价指标,相邻两个季度的环比增长率乘以 4 就约等于年化增长率。

根据同样的道理,如果物价指数的数据频率是月度(每年有 12 个月),则环比口径的通胀率计算公式为:

$$\pi_t = \frac{P_t - P_{t-1}}{P_{t-1}} \times 1\,200\% \tag{9-4}$$

此时同比口径的通胀率计算公式为:

$$\pi_t = \frac{P_t - P_{t-12}}{P_{t-12}} \times 100\% \tag{9-5}$$

根据以上说明,如果 2020 年 1 月和 2021 年 1 月中国的总体物价指数分别是 102 和 105,那么 2021 年 1 月相对于 2020 年 1 月的通胀率水平就是同比口径的通胀率,根据物价指数的同比增长率计算结果是 $\frac{105-102}{102} \times 100\%$ =2.94%。另外,如果 2020 年 1 月和 2 月的总体物价指数分别是 102 和 102.2,那么 2020 年 2 月相对于 1 月的通胀率水平就是环比口径的通胀率,根据式(9–4)计算可得环比通胀率为 2.35%。

拓展阅读 9-3

物价指数年化增长率的计算问题

为了说明年化增长率的概念和计算,假设初始物价指数是 1,如果年化增长率是 w,那么 1 年后物价指数应该增长到 $1+w$。同时,对于季度频率的物价指数来说,假设相邻两期的增长率是 x,即:

$$x = \frac{P_t - P_{t-1}}{P_{t-1}} \tag{9-6}$$

如果 1 年的 4 个季度都按照 x 的速度增长,那么 1 年后的物价指数精确计算应该是 $(1+x)^4$,类似于利率中的复利概念。也就是说:

$$(1+x)^4 = 1+w \tag{9-7}$$

其中,x 和 w 都是百分数。

根据式(9–7)可以获得 w 与 x 的精确关系表达式,即:

$$w=1-(1+x)^4 \tag{9–8}$$

在实践中,w 与 x 的约等关系更容易获得。对式(9–7)等号左右取自然对数,根据数学相关知识可知 $\ln(1+w)\approx w$,则有:

$$w\approx 4x \tag{9–9}$$

所以,在实践中,环比增长率转换成年化增长率一般使用上述约等关系式。

第四节 通货膨胀的经济影响

通货膨胀反映了总体物价的变动情况,不仅直接反映居民生活成本的变化,而且对投资收益率、企业融资成本和宏观经济发展都有广泛和深远的影响。本节对通货膨胀的主要经济影响进行介绍。事实上,通货膨胀是经济金融分析中的核心指标之一。在本书后续章节中,我们还会频繁遇到与通货膨胀相关的经济学分析。

一、通货膨胀影响投资的真实收益率

假定投资者购买 1 年期国债,国债的到期收益率是 3%。也就是说,在期初购买 100 万元国债,1 年后可以获得 100×(1+3%)=103 万元。这里 3% 的到期收益率是名义收益率,即没有考虑通货膨胀因素的收益率。虽然按此收益率购买 100 万元国债到期后可以获得 103 万元,但是 1 年后 103 万元的真实购买力是多少,需要考虑通货膨胀因素。假定过去 1 年期间通胀率水平为 2%,意味着此时货币购买力与 1 年前相比下降了 2%,所以购买国债 1 年到期后获得的收益实质上有一部分被通货膨胀抵消。

在上面的例子中,3% 的到期收益率是名义收益率(nominal return),也可以称为名义利率,即不考虑通货膨胀因素的收益率;剔除通货膨胀因素的收益率是真实收益率(real return)或者真实利率。如果我们用 rr 和 rn 分别代表真实利率和名义利率,π 代表通胀率,那么名义利率和真实利率之间的精确关系式可以写成:

$$1+rr=\frac{1+rn}{1+\pi} \tag{9–10}$$

式(9–10)左右取自然对数,利用拓展阅读 9–3 中提及的数学方法,可以获得名义利率和真实利率之间更直观的表达形式,即:

$$rr=rn-\pi \tag{9–11}$$

式(9–11)表明,真实利率等于名义利率减去通胀率。在利率和通胀率水平都不是很高的条件下,式(9–10)与式(9–11)的结果差别可以忽略不计;在利率或者通胀率水平较高(例如高于 5% 甚至 10%)的情况下,需要注意式(9–11)的结果与式(9–10)的结果会存在比较明显的差异。

在购买国债的例子中,投资者在 1 年期间的名义收益率是 3%,由于对应期间通胀率为 2%,所以投资者的真实收益率只有 3%–2%=1%。当然,在现实中投资之初只知道名义收益

率水平，对未来一定时期内的通胀率水平依赖于我们的预期，即通胀预期，通胀预期水平高低影响预期真实收益率的大小，进而会影响投资者的投资决策。预期通胀率在投资之初并不确定，一种常见的做法是使用当前或者历史通胀率来评估预期通胀率，从而获得预期真实收益率。上述内容以金融投资收益率为例，通货膨胀对非金融投资的收益率影响也是类似的。

二、通货膨胀影响企业融资成本

企业融资成本主要是指企业通过银行借贷或者其他途径获得资金而需要支付的利息成本。在本金一定的情况下，利息成本取决于利率水平。企业实际上关注的是剔除通货膨胀因素的真实融资成本，即真实利率水平。投资储蓄曲线（简称 *IS* 曲线）是理解通货膨胀对企业融资成本影响的理论基础，拓展阅读 9–4 对 *IS* 曲线的含义和推导过程进行了详细介绍，在后面的章节中还会用到 *IS* 曲线的相关内容。归纳起来，*IS* 曲线刻画了产品市场处于均衡状态时经济总产出与企业真实融资成本（真实利率）之间的负向关系，即：

$$Y = c - \beta r \tag{9–12}$$

式中：Y 表示真实经济产出；β 表示正的系数；r 表示真实利率（名义利率减去预期通胀率）；c 表示其他影响真实经济产出的因素（如政府支出、净出口等）。

可以看出，在其他条件不变的情况下，真实利率上升会导致总产出下降，主要是因为真实利率上升意味着企业真实融资成本上升，因此企业的固定资产投资支出会下降。可以预见，企业在进行固定资产投资之前会比较这种实业投资的回报率与融资的利率成本，利率成本越高，企业越没有动力去融资扩大生产，最后的结果就是总体经济产出下降。

拓展阅读 9–4

IS 曲线的推导

IS 曲线刻画的是产品市场均衡状态下真实经济总产出（真实 GDP）与真实利率（real interest rate）等变量之间的关系，在图示上一般表现为横轴为总产出、纵轴为真实利率的斜线，如图 9–8 所示。因为真实利率的定义是名义利率减去预期通胀率，而真实经济总产出、名义利率以及通胀率等变量又是宏观经济分析的核心要素，所以 *IS* 曲线是宏观经济分析中非常重要且有用的内容。同时，因为利率属于金融资产价格，联结了微观金融市场和宏观金融政策，所以 *IS* 曲线也是宏微观金融联系的纽带之一。有鉴于此，我们这里介绍 *IS* 曲线的具体内容，并且聚焦于真实经济总产出与真实利率之间的关系。

在宏观经济学中，从支出法理解真实 GDP 的构成，可以将真实 GDP 写成四个部分的总和，即：

$$Y = C + I + G + NX \tag{9–13}$$

式中：Y 表示真实经济总产出；C 表示居民消费支出；I 表示企业及居民的计划投资支出（如企业固定资产投资、居民住房投资等实物资本投资，不包括金融资产投资）；G 表示政

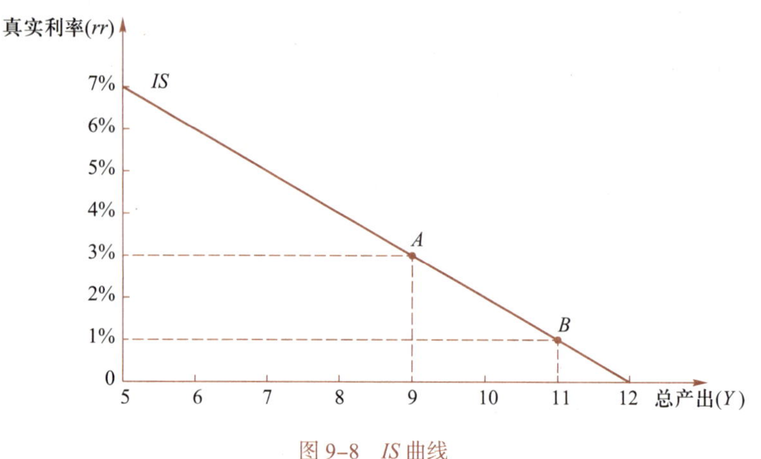

图 9–8 IS 曲线

府支出(如修建铁路、公务员工资支出等);NX 表示净出口(出口额减去进口额)。

从式(9–13)中还不能直接看出经济总产出与真实利率之间的关系,所以需要进一步对等式右侧的四个组成部分进行分解分析。

首先,居民消费支出 C 可以写成如下消费函数的形式:

$$C=\overline{C}+mpc\left(Y-\overline{T}\right) \tag{9–14}$$

式中:$\overline{T}$ 表示外生的税收支出,$Y-\overline{T}$ 表示可支配收入,是居民可以用于支出的收入总量;mpc 表示边际消费倾向,反映每增加一单位可支配收入消费支出的增加量,一般在 0 和 1 之间;$\overline{C}$ 表示外生的自主消费(autonomous consumption),即消费者即使没有可支配收入也必须支出的消费,例如食品、日常用品和理发等支出。

其次,计划投资支出 I 分解为固定资产投资和存货投资两部分。固定资产投资是公司在购置设备或建设不动产方面的支出。存货投资是企业在产品和待售产品净值变动形成的投资。计划投资支出和真实利率的关系可以由如下投资函数刻画:

$$I=\overline{I}-d\left(r+\overline{f}\right) \tag{9–15}$$

式中:$\overline{I}$ 表示外生的自主计划投资;r 表示短期无风险债券的真实利率,由中央银行决定;$\overline{f}$ 表示企业真实借贷利率与短期无风险利率之间的利差;d 表示计划投资对真实利率的敏感程度。

再次,净出口 NX 同样可以分解为与真实利率无关的外生部分和与真实利率相关的部分:

$$NX=\overline{NX}-xr \tag{9–16}$$

式中:$\overline{NX}$ 表示外生的自主净出口;x 表示净出口对真实利率的敏感程度。

最后,一般假设政府支出 G 是外生的,即:

$$G=\overline{G} \tag{9–17}$$

合并式(9–13)至式(9–17),总产出可以写为以下分解形式:

$$Y=\overline{C}+mpc\left(Y-\overline{T}\right)+\overline{I}-d\left(r+\overline{f}\right)+\overline{NX}-xr+\overline{G} \tag{9–18}$$

将含有真实利率的项合并,并将含有总产出的项移至左侧:

$$Y - mpc \times Y = \bar{C} + \bar{I} + \bar{G} + \overline{NX} - d\bar{f} - mpc \times \bar{T} - (d + x) r \tag{9–19}$$

将式(9–19)两侧同时除以 $1-mpc$，就获得了刻画总产出和真实利率关系的 *IS* 曲线：

$$Y = \frac{1}{1-mpc} \times \left(\bar{C} + \bar{I} + \bar{G} + \overline{NX} - d\bar{f} - mpc \times \bar{T}\right) - \frac{d+x}{1-mpc} \times r \tag{9–20}$$

或者简写成：

$$Y = \bar{W} - \kappa \times r \tag{9–21}$$

其中，$\bar{W}$ 和 κ 分别等于式 9–20 中的对应部分。

如果假定一定时期内 $\bar{W}$ 和 κ 保持相对稳定或者不变，那么真实总产出 Y 就主要受真实利率 r 影响：真实利率越高则真实总产出越低(因为根据设定 κ 为正数)，真实利率越低则真实总产出越高，即真实总产出与真实利率为反向关系。

三、通货膨胀对宏观经济发展具有深远影响

适度的通胀率水平有助于经济持续发展，过低或者过高的通胀率水平都对经济发展不利。长期过低的通胀率（或者通货紧缩）可能抑制企业扩大生产规模，进而造成总体经济萎靡不振甚至进入萧条状态。反过来，过高的通胀率水平也会带来多方面的负面影响：一是对购买力造成扭曲分配效应；二是造成市场上的价格信号模糊；三是对长期规划造成困扰，居民、企业及政府在高通胀时期进行经济活动规划都非常困难。

第五节　菲利普斯曲线

菲利普斯曲线本质上刻画了通货膨胀的主要成因。早期的菲利普斯曲线是对特定宏观经济现象的描述，即失业率与通胀率之间关系的描述。20 世纪 60—80 年代，宏观形式的菲利普斯曲线发展成为刻画通胀预期和失业率以及供给冲击因素等对现实通胀率的影响机制。20 世纪 90 年代之后，基于微观厂商定价机制的新凯恩斯菲利普斯曲线则刻画了通胀预期和产出缺口对现实通胀率的影响机制。归纳起来，失业率和产出缺口都反映了经济需求层面的状况，供给冲击（例如石油价格波动）反映了成本因素，通胀预期则融汇了需求因素和成本因素的综合信息。因此，菲利普斯曲线表明，通货膨胀的主要成因有三个方面：一是成本推动；二是需求拉动；三是成本和需求等多层面因素的混合带动。

一、早期的菲利普斯曲线

菲利普斯曲线（Phillips curve）最初是用来刻画失业率与通胀率之间关系的曲线。[①]1958 年，经济学家菲利普斯发现，英国 1861—1957 年失业率与通胀率之间存在一一对应的反向

---

① PHILLIPS A W. The Relationship Between Unemployment and the Rate of Change of Money Wages in the United Kingdom，1861–1957 [J].Economica，1958，25(11)：283–299.

关系:当失业率上升时通胀率下降,当失业率下降时通胀率上升。失业率与通胀率的这种反向关系被描述为菲利普斯曲线,早期的这种菲利普斯曲线可以称为简单菲利普斯曲线,如图 9-9 所示。失业率与通胀率的反向关系也不难理解:当失业率上升时,劳动力市场上工人很多,企业可以很容易雇用到合适的工人,所以企业可以放缓工人工资的增速甚至下调工资水平,工资增速以及总体物价增速也会相应下降。

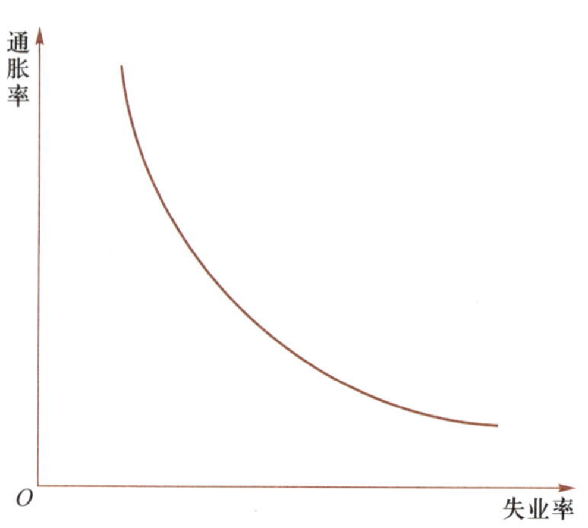

图 9-9 早期的菲利普斯曲线

二、附加预期的菲利普斯曲线

到了 1967—1968 年,经济学家发现简单的菲利普斯曲线并不能很好地刻画通胀率与失业率之间的关系,而需要考虑预期通胀率和自然失业率因素。所谓自然失业率是指充分就业情况下仍然存在的失业率,例如工作岗位与职业技能错配带来的结构性失业或者正在找工作过程中的摩擦性失业。因此,经济学家提出附加预期的菲利普斯曲线(expectations-augmented Phillips curve),或者称为 Friedman-Phelps 菲利普斯曲线,即:

$$\pi = \pi^{e} - \beta(U - U_{n}) \tag{9-22}$$

式中:π 表示通胀率;π^{e} 表示预期通胀率;U 表示失业率;U_{n} 表示自然失业率,即充分就业环境下的失业率;$U-U_{n}$ 表示失业率缺口;β 表示通胀率对失业率缺口的敏感程度(关于自然失业率等问题,在第十六章的总需求–总供给分析框架中进一步介绍)。

附加预期的菲利普斯曲线表明,经济主体的通胀预期以及现实失业率相对于自然失业率的偏离都对通胀率形成驱动效应。

三、“三角”菲利普斯曲线

到了 20 世纪 70 年代,石油危机带来石油价格的大幅波动,从而导致通胀率出现大幅波动。在这一背景下,经济学家提出,要准确刻画通货膨胀的影响机制,需要纳入供给冲击因素(石油价格波动是典型的供给冲击的反映)。因此,在 20 世纪 70 年代末 80 年代初,之前包含两个主要变量的附加预期的菲利普斯曲线被进一步拓展为包含三个影响因素的菲利普斯曲线,即所谓“三角”菲利普斯曲线:

$$\pi = \pi^{e} - \beta(U - U_{n}) + s_{t} \tag{9-23}$$

式中:s_t 表示 t 时刻的供给冲击因素。

式(9-23)显示,通胀预期、失业率和供给冲击三个因素形成了“三角之势”而对通胀率形成压力。

尽管供给冲击因素在特定历史时期对现实通胀率具有一定的影响,但是相关经验表明,供给冲击因素对通胀率的影响在大部分时期并不显著。因此,“三角”菲利普斯曲线与附加预期的菲利普斯曲线本质上差别不大。

四、基于微观基础的新凯恩斯菲利普斯曲线

到了1990年之后,菲利普斯曲线发展到一个更新的分析框架,菲利普斯曲线的宏观解析表达式由微观厂商定价机制推导而来,即新凯恩斯菲利普斯曲线(new Keynesian Phillips curve,NKPC)。如果NKPC只考虑通胀预期而不考虑通胀历史表现,则称为完全前瞻性的NKPC,刻画的是通胀率与预期通胀率以及真实产出缺口之间的关系,可以写成:

$$\pi = \pi^{e} + \beta(Y - Y_{p}) \tag{9-24}$$

式中:Y表示真实产出;Y_p表示潜在真实产出(潜在产出是指充分就业情况下的产出水平);$Y-Y_p$表示产出缺口。

注意,这里Y和Y_p都是取自然对数的形式。新凯恩斯菲利普斯曲线也被称为短期总供给曲线,被广泛应用于宏观经济分析中。本书在第十六章和第十七章详细介绍。

拓展阅读 9-5

通货膨胀的强制储蓄效应

强制储蓄(enforced saving)效应是指由于货币增发带来通货膨胀从而导致居民的消费和储蓄真实额下降,下降的部分大致相当于政府运用通货膨胀实现强制储蓄的额度。

需要注意的是,由于通货膨胀会降低人们的储蓄倾向,所以"强制储蓄效应"这一术语往往会令读者产生困惑:既然通货膨胀情况下人们需要更多货币购买商品和服务从而降低居民储蓄,为什么又会有强制储蓄效应呢?

首先,"强制储蓄效应"中的储蓄是宏观层面国民经济核算意义上的储蓄,是指用于国民经济建设投资的货币积累。所以,"强制储蓄"更准确的说法是个人的货币积累被强制转化为政府可用的货币积累,而不是通货膨胀强制居民个人进行储蓄。

其次,用于投资的货币积累主要来源于家庭、企业及政府。正常情况下,三个部门各有各的储蓄规律,均由其正常收入形成。但若政府向中央银行借债从而增发货币,这种筹措建设资金的办法就会强制增加全社会的投资需求,结果将是物价上涨。在居民名义收入不变的条件下,按原来的模式和数量进行的消费和储蓄,两者的真实额均随物价上涨而相应减少,这个效果相当于政府的挤出效应,政府的消费与投资替代(挤掉)了公众的消费与投资。

再次,该术语涉及的通货膨胀特指政府通过增加货币发行引发的通货膨胀,从而导致货币的购买力下降。这里的前提假设是经济达到充分就业水平(均衡状态),所以用扩张性的货币政策可以引起物价水平上涨。

最后,需要说明的是,"强制储蓄"这个术语盛行于19世纪,现代文献资料中已经很少提及这一概念,货币发行和通货膨胀引发居民消费和储蓄下降的现象使用铸币税来阐释更加简洁明晰。当然,如果读者对强制储蓄理论的来龙去脉感兴趣,可以参考哈耶克在1932年发表的一篇文献:HAYEK F A. A Note on the Development of the Doctrine of "Forced Saving" [J].The Quarterly Journal of Economics,1932,47(1): 123–133。

复 习 要 点

1. 通货膨胀相关概念。
2. 总体价格的度量指标。
3. 通胀率的计算方法。
4. 通货膨胀的经济影响。
5. 菲利普斯曲线的内容。
6. *IS* 曲线的内容。

关 键 术 语

通货膨胀	通货紧缩	爬行通胀	步行通胀
跑步通胀	恶性通胀	滞胀	通胀率
消费者价格指数(CPI)		生产者价格指数(PPI)	
GDP 平减指数	核心通胀率	年化增长率	通胀预期
名义利率	真实利率	融资成本	
通货膨胀的强制储蓄效应		*IS* 曲线	菲利普斯曲线
“三角”菲利普斯曲线		新凯恩斯菲利普斯曲线	
充分就业	自然失业率	潜在产出	产出缺口

即测即评

请扫码检测本章学习效果。

练 习 题

1. 什么是通货膨胀、通货紧缩和滞胀?
2. 有哪些常用的总体价格指标?
3. 已知总体价格指数,如何计算通胀率水平?
4. 名义利率与真实利率的联系与区别是什么?
5. 菲利普斯曲线刻画的基本内容是什么?
6. 新凯恩斯菲利普斯曲线与早期的菲利普斯曲线有什么不同?
7. 如果通胀率水平持续上行,会如何影响企业投资及经济总产出?
8. *IS* 曲线的基本内容是什么? 通货膨胀在 *IS* 曲线中扮演什么角色?

参考答案

补充阅读材料

扫码查看本章补充阅读材料。

第十章

商业银行

学习目标

1. 掌握商业银行的业务与盈利模式
2. 掌握商业银行的资产负债表内容
3. 掌握商业银行的经营与管理原则
4. 掌握商业银行的绩效与竞争力指标
5. 掌握商业银行的监管与巴塞尔协议主要内容

本章导读

商业银行可能是公众最熟悉的金融机构，也是经济发展中最重要的金融机构之一。商业银行既与个人和企业发生业务往来，又与中央银行在政策调控层面开展金融交易，还是现代信用货币创造的枢纽。因此，商业银行是现代金融体系中不可或缺的金融机构。

中国的现代化商业银行体系始建于1983年左右。截至2024年年初，我国已经拥有6家大型商业银行、12家股份制商业银行、130多家城市商业银行、近900家农村商业银行和1 300多家村镇银行，另外还有农村合作银行、政策性银行、民营银行和外资法人银行等各类银行机构。

本章首先介绍商业银行的主要业务，然后介绍反映商业银行资产负债业务信息的资产负债表，并基于商业银行资产负债表的内容进一步阐明商业银行的经营管理。通过业务介绍，不仅可以初步了解商业银行的主要经营过程，而且可以了解商业银行与其他部门之间的联系。在此基础上，本章进一步介绍商业银行的绩效度量指标以及监管问题。

综合来看，本章的核心内容在于商业银行的资产负债表及其对应的商业银行经营与管理业务，理解和掌握商业银行资产负债表的内容有助于后续学习商业银行的多倍存款创造过程和中央银行的货币供给机制等。

第一节　商业银行的业务及盈利模式

商业银行是依法设立的吸收公众存款、发放贷款、办理结算等业务的企业法人，是主要经营货币信贷等业务的金融机构。商业银行通过吸收存款、发放贷款等业务承担金融中介职能，并通过与中央银行的业务往来承担货币当局对信用创造的调控职能。

现代商业银行的组织形式一般是公司，是以金融资产和负债为经营对象的综合性多功能金融企业。所以，商业银行具有一般工商企业的基本特征，例如有业务经营所需的自有资金，盈利也是其主要经营目标之一。当然，商业银行又不同于一般工商企业，其特殊性不仅表现在经营对象和内容上，还表现为商业银行对社会经济的影响程度及其社会责任等方面。

商业银行作为一种特殊的金融企业，其业务内容对社会经济和宏观政策调控具有广泛的影响。因此，本节对商业银行的业务及其盈利模式进行详细介绍。归纳来看，商业银行最常见的业务是存贷款业务，另外商业银行还有与中央银行的资金往来业务、商业银行彼此之间及商业银行与其他金融机构之间的同业业务、商业银行的投资业务以及商业银行向客户提供的各类中间服务业务等。

以上提及的五类业务当中，前四类一般都涉及商业银行的资产或者负债变动，而这些变动一般会在商业银行的资产负债表内进行记录，所以这些业务可以统称为商业银行的"表内业务"，包括存贷款及垫款业务、与中央银行的资金往来业务、同业业务、投资业务。

当然，商业银行的表内业务也可以按照业务在资产负债表中属于资产项还是负债项分为资产业务和负债业务。而商业银行提供的中间服务业务并不涉及资产与负债的变化，因此可以统称为"表外业务"。无论表内业务还是表外业务，都会影响商业银行的盈利情况。下面我们分别介绍商业银行的表内业务和表外业务，然后介绍商业银行的盈利模式。

拓展阅读 10-1

商业银行的起源与发展

银行是经济活动中极为重要的金融机构。银行的起源与发展经历了相当长的时间，其发展背景与经济发展情况紧密联系。公认的早期银行萌芽起源于文艺复兴时期的意大利，早期的银行产生与国际贸易联系密切。当时地中海沿岸货币制度混乱，商人们为便于贸易必须进行货币兑换，专业货币商应运而生。国际贸易的发展促使商人把货币存在货币商处，并委托其办理货币兑换与款项划拨，这也是银行的最初职能。接收存款的数量增加后，商人开始把闲置自有资金放贷给资金需求者。随后，代理支付制度使得部分贷款变成了账面信用，这也标志着现代银行本质特征的出现。

早期的银行业虽然孕育了信贷萌芽，但本质上仍是现代银行的原始发展阶段。现代商业银行的最初形式是资本主义商业银行。新兴资产阶级诞生后，对于资金的需求因高利率而得不到满足，他们迫切需要建立资本主义商业银行。而主要的途径有两种：其一是由高利贷性质银行演变;其二是新兴资产阶级按照资本主义原则组织。后者在英国表现得尤其明显:1694 年,英格兰银行(Bank of England)作为第一家资本主义股份制商业银行的成立,标志着资本主义现代银行制度开始形成以及商业银行的产生。现代商业银行体系由此开始在世界范围内普及。

中国较早的银钱业是南北朝的寺庙典当业。唐代出现了我国最早的汇兑业务。北宋时出现的交子为早期纸币。明清时当铺是主要的信用机构。明末较大的钱铺发展成银庄。清代银庄开办存款、汇兑业务。我国近代银行业兴起于外国资本主义银行进入中国以后。清政府于 1897 年成立的中国通商银行标志着中国现代银行的产生。

商业银行发展至今,业务范围不断扩大,逐渐成为综合性的“金融百货公司”。20 世纪 90 年代国际金融领域出现的发展趋势,也对今后商业银行制度与业务的发展产生了更加深远的影响。

一、商业银行的表内业务

(一) 存贷款及垫款业务

吸收客户存款和向客户发放贷款是商业银行最传统也是最主要的业务。商业银行吸收存款的业务从对象上可划分为对居民的个人存款业务、对公司的存款业务。商业银行对客户的贷款业务既包括对公司的短期、中长期贷款和票据融资业务,又包括对居民个人的贷款业务。其中,居民个人贷款业务又可以分为消费贷款、住房贷款、经营性贷款和信用卡透支等类别。另外,商业银行开展的各项垫款(advances)业务也经常归并在贷款业务中。图 10–1 归纳了商业银行的存贷款及垫款业务内容,下面分别进行介绍。

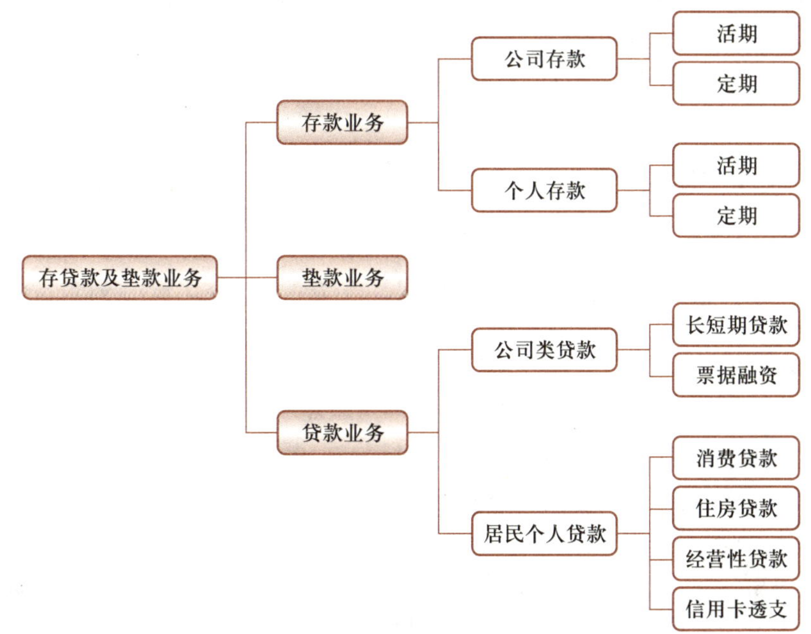

图 10–1 商业银行存贷款及垫款业务分类

1. 存款业务

商业银行的存款业务,可以按照业务对象分为个人存款和公司存款(也称单位存款),也可以按照是否支付利息分为交易性存款(一般不支付利息)和非交易性存款(一般支付利息)。

个人存款也称为储蓄存款,是指居民个人的存款,按照期限可以分为活期和定期存款。活期存款对应于随时可支取并且利率比较低的存款账户,定期存款对应于固定期限(如 3 个月、1 年、3 年等期限)的存款账户。按照我们国家商业银行的统计习惯,只要是居民的存款,无论活期还是定期都称为储蓄存款。

公司存款也称为单位存款,是企事业单位和机关团体在商业银行的存款,按照期限也可以划分为活期和定期存款,同时还有一类保证金存款。保证金存款是企业向银行申请办理开立信用证、开立银行承兑汇票、贷款、担保等业务时按照银行风险管理的要求和授信条件存入的资金,银行对企业存入的这部分资金实行专项账户管理,该账户即保证金存款账户。

另外,存款还可以按照是否支付利息划分为交易性存款(transaction deposits)和非交易性存款(non-transaction deposits)。我国并不使用这种划分方式,不过有些国家(例如美国)按照这种划分方式来区分不同类别存款。交易性存款是指不支付利息的存款,例如个人活期储蓄存款;非交易性存款主要是指需要支付利息的存款,例如各种定期存款、商业银行发行的可转让存款凭证等。

2. 贷款业务

贷款业务是商业银行最主要的资产业务,也是最主要的资金运用渠道,一般占资金运用总额的比例超过 50%。贷款业务也是商业银行传统的收入来源。从类别上看,商业银行的贷款项目可以划分为短期和中长期贷款、票据融资等。

(1)短期和中长期贷款是按照贷款期限划分的常规贷款,既可以面向公司,也可以面向个人。

(2)票据融资是指银行作为付款人按约定向票据持有人支付资金,本质上是银行对出票人的一种授信,所以列在各项贷款科目下。例如,商业汇票的承兑和贴现属于票据融资,即企业依托汇票向银行融资。票据贴现是指在票据到期之前,持票人到开票银行申请贴现,银行收取一定的贴现费,然后把资金借给企业,也称为“直贴”。“直贴”占用银行的贷款额度,体现在商业银行资产负债表的“发放贷款和垫款”中。

3. 垫款业务

商业银行的垫款业务是指银行先期垫付款项的业务,例如银行因办理承兑汇票、开出保函、开出信用证以及其他业务而发生的各项垫款。垫款是与贷款比较接近的业务,因此经常把贷款和垫款业务放在商业银行资产负债表的一个科目下(客户贷款及垫款)。

4. 存贷款利差

商业银行获得收入的一个重要来源是由存贷款的利率之差(简称存贷利差)带来的存款与贷款的利息金额之差(简称存贷息差)。一般情况下,商业银行吸收居民或者企业的存款所支付的利率水平要低于其向居民和企业发放同期限的贷款利率水平,这样就形成了商业银行的息差收入。

例如,2023 年 9 月,A 企业存入银行一笔 100 万元的 1 年期存款,商业银行提供的年化利率水平是 1.5%;B 企业从银行获得 100 万元贷款的利率水平是 4.35%。那么,银行在这两笔业务中获得的存贷利差和存贷息差分别是:

$$存贷利差=4.35\%-1.5\%=2.85\%$$

$$存贷息差=(4.35\%-1.5\%)\times 100=2.85(万元)$$

以上例子涉及几个需要注意的概念，即年化利率、存贷利差、存贷息差和净息差。具体解释如下：

年化利率：以 1 年的时间周期作为计算标准的利率水平。

存贷利差：存贷款利率之差，即存贷利差 = 贷款利率–存款利率。

存贷息差：贷款利息收入与存款利息支出之间的利息差。

净息差：银行净利息收入和银行全部生息资产的比值。生息资产是指银行能够产生利息收入的所有资产。

一般情况下，金融机构公布的各期限利率水平都是年化利率的标准。例如，2023 年 9 月某银行人民币 3 个月期限的整存整取存款利率为 1.10%，这个利率水平是年化利率标准。以 100 万元人民币存款为例，3 个月期满对应的利息收入计算应为：

$$利息收入=(1.10\% \div 4)\times 100=0.275(万元)$$

在上述计算中，括号中利率水平 1.10% 除以 4 表示 3 个月对应于 1 年周期的 1/4。

不难看出，存贷利差指的是利率之间的差，是个百分数；存贷息差量化了利差对应的金额；净息差则是利息收入与生息资产的比率。需要注意这几个概念的区别与联系。

（二）与中央银行的资金往来业务

商业银行与中央银行的资金往来业务也很丰富，既包括商业银行在中央银行的准备金存款和向中央银行的借款业务，又包括商业银行定期向中央银行缴存各级财政部门在银行存放的财政性存款的业务，还包括中央银行受财政部委托将国库现金转存到指定商业银行的业务。

商业银行在中央银行的准备金存款以及财政性存款在商业银行资产负债表中记录在资产项下的“现金及存放中央银行款项”科目下，× × 银行的该科目情况如表 10–1 所示。商业银行的“现金”特指存放于商业银行现金库的现金，称为商业银行的“库存现金”（vault cash）。库存现金与流通中的现金加总等于中央银行的货币发行总额（货币发行是中央银行资产负债表中的负债项下科目，将在第十一章介绍）。

表 10–1　× × 银行现金及存放中央银行款项

（2020 年 9 月 30 日）　　单位：亿元

现金	68 809
法定准备金	2 442 289
超额准备金	674 314
财政性存款及其他	285 553
应计利息	1 233
合计	3 472 198

注：法定准备金包括 × × 银行境内分支机构的人民币存款和外币存款、按照中国人民银行规定的法定准备金率缴存于中国人民银行的准备金存款、× × 银行境外分支机构按照境外所在国中央银行规定的法定准备金率缴存于境外中央银行的准备金。超额准备金包括存放于中国人民银行用作资金清算的资金和其他非限制性资金。

下面分别介绍准备金、商业银行的财政性存款、国库定期存款和商业银行向中央银行借款的相关内容。因为上述科目对应的业务内容发生于商业银行与中央银行之间，所以本章介绍的这些内容在第十一章（中央银行）也会有所涉及。不过，本章是站在商业银行角度阐释相关业务，而第十一章则是从中央银行角度介绍对应的业务，虽然内容有交叉，但是侧重点有所不同。

1. 准备金业务

存款准备金也可以简称为准备金（reserve），是指金融机构为保证客户提取存款和资金清算的需要而持有的作为准备的资金。一般来说，可以办理存款类业务的金融机构吸收存款之后，需要根据监管要求按照存款额度的一定比例计提准备金，这一比例一般是由中央银行规定的，被称为法定准备金率（required reserve ratio）。根据我国的现行规定，按照法定准备金率要求存放在中央银行的资金称为法定存款准备金或者简称法定准备金（required reserve）。商业银行在中央银行的准备金存款如果超过法定准备金的额度，超出部分则称为超额存款准备金或者简称超额准备金（excess reserve），超额准备金存放多少一般由商业银行自主决定。

不同国家的准备金口径不尽相同，即使同一国家在不同历史时期也存在一些变化。目前我国商业银行的准备金就是指商业银行存放在中央银行的法定准备金存款和超额准备金存款，但不包含库存现金，这个口径标准是由中国人民银行确定的。而在其他一些国家，商业银行的准备金口径既包含银行的库存现金，又包含银行在中央银行存放的准备金存款。尽管存在这些差别，但是准备金由法定准备金和超额准备金两部分构成，这一点是明确的。在后续内容中，我们将使用这些名词术语的英文首字母缩写来简化一些表示，例如用 R 来表示准备金，RR 表示法定准备金，ER 表示超额准备金，即：

$$R=RR+ER \tag{10-1}$$

另外，对于法定准备金率，有的国家按照存款类别不同而规定不同的法定准备金率，例如美国在 2020 年 3 月之前对交易性存款和非交易性存款制定不同的法定准备金率（2020 年 3 月以后，美国对各类存款的准备金率要求都降为 0）。我国现行制度安排则主要按照金融机构类别制定不同的法定准备金率，例如大型金融机构的法定准备金率一般高于中小型金融机构，当然这里的金融机构主要指可以办理吸收存款类业务的金融机构。表 10–2 给出了中国各金融机构的法定准备金率标准（以 2020 年 5 月为例）。

表 10–2 中国各金融机构的法定准备金率（2020 年 5 月）

机构	法定准备金率（%）
中国农业发展银行	7.5
大型商业银行 （包括中国工商银行、中国农业银行、中国银行、中国建设银行、中国交通银行、中国邮政储蓄银行）	11.5
股份制商业银行、城市商业银行、非县城农村商业银行	9.5
县城农村商业银行	9.0
农村合作银行、农村信用社、村镇银行	6.0
财务公司、金融租赁公司、汽车金融公司	6.0

资料来源：中国人民银行。

截至2024年，我国纳入法定准备金率考核范围的金融机构包括：①各类商业银行和中国农业发展银行、村镇银行、信用社（含信用联社）；②财务公司、金融租赁公司、汽车金融公司；③经批准办理人民币业务的外资银行和中外合资银行等外资金融机构。以上金融机构都经办存款类业务，只是非银行金融机构一般不吸收公众存款。

拓展阅读 10-2

中国的存款准备金制度

存款准备金制度是在中央银行体制下建立起来的，世界上美国最早以法律形式规定商业银行向中央银行缴存存款准备金。存款准备金制度最初用于保证客户提取存款和清算，之后演变成一种货币政策工具。中央银行可以通过调整法定准备金率，影响金融机构的信贷资金供应能力，从而间接调控货币供给量。

从我国存款准备金制度的演进历史来看，存款准备金制度在1984年建立，当时中国人民银行按存款种类规定了较高的法定存款准备金率。例如，企业存款为20%，城镇储蓄存款为40%，农村存款为25%。过高的法定存款准备金率使得商业银行流动性不足，中国人民银行将缴存的存款准备金通过再贷款的形式发放给商业银行，用于支持重点产业和项目的资金需要。

由于高法定存款准备金率带来流动性问题，从1985年开始，中国人民银行将法定准备率统一下调为10%，此后又在1987年和1988年两次上调存款准备金率至13%，这一比例一直维持至1998年3月。在这一时期，金融机构缴存在中央银行的法定准备金存款不能用于支付和清算。为满足资金日常营运的需要，当时金融机构需在中央银行再设一个存款账户，即备付金存款账户，专门用于办理资金收付。根据中央银行的规定，备付金率要求保持在5%~7%的水平。

从1998年起，经国务院同意，中国人民银行对存款准备金制度进行改革，主要内容归纳如下：①将原各金融机构在中国人民银行的“准备金存款”和“备付金存款”两个账户合并，称为“准备金存款”账户。②准备金存款账户超额部分的总量及分布由各金融机构自行确定。③对各金融机构的法定准备金按法人统一考核，由法人统一存入中国人民银行（按照机构总部所在地存入中国人民银行总行、分行或支行）。④对各金融机构法定准备金按旬考核，对于不满足考核要求的机构按有关规定予以处罚。⑤中国人民银行对金融机构准备金存款支付利息。⑥调整金融机构一般存款范围。将金融机构代理中国人民银行财政性存款中的机关团体存款、财政预算外存款，划为金融机构的一般存款。金融机构按规定比例将一般存款的一部分作为法定存款准备金存入中国人民银行。

需要注意的是，我国现行的法定存款准备金制度及其细节要求与其他国家有所区别。我国规定各金融机构的法定准备金必须缴存到中央银行（各金融机构在中央银行设有准备金存款账户），但并不是所有国家都如此规定。例如，美国将商业银行的库存现金也纳入准备金的范畴（美国于2020年3月将所有类型存款法定准备金都降为0）。也就是说，美国商业银行的存款准备金包括银行库存现金和存放于中央银行的准备金存款。

2. 商业银行的财政性存款业务

商业银行在中央银行的存款，除了准备金存款之外，还有财政性存款。财政性存款属于国库资金的一部分。在中国人民银行资产负债表的负债科目下，设有“政府存款”科目，这个科目包括各级财政部门直接上缴的国库资金，还包括各级财政部门通过商业银行的财政专门账户（简称财政专户）定期缴存到中央银行的财政性存款。

也就是说，中国人民银行经理的国库存款实际上来源于两个渠道：一个是按规定要求由各级财政部门直接存入中央银行的国库账户，这个业务由中国人民银行总行和各分支行受理；另一个是财政部门通过商业银行代理的财政专户。

一般来说，各级财政部门在指定商业银行开设有财政专户，这些财政专户用于管理法律或者国务院规定纳入财政专户管理的特定专用资金，包括预算资金存款以及部分由财政部指定存入专业银行的专用基金存款等，主要包括社会保险基金、教育收费资金、粮食风险基金、国际金融组织和外国政府贷款赠款等。财政部门将这些资金存入商业银行的财政专户[①]，然后商业银行按照中央银行要求定期将这些财政专户中需要缴存到中央银行的资金部分划入中国人民银行的财政性存款账户。

在这个业务链条中，对于财政部门存入商业银行的财政资金，商业银行要支付利息，记入商业银行资产负债表中的“客户存款”科目。然后，商业银行将财政专户中按规定需要缴存中央银行的那一部分资金定期缴存到中央银行（中央银行记在其资产负债表的负债项下的“政府存款”科目），中央银行对经由商业银行代理存放的这些财政性存款不向商业银行支付利息，但支付一定的手续费。所以，国库存款就是财政部门在中央银行的存款，中央银行定期向财政部支付一定利息。

在上述业务中，我们提到了国库的概念。什么是国库？国库是指政府将所有的财政性资金（在我国包括预算内资金和预算外资金）集中在指定的代理银行开设的账户。中央对国库账户进行归口管理，所有财政性资金的收支都通过这一账户进行集中收缴、拨付和清算。

《中华人民共和国预算法》第 59 条规定的内容有助于理解国库相关业务，具体内容如下：①县级以上各级预算必须设立国库；具备条件的乡、民族乡、镇也应当设立国库。②中央国库业务由中国人民银行经理，地方国库业务依据国务院的有关规定办理。③各级国库应当按照国家有关规定，及时准确地办理收入的收纳、划分、留解、退付和预算支出的拨付。④各级国库库款的支配权属于本级政府财政部门。⑤各级政府应当加强对本级国库的管理和监督。

《中华人民共和国国家金库条例》规定：国库机构按照国家财政管理体制设立，原则上一级财政设立一级国库。中央设立总库；省、自治区、直辖市设立分库；省辖市、自治州设立中心支库；县和相当于县的市、区设立支库。支库以下经收处的业务，由专业银行的基层机构代理。

3. 国库定期存款业务

中央国库存款主要由中央银行负责，但是财政部为了提高收益，于 2006 年开始实施国库现金管理操作。国库现金管理操作主要采取商业银行定期存款方式，在符合条件的商业

---

① 只有少数国有大型商业银行设有财政存款账户。财政存款具体包括三大类：①代理国库存款：地方财政库款，财政预算专项存款，财政预算外存款。②待结算财政款项。③代收（付）款项。

银行范围内实行公开招标，商业银行以国债或地方政府债券为质押获得这部分存款，并由商业银行向财政部支付利息。

国库现金存入商业银行这一举措对财政部和商业银行来说是双赢之举。从财政部角度来说，可以实现国库现金余额最小化和投资收益最大化两个目标。国库现金如果闲置于中央银行，一般没有利息收入，而存放商业银行的国库现金则可以获得利息。从商业银行角度来说，银行增加了一个资金来源渠道，可以增加信贷资金。注意，商业银行获得国库定期存款需要质押国债等有价证券，业务记入“客户存款”科目，也需要按照法定准备金率要求缴纳相应的准备金。国库定期存款的业务往来形式如图 10–2 所示。

不难看出，国库定期存款业务的资金流向与商业银行在中央银行的财政性存款业务的资金流向正好相反：商业银行在中央银行的财政性存款是商业银行将财政部门的存款缴存到中央银行对应账户；中央银行将国库资金转存到商业银行是资金从中央银行流入商业银行。

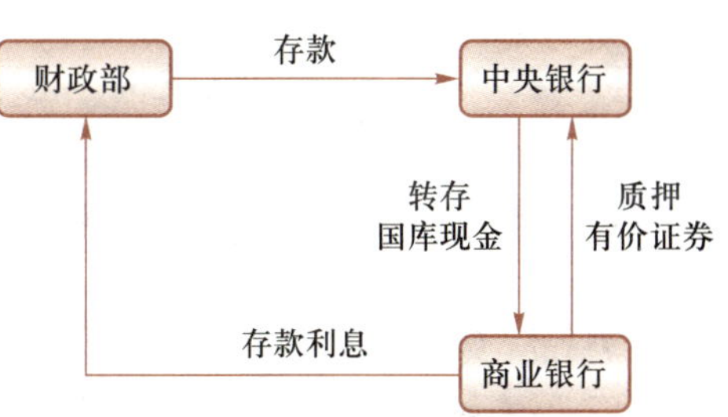

图 10–2　国库定期存款业务往来

4. 商业银行向中央银行借款业务

商业银行在特定条件下可以获得中央银行对其发放的贷款，在商业银行的资产负债表中记作“向中央银行借款”。既然是商业银行向中央银行的借款，那么这个款项就是商业银行的负债，商业银行需要按照规定的利率水平向中央银行支付利息。可见，商业银行与中央银行发生的资金往来业务，也会影响到商业银行的利息收入和利息支出。

需要注意的是，商业银行向中央银行的借款业务有不同形式，例如直接向中央银行申请贷款（信用贷款或质押贷款），或者利用持有的未到期已贴现票据（如商业汇票）向中央银行申请贴现贷款。如果从中央银行角度看这些业务，则对应于中央银行的货币政策工具，即中央银行再贷款和中央银行再贴现工具。

中央银行的再贷款是指中央银行对金融机构的贷款，是中央银行调控基础货币的渠道之一。再贷款可以划分为信用贷款和质押贷款。信用贷款就是指中央银行基于商业银行的信誉而对其发放的短期再贷款，不需要质押。质押贷款则是指中央以商业银行持有的有价证券作质押而对其发放的短期再贷款。

自 1984 年中国人民银行专门行使中央银行职能以来，再贷款曾经一度是我国中央银行的重要货币政策工具，用于调节基础货币。不过，自 2010 年前后开始，随着我国利率市场化不断发展，再贷款所占基础货币的比重逐步下降，结构和投向发生重要变化，新增再贷款主要用于促进信贷结构调整，引导扩大县域和“三农”信贷投放。

也就是说，再贷款现在已经不再作为我国主要的货币政策工具。而再贷款中的质押贷款业务在 2010 年之后发展为常备借贷工具（standing lending facility，SLF），本质上与发达国家的“贴现窗口”（discount window）工具相同，也是一种抵押贷款，合格押品包括高信用评级的债券类资产及优质信贷资产等。在 SLF 的基础上，中国人民银行还开展了中期借贷工具（mid-term lending facility，MLF）等抵押贷款工具，对基础货币进行中期管理。关于货币政策工具的具体内容，将在第十二章做详细介绍。

（三）同业业务

商业银行的同业业务是指银行以金融同业客户为服务与交易对象，以同业资金融通为核心而开展的各项业务。当然，同业业务并不只是商业银行才有。根据中国金融管理部门的相关规定（特别是 2014 年之后出台的相关规定），同业业务是指中华人民共和国境内依法设立的金融机构之间开展的以投融资为核心的各项业务，主要业务类型包括同业拆借、同业存款、同业借款、同业代付、买入返售（卖出回购）等同业融资业务和同业投资业务。

商业银行同业业务最初主要承担司库职能，是为商业银行之间平衡资金头寸而进行的短期资金拆借和划拨，主要作为短期流动性管理工具。例如，在某一时点上，A 银行的存款准备金额度未达到监管要求（假设缺口为 1 000 万元），而 B 银行的存款准备金额度高于监管要求（B 银行有超额存款准备金），此时 A 银行就可以从 B 银行拆借资金，用以满足存款准备金的要求。我们在后续内容中将会看到，假定拆借资金额度为 1 000 万元，这个同业拆借过程使得 A 银行的资产负债表变化如下：资产项下“存款准备金”科目增加 1 000 万元，负债项下“拆入资金”科目增加 1 000 万元。此时，A 银行的存款准备金额度达到了监管要求。

就我国实践而言，中国人民银行在 1984 年开始允许各专业银行互相拆借资金，从而开启了中国商业银行的同业业务。此后一直到 2002 年，我国商业银行的同业业务模式相对单一，主要是同业拆借、同业存放等传统业务。2002 年之后，由于债券市场快速发展，债券结算代理成为同业业务的一个重要方向，这一业务为银行作为债券结算委托人开拓了债券交易的空间。

此后，同业业务进一步繁荣，信托、保险、证券、基金和财务公司等非银行金融机构深入参与同业业务。同时，随着市场竞争加剧，为客户提供一站式金融服务成为银行拓展业务空间的重要方向，这又推动了银行与保险、基金、证券以及信托等非银行金融机构在交叉销售方面的广泛合作，同业业务的中间业务也逐步兴起。

随着业务发展，商业银行的同业交易对手方从银行扩展至证券公司、信托公司、基金、租赁、财务公司以及特殊目的载体（SPV），业务范围逐渐从传统的同业拆借、同业存款、同业借款等发展到同业代付、买入返售（卖出回购）等业务；交易对象也从商业银行扩展到信托、保险、证券、基金和财务公司等非银行金融机构以及 SPV。

从商业银行资产负债表的角度来划分，可以将银行同业业务分为两大类：

从资产角度看，同业资产主要包括“存放同业”“拆出资金”及“买入返售金融资产”以及“应收款项投资”等科目。其中，买入返售金融资产是指银行按照返售协议的约定先买入再按规定价格返售（卖回去）给卖出方的票据、证券、贷款、应收租赁款等金融资产时所融出的资金，也包括银行因证券借入业务而支付的保证金，本质上相当于有抵押的拆出资金，但不占用信用额度。买入返售业务的抵押品可以分为证券、贷款、票据等，交易对象可以分为银行同业和其他金融机构。

从负债角度看，同业负债主要体现在“同业存放”“拆入资金”“卖出回购金融资产”以及“应付债券”科目（应付债券包括同业存单）。

当然，实践中同业业务往来还会产生一些中间业务，这些业务虽然也发生在同业之间，但是并不纳入监管口径的商业银行同业业务。这些中间业务包括代客外汇交易、基金和年金等托管、代理清算、代理开票、代开信用证、第三方存管、代理基金买卖、代理保险买卖、代理信托理财买卖、代理债券买卖、代理金融机构发债等。表 10–3 归纳了我国金融监管口径下商业银行的主要同业业务内容。

表 10-3　商业银行的同业业务归纳(截至 2024 年 1 月)

<table>
<tr><th>分类</th><th>子项目</th><th>概念</th><th>期限</th><th>会计科目</th></tr>
<tr><td rowspan="5">同业融资</td><td>同业存款</td><td>商业银行与能够吸收存款的金融机构之间开展的同业资金存入与存出业务。</td><td>3 个月至 1 年</td><td>资产端:存放同业
负债端:同业存放</td></tr>
<tr><td>同业拆借</td><td>经批准进入全国银行间同业拆借市场的金融机构之间通过全国统一的同业拆借网络进行的无担保资金拆借业务。</td><td>以隔夜和 7 天为主,最长 1 年</td><td rowspan="2">资产端:拆放同业
负债端:同业拆入</td></tr>
<tr><td>同业借款</td><td>商业银行在全国统一的同业拆借网络之外,向具有借款资格的非银行金融机构借出资金的业务。</td><td>最长 3 年</td></tr>
<tr><td>同业代付</td><td>商业银行(受托方)接受金融机构(委托方)的委托向企业客户付款,委托方在约定还款日偿还代付款项本息的资金融通业务。2014 年之后监管要求同业代付仅适用于跨境贸易结算。</td><td>最长 1 年</td><td>资产端:受托方“拆放同业”,委托方“贸易融资”</td></tr>
<tr><td>买入返售/卖出回购金融资产</td><td>买入返售金融资产是指商业银行(逆回购方,即资金融出方)与金融机构(正回购方,即资金融入方,包括中央银行)按照协议约定先买入金融资产,再按约定价格于到期日返售给该金融机构的资金融通业务。正回购方须提供无条件不可撤销的书面回购承诺。
卖出回购金融资产是指商业银行(正回购方,即资金融入方)按照回购协议向金融机构(逆回购方,即资金融出方,包括中央银行)先卖出金融资产,再按约定价格于到期日将该项金融资产购回的资金融通行为。</td><td>最长 1 年</td><td>资产端:买入返售金融资产
负债端:卖出回购金融资产</td></tr>
<tr><td rowspan="4">同业投资</td><td>同业存单</td><td>存款类金融机构在全国银行间市场上发行的记账式定期存款凭证,发行后可进入二级市场流通,也可作为质押品进行质押式回购交易。</td><td>1 个月到 3 年</td><td>资产端:其他资产-投资同业存单
负债端:其他负债-发行同业存单</td></tr>
<tr><td>同业金融资产</td><td>购买金融债、次级债等在银行间市场或证交所市场交易的同业金融资产。</td><td>无限制</td><td>资产端:投资-债券
负债端:应付债券</td></tr>
<tr><td rowspan="2">特殊目的载体(SPV)</td><td rowspan="2">购买银行理财产品、信托计划、证券投资基金、券商资管计划、基金公司资管计划、保险资管产品等。</td><td rowspan="2">无限制</td><td>保本理财:资产端“存放同业”,负债端“同业存放”</td></tr>
<tr><td>其他:资产端“投资-其他”增加,资产端“存款准备金”减少</td></tr>
</table>

商业银行同业存款的一个重要特点是无须缴纳法定存款准备金。以大型商业银行为例，截至 2024 年需要缴纳法定存款准备金的存款类别及范围归纳在图 10–3 中。可以看到，在一般存款的同业类别中，除了保险机构的存款之外，其他同业存款都不需要缴纳法定存款准备金。

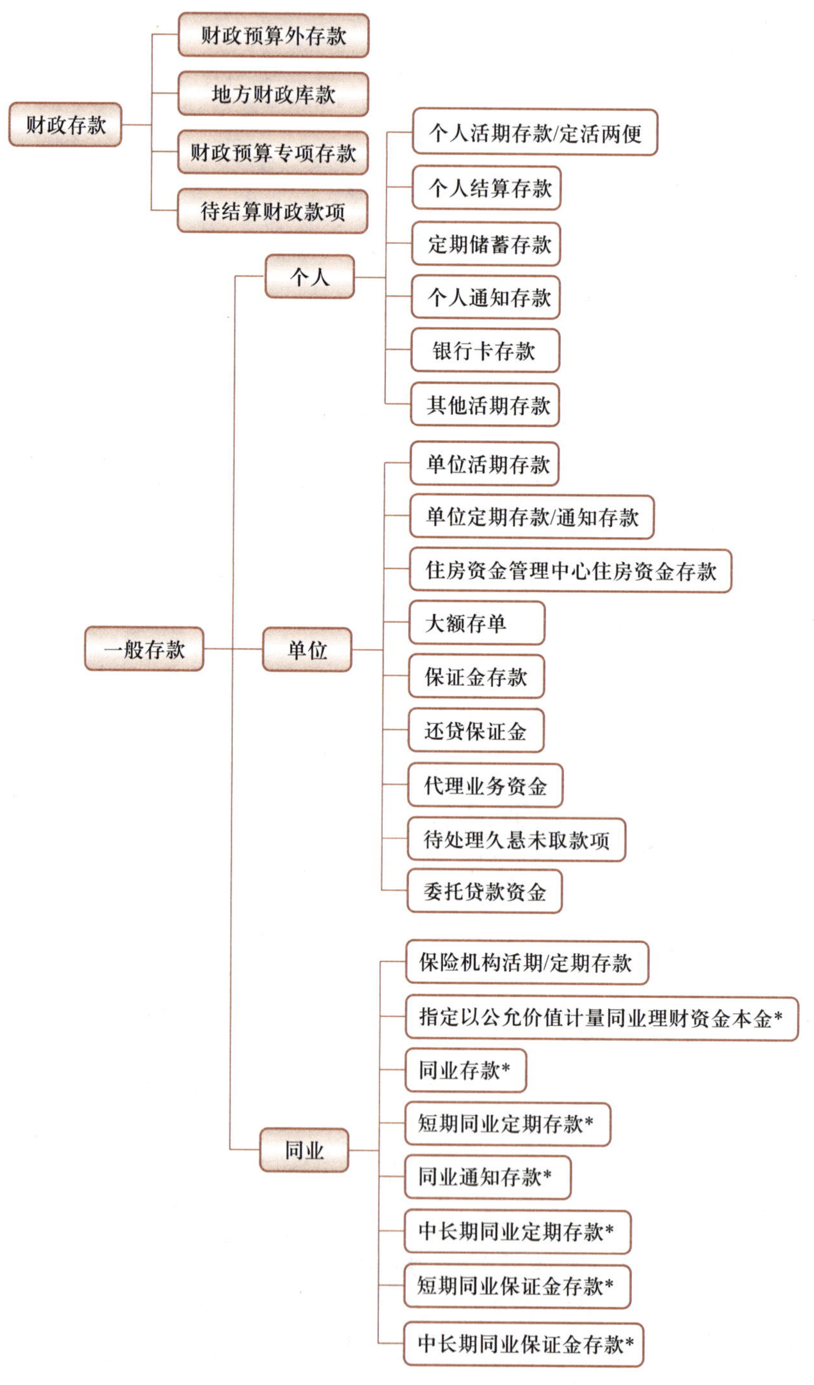

注：标 * 号会计科目适用的法定存款准备金率暂定为 0。

图 10–3 需要缴纳法定存款准备金的银行存款类别

（四）投资业务

商业银行的投资业务可以从广义口径和狭义口径来划分。广义口径从业务类型角度考虑，包括债券和基金投资、贵金属投资、衍生金融资产投资、长期股权投资以及同业投资业务等各类投资。狭义口径主要从会计准则口径按照持有目的进行划分，一般在商业银行的资产负债表中单列“金融投资”项（主要指债券、基金和短期权益工具投资），而贵金属、衍生金融资产和长期股权投资等投资科目与金融投资科目并列。也就是说，按照会计准则，商业银行资产负债表上的投资相关科目按照持有目的来分类，而不是严格按照业务类型来分类，主要是为了便于微观审慎管理。图 10–4 归纳了商业银行的各类投资业务。下面对商业银行的各类投资业务进行简单介绍。

1. 金融投资

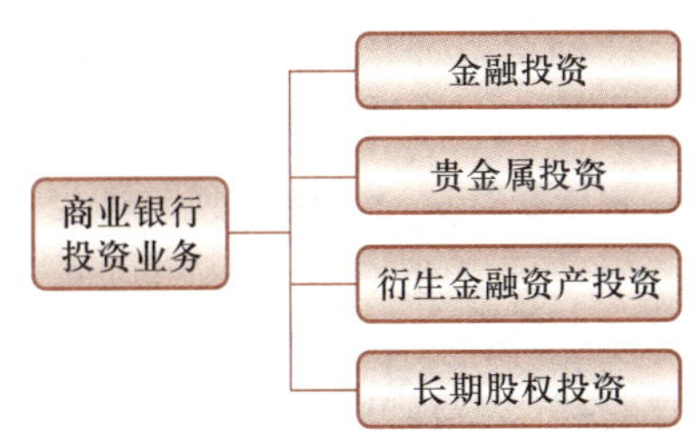

图 10–4 商业银行的各类投资业务

金融投资是指商业银行购买债券、基金和短期权益产品的金融投资业务。在开展金融投资业务时，商业银行以其自有资金在金融市场上购买各种流动性高、信用可靠、风险可控的有价证券，以增加收益和提高资产流动性。其中，债券类产品包括政府债券、流动性高的政策性金融债和信用评级较高的公司债等。基金类的品种较为丰富，且由于基金产品的特殊性，一个基金产品可以投资多种不同的有价证券。权益投资的风险较高，因此商业银行一般只投资于短期权益产品。除了上述的证券投资之外，同业投资业务中的金融资产投资也属于“金融投资”科目下的内容。

2. 贵金属投资

贵金属投资是指商业银行投资于黄金、白银、铂金、钯金等贵金属资产的现货的业务，以黄金和白银为主。在实践中，贵金属投资主要是指贵金属买卖业务，即银行按市场价格进行贵金属实物的买入或者卖出。此外，还有对客交易业务，多数银行的对客报价与上海黄金交易所的报价挂钩，银行通过客户的双向买卖差价获取利润。商业银行还提供黄金理财产品，由银行将资金投向与贵金属黄金、白银、铂金等挂钩的金融工具，客户只需直接认购理财产品份额。其他与贵金属相关的业务还包括黄金租借业务和账户交易业务等。

3. 衍生金融资产投资

衍生金融资产投资是指商业银行投资于以利率、汇率、大宗商品、信用和权益资产或相关金融指数为基础资产的衍生产品。第七章介绍过，金融衍生产品的基本种类包括远期、期货、互换和期权，也包括具有其中一种或多种产品特征的混合金融工具。期货属于标准化的场内衍生品，在期货交易所进行交易。而商业银行开展的衍生金融资产投资交易主要在场外市场进行。

我国商业银行投资的衍生金融产品主要包括以利率为基础的远期利率协议（FRA）和利率互换，以汇率为基础的外汇远期、外汇掉期、货币掉期、外汇期权，以信用为基础的信用违约掉期（CDS）、总收益互换（TRS）、信用风险缓释凭证（CRMW）、信用风险缓释合约（CRMA）和信用违约期权（CDO）等。

另外，2020 年 4 月 10 日，我国金融期货市场正式对商业银行开放。自此，作为最大的国债持有者，商业银行可以利用国债期货管理利率风险，强化期货市场的利率发现功能并完善国债收益率曲线。同时，国债期货价格的有效性也会提高，金融要素市场的联结更为紧密。

4. 长期股权投资

长期股权投资是指商业银行开展的期限在1年以上(不含1年)的各种股权性质的投资,包括购入股票和其他股权投资等。由于长期股权投资风险较高,我国商业银行开展股权投资业务一直受到严格监管。如根据《中华人民共和国商业银行法》第43条的规定,商业银行不得向非银行金融机构和企业投资。受此约束,商业银行可以用自有资金通过子公司投资,但这种操作仍要求银行计提较高的资本占用,因此投资总额受资本规模制约。

二、商业银行的表外业务

商业银行资产负债表内反映的业务内容固然是商业银行获得盈利的传统重要内容,但是随着利率市场化的推进,商业银行的存贷利差不断收窄,此时商业银行的表外业务就显得尤为重要。2010年以来,随着我国利率市场化的发展,商业银行表外业务收入占比稳步增长,这与美国在20世纪80年代利率完全市场化以后商业银行表外业务出现大幅增长的规律类似。

所谓表外业务,是指不记入银行资产负债表但影响银行损益的业务,包括担保和承诺等传统业务以及贷款出售、信贷资产证券化等新兴业务。与表外业务的内容有交叉的同时又存在一定微妙差别的是中间业务。所谓中间业务,是指商业银行不需动用自己的资金,作为中间人代客户办理各种委托事项、提供各种金融服务并据以收取手续费的业务。中间业务形成银行非利息收入,但也不记入资产负债表。

表外业务和中间业务是从不同角度对不直接进入资产负债表业务的定义。“表外”是从会计准则出发,“中间”则是从业务类型出发,二者都指向不直接体现在资产负债表上但会影响当期损益的业务。中间业务一定属于表外的,但是随着商业银行业务的创新发展,并不是所有表外业务都可以称为中间业务。如果一定要对二者进行区别,那么关键看相关业务是否纯粹属于中间服务而不涉及银行自身资产与负债。例如,商业银行贷款出售业务(也可称为信贷资产直接转让),是指商业银行在贷款形成之后,将贷款债权出售给第三方,重新获得资金来源并获取手续费收入的一种业务。虽然贷款出售业务并不直接影响资产负债表,属于表外业务,但是这个业务却依托于银行自身资产,并不属于单纯的中间服务,因此就不能归到中间业务范畴。

图10-5归纳了表外业务和中间业务的分类情况。广义表外业务可以分为狭义中间业务和狭义表外业务。

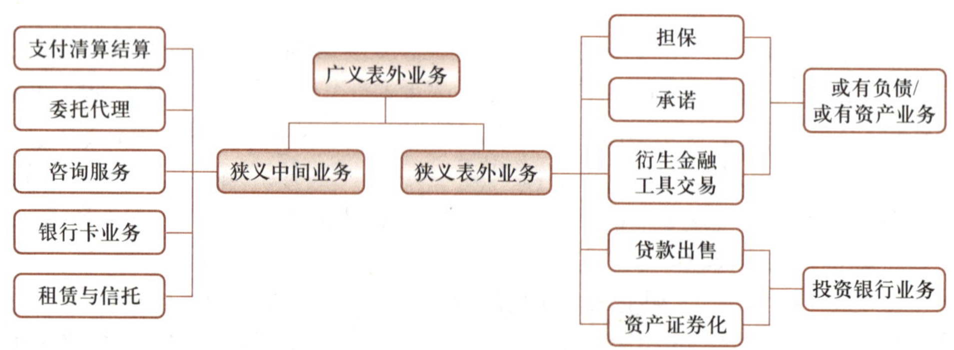

图10-5 商业银行表外业务分类

狭义中间业务包括支付清算结算、委托代理、咨询服务、银行卡业务和租赁与信托等业务类别。其中,委托代理类业务是指商业银行以收取一定手续费等为目的,接受客户委托,利用自己的资源优势为客户提供代理、分销、代客理财等金融服务的业务,包括委托贷款、代理债券、代理资金清算、代收代付、代客理财、基金托管等业务;咨询服务类业务是指以银行拥有的专营许可权或行业优势,为客户提供的纯咨询服务性质的业务,包括理财顾问、委托代保管等业务。

拓展阅读 10-3

支付、清算和结算的比较

支付、清算和结算是彼此联系但又有所不同的概念。下面归纳了三者的具体内容。

支付(payment),是指所有资金转移的行为,清算和结算则是支付过程中的特定环节。

清算(clearing),是指发生在结算前的支付环节,包含了在收付款金融机构之间交换支付工具以及计算金融机构之间待结算的债权,支付工具的交换也包括交易撮合、交易清分、数据收集等。

结算(settlement),是指完成债权最终转移的过程,包括收集待结算的债权并进行完整性检验、保证结算资金具有可用性、结清金融机构之间的债权债务以及记录和通知各方。

狭义表外业务因为经常会涉及银行自身,所以一般不能叫作中间业务。狭义表外业务包括担保、承诺、衍生金融工具交易、贷款出售和资产证券化等业务类别。其中,担保、承诺业务和衍生金融工具交易业务也称为或有负债(或有资产)业务,因为此类业务有可能转变为银行的负债或资产。

具体来说,担保类业务是指银行接受客户的委托对第三方承担连带付款责任的业务,包括担保、信用证、承兑等业务。承诺类业务是指银行在未来某一时期按照事先约定的条件向客户提供约定的信用的一种业务,如承诺贷款业务。承诺类业务还有信用额度工具(credit lines),例如票据发行工具(note issuance facility)和循环包销工具(revolving underwriting facility)。这里提到的票据发行工具是指银行同客户签订一个具有法律约束力的承诺,期限一般为 5~7 年,银行保证客户以自己的名义发行短期票据,银行则负责包销或提供没有售出部分的等额贷款。循环包销工具是指银行保证证券承销机构在一定额度内循环承销,银行负责承销未能售出的全部证券或提供等额的备用信贷。

衍生金融工具是指交易双方通过对利率、汇率、股价等因素变动趋势的预测,约定在未来某一时间按照某一条件进行交易或选择是否交易的合约。银行在办理衍生金融工具交易类业务时,既可以是经纪人,又可以是自营商。银行作为经纪人时该业务属于表外业务,作为自营商时该业务属于表内的衍生金融资产投资项下的业务。

另外,狭义表外业务中的贷款出售和资产证券化业务属于投资银行业务。贷款出售是指商业银行在贷款形成之后,将贷款债权出售给第三方,重新获得资金来源并获取手续费收入的一种业务。贷款出售首次出现在 1983 年,它是 20 世纪 80 年代国际金融市场走向证券化时大银行为了夺回它们失去的市场份额而进行的创新。贷款出售与资产证券化最根本的区别在于贷款出售只是将贷款的全部或一部分所有权从发起银行转移出去，贷款资产本身不发生任何实质性变化；资产证券化则将贷款组合转变为可在资本市场上买卖的证券，创造出了新的投资工具，资产性质发生了变化。

就与表内业务的关系和银行承担的风险而言，传统的中间业务一般不会由表外业务向表内业务转化，承担的风险相对较小。而许多创新的表外业务，如票据发行便利、衍生金融工具交易等业务，都构成了银行的或有负债，即在一定条件下（如银行履行贷款承诺，或衍生工具交易对手违约），相应的表外业务就会向表内业务转化，成为银行的现实负债或者现实资产。因此，银行在办理这类具有或有负债性质的表外业务时，承担的风险相对高一些。

三、商业银行的盈利模式

商业银行开展各种业务，主要目的之一是要盈利。基于之前对商业银行表内和表外业务的介绍，可以用图 10–6 归纳商业银行的盈利模式。商业银行通过对资产和负债的管理获得利差收益或者叫净利息收入，即生息资产获得的利息收入减去付息负债对应的利息支出。同时，商业银行的中间业务可以为银行获得手续费和佣金收入以及其他非利息收入。净利息收入、佣金收入和其他非利息收入合计构成了银行的营业收入，即：

$$\text{营业收入}=\text{净利息收入}+\text{手续费和佣金收入}+\text{其他非利息收入} \tag{10-2}$$

在此基础上，营业收入减去营业支出和减值亏损再减去所得税，就是银行获得的净利润。

从营业收入层面看，商业银行的收入分为利息收入和非利息收入。其中，利息收入占据盈利的主要部分。银行通过资产负债的管理获取利差收益，通过中间业务获得非利息收入。非利息收入包括为一些企业客户等提供服务所收取的手续费。银行的支出主要包括营业支出和一系列减值亏损等。净利润中分配到股东权益科目的利润可以增强银行的安全性，并能够提高资本充足率。

在图 10–6 中，居于中间最上方的五大项（生息资产、付息负债、非生息资产、非付息负债以及股东权益）都包含在商业银行的资产负债表中，其中前四项是主要的资产负债业务，下面分别对这四项下的各个内容进行简单介绍。

生息资产是指银行以收取利息为条件借出或存放资金而形成的资产，简单来说是能够产生利息的资产。主要包括存放中央银行款项、存放同业款项、拆出资金、买入返售资产、发放贷款、债券投资等。存放中央银行款项是银行在中央银行开户而存入的用于支付清算、调拨款项、提取及缴存现金、往来资金结算以及需要缴存的款项，主要包括法定存款准备金和超额存款准备金两部分。在我国，目前商业银行存放中央银行的存款准备金和同业存款都是有利息的。拆出资金、买入返售资产和发放贷款都是银行以收取利息为目的而借出的资金，商业银行投资债券的主要目的之一也是获取利息收入。

付息负债是指银行借入资金或者接收存放资金等而形成的需要支付利息的负债，简单来说就是银行需要支付利息的负债。付息负债主要包括向中央银行借款、同业存放款项、拆入资金、卖出回购款项、吸收存款、应付债券等。向中央银行借款的具体形式主要为再贷款和买断式再贴现，商业银行需要向中央银行支付约定的利息。注意，质押回购式再贴现属于卖出回购款项科目。此外，在一般情况下，同业存放款项、拆入资金、吸收存款和应付债券均需支付利息。

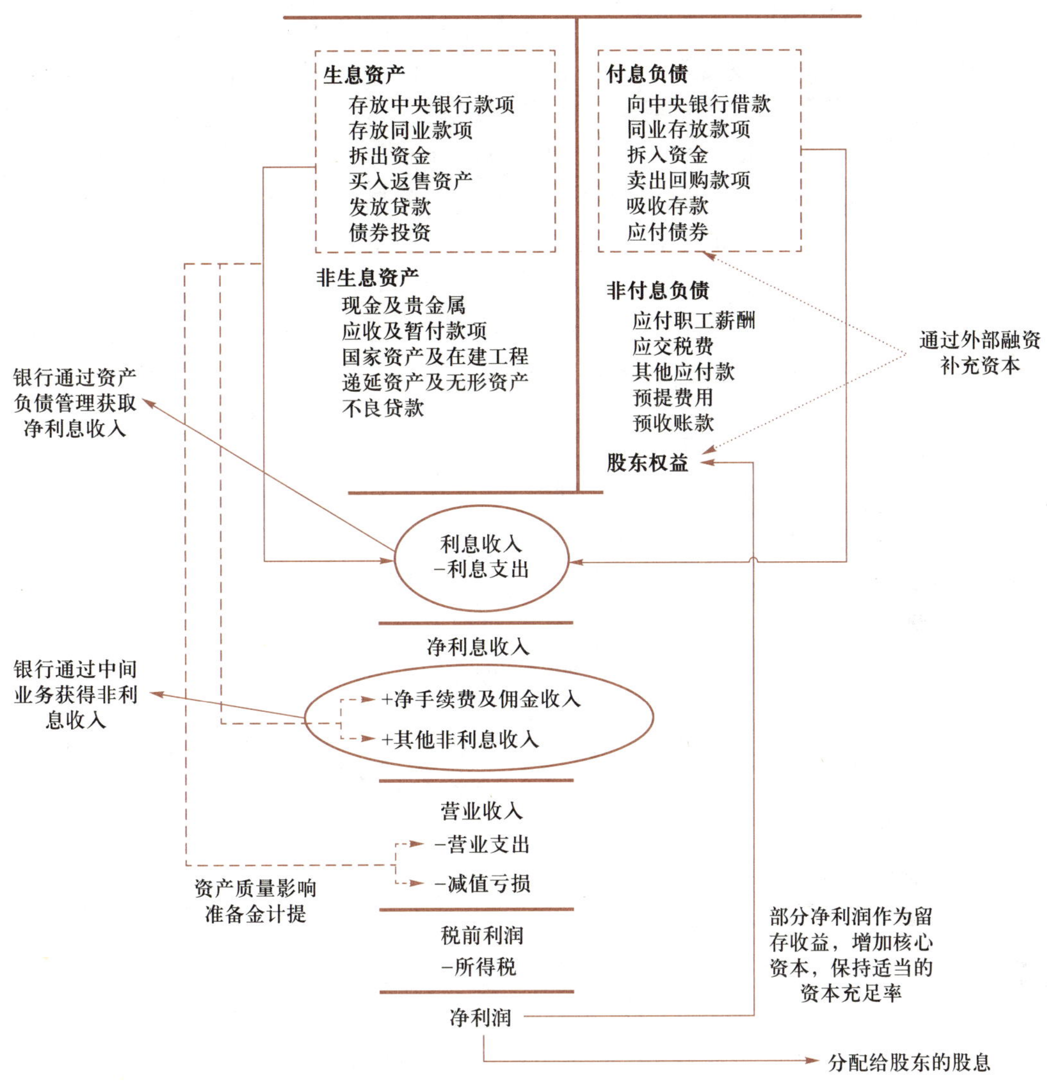

图 10–6 商业银行盈利模式流程图

非生息资产是指不能够为银行带来利息收入的占用性资产，主要包括现金及贵金属、应收及暂付款项、固定资产及在建工程、递延资产及无形资产、不良贷款等。

非付息负债是指自其形成起银行就不需要支付利息的负债，主要包括应付职工薪酬、应交税费、其他应付款、预提费用、预收账款等。

第二节 商业银行的资产负债表

一、商业银行的资产负债表科目

商业银行的资产负债表是反映银行在给定时间范围内的资产、负债以及净值等各项内容的报表，反映了商业银行的经营状况。从总体上看，商业银行的资产是指银行对外部单位

(包括个人、企业、政府和其他金融机构等)拥有的债权。银行拥有的债权就是他方欠银行的债务,例如银行对企业发放的贷款就是银行的债权,列在银行资产负债表的资产项下。商业银行的负债则是银行背负的债务,或者说他方对银行拥有的债权,例如客户在银行的存款就是银行的负债。对于商业银行来说,总资产并不恒等于总负债。正常情况下,总资产一般要大于总负债,这样总资产减去总负债的余额才是正数,这个余额叫作净值项或者资本项,也就是银行的股东权益总额,即:

$$总资产-总负债=净值 \tag{10-3}$$

银行的净值项即资本项(或称股东权益),一般列在资产负债表的负债项下方,这样总负债加上净值就恒等于总资产。注意,股东权益并不是银行的负债,但是它却是商业银行运营的资金来源渠道之一。如果银行总负债大于总资产,则说明净值是负的,此时银行就处于资不抵债(总资产小于总负债)的境地。

总之,商业银行的资产负债表一般会列出资产、负债和股东权益三大项。作为示例,表10-4给出了中国工商银行2020年6月30日的合并资产负债表。为了便于读者了解商业银行资产负债表中各项目的详细内容,我们在本章附录中对表10-4中列示的资产、负债和股东权益科目下的内容进行了详细解释。

表10-4 中国工商银行资产负债表

(2020年6月30日) 单位:亿元

资产	金额	负债	金额
现金及存放中央银行款项	34 722	向中央银行借款	309
存放同业及其他金融机构款项	5 849	同业及其他金融机构存放款项	23 483
贵金属	2 824	拆入资金	5 395
拆出资金	7 718	以公允价值计量且其变动计入当期损益的金融负债	1 088
衍生金融资产	311	衍生金融负债	552
买入返售款项	11 790	卖出回购款项	636
客户贷款及垫款	166 088	存款证(CD)	2 881
金融资产投资	77 895	客户存款	241 765
长期股权投资	1 699	应付职工薪酬	267
固定资产	995	应交税费	685
在建工程	238	已发行债务证券	5 921
递延所得税资产	626	递延所得税负债	—
其他资产	2 320	其他负债	3 976
		负债合计	286 956

续表

		股东权益	金额
		股本	3 564
		其他权益工具	1 995
		资本公积	1 533
		其他综合收益	–850
		盈余公积	2 874
		一般准备	2 960
		未分配利润	13 200
		归属于母公司股东的权益	26 117
		少数股东权益	—
		股东权益合计	26 117
资产合计	313 074	负债及股东权益总计	313 074

资料来源：中国工商银行网站。

二、商业银行资产负债表的变动

商业银行资产负债表反映了商业银行的运营信息。下面介绍当出现客户存款、发放贷款等业务时，商业银行的资产负债表如何变化。首先，假定张大明在A银行开立了一个活期存款账户，存入100万元现金。大明的存款显然是银行的负债，所以银行负债项下的活期储蓄存款增加100万元，与此同时，银行资产项下的库存现金也增加100万元，资产负债表保持平衡。根据T式会计记账法，可以记为如表10–5所示的形式。

表 10–5 A银行遇客户存入现金后的资产负债表

资产		负债	
库存现金	+100 万元	活期储蓄存款	+100 万元

当然，在现实生活中，张大明的100万元存款很可能不是以现金形式存入A银行，而是从其他银行（例如中国建设银行）转入A银行的。在这种情形下，实际上是中国建设银行向中国人民银行发出转账指令，将其在中国人民银行设立的准备金账户中的100万元资金转账到A银行在中国人民银行的准备金账户中。此时，A银行的资产项下记账可以写成如表10–6所示的形式。

表 10–6 A银行遇客户从他行转入存款后的资产负债表

资产		负债	
准备金	+100 万元	活期储蓄存款	+100 万元

这个例子中，A 银行的存款准备金增加 100 万元。我们曾经介绍过，中央银行一般会对商业银行有一个法定存款准备金率的要求，即商业银行对于存款有义务保留作为准备金部分的一个最低比例。为了便于分析，假定法定存款准备金率是 20%，当前 A 银行的准备金总额是 100 万元，那么 A 银行需要保留 100 万元的 20% 作为法定存款准备金，即 20 万元。如果 A 银行尚未用余下的 80 万元开展任何其他业务，那么这 80 万元就是超额存款准备金。在这一刻，A 银行的资产负债表可以重新写成如表 10–7 所示的形式。

表 10–7　A 银行保留 100 万元存款准备金后的资产负债表

资产		负债	
法定存款准备	+20 万元	活期储蓄存款	+100 万元
超额存款准备	+80 万元		

第二天，A 银行恰好要利用超额存款准备给企业发放贷款，假定 80 万元超额准备金全部放贷出去，那么此时 A 银行资产负债表变化为表 10–8。

表 10–8　A 银行发放 80 万元贷款后的资产负债表

资产		负债	
法定存款准备	+20 万元	活期储蓄存款	+100 万元
贷款	+80 万元		

不难看出，A 银行在获得一笔活期存款之后，可以发放一笔固定期限的贷款。因为贷款的利率一般高于存款的利率，所以此时商业银行有利可图。在现实中，也许不是一笔活期，而是多笔活期存款，一共额度是 100 万元，银行仍然可以完成上述业务。这种情况经常被称为银行的“借短贷长”行为，有时会出现比较严重的期限错配问题。

事实上，商业银行的贷款发放并不是每时每刻都受到存款的约束，或者说商业银行在没有足够存款的情况下也可以发放贷款。还接着上面的例子，A 银行是否可以再发放 100 万元贷款呢？如果可以发放，我们看发放贷款以后资产负债表如何实现平衡。如果再发放 100 万元贷款，A 银行的资产项下贷款增加 100 万元，与此同时，只要贷款客户不马上取走这笔资金，或者说这个客户在 A 银行有存款账户，并且先把从银行获得的这笔 100 万元贷款存在其银行账户上（以便后续转账汇款等），那么，在该客户转账或者提取现金之前，A 银行的资产负债表实现如表 10–9 所示的平衡。

表 10–9　A 银行再次发放 100 万元贷款后的资产负债表

资产		负债	
法定存款准备	+20 万元	活期储蓄存款	+100 万元
贷款	+80 万元		+100 万元
	+100 万元		

当然，我们可能也会发现一个问题：此时活期存款一共 200 万元，而准备金没有变化还是 20 万元，按照监管要求，A 银行的法定存款准备金额度不足！不过，这个问题在现实中可

以很快得到解决：一方面，银行会有源源不断的存款客户存入资金；另一方面，即使没有接续的存款，商业银行也可以通过同业拆借等形式，在增加负债项的同时增加资产项下的存款准备金，从而达到监管部门对法定准备金的要求标准。所以，从动态角度考虑，商业银行在单个时点上确实不需要存款也可以发放贷款。

第三节　商业银行的经营与管理

商业银行作为金融性企业，必然需要努力赚取利润，所以需要进行针对性的经营与管理。商业银行经营与管理的目标是在稳健盈利的同时保证银行不会出现资不抵债的情况。因此，商业银行的经营与管理原则可以归纳为三个关键词，即盈利性、流动性和安全性（风险性）。其中，盈利性反映盈利能力，流动性反映到期偿付债务的能力，安全性反映防范风险的能力。这三个原则具有同等重要的地位，不能顾此失彼。

为了实现稳健盈利，商业银行需要遵循经营管理的“三性”原则对四个方面进行有效管理，即资产管理、负债管理、流动性管理和资本管理。如图 10–7 所示，资产管理和负债管理主要为了实现盈利目标，流动性管理主要为了确保银行具有充沛的流动性，资本管理则主要为了实现商业银行经营的安全性。当然，资产和负债管理也会影响到商业银行的流动性和安全性，同样，流动性管理和资本管理对于商业银行的盈利性也会有交叉影响，毕竟盈利性、流动性和安全性之间本来就存在此消彼长的关系。

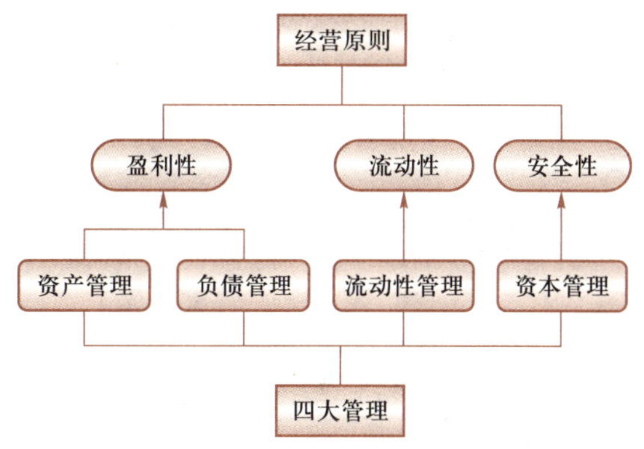

图 10–7　商业银行经营原则与四个方面的管理

一、流动性管理

（一）商业银行为什么需要流动性

商业银行的流动性是指银行到期偿付债务的能力，例如应对现金支取、支票结算、债券到期偿付等的能力。银行需要保证持有足够的流动性资产（例如现金）以确保能够满足到期债务的清偿。

商业银行保持流动性非常重要。如果没有足够的库存现金等流动性资产，商业银行就可能无法应对客户取款等债务兑现问题，那么银行就无法正常运营，甚至导致银行挤兑（bank run）问题。银行挤兑是指大量银行客户同时到银行提取现金的现象。银行挤兑往往是由极端负面信息导致储户对存放在银行内的资金安全有疑虑等造成的。当出现银行挤兑时，若银行准备金不足以应对，则有可能使银行陷入流动性危机，甚至破产倒闭。

反过来，如果银行总是保留大量库存现金或者其他流动性资产，那么又可能缩减银行的盈利。我们下面通过客户从银行取走存款后，商业银行的资产负债表变化以及商业银行可以采取的应对措施来说明银行如何进行流动性管理。为方便说明，假定所有例子中各类存款的法定存款准备金率都是 20%。

拓展阅读 10-4

什么是流动性?

金融中的流动性一词有多种相近但又不完全相同的含义。例如,流动性资产从狭义角度可以理解为现金资产,或者能够立即变现的资产,此时可以把流动性理解为现金或者货币。但是这一货币角度的定义只是从存款端来看,而贷款端同样可以涉及资金或者说流动性的出入。同时,很多票据虽然不是现金也不是货币,但可以很快变为现金或者存款货币,这些票据也属于流动性资产,此处的流动性则是指货币或者类似货币的金融产品。流动性还可以理解为资产变现速度,即非货币资产转变为现金或者存款货币的速度。当然,在商业银行流动性管理中,流动性主要是指流动性资产,例如库存现金等资产。

假设 2022 年 1 月 1 日 A 银行的资产负债表如表 10-10 所示,其中负债项下的活期存款为 100 万元,对应资产项下的存款准备金恰好满足 20% 的法定存款准备金率要求,资产项下还有贷款 80 万元和证券投资 20 万元。

表 10-10 A 银行期初资产负债表

资产		负债	
法定存款准备	+20 万元	活期储蓄存款	+100 万元
贷款	+80 万元	银行资本	+20 万元
证券	+20 万元		
总资产	+120 万元	总负债与银行资本	+120 万元

此时,假定客户取走 20 万元存款,A 银行的负债项下活期存款减少 20 万元,相应的存款准备也减少了 20 万元,资产负债表变化为如表 10-11 所示。

表 10-11 A 银行遇客户取款后的资产负债表

资产		负债	
法定存款准备	+0 万元	活期储蓄存款	+80 万元
贷款	+80 万元	银行资本	+20 万元
证券	+20 万元		
总资产	+100 万元	总负债与银行资本	+100 万元

此时 A 银行的实际存款准备为 0,而按照法定存款准备金率的要求,A 银行需要保持法定存款准备金 $80 \times 20\%=16$(万元)。如果此时再有客户要求取款,A 银行没有流动性可以使用。所以,A 银行必须对其流动性进行管理,采取措施增加准备金。

(二)商业银行流动性管理措施

接续上文介绍的例子,A 银行出现准备金不足的问题,此时可以选择什么措施来应对呢?事实上,银行至少有五种措施来筹措流动性以增补准备金。下面分别介绍。

第一种措施是向其他银行借款，即同业拆借。如果A银行从其他银行借入20万元，那么资产项下的存款准备相应增加20万元，因为法定存款准备是16万元（同业存款不计入存款准备缴存基数），所以超额存款准备有4万元。当然，A银行需要为额外拆借的20万元资金支付利息。此时A银行的资产负债表如表10–12所示。

表10-12 A银行通过同业拆借获得准备金后的资产负债表

资产		负债	
法定存款准备	+16万元	活期储蓄存款	+80万元
超额存款准备	+4万元	银行资本	+20万元
贷款	+80万元	同业存款	+20万元
证券	+20万元		
总资产	+120万元	总负债与银行资本	+120万元

第二种措施是争取客户存款。例如，银行的客户经理可以打电话给老客户，以给予某些奖励的方式鼓励或者说服客户存进款项。作为回馈，银行可以对新增存款支付一定的优惠利率，或者以赠品或奖品形式回馈客户。不管怎样，这种情况下需要客户存进的额度应该高于16万元，因为新增存款的额度也要按照20%提取存款准备。假设新增客户定期储蓄存款20万元，此时负债项下总存款为80+20=100（万元），对应法定存款准备额恰好也是20万元，资产负债表如表10–13所示。可以设想一下，如果客户存款额度不是20万元而是16万元，这时负债项下的存款总额是96万元，对应存款准备需要96×20%=19.2（万元），但是此时资产项下的法定存款准备只能增加16万元，所以如果客户仅新增存款16万元，银行仍然没能够满足法定存款准备金率的要求。

表10-13 A银行通过新增客户存款获得准备金后的资产负债表

资产		负债	
法定存款准备	+20万元	活期储蓄存款	+80万元
贷款	+80万元	银行资本	+20万元
证券	+20万元	定期储蓄存款	+20万元
总资产	+120万元	总负债与银行资本	+120万元

第三种措施是卖出有价证券，此时资产项下的证券额度减少，而卖出证券获得的资金使得准备金增加。具体来说，A银行可以选择至少卖出价值16万元的证券（还剩余4万元），此时A银行的资产负债表变为表10–14。

表10-14 A银行通过卖出证券获得准备金后的资产负债表

资产		负债	
法定存款准备	+16万元	活期储蓄存款	+80万元
贷款	+80万元	银行资本	+20万元
证券	+4万元		
总资产	+100万元	总负债与银行资本	+100万元

如果卖出全部证券,那么资产项下多出 4 万元的超额准备金,负债项下内容不变。我们看到,卖出证券的行为只改变 A 银行资产负债表的资产结构,而对负债端没有影响。卖出证券的行为是否会带来损失需要看成交的具体价格等情况。

第四种措施仍然是考虑银行资产端的结构变化,即回收贷款。例如,A 银行回收 16 万元贷款,这样回收的资金就可以补充准备金。此时 A 银行资产负债表变为表 10-15。

表 10-15　A 银行通过回收贷款获得准备金后的资产负债表

资产		负债	
法定存款准备	+16 万元	活期储蓄存款	+80 万元
贷款	+64 万元	银行资本	+20 万元
证券	+20 万元		
总资产	+100 万元	总负债与银行资本	+100 万元

尽管回收贷款可以补充银行的准备金,但是这一做法不仅可能带来贷款利息的损失,而且可能失去贷款客户。因为很多贷款项目到期之后,相应客户还希望续约贷款,如果客户没有任何资质或者信用上的变化,而 A 银行在没有理由的情况下不再给老客户续贷,这些客户很可能以后就会变成其他银行的客户。失去客户对于 A 银行来说代价还是非常大的。

第五种措施是直接向中央银行借款,通过贴现贷款或者各种再贷款方式从中央银行借入款项并支付相应利息。假设 A 银行向中央银行借入 16 万元,则其资产负债表变为表 10-16。

表 10-16　A 银行向中央银行借款获得准备金后的资产负债表

资产		负债	
法定存款准备	+16 万元	活期储蓄存款	+80 万元
贷款	+80 万元	向中央银行借款	+16 万元
证券	+20 万元	银行资本	+20 万元
总资产	+116 万元	总负债与银行资本	+116 万元

以上简要举例介绍了商业银行如何进行流动性管理。从中可以看到,尽管商业银行需要充分运用资金获取利润,但是必须保持合理的法定存款准备金和超额存款准备金,以备有充沛的流动性来应对客户取款等业务。事实上,可以把超额准备看成商业银行为应对存款流失可能带来的损失而支付的保险费。不同的银行可以通过评估存款流失的可能性来决定到底保留多少超额存款准备金。

(三) 商业银行流动性指标

银行流动性如何,可以通过一些流动性指标来度量。例如,银行贷款占总资产比率和证券资产占总资产比率。贷款占比越低,同时证券占比越高,则说明银行流动性越好,因为证券的市场流动性高于贷款。再如,现金资产占总资产比率,这个指标越高说明银行流动性越好。

对于商业银行来说,流动性与风险性、流动性与盈利性都存在此消彼长的关系。特别是在负债情况类似的背景下,流动性越高风险性越低,同时流动性越高盈利性则越低。为了说明问题,我们观察表 10–17 和表 10–18 所示的两个银行的资产负债表,二者的负债端完全相同,资产端即资金运用端却表现出完全不同的运营风格。

对于激进银行来说,只保留最低的法定存款准备金额度 20 万元,拥有高贷款占比 80/120 和低证券占比 20/120;保守银行则既保留 20 万元的法定存款准备金又保留 20 万元的超额存款准备金,同时贷款占比只有激进银行的一半,而证券占比则是激进银行的 2 倍。不难看出,激进银行的流动性很低,而保守银行的流动性很高。可是,由于保守银行的贷款占比相对较低(贷款利率一般高于准备金利率,也高于证券回报率),所以在正常时期其盈利大概率会低于激进银行。

与此同时,如果两家银行同时遭遇大规模客户取款,激进银行很可能陷入流动性困境,这一问题甚至可能进一步演化为资不抵债的大问题;保守银行因为拥有充沛的超额存款准备金和随时可以变现的证券资产,在遇到这种问题时就会应对自如,但是它的代价则是盈利性比较低。现实中的银行经营与管理一般不会采取例子中激进和保守银行的极端做法,而是有所折中。

表 10–17 激进银行资产负债表

资产		负债	
存款准备	+20 万元	活期储蓄存款	+100 万元
贷款	+80 万元	银行资本	+20 万元
证券	+20 万元		
总资产	+120 万元	总负债与银行资本	+120 万元

表 10–18 保守银行资产负债表

资产		负债	
法定存款准备	+20 万元	活期储蓄存款	+100 万元
超额存款准备	+20 万元	银行资本	+20 万元
贷款	+40 万元		
证券	+40 万元		
总资产	+120 万元	总负债与银行资本	+120 万元

二、资产管理

商业银行的资产管理遵循盈利性、安全性和流动性三个原则。银行资产项下占比最高而且最重要的是贷款,因此商业银行首先要通过各种渠道和方法来寻找优质的贷款客户,所谓优质就是既能支付利息又不太可能出现违约。当银行向客户发放贷款以后,需要通过动态追踪借款人的还款能力和还款情况来判断贷款的风险程度。

商业银行一般实行贷款五级分类制度,即在动态监测的基础上,通过对借款人现金流量、财务实力、抵押品价值等因素的连续监测和分析,判断贷款的实际损失程度,然后将商业贷款划分为正常、关注、次级、可疑、损失五类。其中后三类统称为不良贷款。

在对贷款质量进行分类的同时，商业银行还需要考虑贷款发放主体的分散性问题，包括行业分散性和借款人的分散性。如果借款人集中于某些行业，例如一家银行多数借款人都是房地产开发商或者煤炭销售商，一旦这些行业出现大的起落，银行的贷款风险就会集聚。同样，如果一家银行 50% 的贷款发放给了一家企业，那么银行的贷款风险也过于集中。所以，监管当局一般对商业银行的授信集中度有要求，例如对单一客户授信集中度不应高于 15%，这一指标根据最大一家集团客户授信总额与银行资本净额之比来计算。

注意，授信的内容要比贷款宽泛，是指商业银行向非金融机构客户直接提供的资金，或者对客户在有关经济活动中可能产生的赔偿、支付责任做出的保证，包括贷款、贸易融资、票据融资、融资租赁、透支、各项垫款等表内业务，以及票据承兑、开出信用证（保函、备用信用证）、信用证保兑、债券发行担保、借款担保、有追索权的资产销售、未使用的不可撤销的贷款承诺等表外业务。

除贷款之外，商业银行的资产项下还包括证券投资科目，所以资产管理也涉及证券投资的管理。为了分散风险，银行的证券投资要遵循多样化原则。另外，商业银行的资产管理还需要考虑不同资产配置对应的资产流动性情况，以使在任何情况下，银行都能满足存款准备金率的要求。关于这一点，我们在之前的商业银行流动性管理内容中已经作了详细阐释，这里不再赘述。

三、负债管理

提起商业银行的负债，我们首先想到的是存款。以我国传统四大国有商业银行（中国银行、中国农业银行、中国工商银行、中国建设银行）为例，2022 年各项存款占总负债 80% 以上。由于存款的主动行为方是存款客户，银行扮演被动接受角色，所以对于负债管理，银行能做的工作似乎很少。确实，如果是在利率管制同时银行间市场也不发达的情况下，商业银行争夺存款的竞争程度可能不会很强，银行间业务也不是很多，银行存款管理的工作空间也就不大。但是，随着我国利率市场化和银行间市场快速发展，再加上衍生金融工具和回购协议产品的发展，我国商业银行的负债管理对盈利性的影响表现得越来越明显。

我们先来看一个负债管理的例子。假设某信用很好的大型央企 B 公司向 A 银行寻求 1 000 万元的贷款，假定当前 A 银行的资产负债表如表 10-19 所示。

表 10-19　A 银行期初资产负债表

资产		负债	
法定存款准备	+200 万元	储蓄存款	+1 000 万元
贷款	+800 万元	银行资本	+200 万元
证券	+200 万元		
总资产	+1 200 万元	总负债与银行资本	+1 200 万元

此时，如果 A 银行要给 B 公司发放贷款，那么其资产端将增加贷款 1 000 万元，负债端需要相应增加 1 000 万元。也就是说，A 银行现在可以给 B 公司发放贷款，此时资产增加 1 000 万元贷款，同时在 B 公司转账支取之前负债端的存款也增加 1 000 万元，如表 10-20 所示。

表 10-20　A 银行给 B 公司发放贷款后的资产负债表

资产		负债	
法定存款准备	+200 万元	储蓄存款	+1 000 万元
贷款	+800 万元	活期存款	+1 000 万元
贷款	+1 000 万元	银行资本	+200 万元
证券	+200 万元		
总资产	+2 200 万元	总负债与银行资本	+2 200 万元

但是，在放贷之后的一定时间内，A 银行必须找到相应的资产端业务，使得 B 公司从 A 银行支取 1 000 万元活期存款（负债端减少 1 000 万元活期存款）之后，A 银行的资产负债表仍然能够保持平衡，即总资产是 2 200 万元的同时总负债也保持 2 200 万元。显然，如果 A 银行拥有优秀的负债管理能力，就可以承接这个不错的贷款项目并获得盈利；相反，如果 A 银行没有办法获得负债端等额的负债业务，则只能放弃这笔贷款业务。

事实上，负债管理的理念在 20 世纪 60 年代之后发生了微妙的变化，主要是美国当时推行的利率市场化使得银行间竞争加剧，美国的商业银行要想尽办法在资产端寻找好的贷款项目，同时需要在负债端找到资金来支撑贷款项目。随着银行间市场的发展和金融产品（例如可转让存单）不断丰富，在今天，商业银行可以通过多种渠道获得资金。

回顾商业银行资产负债表可以看到，如果商业银行遇到好的贷款项目，除了传统的存款资金之外，可以通过负债端多种途径找到资金来源。在上面的例子中，A 银行还可以通过同业拆借获得 1 000 万元资金来支撑 B 公司的贷款项目，此时其负债端增加同业存放 1 000 万元；A 银行还可以通过发行可转让存单获得 1 000 万元资金，此时其负债端增加“发行存款凭证”1 000 万元。

不管通过以上哪种途径，负债管理都可以为银行的盈利性提供重要支撑。当然，负债管理如果做得过于激进，也可能给银行带来风险甚至损失，特别是期限错配的风险。所谓期限错配，即银行发放贷款的期限与负债端资金来源的期限不匹配。银行放贷的项目可能是长期的，而银行通过负债管理获得的资金可能是短期的；短期负债如果在期限上无法接续，就会造成银行的流动性困境甚至更严重的结果。

商业银行的负债管理也会给中央银行的货币政策调控带来挑战。例如，中央银行在经济增长过快时可能实行紧缩货币政策以限制企业过快扩张，但是如果商业银行仍然热衷于负债管理来支撑贷款发放，就可能减弱甚至抵消中央银行的紧缩政策效果。因此，中央银行需要通过较为严格的存款准备要求来应对商业银行的这些行为。

四、资本管理

商业银行的资本管理确切地说是资本充足性管理。商业银行的贷款减值需要足够的资本来吸收（贷款减值指银行贷款资产发生损失而相应减记），从而避免银行出现资不抵债的困境。资本充足率是总资本与总资产的比率。商业银行需要保持合适的资本充足率以应对各种风险，例如，贷款违约风险、利率风险（利率变动带来证券投资的波动）、流动性风险、外汇风险、管理风险、政治风险和国家风险等。监管当局对商业银行资本充足率也有一定的要求(例如《巴塞尔协议》要求最低资本充足率 8%)。与此同时,资本存量过高又会影响银行的资本回报率。所以,商业银行必须考虑如何管理资本充足性的问题。

在其他条件保持不变的情况下,资本充足率越高,则银行抵御风险的能力越高,出现资不抵债的概率越低。我们通过对比两家资产结构相同但资本充足率不同的银行在出现不良贷款减值后的不同境况来进行说明。具体资产负债表如表 10–21 和表 10–22 所示,AAA 银行的资本充足率是 15%,BBB 银行的资本充足率是 10%。

表 10–21 AAA 银行期初资产负债表

资产		负债	
存款准备	+18 万元	活期储蓄存款	+85 万元
贷款	+82 万元	银行资本	+15 万元
总资产	+100 万元	总负债与银行资本	+100 万元

表 10–22 BBB 银行期初资产负债表

资产		负债	
存款准备	+18 万元	活期储蓄存款	+90 万元
贷款	+82 万元	银行资本	+10 万元
总资产	+100 万元	总负债与银行资本	+100 万元

假设 AAA 和 BBB 两家银行都因为房地产贷款出现违约而损失价值 11 万元的贷款,这样银行资产都下降 11 万元,即资产变成 100–11=89(万元)。根据定义,银行资本=资产–负债(本例中负债即活期储蓄存款),AAA 银行此时银行资本变为 89–85=4(万元),而 BBB 银行则是 89–90=–1(万元)。此时,BBB 银行处于资不抵债的境况。二者的资产负债表如表 10–23 和表 10–24 所示。

表 10–23 AAA 银行贷款减值后的资产负债表

资产		负债	
存款准备	+18 万元	活期储蓄存款	+85 万元
贷款	+71 万元	银行资本	+4 万元
总资产	+89 万元	总负债与银行资本	+89 万元

表 10–24 BBB 银行贷款减值后的资产负债表

资产		负债	
存款准备	+18 万元	活期储蓄存款	+90 万元
贷款	+71 万元	银行资本	–1 万元
总资产	+89 万元	总负债与银行资本	+89 万元

当然,如果商业银行保持太高的资本充足率,也会带来绩效方面的损失。我们在下面第四节将会看到,银行绩效的度量指标之一是银行资本收益率(return on equity,ROE),公式可以写成:

$$资本收益率 = \frac{净收益}{总资本} = \frac{净利润}{总资产} \times \frac{总资产}{总资本} \tag{10-4}$$

式 10-2 右侧是两项乘积，第一项是资产收益率（return on assets，ROA），第二项是权益乘数（equity multiplier，EM）。由此，上述公式可以简写为：

$$ROE = ROA \times EM \tag{10-5}$$

也就是说，对于给定总资产规模，总资本越低权益乘数越大，则对于同样的 *ROA* 水平，*EM* 值越大意味着 *ROE* 越高。所以，在其他条件相同的情况下，资本低的银行 *ROE* 高。可见，银行的资本高低既与安全性相关，又会影响资本收益率。商业银行需要在安全性和绩效两方面进行权衡取舍，保持一个适当的资本充足率。

拓展阅读 10-5

2023 年美国硅谷银行的破产

2023 年 3 月 10 日，美国资产规模排名第 16 位的硅谷银行（Silicon Valley Bank，SVB）因资不抵债而宣布破产倒闭。SVB 破产的直接导火索是该银行宣布的一系列筹集资本金的异常举动，令投资者担心这家银行面临资本金严重不足。事实上，从资本充足率来看，SVB 2022 年年底的资本充足率依然高于监管要求。但是，由于 2022 年其存款不断大量流出，SVB 不得不通过出售国债等长久期资产来应对流动性问题，最终导致资不抵债而破产。

从其 2022 年的资产负债表来看，SVB 资产端持有的国债和住房抵押贷款支持证券（MBS）等长久期证券超过 1 000 亿美元，占总资产规模的 50% 以上。但是，SVB 持有的流动性资产（即现金和现金等价物，包括准备金、回购协议、短债等）只有 130 亿美元左右，占比不到 7%。这样的资产结构在面临美联储不断加息的背景下存在着较大的市场风险，为其最后的破产埋下了伏笔

注意，SVB 的国债等资产购买集中在 2020—2021 年低利率时期，而 2022 年美联储开始不断加息。由于利率上升时居民一般不愿意提前还贷款，因此 MBS 的久期会拉长，导致银行难以应对负债端持续资金流出。同时，因为 SVB 是在国债等证券资产的价格高点买入的(低利率环境下的债券价格更高)，如果在利率升高之后出售则市场价格相对较低。也就是说，2023 年初出售这些资产必然会给 SVB 带来现实损失。

可以看出，SVB 无论在银行的流动性管理还是在资本管理层面，都存在明显的问题，才最终导致银行破产倒闭。

第四节 商业银行的绩效与竞争力

一、商业银行的绩效

要判断商业银行的绩效（performance）如何，单看净利润还无法获得准确信息，毕竟银

行资产规模大小在净利润指标中没有完全反映。因此，一般使用净利润与总资产的比值，即资产收益率（ROA）来作为商业银行的绩效指标之一，也即：

$$ROA=\frac{净利润}{总资产} \tag{10-6}$$

对于股东来说，他们则更关注净利润占总股东权益（总资本）的比值，即资本收益率（ROE），其基本定义可以写成：

$$ROE=\frac{净利润}{总资本} \tag{10-7}$$

另外一个常用指标是净利息收益率（net interest margin：NIM），即净利息收入（利息收入减去利息支出）与总资产的比值，用公式写成如下形式：

$$NIM=\frac{净利息收入}{总资产} \tag{10-8}$$

净利息收益率也经常被称为净息差，不过净息差的表述可能容易与净利差（net interest spread，NIS）的概念相混淆。净利差是利息收入与利息支出的差值（净利息收入），可以写成：

$$NIS=利息收入-利息支出 \tag{10-9}$$

而净息差是个比率概念，注意不要和净利差概念相混淆。事实上，作为金融中介，商业银行的主要职能是管理负债进而购买或者说投资于能够盈利的资产。因此，商业银行资产负债管理工作的绩效如何，关键看是否能够获得高资产收入、负担低负债成本从而获得高盈利。而净息差反映的正是资产收入与负债成本的差占总资产的比率情况。

作为例示，表 10-25 给出了中国银行和中国工商银行自 2004 年至 2021 年期间三个绩效指标的历年情况。从表中可以看到，自 2004 年开始，两家银行的绩效指标都逐渐上升，在 2012—2013 年则开始下降。不过，两家银行进行对比的时候，不同绩效指标的高低有一定差别。例如，2006 年中国银行的 *ROA* 高于中国工商银行，但是中国工商银行的 *ROE* 和 *NIM* 都高于中国银行。

表 10-25 中国银行和中国工商银行历年绩效比较 单位：%

年份	中国银行			中国工商银行		
	ROA	*ROE*	*NIM*	*ROA*	*ROE*	*NIM*
2004	0.612	9.70	2.03	0.646	—	2.50
2005	0.723	12.00	2.15	0.657	—	2.48
2006	0.937	12.46	2.32	0.707	15.01	2.53
2007	1.096	13.77	2.44	1.013	15.92	2.39
2008	1.005	14.64	2.76	1.205	19.33	2.80
2009	1.087	16.12	2.63	1.201	20.00	2.95
2010	1.142	18.68	2.04	1.315	22.68	2.26

续表

年份	中国银行			中国工商银行		
	ROA	*ROE*	*NIM*	*ROA*	*ROE*	*NIM*
2011	1.169	18.10	2.07	1.441	23.32	2.44
2012	1.189	17.99	2.12	1.446	22.93	2.61
2013	1.233	17.91	2.15	1.443	21.83	2.66
2014	1.217	17.15	2.24	1.398	19.86	2.57
2015	1.119	14.43	2.25	1.297	16.93	2.66
2016	1.053	10.92	2.12	1.204	15.11	2.47
2017	0.984	12.07	1.83	1.145	14.24	2.16
2018	0.905	11.17	1.90	1.119	13.17	2.30
2019	0.887	10.19	1.84	1.066	11.98	2.24
2020	0.870	10.61	1.85	1.000	11.95	2.15
2021	0.895	11.28	1.75	1.020	12.15	2.11

资料来源：Wind，经作者计算。

二、商业银行竞争力

（一）腕骨体系

不同国家对商业银行竞争力的评价体系有所不同。中国的银行竞争力评价方法经历了两个阶段的发展。从 2001 年至 2010 年，我国采用的是股份制商业银行风险评级系统，具体内容包括资本充足状况、资产质量状况、管理状况、盈利状况、流动性状况和市场风险状况这些指标。2010 年之后，中国金融管理部门探索并设立了腕骨（CARPALS）体系，可以用来评估商业银行的综合竞争力。腕骨体系包含了银行竞争力的七个方面，共 13 项指标。七个方面分别是资本充足性（capital adequacy）、资产质量（asset quality）、风险集中度（risk concentration）、拨备覆盖（provisioning coverage）、附属机构（affiliated institution）、流动性（liquidity）和案件防控（swindle prevention control）。这七项指标的英文首字母组合在一起构成英文单词 CARPALS，即"腕骨"。

腕骨体系的内容概括在图 10-8 中。其囊括的 13 项具体监管指标包括：资本充足率、杠杆率、不良贷款率、不良贷款偏离度、单一客户集中度、不良贷款拨备覆盖率、贷款拨备比率（拨贷比）、附属机构资本回报率、母行负债依存度、流动性覆盖率、净稳定融资比率、存贷比和案件风险率。在这 13 个指标中，备受关注的四大创新监管工具也在列，即资本充足率、杠杆率、拨备率和流动性，这体现出腕骨体系对于金融危机防控的重视。

在最低资本充足率的要求方面，腕骨体系的最低资本要求为 8%，留存超额资本 2.5%，反周期超额资本暂定为 0，系统重要性银行附加资本为 1%，四者相加为 11%，从而留有 3% 的上下浮动空间。拨贷比则要求达到 2.5%。相比较而言，腕骨体系在对银行竞争力进行评级的基础上于量化方面的要求更为细致，对各个指标都有硬性的达标要求，其监管意味更强。

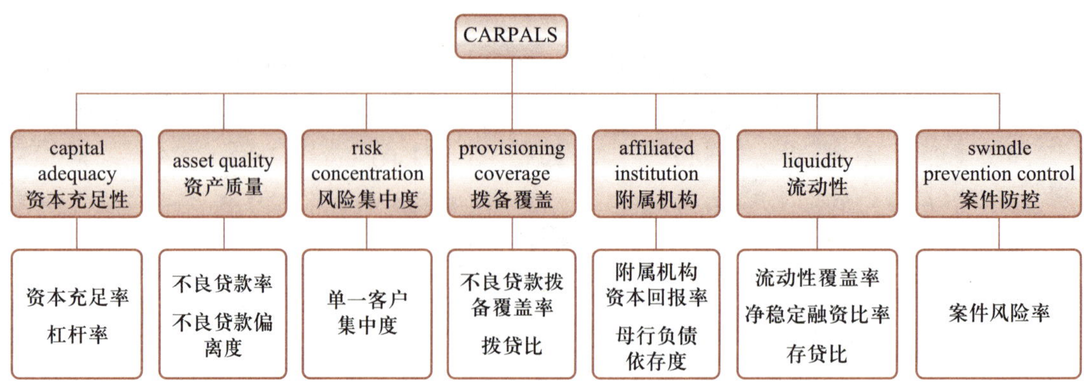

图 10–8 CARPALS 体系

(二) 骆驼体系

美国的银行竞争力评价方法使用所谓的"骆驼"(CAMELS)体系。该体系对商业银行的盈利性、流动性和安全性进行了全方位的综合考量,涵盖了银行竞争力的六个方面,取其英文首字母组合在一起简称 CAMELS。这六方面包括资本充足率(capital adequacy ratio)、资产质量(asset quality)、管理能力(management)、盈利能力(earnings)、流动性(liquidity)和 1991 年加入的市场风险敏感度指标(sensitivity of market risk)。图 10–9 刻画了 CAMELS 的核心内容。

运用 CAMELS 体系进行评价的过程中,金融监管机构对以上六个方面逐一进行评分,分值为 1 到 5 五档,1 分或 2 分表示银行该项指标达标,3 分及以上则表明银行该项指标出

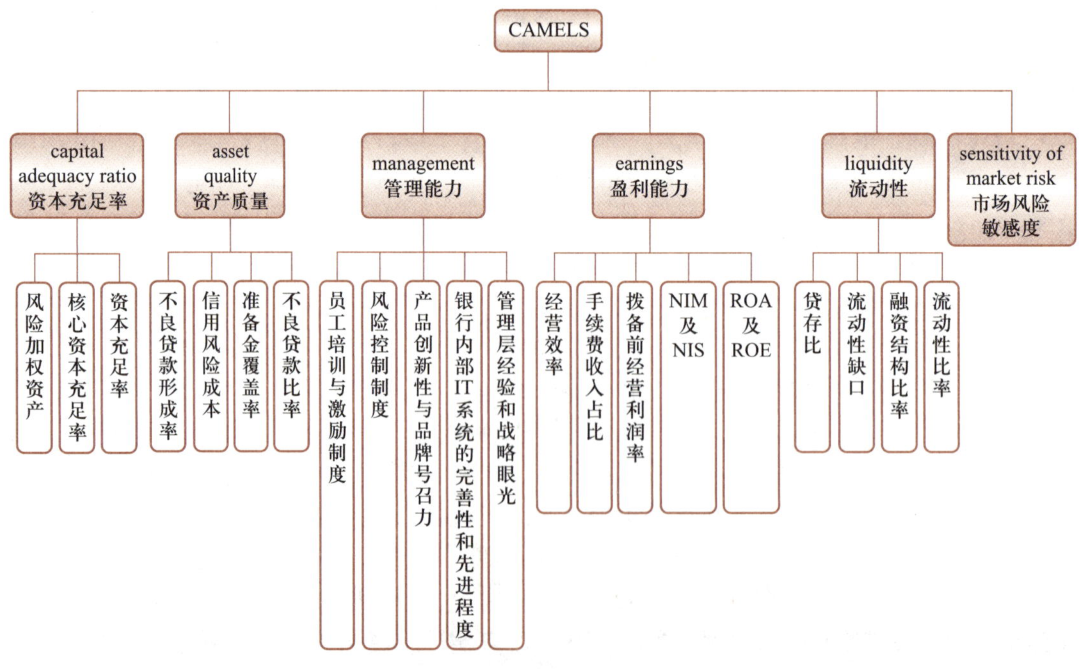

图 10–9 CAMELS 体系

现问题，需要引起相关方面的警惕。在资本充足率方面，CAMELS 体系要求资本充足率一项达到 6.5%~7%，同时考察的还有核心资本充足率和风险加权资产；在资产质量方面，要求不良贷款比率低于 15%，并考察准备金覆盖率、信用风险成本和不良贷款形成率；在管理能力方面，综合考察管理层经验和战略眼光，银行内部 IT 系统的完善性和先进程度，产品创新性与品牌号召力，风险控制制度，以及员工培训与激励制度；在盈利能力方面，考察 ROA、ROE、NIM 及 NIS 是否达标，拨备前经营利润率，手续费收入占比和经营效率；流动性方面考察流动性比率、融资结构比率、流动性缺口和贷存比。将各项评级赋以权数进行加权平均，得出最终的银行竞争力评级。

（三）竞争力指标的应用举例

根据以上两个评价体系，可以对商业银行进行竞争力的分析。例如，我们可以根据 CARPALS 体系，获得商业银行的资本充足率、资产质量、风险集中度、拨备覆盖和流动性等指标，并进一步利用统计方法对各类指标进行赋权然后计算竞争力加总指标，从而考察不同银行的竞争力情况。表 10-26 给出了中国大型商业银行在 2020 年的竞争力指标情况。表中的分项指标在表 10-27 中进行了简要说明。

表 10-26 中国大型商业银行竞争力指标情况（根据 CARPALS 体系） 单位：%

竞争力指标	分项指标	中国银行	中国农业银行	中国工商银行	中国建设银行	交通银行	中国邮政储蓄银行
资本充足性	资本充足率	15.42	16.42	16	16.62	14.57	13.97
	杠杆率	7.44	7.17	7.69	7.84	6.99	5.57
资产质量	不良贷款率	1.42	1.43	1.5	1.49	1.68	0.89
	不良贷款偏离度	65.75	57.99	61.91	52.24	80.22	67.69
风险集中度	单一客户集中度	3.1	4.1	3.3	2.79	3.98	23.49
拨备覆盖	不良贷款拨备覆盖率	186.46	284.97	194.69	223.47	148.73	400.12
	拨贷比	3.13	4.08	2.92	3.34	2.5	3.54
流动性	流动性覆盖率	140.71	141.7	136.32	142.66	126.53	197.45
	净稳定融资比率	124.58	124.7	127.89	126.4	109.77	164.24
	存贷比	82.2	71.4	70.6	78.1	88.3	54.6

资料来源：根据各银行 2020 年半年度报告计算。

表 10-27 CARPALS 体系指标说明

指标	说明
资本充足率	资本总额/加权风险资产总额
杠杆率	资产负债表中总资产与权益资本的比
拨备覆盖率	银行计提贷款损失准备的金额/不良贷款
不良贷款率	金融机构不良贷款/总贷款余额

续表

不良贷款偏离度	超 90 天逾期贷款/不良贷款
单一客户集中度	最大一家集团客户授信总额/资本净额
不良贷款拨备覆盖率	贷款损失准备/不良贷款
拨贷比	贷款损失准备金计提余额/贷款总额
流动性覆盖率	优质流动性资产储备/未来 30 日的资金净流出量
净稳定融资比率	可用的稳定资金/业务所需的稳定资金
存贷比	银行贷款总额/存款总额

第五节 商业银行的监管与《巴塞尔协议》

1974 年，十国集团（G10）央行和银行监管部门共同成立巴塞尔委员会，该委员会隶属国际清算银行（BIS），致力于改善国际银行监管质效。1988 年 7 月，巴塞尔委员会在瑞士巴塞尔通过了《关于统一国际银行的资本计算和资本标准的协议》，简称《巴塞尔协议》（Basel Accords）或《资本充足协定》（Capital Accord）。该协议首次建立了一套完整的、国际通用的、以加权方式衡量表内与表外风险的资本充足率标准，有效缓解了商业银行的信用风险与不公平竞争，保障了国际银行系统平稳运行。

从制定时间来看，《巴塞尔协议》的演进可以分为三个阶段，我们简称为 BⅠ、BⅡ和 BⅢ。1988 年出台的协议内容是 BⅠ，主要将银行资本划分为核心资本与附属资本，并规定银行的资本充足率，即资本总额对其风险加权资产的比率不得低于 8%。其中，核心资本充足率不得低于 4%。BⅠ有效强化了对商业银行资本及风险的监管，也使得衍生工具市场监管有了定量标准，但仍存在一些不足：一是未涵盖信用风险以外的其他风险；二是信用风险权数的级距区分比较粗略，容易扭曲银行风险全貌；三是随着监管资本套利盛行以及银行业务规模和复杂度与日俱增，逐渐难以满足监管要求。

基于此，巴塞尔委员会不断对 BⅠ进行修改完善。1991 年，委员会重新定义了可计入银行资本的普通准备金与坏账准备金；1995 年，委员会对部分表外业务的风险权重进行了调整；1996 年，委员会出台修正案将市场风险纳入计算资本需求，并于次年年底开始实施；1997 年，委员会出台《有效银行监管的核心原则》，通过制定银行监管 7 个方面的 25 条核心原则，确立了全面风险管理理念；1999 年，委员会公布了以“三大支柱”为核心的新资本监管框架草案第一稿，并广泛征求意见；2001 年，委员会在草案基础上修正了信用风险评估标准，规范了对国际型银行风险承担能力的度量；2004 年，该草案正式定案并于 2007 年在全球范围内实施，相关监管内容构成了 BⅡ。BⅡ强调“三大支柱”，即：

（1）最低资本要求（minimum capital requirements）。最低资本充足率达到 8%，核心资本充足率至少为 4%。目的是强化银行对风险的敏感程度，使其运营更加稳健高效。第一支柱侧重从银行内部进行风险防范。

（2）监察审理程序（supervisory review process）。监管者通过监测决定银行内部能否合理运行，并提出对其进行改进的方案。第二支柱侧重从银行外部进行风险监管。

（3）市场制约机能，即市场自律（market discipline）。要求银行提高信息的透明度，以使外界对它的财务、管理等有更好的了解与监督。第三支柱借助市场的力量，对第一支柱和第二支柱起到了良好的补充支撑作用。

BⅡ在BⅠ的基础上显著强化了监管质效，但仍存在主权风险识别、风险权重划定、计量方法选取等问题。尤其是商业银行不断迈向混业经营，许多业务逐渐超出BⅡ的监管范围，这一短板在2008年国际金融危机中充分暴露。

实际上，巴塞尔委员会从未停止对BⅡ的修改完善。例如，为增强银行对非预期损失的抵御能力，要求银行增提缓冲资本，并严格监管资本抵扣项目，提高资本规模和质量；为防范类似贝尔斯登的流动性危机，设置了流动性覆盖率监管指标；为防范"大而不能倒"的系统性风险，从资产规模、相互关联性和可替代性方面评估大型复杂银行的资本需求。2010年9月，成员国家已扩充至27国的巴塞尔委员会就BⅢ的内容达成一致，全球银行业正式步入BⅢ时代。其主要内容包括：

（1）提高资本充足率要求。将监管资本由两级分类细化为三级分类，即核心一级资本、其他一级资本和二级资本。在最低资本充足率要求维持8%不变的基础上，将核心资本充足率要求由4%上调至6%。吸取危机教训，提出了2.5%的防护缓冲资本要求，降低重大项目损失带来的风险。允许各国结合实际情况要求银行设立0%~2.5%的反周期缓冲资本，防范银行过度放贷的风险。对系统重要性银行提出1%~3.5%的附加资本要求，降低"大而不能倒"的道德风险。

（2）严格资本扣除限制。对于少数股权、商誉、递延税资产、对金融机构普通股的非并表投资、债务工具和其他投资性资产的未实现收益、拨备额与预期亏损之差、固定收益养老基金资产和负债等资本计入的划分作出详细调整要求。

（3）扩大风险资产覆盖范围。提高"再资产证券化风险暴露"的资本要求，增加压力状态下的风险价值，提高交易业务的资本要求，提高场外衍生品交易和证券融资业务的交易对手信用风险的资本要求等，确保资本框架覆盖所有重大实质性风险。

（4）引入杠杆率指标。为补齐资本充足率要求下无法反映表内外总资产扩张情况的短板，弥补将资产通过加权系数转换后计算资本要求时带来的漏洞，提出了3%的最低杠杆率要求，并逐步将其纳入第一支柱。

（5）加强流动性管理。为降低银行体系的流动性风险，引入了流动性监管指标，包括100%的流动性覆盖率要求和100%的净稳定资产比率要求。同时，提出了其他辅助监测工具，包括合同期限错配、融资集中度、可用的无变现障碍资产和与市场有关的监测工具等。

本章附录

商业银行资产负债表各科目详细解释

复习要点

1. 商业银行的主要业务。
2. 商业银行的存款准备金。
3. 商业银行的资产负债业务。
4. 商业银行的经营原则:盈利性、安全性和流动性。
5. 商业银行的流动性管理、资产管理、负债管理和资本充足性管理。
6. 商业银行的表外业务分为狭义中间业务和狭义表外业务。
7. 商业银行的绩效评估指标包括 ROA、ROE 和 NIM。
8. 商业银行的竞争力评价体系:CARPALS 和 CAMELS。
9.《巴塞尔协议》的主要内容。

关键术语

贷款及垫款　交易性存款　非交易性存款　同业业务
金融投资　股权投资　库存现金　法定准备金
超额准备金　法定准备金率　国库存款　财政专户
再贷款　再贴现　常备借贷工具(SLF)　中期借贷工具(MLF)
流动性　银行挤兑　资不抵债　期限错配
贷款减值　资本收益率　资产收益率　净利息收入
净息差(NIM)　净利差(NIS)　巴塞尔协议　商业银行竞争力
资本充足率　拨备覆盖率　贷款五级分类

即测即评

请扫码检测本章学习效果。

练 习 题

1. 商业银行与中央银行有哪些业务往来?
2. 说明商业银行经营管理的主要原则和具体管理内容。
3. 比较商业银行同业业务中的同业存放与同业拆借的异同点。
4. 商业银行的绩效指标有哪些?
5. 如何评估一家银行的竞争力?
6.《巴塞尔协议Ⅲ》的核心内容有哪些?

参考答案

补充阅读材料

扫码查看本章补充阅读材料。

第十一章
中央银行

学习目标

1. 了解中央银行的组织结构
2. 掌握中央银行的主要职责
3. 掌握中央银行的业务内容
4. 掌握中央银行资产负债表
5. 了解中央银行的宏观审慎政策框架

本章导读

中央银行是政府的银行和银行的银行，负责依法制定和执行货币政策、宏观审慎政策以及汇率政策等宏观金融政策。不同国家的中央银行组织结构有所不同，运用货币政策工具的组织结构也就有所区别。不过，各国中央银行的主要职责内容有许多共同之处，一般都负责制定金融法规、执行金融政策、开展金融监管以及提供金融服务等。中央银行的很多业务也是紧密围绕其职责开展的。而且，中央银行与各金融机构的业务往来活动会反映在其资产负债表的科目上。

本章以中国的中央银行体系为基础，系统介绍现代中央银行的组织结构、主要职责、业务内容和资产负债表等内容。本章内容是学习第十二章（货币政策）的基础，也与第十三章（存款创造）和第十四章（货币供给）紧密联系。本章至第十三章的联系机制可以归纳如下：第一，中央银行是货币政策制定和执行的主体，特别是中央银行的资产负债表反映了货币政策调控的业务内容；第二，商业银行存款创造的源头是存款准备金，而存款准备金受中央银行调控；第三，货币供给的主体是中央银行，中央银行的货币供给变化是货币政策调控的重要反映，同时依赖于商业银行资产及负债业务对应的存款创造过程。

第一节 中央银行的组织结构

中央银行是特殊的银行，不以营利为目的，在国家经济发展中扮演重要角色、承担重要职责。从总体上看，中央银行是政府的银行，负责管理政府的金融业务和宏观调控；中央银行还是银行的银行，负责对银行进行宏观监管，承担最后贷款人的职责，并负责建设和管理国家的支付清算体系。因此，中央银行是政府的银行，也是银行的银行，负责依法制定和执行货币政策等宏观金融政策。

不同国家的历史发展背景不同，相应的中央银行的起源和结构也有所不同。我国的中央银行是中国人民银行。中国人民银行在国务院领导下，制定和执行货币政策，防范和化解金融风险，维护金融稳定。从发展历程来看，1948 年 12 月 1 日，以华北银行为基础，合并北海银行、西北农民银行，在河北省石家庄市组建了中国人民银行，并发行人民币，成为中华人民共和国成立后的中央银行。

中国人民银行自成立至今，在体制和职责等方面都发生了深刻的变化。归纳起来，中国人民银行的职责经历了大致四个阶段的变化：第一个阶段是 1948—1952 年，是中国人民银行的创建与国家银行体系的建立时期；第二个阶段是 1953—1978 年，是计划经济体制时期的国家银行时期；第三个阶段是 1979—1992 年，是从国家银行过渡到中央银行体制时期；第四个阶段是 1993 年之后，是逐步强化和完善现代中央银行制度时期。

不难看出，中国的现代化中央银行体系建设在 1978 年改革开放以后开始加速发展。在新中国成立以后，一直到 1983 年之前，中国人民银行是中国唯一的一家银行，既担负着存款货币银行的职责，又承担着中央银行的职责。1983 年以后，中国人民银行原先的各类商业银行业务分别由陆续成立的四大国有商业银行（中国银行、中国工商银行、中国农业银行和中国建设银行）承担，这样中国人民银行只行使中央银行的职责。1995 年《中国人民银行法》颁布，进一步明确了中国人民银行作为中央银行的法律地位。

根据《中国人民银行法》对中国人民银行组织机构的说明，中国人民银行设行长一人，副行长若干人。中国人民银行行长的人选，根据国务院总理的提名，由全国人民代表大会决定，由中华人民共和国主席任免。中国人民银行副行长由国务院总理任免。

中国人民银行实行行长负责制。行长领导中国人民银行的工作，副行长协助行长工作。中国人民银行设立货币政策委员会。货币政策委员会的职责、组成和工作程序，由国务院决定，报全国人民代表大会常务委员会备案。

依法制定和执行货币政策是中国人民银行的传统职责。中国人民银行在党中央、国务院的领导下，综合运用公开市场操作、存款准备金率、中央银行贷款和政策利率等多种工具进行货币政策调控，具体工作通过货币政策司、金融市场司等下属司局部门完成。图 11-1 归纳了中国人民银行运用政策工具实施货币政策调控的组织架构情况。

中国人民银行根据履行职责的需要设立多个内设部门，包括货币政策司、金融市场司、调查统计司等。同时，中国人民银行还在全国各地设有分支机构，作为中国人民银行的派出机构。中国人民银行对分支机构实行统一领导和管理。中国人民银行的分支机构根据中国人民银行的授权，维护本辖区的金融稳定，承办有关业务。

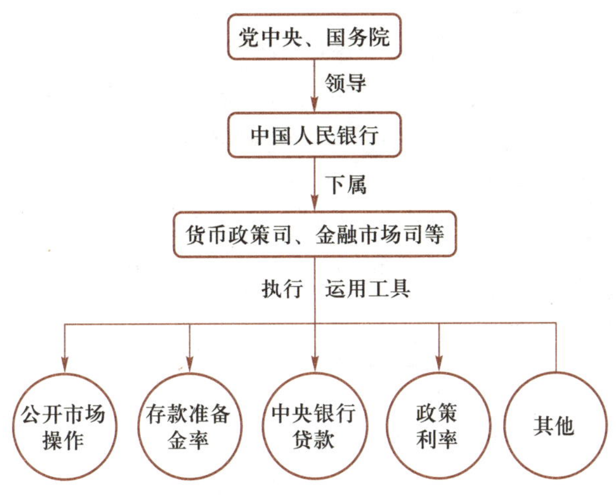

图 11-1　中国人民银行实施货币政策的组织架构

根据国家发展需要，中国人民银行分支机构的设置在不同历史时期相应调整：1978 年至 1997 年实行省级分行制；1998 年至 2022 年实行跨行政区设立大区分行制；2023 年起由大区分行制重新改为省级分行制，在 31 个省（自治区、直辖市）设立省级分行，在深圳、大连、宁波、青岛、厦门设立计划单列市分行，中国人民银行北京分行保留中国人民银行营业管理部牌子，中国人民银行上海分行与中国人民银行上海总部合署办公，同时不再保留中国人民银行县（市）支行，相关职能上收至中国人民银行地（市）中心支行。

拓展阅读 11-1

美联储的组织架构

美国的中央银行是美国联邦储备系统（简称美联储），成立于 1913 年，由 12 家联邦储备银行构成，覆盖全美 12 个大区，每个大区的城市还有联储支行。12 家联储银行由美联储理事会领导，共同确定联邦公开市场委员会，指导美联储公开市场操作业务（open market operations，OMO）。

图 11-2 归纳了美联储在运用货币政策工具实施货币政策调控的组织架构情况。可以看到，美联储包括 1 个美联储委员会（The Board of Governors of The Federal Reserve System）、1 个联邦公开市场委员会（FOMC）、1 个联邦咨询委员会、12 家联邦储备银行以及约 2 000 家成员银行。

美联储委员会也可以称为美联储理事会，是美联储的领导机构，属于联邦政府机构，其办公地点位于美国华盛顿特区。美联储委员会由 7 名委员组成，其成员由美国总统提名，参议院批准。在这 7 名委员中，由总统任命 1 名主席。7 名委员是联邦公开市场委员会（FOMC）的常任委员。

12 家联邦储备银行构成了美国联邦储备系统（美联储），由美联储委员会统一领导，它们是美国中央银行的运行机构。这 12 家美联储银行分别向美国 12 个大区的银行和财政部门等提供金融服务，并对辖区内的银行业金融机构进行监管。

联邦公开市场委员会是美国货币政策的制定主体，由 12 名委员组成，包括 7 名美联储委员会成员和纽约联邦储备银行行长，另外 4 位由其他 11 家美联储分行行长轮流担任。

联邦咨询委员会对美联储委员会提供咨询服务，由 12 家联邦储备银行每家推选 1 人组成。

美联储的成员银行是指持有各大区联邦银行股份的商业银行。按照规定，国立银行必须作为成员银行，各州立银行如果满足特定要求也可以成为成员。各成员银行按规定将总资本的 3% 放在联邦储备银行。

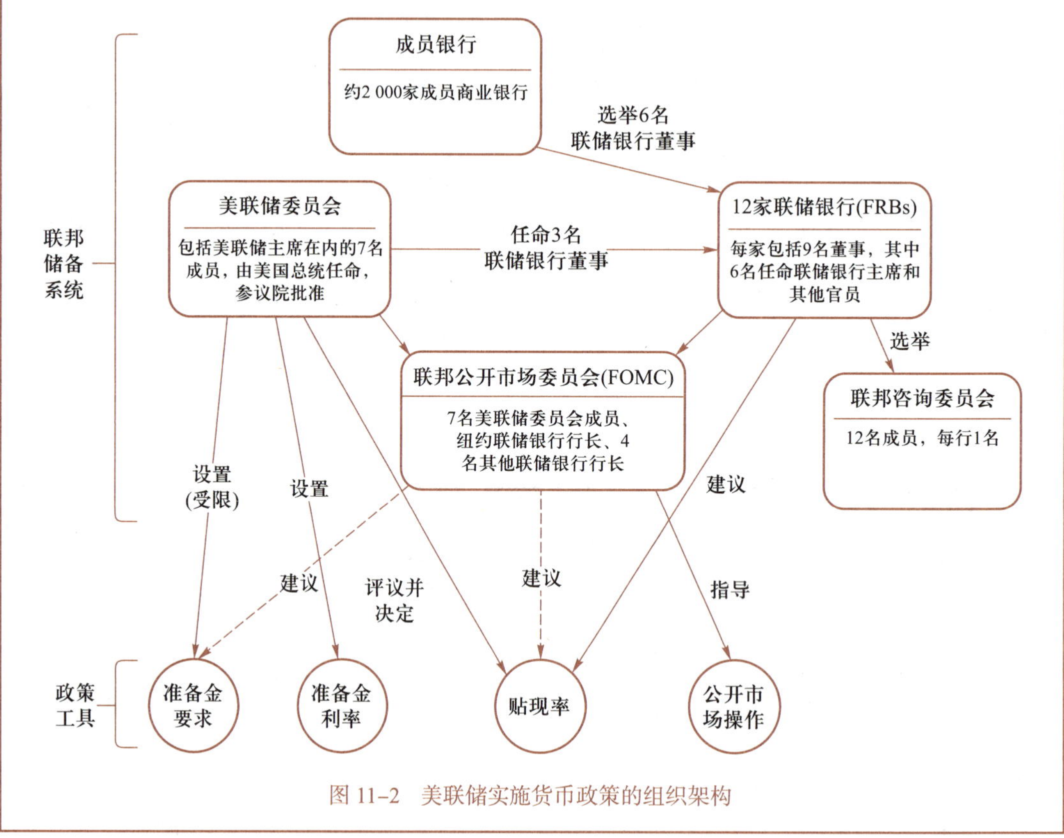

图 11-2 美联储实施货币政策的组织架构

第二节 中央银行的职责

中央银行作为银行的银行和政府的银行，承担着相应职责，在国家经济发展中扮演着重要角色。中央银行的职责内容并非一成不变，而是随着金融体系以及经济发展阶段的变化而有所变化。总体来看，各国中央银行的主要职责内容比较接近，都是围绕着银行的银行和政府的银行两方面内容展开。

1995 年颁布的《中国人民银行法》(2003 年 12 月修正)明确列出了 13 条我国中央银行的职责，中国人民银行网站也设有专栏对“中国人民银行职责”进行详细阐释。综合来看，中国人民银行的职责内容可以归纳为如图 11-3 所示的五个主要方面，即制定金融法规、执行金融政策、监管金融机构、维护金融稳定与安全和提供金融服务，其中提供金融服务的职责包括建设和维护金融基础设施、金融统计、发行人民币和经理国库以及推动建立社会信用体系等具体内容。

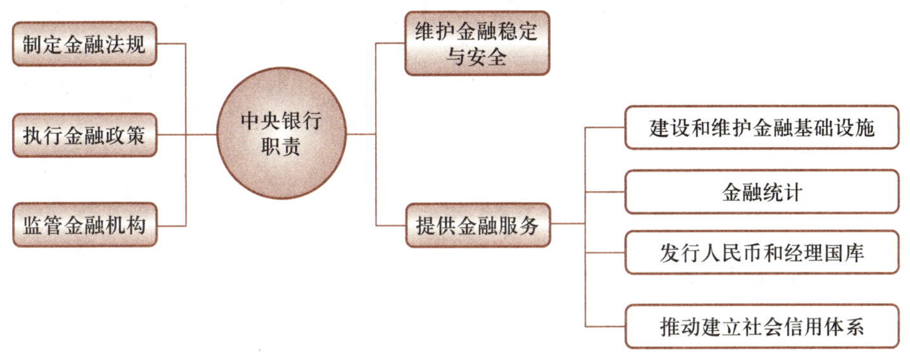

图 11-3　中国人民银行的主要职责归纳

第一，制定金融法规。即依法制定与其职责相关的金融法规。中国人民银行负责拟订金融业改革、开放和发展规划，拟订金融业重大法律法规和其他有关法律法规草案，制定审慎监管基本制度。

第二，执行金融政策。依法制定和执行货币政策、宏观审慎政策和人民币汇率政策。首先，中国人民银行根据法律规定的货币政策最终目标（保持人民币币值稳定，并以此促进经济增长）制定和执行货币政策。其次，自 2019 年起中国人民银行负责制定和执行宏观审慎政策。最后，中国人民银行负责制定和实施人民币汇率政策，管理国家外汇储备和黄金储备，维护国际收支平衡，并从事有关的国际金融活动。

第三，监管金融机构。中国人民银行依法对商业银行及其他金融机构进行监督和管理，对银行间债券市场、货币市场、外汇市场、票据市场、黄金市场等进行监督管理。

第四，维护金融稳定与安全。即维持金融体系稳定，维护国家金融安全。中国人民银行承担维持金融体系稳定和维护国家金融安全的重大责任。牵头负责系统性金融风险防范和应急处置等工作。中国人民银行承担最后贷款人责任，负责对因化解金融风险而使用中央银行资金的机构进行检查监督等。另外，中国人民银行还负责金融业反洗钱工作。

第五，提供金融服务。中国人民银行提供金融服务的内容涉及多个方面，主要包括：①建设和维护金融基础设施；②金融统计；③发行人民币和经理国库；④推动建立社会信用体系等。

在建设和维护金融基础设施方面，中国人民银行牵头负责国家重要金融基础设施建设规划并统筹实施监管，推进金融基础设施改革与互联互通，统筹互联网金融监管工作；统筹国家支付体系建设并实施监督管理，会同有关部门制定支付结算业务规则，负责全国支付、清算系统的安全、稳定、高效运行。

在金融统计方面，中国人民银行对金融业进行统计、调查、分析和预测。中国人民银行负责统筹金融业综合统计，牵头制定统一的金融业综合统计基础标准和工作机制，建设国家金融基础数据库，履行金融统计调查相关工作职责。

在发行人民币和经理国库方面，中国人民银行负责人民币的发行工作，同时还负责对国库资金进行经营管理,政府的收入与支出通过财政部门在中央银行设立的相关账户进行。

另外,中国人民银行还负责管理征信业,推动建立社会信用体系。

第三节 中央银行的业务

中央银行的业务与其职责相对应。对于中国人民银行来说,其主要业务是为履行其职责而开展的业务。其中,制定金融法规、监管金融机构、维护金融稳定与安全以及建设金融基础设施等对应的业务工作比较直观,不再展开介绍。本节主要展开介绍中国人民银行为执行货币政策而开展的业务以及与货币政策相关的外汇业务、人民币发行和经理国库业务。

一、为执行货币政策而开展的业务

中国人民银行为银行业金融机构开立准备金账户,要求银行业金融机构按照规定的比例缴存准备金,为在中国人民银行开立账户的银行业金融机构办理贷款业务,开展公开市场操作业务,在公开市场上开展国债、其他政府债券和金融债券等的买卖和回购业务。上述业务均与中央银行执行货币政策有关,归纳在图 11-4 中,其中涉及多个重要内容,下面分别进行介绍。

(一) 准备金业务

准备金账户是中央银行为银行业金融机构开立的资金账户,各机构与中央银行的资金往来体现在准备金账户的变动上。银行业金融机构在中央银行开立准备金账户体现了中央银行作为银行的银行的职责。与准备金账户紧密联系的是存款准备金的概念。

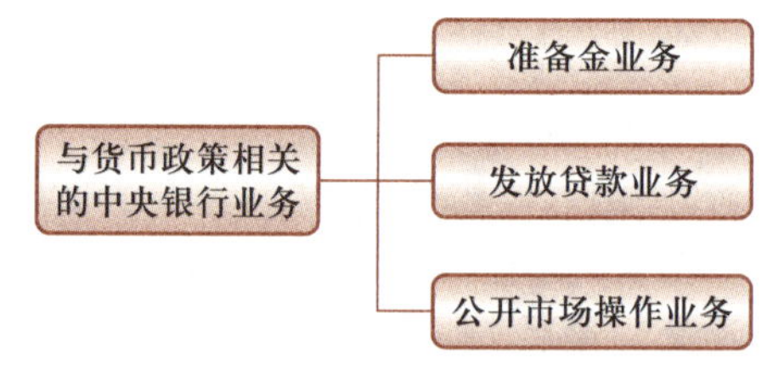

图 11-4 与货币政策相关的中央银行业务

存款准备金是指金融机构为保证客户提取存款和资金清算等需要而准备的资金。为简便起见,存款准备金也可以简称准备金或存款准备。一般来说,中央银行会对银行等存款类金融机构留存准备金的最低比率提出要求,中央银行所要求的金融机构留存准备金占其存款总额的最低比例就是法定存款准备金率,也可以简称法定存准率或法定准备金率。假定法定准备金率用字母 rr 表示,法定准备金用 RR 表示,存款用 D 表示,则有:

$$RR=D\times rr \qquad (11\text{-}1)$$

银行留存的准备金一般都会略高于法定准备金的水平,超出法定准备金的部分称为超额准备金,可以用 ER 表示。如果用 R 表示准备金总额,不难看出以下关系:

$$R=RR+ER \qquad (11\text{-}2)$$

准备金诞生的初衷是保证客户能够顺利地提取存款和资金清算,后来逐步演变为货币政策工具。一般情况下,银行留存的准备金可以以现金形式存放于银行,也可以存放于其在中央银行开立的准备金账户,前者称为银行库存现金(vault cash),后者称为银行存放于中央银行的准备金存款(reserve deposits)。也就是说,一个银行的准备金总额等于银行库存现金与其存放于中央银行的准备金存款之和。需要注意的是,中国人民银行对存款准备金的统计口径做了特殊说明,不包括银行库存现金,即中国人民银行认定的准备金只统计各金融机构存放于中央银行的准备金存款。

（二）发放贷款业务

中国人民银行可以向金融机构发放贷款，贷款发放的形式可以分为贴现贷款和质押贷款。如果金融机构使用未到期已贴现商业汇票向中央银行申请贴现贷款，这类业务称为再贴现业务。金融机构还可以向中央银行申请质押贷款。例如，中国人民银行在 2013 年创设了常备借贷工具（standing lending facility，SLF），即金融机构以其持有的优质票据作为质押向中国人民银行申请贷款的工具。SLF 是中央银行流动性调节机制的工具，中央银行可以通过 SLF 业务向金融机构提供短期流动性支持，贷款利率水平根据货币政策调控、引导市场利率的需要等综合确定。SLF 以抵押方式发放，合格抵押品一般包括高信用评级的债券类资产及优质信贷资产等。

当然，作为一种货币政策工具，SLF 实际上并不是由中央银行主动发起的，而是由其他金融机构掌握主动性，金融机构可根据自身流动性需求决定是否申请。同时，SLF 本质上是中央银行对存款类金融机构发放贷款，因此与美联储的贴现窗口（discount window）、英格兰银行的操作性常备工具（operational standing facility）等全球许多中央银行运用的借贷工具本质上是相同的。在这些英文术语中，facility 本意就是“工具”，但是在借鉴过程中我国的 SLF 也经常被机械地翻译为“常备借贷便利”。

另外，中国人民银行在不同时期还设立了其他形式的贷款发放工具，包括定向中期借贷工具（temporary medium-term lending facility，TMLF）、抵押补充贷款（pledged supplementary lending，PSL）、临时流动性工具（temporary liquidity facility，TLF）以及临时准备金动用安排（contingency reserve arrangement，CRA）等，本质上都可以归为中央银行向金融机构或者企业发放贷款业务。

拓展阅读 11-2

中国人民银行的碳减排支持工具

为贯彻落实党中央、国务院关于碳达峰、碳中和的重要决策部署，完整、准确、全面贯彻新发展理念，中国人民银行于 2021 年创设推出碳减排支持工具。这一业务本质上是通过碳减排支持工具向金融机构提供低成本资金，所以也属于中央银行的贷款发放业务，不过这一工具的结构性特征比较明显。

中国人民银行通过碳减排支持工具引导金融机构在自主决策、自担风险的前提下向碳减排重点领域内的各类企业提供碳减排贷款，贷款利率与同期限档次贷款市场报价利率（LPR）大致持平。具体来说，碳减排支持工具发放对象为全国性金融机构，中国人民银行对金融机构向碳减排重点领域内相关企业发放的符合条件的碳减排贷款，按企业所获贷款本金的 60% 提供配套资金支持，利率为 1.75%，期限 1 年，可展期 2 次。金融机构需向人民银行提供合格质押品。

为保障碳减排支持工具的精准性和直达性，中国人民银行要求金融机构公开披露其发放碳减排贷款的情况以及贷款带动的碳减排数量等信息，并由第三方专业机构对这些信息进行核实验证，接受社会公众监督。

碳减排支持工具的推出将发挥政策示范效应，引导金融机构和企业更充分地认识绿色转型的重要意义，鼓励社会资金更多投向绿色低碳领域，向企业和公众倡导绿色生产生活方式、循环经济等理念，助力实现碳达峰、碳中和目标。

（三）公开市场操作业务

中央银行的公开市场操作业务是指中央银行与其指定的一级交易商开展的短期证券买卖和回购等业务。公开市场操作（open market operations，OMO）是中央银行吞吐基础货币、调节市场流动性的主要货币政策工具，直接影响银行体系的准备金规模，即影响银行间可贷资金的规模。中央银行通过与市场交易对手（一级交易商）进行信贷资金、有价证券和外汇等交易，实现货币政策调控的短期目标（如银行间短期利率）。

中国人民银行的公开市场操作包括人民币公开市场操作和外汇公开市场操作两部分。外汇公开市场操作于 1994 年 3 月启动，人民币公开市场操作于 1998 年 5 月 26 日恢复交易，规模逐步扩大。1999 年以来，公开市场操作发展较快，目前已成为中国人民银行货币政策日常操作的主要工具之一。中国人民银行从 1998 年开始建立公开市场业务一级交易商制度，选择了一批能够承担大额债券交易的商业银行等机构作为公开市场操作业务的交易对象，先后建立了一级交易商考评调整机制、信息报告制度等相关管理制度，一级交易商的机构类别也从商业银行扩展至证券公司等其他金融机构。2022 年中国人民银行的一级交易商有包括六家大型商业银行在内的 50 家机构。

1. 传统公开市场业务：回购、现券和中央银行票据

从传统交易品种来看，中国人民银行公开市场操作业务的债券交易主要包括回购交易、现券交易和发行中央银行票据。其中，回购交易分为正回购和逆回购两种。正回购为中国人民银行向一级交易商卖出有价证券，并约定在未来特定日期买回有价证券的交易行为，是中央银行从市场收回流动性的操作，正回购到期则为中央银行向市场投放流动性的操作；逆回购为中国人民银行向一级交易商购买有价证券，并约定在未来特定日期将有价证券卖给一级交易商的交易行为，是中央银行向市场上投放流动性的操作，逆回购到期则为中央银行从市场收回流动性的操作。现券交易（outright transactions）分为现券买断和现券卖断两种。前者为中央银行直接从二级市场买入债券，一次性地投放基础货币；后者为中央银行直接卖出持有债券，一次性地回笼基础货币。中央银行票据即中国人民银行发行的短期债券，中央银行通过发行中央银行票据可以回笼基础货币，中央银行票据到期则体现为投放基础货币。

注意，中国人民银行的正回购和逆回购业务操作方向与美国中央银行（美联储）的业务操作方向正好相反：美联储的正回购业务是指美联储从一级交易商那里买入有价证券而释放资金，并约定在一定时期后返售证券并回收资金的过程；美联储的逆回购业务则是指美联储向一级交易商卖出有价证券获得资金，并约定在一定时期后偿还资金并收回证券的过程。为了避免混淆，读者可以只记忆中国人民银行的逆回购是中央银行向市场释放资金的过程，其他业务过程与此进行对比记忆即可。

另外，中国人民银行可以通过公开市场操作在债券二级市场上购买已经发行的国债。

但是，在一般情况下，中国人民银行按规定不得对政府财政透支，即不得直接认购、包销国债和其他政府债券，只能在债券二级市场进行国债等政府债券的买卖。一般情况下，中国人民银行也不得向地方政府、各级政府部门提供贷款，不得向非银行金融机构以及其他单位和个人提供贷款。

拓展阅读 11-3

特别国债

特别国债是指有特别用途的国债。普通国债筹集资金的目的主要是弥补国家财政赤字，补充国家财政资金；特别国债是在特殊时期服务于特定用途。特别国债通过财政部发行，商业银行等金融机构在债券一级市场认购之后可以在债券二级市场交易。中央银行可以通过债券二级市场买入特别国债。

特别国债除了用途特殊之外，还有以下几点与普通国债不同：第一，特别国债不列入财政赤字，纳入政府性基金预算；普通国债纳入一般公共预算，计入政府的财政赤字。第二，特别国债即收即支，发行募集资金之后立即支出，而普通国债筹资与支出存在一定的时间间隔。

1949 年至 2021 年期间，中国一共发行过三次特别国债（不含续作）。第一次是 1998 年，财政部面向中国工商银行、中国农业银行、中国银行和中国建设银行发行 2 700 亿元特别国债，这期特别国债由这四家银行全额承销，所筹资金专项用于补充这四家商业银行的资本金，期限是 30 年。

第二次发行特别国债是在 2007 年，财政部面向中国农业银行发行 1.35 万亿元人民币特别国债，并面向社会公众发行 2 000 亿元人民币的特别国债，用于向中央银行购买约 2 000 亿美元外汇，为当时即将成立的国家外汇投资公司筹措资本金，期限有 10 年期和 15 年期。中央银行再通过公开市场操作业务将 1.35 万亿元特别国债从中国农业银行处全部购入。

第三次发行特别国债是在 2020 年，财政部面向记账式国债承销团成员公开招标发行规模 1 万亿元人民币的特别国债，为筹集财政资金，统筹推进新冠疫情防控和经济社会发展，期限有 5 年期和 10 年期。

2. 新型公开市场业务：中期借贷工具（MLF）

中国人民银行在 2014 年之后推出了新的中期借贷工具（medium-term lending facility，MLF）。MLF 的交易可以归为公开市场业务，即中央银行通过公开市场招标方式向符合条件的金融机构（主要是商业银行和政策性银行）发放质押贷款，合格质押品包括国债、中央银行票据、政策性金融债、高等级信用债等优质债券。中央银行通过调控 MLF 的利率来调节商业银行的贷款市场报价利率（loan prime rate，LPR）。LPR 是由具有代表性的报价行以本行对最优质客户提供的贷款利率为基础，以 MLF 利率加减点形成的方式报价，由中国人民银行授权全国银行间同业拆借中心计算并公布，作为基础性贷款参考利率，我国各金融机构发放贷款主要参考 LPR 进行定价。常见的 LPR 期限有 1 年期和 5 年期。中国人民银行调节 MLF 利率可以影响 LPR，进而推动市场利率向信贷利率的传导。

二、中国人民银行的外汇业务

中国人民银行的外汇业务主要包括:制定和实施人民币汇率政策,推动人民币跨境使用和国际使用,防范国际收支风险、促进国际收支平衡,监测管理跨境资本流动和外汇市场,经营和管理国家外汇储备、黄金储备和其他外汇资产。

首先,在人民币汇率政策方面,中国自2005年7月开始实行以市场供求为基础、参考一篮子货币进行调节、有管理的浮动汇率制度。人民币汇率不再钉住单一美元,形成了更富弹性的人民币汇率机制。中国人民银行负责维护人民币汇率的正常浮动,保持人民币汇率在合理、均衡水平上的基本稳定,促进国际收支基本平衡,维护宏观经济和金融市场的稳定。

中国人民银行自2006年起授权中国外汇交易中心发布人民币汇率中间价(取自中国银行间外汇市场上一交易日的收盘价),各银行在中国人民银行规定的浮动幅度内自行挂牌。中国人民银行根据市场发展情况和经济金融形势,适时调整汇率浮动区间。为了增强人民币汇率形成机制中市场供求的作用,2015年8月11日,中国人民银行宣布对人民币汇率中间价报价机制进行改革。做市商在每日银行间外汇市场开盘前,参考上一日银行间外汇市场收盘汇率,综合考虑外汇供求情况及国际主要货币汇率变化,向中国外汇交易中心提供中间价报价。同时,中国人民银行负责根据国内外经济金融形势,以市场供求为基础,参考一篮子货币汇率变动,对人民币汇率进行管理和调节。

其次,在外汇储备管理业务方面,中国人民银行根据国务院授权,根据《中国人民银行法》和《中华人民共和国外汇管理条例》,外汇储备管理原则为安全、流动、保值增值,将风险防范放在首位,优化风险防控机制,增强风险管理手段,维护外汇储备资金安全。同时,探索和拓展外汇储备多层次使用渠道和方式。

在外汇市场方面,《银行办理结售汇业务管理办法》自2014年8月1日起施行。中国人民银行及其分支机构、国家外汇管理局及其分支局是银行结售汇业务的监督管理机关。

结售汇业务是指银行为客户或因自身经营活动需求办理的人民币与外汇之间兑换的业务,按照业务类型分为即期结售汇业务和人民币与外汇衍生产品业务,按照办理主体分为自身结售汇以及代客结售汇。即期结售汇业务是指在交易订立日之后两个工作日内完成清算,且清算价格为交易订立日当日汇价的结售汇交易。人民币与外汇衍生产品业务是指远期结售汇、人民币与外汇期货、人民币与外汇互换、人民币与外汇期权等业务及其组合。

在中国人民银行管理国家外汇储备的过程中,“外汇占款”是一个值得特别说明的术语。根据中国人民银行发布的统计数据,1994年以后外汇在中国人民银行资产端的规模稳步上升,2003年外汇在中央银行总资产中的占比达到48%,在最高时期达到70%以上,2020年以来基本保持在50%以上的水平。

我国较高的外汇储备规模与1994年开始实行的结售汇制度有着紧密联系。该制度要求企业和个人将规定以外的外汇收入通过商业银行兑换为人民币,同时这些银行也被要求将高于外汇管理局规定头寸的外汇在银行间市场卖出。这就使得我国的外汇收入几乎全部进入中央银行的外汇储备。相应地,中央银行需要发行等额的人民币(按照历史成本法在中国人民银行资产负债表中记账)。外汇作为中国人民银行资产负债表中资产端“国外资产”的主要组成部分,对应于负债端的“货币发行”科目。所以,外汇规模快速增长意味着中央银行负债端“货币发行”同时大幅增长。

外汇占款,是指中央银行收购外汇资产而相应投放的本国货币。由于人民币是非自由兑换货币,本国企业或居民获得外汇以后,需要按规定兑换成人民币,中央银行进行换汇就需要发行相应规模的本币,即货币发行增加,从而形成外汇占款。

在具体换汇业务中,企业和居民的结售汇业务由银行办理。银行购买外汇形成本币投放,所购买的外汇资产构成银行的外汇储备。我国银行结售汇体系由银行柜台结售汇市场和银行间外汇市场两层市场体系组成,两个市场上外汇供求都存在管制要求,因而外汇占款也就相应具有两层含义:一是中央银行在银行间外汇市场中收购外汇所形成的人民币投放;二是统一考虑银行柜台市场与银行间外汇市场两个市场的整个银行体系(包括央行和商业银行)收购外汇所形成的人民币资金投放。

在上述业务中,前一种外汇占款属于中央银行购汇行为,反映在中央银行资产负债表中,而后一种外汇占款属于整个银行体系(包括中央银行与商业银行)的购汇行为,统计在中国人民银行统计并发布的“金融机构人民币信贷收支表”中。与两种含义的外汇占款相对应,在严格的银行结售汇制度下,中央银行收购外汇资产形成中央银行所持有的外汇储备,而整个银行体系收购外汇资产形成全社会的外汇储备。全社会的外汇储备变化反映在国家外汇管理局发布的“国际收支平衡表”中“储备资产”项下的“外汇”科目,而中央银行购汇形成的外汇占款相应影响其资产负债表中基础货币的投放。

不过,自 2015 年之后,随着强制结售汇逐步改为自愿结售汇、人民币国际化,以及境内居民海外投资的增加,同时考虑中央银行更多退出外汇市场常态化干预,中央银行的外汇储备已由历史最高的 4 万亿美元回落至 2024 年的约 3 万亿美元,外汇占款规模的增长趋势有所缓和。

三、中国人民银行的人民币发行业务

人民币发行业务有两层含义:一是指印刷好的纸币从发行基金保管库(简称发行库)进入各家商业银行的业务库,再进入流通领域;二是指中国人民银行通过货币政策工具投放基础货币。这里介绍的人民币发行业务是指前者,后者在本章第四节介绍。

人民币发行业务中的发行基金,是指中国人民银行代国家保管的尚未流通的货币。人民币的发行程序总体上可以分为三个环节:

(1)制定货币发行计划。中国人民银行会根据国家经济发展的现实情况和需要,编制全国信贷计划和现金计划,从而确定货币发行的限额以及制定投放和回笼计划。货币发行总限额需经国务院审批后方可执行。

(2)进行发行基金的出入库。发行基金由设置发行库的各级分行保管,总行统一掌管。发行基金的调拨需按照总库的命令办理。各商业银行需根据下达的现金收支计划,向发行库办理出入库。

(3)普通银行业务库日常现金收付。各商业银行将发行库的发行基金调入业务库后,再通过现金出纳支付给各单位和个人,人民币便进入社会流通领域。

拓展阅读 11-4

人民币的发行历史

自 1948 年至 2021 年期间，我国一共发行了五套人民币，发行时间分别为 1948 年、1955 年、1962 年、1987 年和 1999 年。

1948 年第一套人民币发行。1948 年，随着人民解放战争顺利进行，分散的各解放区连成一片，为适应形势发展，急需一种统一的货币替代原来种类庞杂、折算不便的各解放区货币。为此，1948 年 12 月 1 日，中国人民银行在河北省石家庄市成立，同日开始发行统一的人民币。当时任华北人民政府主席的董必武同志为该套人民币题写了中国人民银行行名。

人民币发行后，逐步扩大流通区域，原各解放区的地方货币陆续停止发行和流通，并按规定比价逐步收回。1949 年年初，中国人民银行总行迁到北平(今北京)，各省、市、自治区相继成立中国人民银行分行。至 1951 年年底，人民币成为中国唯一合法货币。

统一发行人民币是为迎接全国解放采取的一项重大措施，它清除了国民党政府发行的各种货币，结束了国民党统治下几十年通货膨胀和中国近百年外币、金银币在市场流通买卖的历史，促进了人民解放战争的全面胜利，在新中国成立初期经济恢复时期发挥了重要作用。

1955 年第二套人民币发行。为了弥补第一套人民币面额过大等不足，提高印制质量，进一步健全我国货币制度，1955 年 2 月国务院发布命令，决定由中国人民银行自 1955 年 3 月 1 日起发行第二套人民币，收回第一套人民币。第二套人民币和第一套人民币折合比率为：第二套人民币 1 元等于第一套人民币 1 万元。

1962 年第三套人民币发行。第三套人民币在第二套人民币的基础上对版别进行了全面调整、更换，取消了第二套人民币中的 3 元纸币，增加了 1 角、2 角、5 角和 1 元四种金属币。第三套人民币 1962 年 4 月 20 日开始发行，到 2000 年 7 月 1 日停止流通，历时 38 年。这套人民币从 1958 年开始统一设计，票面设计图案比较集中地反映了当时我国国民经济以农业为基础，以工业为主导，工农轻重并举的方针。

1987 年第四套人民币发行。第四套人民币共 14 种纸币，采取“一次公布，分次发行”的办法。第四套人民币的设计体现了一个共同的主题思想，就是在中国共产党领导下，全国各族人民意气风发，团结一致，建设有中国特色的社会主义。为了强调这一主题，100 元纸币采用了我党老一辈革命家毛泽东、周恩来、刘少奇和朱德的侧面浮雕像；50 元券用了工人、农民和知识分子头像；其他券别采用了我国 14 个民族人物头像。

1999 年第五套人民币发行。为适应经济发展和市场货币流通的要求，自 1999 年 10 月 1 日开始，中国人民银行陆续发行第五套人民币。

四、经理国库业务

经理国库业务是指经营管理国家金库的业务，主要包括办理国库业务、经营国库资金和监督管理国库。

办理国库业务包括：组织拟订国库资金银行支付清算制度并组织实施，参与拟订国库管理制度、国库集中收付制度；为财政部门开设国库单一账户，办理预算资金的收纳、划分、留解和支拨业务；代理国务院财政部门向金融机构发行、兑付国债和其他政府债券。

经营国库资金业务是指中国人民银行采取不同形式对闲置的国库资金进行运作以获得一定收益。操作方式包括商业银行定期存款、购买国债、国债回购等。中央国库现金管理是中央银行典型的经营国库资金业务。以中央国库现金管理的商业银行定期存款业务为例，就是指中央银行和财政部联合通过利率招标等方式，将国库现金由中央银行转存到商业银行，商业银行以国债或地方政府债券为质押获得存款，并向财政部支付利息的交易行为。通过中央国库现金管理业务，实现国库闲置现金余额最小化、投资收益最大化，提高国库库存资金使用效率。

监督管理国库业务包括：对国库资金收支进行统计分析；定期向同级财政部门提供国库单一账户的收支和现金情况，核对库存余额；按规定承担国库现金管理有关工作；按规定履行监督管理职责，维护国库资金的安全与完整。

国库是国家金库的简称，是国家财政收支的保管出纳机构。国家既可以在财政机关内部设立独立国库，又可以委托国家的银行（中央银行）来代理。我国实行由中国人民银行经理国库制。根据相关规定，国库机构按照国家预算管理体制设立，原则上一级财政设立一级国库。为节省人力和物力，中央国库和地方国库实行两套机构、一套人员的办法。国库业务实行垂直领导。各级国库主任由该级中国人民银行行长兼任，副主任由主管国库业务的副行长兼任。

第四节　中央银行的资产负债表

一、中央银行资产负债表基本内容解析

中央银行资产负债表是其开展货币发行业务和货币政策业务等所形成的债权债务存量报表。中央银行资产负债业务的种类、规模和结构，都综合地反映在一定时点的资产负债表上。各国中央银行在编制资产负债表时主要参考国际货币基金组织的格式和口径，所以各国中央银行资产负债表的主要项目与结构基本相同。

表 11–1 展示了 2023 年 8 月中国人民银行资产负债表。可以看到，我国中央银行资产负债表的资产端包括国外资产、对政府债权、对其他存款性公司债权、对其他金融性公司债权、对非金融性部门债权和其他资产。其中“债权”是一个比较概括（抽象）的说法，例如中央银行持有的国债以及中央银行给政府部门的贷款都属于“对政府债权”的一种。其他国家（例如美国）的中央银行负债表中资产项目名称并不使用“债权”（claims）这样的说法，而是直接列出具体资产项目名称，这样相对更加具体而且比较清晰。

表 11-1 中国人民银行资产负债表(2023 年 8 月)

资产项目	金额(亿元)	占比(%)	负债项目	金额(亿元)	占比(%)
A1 国外资产	231 576.82	55.56	L1 储备货币	353 555.18	84.82
A1a. 外汇	217 673.89	52.22	L1a. 货币发行	111 437.81	26.73
A1b. 货币黄金	3 750.44	0.90	L1b. 金融性公司存款	218 102.93	52.32
A1c. 其他国外资产	10 151.99	2.44	L1c. 非金融机构存款	24 014.44	5.76
A2 对政府债权	15 240.68	3.66	L2 不计入储备货币的金融性公司存款	6 916.63	1.66
A3 对其他存款性公司债权	146 836.22	35.23	L3 发行债券	1 050.00	0.25
A4 对其他金融性公司债权	1 359.52	0.33	L4 国外负债	1 855.27	0.45
A5 对非金融性部门债权	0	0	L5 政府存款	44 706.43	10.73
A6 其他资产	21 827.70	5.24	L6 自有资金	219.75	0.05
			L7 其他负债	8 537.19	2.05
总资产	416 840.45	100	总负债	416 840.45	100

下面具体解释我国中央银行资产负债表中的资产端和负债端各项内容。资产端包括 6 个科目,我们在表中使用资产的英文单词首字母 A 作为标识,将 6 个科目从 A1 列到 A6。具体解释如下。

A1 国外资产:

该项目主要包括外汇、货币黄金和其他国外资产(对外国政府和国外金融机构贷款、未在别处列出的其他官方国外资产、在国际货币基金组织中的储备头寸、特别提款权持有额等)。其中外汇项就是指中央银行口径的外汇占款,外汇占款是中央银行用本国货币购买外汇形成的人民币资金额度,按历史成本计价。注意,这里的外汇项只反映中央银行的购汇行为,并不反映商业银行的购汇行为。如果把中央银行的购汇行为和商业银行的购汇行为加总到一起,就形成了所谓的外汇储备,外汇储备科目统计在“金融机构人民币信贷收支表”中。“货币黄金”项下记录的是中央银行在国内和国际市场上购买黄金所投放的人民币。在国内市场直接用人民币购买黄金,在国际市场利用外汇储备购买(换算成人民币)。“其他国外资产”则主要记录中央银行持有的国际货币基金组织头寸、特别提款权(SDR)等。

A2 对政府债权:

该项目是指对中央政府债权,《中国人民银行法》规定“中国人民银行不得对政府财政透支,不得直接认购、包销国债和其他政府债券”,所以既有“对政府债权”项余额为历史沉淀。这一项统计的实际上是历史上中央政府批准财政部发行的特别国债金额。所谓特别国债就是指特殊用途的国债,不经常发行。表 11-1 中对政府债权全额并不完全等于拓展阅读 11-5 中介绍的前两次特别国债的金额总和,是因为部分特别国债到期后进行兑付,同时财政部还采取滚动发行的方式继续向商业银行定向发行特别国债,然后中央银行通过公开市场操作再买入特别国债抵补到期了的特别国债,从而使得中央银行资产项下的特别国债金额保持相对稳定。

另外需要注意,“对政府债权”项尚不包括普通国债。这主要是由于我国国债发行规模相对经济总量较低(中国不足 20%,而美国则是 70% 以上),而且期限结构集中于中期,1 年以内的短期国债和 10 年以上的长期国债发行量很少,从而导致中国人民银行的公开市场操作中很难开展国债现券交易,而是采取回购协议的方式进行买卖(质押式回购)。由于质押式回购的债券所有权并没有发生改变,只是作为质押品,所以不体现在“对政府债权”科目,而是根据中央银行的交易对手是存款性公司还是金融性公司进行相应记账。例如,中央银行与中国银行进行逆回购操作,标的资产是 100 万元普通国债,那么此时中央银行的资产端“对其他存款性公司债权”增加 100 万元,同时负债端“其他存款性公司存款”增加 100 万元,即基础货币增加 100 万元。

A3 对其他存款性公司债权:

该项目是指中国人民银行对这些存款类金融机构(包括商业银行、信用合作社、政策性银行和外资银行等)发放的信用贷款、再贴现、持有的其他存款性公司发行的金融债券等。注意,这里的“其他存款性公司”就是指商业银行等存款性公司。

A4 对其他金融性公司债权:

该项目内容与对其他存款性公司债权基本相同,主要是对这些公司提供的再贷款,差别在于债权对象是两类不同的金融机构。其他金融性公司包括证券公司、保险公司、信托投资公司、金融租赁公司、养老基金公司、资产管理公司、期货公司、担保公司和各类金融交易所等。

A5 对非金融部门债权:

该项目是指中国人民银行为支持老、少、边、穷地区经济开发所发放的专项贷款。

A6 其他资产:

该项目是指在表中未作分类的资产。

从表 11-1 中可以看到,中央银行资产负债表的负债端包括 7 个大类科目(从 L1 到 L7)。具体解释如下。

L1 储备货币:

该项目反映的是中央银行投放的基础货币存量。所谓基础货币,就是指中央银行发行的现金(离开中央银行发行库的现金)与其他存款类金融机构等的准备金之和。我们在下一章将会看到,因为这些资金是货币供给的基础,所以称为基础货币(base money)或者货币基础(monetary base),有时也称为高能货币(high power money)。

中国人民银行的“储备货币”科目包含 3 个子科目,即货币发行、其他存款性公司存款和非金融机构存款。货币发行是指中央银行发行的现金,包括流通中现金和商业银行的库存现金;其他存款性公司存款是指商业银行等存款性金融机构在中央银行的准备金存款;非金融机构存款是指支付机构(如支付宝网络技术有限公司)交存中央银行的客户备付金存款,客户备付金即客户通过电商平台等购物时确认收货之前的所付款项。在 2017 年之前,支付机构在商业银行开设备付金账户(中央银行对此账户要求 100% 准备金),相应的中央银行资产负债表没有非金融机构存款科目;2017 年以后中国人民银行决定对支付机构的客户备付金实施中央银行集中存管,中央银行资产负债表则增加“非金融机构存款”科目。

L2 不计入储备货币的金融性公司存款:

该项目主要是指证券公司、信托公司等非存款类金融机构在中央银行的存款。2011 年之后中国人民银行按照国际货币基金组织的标准不再将这些存款纳入基础货币而单列此项。

L3 发行债券：

该项目是中国人民银行发行的债券，是中央银行为了回收流动性而发行的票据。近年来中国人民银行逐步减少了中央银行票据的发行。

L4 国外负债：

该项目主要包括国际金融机构在中国人民银行的存款。

L5 政府存款：

该项目是指各级政府在中国人民银行的财政性存款。

L6 自有资金：

该项目是指中国人民银行的资本金数额。

L7 其他负债：

该项目是指在表中未作分类的负债。

在中央银行资产负债表中，负债项下的储备货币尤其值得关注，因为储备货币就是指的基础货币。基础货币的构成一般划分为两部分，即“流通中现金”和“准备金”。流通中现金是指公众持有的现金，而准备金则包括商业银行（及其他金融机构）存放在中央银行的准备金存款以及商业银行的库存现金。一般来说，银行库存现金也属于准备金，只不过物理意义上存放在银行，以方便银行使用。

为方便说明，我们在后面的解释中，将统一用 C_p 表示流通中现金（下标 p 表示 public），用 C_b 表示银行库存现金，用 R 表示总准备金，用 MB 表示基础货币。其中，总准备金 R 包括商业银行的库存现金 C_b 和存放于中央银行的准备金存款 R_b；当然，R 还可以分为法定准备金 RR 和超额准备金 ER。基于以上说明，可以写出准备金 R 和基础货币 MB 的构成等式，即：

$$R=C_b+R_b \tag{11-3}$$

$$R=RR+ER \tag{11-4}$$

$$MB=C_p+R=C_p+C_b+R_b \tag{11-5}$$

中国人民银行资产负债表中的“货币发行”科目下面包括两部分，即公众持有的现金 C_p 和商业银行库存现金 C_b。如果用 C 表示货币发行，则有：

$$C=C_p+C_b \tag{11-6}$$

将式（11-6）与式（11-5）相结合可以看出，基础货币（中国人民银行的储备货币项）还可以写成货币发行与存放于中央银行的准备金存款之和，即：

$$MB=(C_p+C_b)+R_b=C+R_b \tag{11-7}$$

另外，“其他存款性公司存款”其实就是商业银行存放于中央银行的存款准备金 R_b。注意，法定准备金是指银行按照中央银行规定的法定存款准备金率提取的存款准备（存款基数 × 法定存款准备金率）；超额准备金是指超出法定准备金的部分，即银行总准备金与法定准备金的差额部分。

此外，储备货币项下还有一项“非金融机构存款”，这一项是 2017 年后新增的科目，是支付机构缴存人民银行的客户备付金存款。“非金融机构存款”的源头是我们在网上购物时，留在第三方支付机构（如支付宝、微信等）的余额。自 2017 年开始，这些第三方支付机构按中央银行要求缴存“备付金”。“非金融机构存款”本属于基础货币中“流通中现金”，但只要一笔资金被划入“非金融机构存款”,则意味着这笔资金的属性从“流通中现金”变为“非金融机构存款”项。因此,支付机构上缴客户备付金的机理与商业银行上缴存款准备非常类似:当支付金的缴纳基数上涨时,一定量资金会从中央银行资产负债表的“货币发行”项转移到“非金融机构存款”项。

从表 11–1 中的资产项和负债项各个科目的占比来看,我国中央银行的资产项目中,国外资产占比相当高,对其他存款性公司债权占比排名第二,这表示我国中央银行在公开市场操作业务中可以发挥的空间比较小。作为对比,读者可以查阅美联储的资产负债表数据并计算各项占比,可以看到美联储的资产项下,各种可交易债券占比达到 90% 以上,而其国外资产科目占比很小。事实上,中央银行资产占比的结构性特征,反映并决定了不同国家货币政策调控的结构性安排特征。当然,这种安排还受到国家经济发展模式和货币的国际化程度影响。

二、中央银行资产与负债业务的关系

从总体关系上看,负债加上资本等于资产。在自有资本一定的情况下,中央银行的资产持有额增减,必然导致其负债相应增减。同样道理,如果中央银行的负债总额增加了,则其必然扩大了等额的债权。值得注意的是,与商业银行不同,对中央银行而言,其资产业务并不受到负债业务的约束,本质上由中央银行执行货币政策的最终目标决定。中央银行的资产业务对负债业务以及由此引致的货币供给有决定性作用。基础货币的投放是中央银行实施相应资产业务的结果。

为了理解中央银行资产和负债的变化关系,我们把表 11–3 的中央银行资产负债表简化为如表 11–2 所示的形式。

表 11–2　中央银行简化资产负债表　　单位:亿元

资产		负债	
国外资产	+60	流通中现金	+20
证券	+30	银行存款	+80
贴现贷款	+10		

如果中央银行与一级交易商进行公开市场操作业务而从商业银行买入 10 亿元国债,此时其资产项下的有价证券(对应于原始资产负债表中的“对政府政权”项)增加 10 亿元,而由于中央银行支付了 10 亿元给商业银行,商业银行在中央银行的存款就会相应增加 10 亿元,此时中央银行资产负债表变为表 11–3。

表 11–3　中央银行购入国债后的资产负债表　　单位:亿元

资产		负债	
国外资产	+60	流通中现金	+20
证券	+30+10	银行存款	+80+10
贴现贷款	+10		

在这一公开市场操作业务中，商业银行的资产负债表也发生了变化，其资产端的存款准备增加了 10 亿元，同时有价证券减少了 10 亿元，如表 11–4 所示。

表 11–4 商业银行卖出国债后的资产负债表 单位：亿元

资产		负债	
存款准备	+10		
有价证券	–10		

在这个过程中，由于中央银行购买证券，中央银行资产和负债同时增加 10 亿元。具体来说，中央银行的资产增加 10 亿元债券，同时带动基础货币增加了 10 亿元。

类似地，如果中央银行为商业银行提供贴现贷款 10 亿元，则中央银行的资产端贴现贷款增加 10 亿元，同时负债端银行存款也增加 10 亿元，如表 11–5 所示。

表 11–5 中央银行为商业银行发放贷款后的资产负债表 单位：亿元

资产		负债	
国外资产	+60	流通中现金	+20
证券	+30	银行存款	+80+10
贴现贷款	+10+10		

当然，除了公开市场操作和贴现贷款业务之外，中央银行还可以开展更多的资产业务，进而影响其负债端各项，特别是基础货币。例如，中央银行从商业银行购买外汇，则其资产项的国外资产增加，与此同时其负债端商业银行的存款准备（"其他存款性公司存款" 项）也相应增加。

关于中央银行资产负债表各项之间的部分关系，以下几点值得注意：

（1）对金融机构债权和对金融机构负债的关系：这两个项目反映了中央银行对金融系统的资金来源与运用的对应关系。两者相等时，不影响资产负债表的其他项目。当债权总额大于负债总额时，若其他对应项目不变，其差额部分通常用货币发行来弥补；反之，会减少货币发行量。

（2）对政府债权和政府存款的关系：这两个项目属于财政收支的范畴，反映了中央银行对政府的资金来源与运用的对应关系。两者相等时，对货币供给影响不大。若因财政赤字过大而增加的中央银行对政府的债权大于政府存款，在其他对应项目不变情况下，会出现财政性的货币发行；反之，会消除来自财政方面的货币发行压力。

（3）国外资产和债券发行及自有资本的关系：若中央银行在增加国外资产的同时，相应增加债券发行或自有资本，一般不会引起中央银行货币发行的变化；反之，将导致货币发行的增减。

当然，项目之间不可能完全机械地一一对应，中央银行可以在各有关项目之间进行灵活调整。

三、中央银行的基础货币投放

基础货币是指现金与存款准备金之和，是货币供给总量的基础，基础货币的投放最终将影响货币政策调控效果。因此，理解中央银行基础货币的投放形式非常重要。通过以上关于中央银行资产负债表的资产与负债业务关系的阐述，我们已经初步了解中央银行的基础货币投放形式，归纳起来可以通过四种形式进行基础货币投放：一是通过公开市场操作业务买入证券；二是以再贷款或再贴现等形式向商业银行授信；三是买入外汇资产；四是财政款项支出。

第一，中央银行可以通过公开市场操作业务买入证券发行货币。所谓公开市场操作，是指中央银行为了调控货币供给总量进而影响市场利率而与一级交易商进行证券买卖的业务。由于中央银行的公开市场业务以金融机构为交易对方，买卖标的可以是国债，所以在货币当局的资产负债表中，这将表现为资产项下“对政府债权”的增加以及负债项下“储备货币（其他存款性公司存款）”或“不计入储备货币的金融性公司存款”的增加。

第二，中央银行以再贷款或再贴现等形式向商业银行授信来发行货币。这部分基础货币经由商业银行的信贷投放、转账存款等周而复始的存款货币派生过程，最终成一定倍数地转化为货币供给的组成。在中央银行的资产负债表中，这将表现为资产项下“对其他存款性公司债权”的增加以及负债项下“储备货币（其他存款性公司存款、货币发行）”的增加。另外，中国人民银行还可以通过公开市场操作进行逆回购交易，中央银行逆回购交易中的第一次交易表现为负债项下“储备货币（其他存款性公司存款）”的增加以及“其他负债”的增加。

第三，中央银行从商业银行买入外汇资产也会影响货币投放。这部分基础货币也将经由商业银行的信贷投放派生为货币供给。事实上，这个过程在我国一般是商业银行代理结售汇业务对应的过程。例如，外贸企业到商业银行进行结汇，对于商业银行来讲实际是代理结售汇业务：银行按照外汇牌价给企业换汇，然后把外汇上缴中央银行并得到中央银行发放的一笔资金。在这个过程中，商业银行的资产端增加了中央银行发放的与外汇对应额度的人民币库存现金，或者简单地说就是银行的资产端存款准备增加，同时负债端企业存款增加。而对于中央银行，这将表现为资产项下对“国外资产（外汇）”的增加以及负债项下“储备货币（其他存款性公司存款）”的增加。中央银行买入外汇资产形成外汇占款，外汇占款曾经一度成为中国人民银行基础货币投放的主要方式。注意，外汇占款反映在中央银行资产负债表中，而外汇储备则反映在全部金融机构信贷收支表中。在金融机构信贷收支表里，不仅记录中国人民银行持有并反映在其资产负债表中的外汇占款，还包括其他金融机构持有的外汇资产。

第四，财政款项支出也会带来基础货币的投放。在货币当局的资产负债表中，政府存款项是中央和地方政府存放于中央银行的预算内财政存款。中央银行负债经理国库，形成以国库集中收付为主要形式的国库单一账户体系。中央和地方政府的财政存款绝大部分存放于中央银行，存放于中央银行以外的部分主要包括国库定期存款、预算外存款和未结算上缴国库款项，这些存放于商业银行。当财政支出款项时，中央银行负债项下的“政府存款”减少，而支出的款项变为社会公众存款，所以中央银行负债项下的储备货币（其他存款性公司存款）增加，即基础货币增加。

拓展阅读 11-5

中央银行的宏观审慎政策框架

宏观审慎管理是在2007年美国次贷危机引发国际金融危机后,金融学界和金融监管层提出的一个概念,核心是从宏观逆周期视角采取措施,防范由金融体系顺周期波动和跨部门传染导致的系统性风险,维护货币和金融体系的稳定。宏观审慎管理是与微观审慎管理相对应的一个概念。微观审慎管理更关注个体金融机构的安全与稳定,而宏观审慎管理则更关注整个金融系统的稳定,是对微观审慎管理的升华。

中国人民银行自2011年开始实施差别准备金动态调整和合意贷款管理机制,不断加强宏观审慎管理、促进货币信贷平稳增长、维护金融稳定,可以视为宏观审慎管理在我国的前期实践。

自2016年开始,为进一步完善宏观审慎政策框架,更加有效地防范系统性风险,发挥逆周期调节作用,并适应资产多元化的趋势,中国人民银行将差别准备金动态调整和合意贷款管理机制整合为"宏观审慎评估体系"(macro prudential assessment,MPA),作为中国人民银行的宏观审慎政策框架。MPA体系既保持了之前的宏观审慎政策框架的连续性、稳定性,又有以下改进:

第一,MPA体系更为全面、系统,重点考虑资本和杠杆情况、资产负债情况、流动性、定价行为、资产质量、外债风险、信贷政策执行七大方面,通过综合评估加强逆周期调节和系统性金融风险防范。

第二,将宏观审慎资本充足率作为评估体系的核心,资本水平是金融机构增强损失吸收能力的重要基础,坚持资产扩张受资本约束。

第三,从以往的关注狭义贷款转向关注广义信贷,将债券投资、股权及其他投资、买入返售资产等纳入其中,引导金融机构减少腾挪资产以规避信贷调控的做法。

第四,利率定价行为是重要考察方面,以促进金融机构提高自主定价能力和风险管理水平,约束非理性定价行为,避免恶性竞争,维护良好的市场竞争环境,有利于降低融资成本。

第五,MPA体系按每季度数据进行事后评估,同时按月进行事中、事后监测和引导,在操作上更多发挥金融机构自身和自律机制的自我约束作用,体现了宏观审慎管理的弹性和灵活性。

第六,MPA体系既借鉴国际经验,又考虑了我国利率市场化进程、结构调整任务重等现实情况,有利于促进金融改革和结构调整。

2019年2月,中央机构编制委员会办公室公布《中国人民银行职责配置、内设机构和人员编制规定》,明确在中国人民银行设立宏观审慎管理局。宏观审慎管理局牵头建立宏观审慎政策框架和基本制度,以及系统重要性金融机构评估、识别和处置机制。牵头金融控股公司等金融集团和系统重要性金融机构基本规则拟订、监测分析、并表监管。牵头外汇市场宏观审慎管理，研究、评估人民币汇率政策。拟订并实施跨境人民币业务制度，推动人民币跨境及国际使用，实施跨境资金逆周期调节。协调在岸、离岸人民币市场发展。推动央行间货币合作，牵头提出人民币资本项目可兑换政策建议。中国人民银行宏观审慎管理局下设综合处、宏观审慎处、系统重要性金融机构处、金融控股公司处、跨境人民币业务处、货币合作处。

复习要点

1. 中国人民银行实施货币政策调控的组织架构。
2. 美联储实施货币政策调控的组织架构。
3. 中央银行资产负债表内容。
4. 中央银行的主要业务。
5. 中央银行资产与负债业务的关系。
6. 中央银行的基础货币发行方式。

关键术语

货币政策	宏观审慎	最后贷款人	储备货币
基础货币	外汇占款	存款准备金	法定准备金
超额准备金	流通中现金	银行库存现金	货币发行
借入准备	非借入准备	公开市场操作	联邦基金利率
特别国债	碳减排支持工具	银行间利率	一级交易商
中央银行票据	常备借贷工具（SLF）	中期借贷工具（MLF）	
回购协议	正回购	逆回购	质押式回购
贴现贷款	经理国库	中央国库现金管理	财政款项
宏观审慎管理			

即测即评

请扫码检测本章学习效果。

练习题

1. 中国人民银行资产负债表中的“储备货币”包括哪些内容？
2. 中央银行通过哪些业务可以影响银行体系的准备金规模？
3. 从理论上看，中央银行对准备金的控制能力是无限的；在实践中，不同中央银行对准备金的影响能力可能存在差别，甚至对准备金的调控有一定的局限范围。请以中国人民银行为例，说明中央

参考答案

银行对准备金调控可能受到哪些条件制约。

4. 中国人民银行从中国工商银行买入10亿元人民币的证券，中国人民银行资产负债表如何变化？中国工商银行资产负债表如何变化？

5. 中央银行的公开市场操作业务包括哪些具体内容？

6. 中央银行经理国库业务的具体内容有哪些？

7. 中央银行基础货币投放和回收的渠道有哪些？

补充阅读材料

扫码查看本章补充阅读材料。

第十二章

货币政策

学习目标

1. 掌握货币政策目标体系
2. 掌握货币政策工具体系
3. 掌握利率走廊与利率地板体系
4. 掌握货币政策反应机制
5. 掌握货币政策传导机制

本章导读

中央银行的核心职责是制定和执行货币政策。货币政策是指中央银行运用一系列货币政策工具调控中间目标（如货币供给、利率等）进而实现最终目标（如物价稳定、经济增长等）的一系列政策。不难看出，货币政策包括货币政策工具和政策目标等内容。其中，货币政策工具是中央银行能够直接使用的对象，例如公开市场操作、存款准备金政策和贴现贷款等，这些都是中央银行可以直接使用的工具。通过运用这些工具，中央银行可以调整市场利率或者货币供给规模，影响企业生产活动，进而影响宏观经济产出或者就业率。因此，货币政策调控既会影响宏观经济运行，也会影响微观企业和居民部门的经济活动。

我们可以把中央银行运用货币政策工具对最终目标进行调控的过程比喻成使用枪支打靶射击的过程：货币政策中间目标类似于枪支的准星，而货币政策最终目标则是射击的对象，要想射准靶心就需要借助准星进行瞄准。事实上，货币政策中间目标与最终目标中的“目标”含义并不相同，英文表述使用的分别是 target（intermediate targets）和 goal（ultimate goals）。target 表示目标和对象，而 goal 则强调经过努力才能达到的最终目标。

本章基于我国的中央银行运行机制，详细介绍货币政策的目标体系（包括操作目标和中间目标）、工具体系、反应机制和传导机制。同时，本章还介绍了美联储在 2008 年之后新的货币政策调控框架：货币政策工具由公开市场操作转变为准备金利率，调控框架由原来的利率走廊体系转变为利率地板体系。通过本章学习，读者可以掌握现代中央银行的货币政策调控体系的核心内容，了解货币政策调控体系的全新变化，从而理解货币政策与经济运行之间的深层次联系。

第一节 货币政策目标

一、货币政策目标体系概览

中央银行作为政府的银行或者说国家的银行，主要职责之一就是制定和实行国家的货币政策。货币政策要实现一定的最终目标（ultimate goals），为了实现最终目标需要通过一些中间目标（intermediate targets）的调整，而调整这些中间目标，则需要借助短期内易于调控的操作目标（operating targets），操作目标也可以称为短期中间目标（short-range intermediate targets）。不过，为了方便说明，下面提及的中间目标专指中长期的中间目标。

因此，货币政策目标可以分为最终目标、中间目标和操作目标。中间目标是中央银行用以调整的中长期中间变量，目的是实现货币政策最终目标；操作目标则是为了实现中间目标的调整而设定的短期的可操作变量，这些操作目标的实现则是以货币政策工具的调整为开端的。

图 12-1 归纳了从货币政策工具到操作目标再到中间目标进而实现最终目标的流程，即货币政策调控体系，可以帮助读者理解货币政策各个层级目标之间的逻辑关系。其中，典型的货币政策工具包括公开市场操作、贴现贷款政策（中央银行向商业银行等金融机构发放贷款的政策，包括对贷款规模和贷款利率水平的规定）、准备金政策（包括存款准备金率水平和存款准备金利率水平的调整）等。

中央银行运用货币政策工具调整的第一层级指标就是货币政策操作目标，此时不同的货币政策工具对操作目标的影响可能有所不同，有的货币政策工具主要调控数量型操作目标，有的工具则主要调控价格型操作目标。所以，在图 12-1 中，操作目标划分为数量型（银行准备金和基础货币等）和价格型（货币市场的利率或者收益率）两大类。例如，公开市场操作主要影响货币市场利率，所以如果中央银行选择使用公开市场操作这种工具，其调整的操作目标就是价格型操作目标。再如，法定准备金率的调整可以影响准备金或者基础货币，所以法定准备金率作为货币政策工具主要调整数量型操作目标。

与操作目标相对应，中长期的货币政策中间目标也相应划分为数量型和价格型两类，数量型对应的是货币总量或者信贷总量指标，价格型对应的是中长期利率指标。为了便于理解，我们下面首先介绍货币政策最终目标，然后说明实现最终目标所对应的中间目标，接着介绍调整中间目标所需要借助的操作目标，最后介绍货币政策目标的历史演进情况。

二、货币政策最终目标

对于货币政策最终目标，不同国家中央银行法条中的表述不尽相同，但是对于大多数国家来说，货币政策最终目标一般都会至少包括两项内容：一是物价稳定；二是经济增长。例如，美国联邦储备法中关于美联储货币政策的最终目标陈述是“最大化就业，稳定物价，保持较低的长期利率”（maximum employment，stable prices，and moderate long-term interest

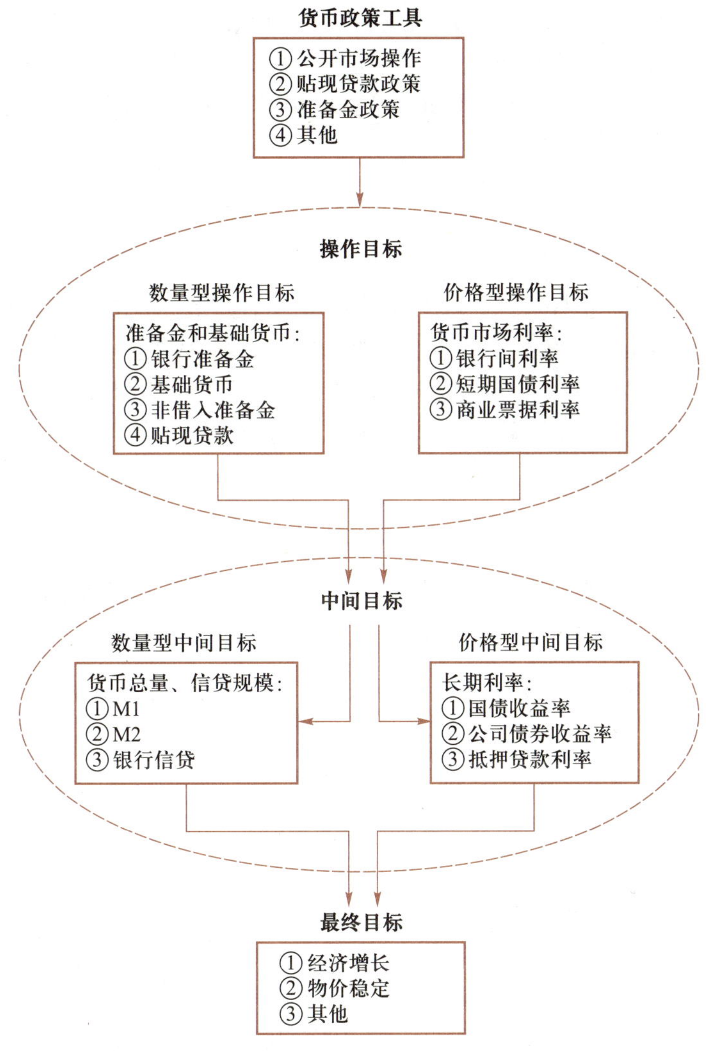

图 12-1 货币政策调控体系:工具与各层级目标

rates)。其中,“保持较低的长期利率”是为了保持长期经济增长,因为长期利率决定企业生产投资的融资成本,所以较低的长期利率有助于企业生产进而有助于经济增长。同时,“最大化就业”与促进经济增长是等价的。就业率升高意味着更多人在工作,因此国家的总产出增加。因为 100 元的产出就会创造 100 元的收入,所以高就业率意味着整个国家的总体收入增加,即经济增长加快。

《中国人民银行法》规定的货币政策最终目标是“保持货币币值的稳定,并以此促进经济增长”。虽然表述中没有直接提及稳定物价,但是“保持货币币值的稳定”包括对内稳定和对外稳定。对内稳定就是稳定国内物价,对外稳定则是稳定人民币汇率。可见,稳定物价和促进经济增长是最常见的货币政策最终目标。

那么,为什么中央银行把稳定物价和促进经济增长作为主要的最终目标呢?

首先,稳定物价是货币政策最主要的目标。稳定物价的含义是将通货膨胀率保持在平稳较低的水平。我们在第九章介绍过，通货膨胀（inflation）是指一国总体物价水平持续上涨的现象，而与通货膨胀相对的概念是通货紧缩（deflation），即总体物价水平持续下降的现象。不过，无论通货膨胀还是通货紧缩，其水平测度都是总体物价的变化率，统称为通胀率，即：

$$\text{通胀率}=\frac{\text{当前物价}-\text{上期物价}}{\text{上期物价}} \tag{12-1}$$

我们在第九章已经介绍过，代表一国总体物价水平的指标有 CPI 和 GDP 平减指数等，前者主要测度了一国国民消费篮子的物价水平，后者则涵盖了与 GDP 相关的所有行业的物价水平。图 12-2 给出了 1993 年至 2021 年中国 CPI 通胀率与 GDP 平减指数通胀率的时序走势图。从中可以看到，两个指标在多数时期走势比较一致，不过在某些年份（如 2010 年、2015 年、2018 年以及 2021 年）二者的水平值差别比较明显。

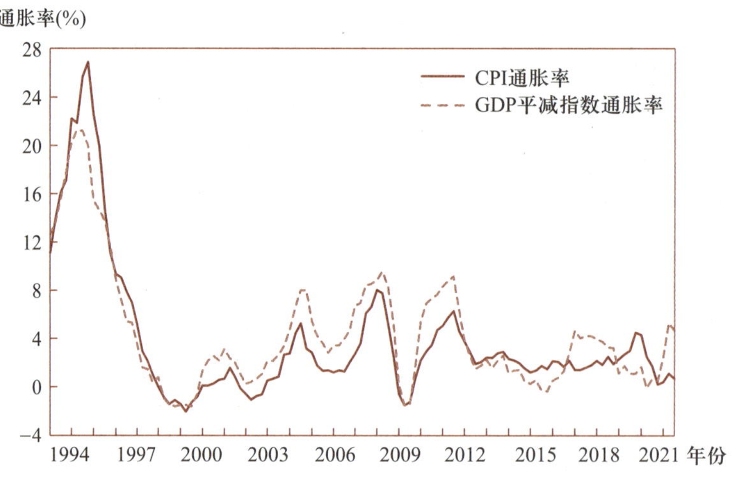

图 12-2 中国 CPI 通胀率与 GDP 平减指数通胀率（基于同比增长率计算）

资料来源：中国国家统计局，经作者计算。

高通胀率意味着物价上涨的速度很快，会扭曲价格信号，给市场带来很高的不确定性，导致资源分配的市场效率损失，同时还可能造成收入分配的失衡等负面效应。当然，根据第九章介绍的 *IS* 曲线，过低的通胀率甚至负通胀率（通货紧缩）也不利于企业生产，本质上是因为企业的真实融资成本是由名义利率减去通胀率，如果通胀率很低（其他条件不变），则企业的真实融资成本会上升，这样会抑制企业扩张动机，不利于经济增长。因此，中央银行必须时刻关注通胀率的变化，在必要时进行货币政策调整来稳定物价。当然，多高的通胀率水平是平稳较低呢？一般认为，发达国家在 2%~3% 比较合适，发展中国家可以略高于这一范围，例如 3%~5% 也是比较适中的通胀率水平。

其次，促进经济增长也是货币政策重要的最终目标。人们天然有追求更美好生活的愿望，而经济增长是满足人们日益增长的美好生活需要的基础条件。同时，稳定的经济增长与高就业率紧密联系。奥肯定律的核心内容就是经济增长强劲的时期，商业活动和企业生产都会比较活跃，企业需要雇更多的员工，全社会的失业率就会下降，从而就业率上升。

注意，中国人民银行把汇率稳定也作为货币政策的最终目标之一。事实上，汇率稳定对于任何国家的经济发展都很重要，特别是随着国际贸易的不断增加，各国之间的贸易会受到汇率变化的影响。如果汇率大幅波动，会导致进出口贸易商的成本和收入发生剧烈变化，不仅会带来一国净出口额（出口减去进口）的剧烈变化，而且汇率变化导致的进口商品售价上升或下降会造成国内物价变化。也就是说，如果汇率不稳定，那么国家的经济增长（净出口是经济增长的一部分）和物价稳定都会受到影响，因此很多国家的货币政策最终目标都明确包括汇率稳定。

另外，有些国家的货币政策最终目标可能还会考虑利率稳定和金融市场稳定等其他指标。不过，这些指标在一定程度上与经济增长和物价稳定存在内在联系。因此，稳定物价和促进经济增长是货币政策最终目标的核心，二者也是大多数国家货币政策最终目标的必选项。

拓展阅读 12-1

奥肯定律

关于就业与经济增长的关系就是经济学中著名的奥肯定律（Okun’s law）的主要内容，是由耶鲁大学教授奥肯（Arthur Okun）在 1962 年提出的。奥肯定律刻画了真实产出的相对变化与失业率的相对变化关系，这种关系也大致等价于经济增长和失业率之间的关系，即高经济增长对应于高失业率，低失业率对应于高经济增长。所以，促进就业就等同于促进经济增长。

奥肯定律的公式可以写成如下形式：

$$\frac{Y-Y^*}{Y^*}=-\beta(U-U^*) \tag{12-2}$$

式中：Y 表示真实产出；

Y^* 表示真实潜在产出（充分就业条件下的真实产出，可以用真实产出 Y 的长期趋势性成分度量）；

U 表示失业率；

U^* 表示自然失业率（充分就业条件下的失业率，可以用失业率 U 的长期趋势性成分度量）；

β 表示大于 0 的系数。

式（12-1）的左侧表示的是真实产出相对于潜在产出的变化率（真实产出缺口），右侧（$U-U^*$）表示的是失业率相对于自然失业率的变化。4%~5% 是常见的自然失业率水平，也可以使用统计分析方法（如 Hodrick-Prescott filter，即 HP 滤波）将失业率的时间序列数据进行分解，分解为周期性成分和长期趋势成分。可以看出，奥肯定律说明的是当一国失业率高于自然失业率时，总产出可能有多大损失。奥肯定律表明，中央银行通过货币政策调控提升就业率（降低失业率）就能提高总产出的相对水平；反过来，中央银行通过调控增加经济总产出可以提升就业率。

图 12-3 是分别基于中国和美国的真实 GDP 和城镇居民失业率数据(1990—2020 年)描绘的真实产出缺口(纵轴)相对于失业率缺口(横轴)的散点图。可以看出,在样本区间内,中国和美国的真实 GDP 缺口与失业率缺口都表现为负向关系,基本印证了奥肯定律刻画的内容。在实践中,还可以使用真实经济增长率来代替真实产出缺口与失业率进行比较,经济增长率与失业率的负向关系也比较明显。

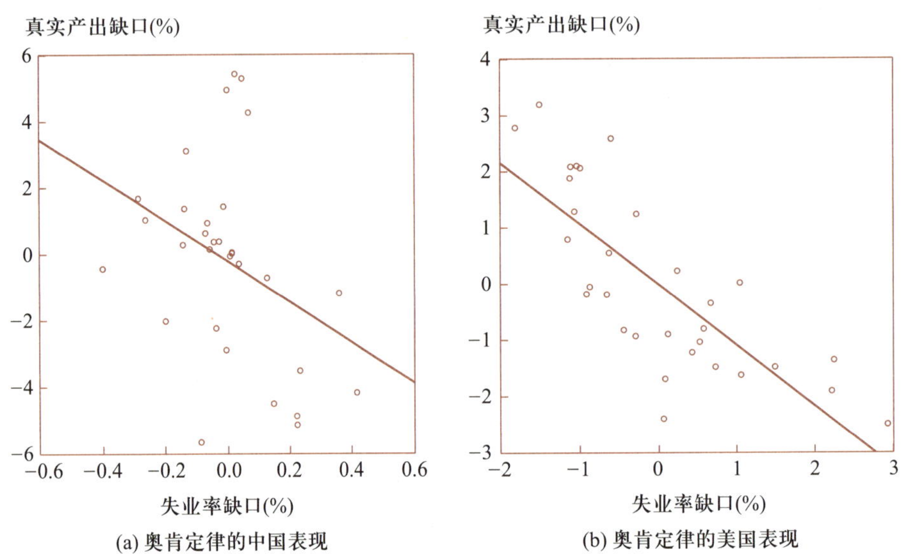

注:样本区间为 1990 年至 2020 年;中国的原始数据来源于 CSMAR 数据库(其中真实 GDP 利用 1978 年为基期通过名义 GDP 与 GDP 平减指数折算获得),美国的原始数据来源于 FRED 数据库;真实产出缺口 =(真实 GDP−潜在 GDP)/ 潜在 GDP;失业率缺口 = 失业率−自然失业率;潜在 GDP 和自然失业率均由 HP 滤波法预测得出;图中斜线为真实产出缺口对失业率缺口进行线性回归获得的拟合线。

图 12-3 中国真实 GDP 缺口与相对失业率的散点图

三、货币政策中间目标

为了实现货币政策最终目标,中央银行需要选择一些能够对货币政策工具进行快速反应的中间变量,也就是中间目标。这些中间目标可以有力地影响到物价和总产出等指标,从而帮助中央银行实现最终目标。

广义的货币政策中间目标按照反应的先后和快慢可以进一步细分为短期的中间目标和中长期的中间目标。短期的中间目标是中央银行运用相关工具能够较快实现调控的目标,即操作目标;中长期的中间目标是中央银行通过操作目标进行影响的中长期变量,这些变量一般与货币政策最终目标的联系既直接又紧密。

下面举例说明中间目标与最终目标的联系。假定中央银行按照国家相关工作部署,在年初设定当年真实 GDP 增长率 5% 作为最终目标。中央银行并不能直接控制真实 GDP 增长率指标,只能间接影响经济产出。如果中央银行根据历史经验(例如,运用经济运行的历史数据构建研究框架并通过统计分析得出结论),8% 的 M2 增长率可以带动大约 6% 的真实经济增长率,那么中央银行就可以选择 M2 增长率作为中长期的中间目标,将其年度目标水平定在 8%。在此情况下，中央银行就可以通过调控 M2 增长率来实现最终目标。

当然，如果中央银行认为长期利率对真实经济增长率的影响最直接、有力，并且认为长期贷款利率维持在 3% 左右可以实现 5% 的真实经济增长率，那么中央银行就会以长期贷款利率作为中长期的中间目标，相应将年度长期贷款利率目标定在 3% 的水平上。

事实上，M2 增长率和中长期利率都是货币政策中间目标的可选指标。从图 12-1 可以看到，货币政策中间目标可以划分数量型和价格型两类，货币总量以及信贷总量的增长率属于典型的数量型中间目标，而中长期利率则属于典型的价格型中间目标。

中央银行之所以要通过调控一系列中间目标来实现最终目标，是因为从货币政策工具的运用开始到最终目标实现的过程相对较长而且比较复杂。也就是说，中央银行运用货币政策工具来调控最终目标的过程中，还有许多其他因素可能同时也会影响经济运行状况，可能抵消也可能增强中央银行的调控力度。所以，中央银行必须通过一系列中间目标进行接续传导，即先影响短期的操作目标，然后通过短期的操作目标来影响中长期的中间目标，最后才能实现最终目标，这样才可能最大限度发挥货币政策效果。

那么，中央银行如何选择中间目标呢？中间目标的选择一般需要遵循三个标准，即可测性、可控性和相关性。此选择标准同样适用于短期的操作目标。

可测性是指中间目标应该很容易准确及时测度。如果中间目标都无法准确测度，那么要想通过中间目标调控最终目标就更困难。例如，中央银行可以及时准确获得 M2 的月度数据，所以 M2 增长率指标就很容易度量，可以作为货币政策中间目标。同样，名义利率变量的数据不仅非常容易获得，而且每日都有准确及时的利率水平信息，所以就适合作为中间目标。相反，真实利率变量（等于名义利率减去通胀预期）就不适合作为中间目标，因为人们的通胀预期实际上不容易准确获知。

可控性是指中间目标应该是中央银行很容易掌控的。所谓容易掌控，就是中间目标的主要影响因素不能过多，用经济学术语讲就是内生性不能太强。所谓内生性就是变量在一个经济系统内彼此互相影响，不容易区分究竟是谁影响了谁。例如，长期真实利率（长期名义利率减去预期通胀率）不仅会受到货币政策影响，还会受到经济周期和通胀预期等诸多因素强烈影响，就不适宜做中间目标；名义利率相对容易受到中央银行的调控影响，就可以作为中间目标选项。

相关性又可以称为重要性或者预测性，即中间目标对最终目标来说是重要的影响变量，或者说中间目标对最终目标具有预测效应，总之，中间变量一定要与最终变量具有紧密的相关性。即使中央银行能够很好控制一些变量，但是如果这些变量与货币政策最终目标没有紧密联系，这些变量作为中间调控目标也就没有意义。例如，中央银行可以完全掌控其员工人数，但是中央银行的员工人数显然与经济增长和物价稳定的相关性不明显。

在实践中，货币供给量、信贷规模和利率等指标都可以作为中间目标选项。在这些指标中，有的指标可能在可测性和可控性方面更突出，有的指标则可能在相关性层面更具有优势。究竟选择哪些指标作为中间目标，中央银行可以根据现实经济运行情况和实际需要在中间目标的可选对象集中灵活选择，也可以同时选择多种指标作为中间目标变量。

四、货币政策操作目标

我们把广义的中间目标划分为操作目标和中长期的中间目标两个层次，主要是依据变量对货币政策工具的反应顺序和速度进行划分的。货币政策操作目标是距离货币政策工具最近的反应变量，是短期的中间目标变量。

一般来说，货币政策工具变化以后，货币政策操作目标首先反应，然后才会影响中期的中间目标，进而传导到最终目标。如果非要基于中间变量选择的标准来对比中长期的中间目标和操作目标（短期的中间目标），那么操作目标在可测性和可控性方面程度更高，而中长期的中间目标则在与最终目标的相关性层面更强。

回顾图 12-1 可以看到，操作目标也可以分为数量型和价格型两类。数量型操作目标包括银行准备金、基础货币和非借入准备金等，其中非借入准备金（nonborrowed reserve NBR）与借入准备金（borrowed reserve）相对。借入准备金是指商业银行通过贴现贷款等形式从中央银行直接借入的准备金，而非借入准备金是指商业银行通过与中央银行的公开市场操作业务获得的准备金。因为是否进行贴现贷款由商业银行决定，所以中央银行对借入准备金没有主动控制力，而对非借入准备金的控制力更高。

价格型操作目标则包括银行间利率和短期国债利率等利率指标。不同国家的银行间市场利率代表性指标名称不一定相同。例如，当前中国的银行间利率以中央银行公开市场操作对应的银行回购利率和 MLF 利率为主导，而美国的银行间利率以联邦基金利率（FFR）为基准。联邦基金利率是美联储成员银行相互拆借资金的拆借利率，“联邦基金”（federal funds）实际上并不是传统的基金，本质上是美国银行等金融机构在联邦储备银行（美国中央银行）的存款准备金。有的银行存款准备充沛，而有的银行则可能短缺，因此各商业银行彼此之间可以进行拆借，就形成了联邦基金拆借市场，对应的隔夜拆借利率称为联邦基金利率。事实上，我国商业银行之间也有相互拆借资金的业务，即银行间存款类机构同业拆借业务，对应的利率称为银行间存款类机构同业拆借利率或存款类机构质押回购利率。我国的存款类机构回购利率与美联储的联邦基金利率在政策功能上有类似之处。

拓展阅读 12-2

SHIBOR 及中国的市场利率定价自律机制

1. SHIBOR

上海银行间同业拆放利率（SHIBOR），以位于上海的全国银行间同业拆借中心为技术平台计算、发布并命名，是由信用等级较高的银行组成报价银行团自主报出的人民币同业拆出利率计算确定的算术平均利率，是无担保、批发性利率。目前，SHIBOR 品种包括隔夜、1 周、2 周、1 个月、3 个月、6 个月、9 个月及 1 年。

截至 2024 年年初，SHIBOR 报价银行团由 18 家商业银行组成。报价银行是中央银行公开市场一级交易商或外汇市场做市商，是在中国货币市场上人民币交易相对活跃、信息披露比较充分的银行。中国人民银行成立 SHIBOR 工作组，依据《上海银行间同业拆放利率实施准则》确定和调整报价银行团成员，监督和管理 SHIBOR 运行，规范报价行与指定发布人行为。

全国银行间同业拆借中心授权 SHIBOR 的报价计算和信息发布。每个交易日根据各报价行的报价，剔除最高、最低各 4 家报价，对其余报价进行算术平均计算后，得出每一期限品种的 SHIBOR，并于每日上午 11:00 对外发布。这套报价规则与 LIBOR 报价机制基本一致。

2. 市场利率定价自律机制

2013 年，中国人民银行指导成立由金融机构组成的市场利率定价自律机制，对金融机构利率定价行为进行自律管理。市场利率定价自律机制在符合国家有关利率管理规定的前提下，对金融机构自主确定的货币市场、信贷市场等金融市场利率进行自律管理，维护市场正当竞争秩序，促进市场规范健康发展。我国在2013年取消了贷款利率浮动限制，2015 年取消了存款利率管制，金融机构的存贷款利率基本实现自主定价。与此同时，市场利率定价自律机制通过行业自律协商约定存款利率上限，也对贷款定价行为进行约束。市场利率定价自律机制接受中国人民银行的指导和监督管理，履行以下主要职责：

（1）制定和修改工作指引及相关业务规则；

（2）制定合格审慎及综合实力评估标准，并对自愿参与的金融机构开展评估；

（3）制定 SHIBOR、贷款市场报价利率（LPR）等市场基准利率报价规则，组织集中报价和发布，并对报价情况进行监督评估；

（4）监督各类金融产品定价情况，督促成员贯彻执行国家有关法律、法规，对成员定价行为进行自律管理，维护市场竞争秩序；

（5）组织协调专门工作小组进行涉及市场基准利率培育的金融产品研发和创新。

五、货币政策目标体系中的利率指标

需要注意的是，不同国家拥有不同的金融体系，因此政策工具、操作目标以及中间目标对应的变量或有不同。例如，短期市场利率既可以是中间目标又可以是政策工具。在官定利率体系下，基准利率由中央银行直接决定，中央银行可以直接宣布利率调整幅度，这时利率就是货币政策工具；在市场利率背景下，中央银行可以通过公开市场操作等工具来调控市场利率，这时利率又成为政策操作目标。

即使在同一个国家，不同时期的政策工具和政策目标也会发生变化。例如，20 世纪 70—80 年代，美联储采纳货币主义学派的主张，主要以货币供给总量增长率作为中间目标；20 世纪 80 年代中后期起，凯恩斯和新凯恩斯主义的政策主张更为盛行，因此美联储改为以利率作为中间目标。这种转变既折射出经济和金融学科的理论发展进程，也反映了政策实践的现实比较结果。在 20 世纪 80 年代以前，货币主义学派主张通过货币总量指标进行政策调控，这一主张也得到了当时世界很多国家的认可。但是随着经济发展及货币形态的丰富和变化，货币总量指标的统计稳定性下降。同时，20 世纪 80 年代之后新凯恩斯主义经济学家经过持续的学术研究证明，货币总量指标作为中间目标进行政策调控带来的经济波动率远高于利率作为中间目标进行调控对应的结果。另外，时任美联储主席保罗·沃尔克（Paul Volker）1979—1982 年抛弃利率而采纳货币总量作为中间目标时带来的经济波动，也成为利率在货币政策目标的诸多变量中胜出的重要动因。

因此,自 20 世纪 80 年代中后期开始,以利率为代表的价格型指标在货币政策传导机制中扮演日益重要的角色。美国 2006 年终止了货币总量 M3 的统计与发布,也从一个侧面反映出货币总量指标在货币政策传导机制中的作用和地位日渐下降。事实上,20 世纪 90 年代以后,美联储就不再发布货币供给增长率目标,而是完全以联邦基金利率作为操作目标。

对于中国来说,自 1995 年《中国人民银行法》实施以来,中央银行的中间目标主要是货币供给量。不过,随着货币政策理论发展和政策实践,价格型货币政策在中国货币政策实践中的重要性也日益明显。例如,中国人民银行 2007 年主导设立 SHIBOR,目标就是增强利率指标在货币政策传导机制中的作用。随着中国利率市场化的不断发展,利率在中国货币政策目标中扮演的角色日益凸显。

表 12–1 归纳了中国货币政策调控体系的主要利率指标,其中 OMO 利率和 MLF 利率是 2019 年以后中国人民银行的主要政策利率,对应的操作目标分别是银行间存款类机构 7 天质押回购利率(DR007)和贷款市场报价利率(LPR)。上海银行间同业拆放利率(SHIBOR)和短期国债收益率也属于中央银行的操作目标。中长期贷款利率和中长期国债收益率可以视为中间目标。SLF 利率和超额准备金利率(interest rate on excess reserve,IOER)属于货币政策工具,分别是中国人民银行短期市场基准利率调控形成的利率走廊上下限。存款基准利率和法定准备金利率也属于货币政策工具范畴,但并非现代货币政策调控实践中使用的主要工具。

表 12–1 中国货币政策调控体系的主要利率指标

利率品种	简介	性质
存款基准利率	中央银行公布的商业银行对客户存款指导性利率	工具
法定准备金利率	中央银行对金融机构法定准备金支付的利率	工具
常备借贷工具(SLF)利率	中央银行向金融机构按需提供短期资金的利率,是利率走廊的上限	工具
超额准备金利率(IOER)	中央银行对金融机构超额准备金支付的利率,是利率走廊的下限	工具
公开市场操作(OMO)利率	中央银行短期回购操作利率	政策利率
中期借贷工具(MLF)利率	中央银行向金融机构发放中期贷款的利率	政策利率
银行间存款类机构 7 天质押回购利率(DR007)	银行间存款类机构以利率债为质押的 7 天回购利率	操作目标
贷款市场报价利率(LPR)	报价行按自身对最优质客户执行的贷款利率报价的算术平均数	操作目标
上海银行间同业拆放利率(SHIBOR)	由信用等级较高的银行自主报出的同业拆放利率的算术平均数	操作目标
短期国债收益率	市场交易形成的短期国债收益率	操作目标
中长期国债收益率	市场交易形成的中长期国债收益率	中间目标
中长期贷款利率	存款类金融机构发放的中长期贷款利率	中间目标

注:利率走廊是指中央银行调控的利率下限与上限构成的区间,本章第三节将详细介绍。

图 12-4 按照货币政策工具、操作目标和中间目标的层次结构对上述利率调控体系中的主要利率指标做了归纳。拓展阅读 12-3 进一步详细介绍了中国货币政策的利率调控体系中各个利率指标的具体内容。需要注意的是，从利率期限上看，中国人民银行的市场基准利率中即包含短期利率（如 DR007）又包含中长期利率（LPR）。也就是说，由于特定金融市场发展阶段等原因，中国目前对中长期信贷市场利率的传导借助 MLF 调控 LPR 来实现，而不是仅由货币市场基准利率（如 DR007）通过利率期限结构传导（利率期限结构的具体内容在第十八章介绍）。未来随着中国金融市场的进一步发展和完善，如果通过市场套利机制能够实现短期利率向长期利率的有效传导，则中央银行只要调控短期的货币市场基准利率，就可以达到调控其他各期限利率的效果。

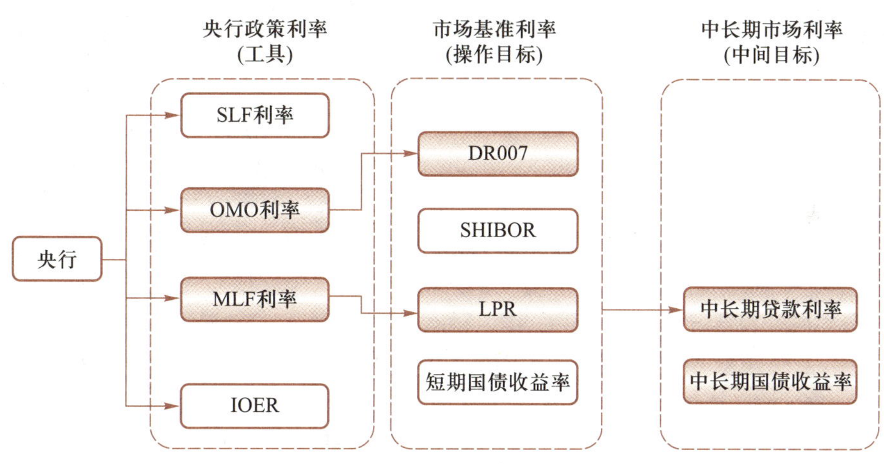

图 12-4 中国货币政策的利率调控体系

拓展阅读 12-3

中国人民银行调控的主要利率指标

1. 存款基准利率

2013 年之前，中国人民银行定期公布存贷款基准利率，存款基准利率在过去发挥了重要作用。随着利率市场化改革的推进，2015 年之后金融机构可以自主确定存款实际执行利率。中央银行公布的存款基准利率作为指导性利率，为金融机构存款利率定价提供参考。2013 年 9 月，中国人民银行指导建立了“市场利率定价自律机制”，对金融机构利率定价行为进行自律管理。2015 年放开存款利率管制后，自律机制通过行业自律协商约定存款利率上限，约束个别银行的高息揽存行为，抑制存款市场非理性竞争。

利率自律机制参考存款基准利率形成了存款利率自律约定，对维护存款市场公平合理的竞争秩序发挥了重要作用。2021 年 6 月，利率自律机制将存款利率自律约定上限，由存款基准利率上浮一定比例改为加点确定，有利于进一步规范存款利率竞争秩序，优化存款利率期限结构，为推进利率市场化改革营造了良好环境。

2. 存款准备金利率

存款准备金利率是中央银行对金融机构存在中央银行的准备金支付的利率，分为法定准备金利率和超额准备金利率（IOER）。2021 年，中国的法定准备金利率为 1.62%，IOER 为 0.35%。IOER 与活期存款基准利率一致，统一了居民在商业银行的活期存款利率与商业银行在中央银行的超额准备金利率水平。同时，较低的 IOER 降低了商业银行超额准备金的收益，提高了其闲置资金的机会成本，有利于促使银行提高资金使用效率，增加信贷投放支持实体经济。

3. 公开市场操作利率与利率走廊

公开市场操作利率是中央银行短期政策利率。中央银行通过每日开展公开市场操作，保持银行体系流动性合理充裕，持续传递短期政策利率信号，使银行间存款类机构 7 天质押回购利率（如 DR007）和银行间市场 7 天回购利率（R007）等短期市场利率以政策利率为中枢波动，并向其他市场利率传导。其中，DR007 的交易对象为存款类机构，质押品限定为国债、央行票据和金融债等没有信用风险的利率债；而 R007 则对应于银行间全市场所有金融机构的质押回购交易，而且不限定质押标的资产。同时，通过以 SLF 利率为上限、IOER 为下限的利率走廊的辅助，将短期利率波动限制在一定区间内。

中国的利率走廊机制与美联储等其他中央银行实施的利率走廊机制类似。其中，SLF 是中国人民银行按需向金融机构提供短期资金的工具，与美联储向金融机构提供的贴现贷款类似。由于金融机构可按 SLF 利率从中央银行获得资金，就不必以高于 SLF 利率的价格从市场融入资金，因此 SLF 利率可视为利率走廊的上限。IOER 是中央银行对金融机构存放在中央银行的超额准备金付息的利率。由于金融机构总是可以将剩余资金放入超额准备金账户，并获得超额准备金利率，就不会有机构愿意以低于 IOER 的价格向市场借出资金。因此，IOER 可视为利率走廊的下限。

4. 中期借贷工具（MLF）利率

MLF 利率是中央银行中期政策利率，与公开市场操作 7 天回购利率共同构成了中国人民银行的政策利率体系。2021 年 10 月，1 年期 MLF 利率为 2.95%，代表了银行体系从中国人民银行获取中期贷款的边际资金成本。2019 年以来，中国人民银行逐步建立 MLF 常态化操作机制，每月中开展一次 MLF 操作，通过以相对固定的时间和频率开展操作，提高操作透明度、规则性和可预期性，向市场连续传递中期政策利率信号，引导中长期市场利率。

5. 贷款市场报价利率（LPR）

LPR 是贷款市场报价利率（loan prime rate）的简称。LPR 的直译应该是“贷款最优利率”，是指由各报价行根据其对最优质客户执行的贷款利率。LPR 是按照 MLF 利率加点形成的方式报价，由中国人民银行授权全国银行间同业拆借中心计算得出并发布的利率。各银行实际发放的贷款利率可根据借款人的信用情况，考虑抵押、期限、利率浮动方式和类型等要素，在贷款市场报价利率基础上加减点确定。2019 年 8 月之后，中国人民银行推动 LPR 作为主要的利率操作目标，通过 MLF 利率调控 LPR。发放贷款的商业银行在 MLF 利率基础上，综合考虑资金成本、风险溢价等因素报出 LPR。LPR 是金融机构发放各类贷款参考的主要指标，而且存量贷款已完成定价基准转换，LPR 已代替过去的贷款基准利率，成为金融机构贷款利率定价的主要参考基准，逐渐形成“MLF 利率→LPR→其他贷款利率”的利率传导机制。目前，LPR 包括 1 年期和 5 年期以上两个期限品种。

6. 上海银行间同业拆放利率（SHIBOR）

SHIBOR是2007年中国人民银行推出的由信用等级较高的银行组成报价团自主报出的由人民币同业拆出利率计算确定的算术平均利率，是单利、无担保、批发性利率，包括隔夜到1年期不等的多个短期限品种，可以作为不同期限其他金融产品定价的参考。中国人民银行持续对SHIBOR进行监督管理，确保SHIBOR报价质量。同时，按照借鉴国际共识与最佳实践的总体思路，中国人民银行积极参与国际基准利率改革，指导市场利率定价自律机制和中国银行间市场交易商协会分别发布境内伦敦银行间同业拆借利率（LIBOR）转换系列参考文本，为境内金融机构应对LIBOR退出提供有利条件。

7. 短期国债收益率

短期国债是期限在1年以内的国债。短期国债收益率是无风险的短期利率代表，可以作为其他短期债券收益率的基准，是货币政策的操作目标之一。

8. 中长期国债收益率

中长期国债收益率一般作为中央银行的中间目标。中长期国债是财政部代表政府发行的期限在1年以上的国债。中长期国债收益率属于无风险的中长期利率代表，可以作为其他中长期债券收益率的基准，理论上是货币政策的重要中间目标。

9. 中长期贷款利率

中长期贷款是指银行等金融机构发放的期限在1年以上的贷款，对应的利率则是中长期贷款利率。中长期贷款可以分为两个层次：第一个层次是金融机构向居民发放的中长期贷款（如住房按揭贷款）；第二个层次是金融机构向企业发放的中长期贷款。金融机构根据资金供求关系、市场利率环境以及融资方信用情况等多种因素确定中长期贷款利率水平。因为中长期贷款利率水平直接影响居民耐用品消费和企业生产融资成本，所以其与货币政策最终目标的相关性更直接。

第二节　货币政策工具

通过第一节的介绍，可以看到货币政策最终目标的实现需要借助中间目标和操作目标作为桥梁，而操作目标和中间目标的实现，则需要中央银行运用货币政策工具进行调整。从现代中央银行业务来看，传统的货币政策工具主要包括三种：一是公开市场操作；二是贴现贷款；三是存款准备金。这三种工具被世界各国中央银行普遍使用，尽管不同国家的具体名称可能有所不同，但是本质上大同小异。另外，各国中央银行会针对具体经济发展情况和具体问题，推出与上述三种传统工具不同的货币政策工具，可以称为新型货币政策工具。

一、公开市场操作

（一）基本内容

公开市场操作是指中央银行与其指定的一级交易商在公开市场进行证券的买卖业务。一般来说，中央银行在这个市场上具有权威地位，可以要求一级交易商（例如商业银行）与其进行国债、银行汇票或者其他证券的买卖以及回购业务。具体交易的规模和时间节点都由中央银行来安排。中央银行通过公开市场进行证券的买卖或者回购业务可以影响商业银行的银行间利率、存款准备、基础货币和货币总量指标。

我们来看一个具体的例子。假定中央银行在公开市场从商业银行买入 100 亿元的金融债券，那么中央银行的资产端增加 100 亿元证券，负债端增加 100 亿元商业银行存款（在中央银行资产负债表中记做“其他存款性公司存款”项增加 100 亿元），而商业银行的资产端增加存款准备 100 亿元，同时资产端减少证券 100 亿元，如表 12-2 所示。

表 12-2　中央银行买入 100 亿元证券后双方的资产负债表

中央银行		商业银行	
资产	负债	资产	负债
有价证券　+100 亿元	银行存款　+100 亿元	存款准备　+100 亿元 有价证券　-100 亿元	

可见，中央银行通过购买证券可以新增存款准备。同时，中央银行的基础货币（现金 + 存款准备）也相应增加。因为存款准备的供求变化会影响银行间同业拆借利率，同时基础货币通过货币乘数效应生成货币供给（将在第十四章详细介绍），所以中央银行通过公开市场操作买入证券可以影响货币市场利率和货币供给。因此，公开市场操作是现代中央银行吞吐基础货币、调节市场流动性和短期市场利率的重要政策工具。

（二）历史沿革

从历史发展脉络来看，公开市场操作并不一定在各国中央银行成立之初就扮演重要角色。例如，美联储在 1913 年成立之后一直到 20 世纪 20 年代都是采用贴现贷款作为主要货币政策工具。由于美联储不是完全公立机构，所以有一定的盈利需要，但是 20 世纪 20 年代初其贴现贷款数量大幅下降导致利息收入下降，美联储各支行为了应对这种状况开始在市场上买入美国国债。让美联储颇感意外的是，买入国债的交易竟然使市场利率很快开始下降而且信贷环境得到好转，这才让美联储意识到公开市场操作可以作为一个新的货币政策工具。

对于中国人民银行来说，公开市场操作正在逐渐成为主要货币政策工具之一。我国的公开市场操作包括人民币公开市场操作和外汇公开市场操作两部分。外汇公开市场操作于 1994 年 3 月启动，人民币公开市场操作于 1998 年 5 月恢复交易，此后规模逐步扩大。1999 年以来，公开市场操作发展较快。中国人民银行从 1998 年开始建立公开市场业务一级交易商制度，选择了一批能够承担大额债券交易的商业银行作为公开市场业务的交易对象。近年来，公开市场业务一级交易商制度不断完善，一级交易商的机构类别也从商业银行扩展至证券公司等其他金融机构。

（三）防御型操作和主动型操作

公开市场操作业务内容非常丰富，如果从中央银行的交易目的来看，公开市场操作可以分为防御型操作和主动型操作两类。

防御型操作主要是运用公开市场操作去应对（冲销）市场其他因素带来的银行存款准备金和基础货币变化。例如，财政部门在中央银行的存款（政府存款）突然增加，这会导致商业银行在中央银行存款增加，从而造成基础货币增加，并会影响货币市场利率和货币供给总量。或者，出口贸易换取的外汇存入商业银行，商业银行上缴中央银行后也会导致基础货币和货币供给增加。不管哪种情况，都不是中央银行针对宏观经济进行主动调控的结果。此时，为了冲销外部因素带来的基础货币等变化，中央银行可以进行公开市场操作（例如卖出证券）从而对冲这些影响。

而主动型操作则是中央银行针对宏观经济运行状况变化而动态调整公开市场操作业务，所以主动型操作也称为动态公开市场操作。例如，如果中央银行判断宏观经济在未来将面临下行压力，则可能采取措施，从一级交易商那里购买有价证券，从而向市场投放基础货币。这一公开市场操作内容就是主动型操作。

（四）现券交易与回购交易

如果从产品形式来看，公开市场操作交易可以分为现券交易和回购协议交易。一般情况下，中央银行运用现券交易可以永久性影响商业银行的存款准备和货币总量。现券交易分为现券买断和现券卖断两种。所谓买断或者卖断，就是一次性交易的意思（与回购交易相对）。买断是指中央银行直接买入证券，一次性投放基础货币；卖断是指中央银行卖出其持有的证券，一次性回收基础货币。

中央银行的回购交易则是为了对冲上面所讲的由外部因素造成的存款准备和基础货币变化的临时影响。中国人民银行的回购交易可以分为正回购和逆回购两种。在公开市场操作中，中国人民银行的逆回购操作是中央银行向一级交易商买入证券并约定在未来特定日期（一般在 1~15 天）将证券卖回交易商的交易行为，逆回购是中央银行向市场投放流动性的操作，逆回购到期则为中央银行从市场回收流动性的操作；中国人民银行的正回购是中央银行向一级交易商卖出证券并约定在未来特定日期买回证券的交易行为，正回购是中央银行向市场回收流动性的操作，正回购到期则为中央银行向市场重新释放流动性的操作。

注意，回购交易并不局限于中央银行与其他金融机构之间，商业银行彼此之间也有很多回购交易。

回购交易对于中央银行进行防御性干预具有重要作用。例如，当政府的融资增加（发行国债）时，由于国债供给量增加，价格下降，收益率相应上升（因为债券价格与收益率呈反比关系）。为了缓解国债收益率的上行压力，中央银行可以进行回购交易，即临时买入一级交易商的证券，此时银行临时获得更多的存款准备，对国债需求会相应增加，这样就可以冲销政府发债带来国债收益率短时大幅波动的影响。

（五）公开市场操作工具的优势

从实践操作来看，在银行体系准备金相对稀缺以及债券市场和银行间市场发达的背景下，以公开市场操作作为货币政策工具有很多优点：首先是调控具有精准性，其次是调控具有灵活性，最后是调控具有主动性。当然，如果债券市场不发达（例如交易范围窄、交易不活跃等），银行间金融产品也匮乏，那么公开市场操作要发挥理想的工具作用就会困难重重。例如，美国在 20 世纪 50—60 年代，由于一级交易商的地域性限制（大部分交易商集中于纽约），公开市场操作效果曾经一度陷入僵局。在 20 世纪 80 年代之后，随着美国利率市场化的发展，公开市场操作成为美联储的主要货币政策工具。不过，2008 年之后，由于美国实施量化宽松政策使其银行体系准备金规模变得异常充足，美联储的主要货币政策工具变为超额准备金利率（IOER）。

在中国的货币政策实践中，公开市场操作工具的优势也逐渐显现。公开市场操作可以较为快速有效地影响货币市场基准利率。当中央银行在公开市场买入证券或者其他产品时，商业银行会新增存款准备，而这些新增存款准备大部分都是超额准备，即超出法定准备金率要求的额度。这样，商业银行第一反应可能是把超额准备在银行间市场上放贷出去。此时银行间资金的供应增加，在其他条件不变的情况下，银行间拆借利率就会相应下降，如图 12–5 所示。

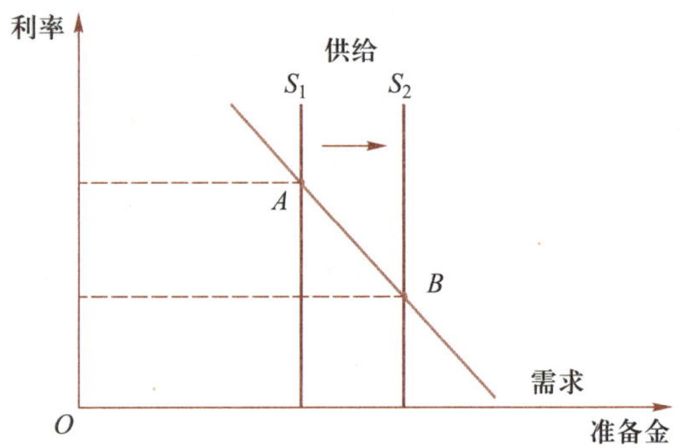

图 12–5 准备金供给与需求影响银行间拆借利率的情况

相反，如果中央银行在公开市场上售出证券，就会减少银行间可拆借资金的供给，同业拆借利率相应上升。这样，中央银行就可以通过公开市场操作快速有效地调整货币市场上的利率，进而调控货币政策中间目标和最终目标。大部分国家的中央银行通过调控准备金供求关系对银行间利率的影响机制与上述过程都是类似的。

二、贴现贷款工具

贴现贷款也是中央银行的重要货币政策工具。贴现贷款的标准说法是贴现窗口政策（discount window policy），本质上就是中央银行向商业银行提供贷款。由于早期发达经济体的商业银行向中央银行申请贴现贷款需要通过中央银行开放的特定窗口进行业务办理，因此该业务得名“贴现窗口”。发放贴现贷款可以直接增加商业银行的存款准备，从而增加基础货币，进而也会增加商业银行的可贷资金。

（一）美国的贴现贷款工具

不同国家贴现贷款工具的具体形式和要求不尽相同。美联储的贴现贷款分为三级，分别称为一级信贷、二级信贷和季节性信贷，贷款条件因级别不同而存在差异。一级信贷又称为常备信贷工具，运营良好的商业银行可以向美联储申请任意额度的贴现贷款，但是贴现贷款利率要高于联邦基金目标利率 100 个基点（1%）。不难看出，商业银行一般情况下不会选择贴现窗口的一级信贷，因为成本明显高于银行间市场。美联储设立一级信贷工具的目的主要是确保联邦基金的市场利率不大幅高于设定的目标利率水平。

贴现窗口的二级信贷工具主要面向出现流动性困难的商业银行，相应的利率在联邦基金目标利率基础上加 50 个基点（0.5%）。而季节性信贷工具则面向一些季节性因素影响贷款需求非常大的商业银行，尤其是那些客户对象是农民群体以及旅游景点的小银行。

事实上，美联储的贴现利率在 2003 年之前并不是像现在这样明确要求高于市场利率，而是略低于联邦基金市场利率。此前中央银行认为商业银行通过贴现窗口进行借款，除了贴现利率的成本还要承担一些隐形成本，例如银行客户会把银行的贴现贷款解读为这家银行财务状况有问题，进而影响银行的业务发展，而且申请贴现贷款意味着今后再次申请被中央银行拒绝的概率更高。另外，在 2003 年之前，美联储对贴现贷款的申请还设置了许多行政限制，希望商业银行在确实有需要的情况下才申请贴现贷款，而不要为了寻求贴现利率与市场利率之间的利差利润而来。

不过，银行对于贴现贷款到底是“确实需要”还是为了获得“利差利润”，判断标准实在过于模糊。因此，美联储于 2003 年采取了英格兰银行等中央银行一直使用的伦巴体系（Lombard system）①，核心是中央银行在设定贴现利率时要显著高于货币市场利率，要把贴现贷款视为商业银行的一种正当权利（right）而不是特权（privilege）。也就是说，任何商业银行只要满足条件都可以通过贴现贷款窗口向中央银行借款，而且可以连续借款；而中央银行通过设定更高的贴现利率可以限制商业银行利用贴现窗口政策工具进行套利。

（二）中国的贴现贷款工具

对于中国来说，中央银行的再贷款、再贴现以及后来出现的常备借贷工具（SLF）都可以看成贴现贷款工具的不同版本。

再贷款工具是中央银行向商业银行直接发放贷款，其产生有历史原因，主要是早期商业银行的存款准备金率要求比较高，而债券市场和银行间市场不够发达，所以商业银行需要中央银行通过再贷款的形式提供流动性。2012 年之后，随着中国金融市场和现代化银行体系的发展，再贷款所占基础货币的比重逐步下降，结构和投向发生重要变化。新增再贷款主要用于促进信贷结构调整，引导扩大县域和“三农”信贷投放。

再贴现是中央银行对金融机构持有的未到期已贴现商业汇票进行贴现从而发放贷款的行为。因为商业银行用来贴现的票据实际上已经是再次被用来贴现获得贷款（首次是银行对企业提供贴现贷款），所以称为再贴现。

常备借贷工具（SLF）与发达市场的贴现贷款工具本质上是类似的。中国人民银行于 2013 年年初创设了 SLF，其逐渐成为中国人民银行正常的流动性供给渠道，主要功能是满足金融机构的临时大额流动性需求，对象主要为政策性银行和全国性商业银行，期限为 1~3 个月，利率水平根据货币政策调控、引导市场利率的需要等综合确定。SLF 以抵押方式发放，合格抵押品包括高信用评级的债券类资产及优质信贷资产等，因此这种工具有点类似中央银行向商业银行发放抵押贷款。

拓展阅读 12-4

中国人民银行的再贴现工具发展历程

中国人民银行通过适时调整再贴现总量及利率，明确再贴现票据选择，达到吞吐基础货币和实施宏观金融调控的目的，同时发挥调整信贷结构的功能。自 1986 年中国人民银行在上海等中心城市开始试办再贴现业务以来，再贴现业务经历了试点、推广到规范发展的过程。再贴现作为中央银行的货币政策工具之一，在完善货币政策传导机制、促进信贷结构调整、引导扩大中小企业融资、推动票据市场发展等方面发挥了重要作用。

---

① 伦巴街是伦敦金融中心有名的大街，伦巴的名字来源于意大利的伦巴区，是最早的银行诞生之地。

1986年,针对当时经济运行中企业之间严重的货款拖欠问题,中国人民银行下发了《中国人民银行再贴现试行办法》,决定在北京、上海等十个城市对专业银行试办再贴现业务。这是自人民银行独立行使中央银行职能以来,首次进行的再贴现实践。

1994年下半年,为解决一些重点行业的企业货款拖欠、资金周转困难和部分农副产品调销不畅的问题,中国人民银行对"五行业、四品种"(煤炭、电力、冶金、化工、铁道和棉花、生猪、食糖、烟叶)领域专门安排100亿元再贴现限额,推动上述领域商业汇票业务的发展。再贴现作为选择性货币政策工具为支持国家重点行业和农业生产开始发挥作用。

1995年年末,中国人民银行规范再贴现业务操作,开始把再贴现作为货币政策工具体系的组成部分,并注重通过再贴现传递货币政策信号。

1998年以来,为适应金融宏观调控由直接调控转向间接调控,加强再贴现传导货币政策的效果,规范票据市场的发展,中国人民银行出台了一系列完善商业汇票和再贴现管理的政策:改革再贴现、贴现利率生成机制,使再贴现利率成为中央银行独立的基准利率,为再贴现率发挥传导货币政策的信号作用创造了条件;适应金融体系多元化和信贷结构调整的需要,扩大再贴现的对象和范围,把再贴现作为缓解部分中小金融机构短期流动性不足的政策措施,提出对资信情况良好的企业签发的商业承兑汇票可以办理再贴现;将再贴现最长期限由4个月延长至6个月。

2008年以来,为有效发挥再贴现促进结构调整、引导资金流向的作用,中国人民银行进一步完善再贴现管理:适当增加再贴现转授权窗口,以便于金融机构尤其是地方中小金融机构法人申请办理再贴现;适当扩大再贴现的对象和机构范围,城乡信用社、存款类外资金融机构法人、存款类新型农村金融机构,以及企业集团财务公司等非银行金融机构均可申请再贴现;推广使用商业承兑汇票,促进商业信用票据化;通过票据选择明确再贴现支持的重点,对涉农票据、县域企业和金融机构及中小金融机构签发、承兑、持有的票据优先办理再贴现;进一步明确再贴现可采取回购和买断两种方式,提高业务效率。

三、存款准备金工具

因为大多数国家的超额存款准备由商业银行自主决定(自愿),所以存款准备金工具一般指的是法定准备金率。当然,中央银行对银行准备金支付的利率水平也可以作为货币政策工具,特别是在银行体系有充足准备金的情况下,我们将在下一节具体介绍。

本书第十一章第三节已经介绍过中央银行的准备金业务以及准备金和法定准备金率等相关概念。商业银行并不需要每时每刻都满足法定准备金率的要求,而是要在结算期或者考核期达到监管机构对法定准备金率的要求。例如,中国人民银行针对金融机构的人民币存款,按上旬末一般存款余额来确定计提基数并考核存款准备金额度。有些国家的中央银行则是以两周为周期对商业银行进行考核,并允许商业银行的存款准备金额度跨期结转(可以设定一个最高额度),从而缓解存款准备金硬性考核对商业银行的资金约束。

(一) 法定准备金率对货币供给的影响

中央银行通过调整法定准备金率可以影响货币乘数,进而实现货币供给总量的调控。

但是需要注意，法定准备金率的调整并不必然影响基础货币。例如，假定中央银行现行存款准备金率是 10%，商业银行现有存款 100 亿元，那么商业银行在中央银行的法定存款准备金至少应该达到 10 亿元标准，最多可以发放贷款 90 亿元。假定商业银行并没有把 90 亿元都用来发放贷款，也就是说商业银行很可能保持一定的超额准备金，比如说 10 亿元，那么此时中央银行和商业银行的简化资产负债表如表 12-3 所示。

表 12-3　期初资产负债表

中央银行		商业银行	
资产	负债	资产	负债
	货币发行　+10 亿元 银行存款　+20 亿元	法定存款准备　+10 亿元 超额准备　+10 亿元 贷款　+80 亿元	储蓄存款　+100 亿元

如果中央银行上调法定准备金率至 15%，其他条件不变，那么中央银行和商业银行的资产负债表将发生如表 12-4 所示的变化：

表 12-4　法定准备金率上调后的资产负债表

中央银行		商业银行	
资产	负债	资产	负债
	货币发行　+10 亿元 银行存款　+20 亿元	法定存款准备　+15 亿元 超额准备　+5 亿元 贷款　+80 亿元	储蓄存款　+100 亿元

此时，我们发现法定准备金率的调整并没有影响中央银行资产负债表中的基础货币数量（$C+R=10+20=30$（亿元））。事实上，由于商业银行在经营过程中一般都会保持一定的超额存款准备金，因此法定准备金率的些许变化一般只会影响存款准备金的结构（法定与超额准备金的比例），而不改变基础货币的数量。

那么，法定准备金率的变化会如何影响货币供给量呢？我们需要引入货币乘数的概念，其定义为货币供给总量与基础货币的比值，即：

$$m=\frac{MS}{MB}=\frac{C+D}{C+RR+ER} \tag{12-3}$$

式中：MS 表示货币供给总量（例如 M1、M2）；MB 表示基础货币。

根据定义，货币总量由现金 C 加上存款 D，即 $C+D$；基础货币由现金 C 加上法定准备金 RR 和超额准备金 ER。我们把式（12-3）分子分母同时除以 D，得到：

$$m=\frac{1+c}{1+rr+er} \tag{12-4}$$

式中：$c=C/D$ 为现金比率；rr 为法定准备金率；er 为超额准备金率。

从式（12-4）可以看出，假定其他条件不变，那么法定准备金率上升会导致货币乘数下降，反之则会导致货币乘数升高。关于货币乘数以及基础货币的相关内容，本书第十四章将做进一步介绍。

（二）法定准备金率工具的优缺点

法定准备金率作为货币政策工具有三个优点：一是影响速度快，因为中央银行调整法定准备金率之后各大商业银行和其他存款机构的存款准备金结构即刻变化。二是等同性，也就是说法定准备金率对银行和其他存款机构的影响是等同的。三是可以与公开市场操作反向组合使用。比如中央银行公开市场操作买入证券会提高基础货币，为了避免货币扩张效果太大，中央银行可以同时提高法定准备金率，这样可以降低货币乘数，因为货币供给总量 $MS=MB\times m$，所以 MB 的提高和 m 的减小就可以使得 MS 变化不大。

另外，中央银行还可以根据金融机构不同制定差别法定准备金率。例如，中国人民银行自 2004 年开始对金融机构的法定准备金率实施差别化要求，金融机构适用的法定准备金率与其资本充足率、资产质量状况等指标挂钩。金融机构资本充足率越低、不良贷款比率越高，适用的存款准备金率就越高；反之，金融机构资本充足率越高、不良贷款比率越低，适用的存款准备金率就越低。

自 2011 年开始，中国人民银行进一步实施差别准备金动态调整工具。差别准备金动态调整是在既有的差别准备金制度中引入宏观审慎要求并加以规范化、透明化，主要是基于社会融资总量、银行信贷投放与社会经济主要发展目标的偏离程度及具体金融机构对整个偏离的影响，并考虑了金融机构的系统重要性、稳健状况及执行国家信贷政策情况等。图 12-6 展示了不同金融机构法定准备金率的动态走势，可以看出大、中、小型金融机构的法定准备金率在很多时期差别明显。

另外，法定准备金率还可以作为结构性货币政策工具使用。中国人民银行推出定向降准工

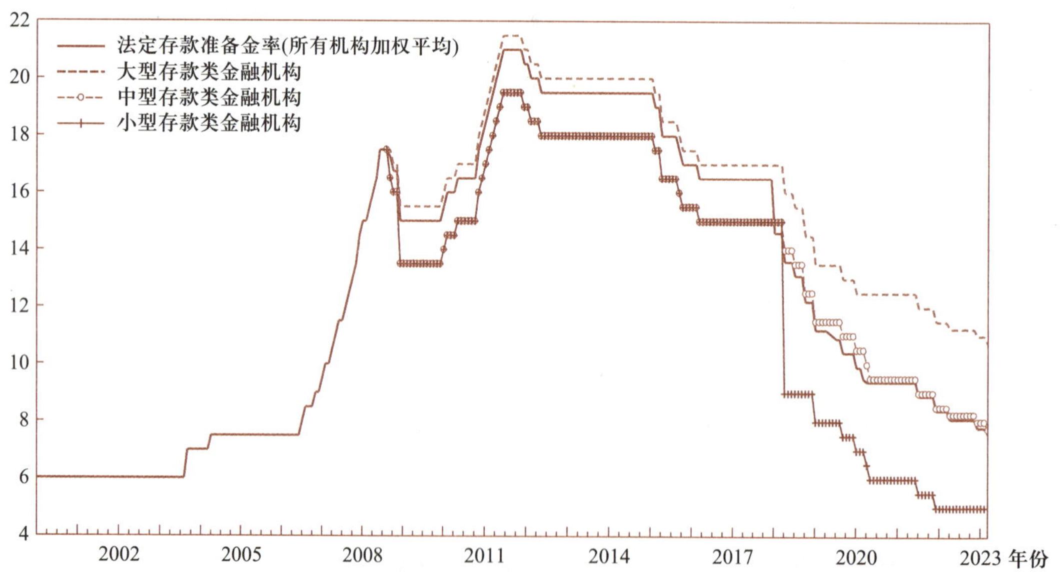

图 12-6 中国人民银行对不同金融机构要求的差别法定准备金率走势（2000 年 1 月—2023 年 1 月）

资料来源：中国人民银行。

具，即针对特定方向和特定领域的金融机构，对其法定准备金率实施有针对性的调整，而不对所有金融机构进行统一调整。例如，在2014年，为鼓励和引导金融机构更多地将新增或者盘活的信贷资源配置到“三农”、小微企业等领域，并鼓励财务公司、金融租赁公司和汽车金融公司发挥好提高企业资金运用效率及扩大消费等作用，中国人民银行对这些金融机构实施了定向降准政策工具。

法定准备金率作为货币政策工具也有缺点：一是太粗放。由于全社会存款规模一般都比较大，因此法定准备金率的调整容易造成基础货币甚至货币供给量的大起大落。二是缺乏灵活性。因为法定准备金率只有上调和下调两个方向，如果本期中央银行上调法定准备金率，但是发现经济运行了一段时间之后遇到外部负面冲击而面临下行压力，此时中央银行又下调法定准备金率，会让市场认为中央银行的调控策略存在失误；而且，如果法定准备金率忽高忽低，也会给商业银行和其他存款机构的日常运营带来不确定性。因此，随着公开市场操作业务的发展，美国、澳大利亚、加拿大等国的中央银行已经不再将法定准备金率作为货币政策工具的选项。

另外还需要注意，有些国家的中央银行并不对商业银行的存款准备金支付利息。在这种情况下，存款准备金工具主要就是存款准备金率的要求。而在另外一些国家（例如中国），中央银行对存款准备金支付利息，这样准备金利率也可以成为一种货币政策工具，我们在下节具体介绍。

第三节 利率走廊与利率地板体系

利率走廊体系和利率地板体系是指中央银行运用货币政策工具调控货币市场基准利率，使之朝着中央银行目标利率变化，从而形成的不同利率调控框架。中国人民银行的货币市场利率调控体系以及美联储在2008年以前的货币市场利率调控机制都属于利率走廊体系，都是中央银行通过公开市场操作工具调控货币市场基准利率，使货币市场基准利率位于一个利率上限和一个利率下限之间，可以形象地称之为利率走廊。

利率地板体系与利率走廊体系完全不同。利率地板体系是指中央银行通过官定利率工具（如准备金利率）调控货币市场基准利率，使之紧贴在中央银行预定的目标上。在这一体系下，货币市场基准利率紧紧趴在官定利率所设定的水平上，可以形象地称之为利率地板。2008年之后美联储利率调控机制对应的是利率地板体系。

利率走廊体系和利率地板体系对应着不同的背景条件，即银行体系准备金规模：在准备金规模相对有限的条件下，货币政策调控机制对应于利率走廊体系；在准备金规模特别充足的条件下，货币政策调控机制则需要转向利率地板体系。中国目前的利率调控体系还属于利率走廊体系，美国等发达国家在2008年国际金融危机之后则转向了利率地板体系，这种转变实际上意味着美联储等发达国家的中央银行货币政策调控框架已经发生了根本性的变化。

一、有限准备金与充足准备金的概念

上节介绍的传统货币政策工具中，准备金工具除了对应于法定准备金率之外，其实还可以对应于准备金的利率。事实上，2008年国际金融危机之后，美联储的货币政策工具以及

货币政策调控机制发生了明显变化，由之前主要依靠公开市场操作调控市场基准利率，即联邦基金利率（FFR），转变为主要以调控准备金利率来调整市场上的FFR，从而实现货币政策的利率调控。

这种调控机制的转变，本质上是因为美国的银行体系准备金规模特征从2008年以前的有限准备金转变为此后的充足准备金。所谓有限准备金，就是指整个银行体系的准备金总规模相对有限，而且准备金的供给规模与需求规模有可比性。在这样的有限准备金条件下，中央银行通过公开市场操作能够有效影响准备金规模的变化，从而使用公开市场操作工具就可以调控市场基准利率变化。

但是，2008年以后，一方面由于美联储实行量化宽松政策（即金融机构质押贷款的押品范畴大幅扩张），使得银行体系的准备金规模从2008年以前的百亿美元跳跃到此后的万亿美元，银行体系的准备金规模由原来的有限准备金转变为充足准备金，即准备金存量远远大于银行体系对准备金的需求，使得公开市场操作难以有效改变市场上准备金的供求状况，从而造成传统的OMO工具调控FFR这一机制失效。

另一方面，美联储改变了以前对于银行准备金不支付利息的政策，对准备金按照一定利率水平支付利息，使得准备金利率（IOR）成为货币政策调控的主流工具。同时，因为美联储在2020年3月之后对所有金融机构的各类存款的法定准备金率都调整为0，所以美国银行体系的准备金也就都是超额准备金，准备金利率也是超额准备金利率。

二、有限准备金下的利率走廊体系

一般情况下，准备金可以划分为法定准备金和超额准备金。银行等存款性金融机构需要满足中央银行对法定准备金的要求，并确保有足够准备金用于应对客户取款等流动性需求。因为法定准备金的利率一般比较低（2008年以前美联储不对法定准备金支付利息），所以银行没有动力持有太多超额准备金。当一个银行临时需要准备金的时候，可以在银行间同业拆借市场进行资金拆借，拆借的对象本质上就是其他银行的超额准备金。美国的准备金拆借市场称为联邦基金市场，联邦基金市场的参与者主要是银行。联邦基金市场上的银行准备金供给与需求决定了联邦基金利率水平。

在银行体系的准备金规模相对有限的情况下，中央银行可以将公开市场操作作为主要货币政策工具来调控市场基准利率，进而影响其他利率，市场基准利率与其他政策利率就可以形成高低利率共同组成的利率走廊。例如，2008年以前，美国银行体系的准备金规模相对有限，美联储的利率调控体系主要是基于公开市场操作工具的利率走廊体系：美联储对银行提供的贴现贷款利率是走廊上限，美联储对银行准备金支付的利率是走廊下限，FFR在上下限之间变动[①]。

美联储一般会设定FFR的目标水平，然后运用公开市场操作来影响市场上实际的FFR，使之朝着FFR目标水平移动。FFR一般不会突破央行贴现利率上限，因为如果突破上限，即市场上交易的准备金利率高于央行贴现利率，则银行不会选择在准备金拆借市场借入更高成本的资金，而会选择向中央银行借款。同时，如果市场上的FFR高于央行贴现利

① 因为2008年之前美联储对准备金并不支付利息，所以那时的利率走廊下限就是0。

率，也意味着金融机构可以在中央银行借入便宜资金，然后到银行间市场卖出赚得价差，这种套利机制在完善的市场上很难实现。反之，如果 FFR 突破准备金利率下限，则没有任何银行会愿意将资金拆借给其他金融机构，因为准备金利率是银行可以获得的无风险收益的下限。

图 12-7 展示了有限准备金下的利率调控机制（利率走廊体系），横轴表示准备金数量，纵轴表示利率水平。银行对准备金的需求曲线向右下方倾斜，这是因为利率水平越高，银行借入准备金的成本越高，银行对准备金的需求就会越少。需求曲线的顶端位于中央银行对银行提供的贴现利率之下，因为如果市场上交易的准备金利率高于贴现利率，则银行不会选择在准备金拆借市场借入资金，而选择向中央银行借款。需求曲线的尾端位于中央银行向银行提供的准备金利率水平之上，即央行准备金利率是市场基准利率的下限。如果央行准备金利率为 0（如 2008 年以前美联储对准备金不支付利息），则利率走廊下限与横轴重合。

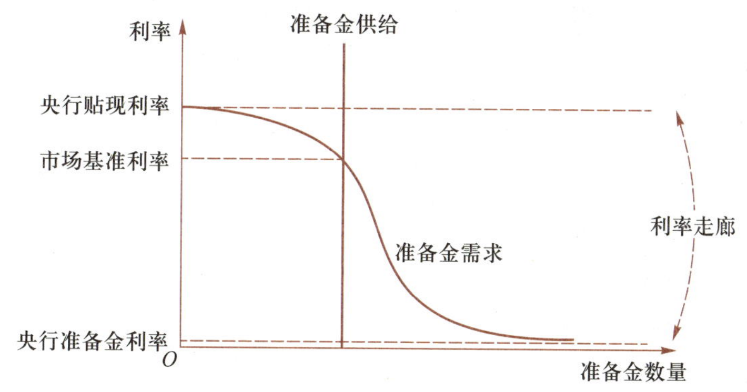

图 12-7　有限准备金下的利率走廊体系

在图 12-7 中，准备金供给规模由中央银行确定，所以准备金供给曲线垂直于横轴。注意，准备金供给曲线位于准备金需求曲线尾端靠左的位置，用以对应于有限准备金的情况。

在有限准备金条件下，中央银行可以通过公开市场操作工具与央行一级交易商进行有价证券的买卖或者质押回购交易，从而影响准备金供给曲线向左或者向右移动，进而影响市场基准利率（如美国的 FFR、中国的 DR007）。图 12-8 展示了美联储通过公开市场操作增加准备金供给后的 FFR 变化情况。为简化说明，我们用 DR 表示央行贴现利率，央行准备金利率设为 0。图 12-8 说明，在有限准备金条件下，美联储通过公开市场操作工具增加准备金供给，准备金供给曲线向右移动，其与需求曲线的交点由 FFR1 下降到 FFR2，实现了美联储下调 FFR 的目标。

注意，在图 12-8 中，当美联储下调 FFR 利率的同时，央行贴现利率也相应向下位移，从而准备金需求曲线的顶端也相应下压。这是因为美联储贴现利率是在 FFR 目标利率基础上加点定价，所以当美联储在下调 FFR 的同时，利率走廊的上限（即央行贴现利率）也会相应下调，表现为图 12-8 中的 DR1 下降到 DR2。

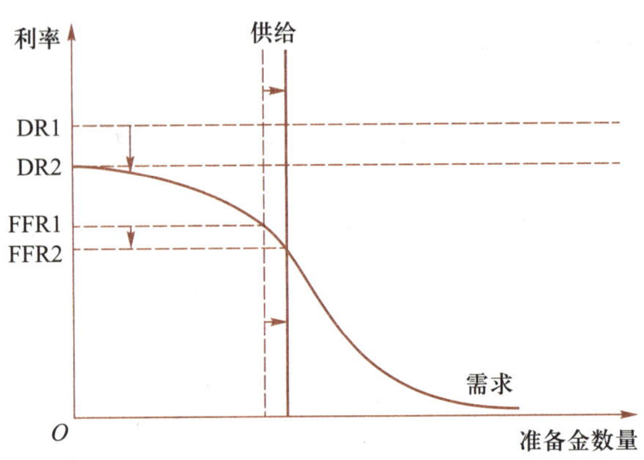

图 12-8 有限准备金下的利率调控机制:以美联储为例

三、中国的货币市场利率走廊体系

我们在第一节的图 12-4 中已经介绍过我国的利率调控体系,我国从银行体系准备金规模来看,目前总体上仍然属于有限准备金条件,货币市场利率调控机制属于利率走廊体系,与其他国家利率走廊体系有着共同特征。

在我国利率走廊体系下的货币市场基准利率调控中,中国人民银行通过 OMO 利率引导市场回购利率,OMO 的数量由中央银行确定,利率通过向一级交易商招标决定。从本质上看,中国人民银行也有一个政策目标利率,然后根据中央银行一级交易商(主要是银行)的需求曲线决定 OMO 数量,所以也是通过调整准备金供给来调控货币市场基准利率(如 DR007)。图 12-9 展示了中国人民银行货币市场基准利率调控机制的利率走廊体系。

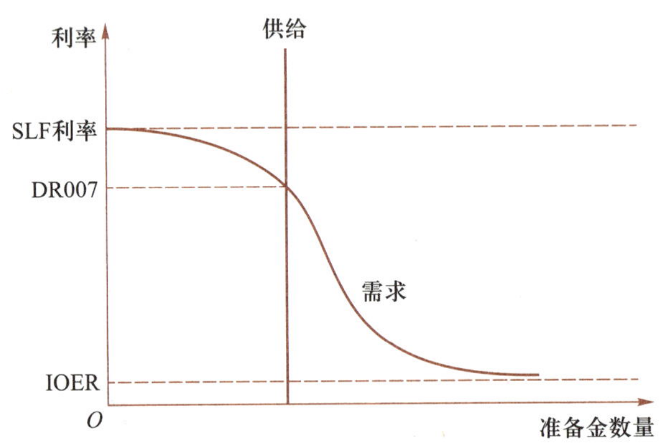

图 12-9 中国人民银行货币市场基准利率调控机制

尽管我国的货币市场利率调控体系也是有限准备金规模下的利率走廊体系,但是目前我国不同期限的利率指标传导机制是分市场开展的。在货币市场上,中国人民银行通过 OMO 工具调控准备金供给,从而调整 DR007,与 SLF 利率和 IOER 形成货币市场利率走廊。从理论上说,不同期限的利率存在期限结构关系(详见本书第十八章),所以货币市场基准利率本应该进一步通过金融市场的交易机制向其他期限和其他品类的利率传导。但是由于多种原因,货币市场基准利率向中长期信贷市场利率传导效果似乎并不明显。在实践中,中国人民银行对中长期信贷市场利率的调控采取了另外一个方式,即通过创立 MLF 来调控 LPR 这一中长期信贷市场基准利率。

也就是说,DR007 是中国人民银行调控的货币市场基准利率,LPR 则是中国人民银行调控的中长期贷款市场基准利率,从而使得短期拆借资金市场和中长期信贷资金市场分别有各自的市场基准利率。虽然 LPR 也被称为市场基准利率,但是 LPR 的期限一般是 1 年和 5 年以上,其利率水平自然也不可能落在期限更短的 SLF 利率与 IOER 利率形成的利率走廊之间。所以,中国的利率走廊实际上只适用于描述货币市场基准利率的调控机制,与 LPR 的利率调控机制没有联系。

四、充足准备金下的利率地板体系

在银行体系的准备金特别充足条件下,中央银行通过 OMO 工具能够改变的准备金规模相对于银行体系现有准备金余额较小,难以影响货币市场基准利率,此时中央银行对于市场利率的调控机制需要重新设计,有限准备金下的利率走廊体系不再适用。

在充足准备金条件下,OMO 之所以难以调控货币市场基准利率,本质上是因为准备金余额规模相对很大,表现为准备金供给曲线位于准备金供求曲线图示的右侧远端,与需求曲线的右侧水平部分相交,如图 12–10 所示。在这种情况下,准备金供给曲线向左或右移动一点,基本上不会带动货币市场基准利率变化,所以传统的 OMO 已经不适于作为调控货币市场基准利率的工具。在充足准备金条件下,货币市场基准利率调控思路需要从准备金供给端转向准备金需求端,即对金融机构持有准备金意愿的调控。

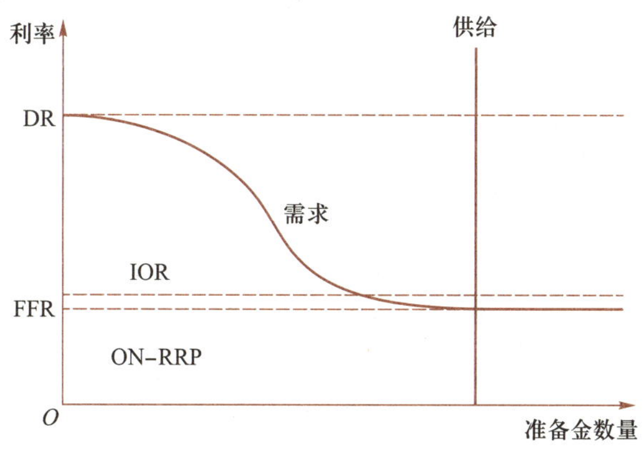

图 12–10 充足准备金下的利率地板体系

图 12–10 是以 2008 年以后美联储的利率调控机制为例演示的充足准备金条件下的利率调控体系,即利率地板体系。准备金需求曲线的顶端仍然由美联储贴现利率控制,需求曲线的右侧尾端在贴近准备金利率(IOR)的水平保持平坦。因为自 2020 年 3 月之后美联储对所有银行机构的法定准备金率都调整为 0,所以美国的准备金也就是超额准备金,IOR 也就是 IOER。

在充足准备金条件下,美联储无法通过开展日常的 OMO 来有效调整准备金供给进而影响 FFR,此时若要将 FFR 调控在中央银行的目标范围并驱使准备金需求曲线末端平坦,则需要运用中央银行设定的 IOR 作为货币政策工具。对于银行来说,准备金是他们诸多短期投资选项中的一个无风险投资选项,所以银行一般不愿意在联邦基金市场(即美国的准备金拆借市场)以低于 IOR 的利率水平拆出准备金。也就是说,IOR 是银行愿意借出准备金的最低利率。如果 FFR 比 IOR 低很多,则各银行都有动力在联邦基金市场借入资金然后存入美联储来获取利差。显然,这种套利机制会逼迫 FFR 贴近 IOR 而不至于比 IOR 低很多。所以,美联储只要上调或下调 IOR 水平,就可以使 FFR 随之而动。

在上述调控机制中,还有两点需要注意。第一,我们上面只是解释了 FFR 一般不会比 IOR 低,实际上在充足准备金条件下,FFR 一般也不会高于 IOR。因为在美国并不是所有在中央银行开立准备金账户的机构都能获得美联储支付的准备金利息。例如房地美[①]等一些非银行金融机构在美联储设有准备金账户,但是美联储对这些机构的准备金不支付利息,即它们存放于中央银行准备金账户的资金并不享受 IOR,所以房地美这样的金融机构一旦有多余的准备金,就会在联邦基金市场以 FFR 水平卖给银行机构,相当于通过银行机构存入中央银行,这样银行机构获得 IOR,银行机构支付给房地美等的 FFR 标准自然肯定不会高于 IOR。

第二,正如上面所述,并不是所有在中央银行有准备金账户的金融机构都能获得 IOR;而且,金融市场上还有很多其他非银行金融机构在中央银行没有准备金账户,虽然这些非银行金融机构不能参与联邦基金市场交易,但是它们和银行机构都可以参与其他银行间资金拆借市场[②]。试想一下,如果银行机构和非银行机构在其他短期资金拆借市场交易的利率很低(即银行机构可以在这个市场上获得低利率资金),那么这种低利率可以很快传导到银行机构彼此拆借准备金的联邦基金市场利率,FFR 就可能被压低,从而使得 FFR 落在比 IOR 明显低的水平。

所以,中央银行要想确保 FFR 跟随 IOR 联动的地板体系正常运行,不得不想办法将 FFR 与货币市场上的其他重要短期利率关联起来。为此,美联储于 2014 年设立了隔夜逆回购工具(overnight reverse repurchase aggrement,ON-RRP)来辅助 IOR 调控 FFR 的地板体系运行。具体来说,ON-RRP 是美联储通过公开市场操作与非银行金融机构(如货币市场基金、政府支持型企业)开展逆回购业务,ON-RRP 的利率由美联储设定。

注意,美联储的逆回购业务方向与中国人民银行的逆回购业务方向相反。也就是说,ON-RRP 的利率本质上是非银行金融机构把资金存进美联储的无风险利率。显然,这些金融机构一般不会在银行间市场上以低于 ON-RRP 利率的标准借出资金,从而确保了 FFR 不会跌至 ON-RRP 利率之下。这样,在 ON-RRP 的辅助下,美联储就可以通过 IOR 工具将 FFR 紧紧锁定在目标水平上。在 2008 年之后的实践中,FFR 紧贴 IOR 甚至与

---

① 房地美是 Freddie Mac 的音译,正式名称为 Federal Home Loan Mortgage Corporation,即美国联邦住宅贷款抵押公司。

② 注意,无论在美国还是中国,参与银行间资金拆借市场的交易主体并不局限于银行机构,非银行金融机构也可以参与。不要把准备金拆借市场与银行间资金拆借市场混淆。

IOR 重合。

在利率地板体系下，中央银行对货币市场基准利率的调控需要同时调整多个央行官定利率。图 12-11 展示了美联储将准备金利率从 IOR1 下调至 IOR2 的过程：IOR 与 ON-RRP 同时下降，拖动准备金需求曲线尾端平坦部位相应下移，从而使得联邦基金利率从 FFR1 下降到 FFR2；与此同时，因为中央银行贴现利率是在 FFR 目标利率上加减点，所以 FFR 下降意味着贴现利率从 DR1 下调到 DR2，从而使准备金需求的左上端相应下移。不难看出，利率地板体系的工作机制是中央银行运用官定利率工具调控准备金需求曲线位置上下移动，准备金供给曲线不动，变化后的需求曲线与供给曲线的交点对应于新的货币市场基准利率。

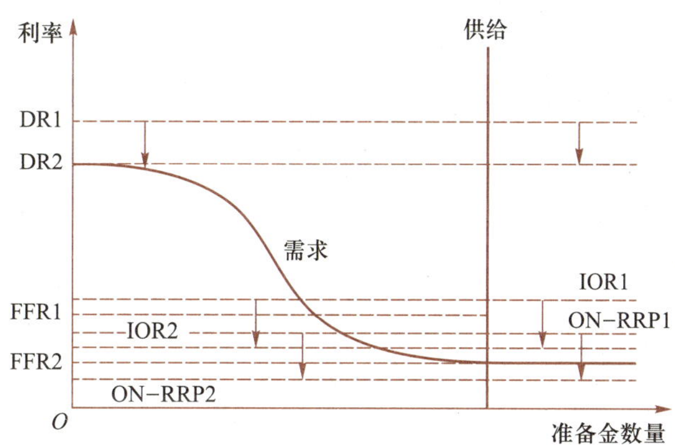

图 12-11　充足准备金下的利率调控

第四节　货币政策反应机制

中央银行为了实现最终目标，需要通过货币政策工具来调整操作目标和中间目标，从而实现中央银行对最终目标的调控。我们在图 12-1 中已经看到，中央银行的操作目标或者中间目标可以选择价格型（如利率）也可以选择数量型（如基础货币）。如果以利率作为货币政策操作目标，利率对通货膨胀和经济产出等最终目标的变化进行反应，这种反应机制可以用泰勒规则（Taylor rule）来刻画；如果以基础货币作为操作目标，则对应的反应机制可以用麦卡勒姆规则（McCallum rule）来刻画。下面分别介绍这两个规则。

一、泰勒规则

1993 年，斯坦福大学的约翰·泰勒教授（John Taylor）对中央银行通过利率对真实经济产出和通胀率进行反应的过程进行了系统研究，提出了著名的货币政策反应函数，即货币政策反应机制的泰勒规则，简称泰勒规则。简单来说，泰勒规则可以写成以下形式：

$$i_t=\rho_0 i_{t-1}+\rho_1\pi_t+\rho_2\tilde{y}_t \tag{12-5}$$

式中：i_t 表示 t 时刻的名义利率；π_t 表示 t 时刻的通胀率（物价增长率）；$\tilde{y}_t$ 表示 t 时刻的真实

产出缺口。

真实产出缺口的计算公式是：

$$产出缺口 = \frac{产出 - 潜在产出}{潜在产出} \tag{12-6}$$

注意，式（12-5）右侧的 i_{t-1} 表示名义利率的滞后项，用来捕捉中央银行进行利率调整过程中存在的平滑性特征。所谓平滑性，是指中央银行上调利率或者下调利率一般不会一次性大幅调整，而是会小幅多次进行调整，例如每次调整 25 个基点（0.25%），可以在一年内调整 3~4 次。采取这样小幅多次调整的做法是为了使利率调整对宏观经济的影响尽量平滑，避免出现单次大幅调整带来宏观经济的大幅震荡。正因为如此，每当中央银行宣布调整利率时，各大金融机构会纷纷“预测”中央银行在后续还将进行多次调整，事实上这是货币政策调整需要遵循平滑性特征的基本常识。

泰勒规则的模型表述还可以有多种略微不同的设定形式。例如，强调货币政策的前瞻性特征时，可以把式（12-5）中当期的通胀率和产出缺口设置为预期指标的形式，即：

$$i_t = \rho_0 i_{t-1} + \rho_1 E_t \pi_{t+1} + \rho_2 E_t \tilde{y}_{t+1} \tag{12-7}$$

式中：$E_t\pi_{t+1}$ 表示 t 期对 t+1 期通胀率的预测；$E_t\tilde{y}_{t+1}$ 的定义类似。

也就是说，利率的调整不是对当期经济指标进行反应，而是具有前瞻性地对预期通胀和预期产出进行反应，即前瞻型货币政策（forward-looking monetary policy）。当然，如果强调历史信息的重要性，那么通胀率和产出缺口的时间下标则可以设定为 t–1 的形式，即：

$$i_t = \rho_0 i_{t-1} + \rho_1 \pi_{t-1} + \rho_2 \tilde{y}_{t-1} \tag{12-8}$$

此时，式（12-8）表明利率对过去的通胀率和产出缺口进行反应，或者可理解为通胀预期和产出缺口预期由历史数据来刻画。这种货币政策反应形式被称为“后顾型”货币政策（backward-looking monetary policy）。

二、麦卡勒姆规则

不同于以利率为中间目标的泰勒规则，经济学家贝内特·麦卡勒姆（Bennett McCallum）基于货币数量论的思想，于 1988 年提出了以基础货币为中间目标、以名义 GDP 增长率为最终目标的货币政策反应函数，即货币政策反应机制的麦卡勒姆规则。麦卡勒姆规则可以写成下面的等式形式：

$$\Delta b_t = \Delta x^* - \Delta \bar{v}_t + \lambda(\Delta x^* - \Delta x_{t-1}) \tag{12-9}$$

式中：Δb_t 表示 t 时刻的基础货币增长率；$\Delta \bar{v}_t$ 表示一段时间内货币流通速度的平均增长率，可以取 4 年内的平均增长率，用于刻画基础货币需求的长期变化情况（例如技术变化等因素带来的变化）；Δx^* 表示名义 GDP 增长率目标值；Δx_{t-1} 表示 t–1 时刻的名义 GDP 增长率；参数 λ 大于 0（麦卡勒姆给出的值为 0.5）。

在上述设定中，如果 Δx_{t-1} 低于 Δx^*，则表明货币政策应该积极反应（宽松）。这里的名义 GDP 增长率目标值 Δx^* 可以是货币当局设定的值，也可以通过 10 年内的均值来估算。

不难看出，麦卡勒姆认为中央银行应该将名义 GDP 增长率作为货币政策的中间目标，并保证名义 GDP 增长率的稳定。

在实践中，由于通货膨胀是大多数央行所关注的最终目标，麦卡勒姆在 2000 年发表的文章中对式（12–9）进行了拓展，将名义 GDP 目标分解为通货膨胀和真实产出，给出了货币政策对通货膨胀缺口和真实产出缺口反应的麦卡勒姆规则拓展形式：

$$\Delta b_t=\Delta x^*-\Delta\bar{v}_t-\lambda(\pi_t-\pi^*)-\lambda\tilde{y}_t \tag{12–10}$$

式中：π^* 表示目标通胀率；$\pi_t-\pi^*$ 表示目标通胀率。

在式（12–10）中，货币政策对通胀缺口和真实产出缺口进行混合目标反应，而如果允许货币政策对通货膨胀和真实产出反应的敏感度不同，则可以把产出缺口前的系数 λ 加以变化，参数前面的负号表示货币政策应根据通货膨胀和产出的变动方向进行反向调整。

如果忽略货币流通速度的变化，并考虑中央银行货币政策操作过程中的平滑性(货币政策调整的惯性)，那么式（12–10）还可以改写为：

$$\Delta b_t=\Delta x^*-\lambda(\pi_t-\pi^*)-\lambda\tilde{y}_t+\rho\Delta b_{t-1} \tag{12–11}$$

式中：ρ 代表政策平滑程度的参数，且 $0<\rho<1$。

与泰勒规则同理，麦卡勒姆规则在实际运用中也可以根据政策的前瞻性特征或后顾性特征而呈现出稍有不同的具体设定形式。例如，在式（12–11）中，通胀缺口和产出缺口指标都是当期变量的形式，而如果强调货币政策的前瞻性特征，则可以将通胀缺口和产出缺口设置为预期指标的形式。

另外，如果中央银行调控的数量型中间目标不是基础货币而是货币供给总量(如 M2)，则可以将式（12–9）中基础货币增长率指标替换为 M2 增长率(以 ΔM_t 表示)，此时就把经典的麦卡勒姆规则式（12–9）转化为以 M2 增长率为中间目标的麦卡勒姆规则，即：

$$\Delta M_t=\Delta x^*-\Delta\bar{v}_t+\lambda(\Delta x^*-\Delta x_{t-1}) \tag{12–12}$$

或者写成与式（12–10）对应的形式，即：

$$\Delta M_t=\Delta x^*-\Delta\bar{v}_t+\lambda(\pi_t-\pi^*)-\lambda\tilde{y}_t \tag{12–13}$$

从实践层面看，由于 20 世纪 80 年代之后利率逐渐成为各国中央银行主要的中间目标，所以基于利率指标的泰勒规则逐渐成为广泛应用的货币政策规则。在解释效果方面，即便在金融危机期间的极低利率环境下，麦卡勒姆规则也没有明显地优于泰勒规则，这也表明泰勒规则在现代中央银行货币政策调控中的重要性。

对于中国来说，2013 年之后利率市场化体系建设明显加快，货币政策反应机制至少在 2013 年之后逐渐由调控数量型中间目标转向数量型与价格型兼顾的模式，甚至更侧重价格型目标调控方式，所以泰勒规则对于刻画中国货币政策反应机制也具有指导意义。如果分析 2013 年之前的货币政策反应机制，则可以将以 M2 增长率为中间目标的麦卡勒姆规则作为分析的基础框架选项。

第五节　货币政策传导机制

一般来说,中央银行通过货币政策的调整,可以影响总需求,进而实现货币政策的最终目标。从总体上看,中央银行增加货币供给降低市场利率,会推动总需求曲线向右移动,从而促进真实产出增加、物价上升;中央银行减少货币供给提高市场利率,总供给曲线向左移动,此时真实经济产出减少、物价下降。中央银行通过政策工具的调整来影响中间目标进而传导到最终目标,这个过程叫作货币政策传导机制。

货币政策传导机制的实现,可以通过多种不同的渠道,根据货币政策影响的关键性指标可以归纳为三类:一是利率传导渠道;二是银行信贷传导渠道;三是资产价格传导渠道。无论哪个渠道,最终影响的都是宏观经济指标(货币政策最终目标),即经济增长和通货膨胀。从经济增长角度看,主要指标是真实 GDP 的增长率。从支出法来看,GDP 的组成包括四个部分,即消费支出、投资支出、政府支出和净出口(出口额减去进口额)。货币政策传导机制主要就是指中央银行通过货币政策工具调整其中间目标进而影响其最终目标的过程。图 12-12 以宽松货币政策调控为例,归纳了货币政策传导机制的三大类传导渠道,即利率传导渠道、银行信贷传导渠道和资产价格传导渠道。

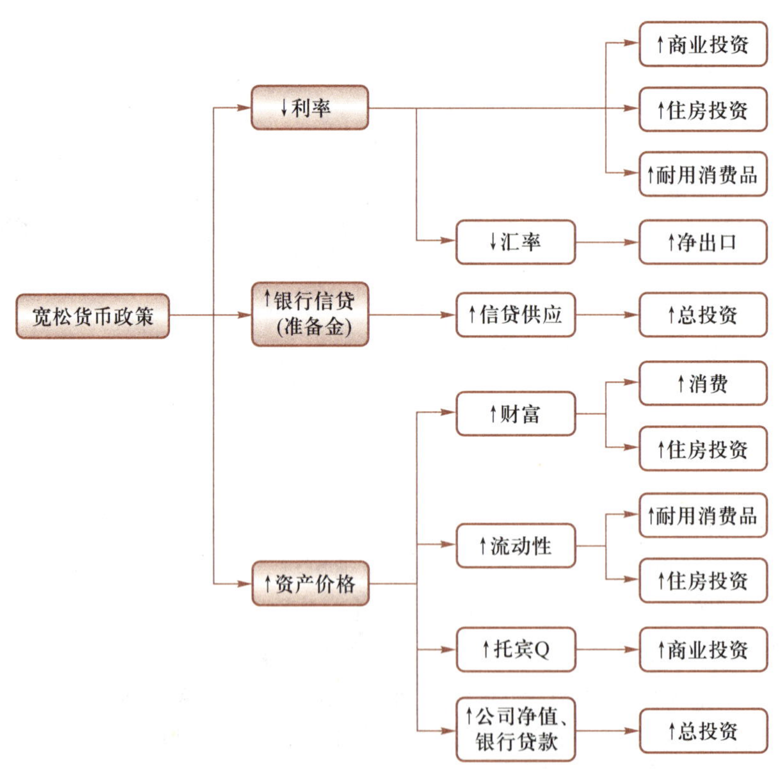

注:图中以宽松货币政策为例,图中小箭头方向分别表示上升和下降。

图 12-12　货币政策传导渠道图示

一、利率传导渠道

中央银行运用货币政策工具，通过利率这个桥梁（中间目标），一方面可以直接影响企业投资支出（扩建厂房、购买机器设备等）、居民投资支出和耐用消费品支出，最后传导到总体经济产出；另一方面可以由利率的变动影响汇率变化，进而影响净出口，最后传导到总体经济产出。

对于第一方面，利率对 GDP 组成中的各项支出成分影响的逻辑非常容易理解。例如，利率变化以后会直接影响企业的投资支出动机，进而影响企业产出，最终影响总体经济产出：在其他条件保持不变的情况下，当名义利率升高时，企业扩大生产投资支出而进行融资的成本就会上升，因此企业就会缩减生产以应对上升的融资成本，这样就会导致总产出下降；反过来，利率下降则可以刺激企业扩大生产投资，这样就会带动总产出上升。类似地，宽松货币政策降低利率会使居民投资购买住房等成本下降，例如按揭贷款（住房抵押贷款）的还款成本下降，这样就会促进居民投资支出的增加。同样道理，宽松货币政策降低利率会降低消费者贷款购买耐用消费品（例如家用汽车）的还款成本，无论在美国还是中国，都有相当数量的消费者通过贷款购置小汽车，利率下降就意味着购车总成本降低。

对于第二方面，利率变化对总体经济产出的影响主要通过汇率变化实现。那么，利率变化为什么会影响汇率进而影响净出口呢？我们以中美两国贸易往来为例进行简单阐释。假定中国现在开始实施宽松货币政策降低利率，那么意味着资金在中国的收益率下降。如果此时美国的利率没有太大变化或者上升，那么投资者就会更倾向于将资金转入美国进行投资，而这些资金在转入美国进行投资之前自然需要兑换成美元，这样就会造成外汇市场上美元的需求增加，人民币需求相对下降，从而导致人民币对美元贬值。

当人民币对美元出现贬值时，中国出口商品的美元标价很可能下降，也就意味着中国出口到美国的商品以美元标价出售会更有价格优势，而从美国进口的商品在中国市场销售则会有价格劣势。这样，人民币贬值就有可能促进中国向外出口而减少对内进口，从而提高国际贸易的净出口规模。通过这样一个传导机制，最后影响中国的经济总产出。

当然，汇率影响渠道是否奏效，一是要注意期限问题，我们上面讨论的是短期内的相关变化而不是长期效应，在长期利率与汇率的关系更加复杂，甚至从长期看利率变化对汇率走势的影响与短期内汇率变化方向可能相反；二是需要看进出口商品的价格需求弹性，如果进出口需求弹性之和大于 1（马歇尔-勒纳条件），则本币贬值会促进出口，增加本国净出口（改善本国贸易逆差）。[①]

二、银行信贷传导渠道

因为信贷与准备金紧密联系，所以货币政策的银行信贷传导渠道也可以称为银行准备金传导渠道。以宽松货币政策为例，例如中央银行从商业银行买入证券，商业银行的存款准

---

① 一国本币贬值会改善贸易逆差，但前提条件是进口需求弹性与出口需求弹性之和必须大于 1，这一条件被称为马歇尔-勒纳条件。

备金增加,可贷资金随之增加,商业银行就可以更多地发放银行信贷,带动企业和个人的投资支出(投资用字母 I 表示),进而推动真实经济总产出增长。

在这样一个传导渠道内,商业银行即使对大型企业的融资影响不大(因为大型企业可以选择直接通过股票和债券等市场融资),但是在小企业或者私人寻求贷款的过程中扮演着非常重要的角色。只要银行贷款与企业和私人的经营行为有所联系,那么中央银行就可以通过公开市场操作等工具增加或者减少银行存款准备金,从而调控银行的信贷能力,进而影响总体经济产出。

三、资产价格传导渠道

资产价格传导渠道主要表现为货币政策调整对金融资产价格产生影响,进而影响居民财富水平、金融资产流动性、企业市场价值和企业净值四个层面,最后影响总体经济产出。

首先,宽松货币政策会提升资产价格(例如股票价格等),此时居民财富会增加,消费和投资相应增加,进而推动总体经济产出增加。

其次,资产价格上升会使得居民持有的金融资产流动性提高,这同样会促进居民消费和投资,进而促进总体经济产出。

再次,资产价格上升对于企业来说意味着企业市场价值上升。企业市场价值上升有利于企业扩大生产,从而带动总体经济产出。这一影响机制被称为托宾 Q 理论。具体来说,托宾 Q 是指企业市场价值与资本重置成本的比率,其中企业市场价值可以用企业的股票价格乘以股票数量来体现,而企业资本是指厂房、设备等资产,资本重置成本是指重新添置或者更新设备等需要消耗的成本。根据托宾 Q 理论,当资产价格上升时,Q 值上升,企业市场价值相对于重置资本的成本更高,也就是说企业扩建厂房以及置换设备等的相对成本下降。此时,企业就有动力以扩大发行股票的方式来购买和置换厂房设备以扩大生产规模,从而使企业投资支出规模扩大,进而促进总体经济产出。相反,如果 Q 值下降,企业市场价值低于其资本重置成本,则企业扩大生产投资的意愿就会下降,企业投资萎缩,从而导致总体经济产出下降。

最后,资产价格上升还可以影响企业净值,而企业净值越高,其逆向选择和道德风险问题就会越少,这样银行就更愿意放贷给企业,企业的投资支出随之增加,进而带动总体经济产出增加。一般来说,资金借贷市场存在信息不对称问题,即资金借入方和借出方所拥有的信息不同。资金借贷市场上的逆向选择(adverse selection)是指由于信息不对称而导致市场上最可能造成逆向后果(不利后果)的潜在借款人往往是那些积极寻求贷款并可能获得贷款的借款人。资金借贷市场上的道德风险(moral hazard)则是指借款人在最大限度地增进自身效用时做出不利于借出方的行为。

基于对逆向选择和道德风险的顾虑,资金借出方(例如银行)的授信额度控制往往以借款人的财富净值为基准,并通常会采取抵押和担保的方式发放贷款。当企业净值增加时,意味着企业拥有更高价值的担保品,逆向选择给银行带来的损失会减少,从而会鼓励银行对企业发放更多的贷款。同时,企业净值高还意味着企业所有者在该企业投入的股本多,而股本越多,从事有道德风险行为的意愿就越低,例如所有者不会将贷款投向对个人有利但不能增加公司利润的项目,毕竟投入的股本多意味着所有者与公司的整体利益保持高度一致。

总结来看，货币政策传导机制是中央银行通过货币政策工具的调整影响操作目标和中间目标进而影响最终目标的过程。在这个过程中，可以有很多渠道实现中央银行的最终调控目标。虽然这些传导渠道的具体过程不尽相同，但是总体上都表明：当中央银行实行宽松货币政策降低利率时，居民的耐用消费和住房投资支出会增加，企业的商业投资支出也会增加，短期内本国货币也会倾向于弱势（疲软）而可能增加净出口，而消费支出、投资支出和净出口都是真实经济产出（GDP）的核心组成成分。这样，中央银行实行的宽松货币政策最终会传导并反映在总体经济指标上。

当然，不同学派对货币政策传导机制的各个环节有着不同的看法：早期的凯恩斯主义学派完全从利率传导渠道审视货币政策的传导效应，认为投资支出的利率弹性有时候比较低，所以货币政策对宏观经济的影响不如财政政策更有效。早期的货币主义学派则把货币看作公众持有的金融资产组合中的一个成分，货币政策传导机制是从货币数量变化直接影响投资支出的。新凯恩斯主义学派和新货币主义学派对于货币政策传导机制的看法则更加包容，尽管各自强调的调控机制不尽相同，相关内容将在第十六章具体阐释。

在实践当中，究竟哪一种货币政策传导渠道最为有效，还需要根据一国经济结构特征、金融结构特征等诸多因素来判断。一般情况下，货币政策传导渠道不是非此即彼的，而更可能是多种渠道同时起作用。

复习要点

1. 货币政策操作目标。
2. 货币政策中间目标。
3. 货币政策最终目标。
4. 货币政策工具（公开市场操作、贴现贷款、存款准备金）。
5. 货币政策反应函数（泰勒规则）。
6. 货币政策传导机制（利率传导渠道、银行信贷传导渠道、资产价格传导渠道）。

关键术语

货币政策　借入准备　非借入准备　银行库存现金
公开市场操作　准备金拆借市场　联邦基金市场　联邦基金利率
银行间利率　操作目标　中间目标　最终目标
通货膨胀　通货紧缩　产出缺口　奥肯定律
市场利率定价自律机制　一级交易商　回购协议
正回购　逆回购　贴现贷款　再贷款
政策利率　存贷款基准利率　市场基准利率　SLF 利率
MLF 利率　最优贷款利率（LPR）　DR007　R007
准备金利率（IOR）　超额准备金利率（IOER）　利率走廊
利率地板　利率传导渠道　信贷传导渠道　资产价格传导渠道
托宾 Q　资本重置成本　泰勒规则　麦卡勒姆规则

即测即评

请扫码检测本章学习效果。

练 习 题

参考答案

1. 中央银行与一级交易商开展逆回购操作业务，规模 1 000 亿元。在回购交易的首次和第二次交易时，中央银行资产负债表如何变化？一级交易商如果是商业银行，其资产负债表如何变化？

2. 市场利率定价自律机制在中国利率调控体系中发挥哪些作用？

3. 比较公开市场操作和存款准备金两种不同的货币政策工具在宏观经济调控中的利弊。

4. 中央银行可以通过哪些渠道对最终目标进行调控？

5. 利率走廊体系和利率地板体系有什么区别？

6. 中国人民银行的利率调控体系与美联储的利率调控体系有哪些异同点？

7. 利率是重要的市场价格信号，中央银行通过利率对核心经济指标进行反应，可以用泰勒规则进行刻画。如果中央银行对通胀率的反应具有前瞻性，而对真实产出缺口的反应具有后顾性特征，尝试写出这一反应特征的泰勒规则表达式。如果需要对此等式进行检验，应该注意的统计事项有哪些？

补充阅读材料

扫码查看本章补充阅读材料。

第十三章

存款创造

学习目标

1. 掌握银行存款创造的基本原理
2. 掌握银行存款创造的简化模型
3. 掌握银行存款创造的拓展模型
4. 掌握银行存款缩减模型
5. 掌握存款创造与货币供给的联系

本章导读

存款创造是银行等存款类金融机构独具特色的功能,也是信用货币体系下理解货币供给机制的关键。银行给企业或者居民发放贷款就可以创造出存款;相反,银行回收贷款则可以缩减存款。

银行发放贷款必须要有准备金,因此银行的存款创造源于初始准备金。储户存款和中央银行注资都可以为银行带来初始准备金。基于初始准备金派生出来的存款总规模与初始准备金之比是存款乘数。如果银行体系不存在现金流出,则初始准备金最终等于存款创造过程中各银行所计提的新增准备金之和;如果存在现金流出,则初始准备金一部分转变为现金流出银行体系,其余部分为各银行计提的新增准备金之和。在上述两种情形中,前者对应于存款创造的简化模型,后者对应于拓展模型。

本章首先介绍银行等存款类金融机构存款创造的基本原理,并在此基础上以大学教授和他的学生们在银行办理存款业务为例,引出存款创造的具体内容,进而推演出银行体系多倍存款创造模型。与银行发放贷款创造存款相反,如果银行回收贷款则可以缩减银行体系的存款规模。为此,本章也相应介绍了银行体系的存款缩减过程。同时,存款创造(或者存款缩减)与中央银行的货币供给联系紧密,本章最后对存款创造与货币供给的联系进行了介绍。

第一节 存款创造的基本原理

一、存款创造的定义

存款创造是指在现代信用货币体系下，银行等存款类金融机构通过发放贷款或者购买有价证券派生出更多存款的过程。因为存款是货币总量指标（如 M1 和 M2）的主要组成部分，所以存款创造也可以称为存款货币创造或者信用创造。注意，虽然现金也属于货币，但是公众持有的流通中现金并不能进行自我扩张和派生，所以货币创造的核心表现为存款创造。

为了说明存款是货币总量的主要组成部分，我们基于中国人民银行公布的2022年1月中国货币总量指标数据，在图 13-1 中给出了 M2 中现金与存款的结构。可以看到，现金在货币总量 M2 中的占比只有 4.4%，而各类存款在 M2 中占比则为 95.6%。因此，存款是货币总量指标中最主要的构成。

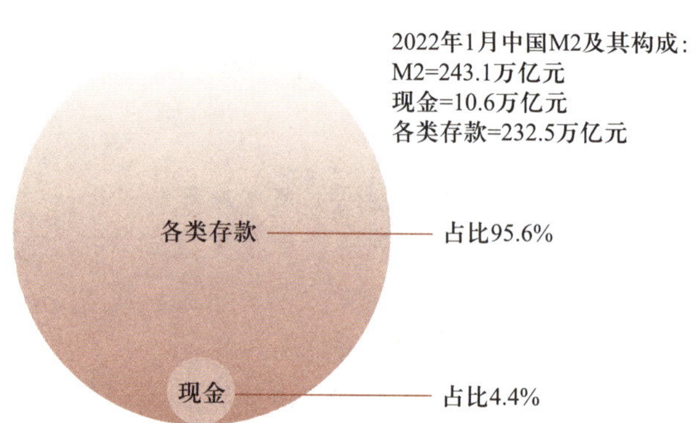

图 13-1 中国 M2 中现金与存款的占比结构（2022 年 1 月）

在图 13-1 中，各类存款在货币总量 M2 中占比达到 95% 以上，那么这些存款是如何创造出来的呢？在现代社会中，商业银行和其他存款类金融机构可以给居民或者企业发放贷款。而居民和企业在获得银行贷款以后，无论进行消费还是经营性投资，一般都会通过银行转账的方式进行资金的流转。也就是说，银行发放的贷款经过一定周转之后又会回到居民和企业在银行开立的存款账户中。这样，银行发放的贷款就“创造出”新增存款。上述过程周而复始，存款创造成倍增加，就形成了银行体系的多倍存款创造。我们现在看到的存款总量就是通过这样的过程创造出来的。为简单起见，多倍存款创造也可以简称为存款创造。

拓展阅读 13-1

现代信用货币体系

现代信用货币体系主要是指 1972 年之后建立起来的信用货币体系（关于国际货币体系等内容在第十九章详细介绍）。从国际货币体系格局来看，1972 年至今是以美元为世界最主要货币同时存在其他世界货币（如英镑、日元、欧元）的“一超多强”国际货币体系格局。在此格局下，货币本身（币材）没有内在价值，而完全以国家信用来支撑其价值，货币表现为法定货币形式。

现代信用货币体系的一个重要特征是银行体系能够创造存款货币，这得益于部分存款准备金制度下经济主体可以通过银行转账轻松实现资金的跨时空流转。在金本位等实物金属货币体系下,任何一笔收支都必须以实物货币进行交割,这样就很难实现存款创造。

需要注意的是,本章介绍的存款创造强调的现代信用货币体系特指以国家信用为基础的法定货币体系。就信用货币本身来看,则是一个较为宽泛的概念。广义的信用货币概念来源于信用的延伸或者基于信用的债务发行。所以,信用货币可以定义为基于发行者的信用而非币材内在价值而被广泛接受的货币,其价值由未来债权或者索偿权所支撑。

可见,广义的信用货币概念并不一定局限于现金和存款,而且不是只有现代才有信用货币,在古代也有信用货币形态(如经济主体之间使用的可以被广泛接受的欠条)。即使在现代金融体系下讨论信用货币,其形式也是多种多样的,几乎所有非即时偿还的金融工具都可以设计成一种信用货币的形式。例如,债券在广义口径下也接近信用货币的属性。相应地,信贷市场(credit market)的标准口径一般也包括债券市场,只是在我们国家"信贷"的字面意思更靠近"贷款",所以我们对"信贷市场"规模的统计往往专指贷款规模。

二、存款创造的基本假设

银行体系能够不断创造新增存款,需要一定的前提假设,主要包括货币制度、存款准备金制度和经济主体的现金持有行为。

第一,需要假设分析框架的基础是现代信用货币体系。在古代贵金属货币体系下,存款创造很难实现,因为任何一笔收支都必须以实物货币(金属货币)进行交割,这样就很难实现存款创造。

第二,需要假设中央银行规定的法定存款准备金率不是100%,即部分存款准备金制度(fractional reserve system)。如果法定准备金率是100%,则是完全准备金制度,这种制度下银行吸收的存款必须全部存入中央银行作为准备金,也就无法进行放贷从而创造新增存款。

第三,需要假设银行发放的贷款经过经济主体的使用(如转账、交易等)之后,最终还会被存入银行体系,也就是说,现金比率(或者称为提现率、现金流出率、现金漏损率)不是100%。如果现金比率为100%,则意味着银行的初始准备金被全部取出并不再存入银行体系,此时不存在存款创造。

三、银行发放贷款创造存款

在以上前提假设下,归纳银行的存款创造过程并不复杂:当银行发放贷款后,贷款在经济运行中经过周转又会被存入银行体系,此时银行体系获得新增存款,而新增存款又可以作为进一步发放贷款的基础继续使用,周而复始,这样银行体系的资产负债表中的存款项就会不断增加,也就形成了存款的创造过程。因此,某一时刻银行体系的存款总量并不是指货币当局印刷了多少货币,而是指一定数量的初始准备金在经济运行到这一时刻相当于承担了多少额度的货币功能。

我们举一个简单的例子来说明商业银行发放贷款为什么会增加经济体系中的货币总量

(狭义货币 M1 以及广义货币 M2)。假设城建公司进行房地产开发需要 100 亿元资金,于是向 A 银行申请贷款并获得批准,在城建公司获得贷款的瞬间,这笔贷款还仍然以活期存款的形式存放于其在 A 银行的存款账户中,此时 A 银行的资产负债表如表 13-1 所示。

表 13-1 A 银行给城建公司发放贷款后的资产负债表

资产		负债	
贷款	+100 亿元	活期存款	+100 亿元

因为 M1 和 M2 都包括活期存款,所以 A 银行发放贷款之后,整个国家的货币总量增加 100 亿元。如果城建公司使用这笔贷款从建材公司购置建筑材料,那么这笔资金终归还是要转账到银行来(建材公司在银行的账户)。此时虽然 A 银行的活期存款减少 100 亿元,但是建材公司开立账户的银行活期存款增加 100 亿元,所以无论如何这笔新增的 100 亿元资金仍然存在于整个银行体系中。因此,从整个银行体系来看,只要有一家银行发放贷款就会有货币的创造。

四、银行购买证券创造存款

除了发放贷款可以创造存款之外,银行从非银行金融机构购买证券也会创造存款货币。这是因为非银行金融机构本身不是存款类机构,其卖出证券获得的资金需要存放于银行账户中,所以当银行因购买证券而支付给非银行金融机构相应资金时,这笔资金终归还会存入银行账户,从而带来银行体系存款额度的相应增加。

为了便于理解,我们来看一个例子:假定 A 银行从 B 证券公司购买了一笔 100 亿元的债券,此时 A 银行的资产项下存款准备减少 100 亿元,持有的证券增加 100 亿元,负债端暂时没有变化,如表 13-2 所示。

表 13-2 A 银行买入债券时的资产负债表

资产		负债	
存款准备	-100 亿元		
证券	+100 亿元		

因为 B 证券公司不是存款类金融机构,所以紧接着 B 证券公司将出售债券获得的这笔 100 亿元资金存入其在 A 银行的账户(当然还可以选择存放于其他银行),此时 A 银行负债项下增加了 100 亿元活期存款,在资产项下就相应增加存款准备 100 亿元,如表 13-3 所示。

表 13-3 A 银行收到 B 证券公司存入 100 亿元后的资产负债表

资产		负债	
存款准备	-100 亿元	活期存款	+100 亿元
存款准备	+100 亿元		
证券	+100 亿元		

当然，如果B证券公司将这笔资金存放于C银行，那么A银行的活期存款就没有变化，而C银行的活期存款和存款准备各自增加100亿元。因此，不管B证券公司将资金存放于A银行还是C银行，在A银行从B证券公司购买100亿元债券之后，整个银行体系新增存款100亿元，相应的货币总量M1和M2也各增加100亿元。

从以上过程可以看到，一家商业银行发放贷款或者购买非银行金融机构的证券之后，可以创造出新增存款。也就是说，商业银行发放贷款或者购买证券都可以创造存款。只要有超额准备金，即使整个银行体系只有一家商业银行，也可以反复进行存款货币的创造，直到其超额准备金用尽。

第二节　多倍存款创造过程的简单演示

一、起始于客户存款的存款创造

为了便于理解，在正式介绍存款创造机制之前，我们先介绍一个简单的生活例子，并用图13-2刻画这个例子的活动内容。张教授和两位学生（小赵、小钱）代表不同的银行储户。假设中央银行规定法定存款准备金率为10%。同时，在此过程中，张教授和学生把钱存入银行之后并没有进一步取款或者转账的活动，这意味着这些存款数字一直记在银行资产负债表上。

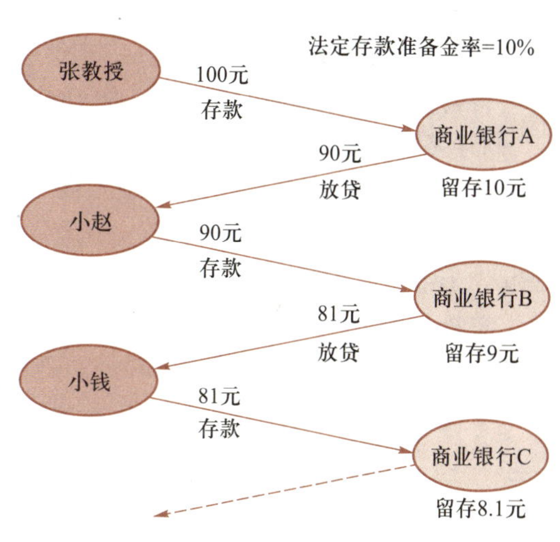

图13-2　银行存款创造过程演示：起始于张教授存款

现在，张教授把100元存入商业银行A，此时商业银行A在负债端增加100元存款的同时，资产端相应新增初始准备金100元。然后，商业银行A留存10元作为法定准备金（法定准备金率为10%），把剩下的90元拿去放贷，比如借给了小赵。而小赵不会一直把钱放在家里，他如果把90元存到另一个商业银行B，则商业银行B又可以留存9元后把剩下的81元贷给小钱同学。小钱同样不是把钱一直放在手上，而是用来支付或者转账等活动，不管怎样这81元最后都要存到商业银行C，商业银行C留存8.1元之后重复与上述类似的过程。我们不妨看一下截至目前所有银行的存款加总是多少，即：

$$商业银行A中的存款+商业银行B中的存款+商业银行C中的存款=100+90+81=271（元）$$

也就是说，商业银行A获得初始准备金100元之后，这笔准备金按照10%的法定准备金率计提标准在银行之间进行流转，流转了两次以后银行体系的存款总数变成了271元。因为货币总量的定义是现金加上各类存款，所以存款增加也就意味着货币总量增加。在上面的例子中，当商业银行C继续放贷之后，贷款会继续创造存款，从而使货币总量不断增加。如果这个过程一直无限进行下去,那么银行体系存款总量的计算其实就是一个初始值为 100 元、公比为 10% 的无穷等比数列求和,计算结果是 1 000 元。

二、起始于中央银行借款的存款创造

当然,如果没有张教授的初始 100 元存款,商业银行同样还有其他渠道获得初始准备金并开始存款货币的创造。例如,商业银行 A 从中央银行借款 100 元,此时银行同样新增初始准备金 100 元。当然,中央银行借款并非一般储户存款,所以银行下一步可以把这笔初始准备金全部放贷给张教授。张教授把获得的 100 元贷款存入商业银行 B,商业银行 B 在计提 10 元法定准备金之后将其余 90 元全部放贷给小赵同学,接下来的流程与前面的例子类似。这样,商业银行通过向中央银行借款同样可以开启存款创造的过程,而且如果这个过程一直延续下去,银行体系增加的存款总量也是 1 000 元。上述过程演示如图 13-3 所示。

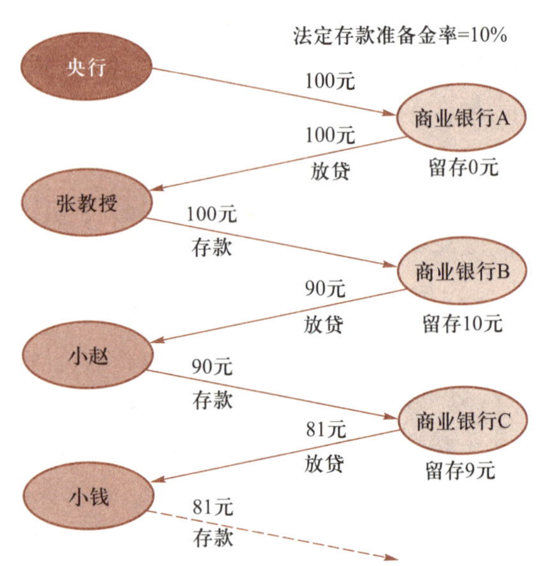

图 13-3 银行存款创造过程演示:起始于中央银行借款

我们注意到,在本节两个略微不同的例子中,无论是起始于张教授存款 100 元还是起始于银行向央行借款 100 元,银行体系新增的初始准备金都是 100 元,最终创造出来的存款总量都是 1 000 元,即放大了 10 倍。而 10 倍恰好是法定准备金率 10% 的倒数,这是一个巧合还是必然结果呢?我们将在下面小节获得这个问题的答案。

第三节 银行体系多倍存款创造的简化模型

一、存款创造的源头:初始准备金

商业银行的多倍存款创造是个周而复始的循环过程,如果从存款被创造出来的这个过程看,银行发放贷款(或者向非银行金融机构购买证券)是存款创造的开始,而银行发放贷款或者买入证券的前提都是获得初始准备金。也就是说,商业银行的多倍存款创造源于银行的初始准备金。

商业银行如何获得初始准备金呢?从第二节的两个例子中可以看到,常见有两种形式:第一种形式是收到客户存款,银行在负债项下增加存款的同时在资产项下增加与存款等额的准备金,这一准备金额度就是接下来存款创造的初始准备金;第二种形式是中央银行向商业银行注入资金而形成商业银行的初始准备金,中央银行注入资金可以通过各种业务形式实现,例如中央银行向商业银行购买证券、银行向中央银行借款(贴现贷款或者再贷款)等业务,具体业务取决于中央银行或商业银行的需要,不过无论通过以上哪个业务,都可以给商

业银行带来初始准备金。

当然,从表面上看,商业银行从存款客户或者中央银行两个不同渠道获得初始准备金之后,下一步发放贷款的基数略有不同,或者说可用于发放贷款的超额准备金额度不同。商业银行从客户获得的存款需要按照法定存款准备金率计提法定存款准备,因此第一家银行用于发放贷款的额度只有初始准备金额度的 90%(以 10% 法定准备金率计算);如果从中央银行获得初始准备金,则第一家银行可以将初始准备金全部用于发放贷款,因为中央银行借款不需要计提法定存款准备,所以这种情况下初始准备金全部为超额准备金。

不过,因为整个银行体系中银行数量众多,而且每家银行都可以重复参与存款创造过程,所以从整个银行体系来看,存款创造过程是无限延续的。因此,无论是客户存款还是中央银行注资,只要初始准备金额度相同,最终的存款创造结果(创造出的存款总量)就相同。

下面分别介绍源于客户存款和中央银行注资两种情况下的多倍存款创造简化模型。所谓简化模型,即假定银行体系实施部分存款准备金制度,同时没有现金流出银行体系,存款创造过程中各银行超额准备金都为 0,而且所有存款都是活期存款(假设活期存款的法定存款准备金率都是 10%)。

二、源于客户存款的存款创造过程

第一种形式的存款创造过程源于商业银行收到客户存款形成初始准备金,然后开始不断发放贷款。这个过程与第二节中起始于张教授存款的银行存款创造过程是类似的。假设 A 银行收到客户存款 100 万元,此时其资产负债表变化为:负债端增加活期存款 100 万元,资产端增加存款准备 100 万元(初始准备金为 100 万元),如表 13-4 所示。

表 13-4　A 银行收到 100 万元存款后的资产负债表

资产		负债	
存款准备	100 万元	活期存款	100 万元

A 银行获得初始准备金 100 万元之后,便可以开始发放贷款创造存款的过程。具体来说,A 银行按照法定准备金率要求计提初始存款准备的 10%,即 10 万元,然后向甲企业发放贷款 90 万元,此时 A 银行资产负债表变化情况归纳在表 13-5 中。至此,A 银行在收到一笔 100 万元存款并发放 90 万元贷款之后,计提存款准备 10 万元,新增贷款 90 万元,新增活期存款 100 万元。

表 13-5　A 银行运用初始准备金发放 90 万元贷款后的资产负债表

资产		负债	
存款准备	10 万元	活期存款	100 万元
贷款	90 万元		

甲企业将获得的 90 万元贷款用于支付设备费用。假设支付给设备经销商乙企业,也就是转入乙企业指定的其在 B 银行的账户,此时 B 银行收到乙企业存入的活期存款 90 万元。在获得这笔 90 万元存款以后,B 银行为了最大化银行利润,即刻又将这 90 万元按照法定准

备金率 10% 的标准计提准备金 9 万元，其余 81 万元发放贷款给丙企业。经过这几步以后，B 银行的资产负债表如表 13-6 所示。

表 13-6　B 银行收到 90 万元存款之后发放 81 万元贷款后的资产负债表

资产		负债	
存款准备	9 万元	活期存款	90 万元
贷款	81 万元		

现在，银行系统又增加了活期存款 90 万元，新增计提存款准备 9 万元，新增贷款 81 万元。也就是说，自从 A 银行获得 100 万元初始准备金之后进行贷款发放至今，银行体系已经新增存款 100+90=190（万元），新增计提存款准备 10+9=19（万元），新增贷款 90+81=171（万元）。

接下来，从 B 银行获得 81 万元贷款的丙企业会使用这笔资金，转入丁企业在 C 银行的活期账户，此时 C 银行的活期存款就相应增加 81 万元。C 银行和 A 银行以及 B 银行类似，在计提 10% 的存款准备即 8.1 万元之后发放贷款 81 × 90%=72.9（万元）。这样的过程不断进行下去，就形成了多倍存款创造过程。

表 13-7 归纳了 A、B、C、D 等银行的新增存款ΔD_i、新增计提存款准备 ΔR_i 和新增贷款 ΔL_i 的情况（各符号中的下标 i 表示第 i 个银行）。为方便说明，新增存款合计、新增计提存款准备合计以及新增贷款合计分别用 D、R 和 L 表示，即 $D=\Delta D_1+\Delta D_2+\Delta D_3+\cdots=\sum\Delta D_i$，$R$ 和 L 的定义类似。同时，表 13-7 的第二列还给出了整个银行体系的初始准备金 R_0。注意，A、B、C 等银行共同构成了整个银行体系，所以在上述起始于 A 银行的存款创造过程中，整个银行体系初始准备金就是最初 A 银行获得的初始准备金 100 万元。

表 13-7　源于客户存款的银行存款创造过程

银行	初始准备金（R_0）	新增存款（ΔD_i）	新增计提存款准备（ΔR_i）	新增贷款（ΔL_i）
A	100	100	10	90
B		90	9	81
C		81	8.1	72.9
D		72.9	7.29	65.61
……		……	……	……
合计	R_0=100	$D=\sum\Delta D_i$=1 000	$R=\sum\Delta R_i$=100	$L=\sum\Delta L_i$=900

注：法定准备金率为 10%，新增初始存款为 100 万元，对应初始准备金为 100 万元。

注意，虽然以上是从客户存入存款开始说明存款创造过程，但是这并不意味着商业银行必须要先有存款才能发放贷款。因为从整个金融体系来看，商业银行即使在没有存款的极端情形下，还可以与中央银行进行金融交易获得发放贷款的基础。这就是我们接下来介绍的第二种形式的存款创造过程。

三、源于中央银行注资的存款创造过程

第二种形式的存款创造源于中央银行向商业银行注入资金而形成银行的初始准备金，然后银行开始不断发放贷款创造存款。这种形式的存款创造过程本质上体现了中央银行对货币供给的调控能力。这个过程与第二节中介绍的起始于中央银行借款的银行存款创造类似。例如，A 银行向中央银行借款或者中央银行向 A 银行购买证券，A 银行获得 100 万元款项，即初始准备金 100 万元。在获得 100 万元准备金之后，A 银行将此笔资金用于发放贷款 100 万元。在这一步，A 银行可以不计提法定存款准备，所以新增计提存款准备为 0，新增贷款为 100 万元，新增存款为 0。

接下来，这 100 万元贷款经过周转进入 B 银行的活期存款账户，B 银行则按照法定准备金率 10% 的要求计提存款准备 10 万元，并发放 90 万元贷款。此时，B 银行新增存款 100 万元，新增计提存款准备 10 万元，新增贷款 90 万元。接下来的存款创造过程与第一种情形完全一致。表 13-8 归纳了源于中央银行注资的存款创造过程中的新增存款、新增存款准备以及新增贷款情况。

对比表 13-7 和表 13-8 可以看到，在整个银行体系的初始准备金源于中央银行注资的情况下，初始准备金 R_0、新增存款合计 D、新增计提存款准备合计 R 与源于客户存款获得初始准备金的情形完全相同，只有新增贷款合计比表 13-7 的情形多了 100 万元。由于新增贷款合计并不影响新增存款总量，所以两种情形下的存款总量创造结果完全相同。

表 13-8 源于中央银行注资的银行存款创造过程

银行	初始准备金（R_0）	新增存款（ΔD_i）	新增计提存款准备（ΔR_i）	新增贷款（ΔL_i）
A	100	0	0	100
B		100	10	90
C		90	9	81
D		81	8.1	72.9
E		72.9	7.29	65.61
……		……	……	……
合计	R_0=100	$D=\sum\Delta D_i$ =1 000	$R=\sum\Delta R_i$ =100	$L=\sum\Delta L_i$ =1 000

注：法定准备金率为 10%，初始准备金为 100 万元。

四、存款乘数

基于初始准备金派生出来的新增存款总量与初始准备金之比定义为存款乘数。通过表 13-7 和表 13-8 可以看到，在整个存款创造过程中，银行体系初始准备金是 100 万元，新增存款（创造出来的总存款）合计是 1 000 万元。也就是说，由初始准备金创造出来的存款总量是初始准备金的 10 倍，所以存款乘数是 10。

根据存款乘数的基本定义，我们可以把存款乘数 K 的计算公式写成：

$$K=\frac{D}{R_0} \tag{13-1}$$

式中:D 和 R_0 分别表示存款创造过程中新增存款总量($\sum\Delta D_i$)和初始准备金规模。

在上述例子中,存款乘数是 10,正好是法定存款准备金率的倒数,这并不是一种巧合,本质上是因为初始准备金 R_0 与新增计提存款准备合计 R 相等,从而可以根据式(13-1)获得 K 与法定准备金率 rr 之间的倒数关系。

为了说明 $R_0=R$,下面先通过一个简单的类比来演示,然后通过严谨的数学公式推导证明。首先,我们可以把初始准备金 R_0 想象成一块面包,每个银行基于 R_0=100(万元)计提存款准备,相当于每个银行依次啃食这块面包。以表 13-7 的情形为例,A 银行计提 R_0 的 10% 作为存款准备,相当于吃掉这块面包的 10%(10 万元);接下来 B 银行吃掉这块面包剩下部分的 10%(9 万元),C 银行再吃掉余下面包的 10%;以此类推无限接续下去,最终这块面包必定会被吃光(如图 13-4 所示)。也就是说,每个银行新增计提存款准备加总必定等于 R_0,即:

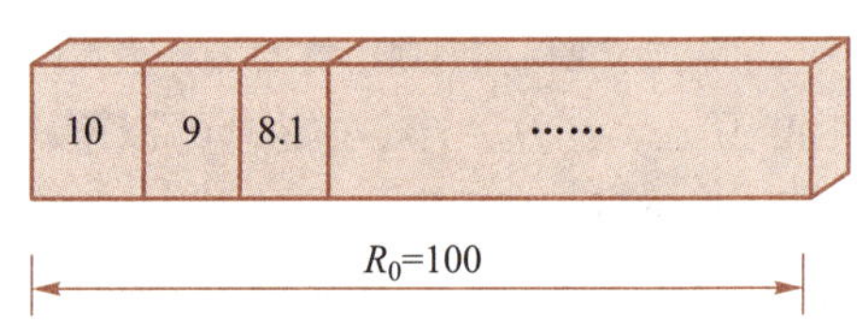

图 13-4 初始准备金与各银行新增计提存款准备之间的关系

$$R_0=\sum\Delta R_i=R \tag{13-2}$$

当然,从更严谨的数学角度也可以推导出式(13-2)。过程如下:A 银行新增计提存款准备为 $\Delta R_1=10\%\times R_0$,B 银行新增计提存款准备为 $\Delta R_2=10\%\times[(1-10\%)R_0]$,C 银行新增计提存款准备为 $\Delta R_3=10\%\times[(1-10\%)^2 R_0]$,以此类推。可以看出,新增计提存款准备加总实际上是一个首项为 $\Delta R_1=10\%\times R_0$,公比为 0.9(即 1-10%)的无穷等比数列求和。根据公比小于 1 的无穷等比数列求和公式 $S=\frac{a_1}{1-q}$(S、a_1 和 q 分别表示数列和、首项和公比),则有:

$$R=\sum\Delta R_i=\frac{10\%\times R_0}{1-0.9}=R_0 \tag{13-3}$$

在获得了上述 R 与 R_0 相等的关系之后,接下来就可以推导出存款乘数与法定准备金率之间的倒数关系。具体过程如下:

因为每个银行基于新增存款 ΔD_i 来计提存款准备 ΔR_i,法定准备金率 rr 保持不变,则有:

$$\Delta R_i=\Delta D_i\times rr \tag{13-4}$$

根据式(13-4),容易写出加总等式关系,即:

$$\sum\Delta R_i=rr\times\sum\Delta D_i \tag{13-5}$$

将式(13-2)或者式(13-3)与式(13-5)相结合,则可以获得初始准备金 R_0 与新增存款总量 D 以及法定准备金率 rr 之间的关系,即:

$$R_0=rr\times\sum\Delta D_i=rr\times D \tag{13-6}$$

因此,存款乘数 K 的计算公式(式 13–1)可以化简为:

$$K=\frac{D}{R_0}=\frac{1}{rr} \qquad (13\text{–}7)$$

基于式(13–7)可以写出存款创造总量 D 与存款乘数和初始准备金的关系式:

$$D=K\times R_0=\frac{1}{rr}\times R_0 \qquad (13\text{–}8)$$

可见,在多倍存款创造过程中,如果没有现金流出并且超额准备金为 0,则存款乘数 K 正好是法定存款准备金率 rr 的倒数。而且,在简化模型条件下,rr 越低则存款乘数 K 越大,从而存款创造总量 D 就越大。也就是说,根据简化模型假设,式(13–8)意味着中央银行通过调整法定准备金率和初始准备金规模,能够完全掌控存款货币创造的规模。

然而,在现实中,银行体系获得一笔初始准备金之后,在发放贷款创造存款的过程中,很可能有一部分初始准备金转化为现金形式流出银行体系,同时很多银行为谨慎起见也会持有超额准备金。因此,虽然简化模型为理解多倍存款创造过程提供了便利,但是可能没有全面刻画出现实中中央银行对存款创造的掌控情况。为此,下一节将在简化模型基础上进行拓展分析。

第四节 银行体系多倍存款创造的拓展模型

存款创造的简化模型有两个重要假设,即:

(1)各商业银行都没有保留超额准备金;

(2)没有现金从银行体系流出形成现金漏损。

但是在现实中,银行往往会保留一定的超额准备金用以应对临时流动性需求,同时存款创造过程中还经常会有现金流出银行体系形成现金漏损。超额准备金不使用或者现金流出银行体系都不会进行存款创造。因此,现实中的存款乘数可能要比简化模型中给出的结果小很多。在考虑存在超额准备金和现金流出等情况时,之前的存款创造简化模型需要进行拓展,对应的模型称为多倍存款创造的拓展模型。

一、存在超额准备金的拓展模型

我们首先考虑存在超额准备金但没有现金漏损的情形。用 cr 表示超额准备金率,此时相当于总的准备金率是 $rr+er$。在这种情形下,整个银行体系在存款创造过程中新增计提存款准备合计包含两部分,一部分是新增计提法定准备(用 RR 表示),另一部分是新增计提超额准备(用 ER 表示)。根据存款准备的基本定义,新增计提法定准备合计可以写成:

$$RR=D\times rr \qquad (13\text{–}9)$$

新增计提超额准备合计可以写成:

$$ER=D\times er \qquad (13\text{–}10)$$

接下来,通过与式(13–2)类似的推导过程,不难得到初始准备金与 RR 和 ER 的关系,即:

$$R_0 = RR + ER \tag{13-11}$$

这样，就可以获得存在超额准备金情形下的存款乘数：

$$K = \frac{D}{R_0} = \frac{D}{RR + ER} = \frac{D}{D \times (rr + er)} = \frac{1}{rr + er} \tag{13-12}$$

相应可以写出此种情形下新增存款总量的表达式：

$$D = K \times R_0 = \frac{1}{rr + er} \times R_0 \tag{13-13}$$

通过比较式（13–12）与式（13–7）可以看到，在法定准备金率相同的条件下，如果银行体系在存款创造过程中增加超额准备金，则存款乘数与简化模型下的乘数相比会下降。同时，通过比较式（13–13）与式（13–8）还可以看到，超额准备金的存在会降低新增存款总量。需要说明的是，超额准备金率与法定准备金率完全不同，法定准备金率是由中央银行设定的，而超额准备金率并不是中央银行设定的。事实上，超额准备金是银行根据金融市场和经济运行情况自主决定的，所以中央银行对超额准备金的影响不是直接的。这就说明，银行体系的存款货币创造过程并非完全由中央银行所掌控，商业银行的意愿和行为也会影响存款货币创造规模。

二、既有超额准备金又有现金漏损的拓展模型

下面，我们进一步考虑既有超额准备金又有现金流出银行体系的情形，即在存款创造过程中，存在超额准备金，同时某些贷款发放之后以现金形式存在，没有被存入银行。假设现金比率为 c（银行体系新增现金总量 C 相对于新增存款总量 D 的比例），法定准备金率和超额准备金率分别为 rr 和 er，则 $C = D \times c$，$RR = D \times rr$，$ER = D \times er$。

在上述条件下，初始准备金 R_0 在存款创造过程中有一部分转化为现金流出银行体系转化为新增现金总量 C，其余部分在存款创造过程中表现为 RR 和 ER。所以有如下关系：

$$R_0 = C + RR + ER \tag{13-14}$$

根据存款乘数的定义（由初始准备金而创造的新增存款总量除以初始准备金），则有：

$$K = \frac{D}{R_0} = \frac{D}{C + RR + ER} = \frac{D}{D \times (c + rr + er)} = \frac{1}{c + rr + er} \tag{13-15}$$

相应可以获得新增存款总量 D 的表达式，即：

$$D = \frac{1}{c + rr + er} \times R_0 \tag{13-16}$$

假设在存款创造过程中，现金流出比率为 5%，整个银行体系的超额准备金率是 5%，法定存款准备金率仍然是 10%。根据式（13–16），此时存款乘数为 1/(0.05+0.1+0.05)=5。显然，在银行体系存在现金漏损和超额准备金的拓展模型下，银行体系的存款派生能力相较简化模型情形明显减弱。在上述例子中，存款乘数由简化模型中的 10 下降到 5，下降幅度达到 50%！

当然，上述过程显然需要假设现金流出比率不是 100%，即现金比率 $c \neq 1$。如果 $c=1$，则意味着初始准备金全部流出银行体系，即 $C=R_0$。例如，当 A 银行收到储户存款 100 万元时，则初始准备金为 100 万元，新增存款为 100 万元。接下来，客户因为某种原因将存款全部取出并不再存入银行，即现金流出比率为 100%。在这种极端情形下，新增存款合计结果为 0。根据存款乘数的基本定义可得存款乘数的结果为 0，即：

$$K=\frac{D}{R_0}=\frac{0}{100}=0$$

综合上述内容，与存款创造简化模型下无现金漏损并且无超额准备金的情况相比，当银行体系存款创造过程中存在现金漏损和超额准备金时，存款乘数下降。图 13-5 描绘了 1998—2022 年中国和美国的存款乘数变化情况。其中美国的存款乘数在 2007—2008 年出现大幅下降，主要是因为 2007 年美国爆发的次贷危机严重冲击了美国存款类金融机构的放贷业务，同时各银行在危机期间持有的超额准备明显增加（超额准备金率上升），从而导致美国的银行体系存款创造规模大幅下降，存款乘数也大幅下降，存款乘数在 2012 年之后维持在 2.0~3.0。从中国的情况来看，存款乘数自 1998 年开始稳步上升，从 3.0 左右上升到 2022 年的 7.0 左右。

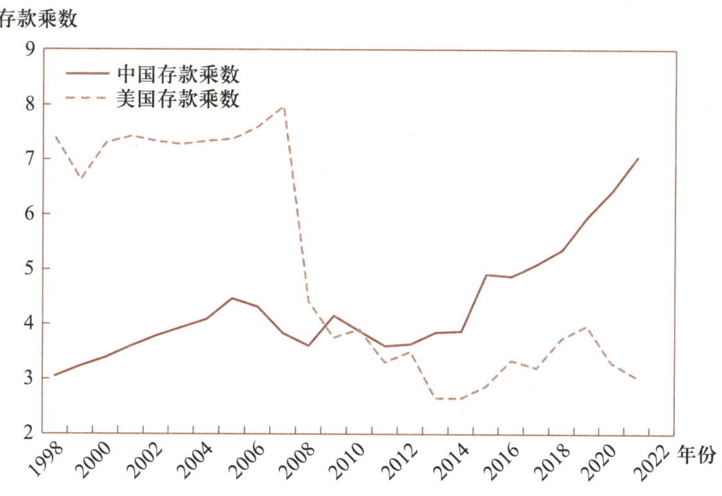

图 13-5　中国和美国存款乘数变化情况（1998—2022 年）

资料来源：原始数据来源于 Wind，存款乘数由作者根据定义式（13-15）计算。

第五节　银行体系的多倍存款缩减模型

通过前几节内容可知，如果银行体系获得初始准备金，银行发放贷款可以创造多倍存款。反过来，如果银行体系初始准备金减少，则各银行可能需要回收贷款或者出售有价证券来补充准备金，从而导致整个银行体系的客户存款不断减少，触发多倍存款缩减过程。是否会进入存款缩减过程，则可以从银行体系初始状态是否存在超额准备金来分别考察。

一、无超额准备金的情形

(一)举例说明

为了说明问题,我们首先分析简单的情形。假定整个银行体系的准备金规模恰好处于法定存款准备金率要求的标准,即银行体系没有超额准备金,法定存款准备金率为10%。假设初始准备金减少源于客户从A银行取款,在客户取款之前A银行资产负债表处于表13-5所示状态,即负债项下有活期存款100万元,资产项下有准备金10万元和贷款90万元。当A银行的存款客户取走20万元现金之后,此时A银行的资产负债变动情况如表13-9所示。

表13-9 A银行客户取款20万元后的资产负债变动

资产		负债	
存款准备	10万元 -20万元	活期存款	100万元 -20万元
贷款	90万元		

此时,A银行的活期存款下降20万元,初始准备金相应减少20万元。此时,按照10%的法定存款准备金率,A银行应该持有的法定准备金是80×10%=8(万元),但是目前实际持有的准备金是10-20=-10(万元)。所以,客户取走20万元之后,A银行的准备金出现不足,A银行目前实际持有的准备金按照要求还缺少18万元。

当然,对于A银行来说,可以通过回收贷款、卖出证券等办法来缓解准备金出现不足的问题。例如,A银行可以回收18万元贷款来解决其自身遭遇的准备金不足问题。但是,我们在本节一开始假设的是整个银行体系存款准备金规模恰好处于法定准备金率要求的边界,即整个银行体系没有超额准备金。因此,虽然A银行回收18万元贷款可以解决其自身的准备金不足问题,但是从整个银行体系来看,A银行只不过是把它的准备金不足问题转移给另外一家银行,比如说B银行。也就是说,A银行从其客户回收的贷款,实际上来自其客户在B银行的存款;当客户把存款从B银行转账到A银行以后,则B银行的准备金出现不足,B银行的资产负债变动如表13-10所示。

表13-10 B银行客户取款18万元后的资产负债变动

资产		负债	
存款准备	-18万元	活期存款	-18万元

此时,B银行的活期存款下降18万元,存款准备金相应下降18万元。同时,按照10%的法定存款准备金率,则法定准备金要求相应减少18×10%=1.8(万元)。也就是说,假设B银行最初的准备金规模恰好满足法定存款准备要求,则客户从B银行取走18万元之后,B银行目前实际持有的准备金按照要求还缺少18-1.8=16.2(万元)。此时,B银行又需要通过回收其他客户16.2万元贷款或者卖出相应额度的有价证券等措施来补充准备金。以此类推,整个过程循环下去以后,整个银行体系减少的贷款合计为:

$$18+16.2+\cdots=180(\text{万元})$$

银行体系存款减少合计为：

$$20+18+\cdots=200(\text{万元})$$

因此，最终整个银行体系的资产负债变动情况归纳如表 13-11 所示。

表 13-11　客户取款 20 万元后银行体系的资产负债变动

资产		负债	
初始存款准备	-20 万元	活期存款	-200 万元
贷款	-180 万元		

（二）无超额准备金情形下的存款缩减公式

从前面的分析可以看到，在整个银行体系没有超额准备金的情况下，客户取款可以触发银行的贷款或者金融资产的缩减过程。在 10% 的法定存款准备金率的要求下，当有客户从银行取出 20 万元现金之后，可以带来整个银行体系 200 万元的存款缩减。存款缩减乘数是法定准备金率的倒数，即缩减乘数公式与式（13-7）的形式一致。存款缩减乘数公式可以写成：

$$\bar{K}=\frac{1}{rr} \tag{13-17}$$

用 $\bar{R}_0$ 表示初始准备金缩减量，则存款缩减总量计算公式相应为：

$$\bar{D}=\bar{K}\times\bar{R}_0=\frac{1}{rr}\times\bar{R}_0 \tag{13-18}$$

上述存款以及贷款缩减过程中有几点内容特别值得注意。首先，每家银行通过回收贷款或者出售有价证券来补充准备金，一家银行回收贷款或者出售证券只是将银行体系中的准备金从一家银行转移到另一家银行，而整个银行体系的准备金在此过程中没有增加。其次，在上述假设条件下，对于整个银行体系来说，解决准备金不足问题的唯一办法就是降低法定存款准备金要求，而降低法定准备金要求又可能引发更大规模的存款缩减。对于 10% 的法定准备金率要求来说，存款下降 10 万元才能实现法定准备金下降 1 万元，所以降低准备金要求相应带来的存款缩减规模更大。事实上，美国在 20 世纪 30 年代大萧条时期就经历了这样的现实情况：中央银行下调存款准备金率，而银行体系存款规模相应下降，货币总量也相应下降。

总而言之，银行体系并不能完全控制自身的准备金规模，而是需要依赖于存款客户和中央银行。存款客户存取款行为可以影响银行体系的准备金，中央银行通过公开市场操作与银行买卖证券或者回购业务可以调控银行体系的准备金规模，也可以通过向银行发放贷款来注入准备金。

在现实生活中，银行几乎无法主动影响存款客户的存取款行为，但是可以主动与中央银行开展相关业务。所以，银行与存款客户的联系和互动远不及中央银行，毕竟中央银行是“银行的银行”，中央银行对于银行体系的准备金具有主导影响。从整个银行体系来看，当银行体系的总准备金恰好等于法定存款准备金时，存款创造过程处于均衡状态。

二、有超额准备金的情形

(一) 举例说明

下面举例说明取款额度是否超过初始超额准备金规模对存款总量变化的影响。假设银行体系由 A、B、C 等多个银行构成，A 银行是银行体系中第一家遭遇客户取款的银行，且只有 A 银行拥有超额准备金，其他银行都恰好满足法定准备金要求。现在，假设 A 银行的初始状态如表 13-12 所示，即 A 银行的法定准备金率为 10%，超额准备金率为 10%。

表 13-12 A 银行的初始资产负债表

资产		负债	
存款准备	20 万元	活期存款	100 万元
贷款	80 万元		

1. 客户小规模取款

第一种情形是银行遇客户小规模取款，客户取款后银行准备金仍然满足法定准备金率要求。假设 A 银行遇客户取款 10 万元，此时其资产负债变动情况如表 13-13 所示：活期存款减少 10 万元，存款准备减少 10 万元。从变动后的资产负债表来看，A 银行现有存款 90 万元，存款准备 10 万元。不难看出，A 银行遭遇客户取款 10 万元之后仍然满足法定准备金率的要求，因此不会出现回收贷款进而触发存款缩减过程。

表 13-13 A 银行客户取款 10 万元后的资产负债变动

资产		负债	
存款准备	20 万元	活期存款	100 万元
	-10 万元		-10 万元
贷款	80 万元		

2. 客户大规模取款

下面考虑第二种情形，即 A 银行遇客户取款数额比较大，取款后银行法定准备金不足。假设 A 银行遇客户取款 30 万元，此时其资产负债变动情况如表 13-14 所示：活期存款减少 30 万元，存款准备减少 30 万元。从变动后的资产负债表来看，A 银行现有存款 70 万元，存款准备-10 万元。显然，A 银行遭遇客户取款 30 万元之后准备金出现不足。

表 13-14 A 银行客户取款 30 万元后的资产负债变动

资产		负债	
存款准备	20 万元	活期存款	100 万元
	-30 万元		-30 万元
贷款	80 万元		

假设银行体系内每个银行在客户取款后都将存款准备金率恢复至原来的水平，即保有 rr 的法定准备金率和 er 的超额准备金率，本例中 rr 和 er 都是 10%，则总准备金率为 20%。因此，A 银行需要回收的贷款额度为 20%×（100−30）+10=24（万元）。

假设 A 银行回收的贷款均来自 B 银行，则 B 银行的存款减少 24 万元，相应存款准备金可以少计提 24×20%=4.8（万元），所以 B 银行需要回收贷款额度为：

$$24-4.8=19.2\text{（万元）}$$

B 银行回收的 19.2 万元贷款来自 C 银行，则 C 银行存款相应减少 19.2 万元。以此类推，整个银行体系存款缩减合计为：

$$30+24+19.2+\cdots=150\text{（万元）}$$

（二）有超额准备金情形下的存款缩减公式

通过上述介绍可以看到，如果银行体系初始状态存在超额准备金，遇到客户取款之后是否发生多倍存款缩减过程则需要视具体情况而定：如果取款额度不超过初始超额准备金规模，则不会触发存款缩减过程。如果取款额度超过初始超额准备金规模，则会触发多倍存款缩减过程。此时，根据式（13−12）的类似推导过程，可以获得存款缩减乘数公式，具体分为两种情况：如果银行体系准备金只恢复到法定准备金率要求水平，则存款缩减乘数公式以及存款缩减总量计算公式分别与式（13−17）和式（13−18）相同。如果银行体系准备金恢复到初始的超额准备金率水平，则存款缩减乘数公式为：

$$\bar{K}=\frac{\bar{D}}{\bar{R}_0}=\frac{\bar{D}}{\overline{RR}+\overline{ER}}=\frac{\bar{D}}{\bar{D}\times(rr+er)}=\frac{1}{rr+er} \quad (13-19)$$

相应地，存款缩减总量计算公式为：

$$\bar{D}=\frac{1}{rr+er}\times\bar{R}_0 \quad (13-20)$$

在前面客户大规模取款的例子中，可以利用式（13−20）计算银行体系存款缩减总量，结果恰好也是 150 万元，即：

$$\bar{D}=\frac{1}{rr+er}\times\bar{R}_0=\frac{1}{10\%+10\%}\times 30=150\text{（万元）}$$

当然，如果银行遇客户大规模取款之后通过缩减贷款恢复到法定准备金率的要求标准，则存款缩减乘数计算公式对应于式（13−17），存款缩减总量计算公式则对应于式（13−18）。

第六节　准备金、存款创造与货币供给的联系

通过上一节的介绍我们知道，银行初始准备金是银行存款创造的源头。中央银行能够主

导银行体系的准备金规模，在任何时间点都可以对商业银行的准备金进行调控，而且可以随着时间推移动态调整总体准备金的增减情况，也可以定向调控不同金融机构的准备金规模。

当然，除了中央银行之外，还有很多因素会影响银行体系准备金规模，造成准备金规模上下波动。例如，公众对现金的需求变化就会直接影响银行体系的准备金规模。不过，这些外部影响因素都可以被中央银行的公开市场操作等业务轻松吸纳：中央银行可以通过日常的公开市场操作在市场上买卖或者回购有价证券，从而抵消掉外部因素的影响，实现对银行体系准备金的绝对主导。

一般情况下，准备金的统计口径包括银行库存现金和银行等金融机构存放于中央银行的准备金存款两部分（中国人民银行对准备金的统计口径另有界定，专指存放于中央银行准备金账户的资金）。当中央银行在公开市场操作中从一级交易商手中购买有价证券时，一级交易商在中央银行的准备金账户及其资产负债表科目相应变化。因为中央银行的一级交易商既可能是银行，也可能是非银行金融机构（例如中国人民银行的一级交易商既包括银行也包括证券公司等），所以中央银行与一级交易商的公开市场操作业务往来对准备金的影响情况需要分别进行介绍。

情形 1：中央银行从银行购买有价证券对准备金的影响

例如，中央银行从 A 银行购买 100 亿元的金融债券，那么 A 银行在中央银行的准备金账户增加 100 亿元准备金，即 A 银行资产负债表中的资产项“中央银行存款”增记 100 亿元，并在其资产负债表中的资产项“债券投资”减记 100 亿元。与此同时，中央银行在其资产负债表中的资产项“有价证券”（中国人民银行具体对应于“对其他金融性公司债权”）增记 100 亿元，并在其负债项“银行存款”（中国人民银行具体对应于“其他存款性公司存款”）中增记 100 亿元。表 13-15 归纳了中央银行和 A 银行资产负债表的变化情况。

表 13-15 中央银行从 A 银行购买 100 亿元金融债券

中央银行		A 银行	
资产	负债	资产	负债
有价证券 +100 亿元	银行存款 +100 亿元	在央行存款 +100 亿元 有价证券 -100 亿元	

情形 2：中央银行从非银行金融机构购买有价证券对准备金的影响

当然，如果中央银行不是从银行等存款类金融机构购买有价证券，而是与非银行金融机构（例如证券公司）交易，那么记账过程与上述内容略有不同。首先，对于证券公司来说，当中央银行购买其持有的有价证券 100 亿元之后，中央银行通过证券公司在商业银行开立的存款账户转账支付给证券公司 100 亿元，同时中央银行的资产负债表的负债项“银行存款”相应增加 100 亿元，资产项“有价证券”增加 100 亿元；商业银行的资产项“在央行存款”也相应增加 100 亿元。这样，中央银行从非银行金融机构购买有价证券之后，中央银行和银行体系的资产负债表变化情况如表 13-16 所示。

表 13-16 中央银行从证券公司购买 100 亿元金融债券

中央银行		银行体系	
资产	负债	资产	负债
有价证券 +100 亿元	银行存款 +100 亿元	在央行存款 +100 亿元	活期存款 +100 亿元

通过对比情形 1 和情形 2 可以看到,中央银行通过公开市场操作业务,无论与银行还是非银行金融机构交易,最终都会影响银行体系的准备金规模。在上述例子中,中央银行通过公开市场操作业务购买有价证券 100 亿元,相应使银行体系的准备金规模增加 100 亿元。

反过来,如果中央银行通过公开市场操作向金融机构卖出有价证券 100 亿元,通过与上述内容类似的推演过程,可以看到银行体系的准备金规模相应减少 100 亿元。

因此,中央银行可以灵活调控银行体系的准备金规模,通过设定不同的法定准备金率还可以进一步调控法定准备金和超额准备金的规模结构。因为超额准备金增减可以直接触发多倍存款的创造或者缩减过程,而存款又是货币总量的主要组成部分,所以中央银行调控准备金影响存款创造,就会进一步影响到货币供给总量的变化。以上过程刻画了中央银行通过调整准备金影响银行存款创造并影响货币供给的核心内容。在现实中,货币供给过程可能要更加复杂,很多因素可能同时产生影响。本书第十四章将对中央银行的货币供给机制做进一步介绍。

拓展阅读 13-2

内生货币与外生货币

从货币创造过程来看,中央银行直接发行的基础货币(现金与银行准备金之和)是由中央银行掌控的,可以称为“外生货币”;银行等存款类金融机构通过发放贷款等资产业务派生出来的存款则是由经济运行体系内部各种相关变量互动决定的,可以称为“内生货币”。

但是,在金融学文献中提及的“内生货币”和“外生货币”的概念一般不是用于区分货币供给中哪些是内生和外生的,而是用于区分两种不同的货币创造理论。简而言之,一种观点认为,中央银行能够通过调整准备金规模完全掌控货币供给总量进而影响货币需求,这种情况下货币供给属于“外生”,货币供给由货币当局独立(外生)决定。也就是说,中央银行能够将货币供给总量作为一种可控的中间目标,这也是主流观点。

另一种观点认为,经济中的货币需求首先变动,中央银行只能被动调整准备金规模来满足经济系统内生变化的货币需求,这种观点一般称为内生货币理论,属于非主流的后凯恩斯主义观点。后凯恩斯主义学派认为,货币供给由经济体对银行信贷的需求内生决定。显然,内生货币理论与外生货币理论对于是中央银行主导货币供给还是经济主体与商业银行互动内生决定货币供给存在明显分歧。

另外,内生货币理论的具体观点又可以进一步划分为“适应主义”和“结构主义”两种分支。适应主义的支持者认为货币供给完全由信贷驱动,货币当局设定利率并受迫于银行信贷需求变化而对准备金做适应性调整。结构主义的支持者同样认为货币供给受信贷需求和货币当局的反应影响,但他们认为货币供给量也取决于银行的资产负债管理实践。即使货币当局拒绝满足准备金需求的变化,银行仍将能够通过自身的举措部分适应贷款需求的增长。

综上所述,从学理角度观察货币发行的话,中央银行直接调控的基础货币可以称为“外生货币”,而银行等存款类金融机构通过发放贷款等资产业务创造出来的存款货币则对应为“内生货币”。

复习要点

1. 存款创造与存款乘数。
2. 存款创造的前提假设。
3. 存款创造的基本原理。
4. 存款创造的简化模型。
5. 存款创造的拓展模型。
6. 存款缩减模型。
7. 中央银行对准备金的调控与货币供给的联系。

关键术语

存款创造	信用货币	现代信用货币体系	部分存款准备金制度
初始准备金	存款准备金	法定准备金	超额准备金
存款乘数	存款缩减乘数	现金漏损	存款缩减
内生货币	外生货币		

即测即评

请扫码检测本章学习效果。

练习题

参考答案

1. 什么是存款创造过程？

2. 银行存款创造的初始准备金来源有哪些？初始准备金与货币乘数有什么联系？假定已知现金比率 c、法定准备金率 rr、超额准备金率 er，如何计算货币乘数？

3. 在什么情况下银行体系的准备金规模下降可以触发多倍存款缩减过程？

4. 2021 年 12 月 6 日，中国人民银行宣布自 2021 年 12 月 15 日起下调金融机构法定存款准备金率，下调幅度为 0.5 个百分点。这一政策调整可能会带来哪些影响？

5. 假定银行体系活期存款与定期存款之比为 3 : 7，活期存款法定存款准备金率为 10%，定期存款法定存款准备金率为 8%，银行体系的超额准备金率为 5%，同时没有现金流出银行体系，则存款乘数如何计算？

补充阅读材料

扫码查看本章补充阅读材料。

第十四章

货币供给

学习目标

1. 基础货币与货币供给
2. 基础货币的影响因素
3. 货币乘数的影响因素
4. 中央银行在货币供给中的角色

本章导读

货币供给影响经济活动的方方面面。货币供给的变化会影响一个国家的总体物价水平、宏观经济产出以及失业率等指标，也会影响金融市场的交易活动。因此，金融分析师甚至大部分经济主体都非常关注货币供给的变化情况。

货币供给过程与货币供给总量的概念相对应。例如，货币供给总量M2是对现金及各类存款加总后的统计，而货币供给过程则清晰地阐释了M2是怎么派生而来的。概括来看，货币供给过程总体上可以分为两个阶段：第一阶段是中央银行通过调整准备金相应影响基础货币；第二阶段是准备金变化（或者说基础货币变化）影响商业银行发放贷款或者金融投资等资产业务，继而带动货币供给总量（如M2）发生变化。在上述过程中，中央银行和商业银行显然是货币供给的主角。同时，居民、企业和政府通过储蓄、投资和融资等活动也参与货币供给过程。

本章介绍中央银行的货币供给过程。因为基础货币是货币供给的源泉，所以本章从基础货币的定义及其与货币供给的数量关系开始介绍，然后介绍基础货币的影响因素、货币乘数的定义与影响因素以及中央银行在货币供给过程中的关键性作用机制等。

第一节 基础货币与货币供给

通过第十三章的学习，我们看到商业银行发放贷款或者购买证券可以创造存款。另外，本书第八章介绍过，货币供给总量等于现金加上各类存款，所以存款是货币供给总量 M1 和 M2 的主要组成成分。可见，存款创造是货币供给的基础，而商业银行自然成为货币供给的主要参与者之一。同时，居民、企业和政府通过与商业银行的存款和贷款等业务开展各项经济活动，所以居民、企业和政府也是货币供给过程中的参与者。当然，因为中央银行是货币供给的源头，所以货币供给过程中最重要的主导方是中央银行，中央银行通过货币政策工具来决定国家的货币供给总体情况。

一、基础货币的构成

根据第十三章介绍的内容，商业银行的存款创造源于初始准备金。另外，基础货币等于公众持有的现金（流通中现金）与银行准备金之和，而货币供给总量等于流通中现金与各类存款之和，所以基础货币（用 MB 表示）和货币供给总量（用 MS 表示）可以分别表示为：

$$MB=C_{\mathrm{p}}+R \tag{14-1}$$

$$MS=C_{\mathrm{p}}+D \tag{14-2}$$

式中：C_{p} 表示公众持有的现金（流通中现金）；R 和 D 分别表示银行体系的准备金和存款。

准备金包括银行库存现金（用 C_{b} 表示）和各机构存放于中央银行的准备金存款（用 R_{b} 表示），即：

$$R=C_{\mathrm{b}}+R_{\mathrm{b}} \tag{14-3}$$

由此，基础货币还可以写成：

$$MB=C_{\mathrm{p}}+C_{\mathrm{b}}+R_{\mathrm{b}} \tag{14-4}$$

又因为流通中现金与银行库存现金之和（$C_{\mathrm{p}}+C_{\mathrm{b}}$）等于中央银行的货币发行（用 C 表示），所以式（14-4）还可以相应写成：

$$MB=(C_{\mathrm{p}}+C_{\mathrm{b}})+R_{\mathrm{b}}=C+R_{\mathrm{b}} \tag{14-5}$$

事实上，上述关系等式在本书第十一章中央银行资产负债表的相关内容中已经介绍过，这里再次进行介绍，以便于接下来引出基础货币与货币乘数以及货币供给的关系。

二、货币乘数

基于银行体系多倍存款创造过程可知，存款 D 本质上由准备金 R 派生而来，所以对比式（14-1）和式（14-2）可知，货币供给总量 MS 本质上由基础货币 MB 经过银行体系的存款创造扩张而来。为此，可以用图 14-1 来形象地刻画 MB 派生出 MS 的情况。

从图 14-1 可以看到，货币供给来自基础货币，基础货币经过多倍派生而形成货币供给总量。因此，货币供给与基础货币的关系表达式可以写成：

$$MS=MB\times m \tag{14-6}$$

其中，m 称为货币乘数，即货币供给总量相对于基础货币的倍数。由式（14-6）还可以写出货币乘数的表达式，即：

$$m=\frac{MS}{MB} \tag{14-7}$$

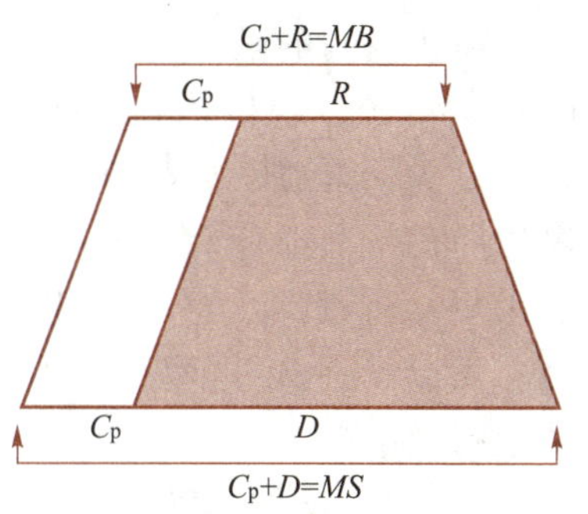

图 14-1　基础货币与货币供给的关系图

因为货币供给总量指标按照狭义和广义口径可以划分为 M1 和 M2(其中 M1 包括流通中现金与活期存款，M2 等于 M1 加上其他各类存款)，所以每一个货币供给总量指标分别对应于一个货币乘数。货币乘数反映了基础货币派生为货币供给总量的能力。基础货币与 M1 和 M2 的关系可以用图 14-2 来表示。

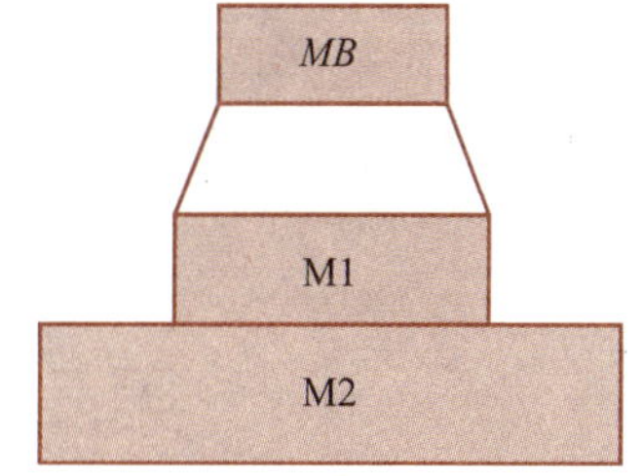

图 14-2　基础货币与 M1 和 M2 的关系图示

为了进一步说明问题，图 14-3 描绘了 1996 年 1 月至 2022 年 1 月中国基础货币与货币供给总量 M1 和 M2 的走势图，从中可以观察这三个指标的量级对比关系。从规模上看，截至 2022 年 1 月，中国广义货币 M2 规模为 240 万亿元人民币，狭义货币 M1 为 61 万亿元人民币，基础货币规模为 33 万亿元人民币。由此可以计算 M2 和 M1 对应的货币乘数分别为 7.3 和 1.8。

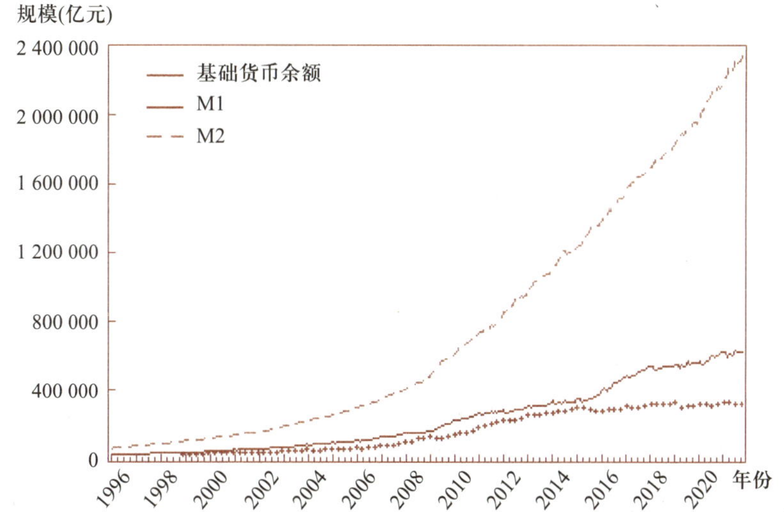

图 14-3　中国的基础货币与货币供给总量 M1 及 M2（1996 年 1 月—2022 年 1 月）

资料来源：原始数据来源于中国人民银行，经作者计算。

需要说明的是，中国人民银行对于存款准备金的定义口径以各机构存放于中国人民银行的准备金存款为标准，所以银行库存现金并不纳入中国人民银行的准备金统计口径。此时，图 14-1 刻画的货币供给过程图示略有变化，图 14-4 做了相应刻画。可以看到，银行库存现金尽管并未纳入中国人民银行的准备金统计口径，但是同样具有存款创造能力。而且，这种准备金定义口径上的差异并不影响基础货币的定义，因为各国对基础货币的定义都包含流通中现金、银行库存现金和各机构存放于中央银行的准备金存款。为了保持相关内容的一致性，如果未作特殊说明，本书所提及的准备金包括银行库存现金和各机构存放于中央银行的准备金存款。

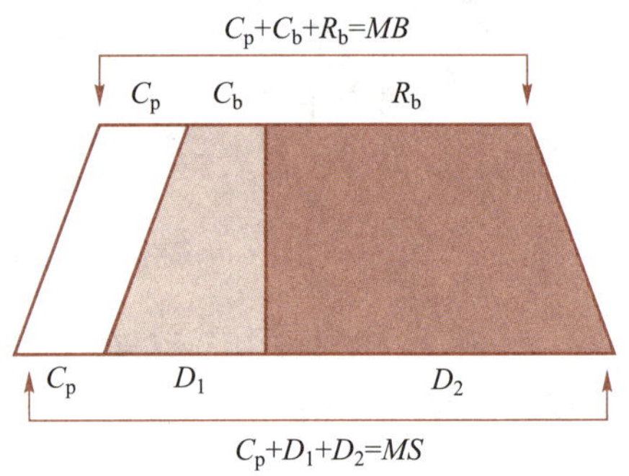

注：C_p 表示公众持有的现金（流通中现金），C_b 表示银行库存现金，R_b 表示各机构存放于中国人民银行的准备金存款，D_1 和 D_2 分别表示 C_b 和 R_b 派生出的银行存款。

图 14-4 中国人民银行统计口径下基础货币与货币供给关系图

第二节 基础货币的影响因素

基础货币的影响因素在第十一章第四节（“中央银行的基础货币投放”部分）已经有所涉及，这里进一步详细介绍影响基础货币的各个因素，说明各因素变化之后如何影响基础货币的变化。归纳起来，影响基础货币的主要因素有以下四点：一是中央银行的公开市场操作；二是中央银行向金融机构发放贷款；三是中央银行买入外汇资产；四是财政部门收支款项。

一、公开市场操作对基础货币的影响

中央银行的公开市场操作（简记为 OMO，即中央银行与其一级交易商进行证券交易）会立即影响到基础货币。中央银行一级交易商是指具备一定资格、可以直接承销国债和投标国债的交易商团体，在我国是由中国人民银行批准设立、具有独立法人资格的商业银行、政策性银行以及证券公司等主要金融机构。另外，中央银行的公开市场操作业务包括有价证券的直接买卖（买断和卖断交易）和质押式回购协议交易等不同形式。下面以中国人民银行为例，分别介绍有价证券买卖和回购协议交易对基础货币的影响。

（一）有价证券买卖交易对基础货币的影响

OMO 是发达国家中央银行影响基础货币的主要工具，在我国也日益受到重视。有价证券的买断和卖断交易是 OMO 的一种形式。例如，当中央银行从一级交易商买入价值 100 万元的证券时，中央银行资产负债表中资产项下的证券增加 100 万元。商业银行获得中央银行支付购买证券的款项后，资产项下的证券减少 100 万元，同时准备金增加 100 万元。因为商业银行增加的准备金对应于中央银行负债项下商业银行的存款，所以此时中央银行负债项下增加 100 万元商业银行存款（准备金存款增加 100 万元）。上述过程在商业银行和中央银行的资产负债表中具体表现为如表 14-1 和表 14-2 所示的变化。

表 14-1 商业银行资产负债表变化(央行购买证券)

资产		负债
存款准备	+100 万元	
证券	-100 万元	

表 14-2 中央银行资产负债表变化(央行购买证券)

资产		负债	
证券	+100 万元	银行存款	+100 万元

注意,表 14-2 中只是对中央银行购买证券后其资产负债小类科目的记录。如果要对比中国人民银行加总后的大类科目,即第十一章介绍的中央银行资产负债表,则表 14-2 所记录的“银行存款”增加 100 万元对应于中国人民银行资产负债表中“储备货币”科目下的“其他存款性公司存款”增加 100 万元。读者可以回顾第十一章第四节的表 11-3 进行更细致的对比,此处不再赘述。

另外,国债是 OMO 证券买卖交易中非常重要的证券品类。在我国由于历史原因,中国人民银行在公开市场操作的历史业务中,买入的国债主要是特别国债。中央银行原来持有的特别国债到期后,财政部会以滚动发行的方式向商业银行发行特别国债,然后中央银行在公开市场操作中买入特别国债,从而保持人民银行资产项下“对政府债权”相对稳定。这样,特别国债到期与买入特别国债很快相互抵补,基础货币几乎不会受到影响。

当然,如果中国人民银行在公开市场操作中买卖其他金融机构发行的金融债券,中央银行资产负债表中的资产项对相应类型公司的债权就会增加或者减少,负债项下的基础货币相应增加或者减少。例如,当中国人民银行在公开市场操作中买入交易标的是银行发行的 100 万元金融债券时,中国人民银行资产项下的具体科目“对其他存款性公司债权”增加 100 万元,与此同时负债项下“储备货币(其他存款性公司存款)”增加 100 万元。

通过上述分析可以看出,当中央银行买入 100 万元证券时,银行体系准备金增加 100 万元,因此基础货币相应也增加 100 万元。当然,如果中央银行公开市场操作是卖出价值 100 万元的证券,那么商业银行资产项下的证券增加 100 万元而准备金减少 100 万元,同时负债项下的银行存款也减少 100 万元。也就是说,中央银行卖出证券的操作减少了商业银行 100 万元准备金,基础货币相应减少 100 万元。

(二) 中央银行回购协议交易对基础货币的影响

在公开市场操作中,中央银行除了直接买卖证券影响基础货币之外,还可以通过回购协议交易影响基础货币。回购协议是交易双方在进行证券买卖的同时签订协议,约定卖方在一定时期(例如 7 天、14 天等)后按照协议价格回购此笔证券。

例如,当中国人民银行通过公开市场操作进行逆回购交易时,其在逆回购交易中的第一次交易是买入证券(并签订协议约定在一定期限后卖出),此时中国人民银行资产负债表中的资产项下对交易对手的债权增加(因为回购质押品的所有权不发生改变,相当于中央银行发放质押贷款),负债项下“储备货币(其他存款性公司存款)”等额增加;对于中国人民银行的交易对手,例如商业银行,其负债项下“卖出回购款项”增加,同时资产项下“准备金”

增加。

第一次交易完成后，中国人民银行的基础货币增加。中国人民银行在逆回购的第二次交易是卖出证券，此时其资产项下对商业银行的债权减少，负债项下储备货币也等额减少；相应地，商业银行负债项下“卖出回购款项”减少，同时资产项下“准备金”减少，此时中国人民银行的基础货币下降。

二、中央银行发放贷款对基础货币的影响

中央银行向金融机构发放贷款会影响基础货币。中央银行可以通过贴现或者直接贷款等多种形式向商业银行发放贷款。当中央银行向商业银行发放100万元贷款之后，中央银行资产负债表中资产项下“对银行发放贷款”（中国人民银行的科目是“对其他存款性公司债权”）增加100万元，负债项下同时增加100万元“银行存款”（中国人民银行的科目是“储备货币（其他存款性公司存款）”）。与此相对应，商业银行资产端增加100万元存款准备金，负债端增加100万元借入款项。中央银行与商业银行的资产负债表内容变化如表14-3和表14-4所示。

表14-3 中央银行资产负债表变化（央行发放贷款）

资产		负债	
发放贷款	+100万元	银行存款	+100万元

表14-4 商业银行资产负债表变化（央行发放贷款）

资产		负债	
存款准备	+100万元	从中央银行借款	+100万元

因为商业银行存放于中央银行的准备金存款既属于准备金 R，又属于基础货币 MB，所以中央银行向金融机构发放贷款会带动基础货币等额增加。反过来，当金融机构返还借款时，准备金和基础货币都相应减少。中央银行可以通过调整向金融机构贷款的利率（贴现利率、再贷款利率等）并设立具体的贷款规章制度来调控金融机构的借款动机，进而影响基础货币的变化方向和规模。

三、中央银行购买外汇对基础货币的影响

中央银行从商业银行买入外汇资产也会影响基础货币。在我们国家的结售汇制度下，这个过程实际上主要表现为银行客户到银行进行结售汇，银行代理结售汇业务，把外汇上缴中央银行（相当于中央银行购买），然后中央银行给商业银行发放一笔对应的人民币资金，形成商业银行的库存现金。例如，中国人民银行收到（买入）价值100万元人民币的外汇时，资产负债表中的资产项下对“国外资产（外汇）”增加100万元，同时负债项下“银行存款”（中国人民银行的科目为“储备货币”项目下的“其他存款性公司存款”）增加100万元。与此相对应，商业银行资产项下的存款准备金增加100万元，同时负债项增加存款100万元（如果是企业则是企业存款，如果是居民则为储蓄存款）。

以上过程对应的中央银行与商业银行资产负债表变化如表14-5和表14-6所示。

表 14-5　中央银行资产负债表变化（央行购买外汇）

资产		负债	
国外资产	+100 万元	银行存款	+100 万元

表 14-6　商业银行资产负债表变化（央行购买外汇）

资产		负债	
存款准备	+100 万元	活期存款	+100 万元

中央银行收到或者买入外汇资产就形成了所谓的外汇占款，外汇占款额度是以人民币按历史成本进行计价的。在我国贸易顺差比较高的时期，外汇占款在中国人民银行基础货币总投放中的占比就会比较高。这是一种被动的基础货币投放，因此如果占比太高可能影响中央银行主动调整基础货币的空间。中国人民银行曾经一度发行中央银行票据（简称央票）对外汇占款进行对冲，就是为了动态调整由于外汇占款占据的基础货币投放。

四、财政收支对基础货币的影响

财政部门支出或者存入款项（政府存款变化）也影响基础货币。中央银行负责经理国库，财政部门在中央银行的存款账户变化，基础货币相应发生变化。当财政部门支出款项时，中央银行资产负债表负债项下"政府存款"减少，减少的资金在实际支付之前要流入银行的准备金账户，此时中央银行负债项下的"储备货币（其他存款性公司存款）"即基础货币相应增加。反之，当财政部门存入款项时（如税收等收入），中央银行资产负债表的负债项下"政府存款"增加，基础货币相应减少。

注意，如果公众从银行存款账户提取现金，这种行为虽然影响银行的准备金，但是并不影响基础货币，因为这只是 C_p 和 R 的此消彼长，而不改变 C_p+R（基础货币）的规模，因此中央银行对基础货币的控制能力高于对存款准备金的影响能力。

拓展阅读 14-1

非借入准备金与非借入基础货币

从中央银行对银行存款准备金的影响能力上，可以把准备金 R 分为两类，一类是非借入准备金（non-borrowed reserve，NBR），另一类是借入准备金（borrowed reserve，BR），即：

$$R=NBR+BR \tag{14-8}$$

式中，NBR 表示中央银行能够通过公开市场操作主动影响的非借入准备金，因为此类存款准备金对于商业银行来讲不是通过向中央银行借贷形式获得的，所以称为非借入准备金；BR 是中央银行没有主动控制权的借入准备金，此类存款准备金是商业银行通过再贷款或者贴现贷款等形式借来的准备金，这类准备金的"借"与"不借"的主动权在于商业银行，因此称为借入准备金。

基于以上定义，可以进一步引入非借入基础货币（MB_n）和借入基础货币（MB_b）的概念，从而把基础货币分为两类，即：

$$MB=MB_n+MB_b \tag{14-9}$$

$$MB_n=NBR \tag{14-10}$$

$$MB_b=C_p+BR \tag{14-11}$$

事实上，中央银行对于基础货币的主动调控主要在于对 MB_n 的调节，而对于 MB_b 则没有主动调控权。结合之前介绍的基础货币的影响因素可以看出，贴现贷款、外汇占款以及财政收支等因素对基础货币的影响都不是中央银行主动调控的，这些因素也经常会给基础货币带来短暂的冲击。

不过，这些被动影响因素比较容易判断和预测，只要具有较为完备的现代化金融体系，中央银行就可以通过公开市场操作进行反向冲销干预（sterilized intervention），用以抵消这些因素带来的基础货币被动变化。例如，当外汇资产经由商业银行上缴中央银行时，基础货币被动增加，此时中央银行可以在公开市场卖出金融债券，从而及时冲销被动增加的基础货币。

货币供给总量等于基础货币乘以货币乘数。既然中央银行对于基础货币具有较高的控制能力，那么中央银行对于货币供给的调控，主要挑战来自货币乘数的变化。

第三节 货币乘数的计算公式及影响因素

一、货币乘数公式

在本章第一节中，式（14–7）给出了货币乘数的基础公式，即 $m=\dfrac{MS}{MB}$。同时，根据前面的介绍，基础货币还可以写成流通中现金与准备金（法定准备金和超额准备金）之和，即：

$$MB=C_b+R=RR+ER \tag{14-12}$$

这样，式（14–7）可以写成：

$$m=\frac{C_b+D}{C_b+RR+ER} \tag{14-13}$$

另外，法定准备金率 rr、超额准备金率 er 和现金比率 c 与总存款 D 之间的关系分别为：$rr=RR/D$；$er=ER/D$；$c=C/D$。

因此，货币供给和基础货币都可以写成总存款与各个比率之间的乘积形式，再代入式（14–13）便可以得到货币乘数基于各比率的表达形式，即：

$$m=\frac{c\times D+D}{c\times D+rr\times D+er\times D}=\frac{1+c}{c+rr+er} \tag{14-14}$$

作为例示，我们可以运用相关数据计算一下货币乘数。假定流通中的现金为 1 万亿元，存款总量为 5 万亿元，法定准备金率为 15%，超额准备金率为 5%，那么有：

$$m=\frac{1+c}{c+rr+er}=\frac{1+0.2}{0.2+0.15+0.05}=3$$

根据上面的数据，货币乘数计算得到 3。这意味着，当基础货币增加 1 元，则广义货币 M2 可以增加 3 元。显然，基础货币通过货币乘数实现了货币供给的放大功能。

根据货币乘数的基本定义公式（式（14–7）），图 14–5 描绘了 1996 年 1 月至 2022 年 4 月中国货币供给总量 M1 和 M2 对应的货币乘数。从图中可以看到，M1 的货币乘数相对稳定一些，一般在 1~2，1998 年至 2008 年多数时期靠近 1.5，2008 年之后所有下降，一直持续到 2014 年才扭转为上升态势。M2 的货币乘数总体走势（包括上涨和下降的时点等）与 M1 的货币乘数基本一致，但是 M2 的货币乘数波动性明显更大，特别是 2014 年之后 M2 的乘数增长较快，到 2018 年 M2 的乘数已经由 2014 年的 4 上升到接近 6 的水平。

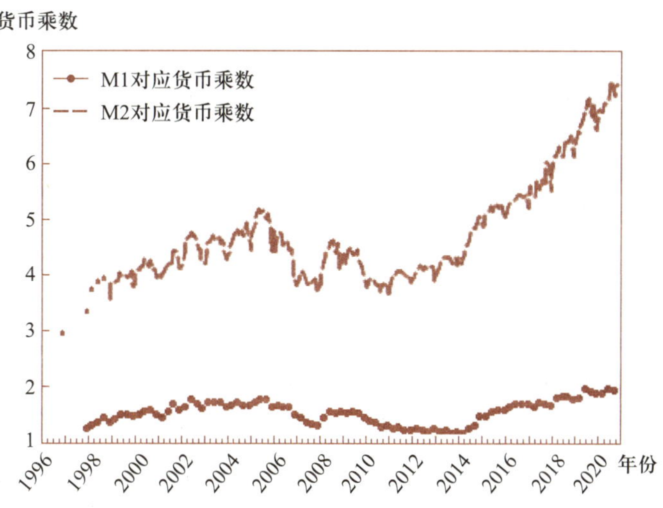

图 14–5 中国的货币乘数（1996 年 1 月—2022 年 4 月）

资料来源：原始数据来源于中国人民银行，经作者计算。

二、货币乘数的影响因素

式（14–14）表明，货币乘数的影响因素有三个：一是现金比率，二是法定准备金率，三是超额准备金率。那么，这三个因素主要受谁的影响呢？简单地理解，现金比率取决于公众，法定准备金率取决于中央银行，超额准备金率则取决于商业银行。因此，公众、商业银行和中央银行的行为都会影响货币乘数。

下面详细分析一下每个因素变化如何影响货币乘数。首先考察现金比率增加会如何影响货币乘数。假定在刚才的例子中，现金比率由 0.2 增大到 0.4，那么货币乘数的计算结果为：

$$m=\frac{1+c}{c+rr+er}=\frac{1+0.4}{0.4+0.15+0.05}=2.3$$

其次，我们考察法定准备金率变化对货币乘数的影响。仍然延续刚才的例子，法定准备金率从 15% 下降到 10%，则货币乘数的计算结果为：

$$m=\frac{1+c}{c+rr+er}=\frac{1+0.2}{0.2+0.1+0.05}=3.4$$

最后，我们考察超额准备金率变化如何影响货币乘数。仍然延续刚才的例子，超额准备金率从 5% 下降到 1%，此时货币乘数的计算结果为：

$$m=\frac{1+c}{c+rr+er}=\frac{1+0.2}{0.2+0.15+0.01}=3.3$$

在以上例子中，超额准备金率从 5% 下降到 1%，意味着商业银行的放贷策略比较激进，保留的超额存款准备金较少，尽可能寻找机会将超额存款准备金充分运用。

我们接下来详细分析现金比率、法定准备金率和超额准备金率分别受哪些因素影响。因为这三个指标直接影响货币乘数大小，所以通过分析这些指标分别受哪些具体因素影响，就可以获知货币乘数的间接影响因素。

（一）现金比率的决定因素

因为现金比率的定义是现金占存款的比率，所以现金比率的变化是由公众的存款需求和现金需求变化而导致的，而存款需求和现金需求会受到其他金融产品的变化、存款利率水平、居民收入以及财富水平的变化、电子货币的发展程度等多种因素影响。

首先，随着金融市场不断发展，股票、债券和基金等各种金融产品日益丰富，成为存款的可选替代品。这些可选金融产品的增加，使得投资者有更多选择，存款需求相应下降。这样，现金与存款的比率（现金比率）在其他条件不变情况下上升。

其次，存款利率水平直接决定公众对存款和现金的需求变化，因为存款可以得到利息而现金得不到，所以存款利率是持有现金的机会成本。当存款利率下降时，持有现金的机会成本下降，如果其他条件没有太大变化，则现金比率倾向于上升。反过来，当存款利率上升时，持有现金的机会成本上升，则现金比率倾向于下降。

再次，居民收入以及财富水平的变化也会影响现金比率的变化。一般来说，居民购买日常消费品会使用现金（当然也可以使用信用卡或微信等进行电子支付），但是购买大件商品（特别是耐用消费品）则更多的是使用银行存款进行转账支付。当收入和财富水平上升时，居民对耐用消费品的需求相对增加，此时对存款需求也就相对上升，从而倾向于降低现金比率。

最后，电子货币的发展程度也日益影响现金比率。随着银行活期存款账户关联的借记卡、信用卡以及我国目前极为普及的微信和支付宝等支付途径的发展，居民对现金的需求受到很大影响。事实上，中国电子货币的发展非常迅速，使现金需求在 2010 年之后明显下降（见图 14–6）。

当然，地下经济规模以及城市化进程等其他因素，也会影响现金的需求量，进而影响到现金比率。地下经济规模越大，现金需求就越多。与此不同，城市化程度越高，则现金需求越低，因为城镇居民接触到金融服务的便利度比农村居民更高，在城市中日常消费可以很方便地使用银行存款账户关联的电子转账支付，而不必持有太多现金。

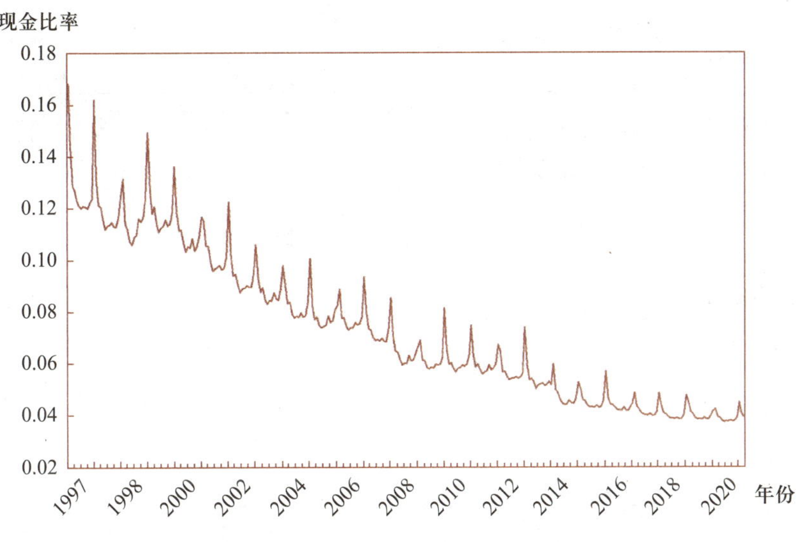

图 14-6　中国现金比率（1997 年 1 月—2022 年 4 月）

资料来源：原始数据来源于 Wind，经作者计算（现金比率 = 流通中现金/各类存款总量）。

图 14-6 描绘了 1997 年 1 月至 2022 年 4 月期间中国的现金比率走势图。可以看到，中国的现金比率总体上表现为持续下降趋势，特别是在 2008 年之后，现金比率下降幅度格外明显。当然，现金比率下降反映了上述各种因素的综合作用效果。

（二）法定准备金率的决定因素

根据定义，法定准备金率由中央银行决定。法定准备金率本身就是中央银行的货币政策工具，因此法定准备金率完全由中央银行根据货币政策的中间目标和最终目标等进行设定，各个商业银行和其他存款机构遵照执行。从货币政策的最终目标来看，当宏观经济出现下行迹象时，中央银行可以考虑下调法定准备金率。虽然法定准备金率变化可能并不影响基础货币（只是调整法定存款准备和超额存款准备的结构），但是下调法定准备金率可以提高货币乘数，从而可以增加货币供给。

图 14-7 描绘了 1985 年 1 月至 2022 年 4 月中国存款类金融机构法定准备金率的走势。可以看到，中国存款类金融机构的法定准备金率在 1985—1995 年维持在 12% 上下，自 1996 年开始逐渐下降，2004 年之后又逐渐上升，不过 2012 年之后则一直保持稳步下降趋势。2022 年 4 月，中小型存款类金融机构的法定准备金率为 8.3%，大型存款类金融机构的法定准备金率为 11.3%。

（三）超额准备金率的决定因素

超额准备金是商业银行自愿留存的，所以超额准备金率的决定主体是商业银行而非中央银行。如果仅从商业银行的盈利角度看，超额准备金率似乎应该为 0。但是在现实中，商业银行的经营与管理不仅需要考虑盈利性，还需要考虑安全性和流动性，因此银行一般都会留有一定的超额准备金，以备不时之需。

那么，哪些因素会影响商业银行持有超额准备金的规模呢？一般情况下，很多国家的中央银行对于商业银行的超额准备金并不支付利息，即使支付利息也相对较少。因此，当市场

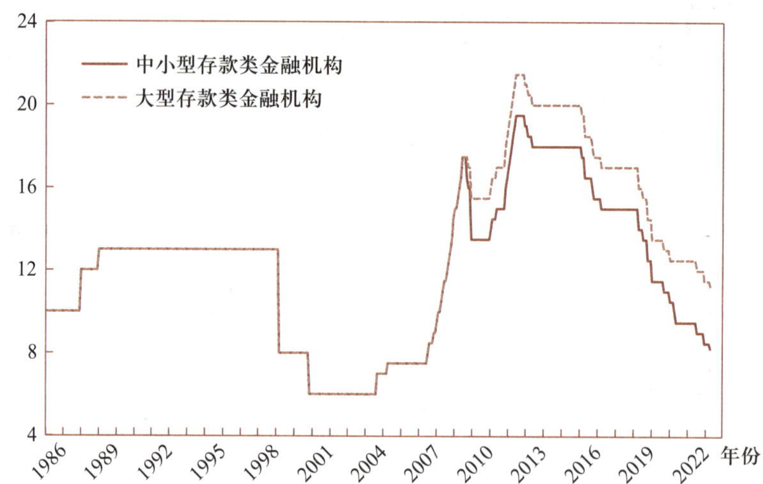

图 14-7　中国存款类金融机构法定准备金率走势（1985 年 1 月—2022 年 4 月）

资料来源：Wind。

利率上升时，持有超额准备金的机会成本就会上升，所以市场利率上升倾向于降低超额准备金率。当然，如果金融市场动荡，银行会更加关注经营的安全性，所以此时银行也会考虑提高超额准备金率。

图 14-8 描绘了 2001 年 1 季度至 2022 年 1 季度中国存款类金融机构超额准备金率的变化情况。从图中可以看到，2001 年至 2010 年，我国存款类金融机构超额准备金率总体呈现不断下降趋势，从最高点 8% 左右下降到 2% 以下；2010 年至 2022 年，超额准备金率则相对稳定，保持在 1% 至 2% 之间。

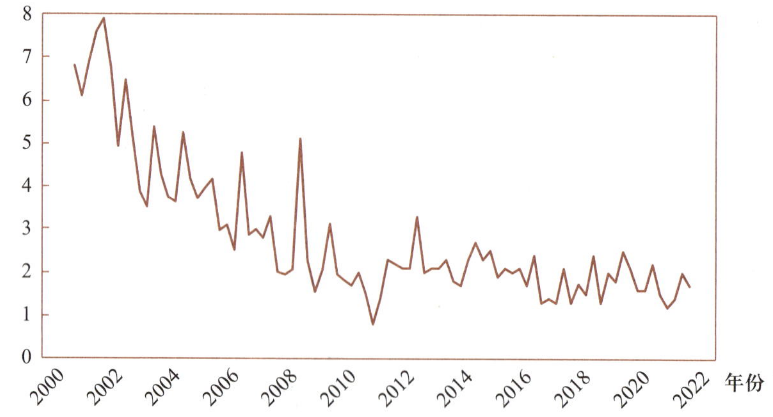

图 14-8　中国存款类金融机构超额准备金率（2001 年 1 季度—2022 年 1 季度）

资料来源：Wind。

第四节　中央银行与货币供给

通过以上内容的学习可以看到，货币乘数把中央银行控制的基础货币与货币供给总量联系起来。货币乘数的大小又取决于现金比率、法定准备金率和超额准备金率的影响。无论现金比率还是存款准备金率，最终还是受到经济运行状况的影响（例如真实经济增长率、就业率、通胀率和利率水平等），所以货币供给也会受到经济运行状况的影响，而不是完全由中央银行决定的；中央银行只是根据现实经济运行指标的变化，对货币供给进行调控。因此，货币供给具有经济学意义的内生性特征。

对于货币供给，从中长期看，中央银行可以通过调节基础货币来调控货币供给总量。而从相对短期（如周度、月度或者季度）来看，货币乘数受到现金比率、存款准备金率的变化影响，也会造成货币供给的上下波动。

从发达国家的经验来看，货币供给总量指标在货币政策调控体系中的重要性日益下降。例如，20 世纪 80 年代之后，美国就将联邦基金利率作为货币政策调控的中间目标，取代货币供给总量指标。然而，美国的经验是建立在利率完全市场化以及发达的金融体系基础上的。从我国现实情况看，货币供给指标仍然是中央银行调控的核心变量之一。当然，未来随着利率市场化全面施行和现代化金融市场建设完成，我国的利率指标可能变得更加重要。

复习要点

1. 基础货币的定义。
2. 基础货币的影响因素。
3. 货币乘数的解析表达式。
4. 货币乘数的影响因素。

关键术语

基础货币	货币供给	货币乘数	回购协议
现券交易	一级交易商	外汇占款	财政收支
借入准备金	非借入准备金	借入基础货币	非借入基础货币
冲销干预	现金比率	法定准备金率	超额准备金率

即测即评

请扫码检测本章学习效果。

练习题

1. 为什么中央银行对基础货币的控制能力高于对准备金的影响能力？
2. 如果中央银行取消所有存款准备要求，货币乘数会如何变化？

3. 通过哪些途径(网络或者数据库)可以获得中国的货币供给总量历年数据?

4. 搜索并下载中国的相关数据,尝试计算历年中国的现金比率指标。哪些因素影响现金比率(现金漏损率)?据此解释现金比率变化的可能原因。

参考答案

补充阅读材料

扫码查看本章补充阅读材料。

第十五章

货币需求

学习目标

1. 掌握古典货币数量论、货币面纱论
2. 掌握凯恩斯流动性偏好货币需求论
3. 掌握弗里德曼的真实货币需求论
4. 掌握流动性陷阱的定义及政策含义
5. 掌握货币流通速度的定义及其与货币需求之间的联系
6. 掌握货币需求理论的历史演进逻辑

本章导读

货币需求的相关理论演进经历了相当长时期,至少可以回溯到1900年前后,在20世纪70年代之前发展到一个高潮时期,以局部均衡和宏观分析框架为主。归纳起来,20世纪70年代之前主要的货币需求理论有三个:一是20世纪初的古典货币数量论;二是20世纪30年代以凯恩斯为代表的流动性偏好货币需求论;三是20世纪50年代以弗里德曼为代表的真实货币需求论。

以上三大货币需求理论在时间轴上由远及近,分析框架由简入繁。各理论前后沿袭、紧密联系,联系的纽带是利率变化是否影响货币需求以及由此带来的货币流通速度是否稳定的假设。

在20世纪80年代之后,随着一般均衡分析框架的不断发展以及"卢卡斯批判"的提出,单纯从局部静态均衡框架出发且仅基于缩减式宏观模型的货币需求理论逐渐淡出,取而代之的是基于动态随机一般均衡的具有微观结构基础的宏观经济分析框架,货币需求问题只是这个框架中的一个方面。在这样的背景下形成了新的两大理论框架:一是新凯恩斯主义分析框架;二是新货币主义分析框架。这两大分析框架也是截至目前最主要的宏观经济分析框架。

从本质上看,货币需求理论阐释的核心内容可以归结为究竟是货币总量还是利率对经济产出产生影响。这关系到货币政策究竟选择利率还是货币总量作为中间目标更合适的问题。通过本章学习,读者将会找到这个问题的答案,并掌握货币需求理论发展的完整脉络。

第一节　古典货币数量论

货币需求与货币供给相伴而生，货币需求是货币供给的对立面，所以古典货币数量论实际上包含了货币供给数量等式（费雪交易等式）和货币需求数量论（剑桥学派货币需求等式）。所谓古典货币数量论（classical quantity theory of money），主要是指20世纪初经济学界所提出的货币总量与经济总量之间的关系等式。因为这些等式和理论提出的年代处于古典经济学发展时期，与古典经济学派紧密相关，所以这些等式被概括称为古典货币数量论。①

古典经济学派认为货币本身无内在价值，其价值源自交换价值，货币只是披在真实生产要素身上的"面纱"。这种思想可以追溯到18世纪英国哲学家和经济学家大卫·休谟的著作《论货币》（甚至在16世纪中叶就已经有关于货币数量论的一些论著）。其后，这一传统思想统称为"古典货币数量论"，在20世纪30年代发展到了顶峰。

古典货币数量论有两种主要形态：其一是费雪交易等式，其二是剑桥学派货币需求等式（简称剑桥等式）。二者的微妙区别在于分析视角分别是货币供给侧和需求侧：费雪等式中的货币数量是从货币供给层面讲的，而剑桥等式是从（名义）货币需求角度考察的。同时，这两个理论具有共同特征，都是仅从货币的交易媒介功能这一角度研究货币供求关系，因此货币实现功能的场所仅为商品市场。

总体来看，古典货币数量论的核心思想是：货币需求完全由名义总产出决定，货币流通速度保持恒定，利率对货币需求没有影响。

拓展阅读 15-1

什么是货币面纱论？

古典经济学派认为经济的本质是商品交换，货币本身没有价值，只是一种方便交换的媒介。因此，他们把货币的职能归结为流通手段，认为货币只不过是覆盖在实物经济上的一层薄薄的"面纱"（veil），对实物经济不发生实质性影响。当人们看不透这层面纱，认为货币本身也有价值时，就会产生货币幻觉，即人们只关注货币名义价值，而忽视其实际购买力变化的一种错觉。

也就是说，货币面纱论认为，货币对于真实经济过程来说，就像罩在人脸上的面纱，它的变动除了对价格产生影响外，并不会引起诸如储蓄、投资、经济增长等真实经济指标的变动。即使在一定条件下，货币供给可能在短期内具有影响真实产出的效应，但是从长时期看只能影响名义产出而不能影响真实产出。

---

① 欧文·费雪（Fisher，1911）提出的交易等式（equation of exchange）和亚瑟·庇古（Pigou，1917）提出的剑桥等式（也称货币需求数量论，quantity theory of money demand）是古典货币数量论的代表。另外，著名瑞典经济学家约翰·维克塞尔（Wicksell，1907）关于利率与价格问题的著作对古典货币数量论也有阐释。这些文献信息收录在本章补充阅读材料中。

> 货币面纱论本质上也是货币中性论，即货币变化对真实经济产出不产生影响。货币只是随着实物经济的变化而变化，本身不是经济变化的动力，考察经济力量的活动必须揭掉遮盖在实物经济上的面纱。

一、费雪交易等式

（一）基本内容

费雪交易等式概括的是货币供给与经济总产出之间的关系，即一个经济体的货币供给总量与货币流通速度的乘积等于名义经济产出，可以写成如下等式：

$$M^s \times V = P \times Y \tag{15-1}$$

式中：M^s 表示给定年份的平均货币供给总量；V 表示货币流通速度，也就是单位货币在给定年份内的周转次数，这种周转次数就是单位货币用在生产名义产出（一般用名义 GDP 代表）的使用次数；P 表示给定年份内最终商品与服务的平均价格，也就是真实 GDP 对应的平均价格或者一个价格指数；Y 表示最终商品与服务的真实产量或者真实 GDP。

根据式（15-1）的内容，$P \times Y$ 实际上就是给定年份的名义 GDP，$M^s \times V$ 表示与名义 GDP 相对应的货币支出总量。根据式（15-1），还可以把货币流通速度放在等式左侧，即：

$$V = \frac{P \times Y}{M^s} \tag{15-2}$$

这样就可以更直接地看出货币流通速度的定义和表达式。

因为费雪交易等式只是描述了一个等式关系，所以在没有进一步假设条件的情况下，难以看出等式中几个变量彼此之间的因果关系或者驱动关系，这样就不能应用这个等式分析货币总量变化如何影响经济产出，或者分析经济产出变化如何影响货币总量。不过，通过假设一定条件，我们仍然可以从交易等式中获得一定信息。例如，假设货币供给总量发生了变化，则要么货币流通速度反向变化相应比例而名义产出保持不变（例如，货币供给总量变为两倍，则货币流通速度变为原来的 1/2），要么货币流通速度保持不变而名义产出同比例同向变化。当然，如果名义产出增长，那么根据交易等式可以看出，货币总量或者货币流通速度会同比例增长。

如果我们假设货币流通速度 V 在短期内基本不变，那么式（15-1）说明名义产出完全由货币供给总量决定：如果货币总量增长 20%，那么名义产出也会增长 20%。同样道理，如果名义产出增长 20%，那么在货币流通速度不变的情况下货币总量必定增长 20%。但是，如果货币流通速度剧烈变化，那么货币总量变化对名义产出的影响就没有办法准确评估了。

（二）交易等式对持续性高通胀的政策含义

货币数量的交易等式中含有货币总量和总体价格水平指标，我们可以通过对交易等式进行变形获得货币增长率和价格增长率（通胀率）的关系等式，从而分析经济运行中如果出现持续性高通胀是否与货币增长率有关系。

为此，我们将式（15–1）等号左右取自然对数，然后将 t 期的等式与 t–1 期的等式相减，可以获得原等式中各个变量增长率形式的等式关系，即：

$$\Delta M + \Delta V = \Delta P + \Delta Y \tag{15-3}$$

式中：ΔP 表示价格增长率，即通胀率。其他符号类似定义。

进一步将式（15–3）整理为如下表达式：

$$\Delta P = \Delta M + (\Delta V - \Delta Y) \tag{15-4}$$

上述等式表明，通胀率等于货币增长率加上货币流通速度变化率与真实产出增长率的差。古典学派认为，一般情况下，货币流通速度和真实产出在 1 年内的变化率都是几个百分点，至少从长期看二者的差值几乎可以忽略。因此，古典经济学派认为，货币数量的变化只会带来价格的同等变化。而且，长期看，持续较高的通货膨胀一定是来自货币总量的持续高度增长。因此，古典货币数量论表明，如果货币当局希望对抗通货膨胀，就需要大幅缩减货币供给总量。

今天看来，上述结论与经济实践并不总是完全一致。因为货币数量论最早是以美国等发达市场的经济运行为背景而提出的，所以我们可以对照查看一下美国相关经济指标的图示。图 15–1 以 1947—2022 年美国 M2 流通速度变化率和真实 GDP 增长率为例进行对比。可以看出，尽管 1947—1957 年二者的差异很小，但是此后二者的差值在大部分时期并不能被忽略。同时，图 15–2 还进一步描绘了相同样本区间内美国 CPI 通胀率与 M2 增长率的走势（5 年期滚动平均值），不难看出，货币增长率与通胀率的走势也没有表现出重合或者接近的情况。

需要注意的是，1970—1980 年，美国的货币总量持续较高增长，确实伴随着对应时期的 CPI 通胀率的大幅上升。但是这个时期恰好是石油危机时期，很多经济学家认为，油价上涨

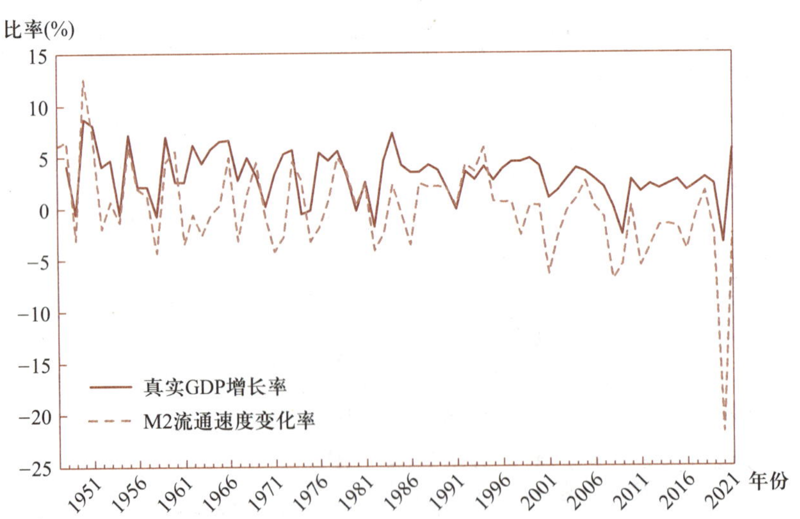

图 15–1 美国真实 GDP 增长率与 M2 流通速度变化率（1947—2022 年）

资料来源：原始数据来源于美联储，经作者计算。

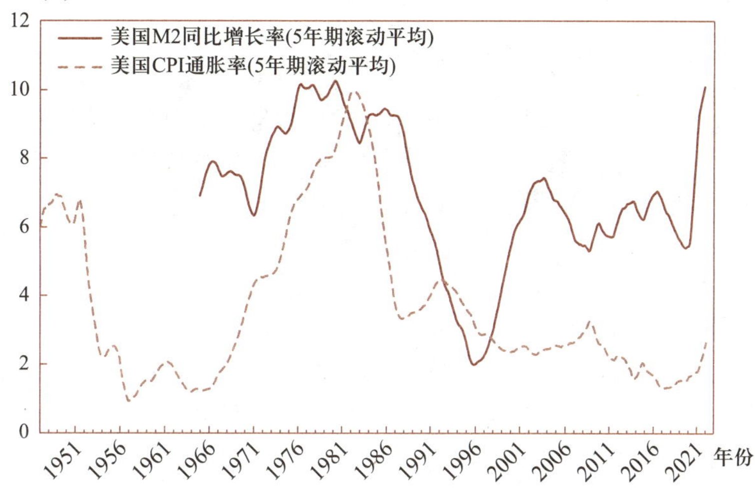

图 15-2 美国 M2 增长率与通胀率(1947—2022 年)

资料来源:原始数据来源于美联储,经作者计算。

带来的供给冲击对此间的通货膨胀影响较大。所以,货币总量高速增长可能并非这个时期持续高通胀的唯一原因。

(三) 交易等式的变化形式

1. 基于交易次数的数量等式

如果货币数量等式分析的重点是交易次数而不是商品的数量,那么货币支出可以被视为所有商品交易次数 T 乘以经济中平均每次交易所支付的价格 P_T,即 $P_T \times T$。这里货币流通速度则是指为所有此类交易提供支持的货币余额 M 在每一时期的周转率。此时,交易等式可以写成:

$$M \times V_T = P_T \times T \tag{15-5}$$

式中:V_T 表示货币余额 M 为商品和服务交易提供支持时的流通速度;P_T 表示交易平均价格;T 表示在此期间发生的交易次数。

式(15-5)与式(15-1)相比较存在微妙的差别。为说明 Y 和 T 以及 P 和 P_T 之间的区别,假设我们对一次发生的单一交易进行核算,这笔交易涉及的对象是 10 件 T 恤,每件价格为 100 元,此笔交易总价是 100 × 10=1 000(元)。在这个例子中,产品数量 Y 是 10,产品平均价格 P 是 100 元;从单笔交易来看,交易次数是 1,单次交易的价格 P_T 是 1 000 元。所以,如果基于交易次数写出对应的数量等式就是:

$$M \times V_T = 1\,000 \times 1$$

2. 基于基础货币的数量等式

基础货币包括流通中的现金、金融中介机构持有的库存现金以及后者存放于中央银行的准备金存款。由于中央银行通过公开市场操作等工具对基础货币的调控比调控货币供给总量 M1 或 M2 更直接,因此决策层有时也会关注基础货币的流通速度 V_{MB}。基础货币的流通速度不仅取决于非银行公众的行为,还取决于公司和金融中介机构的行为。基于以上说明，以基础货币（MB）为对象的数量等式可以写成如下形式：

$$MB \times V_{MB}=P \times Y \tag{15-6}$$

通过上述交易等式的变化形式可以看到，货币数量等式为我们刻画不同场景下的货币与经济产出的关系提供了思路，我们可以针对不同情况来对货币数量等式中的具体变量形式进行修改，使得货币数量等式可以应用于不同场景。

二、剑桥等式

费雪交易等式是从货币供给角度刻画货币与经济总量的关系，而剑桥学派货币需求等式则是从货币需求角度描述货币与经济总产出之间的关系。由于这方面研究起源于20世纪初剑桥大学的多位著名经济学家（如马歇尔、庇古等），因此这一等式还有一个很简洁的名称——剑桥等式。

事实上，剑桥等式与费雪交易等式一脉相承，甚至更像是与费雪交易等式进行的一种等式变换游戏，只不过剑桥学派把费雪交易等式中的货币供给改变为货币需求，从而给出货币需求表达式：

$$M^{d}=kPY \tag{15-7}$$

式中：M^{d} 表示一个经济体在给定年份的货币需求总量；k 表示公众希望以货币形式持有的名义产出比例，或者说货币形式持有的收入占收入总额的比率，所以 k 实际上代表持有货币的比率，简称持币率。

从式（15-1）和式（15-7）不难看出，当经济处于均衡状态时，货币供给等于货币需求，此时持币率 k 等于货币流通速度的倒数，即：

$$k=\frac{1}{V} \tag{15-8}$$

这样，如果公众的持币需求相对于经济产出上升，即 k 增加，那么货币流通速度 V 就会相应下降；反过来，如果公众持币需求下降，那么货币流通速度就会上升。这与现实情况也比较一致，毕竟如果公众都持有货币，货币就流通不起来，流通速度自然就降下来了，反之则会上升。

综合来看，基于货币供给分析的费雪交易等式和基于货币需求分析的剑桥等式都是从宏观视角考察货币总量，都只是单纯考虑商品市场，没有考虑任何金融市场，也就是说假定了货币总量在金融市场中没有扮演重要角色，或者说金融市场对货币总量的影响可以忽略。这一隐含的假设是与当时的历史背景紧密联系的，因为在20世纪初，还没有形成规模的发达金融市场，投资者可选择的金融产品远不像今天这样丰富，金融市场对货币需求的影响自然也就不那么明显。

随着第二次世界大战的结束，以美国为代表的西方发达国家的金融市场开始发展起来，此时金融市场对货币需求的影响才逐渐显现，特别是20世纪50—60年代微观金融领域提出的投资组合理论以及资本资产定价模型的发展，加速了金融产品和现代金融市场的发展，使得市场上的利率对货币需求的影响日益明显。

有意思的是，在上述微观金融理论发展之前的20年左右，从事宏观经济学和货币理论研究的凯恩斯就已经先见性地提出了微观视角的货币需求论，考虑了金融市场投资（或者投机）对货币需求的影响。因为影响金融市场投资的核心要素是利率，所以利率影响货币需求。

可见，凯恩斯提出的货币需求论（流动性偏好理论）认为，利率对货币需求具有重要影响，这是其与古典货币数量论的一个重要区别。同时，因为市场上的利率频繁变化，所以凯恩斯的流动性偏好理论说明货币需求并不稳定，本质上也意味着货币流通速度不稳定。

拓展阅读 15-2

费雪交易等式与剑桥等式的历史演进与比较

1. 基本内容

古典货币数量论指的是19世纪末20世纪初由费雪、马歇尔、庇古等古典经济学家建立的货币需求理论。古典货币数量论主要是研究均衡状态下货币数量与物价之间的关系。虽然最初并非直接关于货币需求问题，但经转换后可用于货币需求的测算。主要包括两种理论：一是费雪交易等式；二是以马歇尔、庇古为代表的剑桥学派的剑桥等式。

20世纪初，费雪提出货币交易等式。费雪认为，假设M为一定时期内流通货币的平均数量，V为货币流通速度，P为各类商品价格的加权平均数，T为各类商品的交易数量，那么$MV=PT$恒成立。

费雪最初是想强调货币数量M的变化对于价格P的影响。V取决于交易制度和技术，短期内保持不变，T在古典框架下的充分就业状态下短期内也是稳定的。这样，物价水平的变动仅仅源于货币数量的变动。但反过来，通过$M=PT/V$也能得出均衡状态下一定价格和交易量下对应的货币需求量。费雪交易等式从交易和货币支出流量的视角来考察货币数量，故也可以称为“现金交易说”。该理论没有考虑微观主体动机对货币需求的影响，货币需求仅为收入导致的交易水平的函数，也未考虑利率对货币需求的影响。

剑桥学派重视微观主体动机对货币需求的影响。他们认为个人对货币需求实质上是选择以何种方式保有资产的问题。个人持有货币量受多种因素影响，但在名义货币需求与名义收入之间存在较为稳定的关系。对整个经济体系而言也是如此，所以有$M=kPY$，即剑桥等式。

剑桥等式从以货币形式保有资产存量的角度（价值储藏功能）考察货币需求，重视该存量占收入的比重，故又称为“现金余额说”。利率、持有货币的便利性等因素对微观主体货币需求的影响隐藏在参数k之中。

2. 两种古典货币数量论的比较

费雪交易等式和剑桥等式具有相似的含义。如果令 $T=Y$，即商品的交易量等于收入量，而将 V 视作既代表交易货币的流通次数，又代表收入水平对应的流通速度，即 $1/V=k$，那么两者在宏观角度上是相同的。货币数量与价格水平之间存在着直接的因果数量关系；物价水平的高低，取决于货币数量的多少，二者成正向关系。

费雪交易等式与剑桥等式也有比较明显的差异。首先，两个理论的分析侧重点不同。前者从货币的交易媒介功能着手考察货币需求量，后者从价值储藏功能着手考察个人资产中对货币的选择。其次，流量与存量的差异。前者考察流量（现金交易说），把货币需求与支出流量联系在一起；后者考察的是存量（现金余额说），从以货币形式保有资产存量的角度考虑货币需求。最后，需求决定因素的差异。前者从宏观视角着手，仅考察交易流量对 M 的影响；后者虽然也是宏观等式，但是从微观个体的需求着手，暗含了收入、持有货币带来的便利等微观因素对货币需求的影响。

第二节 凯恩斯的流动性偏好货币需求论

一、货币需求动机

经济主体为什么需要货币？最朴素的想法可能是用于商品交易，从而使得经济能够正常运转。这也正是古典货币数量论的基本思想。古典货币数量论强调货币在商品市场发挥职能，并不考虑货币还可以用于金融市场投机等职能。与此相对应，古典货币数量论的重要特征是认为市场利率对货币需求没有影响。

然而，在现实中，随着金融产品不断丰富和微观金融市场的研究推进，影响人们持有货币的需求因素日益丰富。除了货币资产之外，还有许多其他金融产品可以作为资产组合的选项，例如可以选择持有债券和股票等金融产品。在这一背景下，1936 年英国著名经济学家凯恩斯在他的《就业、利息和货币通论》中非常有开创性地提出了货币需求的三类动机，即交易动机、预防动机和投机动机。

交易动机是指人们为了购买商品和服务进行支付交易而需要货币；预防动机是指人们为了应对未来的不确定性（如收入下降、突然生病等意外情况）而需要持有货币；投机动机则是指人们为了在金融市场上随时准备投机获利而持有货币。凯恩斯认为，交易动机和预防动机的货币需求对利率不敏感，这两个动机的主要影响因素是名义收入；投机动机则主要受市场利率（收益率）变化的影响。

二、交易与预防性货币需求

根据以上说明，凯恩斯认为交易动机和预防动机的主要影响因素都是名义收入，因此交易与预防性货币需求 M_{tr}^{d} 可以概括为名义收入的函数，即：

$$M_{tr}^{d}=M(P,Y)=kPY \qquad (15\text{-}9)$$

式中:$M(\cdot)$表示函数形式;P表示价格;Y表示真实收入;PY表示名义收入;k表示交易中货币余额的流通速度。

不难看出,此时交易与预防性货币需求其实与古典货币数量论本质上是一样的。显然,凯恩斯认为交易与预防性货币需求只受到名义收入影响,但不受利率影响。当然,后来Baumol和Tobin等经济学家在20世纪50年代拓展了交易与预防性货币需求分析框架,他们提出债券也可以用于交易与预防需求,所以交易与预防需求不仅与名义收入有关,还与债券收益率有关,也就是说利率也可以影响交易与预防性货币需求。①

尽管凯恩斯对交易动机和预防动机没有给出复杂的分析框架,但是他基于投机动机提出的流动性偏好货币需求论,仍然为紧随其后的研究奠定了重要基础,具有开创性。我们下面介绍凯恩斯的流动性偏好货币需求论的基本框架。凯恩斯流动性偏好货币需求论也可以称为持币动机理论,认为人们持有货币除了为满足交易和预防需求之外,还有投机性货币需求,并且认为货币流通速度并非恒定不变。

三、投机性货币需求与流动性偏好

由于有了投机需求,从资产组合角度看,人们可以有两种选择,即货币和其他金融资产。以债券为例,货币的流动性高于债券,而货币的收益率(利率)是0,债券则可以提供或高或低的不确定回报。在这样的分析框架下,影响货币需求的因素主要是当前市场利率i(即期利率)与预期利率的比较。

如果人们预期未来利率会上升,也就是说即期利率水平较低,则未来用货币购买债券会获得更高的收益率。既然如此,人们就会选择在当前持有流动性高的货币,准备在未来投机于债券获利,这样当前的货币需求就会上升。

反过来,如果人们预期未来利率会下降,也就是说即期利率水平较高,则未来用货币购买债券获得的收益率会下降,那么人们就会在当前抓紧时间用货币购买债券,此时货币需求就会下降。

也就是说,投机性货币需求与利率呈反向关系:当利率低时货币需求高,当利率高时货币需求低。因为投机性货币需求分析中强调货币的流动性高于债券,因此投机性货币需求也称为流动性偏好货币需求。

当然,从持有货币的机会成本来理解投机性货币需求与市场利率的反向关系可能更简单。因为持有货币的利息收入几乎为0,而持有债券的收益率一般都大于0,所以当市场利率相对很高时,持有货币的机会成本就更高,因此人们的货币需求减少。反过来,当市场利率相对较低时,持有货币的机会成本下降,所以货币需求就会增加。因此,投机性货币需求与当前的市场利率呈反向关系。

图15-3刻画了流动性偏好分析框架中货币需求与利率之间的关系。其中横轴M_{sp}^{d}表示用于投机动机的货币需求(sp代表speculation的缩写),i表示市场利率。

凯恩斯认为,债券市场有大量投资者会随着市场利率变化而改变预期,利率越低,预期利率未来会上涨的投资者数量就越多,反之则越少。因此,如果当前利率水平很高,更多的投资者

---

① Baumol和Tobin的参考文献信息参见本章补充阅读材料。

会预期未来利率下降，此时投资者会买进债券而减少货币持有数量，这样可以锁定当前债券对应的较高收益率。反过来，如果当前利率较低，预期未来利率下降的投资者数量会减少，而预期未来利率上升的人会更多，未来利率高意味着未来购买债券的收益率会更高，所以更多的人会选择现在持有现金以便在未来利率上升时可以购买债券。因此，随着市场利率不断下降，货币总需求量会不断增加，在图 15-3 中显示为连续的向下倾斜曲线。

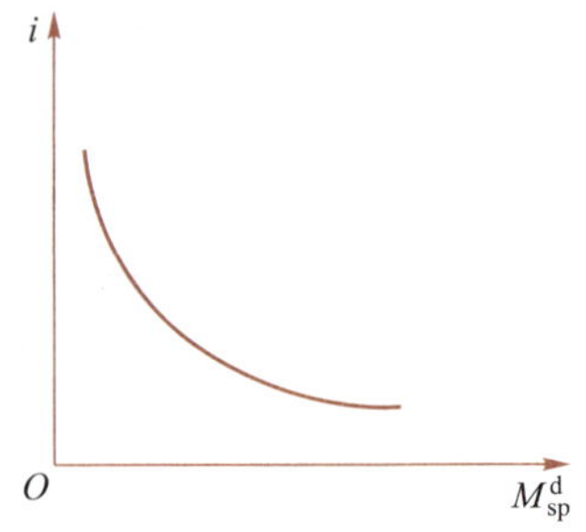

图 15-3 投机性货币需求与当前市场利率之间的反向关系

因为投机性货币需求与利率成反比，所以投机性货币需求函数或者说流动性偏好货币需求函数可以写成：

$$M_{sp}^{d}=L(i) \tag{15-10}$$

式中：M_{sp}^{d} 表示投机性货币需求；i 表示市场名义利率；L 表示流动性（liquidity），凯恩斯把需求函数 $L(i)$ 称为流动性偏好程度。

凯恩斯的投机性货币需求分析框架本质上就是一种投资组合选择理论：投资者面对货币和债券两种资产进行投资组合，条件是货币收益率是 0，而债券收益率由市场利率决定，投资者的目标是最大化其投资组合收益率。对于投资者来说，用于投资货币和债券的资金总量是给定的，投资者关心的是在下一个决策期初投资组合的到期价值，即投资的资本加上累积利息。

凯恩斯给出的预期函数形式非常简单：在每个投资决策期初，投资者会根据自己对市场未来利率走势的判断来估计未来债券价格。如果他判断未来债券价格加上投资债券的利息收入高于当前购买债券的价格，那么投资者就会倾其所有资金购买债券，因为根据附息债券的现价、未来价格和到期收益率之间的关系（参见拓展阅读 15-3），此时债券投资收益率大于 0；相反，如果投资者按照市场利率走势的判断估计债券未来价格加上利息回报低于当前债券价格，那么他就会把所有资产都转变为货币，因为此时债券投资收益率为负。因此，市场上的投资者要么持有债券，要么持有货币，而不会同时持有债券和货币。

拓展阅读 15-3

债券的收益率、价格与货币需求

在货币需求理论中，货币与债券是彼此替代的资产。本书在第五章已经详细介绍了债券的相关内容。这里再次回顾债券收益率、价格与市场利率之间的联系，进而说明货币需求如何变化。债券一般由交易价格 P、票面价格 F、息票 C 和到期收益率 R 等多个指标来刻画。债券的交易价格与到期收益率紧密联系。一般来说，对于附息债券，交易价格可以理解为到期总利得的折现。如果债券只有 1 年期限到期，则等式关系就更加简明，即：

$$P=\frac{C}{1+R}+\frac{F}{1+R}$$

或者：

$$R=\frac{C+F}{P}-1$$

也就是说，到期收益率与债券价格呈反比关系。这种反比关系不难理解，因为当投资者购买的债券价格上升时，到期的票面价格与购买价之间的价差就会缩小，收益相应减少。

从上述等式中可以看出，债券的到期收益率一般是隐含在现价与票面价格和息票等式关系中的，到期收益率并不是市场上存贷款或者资金拆借的利率。但是，债券的买卖价格（现价）与市场利率却紧密联系。一般来说，当市场利率已经很高的时候，人们就会预期未来利率很可能下降（因为利率不可能一直居高不下），因此手上的资金如果不在现在投资出去，未来再进行投资获得的回报率会更低，所以人们会选择当前购买债券。因为债券的市场价格由供给与需求决定，所以债券需求增加带来债券价格上升；而债券价格与债券收益率呈反比关系，从而导致债券的到期收益率下降。

市场利率是市场资金借贷成本的真实反映，能够及时反映短期市场利率的指标有银行间同业拆借利率、国债回购利率等。新发行的债券利率一般也是按当时的市场基准利率来设计的。一般来说，市场利率上升会引起债券类固定收益产品价格下降。债券的发行价格，是指债券原始投资者购入债券时应支付的市场价格，它与债券的面值可能一致也可能不一致。理论上，债券发行价格是债券的面值和要支付的年利息按发行当时的市场利率折现所得到的现值。因此，票面利率和市场利率的关系影响债券发行价格。当债券票面利率等于市场利率时，债券发行价格等于面值。当债券票面利率低于市场利率时，企业仍以面值发行就不能吸引投资者，故要折价发行；反之，当债券票面利率高于市场利率时，企业仍以面值发行就会增加发行成本，故要溢价发行。

债券投资者的获利预期随着市场利率发生变化。若市场利率升高，则投资者的获利预期就变得高涨，促使债券价格下跌（由于已发债券票面利率已固定，当市场利率上升时，新发债券票面利率随之提高，债券投资者会卖出旧债券、买进新发债券，这种行为导致旧债券价格下跌）；若市场利率降低，则债券价格往往会上涨。

所以，当人们预期未来利率上升时，现在持有债券要亏损，因此现在更愿意持有货币，此时货币需求增加。注意，预期未来利率上升等同于当前利率水平较低（低于人们心目中的水平）。反之，如果当前利率较高，那么人们预期未来利率会下降，因此货币需求会下降。所以，货币需求与当前利率水平呈负相关关系。同样，利率的变动将带动货币流通速度的同向变动。因此，流动性偏好理论不同于古典货币数量论的一个重要方面就是货币流通速度随利率变化而变化。

四、总体货币需求

基于交易、预防和投机三种持币动机的货币需求加总就是总体货币需求。因为交易与预防性货币需求和名义收入正相关，投机性货币需求与市场利率负相关，所以总体货币需求可以写成：

$$M^{d}=M^{d}_{tr}+M^{d}_{sp}=M(P,Y,i) \tag{15-11}$$

如果交易与预防性货币需求与投机性货币需求相对独立，那么总体货币需求函数还可以写成：

$$M^{d}=M^{d}_{tr}+M^{d}_{sp}=kPY+L(i) \tag{15-12}$$

当然，在现实中，不同动机的货币需求经常很难截然分开。所以，真实收入 Y 和利率 i 对总体货币需求 M^{d} 的影响可能是同时通过交易与预防动机以及投机动机综合产生的。

另外，根据式（15-11），可以抽象地把价格 P 移到等式左侧，从而写成真实货币需求与真实产出和真实利率 r 的函数关系（真实利率 r 是名义利率 i 剔除通胀率的影响），即：

$$\frac{M^{d}}{P}=M(Y,r) \tag{15-13}$$

可以看到，真实货币需求受到真实产出和真实利率的影响。在均衡状态时，货币供给等于货币需求，通过式（15-13）并结合式（15-2），可以进一步写出货币流通速度的表达式，即：

$$V=\frac{PY}{M}=\frac{Y}{M(Y,r)} \tag{15-14}$$

从式（15-14）可以看出，凯恩斯流动性偏好理论表明，货币流通速度会受到利率影响：当利率上升时，货币总需求下降，货币流通速度上升，反之则货币流通速度下降。因为市场利率波动很大，所以货币流通速度并不稳定，而是有很大波动。由此，凯恩斯认为，古典货币数量论认为名义收入（或经济产出）主要由货币数量变动所决定的结论是不正确的。

需要说明的是，虽然式（15-14）显示的是真实利率对货币流通速度的影响，但是如果名义利率变化与通胀率变化不完全同步，则名义利率变化会导致真实利率变化，进而影响货币流通速度以及真实货币需求。所以在上一段的分析中，我们只一般性地说明了利率变化对货币需求以及货币流通速度的影响，并没有特别强调真实利率的影响。

拓展阅读 15-4

凯恩斯的主要贡献

约翰·梅纳德·凯恩斯是英国经济学家，是现代最有影响力的经济学家之一，他对现代经济学的贡献之多、影响之深、范围之广很少有人能够企及。他提出总产出的主要短期决定因素是总需求，这种思想对现代经济理论和政策具有深远影响。凯恩斯的主张对货币政策理念也具有重要影响，反映在央行通过调整货币供给或利率来调整总需求进而实现通胀和产出等最终目标。凯恩斯在 20 世纪 30 年代的著作中就提出了市场情绪、动物精神对预期的影响，是现代行为经济学的核心内容。

凯恩斯 1906—1908 年在英国财政部印度事务部工作;1908 年任剑桥大学皇家学院的经济学讲师;1909 年创立政治经济学俱乐部并因其最初著作《指数编制方法》而获"亚当·斯密奖";1911—1944 年任《经济学杂志》主编;1913—1914 年任皇家印度通货与财政委员会委员,兼任皇家经济学会秘书;1919 年任英国财政部巴黎和会代表;1929—1933 年主持英国财政经济顾问委员会工作;1942 年被晋封为勋爵;1944 年出席布雷顿森林联合国货币金融会议,并担任了国际货币基金组织和国际复兴开发银行的董事;1946 年去世,时年 63 岁。

凯恩斯原来是剑桥学派的一员,但是他发现了自由放任的私人企业制度的缺陷,转向支持政府干预经济,主张国家采用扩张性的经济政策,通过增加需求促进经济增长。即扩大政府开支,实行财政赤字,刺激经济,维持繁荣。20 世纪 30 年代初世界出现空前的大萧条,传统的经济理论对此束手无策。

1936 年凯恩斯出版了代表作《就业、利息和货币通论》,标志着个人学说的形成,这部著作也是现代经济学领域的一座里程碑,被公认为宏观经济学和货币理论的一次深远变革。凯恩斯认为,政府通过扩大支出,包括公共消费和公共投资,可以改善有效需求不足的状况,从而减少失业,促进经济的稳定和增长。市场中不存在一个能把私人利益转化为社会利益的看不见的手,资本主义危机和失业不可能消除,只有依靠看得见的手,即政府对经济的全面干预,资本主义国家才能摆脱经济萧条和失业问题。

在这部著作中,凯恩斯不仅提及了 20 世纪 90 年代才系统提出的货币政策规则论的核心内容,也提及了后来在微观金融领域备受关注的行为金融学思想。凯恩斯还对现实社会中的实物经济和货币经济进行了分析,建立了一套逻辑清晰的货币经济学理论,提出了著名的货币投机性需求论以及"流动性陷阱"假说等重要理论假说。

第三节 弗里德曼的真实货币需求论

一、真实货币需求论的基本内容

米尔顿·弗里德曼(Milton Friedman)是影响货币需求理论发展乃至货币经济学发展的重要经济学家,于 1976 年获得诺贝尔经济学奖。弗里德曼于 1956 年发表的文章《再论货币数量论》(*The quantity theory of money—a restatement*)是其重要代表作,提出了传统货币数量论的新模型,用于阐释货币流通速度相对稳定背景下的货币需求机制。

弗里德曼指出,货币数量论的初衷是货币需求理论而不是关于产出或者价格的理论。他认为,人们对货币的需求实际上是一种对真实货币余额(M/P)的需求,这种需求就像人们对商品或者其他资产的需求一样,是个人投资组合效用函数中的一个变量而已。从长期看货币需求相对稳定,货币流通速度也相对稳定可预测。

因此,弗里德曼真实货币需求论也可以称为货币需求的投资组合理论。对于个人来说,真实货币余额就是一种资产,它和债券、股票以及实物资产等都是财富持有人效用函数中的备选项。对于企业来说，真实货币余额与机器设备和厂房等实物资本类似，可以看成企业生产函数中的投入品。

凯恩斯的流动性偏好货币需求论强调市场利率变化会影响货币需求，而弗里德曼的真实货币需求论则认为市场利率变化对货币需求影响并不明显。弗里德曼认为，真实货币需求并不是简单地受市场利率影响，而是受各类金融资产收益率相对于货币资产收益率的变化影响。由于市场利率变化会同时影响各种资产回报率的同向变化（例如债券收益率上升的同时货币资产收益率也上升），所以市场利率变化最终对真实货币需求的影响并不明显。

显然，弗里德曼的货币需求理论区别于其他货币需求理论的突出特点是其强调投资组合中资产的相对收益率对货币需求有影响。所以，除非利率变化对货币资产收益率的影响很小而对其他金融资产收益率影响很大，从而使得相对收益率出现明显变化而影响货币需求，否则市场利率变化之后相对收益率不会有明显变化，货币需求也就不会出现明显变化。

归纳起来，弗里德曼认为影响真实货币需求的因素有预期通胀率、其他资产收益率与货币资产收益率之差、财富水平，以及财富不确定性等。

首先，真实货币需求受到预期通胀率的影响，预期通胀率越高货币需求越低。这与弗里德曼的真实货币需求论区分真实与名义货币余额的概念有关：人们需求一单位货币是从货币的购买力角度，也就是货币的真实价值而不是名义价值出发的，因此人们的货币需求是真实货币需求而不是名义货币需求。影响货币真实购买力的因素主要是通货膨胀，通货膨胀可以被看成持有真实货币资产的机会成本，也可以被视为投资于实物资产的回报率。所以，弗里德曼真实货币需求的一个影响因素是通胀率或者预期通胀率（用符号 π 或者 π^e 表示）。

其次，真实货币需求受到其他备选资产的相对收益率影响，备选资产收益率相对货币资产收益率越高则货币需求越低。由于弗里德曼把真实货币余额看成一项资产，强调其价值贮藏属性，因此对于货币资产的需求受到对其他备选资产需求的影响，取决于其他备选资产的收益率高低（如债券收益率、股票收益率等）：如果备选资产的收益率相对更高，那么真实货币需求自然会降低。注意，这些资产收益率同样是剔除了通胀因素后的真实收益率。

再次，个人或者社会总财富水平（用 w 表示）会影响其对真实货币的需求，财富水平越高货币需求越高。总财富与总收入同向变动，或者说财富可以用收入来度量。从总体经济来看，财富越多、收入越高则意味着总产出越高，所以完成全部商品交易的货币需求就越多。当然，收入越高，消费也倾向于越高，所以货币需求与财富水平（收入水平）正相关。

注意，弗里德曼强调的收入（无论是个人收入还是整个国家的总收入）不是指当前收入，而是指永久性收入（permanent income）。所谓永久性收入，可以简单地理解为长期平均收入。永久性收入而非当前收入影响消费以及货币需求的观点被称为永久性收入假说。弗里德曼强调，人们的消费以及相应的货币需求并非受当前的收入影响，而主要受到人们对长期收入水平的估计和判断的影响。事实上，人们在不同年份的暂时性收入可能有高有低，但长期趋势比较明确，所以永久性收入对消费及货币需求的影响应该更加明显。至于如何度量永久性收入，除了可以简单地使用长期平均收入，还可以运用统计技术（如 HP 滤波）从收入指标的时序变量中分离出来。

最后，财富不确定性越高，货币需求越高，以用于抵御风险。个人总财富可以划分为人力资本财富 HW（劳动力收入的现值）和非人力资本财富 NHW（金融和实物资产财富）。考虑到劳动力收入在未来具有不确定性，这种不确定性大小也会影响人们对真实货币的需求，弗里德曼用人力资本财富与非人力资本财富的比率 HW/NHW 来度量财富不确定性。财富不确定性越高，意味着当前需要持有更多的货币以备不时之需，即财富不确定性与货币需求呈正向关系。

基于以上说明，弗里德曼真实货币需求的主要影响因素可以归纳为四类：一是预期通胀率；二是其他备选资产的真实收益率；三是总财富水平；四是财富不确定性。因此，我们可以把弗里德曼真实货币需求论写成如下形式（等式中括号里字母下面的 +、– 号分别表示该变量与货币需求之间为正向和负向关系）：

$$\frac{M^{\mathrm{d}}}{P}=f\left(\underset{-}{\pi^{\mathrm{e}}},\underset{-}{r_{\mathrm{b}}-r_{\mathrm{m}}},\underset{+}{W},\underset{+}{\frac{HW}{NHW}}\right) \tag{15-15}$$

式中：M^{d}/P 表示对真实货币余额的需求；π^{e} 表示预期通胀率；r_{b} 表示债券资产的真实回报率；r_{m} 表示货币资产的真实回报率；W 表示用永久性收入衡量的总财富；HW 表示人力资本财富；NHW 表示非人力资本财富；HW/NHW 表示财富不确定性；$f(\cdot)$ 表示函数关系。

二、利率与货币需求的关系

从前面对货币需求理论的系统阐释可以看到，从古典货币数量论，到凯恩斯的流动性偏好货币需求论，再到弗里德曼的真实货币需求论，这些货币需求理论的发展折射出货币经济学的历史发展路径，也反映了微观金融市场不断发展对宏观经济学和货币经济学的影响。这些货币需求理论到 20 世纪 80 年代之后就没有更多的进展，而对此问题的实证研究到了 20 世纪 90 年代之后也基本没有出现过根本性的创新发展。这些都与 20 世纪 80 年代以后利率取代货币总量指标成为发达经济体调控宏观经济的核心变量这一大背景有着紧密和深刻的联系，也是新凯恩斯主义学派的核心内容。本书在第十六章将进一步阐释相关理论的演进和发展情况。尽管如此，对于读者来说，凯恩斯和弗里德曼的货币需求理论在今天仍然具有基础性参考价值。

从现代经济学分析角度看货币需求的影响因素，一般都会聚焦到利率上来。事实上，无论是交易和预防需求还是投机需求，都与利率有着紧密的联系。由于市场利率相比其他诸多因素变化性更强，而且很多流动性比较高的金融工具（例如货币市场工具）可以被看成货币的密切替代品，所以考虑货币需求的变化时，经常考虑利率对货币需求的影响。从之前的分析可知，持有货币资产获得的回报率一般要比非货币资产（例如货币市场工具）低，所以当利率上升的时候，持有货币的机会成本就会更高。因此，无论货币需求来自哪个层次的持币动机，此时人们都会倾向于减少货币需求，所以货币总需求与利率呈现一种反向关系，可以用图 15–4 来演示。

货币主义认为，图 15–4 中的货币需求曲线形状非常陡峭，甚至几乎是垂直于横轴的，即利率对货币需求几乎没有影响。在货币主义看来，货币需求曲线即使移动也是非常缓慢的，其变动主要受总收入变化以及缓慢变化的制度性因素的影响，而且货币需求曲线的变动是稳定可预测的。这样，货币需求相对稳定，货币流通速度也相对稳定，所以货币总量应该作为货币政策的主要调控目标。

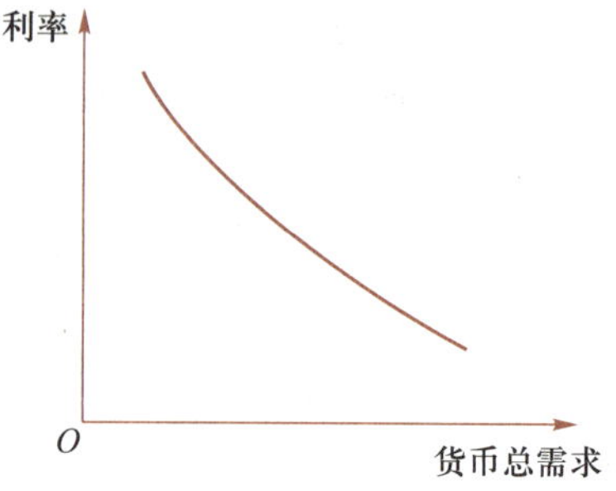

图 15-4 利率与货币总需求的一般关系

而凯恩斯主义则认为，图 15-4 中的货币需求曲线相对扁平，也就是说货币需求对于利率的弹性非常大；如果利率不断变化，那么货币需求也相应不断变化，所以货币需求并不稳定，因此货币总量不是很好的政策调控指标。

从实际情况看，货币需求和货币流通速度在一些时间段内或许相对稳定，但是从长期看，二者的变动并没有明显的规律，不容易预测，所以货币需求以及货币流通速度并不稳定。既然货币需求不稳定，那么即使中央银行能够有效调控货币供给，也很难实现理想的货币需求与供给均衡状态目标。

拓展阅读 15-5

货币主义学派奠基人米尔顿·弗里德曼的主要贡献

米尔顿·弗里德曼于 1912 年 7 月出生在美国纽约，2006 年 11 月去世。弗里德曼于 1946 年获得哥伦比亚大学经济学博士学位，之后一直在芝加哥大学任教。弗里德曼在经济学领域的贡献很多，包括 1957 年在居民消费函数理论研究中提出的永久性收入假说（居民的消费与储蓄主要受到永久性收入影响），以及他对货币经济学领域的开创性贡献。

弗里德曼在货币经济学领域的贡献影响更加深远。20 世纪 50 年代之前，货币经济学领域受到凯恩斯思想的影响，认为财政政策在应对经济周期变化上更有效果。弗里德曼则论证了货币对真实产出具有影响，而且开创性地提出，基于货币供给的货币政策，在短期影响经济周期，在长期影响价格水平。弗里德曼于 1956 年出版了文集《货币数量论研究》，于 1963 年出版了《美国货币史：1867—1960》，这些著作在货币经济学领域的影响极其深远。弗里德曼并未就此停止自己的研究。1967 年他又开创性地提出了自然失业率的概念，这对传统菲利普斯曲线理论进行了重要拓展，而且为现代通货膨胀动态机制理论的发展奠定了基础。弗里德曼因在货币经济学和宏观经济学领域作出了卓越贡献，于 1976 年获得诺贝尔经济学奖。

第四节 流动性陷阱与政策应对

一、流动性陷阱的基本定义

流动性陷阱（liquidity trap）是凯恩斯于 20 世纪 30 年代提出的一个术语，是指在经济不景气的环境下，市场利率水平已经很低，此时中央银行为了刺激经济向市场增加货币供给，但是却无法进一步降低利率（例如利率已经接近 0），也无法刺激消费和投资。在这样的背景下，中央银行无论增加多少货币供给（流动性），都无法刺激人们把货币从银行取出来进行消费和投资（货币需求弹性无限大），人们只是把获得的流动性不断储存起来，此时货币就像陷进了一个无底洞一样，因此这种现象可以形象地称为流动性陷阱。

为什么会出现流动性陷阱呢？当市场形成一致预期，认为证券投资或者实业投资（固定资产投资）回报率将会很低，此时经济主体会囤积货币来应对未来的负面经济事件或者经济衰退。我们前面曾经分析过，从投机性货币需求角度看，市场利率与投机性货币需求呈反向关系：当市场利率低的时候，投机性货币需求高。所以，如果市场利率非常低，比如接近于 0，那么就可能出现所有投资者形成一致预期的情况，大家一致认为未来利率不会再进一步下降而可能上升，毕竟接近于 0 的利率水平已经没有下降空间了，所以此时所有投资者都更愿意持有现金而卖出债券（此时对于投资者来说债券价格相对更高），以便未来利率果真上升的时候可以用货币来购买债券获利（利率上升后债券价格下降）。

也就是说，在当前这个低利率水平上，投资者一致认为债券价格不会再上涨了，而可能下跌，从而会给债券持有者造成资本损失，而现有利率又不能有力地弥补这种资本损失的风险。在这种情况下，投资者更愿意以现行价格出售持有的债券，即债券供给非常多。这样，货币当局就可以按现行价格和利率水平从投资者手中购买债券，而且想买多少就能买多少，相应就会增加投资者持有的货币数量，而利率水平并不变化。因此，一旦经济陷入流动性陷阱，货币当局增加的货币供给犹如掉进了无底洞，无法降低利率，也就无法实现刺激经济的目的。

二、银行流动性陷阱

注意，上文中提到的投资者既包括个人投资者也包括机构投资者，特别是商业银行。在利率很低而经济又持续下行的情况下，甚至有可能出现银行流动性陷阱：当利率达到某一低点时，商业银行超额准备金需求对于利率是完全弹性的，即在此利率水平下商业银行的超额准备金需求无穷大，此时中央银行增加基础货币也无法提高货币供给总量。

也就是说，在特定经济环境下，当市场利率下降到一定程度时，即使中央银行通过政策操作增加基础货币，也无法实现货币供给总量的增加，因为此时商业银行将中央银行提供的基础货币都作为超额准备存储下来，而不用来发放贷款等信用货币创造业务，从而形成“宽货币-紧信用”的现象。“宽货币”是指中央银行提供的基础货币宽松，“紧信用”是指商业银行信用创造收紧。

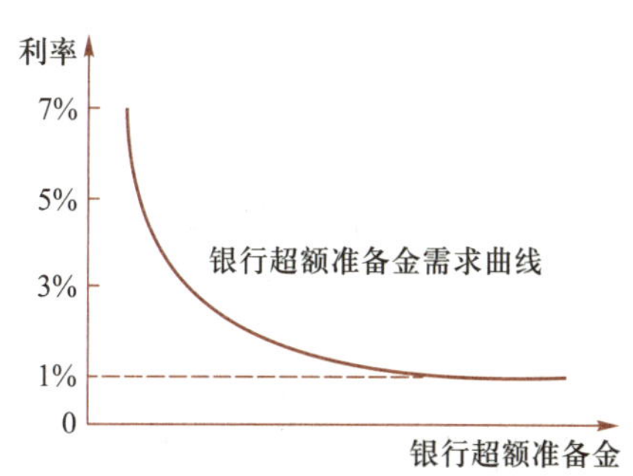

图 15-5　银行超额准备金需求与银行流动性陷阱

图 15-5 描绘了银行超额准备金需求与利率之间的关系，并刻画了银行流动性陷阱出现的情形：当利率下降到 1% 时，商业银行超额准

备金需求曲线变为扁平，意味着在此利率水平上商业银行对超额准备金的需求无穷大，即使中央银行向商业银行提供再多的流动性，也只会形成商业银行的超额准备金，中央银行无法强迫商业银行发放贷款或者购买有价证券，因为商业银行认为未来利率不会再下降而更可能是上升的，未来债券价格会相应下降，所以现在应该持有货币等待未来逢低价买入债券可以获得更高回报，这样商业银行当前就不会增加信用创造，也就无法增加货币供给总量，从而出现银行流动性陷阱。

三、流动性陷阱的现实例子

尽管凯恩斯提出了流动性陷阱的概念，但是他认为在现实中很少发生这样的情况。不过，诸多经济学家仍然认为，流动性陷阱问题在现实中会出现。只要债券市场一致预期市场利率未来会上升，就可能出现流动性陷阱。而且，债券市场的这种一致性预期不一定只发生在利率水平贴近于 0 的时候。如果经济衰退迹象明显，造成债券市场预期极度悲观，那么在任何利率水平下流动性陷阱都可能发生。幸运的是，由于债券市场主流看法（市场预期）经常会随着利率的调整而发生变化，因此流动性陷阱即使发生一般也只会存续较短的时间，而这段时间通常不足以影响到整个市场的投资和宏观经济。所以，流动性陷阱可能在债券市场的日常运行中经常出现，只不过时间短暂，影响范围也不大，所以整个宏观经济不一定能感受得到。

从世界范围看，经济学界认为 20 世纪 30 年代大萧条时期的美国经济、20 世纪 90 年代的日本经济、2008 年前后国际金融危机时期的欧美经济都出现过比较典型的流动性陷阱问题。

1933 年前后，美国经济遭遇大萧条，凯恩斯主义学派大多认为此时美国经济出现流动性陷阱：美联储增加了基础货币发行，短期国债收益率在 1929 年 10 月是 4%，到 1932 年中期下降到不足 1%，此后一直到 1940 年之前都维持在不到 1% 的较低水平。但是，在此期间美国经济陷入大萧条，货币政策似乎对刺激经济没有效果，美国政府不得已采取了扩张性财政政策以应对经济萧条。

20 世纪 90 年代，日本经济也出现了流动性陷阱现象：利率不断下降，但是投资与消费都没有起色，日本经济持续低迷，一直到 2000 年以后才有所改善。

2008 年之后，欧洲经济也表现出流动性陷阱的症候：欧洲国家的名义利率已经下降到 0，但是投资和消费在 2008 年后的几年内都没有得到明显改善。欧洲中央银行在一些欧盟国家实施了量化宽松和负利率政策，以期应对经济衰退，总体上看政策效果并不是特别明显。

四、流动性陷阱的政策应对

如果经济不断下行陷入衰退，甚至经济运行中出现流动性陷阱问题，应该如何应对呢？凯恩斯主义和货币主义开出了截然不同的政策药方[①]：凯恩斯主义建议运用扩张性财政政策

① 凯恩斯主义是指建立在凯恩斯著作《就业、利息和货币通论》的思想基础上的经济理论，主张国家采用扩张性经济政策（特别是财政政策），通过提振需求来应对经济衰退；货币主义是指强调货币总量作为宏观经济调控的主要中间目标的一系列宏观经济理论，主张通过扩张性货币政策来促进经济增长。

进行应对，例如增加政府的基础设施建设投资支出等措施；货币主义则坚持认为货币政策才是带动经济走出衰退的主要政策（货币主义并不认为存在流动性陷阱问题），例如运用量化宽松货币政策才是解决问题的正确措施。传统货币政策工具（如公开市场操作）的交易对象是短期证券产品，而量化宽松货币政策则主要是指中央银行通过购买中长期证券来增加基础货币供给，降低中长期利率。

凯恩斯主义认为，在经济衰退过程中如果增加货币供给却无法降低利率，或者基础货币增加但是银行信用创造停滞不前，那么就会出现流动性陷阱或者银行流动性陷阱。此时，政府应该选择扩张性财政政策进行应对，而不要单纯依赖货币政策。事实上，凯恩斯主义认为，此时货币政策对于提振经济并走出衰退是无能为力的。凯恩斯把此时的经济状态形象地比喻成一根疲软的绳子，绳子只能拉而推不动，意味着货币政策再怎么宽松也没法推动经济上行，所以需要扩张性财政政策拉动消费和投资等需求，进而带动经济增长。

在凯恩斯主义看来，在 20 世纪 30 年代美国经济大萧条前后，美联储一直在实施宽松货币政策，其主要依据是基础货币和市场名义利率的走势。例如，1928—1938 年，美国的基础货币持续增加，从 70 亿美元增长到接近 160 亿美元。同时，1932—1934 年银行超额准备金规模大幅增加，1934 年银行超额准备接近活期存款总额的 10%。另外，凯恩斯主义学派还指出，美国短期国债收益率在 1929 年为 4%，此后逐渐下降，到 1932 年不到 1%，而后在 1932—1938 年一直维持在 1% 以下甚至接近 0。据此，凯恩斯主义认为，诸如美国在 20 世纪 30 年代经历的大萧条，美联储当时已经竭尽所能实施了宽松的货币政策，但是由于出现流动性陷阱，货币政策也无能为力，所以不应受到指责。

但是，以弗里德曼为代表的货币主义学派则认为，现实中并没有真正的流动性陷阱，即使出现经济衰退以及银行信贷放缓等现象，也只是说明中央银行没有尽力实行宽松的货币政策来推动经济增长。货币主义学派指出，美联储在 1928—1938 年的货币政策根本就不是宽松的，而是紧缩的。特别是从货币供给总量来看，M1 和 M2 在 1928—1933 年一直持续下滑，M2 一直到 1938 年还没有恢复到 1928 年的水平。所以，货币主义认为，美联储在当时的政策失误是导致美国经济从一般的衰退陷入严重大萧条的重要原因。从图 15-6 刻画的美国 1907—1940 年 M1 与 M2 的走势来看，在 1928—1938 年，美国的货币供给水平确实在大部分时期不但没有上升反而下降，特别是在 1933 年前后下降幅度更为明显。

货币主义指出，经济主体在权衡是否进行消费和投资的过程中，主要考虑真实利率而非名义利率。即使名义利率很低也未必能够说明货币政策很宽松，因为如果物价持续下降导致通货膨胀水平持续为负（通货紧缩），即真实利率升高，则说明中央银行要么没有真正实施宽松的货币政策，要么宽松的货币政策没有实施到位。从美国经济大萧条时期的相关数据（名义利率和通胀率）来看，真实利率在 1928—1932 年确实大幅上升，在 1931—1932 年甚至超过了 10%。

因此，货币主义认为不存在什么“绳子推不动”的问题，而是货币政策有没有正确地去“推动”的问题。货币主义建议，在经济衰退时期，中央银行应该实施尽可能宽松的货币政策，特别是要考虑实施量化宽松货币政策，即中央银行采取扩大购买政府证券和企业债券的期限品种和数量等措施，这样能够提升债券价格而降低债券收益率，并推动货币供给总量不断上升，从而推动经济增长。与此同时，中央银行还可以考虑提高通胀目标，提升通胀预期，必要时甚至可以直接向公众发放现金，从而降低真实利率，将宽松的货币政策实施到位。

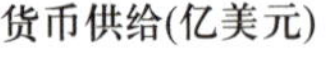

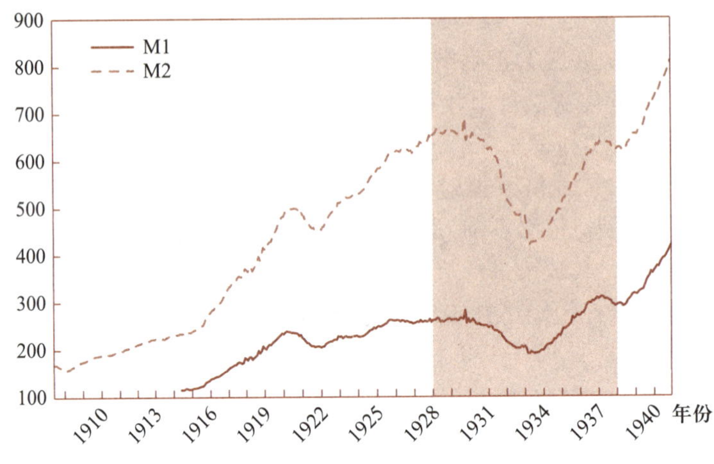

注:图中阴影部分为 1929—1938 年。

图 15-6 美国 M1 与 M2 在大萧条时期的下行走势

资料来源:美联储和美国国家经济研究局。

既然凯恩斯主义和货币主义对经济衰退给出的政策建议完全不同,那么在现实中究竟哪种政策主张更可取? 事实上,两种政策主张各有其道理。经济运行环境非常复杂,很难精确地进行模拟实验。所以,经济学家和决策者都需要根据现实经济指标运行特征和运行条件具体问题具体分析,然后在多重目标中进行权衡取舍。如果一定要在不同经济理论的政策主张中进行取舍,那么可以根据现实经济环境与对应经济理论的假设条件进行比照,现实情况更靠近哪个理论则相应理论的借鉴意义就更大。

从现实经验看,各国遇到经济衰退问题时,既有采纳凯恩斯主义政策主张的例子,也有采取货币主义政策主张的情况。例如,1933 年前后,美国政府采取了扩张性财政政策以应对经济萧条,具有代表性的措施是成立田纳西河流域管理局(Tennessee Valley Authority),对流域内自然资源进行综合利用和大开发,扩大政府支出促进地区发展,以拉动经济增长。而在 20 世纪 90 年代,日本为应对经济衰退既采取了量化宽松货币政策,也实施了扩张性财政政策,在 10 年期间实施了 100 多万亿日元的刺激性财政政策,包括扩大国债发行、减税、扩大基础设施投资和增加社会保障支出等一系列措施。

第五节 货币流通速度

一、货币流通速度的基本概念

我们在本章第一节学习货币交易等式的过程中,曾经提到过货币流通速度的概念,即单位货币在给定年份内的周转次数,度量了货币在经济运行中的流转快慢程度。对于总体经济而言,这种周转次数就是单位货币用在生产名义 GDP 上的使用次数。如果用 V 表示货币流通速度,M 表示货币总量,那么货币流通速度可以写成:

$$V=\frac{GDP}{M} \tag{15-16}$$

拓展阅读 15-6

货币流通速度的计算示例

2021 年中国名义 GDP 是 102 万亿元,2021 年货币供给总量 M2 是 240 万亿元,那么 2021 年 M2 对应的货币流通速度就是 102/240=0.425。也就是说,为支撑 102 万亿元的最终产品和服务的消费支出,单位广义货币在当年的周转次数是 0.425。也就是说,平均来看公众或企业持有广义货币的周期是 1/0.425=2.35(年),货币流通速度相对比较低。

另外,2021 年中国狭义货币 M1 是 64.74 万亿元,那么 M1 的货币流通速度就是 102/64.74=1.58,也就是说为了支撑 102 万亿元的产出,单位狭义货币在当年的周转次数是 1.58,公众或企业持有狭义货币的周期是 1/1.58=0.63(年)。

图 15-7 描绘了 1952—2022 年中国 M1 和 M2 的流通速度。从图中可以看出,我国自 20 世纪 50 年代至今,货币流通速度呈现不断下降的趋势。其中,M2 流通速度在 1952 年前后在 7.5 左右,20 世纪 70 年代下降到 3 左右,到了 20 世纪 90 年代下降至 1.5 左右,而到了 2022 年只有不到 0.5。虽然货币流通速度自 1952 年至今变化非常明显,但是货币流通速度在不同区间的变化程度并不相同。例如,1965 年至 1978 年这十几年间,中国的货币流通速度稳定地保持在 3 左右;在其他时期货币流通速度的变化则相对更明显。

与中国的货币流通速度形成鲜明对比的是美国的货币流通速度。图 15-8 描绘的是美国相同样本区间内(1952—2022 年)的货币流通速度。我们看到,无论考察 M1 还是 M2,美国的货币流通速度自 1952 年开始总体上都表现出逐渐上升的趋势。M2 的流通速度在 1980 年之前相对稳定,1980 年之后开始明显上升,在 2000 年左右达到最高值 2 左右,然后

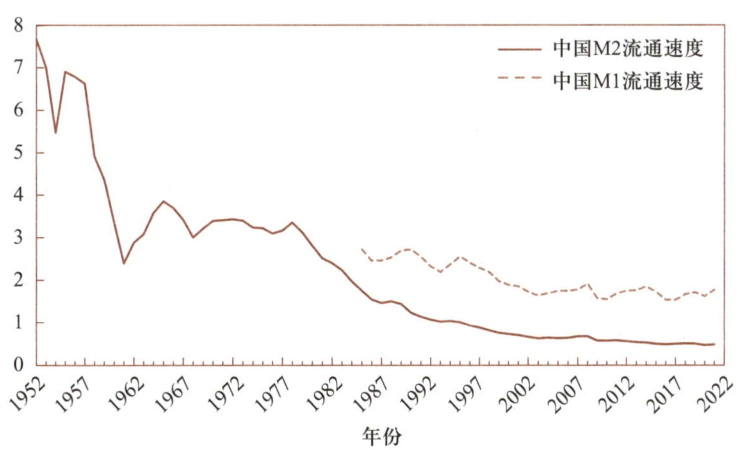

图 15-7 中国 M1 和 M2 流通速度(1952—2022 年)

资料来源:原始数据来源于中国国家统计局和中国人民银行,经作者计算。

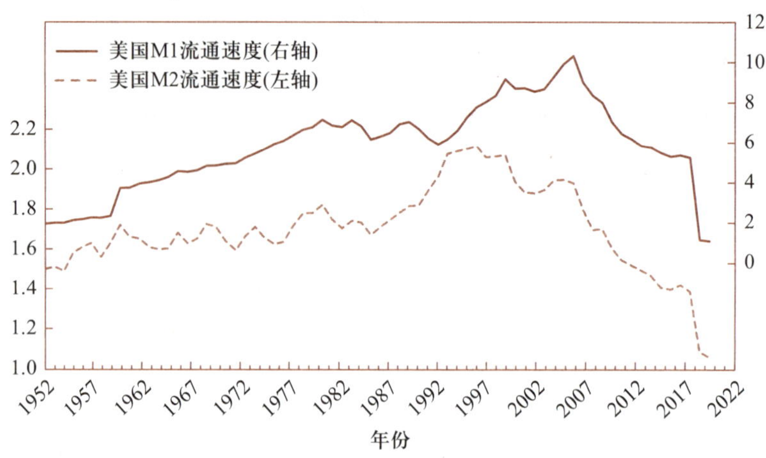

图 15-8 美国 M1 和 M2 流通速度(1952—2022 年)

资料来源:原始数据来源于美联储,经作者计算。

开始下降,特别是 2007 年以后下降幅度非常明显,截至 2021 年回落到 1 左右;M1 的流通速度在 1980 年年初上升到 7 左右之后,这一水平持续了将近 20 年,到了 20 世纪 90 年代末又开始大幅增加,一直到 2009 年前后上升到 10.6 的峰值,此后开始回落,2022 年降到 1.7 左右。

因为货币流通速度反映的是货币流转的快慢程度,所以从一定程度上可能反映出经济的活跃程度。不过,货币流通速度快慢并不必然代表宏观经济增长的速度。本章第一节已经介绍过,因为名义 GDP 等于真实 GDP(用 Y 表示)乘以总体物价(用 P 表示),货币流通速度的基本定义表达式可以写成如下形式:

$$V=\frac{GDP}{M}=\frac{P\times Y}{M} \tag{15-17}$$

可以看出,货币流通速度与真实产出 Y、总体物价 P 和货币供给总量 M 都有关系。所以,货币流通速度至多只能说明名义产出(分子)与货币供给量(分母)的相对变化情况,很难从货币流通速度自身得出关于经济增长趋势的明确结论。

为了说明问题,图 15-9 分别刻画了 1952—2022 年中国和美国 M2 流通速度与真实 GDP 增长率的时序图。从中可以看出,对于中国来说,货币流通速度呈现持续下降趋势,20 世纪 60 年代末之后货币流通速度与真实经济增长率之间几乎没有表现出明显的相关性。对于美国而言,虽然有很多时候货币流通速度上升时期真实产出增长率也表现为上升趋势(例如 1992—1997 年),但是这种现象也没有表现出特别明显的规律性特征。例如,2010—2020 年美国真实经济产出总体上处于比较稳健的增长阶段,但是货币流通速度却持续大幅下降。

二、影响货币流通速度的因素

既然货币流通速度并非恒定不变,那么哪些因素影响货币流通速度呢?经济学家从不同角度归纳了多种影响因素,主要包括利率、制度设计、金融科技发展、经济不确定性、通胀预期和收入六大因素。

第一,利率变化可以影响货币需求,进而影响货币流通速度。我们在前面已经分析过,

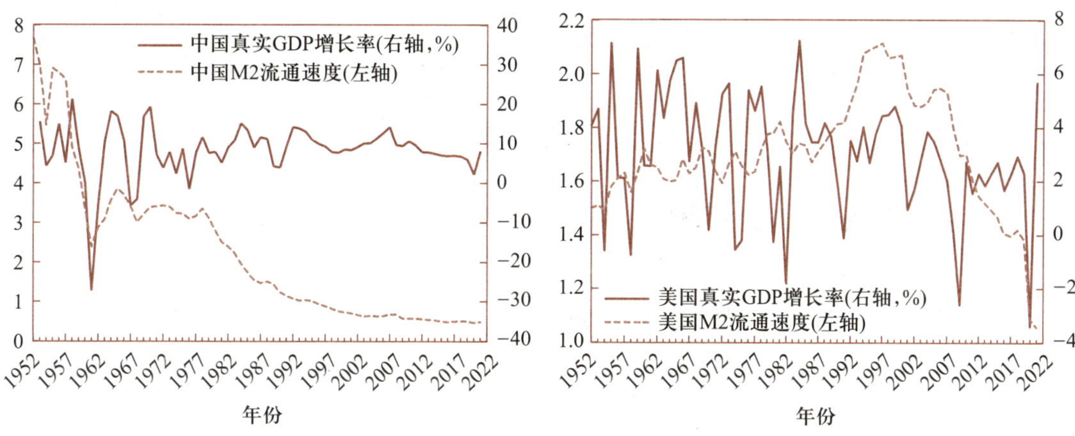

图 15-9 货币流通速度与真实 GDP 增长率(1952—2022 年)

资料来源:中国数据来源于 Wind,美国数据来源于美联储,经作者计算。

当利率上升时,持有货币的机会成本上升,人们会倾向于减少货币形式的财富,即利率上升引致货币需求下降。因为货币需求与货币流通速度是反向关系,所以利率上升带来货币流通速度增加。另外,由于利率表现出较强的顺周期性,即经济扩张时上升、经济衰退时下降,所以货币流通速度也呈现顺周期变化特征。

第二,制度设计对货币流通速度具有影响。制度设计(如支付体系设计、支付习惯、信用卡使用等)可以改变支付的快捷性以及支付习惯。这样,人们对货币需求就可能发生变化,尽管这种影响可能相对迟缓。

第三,金融科技发展可以减少货币需求,进而改变货币流通速度。如今,金融科技发展日新月异,如网络银行、手机银行、微支付、自动取款机及创新型银行账户等。以手机银行的普及为例,人们可以非常便捷地通过手机将定期储蓄存款转为活期储蓄存款,这样就可能减少对 M1 的需求,从而带来 M1 对应的货币流通速度上升。

第四,经济不确定性影响货币流通速度。例如,经济不确定性升高时,人们会规避风险资产,转而偏好流动性和安全性更高的货币资产,从而降低货币流通速度。反之,当经济不确定性下降时,货币流通速度可能上升。

第五,通胀预期影响货币流通速度。通货膨胀可以看成对持有货币资产征收的隐形税负,会缩减货币真实价值。如果年度通胀率是 5% 而货币资产的利率是 1%,那么年度货币真实价值会缩减 4%。因此,通胀预期越高,人们就越倾向减少持有货币资产,以避免货币价值缩减,从而会加快货币流通速度。

第六,收入变化可能影响货币流通速度,但是影响的方向不确定,有三种情形。第一种情形,如果收入增加的倍数与支出引致的货币需求增长倍数相同,则货币需求对收入的弹性为 1,此时收入增加但货币流通速度不变。第二种情形,如果收入增加导致货币需求增加得更多,例如支出增加更多倍数,或者收入增加了使得人们不在乎持有货币资产的利息损失(毕竟持有非货币资产需要投入很多精力),即货币需求对收入的弹性大于 1,则收入增加会降低货币流通速度。第三种情形,如果收入增加导致货币需求减少,或者货币需求增加的倍数小于收入增加的倍数,例如收入增加但信用卡或者其他金融科技形式使用得更多而减少货币需求,即货币需求对收入的弹性小于 1,此时收入增加会提高货币流通速度。

当然,以上内容都是假定其他条件不变而只有一种因素变化的情况下,分析货币流通速度如何改变。但是,在现实经济运行中,各种条件可能同时变化,此时则需要对比不同因素的影响程度进行综合判断,上述各条结论也可能相应发生变化。

三、货币流通速度与货币政策中间目标选择

货币流通速度对于货币政策的实施具有重要意义。如果货币流通速度稳定可预测,那么中央银行可以制定相应的货币总量目标(例如 M1 或者 M2),然后只要调控货币总量指标就能实现理想的政策效果。相反,如果货币流通速度变化很大而且不容易预测,则货币总量指标对于货币政策来说就不是一个很明智的选择。所以,货币流通速度是否稳定对于货币政策中间目标选择意义重大。

为了说明问题,我们根据交易等式 $MV=PY$,可以写出各变量增长率的等式关系,即:

$$\Delta M+\Delta V=\Delta P+\Delta Y \tag{15-18}$$

式中:ΔM 表示货币总量百分比增长率;ΔP 表示价格增长率,即通胀率;其余符号的定义类似。

一般来说,中央银行实施货币政策都有一个隐含的通胀率目标和真实 GDP 增长率目标($\Delta P+\Delta Y$)。例如,中央银行在某年度之初希望在当年实现 6% 的真实 GDP 增长率和 3% 的通胀率,那么中央银行就会以名义 GDP 年度增长率达到 9% 左右为目标来相应实施货币政策。

因为 $\Delta P+\Delta Y=\Delta M+\Delta V$,所以 9% 的名义 GDP 增长率意味着货币供给增长率与货币流通速度之和也要在 9% 左右。可以看出,中央银行如果要确定合适的货币供给增长率,则需要能够估计出货币流通速度在未来一年的变化率。由此,货币政策是否应该以货币总量为中间目标的争议就集中到一个问题上,即货币流通速度是否稳定可预测。

因为货币需求理论的发展演进主要是以发达经济体特别是美国的经济指标表现为基础,所以我们以图 15-10 中美国的货币流通速度历史走势来回顾货币流通速度是否稳定可预测的问题。从图中可以看到,美国的货币流通速度从 1961 年至 20 世纪 80 年代初相对稳定,特别是 M2 的流通速度稳定性更明显。但是,从 20 世纪 80 年代中后期开始,美国的货币流通速度出现比较大的波动,当然这些波动与制度变化、金融科技发展等诸多因素有关。货币流通速度波动性高意味着对其进行准确预测变得困难。因此,如果美国的中央银行在 20 世纪 80 年代之后采取货币总量作为中间目标,就很难实现稳定的经济增长目标。

事实上,货币主义学派的货币政策主张(以货币总量为中间目标)在 20 世纪 70 年代得到了美国中央银行的采纳,而在 20 世纪 80 年代之后货币总量指标在美国货币政策实施过程中的重要性不断下降,取而代之的是利率,即利率指标逐渐成为货币政策中间目标的首选。经济学家甚至用“没有货币的货币政策”来形容 80 年代之后盛行的货币政策分析框架,即新凯恩斯主义分析框架。与此同时,货币主义理论也在不断发展,形成了基于动态随机一般均衡(DSGE)框架的新货币主义理论。如果从货币流通速度更长的历史表现来看,就容易理解货币流通速度的走势变化是货币需求理论发展演进的重要背景。

从货币政策实践来看，我国形成了具有中国特色的兼顾货币总量与利率指标的货币政策调控框架，并且随着我国经济发展变化的具体情况动态调整货币政策中间目标的组合权重，而没有简单地对货币总量和利率进行非此即彼的中间目标取舍。

第六节 货币需求理论的演进逻辑

货币需求理论的演进紧密围绕着宏观经济产出问题而展开。经济学界普遍认为，经济产出的变化主要受到总供给和总需求曲线的变动影响，而经济产出的短期变化尤其受到总需求曲线变动的影响因素所驱动。所以，弄清楚总需求曲线变动的影响因素，就可以厘清影响经济产出变化的因素。对于这个问题，经济学家提出了两个核心的影响因素：一是货币总量；二是利率。例如，货币总量增加或减少可以推动总需求曲线向右或者向左变动；利率变化会影响经济主体的储蓄和投资等变化，进而也可能影响总需求曲线变动。

经济学家对于究竟是货币还是利率影响经济产出的问题存在分歧，分歧的核心在于对货币流通速度（名义经济总产出与货币总量的比率）是否变化以及如何变化的认识不同。而货币流通速度的定义和属性与货币需求的概念相伴而生，所以本章介绍的三种货币需求理论之间的差别，本质上起源于对货币流通速度是否稳定的现实观察和假设。从现实来看，货币流通速度在不同历史阶段的表现不同，所以在不同历史时期经济学家提出了不同的货币需求理论。

也就是说，现实经济中的货币流通速度相对稳定还是剧烈变化，是引发货币需求理论发展变化的重要逻辑主线之一。图 15-10 刻画了较长时期内美国的货币流通速度以及相应历史时期需求理论的历史演进。可以看到，古典货币数量论提出的背景是当时（1900 年前后）货币流通速度趋于相对稳定，古典货币数量论能够较好解释这种表现；到了 20 世纪 30 年代，货币流通速度表现为变化剧烈，凯恩斯提出流动性偏好货币需求论阐释这种变化；到了 20 世纪 50 年代，货币流通速度又变得相对稳定，以弗里德曼为代表的货币主义学派相应提出真实货币需求论，认为在货币流通速度稳定可预测的假设下，货币需求相对稳定，而利率变化对货币需求影响不明显，因此中央银行只需要调整经济中的货币总量就可以实现对宏观经济的调控目标。

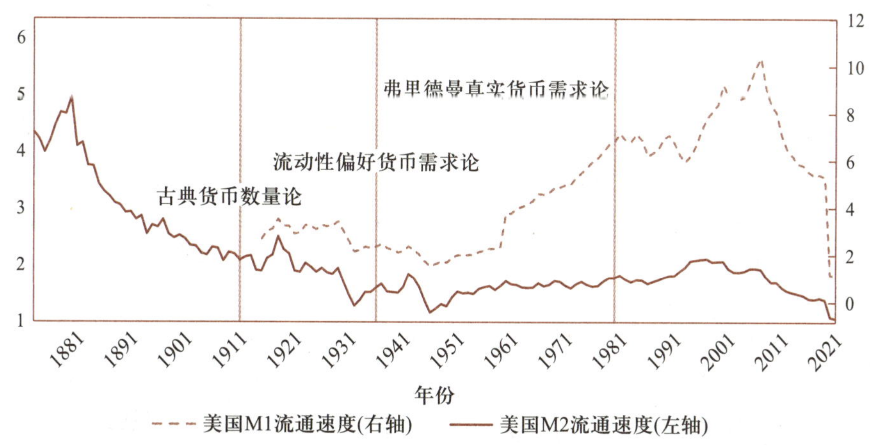

图 15-10 美国货币流通速度与货币需求理论的历史演进（1880—2021 年）

同时,货币需求理论的发展体现了经济学界对货币需求影响因素由简单到复杂的思考过程。古典货币数量论从最质朴的角度出发,仅考虑货币作为交易媒介和支付手段的职能,也就是只考虑商品市场均衡状态中的货币需求问题,即货币需求总量与总体经济产出相对应。在此框架内,货币流通速度保持恒定不变。

凯恩斯的流动性偏好货币需求论在古典货币需求论的基础上,进一步考虑了货币资产市场(或者说金融市场)的货币需求影响因素,把货币需求和债券需求(金融投机)作为备择选项:持有货币资产几乎没有收益,而持有债券的收益率随市场利率预期的变化而变化,所以经济主体会根据市场利率走势的判断在货币和债券间进行权衡取舍。因为货币的流动性高于债券,所以凯恩斯的货币需求论被称为流动性偏好货币需求论。从本质上看,流动性偏好货币需求论强调市场利率变化对货币需求具有显著影响。

弗里德曼的真实货币需求论则把债券拓展到其他金融产品,进一步从更丰富的投资组合角度考虑真实货币需求的驱动因素。弗里德曼认为,货币流通速度虽然变化,但是相对稳定可预测,同时还把影响货币需求的债券等其他金融产品自身的收益率拓展为相对于货币收益率的利差指标,从而指出市场利率对货币需求影响很小,所以货币而非利率应该作为货币政策调控的中间目标。

弗里德曼的货币需求论是货币主义学派关于货币需求理论的代表作,在 20 世纪 50—70 年代颇受欢迎,并且能够较好地应用于现实经济分析。但是,无论是弗里德曼的真实货币需求论还是凯恩斯的流动性偏好货币需求论,都聚焦于局部均衡,即只考虑商品市场或者金融市场,没有考虑家庭部门、决策部门等更一般的均衡,也难以进行经济学的福利分析。这些缺陷在 20 世纪 70 年代之后日益显现。

20 世纪 70 年代之后,随着经济运行机制不断复杂,经济学界认识到一般均衡分析的重要性。同时,1976 年"卢卡斯批判"的提出,使得单纯依据历史数据拟合宏观模型中的系数进而开展政策效果分析的范式受到质疑。卢卡斯(Robert Lucas,获 1995 年诺贝尔经济学奖)指出,人们不能纯粹根据过去的数据对当前的宏观经济现象得出准确结论。更具体地说,用历史数据拟合宏观模型中的系数可能在不同时间段发生变化,从而使得政策效果分析不可信。

为了理解"卢卡斯批判",我们下面举例说明。假设通胀动态驱动机制的真实情况可以用下面等式表示,即:

$$\pi_t=\beta E_t\pi_{t+1}+\gamma\tilde{y}_t \tag{15-19}$$

式中:π 表示通胀率;$E_t\pi_{t+1}$ 表示理性预期通胀率(利用所有可用信息形成的通胀预期);$\tilde{y}_t$ 表示当期真实产出缺口;β 和 γ 表示变量前的系数。

式(15-19)实际上是新凯恩斯菲利普斯曲线的一种形式,我们将在第十六章详细介绍。如果在现实问题分析中我们没有使用 $E_t\pi_{t+1}$ 来刻画通胀预期,而是采用 π_{t-1} 代替 $E_t\pi_{t+1}$,从而使用以下缩减形式的等式进行分析,即:

$$\pi_t=\beta'\pi_{t-1}+\gamma\tilde{y}_t \tag{15-20}$$

如果宏观政策没有变化,经济变量的关系也没有明显结构性变化,那么缩减式(15-20)可以比较好地拟合出式(15-19)的关系,因为毕竟 π_{t-1} 和 $E_t\pi_{t+1}$ 可能具有较高的相关性。但是“卢卡斯批判”指出，政策分析不能依赖缩减式（15-20），因为如果政策变化了或者经济环境发生变化了，那么 π_{t-1} 和 $E_t\pi_{t+1}$ 之间的相关性关系也会发生变化，此时式（15-20）的等式关系就会发生变化。

因此，纳入微观基础和理性预期的动态随机一般均衡（DSGE）模型逐渐成为主流的宏观经济分析框架。货币需求问题只是这个分析框架中的一个方面。在这样的背景下逐渐形成了新的两大理论框架：一是新凯恩斯主义分析框架；二是新货币主义分析框架。这两大分析框架也是截至目前最主要的宏观经济分析框架。

从发展逻辑上看，新凯恩斯主义分析框架与凯恩斯的货币需求理论一脉相承。新凯恩斯主义在凯恩斯主义的基础上进一步丰富了对价格黏性、动态分析和总供求等式的微观基础构建，致力于克服由“卢卡斯批判”带来的政策的时间不一致性问题。新凯恩斯主义分析框架沿袭凯恩斯主义的政策主张，倡导货币政策与财政政策都要对宏观经济进行调控，并强调利率在货币政策调控中的核心地位。

新货币主义理论与弗里德曼的货币主义理论一脉相承。新货币主义在早期货币主义理论基础上增加了货币如何作为交易媒介以克服市场摩擦的理论分析，丰富了货币需求函数的微观基础。同时，新货币主义仍然强调货币供给与需求关系对宏观经济的影响。

综合上述内容，货币需求理论的发展还反映了不同时期主流经济学家的货币政策主张，特别是对利率还是货币总量应该作为货币政策中间目标的判断。古典货币数量论并不认为货币政策能够影响经济产出，凯恩斯货币需求理论则强调利率会影响货币供求关系，进而影响宏观经济产出，所以利率应该作为货币政策中间目标；弗里德曼的真实货币需求论则认为货币流通速度相对稳定、容易预测，利率对真实货币需求影响不大，进而也不直接影响真实经济产出，所以货币供给而非利率应该作为货币政策中间目标。

到了 20 世纪 70 年代之后，货币流通速度又变得不稳定，由此在凯恩斯的早期思想基础上演进出强调利率而放弃货币总量作为货币政策中间目标的新凯恩斯主义理论框架。与此同时，新货币主义理论也将早期的单纯宏观分析框架发展到基于 DSGE 的货币理论分析框架，形成了货币搜寻理论等一系列有代表性的理论。

当然，基于 DSGE 模型的新凯恩斯主义分析框架和新货币主义分析框架不可避免地更复杂，需要更长篇幅进行阐释，本章不再展开介绍。本书第十六章将在总供给-总需求分析框架中详细介绍货币理论的新进展，即新凯恩斯主义分析框架和新货币主义分析框架，用以阐释货币需求以及货币政策对宏观经济的影响。感兴趣的读者还可以参考本章以及第十六章的“补充阅读资料”栏目中给出的相关参考文献。

复习要点

1. 古典货币数量论。
2. 凯恩斯流动性偏好货币需求论。
3. 流动性陷阱的现实含义。
4. 弗里德曼真实货币需求论。
5. 货币流通速度的影响因素。

关键术语

货币需求	货币供给	货币总量	费雪交易等式
剑桥等式	货币需求数量论	货币面纱	货币中性
货币幻觉	持币率	交易动机	预防动机
投机动机	流动性偏好	市场利率	预期利率
即期利率	流动性陷阱	银行流动性陷阱	大萧条
凯恩斯主义	货币主义	新凯恩斯主义	新货币主义
卢卡斯批判	永久性收入假说	人力资本财富	扩张性财政政策
量化宽松货币政策		到期收益率	债券价格
债券现价	票面价格	债券息票	息票利率
货币流通速度	货币政策中间目标	预期通胀率	金融科技
动态随机一般均衡（DSGE）			

即测即评

请扫码检测本章学习效果。

练 习 题

参考答案

1. 根据费雪交易等式，如果经济出现长期高通货膨胀，应该如何应对？

2. 为什么投机性货币需求与市场利率之间存在反向关系？

3. 流动性偏好货币需求论与弗里德曼的真实货币需求论有什么联系和区别？

4. 哪些因素可以影响货币流通速度？

5. 什么是量化宽松货币政策？其调控机制与传统货币政策工具存在哪些区别？

6. 什么是银行流动性陷阱？如何理解“宽货币–紧信用”的说法？

7. 从“货币供给＝货币乘数 × 基础货币”的公式阐释银行流动性陷阱发生的情形（提示：商业银行大幅增加超额准备可能导致超额准备金率大幅上升）。

8. 2020—2022 年，世界各国都受到新冠疫情的冲击，很多国家经济增长受到影响，各国中央银行纷纷采取降低市场利率以促进经济增长的政策，但效果似乎并不明显。请根据相关经济指标数据，分析判断在此期间中国经济或者美国经济是否遭遇流动性陷阱的挑战？如果确实出现流动性陷阱问题，可以采取哪些措施进行应对？

补充阅读材料

扫码查看本章补充阅读材料。

第十六章

新货币理论

学习目标

1. 掌握 *AD-AS* 模型
2. 掌握 *LM* 曲线的内容
3. 掌握 *IS* 曲线与 *AD* 曲线的联系
4. 掌握菲利普斯曲线与 *AS* 曲线的联系
5. 掌握简单的新凯恩斯主义分析框架
6. 了解新货币主义分析框架的基本内容

本章导读

货币理论比货币需求理论含义更广，是指货币及货币政策与宏观经济的互动机制，而不是仅强调货币需求的影响问题。第十五章介绍的传统货币需求理论的发展停留在20世纪70年代，可以视为传统货币理论的一部分。此后，只聚焦于货币需求问题的单纯的货币需求理论难以适应经济发展的现实需要，而且这些基于局部均衡分析框架的已有理论受到了新的经济理论发展的冲击（特别是1976年提出的“卢卡斯批判”）。因此，20世纪80年代之后，传统的货币需求理论逐渐被基于一般均衡分析方法阐释货币及货币政策与宏观经济的互动机制的理论模型取代，形成了以新凯恩斯主义和新货币主义为代表的新货币理论。

新凯恩斯主义分析框架核心是总需求－总供给（*AD-AS*）均衡分析，聚焦于以利率为中间目标的货币政策与宏观经济的互动影响机制。而新货币主义理论则提出“货币搜寻”理论，分析框架在旧的货币主义理论基础上引入了更复杂的微观基础。与新凯恩斯主义分析框架相比，新货币主义分析框架的模型略显烦琐，模型机理更加抽象。这些都是新货币主义分析框架在现实中的应用没有新凯恩斯主义分析框架那么广泛的重要原因。

本章首先介绍 *AD-AS* 模型，然后分别介绍 *IS* 曲线与 *AD* 曲线以及菲利普斯曲线与 *AS* 曲线的内在联系，进而介绍20世纪80年代之后形成的基于 *IS* 曲线、新凯恩菲利普斯曲线和货币政策反应方程的新凯恩斯主义三等式分析框架（这个框架也是第十七章将要介绍的新凯恩斯主义利率决定机制的核心内容），并且在最后一节简单介绍与新凯恩斯主义分析框架同时发展起来的新货币主义分析框架基本内容。

第一节 总需求-总供给模型

一、AD-AS 模型的基本框架

总需求（aggregate demand）-总供给（aggregate supply）模型可以简记为 AD-AS 模型，是将微观层面的需求与供给进行加总后的宏观模型，主要用于分析哪些因素和条件影响一个国家的真实经济产出（例如真实 GDP）和价格水平。

在 20 世纪 80 年代之前（回溯到 1936 年左右），基于商品市场均衡的 IS 曲线和金融市场均衡的 LM 曲线所构成的 IS-LM 模型是宏观经济分析的主流框架（本书第九章介绍过 IS 曲线，本章第二节将介绍 LM 曲线）。AD-AS 模型则是在传统的 IS-LM 模型基础上进一步发展而来的多市场均衡分析框架，涵盖了商品市场（也称产品市场）、金融市场和劳动力市场等。自 20 世纪 80 年代至今，AD-AS 模型成为主流的宏观经济分析框架之一。

事实上，AD-AS 模型是宏观经济学课程中的核心内容之一，回顾这部分内容对理解新的货币理论发展具有重要意义，因为 AD-AS 模型中的核心变量（真实产出和价格）也是货币理论分析框架中的核心变量。我们在本章第三节将会看到，AD-AS 模型是主流货币理论分析框架（例如新凯恩斯主义分析框架）的基础。

标准的 AD-AS 模型是一种比较静态模型（comparative statics model）。也就是说，AD-AS 模型的核心机制是先识别出初始均衡状态，然后通过模型中 AD 和 AS 主要影响因素的变化（如需求冲击或供给冲击）来分析 AD 和 AS 曲线的位移，继而分析新的均衡结果。

需要说明的是，在 AD-AS 模型中，“价格水平变化”是指当前价格水平相对于上一期价格水平的变化程度，即通胀率；“真实产出变化”是指真实产出相对于潜在产出的变化程度，即真实产出缺口。所以，在 AD-AS 模型分析中，既可以用价格水平与真实产出水平之间的关系来刻画 AD-AS 曲线，也可以用通胀率与真实产出缺口之间的关系来刻画 AD-AS 曲线，二者基本上是等价的。

图 16-1 演示了 AD-AS 模型。图中用横轴代表真实总产出水平（Y），用纵轴代表总体价格水平（P）。AD 曲线是一条向右下方倾斜的曲线，AS 曲线是一条向右上方倾斜的曲线，二者相交于均衡点 E_0，对应确定了均衡价格 P_0 和均衡产出 Y_0。在这个模型框架内，经济体的总价格和总产出变化由 AD 和 AS 曲线的位移影响和决定。例如，假设 AS 曲线不动，当 AD 曲线向右移动时，均衡价格水平和均衡产出水平都会上升。如果 AD 曲线保持不动，当 AS 曲线向右移动时，均衡产出水平上升、均衡价格水平下降。

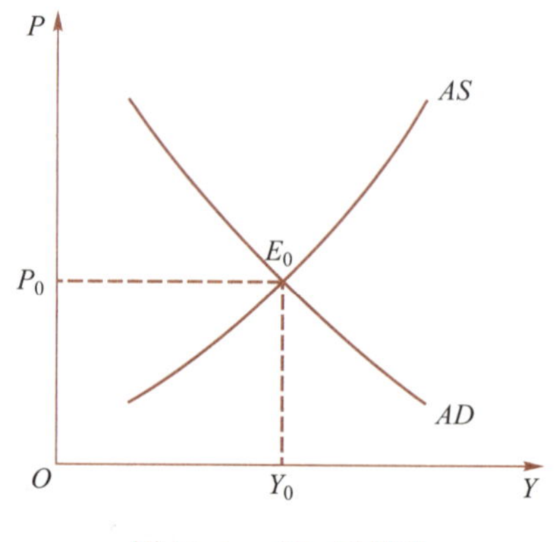

图 16-1 AD-AS 模型

尽管图 16-1 中刻画的宏观层次的总需求与总供给

曲线形态同微观层次单个商品的需求与供给曲线看上去相似，但是 *AD–AS* 曲线与单个商品的供给与需求曲线的含义与机理有本质差别。例如，当我们讨论猪肉这样的单个商品需求时，猪肉的需求与价格也呈现反向关系，猪肉需求曲线也是一条向右下方倾斜的曲线。但是，猪肉需求曲线形状背后的机理与总需求曲线形状的机理完全不同。如果猪肉价格上涨而牛羊肉价格保持不变的话，人们对猪肉的需求可能就会减少，转而增加对牛羊肉或者其他肉品的需求，所以猪肉需求曲线向右下方倾斜是由不同商品相互之间的替代效应来诠释的。但是对于总需求曲线来说，由于纵轴是总体价格水平，所以不存在商品之间的替代效应。我们下面分别对总需求和总供给曲线的形状和变化机制进行介绍。

二、*AD* 曲线

（一）*AD* 曲线的基本形态

一个经济体的总需求曲线（*AD* 曲线）刻画的是总体价格水平与真实总产出的需求水平（真实产出一般用真实 GDP 表示）之间的关系。在图 16–1 中，*AD* 曲线向右下方倾斜，主要是因为构成总需求的主要指标与价格水平之间呈现反向关系。从宏观经济学基础知识可知，总需求由四个成分组成（支出法核算 GDP），即消费支出（C）、投资支出（I）、政府支出（G）、净出口（NX，出口额减进口额），用公式表示为：

$$Y = C + I + G + NX \tag{16–1}$$

其中，消费支出、投资支出和净出口都与总体物价水平呈反向关系。注意，在总需求的四个成分中，投资支出是指真实资本品投资，例如购置机器、设备和厂房等投资支出，而不是指金融资产投资。我们下面分别介绍消费支出、投资支出和净出口为什么与价格水平呈反向关系。

第一，价格水平上升，会导致消费支出和投资支出下降，这主要有两方面原因。第一个原因在于利率效应。当价格水平不断提高时，通胀率上升，中央银行为了调控通胀率会上调利率，利率上调幅度一般会超过通胀率变化幅度，从而使得市场上真实利率不断上升。同时，真实利率上升意味着消费者购买汽车等耐用品的贷款成本上升，企业进行真实投资的融资成本也上升，因此消费支出和投资支出受到抑制，出现下降。在上述原因分析中，中央银行调控利率的这种反应机制可以用货币政策（*MP*）曲线刻画，而利率变化影响消费和投资需求可以用 *IS* 曲线刻画。所以，*AD* 曲线本质上是由 *MP* 曲线与 *IS* 曲线相结合而获得的，本章第二节将详细介绍。第二个原因在于财富效应。当价格水平上升以后，人们持有的货币以及用货币度量的其他资产（例如债券）真实价值下降（财富缩水），人们会变得相对贫穷，于是消费支出和投资支出相应降低。

第二，国内价格水平越高，净出口越低。可以从两方面理解。第一方面是相对价格效应。当国外商品的价格水平保持不变而国内价格水平上升时，国外商品和服务的价格相对更具有吸引力，所以国内消费者就会重新调整对进口商品和国内商品的消费结构，人们对进口商品的需求相对于出口商品就会更高，从而导致净出口下降。第二方面是汇率效应。从本币汇率变化带来国际贸易变化的角度考虑，由于国内价格水平上升导致中央银行上调利率，国内真实利率水平上升，所以国内金融资产要比国外金融资产更具吸引力（收益率更高),这就会导致国际外汇市场上对本国货币的需求增加(国际上的金融投资者要把其他货币转换成本国货币,即对本国货币需求增加),从而带来本币升值;本币升值意味着本国产品在国外市场上销售的价格上升,会抑制本国产品的出口,这样也会造成净出口总额下降。

(二) *AD* 曲线的位移

通过 *AD* 曲线的基本形态分析可知,总体价格水平变化会带来总需求四个子成分(*C*、*I*、*G*、*NX*)的变化,从而影响总产出沿着 *AD* 曲线变化。除了总体价格水平之外的其他因素如果影响总需求的子成分,则会带来 *AD* 曲线的位置移动。如果其他因素增加总需求各子成分,则 *AD* 曲线向右侧位移,*AD* 曲线这一位移会同时增加总产出和总体价格水平;如果其他因素减少总需求各子成分,则 *AD* 曲线向左位移,这一位移则会同时降低总产出和总体价格水平。

需要说明的是,以下分析影响 *AD* 曲线位移的因素,前提假设是总体价格水平(或者说通胀率)不变。也就是说,下面介绍的 *AD* 曲线位移的各种影响因素的变化排除了总体价格水平的可能影响,即这些相关影响因素不受 *AD* 曲线本身刻画的变量影响,所以这些影响 *AD* 位移的因素都是外生变量,也可以称为自主性变量(autonomous variables)。

例如,市场上利率发生变化可能有两种情形:第一种情形是总体价格水平上升引发中央银行提升利率,这种情形对应的利率变化本质上源于总体价格水平的变化,因此这种情形的利率变化就不会影响 *AD* 曲线位移,只会影响总产出沿着 *AD* 曲线变化。利率变化的第二种情形则是中央银行的自主性货币政策(autonomous monetary policy)调整,即中央银行并不是根据总体价格水平或者产出水平变化来调整利率,而是根据其他相关预测信息上调利率水平,此时就会引起 *AD* 曲线位移。

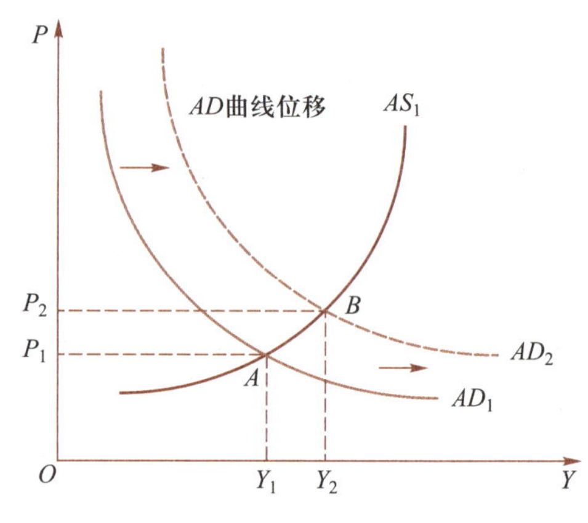

图 16-2 *AD* 曲线位移的影响因素

因此,我们接下来分析除了价格水平以外,总需求的四个构成要素分别受到其他哪些因素影响,从而影响 *AD* 曲线的位移。图 16-2 以 *AD* 曲线向右位移为例归纳了位移的影响因素。下面进行具体阐释。

首先,影响消费支出的因素包括可支配收入、财富水平、利率水平以及消费者信心等。在可支配收入方面,如果个人所得税下降带来可支配收入增加,消费支出就会增加,从而带动 *AD* 曲线向右位移。在财富水平方面,如果居民持有的股票、房产等价格上升,财富水平增加,居民的消费支出也会向右增加,带动 *AD* 曲线向右位移。从利率水平看,如果中央银行进行自主性货币政策调节,即非价格变化因素影响的货币政策调节,对利率进行下调,意味着居民消费贷款利率下降,从而购买小汽车、家具、家电等的借贷成本下降,这会刺激更多消费,推动 *AD* 曲线向右位移。从消费者信心看,如果经济运行平稳,经济展望乐观,消费者信心就会增加,消费支出也会增加,进而带动 *AD* 曲线向右位移。

其次,影响投资需求的因素主要包括预期真实利率水平、税收政策变化以及与金融体系结构相对应的金融摩擦[①]等。也就是说，货币政策和财政政策对投资需求的影响特别明显，同时金融体系结构变化带来的金融摩擦程度变化也会影响投资需求。例如，当货币政策宽松时，市场利率下行，企业预期真实利率水平会不断下降，此时企业进行生产投资的真实融资成本就会下降，企业就有动力提高投资支出，购买更多的设备和厂房等，从而带动 *AD* 曲线向右位移。再如，如果企业税负下降，也会有更高积极性进行生产投资，推动 *AD* 曲线向右位移。另外，如果金融体系结构变化，使得资金融通过程中的信息不对称问题减少，企业融资过程中遇到的金融摩擦减少，则企业更有积极性融资来扩大生产，此时 *AD* 曲线向右位移。

再次，影响政府支出的因素主要是中央和地方的决策层。决策层制定政府支出计划需要根据各级税收情况，归根结底还是看总体经济有哪些情况。如果总体经济平稳增长，税收稳定增长，政府支出一般也会相应增加，此时 *AD* 曲线向右位移。

最后，影响净出口的因素主要是汇率、贸易伙伴国的经济运行情况以及贸易壁垒等因素。例如，当外汇市场上本币贬值且其他条件不变，则本国商品在国外的售价会下降，国外对本国商品的需求会增加，进而带动净出口增加，*AD* 曲线向右位移。当然，贸易伙伴国的经济运行更好、贸易限制条件减少等因素都可能增加净出口，从而推动 *AD* 曲线向右位移。

三、*AS* 曲线

（一）*AS* 曲线的基本形态

总供给曲线（*AS* 曲线）刻画的是总体价格水平与全部企业愿意生产和销售的真实总产出水平之间的关系。在图 16-1 中，向右上方倾斜的 *AS* 曲线准确地说是短期 *AS* 曲线。从短期来看，总体价格水平越高，就会刺激商品和服务的产出越多。短期 *AS* 曲线向右上方倾斜的内在原因是短期内存在一个相对固定的生产成本。企业工人的工资水平、设备成本和原材料价格一般都有黏性特征（并不都会灵活地、频繁地变化）。例如，工人工资水平在一个年度内一般不会调整；企业购买原材料一般也会提前通过合同约定锁定一定时期内的价格水平。由于短期内这些价格相对固定，即使变化也会有一定时滞（价格黏性），所以每单位产出的利润（边际利润）会随着总体价格水平上升而上升。这样，企业生产的边际利润增加会促进企业增加生产。

从长期看，各种生产要素的价格都会逐渐调整到与总体价格水平保持一致的程度。此时形成的长期总供给曲线垂直于横轴。也就是说，从长期看，产品供给总量不再受到总体物价水平影响，因为此时总体价格变化不再影响边际利润。图 16-3 描绘了长期 *AS* 曲线，它是一条垂直于横轴的直线。当经济中生产资本、劳动力和技术水平上升或者自然失业率下降，长期 *AS* 曲线 1 就会向右扩张到长期 *AS* 曲线 2 的位置。

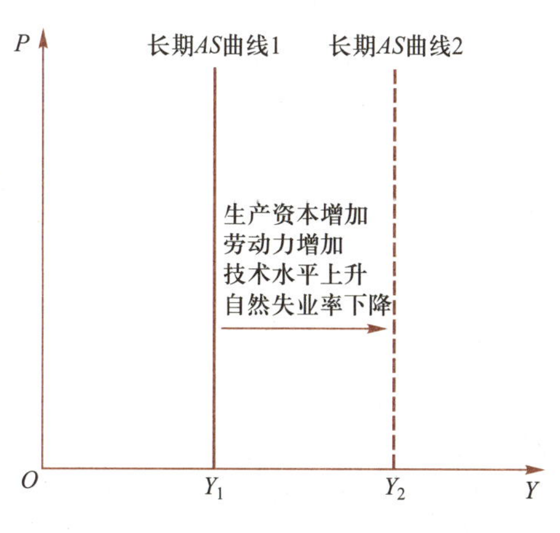

图 16-3 长期 *AS* 曲线图示

---

① 金融摩擦是指资金借贷双方的信息不对称导致资金融资过程中交易成本增加的现象。

(二) AS 曲线的位移

在给定通胀预期和自然产出(自然失业率对应的经济产出)水平的前提下,总体价格水平变化会相应带来总供给的变化,这种变化沿着 AS 曲线移动。除了总体价格水平之外的其他因素如果影响总供给,则会带来 AS 曲线的位移。因为短期 AS 曲线和长期 AS 曲线不同,所以各自位移的影响因素也不相同。我们下面分别介绍。

1. 短期 AS 曲线的位移

短期 AS 曲线的位移主要受到预期通胀率、产出缺口和通胀冲击等因素影响。我们在第三节将会看到,短期 AS 曲线本质上刻画了通货膨胀动态机制,与菲利普斯曲线是等价的。也就是说,短期 AS 曲线刻画了当前的通胀率水平受到预期通胀率、产出缺口和通胀冲击因素影响。这些因素变化以后,短期 AS 曲线就可能发生位移。例如,如果公众预期通胀率上升,则会要求涨工资,这意味着企业的生产成本上升,因此企业就会压缩当前产出,AS 曲线向左上方位移。再如,如果产出缺口持续为正,意味着现实产出持续超过潜在产出,这样会带来通胀上行压力,继而引发通胀预期上升,所以 AS 曲线也会向左上方移动。另外,如果出现供给冲击(通胀冲击),例如石油危机期间油品价格大幅上升,通胀率也会上升,同时会带来通胀预期的上行压力,这样就会造成供给大幅减少,进而推动 AS 曲线向左上方移动。

2. 长期 AS 曲线的位移

对于长期 AS 曲线,其位移主要受到以下因素影响:

首先,生产要素投入增加会提升总供给,AS 曲线向右移动。生产要素投入包括劳动力、资本和原材料等的投入。例如,增加劳动力规模和劳动力参与度,总的生产能力增加,总供给相应增加,AS 曲线向右移动。类似地,投入生产的资本规模增加也会提升总供给,带动 AS 曲线向右移动。

其次,生产要素价格上升会抑制总供给,AS 曲线向左移动。因为要素价格上升会增加生产成本,这样生产厂商的边际利润就会下降,产出下降,供给减少,AS 曲线向左移动。

最后,技术发展程度也会影响 AS 曲线位移。如果技术快速提升,生产率就会提升,总供给就会增加,AS 曲线向右移动。

另外,本书在第九章介绍过自然失业率的概念,即经济处于充分就业状态时的自然失业水平。自然失业率也是影响经济长期供给曲线的一个重要因素,它反映了经济中的结构性和制度性特征,对经济长期均衡有着重要的影响。如果自然失业率下降,即实现充分就业所需的失业率降低,长期供给曲线可能向右移动,这表示在相同的价格水平下,经济能够提供更多的产出。相反,如果自然失业率上升,长期供给曲线可能会向左移动。

四、基于 AD-AS 的长短期均衡分析

在 AD-AS 框架内,短期均衡产出水平由短期 AD 和 AS 曲线所决定。AD 曲线和 AS 曲线的具体位置决定了短期均衡产出水平是否等于充分就业状态下的产出水平。每一个产出水平对应于一个特定的就业率和失业率。如果产出水平很高,就业率就会很高而失业率很低。因此,存在一个具体的产出水平,对应于劳动力市场的充分就业状态,这一状态就是劳动力市场均衡,即工人的供给与需求相等。充分就业状态下的产出水平称为自然产出,与自然产出相对应的失业率称为自然失业率。所谓自然失业率,就是指商品市场和劳动力市场

都处于均衡状态时的失业率水平。商品市场和劳动力市场处于均衡状态并不等于没有失业存在的状态，经济学中的充分就业也不等价于没有失业人口。例如，有些人可能离职时比较冲动，在没有确定好下一个工作单位就办理了离职手续，之后再慢慢寻找新的工作单位。这样，在没有工作的这段时间内，这些人就属于自然失业人员。

与自然失业率联系紧密但又有微妙差异的概念是非加速通胀失业率（non-accelerating inflation rate of unemployment，NAIRU），即不会造成通胀加速形成的一种失业率。自然失业率是 NAIRU 的一种，但是 NAIRU 并不必然指自然失业率，而是指能够将通胀稳定于已有水平而不推动其变化的失业率水平。我们知道，因为通胀率倾向于随失业率下降到自然失业率以下而上升，随失业率上升到自然失业率以上而下降，所以从长期看自然失业率和 NAIRU 经常被认为是同义术语。

但是，在工资和物价调整缓慢的背景下，自然失业率可以视为当工资经过相当长时间调整后达到能平衡劳动力供求时的失业率水平。它取决于刻画劳动力市场的结构性因素，而这些因素通常被认为随时间推移而缓慢变化。另外，尽管周期性因素发挥作用后经济会进入新的均衡状态，对应就会有新的自然失业率，但是由于周期性因素可能需要较长时间才能发挥作用，因此对于关心未来一两年内通胀走势的政策制定者来说，自然失业率就不太有用，而变化更加频繁的 NAIRU 则相对更有用。

NAIRU 是在短期内与稳定的通胀率相一致的失业率，不一定必须是均衡状态下的失业率水平。在短期内，与稳定的通胀率相一致的失业率水平可能发生重大变化。例如，如果供给冲击推高食品价格，与稳定的通胀率相一致的失业率水平将会增加，即短期 NAIRU 会上升。生产率的提高给价格带来下行压力，则会降低短期 NAIRU。因此，在没有周期性因素的情况下，自然失业率不一定与短期 NAIRU 一致，短期 NAIRU 的波动幅度经常大大超过自然失业率。

不过，自然失业率对于长期均衡分析很有帮助。图 16-4 刻画了 *AD*-*AS* 框架的短期均衡向长期均衡演进的过程，其中长期 *AS* 曲线与横轴的交点为自然产出水平 Y_N，即对应于自然失业率水平（假设自然失业率 U_N=5%）。我们通过图 16-4 的三条短期 *AS* 曲线的移动过程来理解宏观经济从短期均衡走向长期均衡的过程。

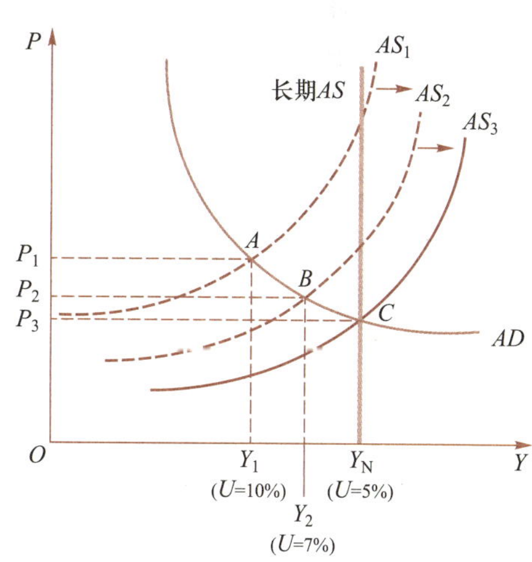

图 16-4　*AD*-*AS* 曲线：从短期均衡到长期均衡

开始，短期 *AS* 曲线 AS_1 与 *AD* 曲线相交于均衡点 *A*，对应于短期均衡价格 P_1、短期均衡产出水平 Y_1（此时失业率 *U*=10%）。由于短期均衡产出水平低于自然产出水平，失业率水平 10% 也高于自然失业率的水平（U_N=5%），此时劳动力市场处于非均衡状态，工人供给大于需求。由于劳动力相对剩余，所以工资水平将会下降，从而厂商生产成本也会下降，每单位产品利润上升，短期 *AS* 曲线向右位移到 AS_2 的位置。此时均衡产出水平 Y_2 仍然低于自然产出水平，失业率水平 7% 仍然高于自然失业率，与之前同样道理，短期 *AS* 曲线继续向右位移，直到移动到 AS_3 的位置，此时 *AS* 与 *AD* 相交于点 *C*，均衡产出水平与自然产出水平重合，失业率也等于自然失业率，劳动力市场处于均衡状态，当然 *AD–AS* 曲线代表的商品市场和金融市场也处于均衡状态，点 *C* 是一个长期均衡点。

从长期看，总供给只与生产资本、劳动力和科技水平等因素相关，而不受价格水平影响，因此长期 *AS* 曲线垂直于横轴。在长期，预期价格等于现实价格（通胀预期等于现实通胀率），生产要素价格完全调整到与产出价格一致。此时，即使 *AD* 曲线移动，也只能影响总体价格水平，但不会影响总产出。

第二节　*AD* 曲线与 *IS* 曲线的联系

前面介绍的 *AD* 曲线刻画了经济中的真实总产出需求与总体价格水平之间的反向关系，也即刻画了需求侧的真实产出缺口与通胀率之间的关系。这种关系可以通过联合货币政策曲线（monetary policy curve，*MP* 曲线）与 *IS* 曲线获得，其中 *MP* 曲线刻画了中央银行如何调整真实利率对通胀率进行反应，*IS* 曲线则刻画了真实利率与真实产出缺口的关系。

当然，*AD* 曲线也可以通过刻画货币资产均衡情况下利率与真实产出之间关系的 *LM* 曲线和 *IS* 曲线相结合而获得。事实上，*IS* 曲线也经常被视为总需求曲线的代表形式。我们下面首先介绍货币政策曲线，然后介绍 *IS* 曲线通过 *MP* 曲线将需求侧的真实产出缺口与通胀率联系在一起的机制。

一、货币政策曲线

（一）基于利率的货币政策曲线

货币政策曲线是刻画货币政策中间目标对特定宏观经济指标（例如真实产出缺口、通胀率等）变化如何变化的曲线。因为 20 世纪 80 年代之后利率被普遍认为是合适的货币政策中间目标，所以经常使用利率对通胀率的反应情况来刻画货币政策曲线。曲线所在的横轴表示通胀率（π），纵轴表示真实利率（r），如图 16–5 所示。为了便于区别，我们把这种 *MP* 曲线称为利率型 *MP* 曲线。

一般情况下，现代中央银行直接调控的操作目标（货币政策短期的中间目标）是短期名义利率（i），不过在给定通胀预期的情况下，中央银行对于名义利率的调控相当于间接调控了真实利率，因为真实利率等于名义利率减去预期通胀率。因为现实中存在价格黏性特征，所以中央银行调整操作目标即短期名义利率时，短期内预期通胀率一般不会立刻受到影响，所以短期内中央银行对名义利率的调整可以视为对真实利率的调整。

为了方便说明，我们假设中央银行对真实利率的调整主要根据现实通胀率的表现，如果用 π 代表现实通胀率，则货币政策曲线可以简单地写成如下形式：

$$r=\bar{r}+\varphi\pi \tag{16–2}$$

式中：$\bar{r}$ 表示真实利率中的外生变化部分，即中央银行自主性设定的真实利率成分，真实利率的这一组成部分不受通胀率指标影响；φ 表示真实利率对通胀率的反应程度，φ 为正数。

如图 16–5 所示，*MP* 曲线与纵轴的交点处的真实利率水平为自主性真实利率水平，即 1%。另外，图中 *A*、*B* 和 *C* 点的通胀率分别为 1%、2% 和 3%，中央银行在这三点上分别设定真实利率 1.5%、2% 和 2.5%，即系数 $\varphi=0.5$。*MP* 曲线向右上方倾斜，表明真实利率随着通胀率上升而上升。也就是说，通胀率越高，中央银行越有动力平抑通胀率，从而设定的真实利率越高。

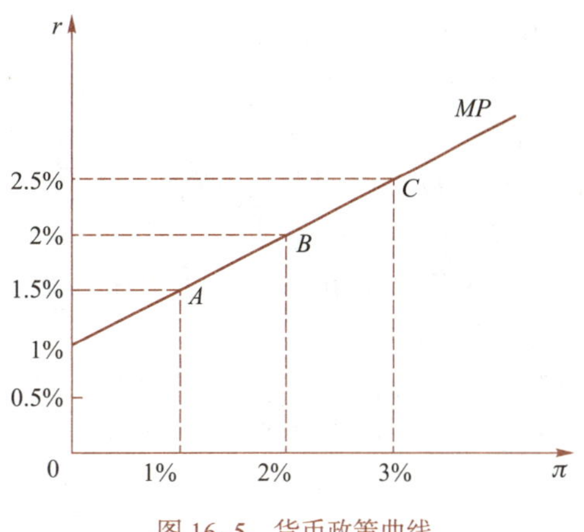

图 16-5 货币政策曲线

（二）*LM* 曲线作为货币政策曲线

除了式（16-2）可以作为货币政策曲线之外，基于第十五章介绍的凯恩斯流动性偏好货币需求论发展而来的 *LM* 曲线（*L* 代表 liuqidity，*M* 代表 money）也可以视为货币政策曲线的一种。*LM* 曲线刻画的是货币资产市场或者说金融市场上货币供给与货币需求均衡状态下真实利率与真实产出之间的关系。在这一关系中，中央银行通过调控货币供给进而调控均衡真实利率水平，因此货币政策调控机制隐含在 *LM* 曲线中。同时，从图 16-6 中左图还可以看出，如果总体价格水平上升，会导致真实货币供给 *M*/*P* 减少，真实货币供给曲线向左移动，均衡利率上升。这一关系将在下一部分从 *IS* 曲线推导 *AD* 曲线的过程中得到应用。

LM 曲线可以通过凯恩斯的流动性偏好货币需求论的内容推导获得。我们在第十五章第二节已经介绍过，真实货币需求函数可以写成真实总产出 *Y* 和真实利率 *r* 的函数形式，即：

$$\frac{M^{\mathrm{d}}}{P}=M(Y,r) \tag{16-3}$$

根据流动性偏好货币需求论，给定真实产出水平 *Y*，在金融市场上人们对真实货币的需求 $\frac{M^{\mathrm{d}}}{P}$ 与真实利率 *r* 呈反向关系。图 16-6 中左图刻画了不同产出水平 Y_0、Y_1 和 Y_2 对应的货币需求曲线，横轴表示真实货币需求（真实货币供给），纵轴表示真实利率。同时，货币供给由中央银行外生决定，所以货币供给曲线 M^{s} 是一条垂直于纵轴的直线。货币供给与货币需求曲线的交点则是金融市场均衡状态下对应的均衡真实利率和均衡真实货币需求。

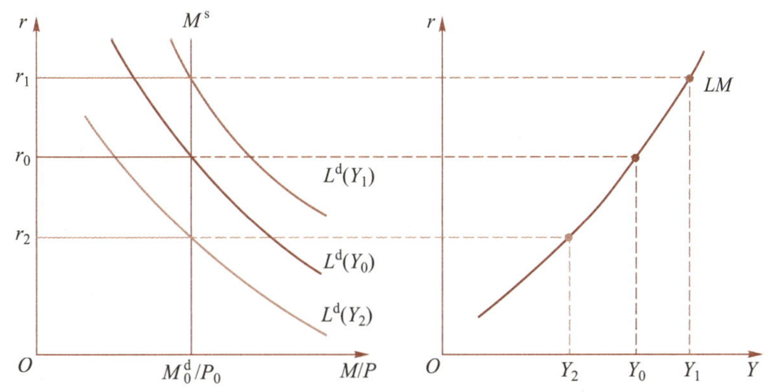

图 16-6 从货币需求曲线推导 *LM* 曲线

也就是说，在金融市场均衡状态下，真实产出水平越高，对应的真实利率水平越高，其基本逻辑是真实产出水平越高带来的货币需求越高，因此货币需求曲线 L^d 向右扩张，从而导致金融市场上的均衡利率上升。因此，图 16-6 右图刻画的以真实产出为横轴、真实利率为纵轴的 *LM* 曲线向右上方倾斜。

LM 曲线上的每一点都代表真实货币供给与真实货币需求的交点。当除产出 *Y* 之外的变量（如真实货币需求 M^d/P 或者通胀预期变量）发生变化，*LM* 曲线就会发生移动。如果预期通胀率保持不变，M^d/P 增加会带来货币市场上真实利率 r 下降，因此 *LM* 曲线会向右下方移动。类似地，如果预期通胀率增加，会带来真实货币需求下降，从而真实利率 r 降低，此时 *LM* 曲线也会向右下方移动。另外，如果货币供给增加，也会带来均衡真实利率下降，从而推动 *LM* 曲线向右下方移动。

二、从 *IS* 曲线到 *AD* 曲线

（一）基于利率型 *MP* 曲线的推导

基于利率型货币政策曲线，可以很容易从第九章介绍过的 *IS* 曲线（拓展阅读 9-4）推导出 *AD* 曲线。这是因为利率型 *MP* 曲线刻画了中央银行如何调整真实利率以应对通胀率的机制，而 *IS* 曲线刻画了商品市场上真实利率与总需求之间的关系，所以通过真实利率这一连接桥梁，就可以推导出刻画通胀率与真实产出缺口之间关系的 *AD* 曲线。

为简单起见，我们假设 *IS* 曲线的公式可以简单写成如下形式，即：

$$\tilde{y}=-\gamma(r-r_N) \tag{16-4}$$

式中：$\tilde{y}$ 表示真实产出缺口；γ 表示一个符号为正的系数；r_N 表示真实自然利率水平。

根据式（16-4）的设定，当真实利率与真实自然利率相等时，真实产出缺口为 0，即均衡产出与潜在产出相等。另外，根据式（16-4），产出缺口随着真实利率的上升而下降。通过式（16-2）和式（16-4），可以推导出产出缺口与通胀率之间的关系式，即：

$$\tilde{y}=-\gamma(\bar{r}+\varphi\pi-r_N) \tag{16-5}$$

进一步整理得到：

$$\tilde{y}=c-\beta\pi \tag{16-6}$$

式中：$c=\gamma r_N-\gamma\bar{r}$，$\beta=\gamma\varphi$。

式（16-6）就是基于 *MP* 曲线和 *IS* 曲线推导出来的 *AD* 曲线的解析表达式，刻画了总需求变量（真实产出缺口）随着通胀率的上升而下降的关系。从本质上看，*AD* 曲线融汇了 *IS* 曲线和 *MP* 曲线的相关变量的互动信息。

为了方便理解 *AD* 曲线的推导，我们还可以把 *IS* 曲线和 *MP* 曲线的图示放在一起，来推演 *AD* 曲线。图 16-7 演示了 *IS* 曲线通过 *MP* 曲线的联系，转化为 *AD* 曲线的过程，转化过程中各图中的点 *A*、*B*、*C* 互相对应。第一步，*IS* 曲线刻画真实利率和真实均衡产出之间的反向关系；第二步，利率型 *MP* 曲线刻画真实利率与通胀率之间的正向关系；第三步，基于 *IS* 曲线和 *MP* 曲线，以真实利率作为联结纽带，可以获得 *AD* 曲线，即通胀率和真实产出缺口之间的关系。

注意，在图 16-7 的演示中，*IS* 曲线、*MP* 曲线以及 *AD* 曲线都没有完全使用直线来表示，

主要是想表明这些曲线的形状并不一定都是直线形式。另外，从 *IS* 曲线向 *AD* 曲线的推演，除了使用诸如式（16-2）这样的利率型货币政策曲线形式之外，也可以通过刻画金融市场货币供给与需求均衡状态的 *LM* 曲线进行推导，我们将在下一小节进行介绍。

（二）基于 *LM* 曲线的推导

AD 曲线还可以通过 *IS* 曲线与 *LM* 曲线相结合而获得。图 16-8 刻画了 *IS* 曲线与 *LM*

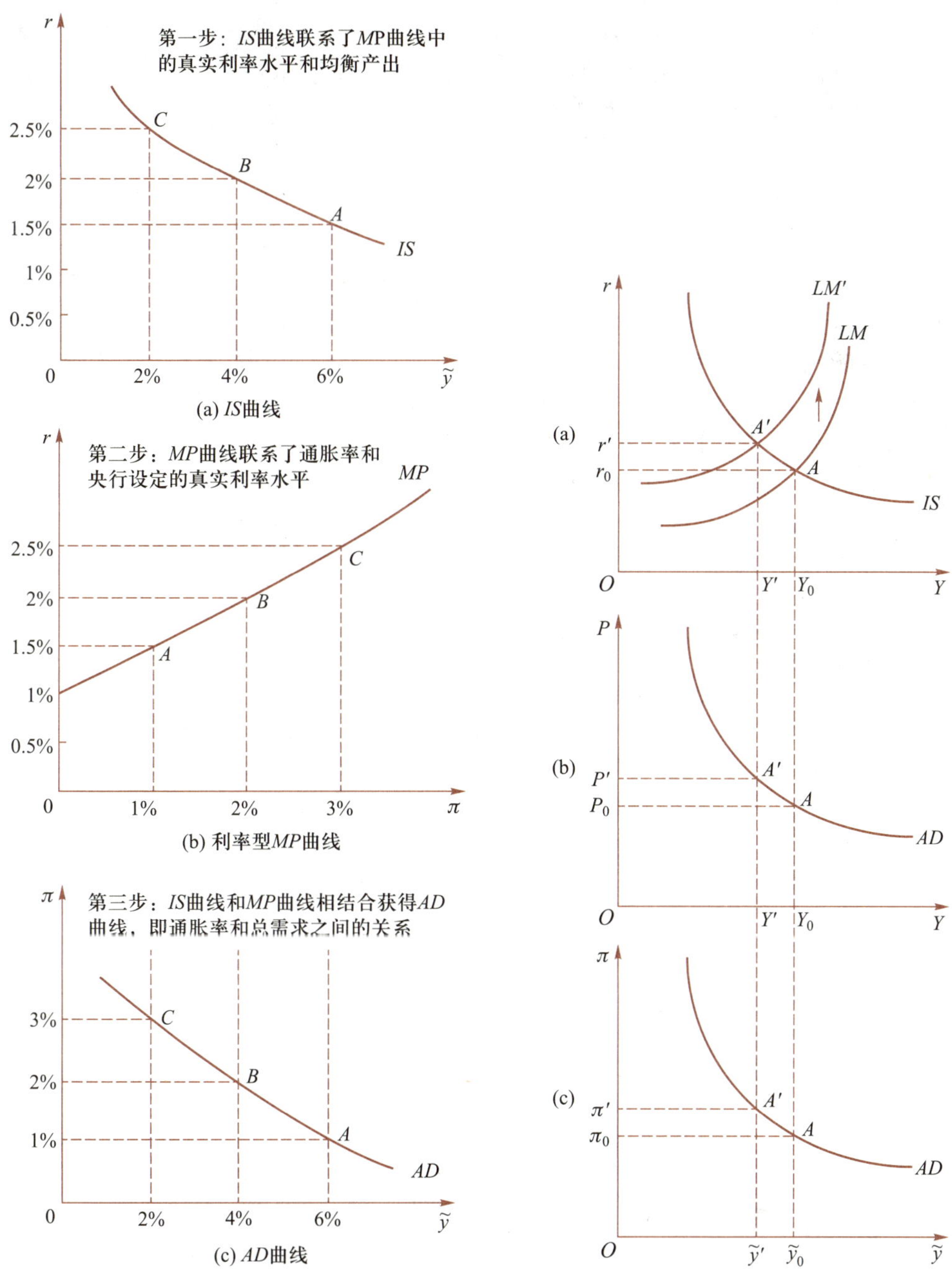

图 16-7 从 *IS* 曲线和利率型 *MP* 曲线推导出 *AD* 曲线

图 16-8 从 *IS* 曲线和 *LM* 曲线推导 *AD* 曲线

曲线相结合推导出 AD 曲线的过程。因为推导目标是获得价格水平与真实产出之间的关系，或者等价于通胀率与真实产出缺口之间的关系，因此在图 16–8（a）中，首先考察总体价格水平 P 变化以后 LM 曲线如何变化。以 P 上升为例，真实货币总量 M^d/P 下降，LM 曲线向左上方移动，IS 与 LM 的交点（商品市场与金融市场同时均衡点）由原来的 A 点变化到 A'，利率由原来的 r_0 上升到 r'，真实产出从 Y 下降到 Y'。由此，可以获得价格水平 P 与真实产出 Y 之间呈反向关系，即 AD 曲线可以用图 16–8（b）来刻画。

我们在前面已经介绍过，类似图 16–8（b）所刻画的 AD 曲线，可以将价格水平与真实产出水平之间的关系，等价地拓展为通胀率与真实产出缺口之间的关系，即图 16–8 中的（c）。可以看到，IS 曲线通过 LM 曲线推导出的 AD 曲线形式，与通过利率型 MP 曲线推导出的 AD 曲线形式完全一致。

当然，LM 曲线对应的货币政策调控机制与利率型货币政策调控机制存在明显差别：LM 曲线所隐含的货币政策是中央银行外生调控货币供给总量，而利率型 MP 曲线所刻画的货币政策更强调中央银行直接调控利率指标。我们之前已经介绍过，在 20 世纪 80 年代之后利率作为货币政策操作目标和中间目标已经成为广泛共识，基于利率型 MP 曲线的分析相应就更受欢迎。

不过，就 IS 曲线向 AD 曲线的推导来说，利率型 MP 曲线与 LM 曲线的功能几乎是相同的，本质上是因为无论强调利率还是货币总量作为中间目标，二者对应的货币政策最终目标都是相同的，即主要为了实现经济增长和物价稳定。因此，无论通过利率型 MP 曲线还是 LM 曲线，IS 曲线都可以推导出 AD 曲线。

第三节 AS 曲线与菲利普斯曲线的联系

一、AS 曲线的推导

AS 曲线从企业生产端刻画了真实产出总供给与总体价格水平之间的关系。根据经济学基础知识可知，AS 曲线可以基于工人名义工资和企业产品定价关系等式来推导。在简单的分析范式下，可以假设工人名义工资 W 由企业的工资制定部门根据未来预期价格 P^e 和当前失业率水平 U 来确定，即工资决定等式可以写成如下形式：

$$W = P^e(1-\theta U) \tag{16-7}$$

式中：系数 θ 为正数，用来表明失业率与工资之间呈反向关系，即失业率越高意味着工人供给越多，工资制定方有更多的谈判筹码，从而可以压低工资。

同时，企业对产品进行定价要依据工资进行设定。假设产品价格在工资基础上有一个成本加成（markup，用 μ 表示），则有：

$$P = (1+\mu)W \tag{16-8}$$

结合式（16–7）与式（16–8）可得：

$$P=P^e(1+\mu)(1-\theta U) \tag{16-9}$$

另外，根据第十二章拓展阅读 12–1 中介绍的奥肯定律可知，真实产出 Y 和失业率 U 之间呈一一对应的反向关系，即：

$$Y=-\beta U \tag{16–10}$$

这样，式(16–9)就可以写成：

$$P=P^e(1+\mu)(1+\lambda Y) \tag{16–11}$$

式中：$\lambda=\dfrac{\theta}{\beta}$。

式(16–11)表明，给定预期价格水平下，总体价格水平 P 与总产出 Y 呈正向关系，即 Y 越高则 P 越高。

图 16–9 演示了 AS 曲线所刻画的 P 与 Y 以及预期价格和自然产出之间的关系：真实产出增加推动价格上升；预期价格上升，AS 曲线将会向上移动，均衡点由原来的 E 移动到 E'。

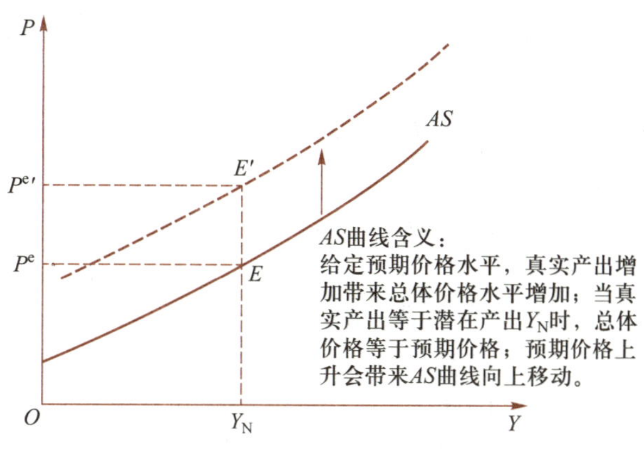

图 16–9 *AS* 曲线的含义演示

二、*AS* 曲线与菲利普斯曲线的等同关系

AS 曲线除了用总产出和总体价格水平之间的关系来刻画之外，还可以通过将式(16–11)左右取自然对数并进行前后两期的差分，获得通胀率与预期通胀率以及真实产出缺口的关系等式。具体推导过程不难但比较烦琐，这里直接给出基于 *AS* 曲线对应公式(式(16–11))推导出的基本表达形式，即：

$$\pi=\pi^e+\phi\tilde{y}+\varepsilon \tag{16–12}$$

式中：π 表示通胀率；$\tilde{y}$ 表示真实产出缺口；ε 表示其他因素。

可以看出，这个等式本质上就是刻画通胀率与真实产出缺口之间关系的菲利普斯曲线。菲利普斯曲线从早期刻画工资变化率与失业率的关系，发展到后来刻画通胀率与产出缺口之间的关系，经历了多个历史阶段的不同版本。20 世纪 90 年代之后的菲利普斯曲线引入了通胀预期因素，形成诸如式(16–12)这样的完全前瞻性的新凯恩斯菲利普斯曲线。

第四节 货币理论的新凯恩斯主义分析框架[①]

一、新凯恩斯主义分析框架的发展背景

我们之前已经介绍过，凯恩斯主义分析框架起始于 1936 年凯恩斯的专著《就业、利息和货币通论》。紧接着，经济学家希克斯（John Richard Hicks，获 1972 年诺贝尔经济学奖）沿袭凯恩斯的思想，在 1937 年系统提出了 *IS-LM* 模型，并且其很快被写进经济学本科教材。一直到 20 世纪 70 年代末之前，*IS-LM* 模型也是最主流的宏观经济与政策的分析框架之一。

然而，随着现实中经济运行机制日益复杂，经济学理论不断发展，特别是经济学家卢卡斯在 1976 年提出的“卢卡斯批判”，深刻指出了旧凯恩斯主义理论模型（当然也包括旧货币主义理论模型）使用缩减形式的宏观模型（没有微观基础和结构性特征的等式）无法用来预测宏观政策对经济的影响，因为不同时期经济政策的变化很可能也会导致缩减形式的宏观模型发生变化，所以基于历史数据拟合出来的宏观等式难以应用于宏观经济分析。

在此背景下，新凯恩主义使用了更复杂的分析工具，在 DSGE 框架下构建了宏观等式的微观基础。新凯恩斯主义分析框架的诸多思想与旧凯恩斯主义在本质上是相同的，特别是强调利率而非货币总量作为货币政策中间目标。当然，新凯恩斯主义分析框架与旧凯恩斯主义分析框架相比也有以下几点明显不同：

第一，新凯恩斯主义分析框架强调价格有黏性，甚至通货膨胀也有黏性。所谓价格黏性（price stickiness），也称为名义刚性（nominal regidities），就是指价格调整需要时间，表现为当期价格与上一期价格之间有很高的相关性。例如厂商调整产品出厂价格需要一定时间，饭店更换菜单也需要时间（经济学中的“菜单成本”）。在这样的背景下，货币政策调整可以在短期内影响通货膨胀和真实经济产出，即短期内货币非中性。

第二，基于微观厂商定价机制推导出一个短期的新凯恩斯菲利普斯曲线（new Keynesian Phillips curve，NKPC）关系，刻画了通胀率与预期通胀率、历史通胀率和真实经济产出的动态关系；基于微观层面的消费者福利优化问题推导出动态 *IS* 曲线等式。同时，在 NKPC 和动态 *IS* 曲线中均引入了理性预期。

第三，不以货币供给总量为核心来刻画中央银行的货币政策，而是假设中央银行能够设定短期名义利率，货币政策反应机制在于中央银行面对当前经济环境（如通胀率水平、真实 GDP 缺口）如何设定不同的名义利率。

第四，分析框架从局部均衡发展到动态随机一般均衡（DSGE）。在新凯恩斯 DSGE 模型框架中，一般使用一系列加总等式来刻画以下三方面内容：一是家庭部门、企业部门和宏观政策制定部门的行为特征；二是市场出清情况以及资源约束问题；三是经济波动最终来源的外生变量。一般会假设这些等式基于优化问题求解获得，求解过程依靠理性预期假设。

---

① 对于本科生课程，本节可以选讲。

归纳起来，新凯恩斯主义分析框架不再假设商品市场是完全竞争市场；同时引入价格黏性，假设只有一定比例的生产厂商能够灵活调整价格，其他厂商调价受到历史价格影响（存在价格黏性）。基于这一框架，外生货币政策对真实经济产出变量具有明显影响。同时，经济均衡状态对任何冲击的反应都与货币政策规则相关，因此这一框架可以用来分析不同货币政策规则带来的影响。

二、一个简单的新凯恩斯主义三等式分析框架

限于篇幅考虑，这里不进行新凯恩斯主义微观基础模型的推导，而主要介绍新凯恩斯主义经济学的核心思想和总体分析框架，感兴趣的读者可以参考本章“补充阅读资料”。归纳起来，简约的新凯恩斯主义分析框架包括三个核心等式，即动态 *IS* 曲线、新凯恩斯菲利普斯曲线（NKPC）和基于名义利率的货币政策反应方程（monetary policy reaction function，MPF）。我们将这一简单的三等式分析框架称为 *IS*–*NKPC*–*MPF* 分析框架。

（一）动态 *IS* 曲线

新凯恩斯主义分析框架的第一个等式是动态 *IS* 曲线，其刻画的是真实经济产出与真实利率之间的动态关系，这一关系可以从微观消费者的福利优化问题获得。真实经济产出的具体指标是真实产出缺口，真实利率是名义利率与预期通胀率的差值。我们在第十二章介绍过，产出缺口是指实际产出（actual output）相对于潜在产出（潜在产出也称为自然产出）的差，可以用二者的自然对数差计算。自然产出是指均衡状态下价格完全灵活调整时的产出水平，也就是完全就业情况下的产出水平。

具体来说，动态 *IS* 曲线可以写成当期的真实产出缺口由预期产出缺口和真实利率决定的形式，即：

$$\tilde{y}_t = E_t\tilde{y}_{t+1} - \beta(i_t - E_t\pi_{t+1} - r_t^*) \tag{16-13}$$

式中：$\tilde{y}_t$表示当期真实产出缺口；β 表示基于微观模型推导来的系数（为正数）；$E_t\tilde{y}_{t+1}$表示预期产出缺口（基于 t 期及以前的信息集对 t+1 期产出缺口的预测）；i_t 表示 t 期的名义利率；$E_t\pi_{t+1}$表示预期通胀率（π 表示通胀率）；r_t^*表示真实自然利率。

自然利率是指模型系统中价格完全灵活调整时均衡状态下的利率水平，是在没有短期供给冲击时实际产出等于潜在产出时的利率水平，由经济运行的基本特征而非中央银行决定。

从动态 *IS* 曲线不难看出，当期的真实经济产出受到预期产出和真实利率的影响：预期产出越高，当期真实产出缺口越大；真实利率越高，当期真实产出缺口越小；当真实利率与真实自然利率相等时，经济处于均衡状态。此时，真实产出与预期产出相等。

由于对未来产出以及未来通胀的预期变量进入模型，*IS* 曲线被赋予了明显的动态特征（变量下标 t 和 t+1 有了时间先后顺序），这与传统静态 *IS* 曲线形成鲜明对比。当然，在旧凯恩斯主义分析框架中，传统 *IS* 曲线只是一个宏观等式，而新凯恩斯动态 *IS* 曲线是基于 DSGE 模型系统从微观基础推导获得的，这也是新的 *IS* 曲线与传统的 *IS* 曲线的重要区别。

拓展阅读 16-1

什么是自然利率？

自然利率是使经济保持均衡状态的利率，所以也称为均衡利率。同时，因为著名瑞典经济学家维克塞尔（Wicksell）在 1936 年就提出了自然利率的概念，所以自然利率也称为维克塞尔利率。维克塞尔将自然利率定义为物价稳定和资产价格稳定状态下的利率，所以自然利率也被称为中性利率，即避免出现资产泡沫和投机的利率。

为了方便理解自然利率，我们在图 16–10 中将真实 GDP 指标分解为两个子成分（在实践中，通过 HP 滤波或者其他统计分析方法均可实现这种分解）：一个是长期趋势成分，另一个是周期性成分。周期性成分刻画的是在短期内真实产出上下波动的情况，而长期趋势成分则刻画的是均衡状态下的真实产出水平。自然利率可以理解为经济体系运行过程中的一种自然力量，能够将产出的周期性上涨和下跌拉回到长期均衡状态，从而使得产出在短期内的周期性变化围绕长期趋势上下波动而不发散。在经济学（计量经济学）中，我们把这种将短期偏离拉回均衡状态的机制称为长期均衡分析中的误差修正机制。

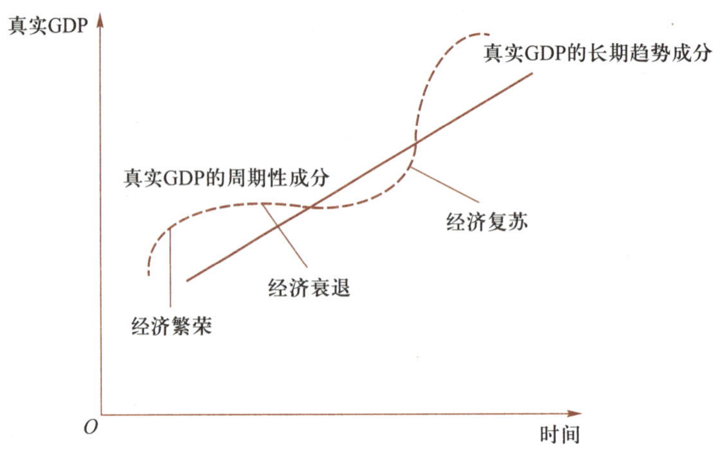

图 16–10　自然利率与真实经济产出长期趋势相对应

我们进一步举例解释自然利率。假设市场上的基准利率为 5%，这一利率带来的通胀率稳定在 2%，真实经济增长率为 5%（假设 5% 的增长率恰好是经济增长率的长期趋势水平）。在这一经济环境下，名义自然利率就是 5%，对应的真实自然利率则是 3%（名义自然利率 5% 与通胀率 2% 的差）。此时，假设经济运行中出现需求冲击，从而需求增加、通胀率上升。假定真实经济增长率上升到 6.5%，通胀率上升到 4%。这种变化会引发中央银行的货币政策调整，中央银行为了平抑通胀将市场利率调升到 7%，此时真实自然利率为 7%–4%=3%。由于利率上升，企业融资成本上升，生产投资等热情下降，最后带来总产出下降，随后带动通胀率下行到 2%，真实产出增长率回落到 5%。此时，中央银行看到通胀率指标已经成功平抑到 2% 的水平，于是通过公开市场操作等货币政策工具将市场利率再次下调到 5% 的水平，即自然利率水平。此时，真实自然利率又恢复到 3% 的水平。

当然，在这个例子中，我们隐含假定了中央银行通过长期经济运行的规律摸索（预测）出自然利率水平，从而在政策调控过程中以此为基准进行政策调整。在实践中，如何准确预测自然利率显然并不是一个简单的问题。

（二）新凯恩斯菲利普斯曲线

新凯恩斯主义分析框架的第二个等式是新凯恩斯菲利普斯曲线（*NKPC*），可以从微观厂商价格调整机制推导获得。加总后的宏观等式刻画了当期通胀率与预期通胀率、历史通胀率和当期产出缺口之间的动态关系，即：

$$\pi_t = \alpha_f E_t \pi_{t+1} + \alpha_b \pi_{t-1} + \gamma \tilde{y}_t \tag{16-14}$$

式中：α_f、α_b 和 γ 表示各变量的系数（均为正数），本质上是微观基础模型中的结构性参数的函数形式；其他字母符号含义与式（16-13）相同。

从 *NKPC* 的解析表达式不难看出，当期通胀率 π_t 不仅受到真实产出缺口 $\tilde{y}_t$ 的驱动，还受到预期通胀率和历史通胀率的驱动。在 *NKPC* 框架下，货币政策调控通货膨胀的能力依赖于 α_f、α_b 和 γ 这几个系数的大小。货币政策可以通过调整产出缺口来影响通货膨胀，所以 γ 越小意味着货币政策对通货膨胀的影响越小。同时，调整通货膨胀的成本由预期通胀率和历史通胀率的系数相对大小决定。如果 α_b 更大，则当期通胀率主要由历史通胀率驱动，此时货币政策可能对当期通胀率的影响会有较长的时滞。

注意，历史通胀率的系数 α_b 刻画了通胀率的惯性特征，也称为通胀黏性（inflation stickiness）、通胀惰性（inflation inertia）或者通胀持久性（inflation persistence），这种通胀黏性特征在各国通胀率指标的时序数据中都比较明显。事实上，通胀预期和通胀黏性的系数 α_f 和 α_b 一般满足 $\alpha_f+\alpha_b=1$。这样，短期菲利普斯曲线是一条向右上方倾斜的曲线，而长期菲利普斯曲线（均衡状态下的菲利普斯曲线）就是一条垂直于横轴的直线（与图 16-3 刻画的长期 *AS* 曲线本质上一致），因为在长期意味着公式中字母的下标都去掉，所以式（16-14）可以写成：

$$\pi = \alpha_f \pi + \alpha_b \pi + \gamma \tilde{y}$$

此时均衡产出等于潜在产出，真实产出缺口为 0。图 16-11 刻画了长期和短期新凯恩斯菲利普斯曲线的形状。

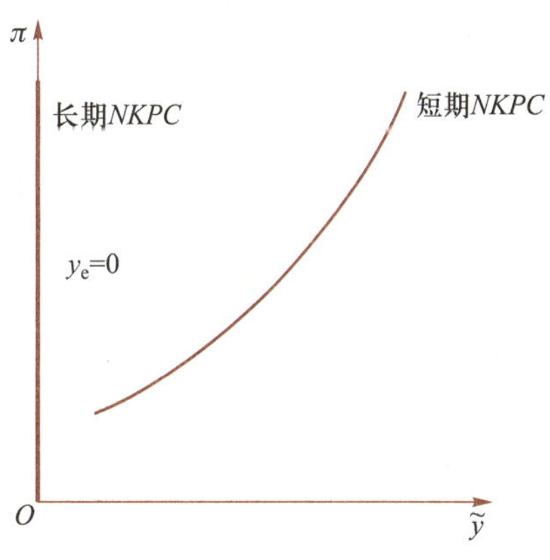

注：y_e 表示均衡状态下的产出缺口。

图 16-11　长短期 *NKPC* 图示

（三）货币政策反应方程

新凯恩斯主义分析框架的第三个等式是货币政策调整的利率规则，即泰勒规则（Taylor rule）。泰勒规则刻画了短期名义利率如何对通胀率和真实产出缺口进行反应，所以也称为货币政策反应方程（MPF）。根据货币政策的调控目标,通胀率和真实产出是核心的最终目标。当经济上行同时通胀率不断上升时,中央银行就可能上调利率从而平抑真实产出和通胀率上行的趋势;反过来,当经济下行或者通胀率下降到一定程度时,中央银行就可能下调利率刺激经济。因此,货币政策反应机制可以写成如下形式:

$$i_t=\rho_i i_{t-1}+\rho_\pi \pi_t+\rho_y \tilde{y}_t+v_t \tag{16-15}$$

式中:v_t 表示随机外生货币冲击;ρ 表示系数。

式(16-15)中等号右侧的 i_{t-1} 是利率的滞后项,其系数 ρ_i 刻画了中央银行进行利率调整的平滑性程度。例如,ρ_i=0.5 对应的利率调整相对于 ρ_i=0.1 的情形更平滑一些。

(四)新凯恩斯主义分析框架的货币理论与政策含义

以上介绍的三个等式实际上刻画了以利率为核心中间目标的货币政策调整与宏观经济的互动关系,因此可以概括为货币理论的新凯恩斯主义分析框架。当然,这一框架也可以用来分析利率决定机制、宏观经济波动等内容,所以也可以称为新凯恩斯主义的宏观经济分析框架。

为了方便说明,我们在图 16-12 中演示了新凯恩斯主义宏观经济分析框架的均衡情况,横坐标是真实产出缺口 $\tilde{y}$,纵坐标是通胀率 π。基于本章第二节和第三节介绍的内容可以理解,图中的总供给曲线(*AD* 曲线)是动态 *IS* 曲线和货币政策利率规则(*MP* 曲线)的融合,刻画了在给定预期条件下通胀率与真实产出缺口的负向关系。*NKPC* 本质上刻画了总供给曲线的内容,即给定通胀预期和通胀黏性特征,通胀率与真实产出缺口之间呈正向关系。经济均衡状态由 *AD* 曲线和 *NKPC* 的相交点确定,均衡利率水平为 π_0,均衡真实产出缺口为 $\tilde{y}_0$。

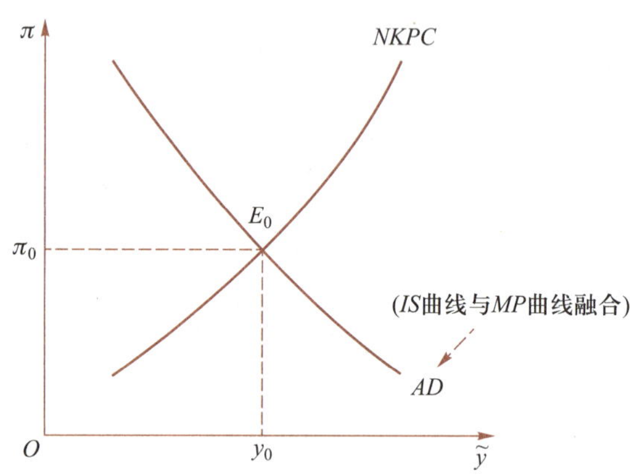

图 16-12 新凯恩斯主义的宏观经济分析框架图示

基于新凯恩斯主义三等式模型,可以开展货币理论分析,即分析货币政策与宏观经济的互动机制。通过上述三等式模型进行分析,可以得到几个特别重要的结论:

第一,新凯恩斯主义分析框架表明货币政策非中性,即货币政策调整可以带来真实经济产出的变化。这种货币政策非中性表现为两个方面:一方面,外生货币政策冲击(影响货币政策调控的一些因素,在式(16-15)中用 v_t 代表)不仅会带来名义变量(例如通胀率)的变化,也会影响真实产出。相关研究发现,特别是当出现紧缩性质的外生货币政策冲击时,名义利率和真实利率上升,造成真实产出和通胀率下降,而自然利率不发生变化。另一方面,货币政策非中性还表现为真实产出对非货币政策冲击(例如需求冲击)会随着货币资产规则的变化而变化。

第二,新凯恩斯主义分析框架简洁清晰地阐释了以利率为核心的货币政策传导机制的循环逻辑线条。从泰勒规则等式可以看出,中央银行针对真实经济表现和通胀率变化调整名义利率。名义利率的调整会通过 *IS* 曲线作用于真实产出。以名义利率下调为例，如果名义利率下降而通胀预期暂时不变，则真实利率会下降，从而降低企业的真实融资成本，企业就有动力扩大生产，进而带动真实产出增加，这一关系反映在动态 *IS* 曲线中。当真实产出增加之后，*NKPC* 表明，经济上行以及随之而来的通胀预期升高会对当前通胀率形成上行压力。与此同时，当真实产出增加和通胀上行到一定程度，中央又会通过泰勒规则对二者进行反应。这样，以利率为操作目标和中间目标的货币政策传导机制形成。

第三，新凯恩斯主义分析框架还对如何实施货币政策提供了重要参考建议。例如，如果中央银行根据泰勒规则调整利率，并能针对通胀和真实产出进行足够强的反应，那么经济将有唯一的均衡点。如果反应不足够强烈，则均衡点不唯一。新凯恩斯主义分析框架还可以用来分析最优货币政策问题。所谓最优货币政策是指能够最大化代表性家庭部门福利的货币政策。最优货币政策问题的分析框架考虑三方面可能的福利损失：一是与福利相关的产出缺口的波动；二是通胀率的波动；三是未经修正的真实变量扭曲带来的长期平均产出（稳态产出）效率低下。显然，关于以上问题的详细内容已经超出本教材的内容范围，感兴趣读者可以参考本章的“补充阅读资料”。

第五节　货币理论的新货币主义分析框架①

与 1980 年之前的旧货币主义理论相比，新货币主义理论也重视微观基础，从微观经济交易入手，强调微观交易存在搜寻和匹配摩擦，人们持有货币是为了克服这些交易摩擦，从而引入货币的交易媒介职能。新货币主义理论分析假设经济运行中总有一部分市场买卖双方需要互相搜寻和匹配，尽管不否认完全竞争市场的存在。新货币主义理论的相关研究从 20 世纪 80 年代之后兴起，到了 2005 年之后就逐渐形成了相对成熟的理论框架，“补充阅读资料”中对相关文献做了说明。

就像旧货币主义和旧凯恩斯主义互为对照一样，新货币主义也对应于新凯恩斯主义。新货币主义及新凯恩斯主义与各自对应的传统理论的区别是对微观基础的强调，但两者重视不同的基本摩擦。新凯恩斯主义以名义价格黏性为基本摩擦，货币作为价值尺度进入模型，其交易媒介的职能并没有得到刻画；新货币主义主要关注交易中的不完全承诺、信息不对称以及搜寻和匹配中遇到的协调失灵等摩擦（各学派的更多差异可以参阅本章“补充阅读资料”中的 Williamson 和 Wright，2010），货币作为交易媒介进入模型分析框架，并以此为基础分析货币、银行等制度如何在相应摩擦下改进福利。

从更宽泛角度看，新货币主义理论包含货币理论与政策、银行与金融中介、支付与资产等内容，并特别强调货币在经济交易的搜寻和匹配过程中扮演重要角色。与新凯恩斯主义理论发展类似，新货币主义理论的提出和发展同样受到“卢卡斯批判”的驱动，即运用经济模型进行政策分析，这些经济模型不能随时间发生变化。

新货币主义主要关注以下问题：什么是流动性？流动性对经济意味着什么？流动性资产如何影响经济中的产出和福利？哪些资产具有流动性是经济的最优选择？为什么人们接

---

① 对于本科生课程，本节可以选讲。

受没有内在价值的纸币？为什么资产会因为流动性而增值？在承诺不完全的环境下人们为何接受信用安排？抵押品或声誉对于信用有什么作用？货币和信用如何共存？包括银行在内的金融中介有何作用？货币政策的作用是什么，具体的操作方式有哪些？这一系列基本问题重点研究货币和其他资产的流动性本质，以及信用和金融中介如何促进交易。这些问题的答案有利于我们加深宏观经济理解，更好地研究货币、银行、信用和金融市场等宏观热点问题。

新货币主义理论认为，在不同货币政策规则下分析经济运行特征，需要设定这样一个模型，其中的经济主体持有货币不是因为货币以一种缩减形式（没有微观经济含义）进入效用函数或者生产函数，而是因为货币在交易过程中减少了根本性摩擦问题。这样，包含货币角色的模型才具有结构性特征，不会随着政策变化而变化，也就解决了“卢卡斯批判”关于政策分析的经济理论建模的核心问题。

可以看出，新货币主义理论在其分析框架中引入货币的角色，主要目的之一是应对经济交易中的摩擦问题，例如交易主体需要在市场上彼此搜寻和匹配等都会存在摩擦。从这样的搜寻和匹配背景下引入货币的角色，可以从微观角度阐释货币的功能，进而通过复杂的模型推演过程获得货币变化对宏观经济的影响。

沿着这样的思路，新货币主义理论在早期的模型中假设经济主体两两随机相遇，如果没有货币而依靠双向巧合进行交易就会使得交易异常困难，因此引入货币就会改善均衡结果。这是新货币主义理论最朴素的一种想法，即信用货币（法定货币）可以使得交易更便捷。早期的新货币主义理论模型假定价格外生且货币不可分，后来的理论框架对这些假设进行了放松，并进行了一系列拓展，用于分析货币与宏观经济的互动关系等内容。

新货币主义理论的模型框架可以概括如下：为了研究货币的交易媒介职能并且推导出货币需求函数，新货币主义要对买卖双方的具体交易行为进行建模。传统的新凯恩斯框架下的一般均衡理论显然做不到这一点。在新凯恩斯模型中，经济主体根据价格和收入，沿着自己的预算约束线进行交易，但研究者对交易的发生过程一无所知。研究者不知道家户和谁交易、如何交易、拿什么媒介交易，只知道交易的结果。

为了克服这一缺陷，具体研究交易过程，新货币主义引入了搜寻理论。搜寻理论强调了人和人之间具体的匹配和交易，为研究货币等交易媒介提供了天然的理论平台。采用搜寻理论的另一个原因是新货币主义者希望货币、银行和信用等制度安排能减少经济体现有的各种摩擦，从而改进福利。但在传统的预付现金模型（cash-in-advance，CIA）、货币效用模型（money-in-utility，MIU）和黏性价格模型中，货币的引入导致了更多的摩擦，反而降低了福利。在新凯恩斯模型中，货币政策被归纳为泰勒规则，而经济主体对货币的需求则内生于模型体系之中，由模型可推导出菲利普斯曲线，即通货膨胀的提高会带来产出的增加；在新货币主义模型中，通货膨胀带来名义利率的提高（因为实际利率不变），而名义利率是持有货币的机会成本，因此货币需求下降，产出下降。从这个角度看，新货币主义和新凯恩斯主义的分析结论存在明显的差异。因为新货币主义理论模型内容相对烦琐，这里不再对相关模型形式进行详细阐释，感兴趣的读者可以参考本章后面的“补充阅读资料”。

拓展阅读 16-2

什么是现代货币理论?

本章将货币理论的新凯恩斯主义分析框架和新货币主义分析框架称为新货币理论,而且我们强调,货币理论不是简单地对货币或者货币需求进行分析的理论,而是货币及货币政策与宏观经济互动的分析框架,这也是国际主流教科书对货币理论通行的界定。

从名称上看,本章介绍的新货币理论特别容易与另外一个名词术语混淆,即现代货币理论(modern monetary theory,MMT)。

1. MMT 的来源

MMT 支持者自称是凯恩斯理论的合法继承者,尽管没有得到主流的认可。凯恩斯认为个别家庭收入的减少可以通过缩减支出来解决,但整个经济体收入减少就会带来整体的萧条,因为某个家庭的支出都是另一个家庭的收入,这种情况只能通过政府支出来解决。

MMT 还吸收了英国学者 Abba Lerner 有关政府支出和英国的 Wynne Godley 有关政府私人两部门平衡的思想。

从20世纪90年代开始,MMT 产生萌芽并得到了 Warren Mosler 的经济和思想支持。

2. MMT 的主要内容

现代法定信用货币制度不像金本位制一样要求发行货币必须有相应的黄金储备,因此,拥有独立货币的国家可以通过印发货币偿还利息,无须担心借债过多。政府支出的唯一限制是如果私人和政府两个部门同时支出过多会引发通货膨胀。

美国民主党左翼以这种理论为全民医保政策带来的巨大政府支出正名,造成了 MMT 支持通过税收政策以富人收入支持社会项目的误解。但其实 MMT 认为征税对政府支出并不是必要的。

MMT 的支持者认为自然利率为 0,并认为投资决策基于增长前景而非资金成本,因此也反对通过调节利率控制经济。他们主张以财政政策主导经济,央行直接为财政部融资,认为目前的财政政策相比于货币政策过于被动。虽然政府支出并不需要来自发债或征税,但 MMT 仍然认为税收有存在的必要;其目的并非减轻不平等,而是作为政府收回多余货币、控制通胀的途径。

MMT 还认为银行贷款不来自存款,而是来自借款需求,即贷款创造存款而非存款创造贷款。

MMT 对稳定就业方面建议的政策是一个由联邦资助、地方管理的工作保障方案,政府在萧条期比繁荣期雇用更多劳动力。

在 MMT 的世界里,过强的增长不是通胀的主要原因,他们更愿意将通胀归因于各个企业过强的定价能力,因此呼吁打破垄断势力并组织银行发放过多贷款。这也是 MMT 的支持者在华尔街不受待见的原因。

3. 对 MMT 的批评

以财政政策刺激经济已经有失败的先例,因为某些国家议会和总统很难对经济下行迅速作出反应,并且指望政客通过增税或降低支出来抑制通胀不太可靠。

某些国家财政部和中央银行很难在各类事务上达成一致。如果央行力量太弱,可能放任通胀发展失去控制。

如果政府为保障工作提供的薪资过低,对解决就业问题的效果就会十分有限;而如果薪资过高,会有损私人部门的就业情况。

有独立货币的国家也并非全无赤字的烦恼。一国丧失国际投资者的信心后,本币会迅速贬值。

还有关于利率决定等问题的复杂讨论……

总的来说,主流经济学家认为 MMT 正确的部分不是新思想,而新的部分不是正确的。

复习要点

1. *AD*–*AS* 模型的基本内容。
2. 影响 *AD* 曲线位移的因素。
3. 影响 *AS* 曲线位移的因素。
4. 利率型货币政策曲线的内容。
5. *IS*–*LM* 曲线的内容。
6. *AD* 曲线与 *IS* 曲线的联系。
7. *AS* 曲线与菲利普斯曲线的等价关系。
8. 新凯恩斯主义的货币理论三等式分析框架。
9. 新货币主义的货币理论分析框架。

关键术语

短期 *AD* 曲线　短期 *AS* 曲线　长期 *AS* 曲线　*IS* 曲线
LM 曲线　货币政策曲线　凯恩斯主义　新凯恩斯主义
货币主义　新货币主义　卢卡斯批判　自然利率
自然产出　自然失业率　非加速通胀失业率(NAIRU)
产出缺口　通胀惯性　通胀黏性　通胀持久性
货币政策中性　货币政策非中性　货币政策冲击　投资需求的利率效应
投资需求的财富效应　供给冲击　需求冲击
稳态产出　外生变量　自主性货币政策　金融结构
金融摩擦　信息不对称　道德风险　逆向选择
泰勒规则

即测即评

请扫码检测本章学习效果。

练 习 题

1. 什么是总供给曲线？
2. 什么是总需求曲线？
3. 什么是自然失业率？
4. 什么是自然利率？
5. 简述新凯恩斯主义三等式分析框架的内容。
6. 新货币主义理论与旧的货币主义理论有什么区别？

参考答案

补充阅读材料

扫码查看本章补充阅读材料。

第四篇

利率与汇率

第十七章

利率与利率决定机制

学习目标

1. 掌握利率的定义与类型
2. 掌握古典利率决定论(古典理论)
3. 掌握可贷资金利率决定论(新古典理论)
4. 掌握流动性偏好利率决定论(凯恩斯主义)
5. 掌握 *IS*-*LM* 利率决定论(凯恩斯主义)
6. 掌握新凯恩斯主义利率决定论(新凯恩斯主义)
7. 了解 TED 利差和 LIBOR-OIS 利差

本章导读

利率是联结宏观金融政策与微观金融市场的纽带,是金融交易中的核心变量。无论宏观金融决策者还是微观金融市场参与者,都密切关注市场上利率的变动情况,因为利率的变动几乎关系到所有经济主体的经济活动和经济决策。利率既度量了资金借入方的成本,又度量了资金借出方的回报,是融资者和投资者共同关注的指标。

在日常生活中,无论是新闻媒体报道还是金融机构标价,使用的都是名义利率,即融资或投资中实际使用的利率。不过,由于货币存在时间上的价值差异,特别是通货膨胀的影响不可忽视,所以剔除通胀率影响的利率指标(真实利率)也备受关注。

当然,在预期通胀率相对稳定的情况下,真实利率的主要决定因素仍然是名义利率。所以,名义利率的决定机制是本章的主要内容。为此,本章首先介绍利率的基本定义以及利率的种类。接下来按照时间先后顺序分别介绍五种利率决定理论,即古典利率决定论、可贷资金利率决定论、流动性偏好利率决定论、*IS*-*LM* 利率决定论和新凯恩斯主义利率决定论。

不难看出,利率决定理论的发展与第十五章介绍的货币需求理论演进逻辑是一脉相承的,货币需求理论同时也涉及利率决定问题。所以,本章所讲的古典理论、凯恩斯主义和新凯恩斯主义理论与第十五章提及的古典理论、凯恩斯主义和新凯恩斯主义相关理论的内涵是完全相同的。

第一节　利率的定义与类型

一、利息与利率

货币可以在不同金融市场中流转，流转的载体是各种各样的金融工具。在资金流转过程中，对于资金需求方，其借入资金存在一定的成本。与之相对应，资金供给方则可以通过借出资金获取一定的回报。当然，借入资金的成本或者借出资金的回报具体金额与本金规模以及借入借出资金的时间跨度等有关，我们把成本或者回报的具体金额称为利息（interest）。

为了说明问题，我们以简单的一笔 1 年期贷款为例：假定张大明向 A 银行借了一笔 1 年期的 100 万元人民币的贷款，银行会要求张大明在 1 年后到期时偿还本金 100 万元，同时支付相应的贷款利息（假定银行收取 5 万元利息）。在这个例子中，张大明支付的 5 万元利息除以贷款本金 100 万元就是 1 年期贷款的利率 i，即：

$$i=\frac{5}{100}=5\%$$

对于银行来说，因贷出 100 万元，1 年后收到的本金和利息之和（简称本利和）为：

$$100\times(1+5\%)=100+5=105(\text{万元})$$

不难看出，我们可以用利率（interest rate）来衡量借入资金的成本或者借出资金的回报水平。同时，利率也可以视为资金借入方向借出方支付的服务价格，这种服务即在指定时期内使用资金的权利。总之，利率是依托于相应金融工具的一种收益率形式，一般以百分数表示。

在上例中，假定贷款期限为 1 年，则非常容易计算得到利率水平为 5%。但是在实践中，借贷资金的时间可能不是 1 年而是几个月或者几年，因此需要一个标准的利率标价方式，以便于理解和比较。一般情况下，如果不做特殊说明，利率的标价都是以 1 年为标准，即年化利率（annualized interest rate）。例如，银行标价的半年期限贷款利率是 3%，是指按照 1 年期标准利率是 3%，而不是按照半年的标准进行计算。在这个例子中，以 100 万元贷款规模为例，贷款在半年后到期时，借款人需要支付的利息可以计算为：

$$100\times3\%\times\frac{1}{2}=1.5\ (\text{万元})$$

一般而言，资金从借出方流转到借入方并最终返回到借出方的过程需要经历一段时间，因此从货币在时间轴上的流转来看，利率是联结现在与未来之间货币价值的桥梁。

为什么借入资金需要支付利息呢？原因在于人们更偏好现在拥有资金，即对资金的正向时间偏好。资金借入方支付给借出方的利息实际上是人们偏好现时消费的体现：同样是 100 万元，今天持有比明天持有更有吸引力。同样额度的资金在不同时间点上存在的价值差异体现在两个方面：一是资金借出方放弃了将 100 万元用于其他用途所能获取的回报，而选择将资金借出，即机会成本；二是 100 万元借出后能否收回存在不确定性或者说风险。资金借入方所支付的利息实际上是对资金借出方的机会成本和风险成本的补偿（风险溢价，risk premium）。按照这一解读，我们可以用以下等式来理解利率的含义：

$$利率 = 机会成本补偿 + 风险溢价 \tag{17-1}$$

式中:机会成本补偿也可称为无风险利率;风险溢价则由借款方或金融工具的风险特征所决定。

由于金融工具种类繁多,所以风险特征存在很大的差异。相比之下,无风险利率便成为市场的"基准",它只包含借贷的机会成本,衡量了利率中最基本的部分。不过,由于投资的不确定性是普遍存在的,因此严格来讲,绝对无风险的资产并不存在。一般来说,我们将信用违约风险和市场风险极小的国债收益率等同视为无风险利率。风险溢价部分则包括对通货膨胀风险、违约风险、流动性风险、政策风险等的补偿。

二、单利计息与复利计息

单利(simple interest rate)和复利(compound interest rate)是从利息的计算方式角度进行界定的,而不是从利率标价本身来定义。也就是说,单利和复利分别是以单利计息和复利计息两种方式对应的利息。单利计息是指一笔资金无论存期多长,只有本金计算利息,而各期利息在下一个利息周期内不计算利息的计息方法。复利计息是指一笔资金除本金产生利息外,在下一个计息周期内,以前各计息周期内产生的利息也计算利息的计息方法,也被形象地称为"利滚利"。与单利计息和复利计息相对应,单利是指每期按照初始本金计算的利息,复利则是指每期以初始本金与累计利息之和为基数计算的利息。

根据上述说明,单利和复利的计算公式可以分别写为:

$$单利=本金 \times 利率 \times 计息期数 \tag{17-2}$$

$$复利=本金 \times [(1+利率)^{计息期数}-1] \tag{17-3}$$

下面举例说明单利计息和复利计息的应用。假设 A 银行向张大明发放贷款 100 万元,贷款期限为 2 年,贷款利率为 10%。两年后贷款到期时,张大明需要偿还的利息根据计息方式不同而存在差异。下面在表 17-1 中分别以单利计息和复利计息方式来计算到期利息金额。可以看到,在按照复利计息的情况下,张大明需要支付的利息要比单利计息的情况多出 1 万元。

表 17-1　单利计息与复利计息的计算过程

如果按照单利计息,利息金额的计算依据式(17-2),即:

$100 \times 10\% \times 2=20$(万元)

如果按照复利计息,第 1 年年末按初始本金计算利息,即:

第 1 年利息$=100 \times 10\%$

第 2 年年末利息则以初始本金与第 1 年获得的利息之和为基数计算,即:

第 2 年利息$=(100+100 \times 10\%) \times 10\%$

所以,按照复利计息,2 年后贷款到期时张大明则需要偿还的利息一共为:

$100 \times 10\%+(100+100 \times 10\%) \times 10\%$

$=100 \times [(1+10\%)^2-1]$

$=21$(万元)

我们可以把上例中复利计息情况下的本利和计算过程写出来，以便更好地理解复利计息的计算公式（式（17–3）），即：

复利计息第 1 年本利和=100+100×10%=100×(1+10%)

复利计息第 2 年本利和=第 1 年本利和+第 2 年利息

$$=100\times(1+10\%)+[100\times(1+10\%)]\times10\%$$
$$=100\times(1+10\%)(1+10\%)$$
$$=100\times(1+10\%)^2$$

所以，用上面复利计息本利和的表达式$100\times(1+10\%)^2$减去本金 100 即为利息，即：

复利$=100\times(1+10\%)^2-100=100\times[(1+10\%)^2-1]=21$（万元）

如果我们把上例中的贷款期限改为 n 年，其他条件不变，可以用一条时间轴来比较单利和复利计息情况下银行每年年末拥有的本利和金额差异。图 17–1 对此进行了刻画，从期初的 100 万元开始，逐年计算单利和复利情形下的本利和。可以看到，1 年期限对应的单利和复利金额相等，但是随着到期期限的增加，单利与复利的金额之差越来越大：2 年期复利超出单利 1 万元，3 年期复利超出单利则有 3.1 万元。

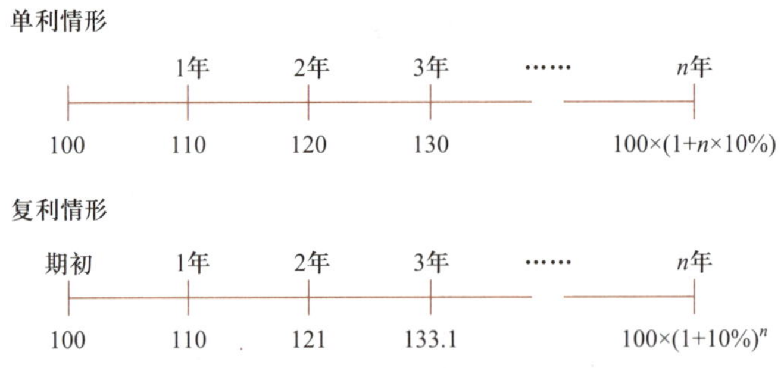

图 17–1 单利与复利的货币时间价值对比

拓展阅读 17–1

金融投资收益的"72 法则"

金融投资收益中所说的"72 法则"是指以 1% 年化收益率并按复利计息，那么经过 72 年以后，本金会变成原来的一倍，反映的是复利计息的结果。"72 法则"可以帮助我们简单推算出给定收益率的情况下多长时间可以实现本金翻倍。

例如，如果金融投资的平均年化收益率为 8%，大致经过 9 年（72/8）本金可以翻倍；如果平均年化收益率为 12%，则只需要 6 年左右（72/12）就可以实现本金翻倍。当然，"72 法则"是一种简便的估算方式。从数学角度来看，收益率越高，估算结果与精确计算结果相比误差就会越大。

三、现值与终值

在上面的例子中，我们已经体会到货币的时间价值：资金借出方愿意放弃今天的 100 万元而选择在 2 年之后获得 121 万元。因此，对于银行来说，2 年之后获得 121 万元和今天持有 100 万元是等价的。例子中 10% 的利率便是将这两个不同时空的货币价值联系起来的桥梁，此时的 10% 又可以称为折现率（discount rate），其内在含义是：在折现率为 10% 的条件下，2 年之后的 121 万元等价于现在的 100 万元，我们把未来价值（终值）的折现称为现值。货币的现值 PV、未来值 FV 和年化折现率 i 之间的关系可以用以下公式来表示（n 表示年份数量）：

$$PV=\frac{FV}{(1+i)^n} \tag{17-4}$$

还可以用债券的例子来说明折现率的应用。假定某公司决定发行一只面值为 1 000 元、票面利率为 10% 的 1 年期债券，这意味着买入这只债券将在 1 年后获得本金加利息共 1 100 元，那么该债券的市场价格是多少呢？

我们知道，债券的票面利率反映的是债券合约的规定，不能反映债券的真实价格。我们在后续章节中会提到，债券的价格是由债券市场的供需决定的，和票面利率反映的价格往往不一致。我们先来看一种特殊的情形：假定此时的市场利率正好等于票面利率 10%，那么，按照公式，这只债券的现值就等于：

$$PV=\frac{FV}{1+i}=\frac{1\,100}{1+10\%}=1\,000\ （元）$$

这意味着，按照 10% 的市场利率进行折现，该公司应以 1 000 元的价格卖出这只债券。然而在现实情况中，市场利率往往不等于票面利率，例如，假设市场利率为 9%，则债券的现值变为：

$$PV=\frac{FV}{1+i}=\frac{1\,100}{1+9\%}\approx 1\,009.17\ （元）$$

可以看出，这时债券发行的价格超过了面值，称为溢价发行，发行债券的公司额外收取 9.17 元用于弥补支付高于市场利率的利息所带来的损失。

假设市场利率为 11%，则债券的现值变为：

$$PV=\frac{FV}{1+i}=\frac{1\,100}{1+11\%}\approx 990.99\ （元）$$

这时债券的价格低于面值，称为折价发行，公司必须降低债券价格，以弥补投资者将资金用于其他渠道投资的机会成本。

反过来，当我们知道债券价格为 990.99 或 1 009.17 元时，就可以计算出买入这只债券的到期收益率是 11% 或 9%。

总之，无论是贷款利率、折现率还是到期收益率，本质上都是对资金借出方的机会成本和风险的补偿，是连接货币的未来和现在价值的桥梁。

四、名义利率与真实利率

（一）基本定义

金融市场中的利率以多种形式存在，例如不同金融产品对应不同的利率品种，包括债券的票面利率、到期收益率（yield to maturity）、存款利率（deposit interest rate）、银行间拆借利率（interbank offered rate）等。同时，利率还以不同期限的形式存在，包括 1 年以内的短期利率和 1 年以上的长期利率。

一般情况下，上述各种利率都是名义利率（nominal interest rate），即融资者实际支付或者投资者实际获得的利率。不过，由于货币存在时间上的价值差异，特别是通货膨胀的影响不可忽视，所以剔除通胀率影响的利率指标（真实利率）也备受关注。根据定义，真实利率（real interest rate）可以用名义利率与预期通胀率之差来计算。

拓展阅读 17-2

名义变量与真实变量

经济学和金融学中的“真实变量”（real variable）是指剔除了价格或者通货膨胀影响之后的变量。相反，名义变量是指没有剔除价格或者通货膨胀影响的变量。所以，名义变量会受到价格或者通货膨胀变化的影响。例如，名义 GDP 一般是指使用以现价核算的 GDP，而真实 GDP 则是以某个不变价格为基准核算的 GDP。前者受到价格因素影响，而后者剔除了价格变化的影响。真实 GDP 在实践工作中也经常称为不变价 GDP，即把按当期价格计算的 GDP 换算成按某个固定基期价格计算的价值，从而剔除价格变化因素的影响，以使不同时期的价值可以比较。

以我国为例，根据国家统计局公布的数据，2020 年名义 GDP 是 101 万亿元，2021 年名义 GDP 为 114 万亿元。这两个数字（101 万亿和 114 万亿）都是名义 GDP 数值，是分别以 2020 年和 2021 年的物价水平进行核算获得的结果（GDP=产品数量 × 价格）。与名义 GDP 对比来看，中国 2020 年和 2021 年真实 GDP 分别为 102 万亿元和 109.6 万亿元（国际货币基金组织公布的数据）。真实 GDP 与名义 GDP 的数值差异，在于真实 GDP 的核算剔除了物价变动的因素。

注意，与真实 GDP 的表述类似，本书通篇都使用“真实利率”“真实 GDP”而非“实际利率”“实际 GDP”的表述，因为“实际”对应于英文“actual”，与某个特定情况下的变量水平相对而不是与名义变量相对。例如，实际 GDP（actual GDP）与潜在 GDP（potential GDP）相对，实际利率可以与自然利率相对，而真实 GDP（real GDP）与名义 GDP（nominal GDP）相对，真实利率与名义利率相对。因此，在经济学和金融学中，与名义变量相对的是真实变量，不建议使用实际变量这类表述，避免引起歧义。

在前面的介绍中，我们并没有将通货膨胀的影响考虑进来，因此准确地来说，前面所提到的“利率”实际上都是名义利率。如果我们考虑物价水平的预期变动（或者说预期通胀率）对利率进行调整，这样得到的利率则是真实利率。换句话说，真实利率指的是在物价水平不变（货币购买力不变）的条件下的利率。在此基础上，我们把对通货膨胀（包括通货紧缩）风险的补偿也纳入真实利率中，就可以得到名义利率。

从定义上不难看出，真实利率更能够准确反映真实的借款成本。如果我们用 i 来表示名义利率，用 π^e 表示预期通胀率，用 r 表示真实利率，则三者之间的关系可以用以下公式表达：

$$\begin{aligned} 1+i &= (1+r)(1+\pi^e) \\ &= 1+r+\pi^e+r\pi^e \end{aligned} \tag{17-5}$$

在实践中，由于 $r\pi^e$ 这一乘积项数值较小，可以忽略不计，所以上述公式可以简化为更为简洁的形式，即：

$$i = r + \pi^e \tag{17-6}$$

（二）费雪等式

因为美国经济学家费雪（Irving Fisher）在 1930 年出版的《利息理论》（*The Theory of Interest*）一书中较早地系统阐释了以上问题，因此上述等式关系一般被称为费雪等式（Fisher's equation）。

将真实利率 r 移至等式左侧，则真实利率实际上等于名义利率减去预期通胀率：

$$r = i - \pi^e \tag{17-7}$$

（三）事前和事后真实利率

由于真实利率等于名义利率减去预期通胀率，而预期通胀率可以用过去的通胀率水平来代表（$\pi^e=\pi_{t-1}$），也可以用下一期的通胀率来代表（$\pi^e=\pi_{t+1}$），我们把基于前者获得的真实利率称为事后真实利率（ex post real interest rate），把基于后者获得的真实利率称为事前真实利率（ex ante real interest rate）。

一个经济体的物价水平总是处在不断波动当中，因此相比名义利率，真实利率能反映资产的真实价格水平。当物价水平波动幅度较大时，市场参与者更关注资产投资的真实成本或收益，此时真实利率就提供了一个更准确的参考。

（四）货币幻觉

当真实利率没有变化时，名义利率的变化是由通胀率造成的。此时，当投资者对名义利率进行反应时，就会出现货币幻觉。不受货币幻觉影响的投资者会努力寻找真实回报率高的投资产品（不同时期通胀率不同）。货币幻觉作为一个术语，并不局限于讨论名义利率和真实利率，还可以针对财富、收入等用货币来表示的各种变量。一般来说，货币幻觉就是指人们只关注财富、收入（当然也包括利息）的名义价值而不考虑真实价值，当名义价值增加是由通货膨胀所致的时候，就会给人们带来一种名义财富和名义收入增加的幻象，故而得名。

货币幻觉的术语源于我们之前介绍过的经济学家梅纳德·凯恩斯。凯恩斯认为，相对较低的通胀率水平（如年均 1%~2%）对经济发展有利，因为通胀率低的时候，雇主小幅增加名义工资不需要增加真实支付，工人涨工资之后也会相信他们的财富增加了，而不管实际通胀率水平有多高。

货币幻觉能够解释现实中的一些经济现象。例如，当通胀率是-2%、名义收入下降2%的时候，尽管此时真实收入没有变化（或者说货币的价值没有变化），但是人们一般还是会感觉不愉悦。但是当通胀率上涨4%、名义收入提高2%时，人们一般都会感到比较高兴。从本质上说，这种现象就是货币幻觉在作祟，也反映出区分名义变量与真实变量的重要性。

第二节 古典利率决定论

上一节简要介绍了利率的基本定义。第二节至第六节将依次介绍利率的古典决定论、可贷资金决定论、流动性偏好决定论、*IS*-*LM*决定论和新凯恩斯主义决定论。从总体上看，这些利率决定理论是按照历史上提出的时间顺序并由简入繁不断向前推进的。

初次学习利率决定理论可能有一个困惑：利率决定理论中的“利率”是指什么利率？我们知道，经济中有很多利率指标，对应于不同的金融工具，而且每个利率都不尽相同：银行支付给储户的存款利率与银行发放贷款的利率不同，消费贷款和住房抵押贷款的利率不同。总之，不同期限、不同风险程度的金融工具对应的利率都有所不同。那么，利率决定理论中的利率是指哪一个利率指标呢？

简单来说，我们可以把这里的利率理解为一种平均利率或者加总后的一种利率，它代表了各种利率指标的总体走势。这并不难理解，因为市场上大多数利率的走势方向是相同的，即使有个别利率指标与其他利率指标的变化方向偶尔出现不同，市场力量也会促使这些利率指标向相同方向变动。所以，利率决定论中的利率指标可以理解为一种有代表性的平均利率。

本节介绍相对较早的古典学派提出的利率决定理论，即古典利率决定论。本书第十四章已经提到，古典学派认为货币在真实经济运行中只不过是一种面纱，其功能只是用于商品和服务的交换而已。在这样的背景下，古典利率决定论完全忽略货币因素对利率的影响。

所以，古典利率决定论又可称为单纯利率决定论（pure theory of interest rate）或者利率的真实要素决定论（real theory of interest rate），因为该理论只单纯考虑经济中真实要素对利率的影响，如对用于生产的资本的时间偏好和生产力等因素对利率的影响（用于生产的资本称为真实资本），本质上是基于商品市场的储蓄投资理论阐释利率的形成机制。

古典利率决定论的起源与发展阶段主要在19世纪80年代至20世纪30年代，主要代表人物及相关著作是奥地利经济学家欧根·庞巴维克（Eugen Bohm-Bawerk）的《资本与利息》、英国经济学家阿尔弗雷德·马歇尔（Alfred Marshall）的《经济学原理》、瑞典经济学家克努特·维克塞尔（Knut Wicksell）的《利息与价格》以及美国经济学家欧文·费雪（Irving Fisher）的《利息理论》。这四位经济学家的经济思想虽然有一定的差别，但是对利率的分析逻辑却比较一致：都认为利息的产生源于当前商品和未来商品之间价值的差异，利息是等待这段时间的成本或者说投资于商品的预期收益。

综合来看，古典利率决定论认为，经济参与者除了可以直接消费来满足现时偏好之外，还可以将一部分商品（或者收入）进行储蓄或者投资以获取未来的消费，进行储蓄的时间等待成本或者说进行投资的收益度量指标就是利率。储蓄和投资都是利率的函数，不同的是，储蓄和利率是正相关关系，即利率越高，延时消费获得的补偿越多，人们就越有动机进行储蓄。投资和利率则是负相关关系，即利率越低，通过投资获取的预期收益超过进行储蓄获得的补偿的可能性越大，此时投资的需求就越大；反之，当利率越高，放弃储蓄进行投资获取的收益可能还不如直接进行储蓄获得的补偿，此时投资需求将有所下降。

如果用 I 表示投资函数，用 S 表示储蓄函数，用 i 表示利率，用 Y 表示总产出（或总收入），则可以用图 17–2 来演示投资与储蓄对利率的影响，其中 S 和 I 曲线的交点对应的利率水平就是投资和储蓄达到均衡时的利率水平 i_0。

假设从某一时点开始，储蓄增多了（其他条件不变），对应图形上则表现为储蓄曲线向右移动到 S' 的位置，此时经济将进行自动调节，人们自发增加投资、减少储蓄，使得均衡利率下降到 i_2。同样，在其他条件不变时，投资增加，曲线 I 移动到 I' 的位置，此时人们将自发增加储蓄、减少投资，使得均衡利率上升到 i_1。

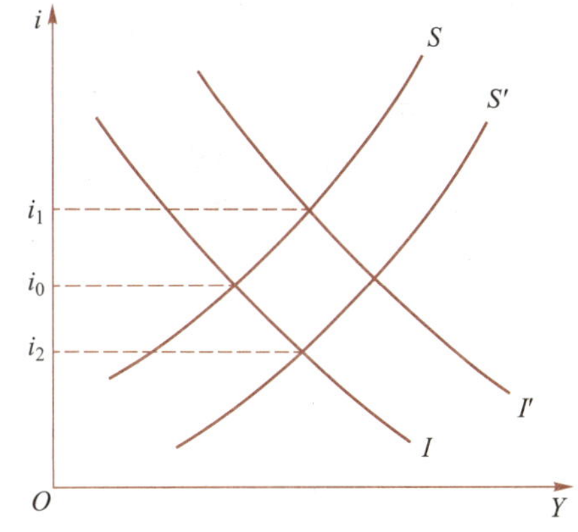

图 17–2　投资与储蓄决定利率

总结来看，古典理论认为，利率是由储蓄和投资共同决定的。其中，储蓄取决于人们对现时消费的偏好程度，而投资则取决于真实资本的生产力，二者的平衡形成均衡利率。不难发现，在古典利率决定论中，利率完全由市场自发调节所决定，没有考虑货币因素对利率的影响，因此货币政策在这个过程中也不扮演任何角色。

第三节　可贷资金理论

在古典利率决定论的基础上，英国经济学家丹尼斯·罗伯逊（Dennis Robertson）和瑞典经济学家贝蒂·俄林（Bertil Ohlin）在20世纪30年代前后系统提出了可贷资金理论（loanable funds theory）。可贷资金理论又可以称为新古典利率决定论，因为其基本分析框架与古典利率决定论类似，只是在资金供给侧补充考虑了银行的信用创造，在资金需求侧补充考虑了窖藏货币需求（或者说囤积货币需求）。几乎在同一时期，凯恩斯在其著作《就业、利息和货币通论》中提出了著名的流动性偏好理论，将货币和债券作为金融市场的备选资产，基于货币资产市场分析利率的决定机制。

通过本章的介绍读者可以看到，可贷资金理论和流动性偏好理论阐释的重点内容和分析框架既有联系又存在一定差异：前者主要基于商品市场，后者则着重考虑货币资产市场。非常有意思的是，当时学术界对这两个理论哪个更合理展开了激烈的辩论，也有文献指出在一定的假设条件下二者是等价的。感兴趣的读者可以参考本章最后提供的“补充阅读资料”。

一、可贷资金理论的基本框架

可贷资金理论是从可贷资金的供给和需求角度来探讨利率的决定机制，利率是可贷资金供需达到平衡时的均衡利率水平。古典利率决定论认为市场上的利率只由储蓄和投资决定，而可贷资金理论则增加了对银行信用创造的考虑。可贷资金理论认为，经济系统内的可贷资金规模并不一定等于私有部门的总储蓄，而是可以更多，因为银行系统可以通过发放贷款等业务创造出更多的信用货币。所以,市场上的利率水平不仅受到储蓄和投资的影响,而且受到银行信用创造变化的影响。

例如,当银行体系增加信贷时,可贷资金的供给就会增加,市场上可贷资金的价格(利率)会随之下降。所以,可贷资金的供给与需求决定了市场上的利率水平。可见,银行体系通过信用创造可以影响市场利率,这一点在古典利率决定论中是没有考虑的。

从具体内容来看,可贷资金理论假定,市场上可贷资金的需求来源于家庭、厂商、政府以及国外资金净借入方四个部门的资金需求。保持其他条件不变,当利率较低时,家庭部门将借入更多资金以支撑消费需求。同时,低利率对于厂商和国外投资者来说意味着其他实物资产投资机会的预期收益相对提高了,因此也倾向于借入更多资金。对于政府而言,在低利率时借入资金将降低弥补财政赤字的成本。也就是说,可贷资金的需求和利率是负相关的。

可贷资金的需求包括经济主体的投资需求加上窖藏(hoarding)货币资金的需求。这里的投资是指真实资本资产(real capital assets)投资,也可以称为实物资产投资,如购买厂房、设备等投资;窖藏货币用于预防等需求,本质上与凯恩斯流动性偏好理论中介绍的持有货币的需求是类似的。

如果我们用 D_L 表示可贷资金的总需求,用 *invest* 表示实物资产投资需求,用 $\Delta hoard$ 表示窖藏货币需求,则可贷资金总需求可以用以下公式表示:

$$D_L = invest + \Delta hoard \tag{17-8}$$

可贷资金的供给则主要由两个来源共同产生:一是家庭、厂商、政府以及国外资金净借出方的储蓄;二是银行的信用创造。不难看出,“可贷资金”强调可以用于放贷的资金不仅来源于传统经济主体的储蓄,还来源于银行信用创造。比较来看,古典利率决定论则假设市场上的资金只来源于经济主体的储蓄,而没有考虑银行的信用创造带来的额外可贷资金。

可贷资金的两个供给来源都与利率呈正相关关系。对于第一个来源储蓄来说,当利率较高时,将多余资金借出(或者说储蓄)的预期收益提高,因此可贷资金供给将增大;反之,储蓄越多,可贷资金的供给越多,利率随之下降。对于第二个来源银行信用创造来说,利率越高,银行越有动力放贷,银行信用创造越多;反之,银行信用创造越多,可贷资金供给越多,则利率越低。

结合以上对可贷资金两个来源的说明,市场上可贷资金供给总额(S_L)就等于家庭、厂商、政府以及国外资金净借出方的资金量(储蓄资金,*saving*)与银行信用创造的变化($\Delta bankcredit$)之和,即:

$$S_L = saving + \Delta bankcredit \tag{17-9}$$

根据式(17-7)和式(17-8),供给和需求达到平衡时,则有:

$$saving + \Delta bankcredit = invest + \Delta hoard \tag{17-10}$$

市场上的可贷资金供给和需求达到平衡的同时也决定了市场的均衡利率水平。如图17-3所示,供给曲线和需求曲线相交点所对应的利率 i^* 就是市场的均衡利率。

二、可贷资金的需求与供给

基于图 17-3，可以进一步分析可贷资金的供给和需求变化如何影响市场利率。首先，从可贷资金的需求来看，主要影响因素有以下几项：第一是 GDP。假设其他条件不变，GDP 上涨意味着经济发展形势较好，此时家庭部门有更高的收入和良好的就业前景，从而更愿意借入资金以满足消费需求。同时，良好的经济状况刺激了厂商扩大机器厂房的投资需求，从而增加了对可贷资金的需求。第二是资本投入的预期生产力水平。预期生产力水平提高将增大资本性投入的需求，从而使可贷资金需求上涨。

图 17-4 表示可贷资金需求的变动对均衡利率的影响。由于 GDP 上涨或预期生产力水平提高，可贷资金需求上涨，体现在图形中是需求曲线 D 向右移动到 D'，此时市场对可贷资金的需求将大于供给量，从而推动利率上升，这时借出资金的预期收益将上升，使得可贷资金供给增加，最终均衡利率由原来的 6% 上升到一个新的均衡利率水平（8%）。

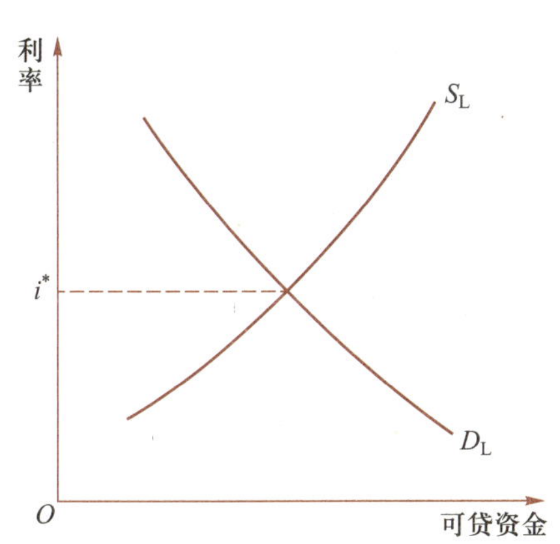

图 17-3 可贷资金的供给和需求决定均衡利率

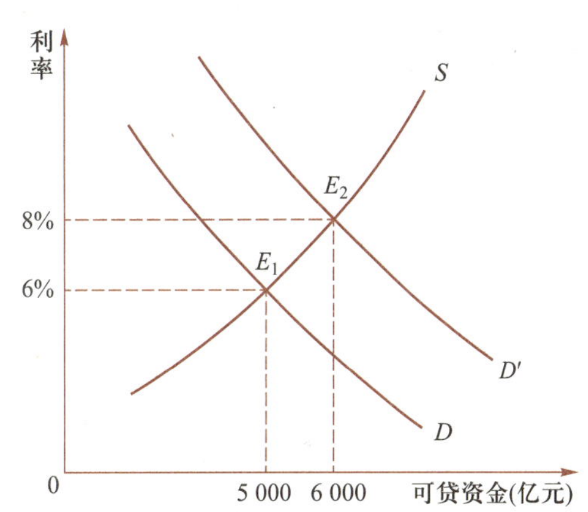

图 17-4 可贷资金需求的变动对均衡利率的影响

其次，从可贷资金的供给来看，影响因素主要有居民收入、对持有货币的时间偏好变化以及银行信用创造变化等。居民收入增加、对持有货币的时间偏好下降（窖藏货币减少）或者银行信用创造增加都可以增加可贷资金的供给，从而降低市场利率。图 17-5 演示了可贷资金供给的变动对均衡利率的影响。

注意，原始的可贷资金理论框架未明确考虑中央银行对货币供给的影响，而是假定中央银行的货币供给固定不变。事实上，中央银行可以通过调整货币供给量直接改变市场上的可贷资金，进而影响家庭、厂商、政府以及国外资金方对可贷资金的需求和供给，从而间接地对市场利率进行调节。通过前面章节介绍的货币创造过程

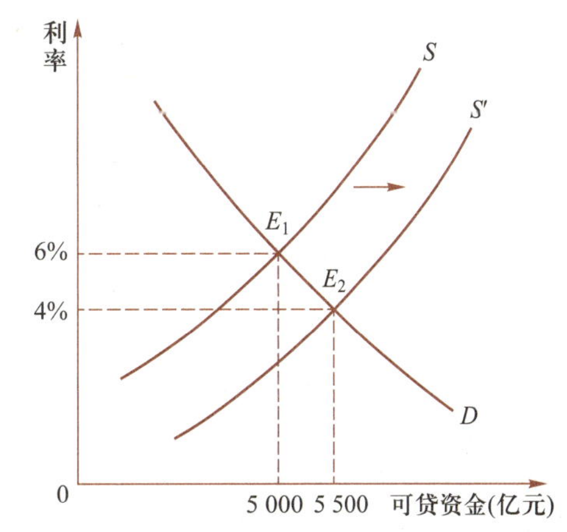

图 17-5 可贷资金供给的变动对均衡利率的影响

可知，在其他条件保持不变的情况下，当央行增加货币供给时，市场上的可贷资金供给量将超过实际需求量，使得家庭、厂商等部门重新调整自己的资金需求量：由于可贷资金增多，家庭、厂商等部门借入资金的成本相对下降，因此对资金的需求将上涨，最终达到一个较低的均衡利率水平。

总结来看，可贷资金理论尝试在古典利率决定论框架内，纳入银行信用创造因素，也即货币因素，综合考虑货币因素和投资储蓄因素对利率的决定作用，以期进一步完善古典利率决定论。

第四节　流动性偏好利率决定论

第十五章的货币需求理论已经提到，“流动性偏好”的概念是由凯恩斯于 20 世纪 30 年代提出的。流动性偏好理论既涉及货币需求问题，又可以用来从货币供给与需求角度分析利率决定机制。流动性偏好理论中把货币视为与债券相竞争的一种金融资产，从而存在对应货币资产的供给与需求而形成的货币资产市场（market for money）。[①]

一、流动性偏好利率决定论的基本框架

凯恩斯假定社会总财富（W）由两部分构成：一部分是债券资产，用 B 表示；另一部分是货币资产，用 M 表示。用公式可以表示成：

$$W=B+M \tag{17-11}$$

进一步来看，对于市场供给方，发行的债券总额加上货币发行总量应该等于社会的总财富，也即：

$$B_s+M_s=W \tag{17-12}$$

同时，市场需求方所购买的债券和持有的货币资产总量等于总财富，即：

$$B_d+M_d=W \tag{17-13}$$

当供给和需求平衡时，应当有如下等式成立：

$$B_s+M_s=B_d+M_d \tag{17-14}$$

我们将货币资产市场的供给和需求移到等式左侧，将债券市场的供给和需求移到等式右侧，得到：

$$M_s-M_d=B_d-B_s \tag{17-15}$$

式（17-15）表明，当货币资产市场达到均衡（$M_s=M_d$）时，债券市场也将同时达到均

---

① 货币资产市场（market for money），即货币作为一种金融资产对应的供给与需求市场。这里不宜用“货币市场”的表述，以避免与第四章介绍的短期债务工具对应的货币市场（money market）相混淆。

衡（$B_d = B_s$），此时将产生一个均衡的利率水平。换句话说，通过流动性偏好理论分析得到的均衡利率从结果上等价于通过债券市场供需平衡得到的均衡利率（或者到期收益率）。事实上，流动性偏好理论从货币资产市场来分析货币供给和需求对利率的决定。所以，对于分析财富变动、货币政策等对利率的影响时，流动性偏好理论可以提供一种简洁的分析框架。

二、流动性偏好理论的利率决定过程

究竟什么是“流动性偏好”？我们在第十五章已经介绍过，人们对货币的需求取决于三种动机：

（1）交易动机：用于满足日常消费需求而持有货币的动机。

（2）预防动机：用于预防流动性短缺而额外持有货币的动机。

（3）投机动机：用于未来可能出现的投资机会而暂时持有货币的动机。

基于这三种动机，人们对货币的偏好就是“流动性偏好”。换句话说，流动性偏好实际上指的是对货币资产的需求偏好。注意，凯恩斯所定义的货币资产只包括流通中现金和支票账户存款。持有现金显然无法获得利息回报，而支票账户存款的利息极低，几乎可以忽略。因此，在凯恩斯的分析框架中，持有货币资产不产生任何收益，即收益率为 0。

那么，利率是如何出现在流动性偏好理论中的呢？答案是债券投资。在凯恩斯的分析框架中，债券投资作为货币资产的唯一替代性资产，可以获得一定的预期回报。我们在前面分析债券供给和需求的时候也已经提到，债券的到期收益率本质上反映了市场利率水平。如果其他条件保持不变，债券价格较低意味着利率较高，此时人们持有货币的机会成本变大，会倾向于持有债券资产，也即货币需求将会下降。换句话说，货币需求和利率是负相关关系。同时，凯恩斯进一步假定货币供给是由中央银行控制的，不受市场利率的影响。

图 17-6 刻画了流动性偏好理论中的货币需求曲线和供给曲线对利率的影响情况。由于货币供给由中央银行外生决定，不受利率影响，因此货币供给曲线 M_s 是垂直于横坐标的直线。货币需求 M_d（包括交易与预防需求 L_1 和投机需求 L_2）与利率呈负相关关系，因此曲线是向下倾斜的。我们假定货币供给数量为 M_{s1}，此时货币需求曲线将和货币供给曲线交于一点，对应一个均衡的利率 i_1。

当中央银行发行的货币量超过了社会的实际需求，体现在图形上即供给曲线从 M_{s1} 向右移动到 M_{s2}，此时人们将会把额外的货币用于投资债券，债券需求上涨将推高债券价格，使得利率下降到新的均衡水平 i_2。对于货币供给从 M_{s2} 移动到 M_{s1}（货币需求大于供给）的情形也可以进行类似的分析。

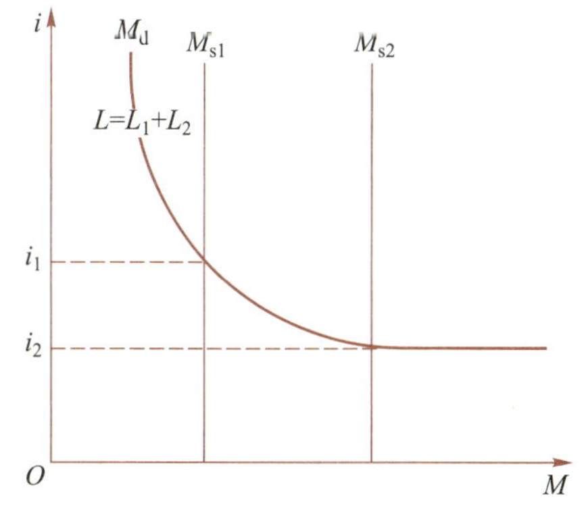

图 17-6　流动性偏好理论中的货币供求与利率

读者或许已经注意到，图 17-6 中还隐含着一个十分有趣的信息：当货币供给从 M_{s2} 向右继续移动时，均衡利率将不再发生改变，而是一直保持在一个较低的水平 i_2，这个现象就是本书第十五章介绍过的流动性陷阱：在经济不景气的背景下，当中央银行通过增加货币供给使得利率下降到一定程度后,人们判断利率没有进一步下降空间,从而判断债券价格不会进一步上涨而是可能下降(债券价格与利率呈反向关系)。因为人们不愿意现在持有一个未来价格会下降的资产,所以此时人们不会购买债券而是囤积货币等待未来投机的机会,此时中央银行投放再多的货币也会被投机性货币需求吞噬,所以无论增加多少货币供给,也无法使利率继续下降。

总结来看,流动性偏好理论认为,利率由人们对货币的需求和中央银行控制的货币供给共同决定。那么,有哪些因素会影响货币需求和货币供给呢?导致货币需求发生改变的因素主要有两个:一是收入效应;二是价格效应。

拓展阅读 17-3

影响货币需求的收入效应与价格效应

收入效应:当收入水平提升时,一方面人们会更愿意持有货币实现价值贮藏,另一方面财富的增加会提升人们对消费的需求,这两方面的因素共同推动了每一利率水平下货币需求的增长,在图形上表现为需求曲线向右移动。

价格效应:人们的货币需求实际上是由货币的真实购买力所决定的,也就是说,人们所持有的货币量是由所能购买的商品量决定的。因此,当物价水平上涨时,单位货币的真实购买力下降,人们为了能买到和物价水平上涨之前同样数量的商品,就必须持有更多的货币。换句话说,给定利率水平,物价水平上涨将推动货币需求上涨,表现在图形上是需求曲线向右移动。

图 17-7 更直观地表现出收入效应和价格效应对货币需求及利率的影响。在其他条件保持不变的情况下,当收入水平上升或价格水平上涨时,货币需求上涨,需求曲线将从 M_{d1} 向右移动到 M_{d2},需求曲线和供给曲线的交点将从点 E_1 移动到点 E_2,对应均衡利率则从 i_1 上升到 i_2。

市场中的货币供给完全由中央银行控制,因此当中央银行增加货币供给时,图 17-8 中的供给曲线将从 M_{s1} 向右移动到 M_{s2},使得均衡利率从 i_1 下降到 i_2 的水平。注意,当利率下

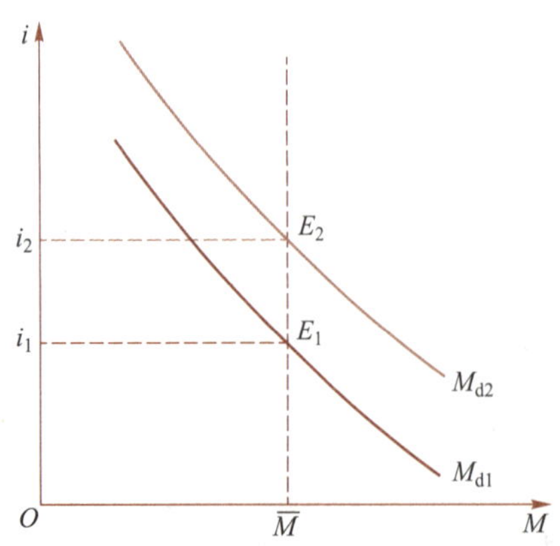

图 17-7 货币需求变动对利率的影响

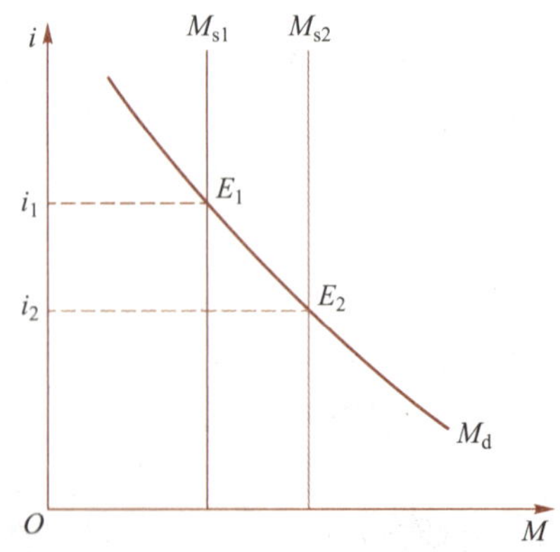

图 17-8 货币供给变动对利率的影响

降到一定程度后,将出现上面提到的流动性陷阱。

需要提醒的是,在上面分析中,我们着重强调了“其他条件不变”。事实上,货币供给的变动同时也可能导致需求的变化。例如,中央银行增加货币供给将增大收入效应,使得货币需求上涨,从而使得利率上涨。同时,市场中货币数量的增加将使通胀预期上升,从而提高价格效应,同样会使货币需求上涨,推动利率水平上升。如此看来,增加货币供给也并不一定能够起到降低市场利率的作用,我们将在后面章节中继续深入分析这个问题。

第五节 *IS–LM* 利率决定论

IS–LM 理论框架是在凯恩斯流动性偏好理论基础上形成的,同时也包含了古典学派基于商品市场的投资储蓄利率决定理论的基本框架。*IS–LM* 理论最早由希克斯于 1937 年提出,后经阿尔文·汉森(Alvin Hansen)进行拓展,成为 20 世纪 40—70 年代应用最为广泛的宏观经济分析框架。*IS–LM* 中的 *I* 代表投资(investment),*S* 代表储蓄(saving),*L* 代表流动性偏好(liquidity preference),*M* 代表货币供给(money supply)。

IS–LM 分析框架经常用 *IS* 曲线和 *LM* 曲线进行演示,*IS* 曲线即投资储蓄曲线,*LM* 曲线即货币的流动性偏好曲线。我们曾经在第九章(拓展阅读 9–4)介绍过 *IS* 曲线,并在第十六章介绍了 *LM* 曲线。从之前章节内容的介绍可以看到,*IS* 曲线用来刻画商品市场在不同利率水平下的均衡产出水平,*LM* 曲线则刻画货币资产市场(或者说金融市场)在不同利率水平下的均衡产出水平。

IS–LM 理论模型实际上是将商品市场的投资储蓄均衡与货币资产市场的供求均衡相结合发展而成的分析框架,是对凯恩斯宏观经济理论的高度概括,描述了经济总产出与利率之间的一般均衡关系。

下面我们简要介绍 *IS–LM* 理论的核心内容。*IS–LM* 理论认为,宏观经济的一般均衡由商品市场和货币资产市场两者共同决定,两个市场同时达到均衡状态可以得到均衡利率和产出水平。对于商品市场,该理论假设总产出 Y 由消费 C、投资 I、政府支出 G 和净出口额 EX 组成,即:

$$Y = C + I + G + EX \tag{17–16}$$

其中,消费、政府支出和净出口额均是产出的函数,而投资(I)则是真实利率(r)的减函数,对上式进行整理得到:

$$Y - C(Y) - G(Y) - EX(Y) = I(r) \tag{17–17}$$

此时,等式左侧可以认为是商品市场的总储蓄 S,是收入(或产出)Y 的函数。当商品市场达到均衡时,则有以下等式成立:

$$S(Y) = I(r) \tag{17–18}$$

注意,在 *IS–LM* 理论分析框架中使用的利率 r 是真实利率而非名义利率。本章第一节已经提到,真实利率在名义利率的基础上剔除了物价变化的影响。当预期物价水平波动较大时，投资者更关注真实收益，因此对于投资函数而言，真实利率才是决策关键。

对于货币资产市场，*IS-LM* 理论假定市场物价水平为 P，名义货币供给 M 由中央银行外生决定，货币需求（流动性偏好 L）则主要由两部分决定：一是用于满足日常消费的流动性需求 L_1，是经济总产出 Y 的增函数；二是用于抓住可能出现的投资机会的投机性需求 L_2，是真实利率 r 的减函数。货币资产市场达到均衡时，真实货币供给量等于真实货币需求量，用公式表示为：

$$\frac{M}{P}=L_1(Y)+L_2(r) \tag{17-19}$$

结合商品市场的均衡条件，就可以解出经济达到均衡状态时对应的均衡利率和均衡产出。图 17-9 演示了经济均衡状态下的情形。在图 17-9 中，*IS* 曲线上的每一个点都对应商品市场的一种均衡状态。同样，*LM* 曲线上的每一个点都处于货币资产市场均衡状态。两条曲线相交时宏观经济达到一般均衡状态，此时对应均衡总产出 Y^* 和均衡利率 r^*。

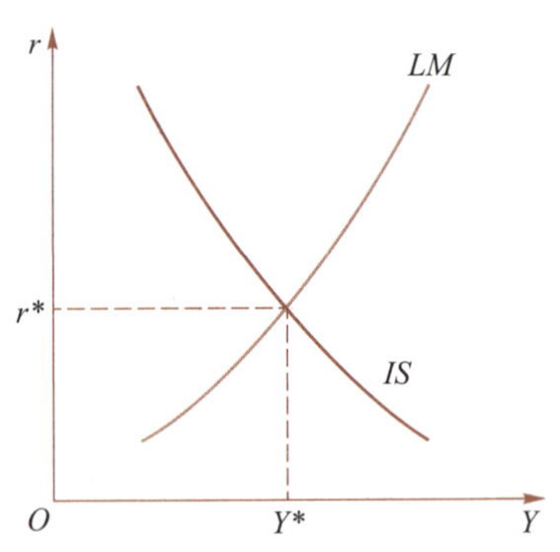

图 17-9　*IS-LM* 模型中的（真实）利率决定

第六节　新凯恩斯主义利率决定论

第十六章已经介绍过，货币理论的新凯恩斯主义分析框架是一个综合分析框架，可以用来分析利率、通胀率以及真实产出变量之间的互动关系，自然也成为利率决定理论的一个代表性分析框架。新凯恩斯主义分析框架是截至目前最主要的宏观经济分析框架，这一框架强调了价格黏性、动态机制、一般均衡和微观基础，可以用于分析宏观经济产出、通胀率以及利率的互动机制。从本质上看，上述分析框架包含了基于微观基础推导出的 *AS*、*AD* 模型，同时与中央银行的货币政策规则等式共同构成多等式分析系统，用于分析模型系统中核心指标的影响机制。

这里介绍的内容与第十六章中的新凯恩斯主义分析框架完全一致。从利率决定角度看，*IS-LM* 框架认为中央银行控制货币供给。而新凯恩斯主义分析框架将货币供给替换成中央银行的目标利率。也就是说，中央银行的货币政策不再通过货币供给调控实现，而是通过公开市场操作等各种工具，实现对短期利率指标的调控。这样，著名的货币政策泰勒规则就进入到新凯恩斯主义分析框架。

简单地说，新凯恩斯主义利率决定论是对 *IS* 曲线、新凯恩斯菲利普斯曲线（*NKPC*）和货币政策反应机制（*MPF*）所构成的动态体系的总称，其分析框架是劳动力市场、商品市场、金融市场等的一般均衡分析框架，也是总供给和总需求相结合的综合分析框架。

由 *IS-NKPC-MPF* 构成的新凯恩主义利率决定论框架也是经典的货币政策分析框架，是在 *IS* 模型的基础上加入价格调整方程（新凯恩斯菲利普斯曲线）和中央银行的利率规则方程所构成的用于描述宏观经济波动的分析框架，其中包括了对均衡利率水平的决定。我们在第十六章中已经介绍过新凯恩斯主义分析框架的代表性三等式模型，对具体模型形式不再重复。下面使用一般性的函数形式来刻画 *IS-NKPC-MPF* 各等式中经济变量的关系。

首先,*IS* 曲线刻画了真实产出缺口 $\tilde{y}$ 与名义利率 i 和通胀率 π 之间的关系,即:

$$\tilde{y}_t = I(i_t, \pi_t) \tag{17-20}$$

式中:$I(\cdot)$ 表示函数形式;$\tilde{y}_t$ 表示真实产出缺口;π_t 表示 t 期的通胀率;i_t 表示 t 期的名义利率。

其次,新凯恩斯菲利普斯曲线描述了通货膨胀率的动态变化过程,用一般性公式可以简单地表示为:

$$\pi_t = g(\pi^e_{t+1}, \tilde{y}_t) \tag{17-21}$$

式中:π_t 为 t 期的通胀率,是真实产出缺口 $\tilde{y}_t$ 和 $t+1$ 期通胀率预期 π^e_{t+1} 的函数。

新凯恩斯菲利普斯曲线表明,当期的通胀率取决于总产出水平和对下一期通胀率水平的预期。

最后,在 20 世纪 90 年代之前,经济学界经常使用完全受中央银行控制的货币供给来描述货币政策。但是,随着经济不断发展,逐步出现一系列新的经济难题,到 20 世纪 90 年代之后,经济学者们逐渐发现,中央银行可以直接控制的基础货币规模和市场上实际的货币供给量越来越难建立起严格的对应关系,因此中央银行实际上很难对货币供给做出直接调整进而调节市场利率水平,用简单的货币供给需求分析不足以刻画中央银行的货币政策。

于是,约翰·泰勒等经济学家提出了新的货币政策反应机制,认为中央银行应主要调整名义利率来对货币政策最终目标的变化进行反应。这种利率对货币政策最终目标的反应机制被称为泰勒规则,用公式可以简单表示为:

$$i = f(r, \pi, \tilde{y}) \tag{17-22}$$

其中,名义利率 i 是关于真实利率 r、通胀率 π 和真实产出缺口 $\tilde{y}$ 的函数。研究人员发现,利用这一规则预测得到的名义利率与现实情况吻合得很好,因此其逐渐被经济学家用来描述中央银行的货币政策反应机制。

式(17-19)至式(17-21)联立起来(*IS-NKPC-MPF*)就构成了简单的新凯恩斯主义三等式分析框架,通过设定具体的函数形式,即可求解出利率与真实总产出以及通胀率之间的关系。

当然,从严格意义上讲,*IS* 曲线中的名义利率一般对应于长期利率,而泰勒规则中的名义利率是短期利率。所以,如果要进一步区分长短期利率的各自决定机制,则需要确立短期利率与长期利率之间的关系,这种关系可以通过利率期限结构理论进行构建。第十八章将详细介绍利率期限结构理论,这里不再进一步展开介绍。不过,只要我们给出长短期利率的函数关系,将其增加到上述三等式框架中,即可构建出长短期利率的关系,进而分别分析长短期利率的决定机制。

第七节 利 差

利率是资金的价格,反映了市场供给和需求的均衡关系。市场利率波动的背后实际上是对应市场资金供需均衡关系的变动，因此，利率本身便是反映市场真实状况的晴雨表。然而，有些时候不同利率指标之间的联动关系往往能够反映经济运行中更多有价值的信息，例如长短期利率之差、存贷款利率之差以及基准利率（货币市场）和无风险利率（国债市场）之差等。此时，单独对各个利率进行分析可能信息量有限，而这些利率的差值便成为很好的市场分析指标。我们把不同利率之间的差值称为利差（spread）。

金融工具彼此之间的期限不同、风险程度不同等都可能导致对应的利率水平出现差异，所以利差可以是长短期利差、有风险与无风险利差等。具有可比意义的利率之差可以为我们提供关于金融市场相关情况的丰富信息。本节主要介绍金融市场中两种常见的利差工具，分别是 TED 利差（TED spread）和 LIBOR–OIS 利差。

一、TED 利差

TED 利差是指欧洲美元的伦敦银行间同业拆借利率（LIBOR）与美国短期国债利率之差。其中，T 代表美国国债（treasury-bill），ED 代表欧洲美元（Euro dollar）。一般认为，美国国债几乎没有信用违约风险，因此美国国债利率被视为国际金融市场上的无风险利率。同时，LIBOR 是国际资金拆借市场上具有代表性的市场基准利率。因此，TED 利差的实际含义是国际资金拆借市场上市场利率与无风险利率之差，两个利率指标的期限通常都采用 3 个月标准。TED 利差用公式可以表示成：

$$\text{TED 利差}=\text{LIBOR}-\text{美国国债利率} \tag{17-23}$$

TED 利差的单位一般用基点（basic points，bps；100 bps=1%）表示。例如，3 个月期的 LIBOR 为 3%，美国国债利率为 2.5%，则 TED 利差为 50 bps。

TED 利差是指示市场资金流动性状况以及风险偏好的指标，利差的上升通常暗示了市场存在潜在的信贷风险或流动性风险。LIBOR 是伦敦银行间同业拆借利率，它和无风险利率之差增大说明银行在向同业银行借出资金时将要求获得更高的风险补偿，这意味着银行间出现信用违约的可能性增大，资金流动性有收紧的趋势。反之，TED 利差缩小则表明市场流动性较好，投资者避险情绪较为缓和。

长期来看，TED 利差平均保持在 30~50 bps。当出现经济危机时，TED 利差会飙升至 200 bps 以上。2008 年国际金融危机期间，TED 利差一度超过了 400 bps，最高达到了 458 bps，意味着市场情绪较差，银行向同业借出资金要求超过 4% 的风险溢价，此时市场的流动性也受到了严重影响。图 17–10 是 1986 年 1 月至 2022 年 1 月的 TED 利差走势图。

从图 17–10 中可以看到，TED 利差基本保持在 100 bps 以下，但有两次剧烈波动，它们分别出现在 1987 年和 2008 年前后，分别对应 1987 年美国股灾和 2008 年国际金融危机。作为国际金融市场上具有代表性的市场指标之一，TED 利差能够直接反映出市场投资者的避险情绪，同时也是衡量市场资金流动性状况的良好指标。剧烈波动的 TED 利差往往预示着潜在的金融危机。但是，TED 利差仅能保持和市场同步，能够客观地反映市场目前的状况，用于预测市场未来走势的作用则较为有限。

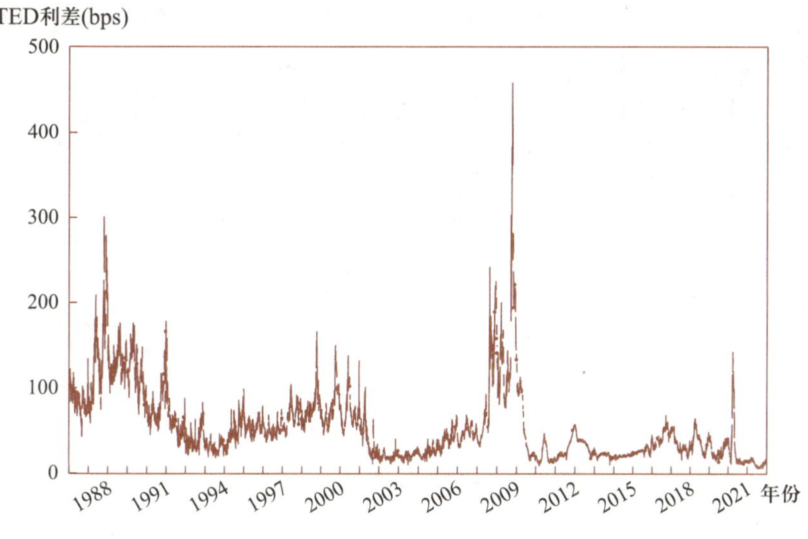

图 17-10　TED 利差（1986 年 1 月—2022 年 1 月）

资料来源：美联储。

二、LIBOR-OIS 利差

LIBOR-OIS 利差是另外一个较为常用的市场指标，其中 OIS 曾经在本书第七章介绍过，是 overnight index swap 的缩写，即隔夜指数互换，是利率互换的一种形式，同时代表了平均隔夜利率水平。OIS 是市场交易双方互换固定利率和浮动利率的互换协议。对于美元互换，浮动利率通常用隔夜有效联邦基金利率按照付息周期进行复利计息，而固定利率则是协议执行期内有效联邦基金利率的市场预期利率。

假设市场交易方 A 和 B 签订了名义本金为 1 亿美元、期限为 1 年的 OIS 协议，约定 A 在付息日向 B 支付按照浮动利率计算的利息，同时获得按 2% 的 3 个月期 OIS 利率计算的利息收入，每 3 个月付息一次。假定付息日当天的复合浮动利率是 1.9%，则 A 将获得利息净收入：

$$(2\% - 1.9\%) \times \frac{3}{12} \times 100\ 000\ 000 = 25\ 000\ (\text{美元})$$

这里需要提醒读者，OIS 协议在付息日实际上仅交换了双方支付利息的差额，不涉及本金的交换。

LIBOR-OIS 利差是用同期限的 LIBOR 减去 OIS 利率得到的差值，单位是基点（bps），它是衡量银行系统信用违约风险的指标。LIBOR-OIS 利差被认为是银行偿债能力的晴雨表。与 TED 利差类似，当 LIBOR-OIS 利差增大时，暗示银行预期同业的违约风险增大，在借出资金时要求获得更高的风险溢价。

注意，尽管 LIBOR 也可以反映银行间市场的流动性状况，但 LIBOR-OIS 利差的波动却主要用来衡量银行的信用违约风险而不是流动性风险。这是因为，OIS 利率本身就是联邦基金利率（美国银行同业拆借利率）的市场预期值，它同样可以反映市场资金的流动性状况，因此在信用违约风险相对不变的情况下，LIBOR 和 OIS 利率对于市场流动性的指示作用是一致的,因此同期限的两个利率之差实际上剔除了反映流动性水平变化的部分。

长期来看,LIBOR-OIS 利差保持在 10 bps 左右。当经济发生危机时,这一利差会迅速上升。2001 年至 2022 年 LIBOR-OIS 利差的走势如图 17-11 所示。可以看到,2007—2008 年美国次贷危机及国际金融危机期间,这一利差上升到 100 bps 甚至更高的水平,表明当时美国处于市场的高风险环境。随着危机解除,LIBOR-OIS 利差又回落到 10 bps 左右。2018 年意大利政局发生动荡,影响到欧元区市场稳定,LIBOR-OIS 利差又上升到 50 bps 以上。

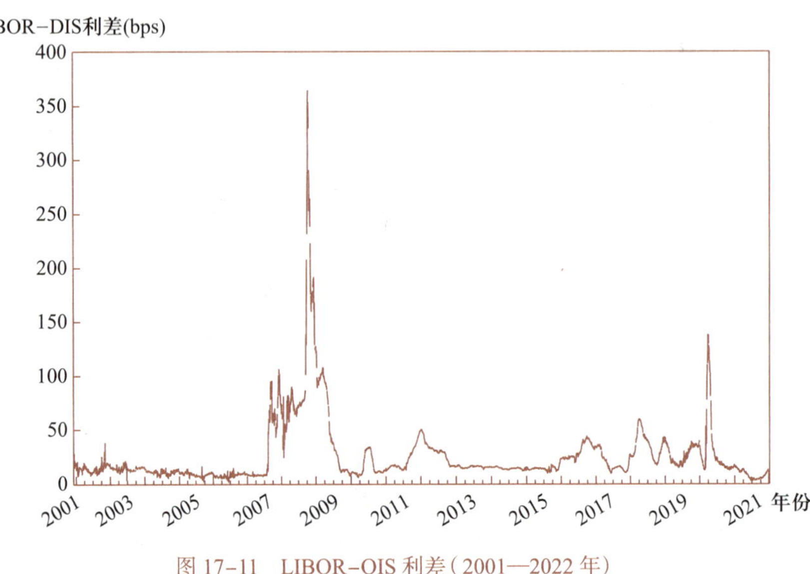

图 17-11　LIBOR-OIS 利差(2001—2022 年)

资料来源:Bloomberg。

相比于单独使用某个利率分析金融市场状况,利差分析工具提供了更加丰富的信息。例如,TED 利差是反映市场投资者情绪的良好指标,而 LIBOR-OIS 利差则反映银行间市场信用违约风险的变化情况。TED 利差上升预示着银行间出现信用违约的可能性增大,资金流动性有收紧的趋势;LIBOR-OIS 利差的上升则主要反映银行间信用违约风险增大。两种利差工具都是反映国际金融市场运行状况的晴雨表,能够帮助投资者把握市场资金流动性状况和违约风险程度,从而调整资产组合,规避潜在风险。

复习要点

1. 利率的定义。
2. 单利计息与复利计息的计算方式。
3. 名义利率与真实利率的区别。
4. 古典利率决定论。
5. 可贷资金利率决定论。
6. *IS-LM* 利率决定论。
7. 新凯恩斯主义利率决定论。
8. TED 利差和 LIBOR-OIS 利差。

关键术语

本金	利息	利率
收益率	无风险收益率	国债收益率
到期收益率	折现率	风险溢价
单利计息	复利计息	年化利率
现值	终值	折价发行
溢价发行	现时消费	短期利率
长期利率	名义利率	真实利率
事前真实利率	事后真实利率	货币幻觉
真实资本	债券市场	货币市场
货币资产市场	古典利率决定论	可贷资金理论
流动性偏好理论	*IS–LM* 曲线	新凯恩斯利率决定机制
利差	TED 利差	隔夜指数互换(OIS)
LIBOR–OIS 利差	利率市场化	

即测即评

请扫码检测本章学习效果。

练 习 题

参考答案

1. 客户把资金存到银行,银行支付的利息的含义是什么?
2. 可贷资金理论与流动性偏好利率决定论有哪些异同?
3. 新凯恩斯主义利率决定论与货币政策传导机制有什么联系?
4. 货币资产市场与货币市场的区别是什么?
5. 如果 TED 利差突然大幅升高或者大幅下降,分别暗示什么信息?
6. 如果 LIBOR–OIS 利差增大,说明什么问题?
7. 如果你目前有 100 万元可以用于投资 3 种金融产品,年化收益率分别为 5%、8% 和 10%,风险忽略不计,运用“72 法则”推算,分别需要几年可以实现本金翻倍?
8. 如果你有 100 万元资金考虑投资于两类风险相同、期限相同的金融产品 A 和 B。A 和 B 的收益率和计息方式不同:产品 A 的收益率为年化 5%,按单利计息;产品 B 的收益率为年化 4%,按复利计息。产品 A 和 B 均为 5 年期,且产品存续期间(未到期前)不支付利息。请说明你倾向于选择 A 还是 B 进行投资。

补充阅读材料

扫码查看本章补充阅读材料。

第十八章

利率期限结构

学习目标

1. 掌握到期收益率的概念
2. 掌握收益率曲线的定义
3. 掌握收益率曲线的类型与经济含义
4. 掌握利率期限结构理论
5. 掌握信用风险、税收对利率期限结构的影响
6. 掌握利率期限结构与货币政策的联系

本章导读

利率或者说收益率是金融资产的价格。金融资产持有到期的收益率称为到期收益率。在某一时点上不同期限证券产品的收益率连接形成的曲线称为收益率曲线。由于金融市场上套利随时可能发生，所以尽管长短期证券产品的收益率会有高低差异，但是这种差异不会无限制地放大，否则就会出现大量套利交易，使得长短期收益率很快收敛到合理水平。因此，不同期限的收益率彼此之间必然存在一定关系，例如长期利率可以表示为短期利率的某种函数关系，即利率（收益率）期限结构。

收益率曲线的形状刻画了利率期限结构特征，反映了不同期限利率水平之间存在的逻辑联系，这种逻辑联系可以用利率期限结构理论来提炼。根据假设条件不同，利率期限结构理论可以分为纯粹预期理论、流动性溢价理论、市场分割理论和偏好栖息地理论。本章第一节和第二节介绍到期收益率和收益率曲线的概念，第三节对利率期限结构理论进行详细介绍。

另外，利率期限结构还会受到信用风险和税收因素的影响。同时，利率期限结构与中央银行的利率调控政策紧密联系。为此，本章第四节和第五节分别介绍信用风险和税收因素对利率期限结构的影响以及利率期限结构与货币政策的联系。事实上，货币政策对短期利率的调控可以直接影响收益率曲线的短端，进而通过利率期限结构理论引导长期利率走势。利率期限结构理论还可以完善货币政策传导机制的分析框架，将长期利率引入第十六章和第十七章介绍的货币政策分析框架。通过本章学习，读者可以更深入理解利率在金融中扮演的核心角色。

第一节 到期收益率

一、到期收益率的概念

我们在之前章节中介绍了利率和收益率的概念,并且介绍了利率的决定因素。在讨论利率的决定因素时,我们并没有区分利率种类,特别是没有对不同期限金融产品的利率进行区分,而是统称为利率。然而,在现实世界中,金融产品的期限多种多样,例如存款和贷款有 1 年期、2 年期、5 年期等不同的到期期限;债券有 10 年以上的长期国债(T-bond),也有 2~10 年的中期国债(T-note),还有 1 年以内的短期国债(T-bill)。这些不同期限的利率走势总体上经常表现为同涨同跌,但是不同期限利率变化的幅度可能不同,甚至有些期限品种与其他期限利率的走势发生背离。因此,不同期限的利率彼此之间的利差在不同时期可能变窄或者变宽,不同期限的利率之间的关系可以用利率期限结构理论进行刻画。

因为利率期限结构与到期收益率的概念紧密联系,所以我们先回顾一下前文介绍的到期收益率的概念。以债券为例,到期收益率是指债券持有到期所获得的收益率,是投资债券的内部收益率。[①] 因为投资债券一般既有定期的息票收入,又有面值与市场价格的价差,所以债券到期收益率与银行资金拆借的利率相比更复杂。从财务计算角度看,债券到期收益率是一种折现率,可以使投资债券获得的所有未来现金流(面值和息票)经过折现以后等于当前债券市场价格。到期收益率相当于投资者按照当前市场价格购买债券并且一直持有至到期时可以获得的年平均收益率,其中隐含了每期的投资收入现金流(息票收入)均可以按照该到期收益率水平进行再投资的前提。

到期收益率的概念对于刻画债券的面值、发行价以及票面利率等信息至关重要。一张票面标价 1 000 元、票面利率为 2% 的债券,根据市场上总体利率情况以及债券发行主体的信用属性等因素,投资者购买该债券实际付出的价格可以是 1 000 元,也可以是 900 元,还可以是 1 100 元。无论以哪种价格成交,到期偿还额均为票面额 1 000 元。

正是由于债券的面值与市场价格可能有差异,债券的投资收益不仅取决于票面利率和偿还期限,还取决于面值与发行价之间的价差。事实上,在债券息票利率不是很高的情况下,由于债券价差(票面价与成交价之差)一般比票息的额度更大,价差对到期收益率的影响一般会更明显。

二、到期收益率的计算

一般情况下,债券的到期收益率隐含在发行价(市场成交价)、息票以及债券面值构成的折现等式中,或者说到期收益率是使债券投资的所有未来收益现值之和等于当前购入成本的折现率。对于 1 年期债券,到期收益率比较直观,因此我们先以 1 年期债券为例,假设面

---

① 内部收益率是财务会计中的一个概念,是能够使未来现金流入量现值等于未来现金流出量现值的折现率,也可以指使投资方案净现值为零的折现率,与此处到期收益率的概念一致。

值 1 000 元、发行价 900 元、每年付息 50 元(息票利率 5%),持有 1 年期满后到期收益率是利息收入加上价差获利再除以购买成本,即:

$$R=(50+1\ 000-900)/900=16.7\%$$

我们也可以把上例中的到期收益率放在折现等式中,即:

$$900=\frac{50}{1+R}+\frac{1\ 000}{1+R}$$

也就是说,现价 900 元是未来 1 年中投资者收入息票 50 元和面值 1 000 元的折现,折现率反映了投资者所要求的补偿(无风险利率+风险溢价)。因为购买价格大大低于票面价格,所以到期收益率应该明显高于 5% 的票面利率。按照这个公式计算,同样可以得到 16.7% 的到期收益率结果。可以想见,如果现价上升到 1 000 元(等于面值),那么购买该债券并持有至到期的收益率必定等于票面利率,即 5%。读者可以根据这个简单的例子揣摩现价变化与到期收益率之间的对比关系。

如果债券的到期期限超过 1 年,则到期收益率的计算就不像上面例子这样直观。我们把刚才的例子拓展到 5 年期,假定投资者以 900 元购买了面值 1 000 元、票面利率 5% 的 5 年期债券,每年付息一次,持有至到期,那么该笔投资的到期收益率(年化收益率)是多少?

在这个例子中,期初支付成本 900 元,从第 1 年结束(第 2 年起始)开始一直到第 5 年结束(第 6 年起始)时,每年都会获得 50 元息票收入。并且在第 5 年结束时获得面值收入。这个过程可以用图 18-1 表示。

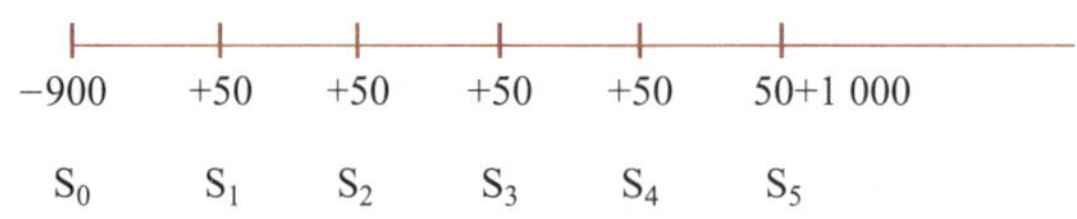

图 18-1　购买 5 年期债券的现金流分析

因此,期初的 900 元支出相当于未来各期收入折现到当前的价值,即:

$$900=\frac{50}{1+R}+\frac{50}{(1+R)^2}+\frac{50}{(1+R)^3}+\frac{50}{(1+R)^4}+\frac{50+1\ 000}{(1+R)^5}$$

上面公式中的 R 等于到期收益率,也是我们在第五章介绍的债券定价公式中的折现率。利用金融计算器或者其他数学计算手段,可以得出 R 的数值为 7.8%,即购买该债券持有至到期的年化收益率是 7.8%。

拓展阅读 18-1

利用金融计算器计算债券到期收益率

债券一般由交易价格 P、票面价格 F、息票 C 和到期收益率 R 等多个指标来刻画。

债券的交易价格与到期收益率紧密联系。一般来说，对于附息债券，交易价格可以理解为到期总利得的折现，以每年付息的 10 年期债券为例，即：

$$P=\frac{C}{1+R}+\frac{C}{(1+R)^{2}}+\cdots+\frac{C}{(1+R)^{10}}+\frac{F}{(1+R)^{10}}$$

假设面值 F 为 1 000 元，票面利率为 2%，即息票 C=1 000 × 2%=20（元），市场成交价 P 为 990 元，则利用上述公式可得：

$$990=\frac{20}{1+R}+\frac{20}{(1+R)^{2}}+\cdots+\frac{20}{(1+R)^{10}}+\frac{1\,000}{(1+R)^{10}}$$

根据这一等式关系可以折算出该债券到期收益率 R 为 2.34%。在实践中，到期收益率的计算可以使用金融计算器或者网络金融计算器，输入相应信息即可获得结果。图 18–2 演示了上面例子中的计算界面。

债券到期收益率计算器

债券到期收益率计算器可以帮您计算在二级市场上买入已经发行的债券并持有到期满为止的这个期限内的年平均收益率。

○ 处于最后付息周期的固定利率债券、待偿期在一年以内的到期一次还本付息债券和零息债券

○ 待偿期应在一年以上的到期一次还本付息债券和零息债券

◉ 不处于最后付息周期的固定利率债券

债券单元成本	990	元
债券购买交割日	2022-4-1	
债券到期兑付日	2032-4-1	
债券单位面值	1000	元
债券票面年利率	2	%
利息支付频率	1	次/年

计 算　　清 除

计算结果

到期收益率：2.34 %

图 18–2　债券到期收益率计算器

第二节 收益率曲线

一、收益率曲线的定义

收益率曲线是刻画在某一时刻证券产品的利率或者收益率与到期期限之间关系的曲线，显示利率如何随到期期限变化而变化。对于同一种证券产品，其利率或者说收益率随着期限变化而有所不同，利率与到期期限之间的关系就是利率期限结构。不难看出，收益率曲线是利率期限结构的图示。图 18-3 给出了收益率曲线示意图。

另外，从以上定义可以看出，我们构建利率期限结构或者收益率曲线时，往往针对某一种证券产品，而不是考察不同证券产品彼此之间的期限与到期收益率之间的关系。也就是说，聚焦于同一种证券产品分析利率期限结构可以简化分析，因为不必考虑不同产品存在的风险不同、税收政策不同等因素带来的影响。

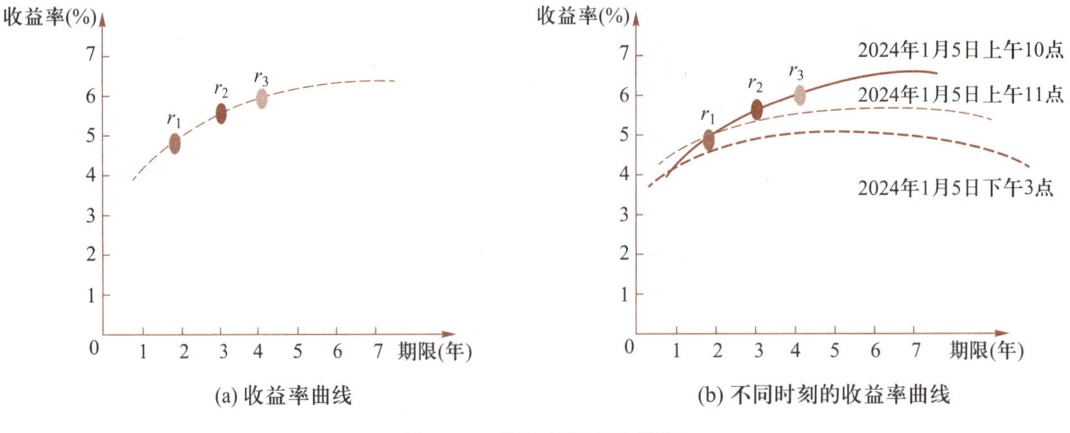

图 18-3 收益率曲线示意图

注意，要考察同一种证券产品不同期限对应的收益率，首先需要明确考察的时点，因为在发达的证券市场上，同种证券产品的收益率也每时每刻都在变化。例如，2015 年 1 月 15 日各个期限的国债收益率与 2020 年 1 月 20 日各个期限的国债收益率并不相同。即使在同一天不同时点，证券产品各期限的收益率也不尽相同，例如图 18-3（b）中的 2024 年 1 月 5 日上午 10 点、11 点和下午 3 点的收益率曲线形状各不相同，只不过时间临近的收益率曲线总体上形状可能变化不大。因此，分析收益率曲线和期限结构问题，一定要明确具体时点。

为了说明问题，我们以中国银行间市场固定利率国债收益率曲线和期限结构为例来进行说明。表 18-1 列出了 2010 年 1 月 15 日、2015 年 1 月 20 日和 2020 年 1 月 20 日的各期限对应的国债收益率情况。根据表中所列的到期收益率情况，图 18-4 描绘了表中三个不同日期对应的收益率曲线形状。从图中可以看到，三个不同日期对应的收益率曲线形状差别比较明显，无论是收益率曲线的位置还是斜率在不同时间点都发生比较明显的变化。另外，

2010 年 1 月 15 日与 2020 年 1 月 20 日的收益率曲线总体上都是朝右上方倾斜，属于比较正常的收益率曲线。但是，2015 年 1 月 20 日的收益率曲线却出现了一定程度上的长短期“倒挂”情形，即 1 年期和 2 年期的收益率低于 2 个月和 3 个月期限的国债收益率，而且总体上看该收益率曲线图形比较扁平。

表 18-1　三个时点不同期限中国国债收益率　　单位 %

期限	2010 年 1 月 15 日	2015 年 1 月 20 日	2020 年 1 月 20 日
隔夜	0.809 3	2.174 7	1.548
2 个月	1.204 5	3.247	2.036 5
3 个月	1.312 1	3.220 6	2.055 8
6 个月	1.456	3.177 6	2.174 2
9 个月	1.594 7	3.196 2	2.191 1
1 年	1.601 9	3.181 2	2.201 9
2 年	2.121 6	3.193 6	2.492 9
3 年	2.557	3.216 6	2.623 3
5 年	3.012 1	3.399	2.859 2
7 年	3.388 6	3.427 7	2.999 9
10 年	3.687 1	3.471 1	3.076 6
15 年	4.026 9	3.689 5	3.364 3
20 年	4.120 5	3.894 1	3.401 7
30 年	4.210 6	3.994 4	3.658 8
40 年	4.269 4	4.033 5	3.718
50 年	4.329 4	4.093 3	3.742 2

资料来源：中国债券信息网。

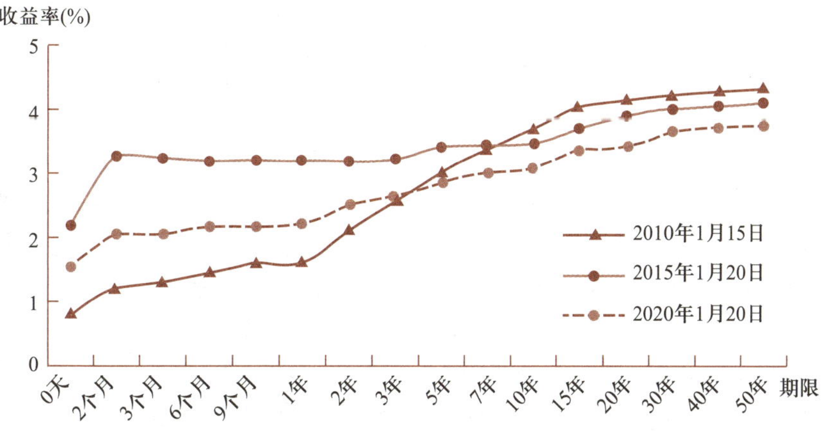

图 18-4　中国银行间市场固定利率国债收益率曲线

资料来源：中国债券信息网。

二、收益率曲线的形状

通过以上分析可以看到，收益率曲线所体现出的斜率和收益率曲线的位置反映了利率期限结构特征。由于不同时间点收益率曲线的形状变化明显，所以在不同时期观察收益率曲线可以看到各种形状。根据收益率曲线的具体形状特征，可以概括为四种基础形状，即向右上方倾斜(正常型)、扁平型、驼峰型以及向右下方倾斜(倒挂型)。图 18-5 演示了四种不同类型的收益率曲线。

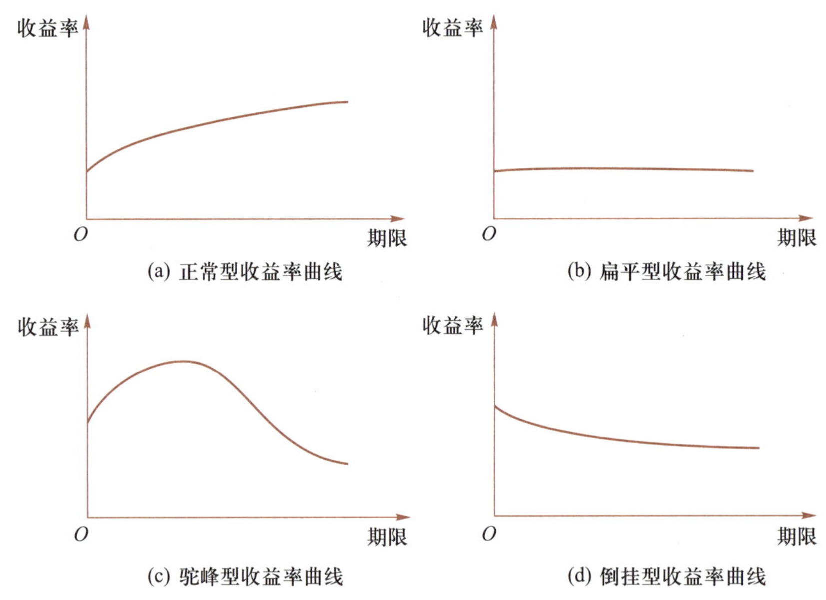

图 18-5 正常型、扁平型、驼峰型和倒挂型收益率曲线

向右上方倾斜的收益率曲线又称为正常型收益率曲线。在正常情况下，期限越长补偿越高，相应的收益率就会越高，反映可投资风险随期限拉长而升高的情形。如果经济运行平稳有序，那么收益率曲线通常表现为向右上方倾斜的正常形状。

扁平型收益率曲线意味着每种期限债券的到期收益率相等或几乎相等，而驼峰型收益率曲线表现为先升后降，意味着中期债券的收益率高于短期和长期债券。扁平型和驼峰型收益率曲线经常出现在经济从扩张转向衰退的转型时期。当经济增速逐渐放缓时，市场预期未来利率可能逐渐下降，因此长期债券需求有所上升(在当前锁定相对较高的长期收益率)，长期债券的市场价格相应也上升，从而使长期债券收益率下降(因为面值与市价差减小)；相反，短期债券需求则有所下降，带来短期债券价格下降，从而使短期债券收益率上升(因为面值与市价差增大)。这样，长期债券收益率下降而短期债券收益率上升，在这个过程中可以形成扁平型或者驼峰型收益率曲线。

向右下方倾斜的收益率曲线则意味着短期收益率高于长期收益率。在极端情况下，长短期收益率可能出现倒挂，即期限越长收益率反而越低，表现为倒挂型收益率曲线。图 18-4 所示的 2015 年 1 月 20 日中国国债收益率曲线就出现过这样的情况。

倒挂型收益率曲线的形成有两方面可能原因：一方面是短期证券过剩，因证券供给过多而压低价格，从而抬高收益率（因为债券成交价格与到期收益率呈反向关系）；另一方面是长期证券短缺或者说市场对长期证券需求更强劲，从而抬高证券价格进而拉低了到期收益率。

可见，当经济增长时，可能持续出现向右上方倾斜的正常型收益率曲线；反之，当经济衰退时，就可能出现向右下方倾斜的倒挂型收益率曲线。收益率曲线与宏观经济之间存在这种对应关系，根本原因是长期资本投资收益率的高低可能有助于刺激或调控经济。通过发行更低收益率的长期证券，企业和政府都可以用负担得起的成本获得所需投资资本，以扭转疲软的宏观经济。

从投资者角度看，当经济走向衰退的时候，市场预期未来利率会下降（因为决策层很可能下调政策利率来应对经济衰退），所以投资者更愿意投资长期证券，以锁定目前更高的收益率。这就会增加对长期证券的需求，证券价格升高，从而降低收益率。与此同时，很少有投资者希望投资于短期证券，因为以后利率还会更低。随着对短期证券需求的减少，短期证券的价格下降，从而收益率上升，这样就可能产生倒挂型收益率曲线。倒挂型收益率曲线的出现，暗示经济很可能将下行。

我们可以从下面的例子来体会正常型收益率曲线与倒挂型收益率曲线的情形（票面利率 c，票面价格 F，发行价 P，到期收益率 YTM）。

（1）正常型：

1 年期，$c=2\%$，$F=1\ 000$，$P=950$。

2 年期，$c=2\%$，$F=1\ 000$，$P=900$。

计算得：$YTM_1=7.4\%$；$YTM_2=7.78\%$。

（2）倒挂型：

1 年期，$c=2\%$，$F=1\ 000$，$P=990$。

2 年期，$c=2\%$，$F=1\ 000$，$P=1\ 000$。

计算得：$YTM_1=3\%$；$YTM_2=2\%$。

三、国债收益率曲线的基准性

国债是中央政府为筹集财政资金而发行的一种政府债券。因为国债是由中央政府财政部门代表国家发行的债券，在债券品类中信用等级最高，所以国债通常被认为是无风险债券的代表，国债收益率则代表了无风险利率。所以，国债收益率曲线通常被认为是市场利率定价的基准。

银行和其他金融机构在设定存贷款利率时，一般将国债收益率曲线作为基准。短期存贷款利率以国债收益率曲线短期端（短期国债收益率）为基准，长期存贷款利率则以国债收益率曲线长期端（长期国债收益率）为基准。也就是说，金融机构在设定存贷款利率时，经常会参考相应期限的国债收益率水平，在无风险收益率基础上考虑风险溢价水平，进而设定相应的利率以补偿借款人无力偿还贷款的可能性。

国债收益率曲线也是投资者比较其他有风险资产（例如企业债券）是否值得投资的基准。投资者经常将有风险资产收益率与国债收益率的利差作为投资与否的判断基准之一。通常情况下，这种利差在经济处于衰退期会增大而在经济复苏或者扩张期会减小。这些信息都为投资者的投资决策提供了基础。

国债收益率曲线还是中央银行利率政策调控的基准。中央银行通过公开市场操作等工具影响货币市场利率，而货币市场利率的变化如何进一步影响实体经济活动和价格水平变化等，则需要借助国债收益率曲线。例如，中央银行以银行间拆借市场的隔夜利率作为政策利率，那么隔夜期限的国债收益率也应该非常接近这一政策利率水平，否则市场上可能有套利机会，经济主体可以通过从较低利率来源借入资金并以较高利率放贷来获得无风险利润。

如果隔夜国债收益率高于隔夜政策利率，那么市场参与者就可以在银行间市场以较低利率水平借入资金，并将借入的资金投资于隔夜到期的国债，从而获得无风险利润。如果这种套利机会存在，就会吸引大量投资者参与这种套利交易，从而驱使国债收益率收敛到政策利率水平。因此，在发达的金融市场上，市场力量（如套利交易）会将短期国债收益率保持在靠近政策利率的水平，从而使得国债收益率曲线成为中央银行利率传导的基准。

图 18-6 演示了中国隔夜期限的国债收益率与隔夜期限的 SHIBOR 的走势比较。不难看出，隔夜国债利率在多数时期与隔夜 SHIBOR 比较接近，尽管有些时期出现一定偏离，但是总体走势保持一致。当然，中国短期政策利率指标在不同历史时期也有一些变化，所以也可以通过对比其他短期银行间利率水平（如 7 天回购利率）与国债收益率的走势来考察上述内容。

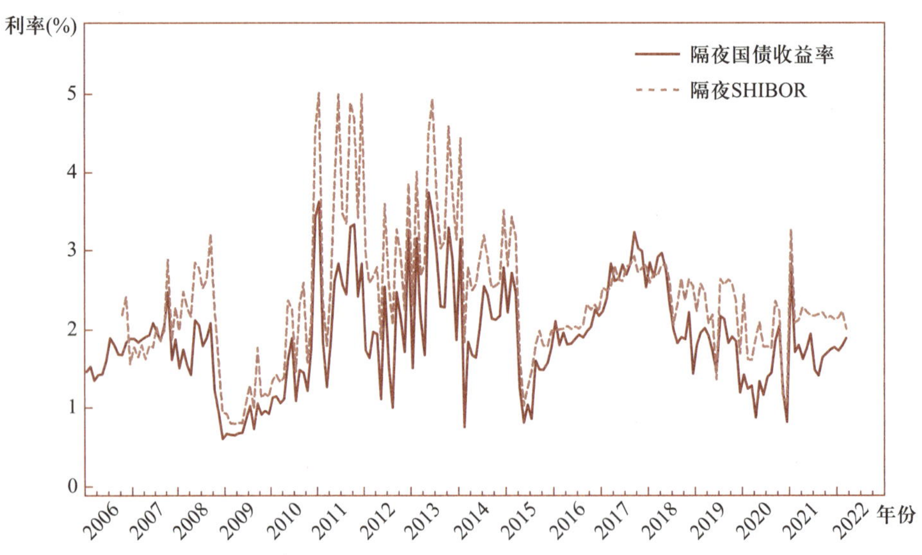

图 18-6 隔夜 SHIBOR 与隔夜国债收益率（2006 年 1 月至 2022 年 3 月）

资料来源：Wind。

第三节 利率期限结构理论

一、利率期限结构定义

利率期限结构是指在某一时点上不同期限的利率与到期期限之间的关系。利率期限结构特征反映在收益率曲线形状上。不难看出，利率期限结构反映了给定时点不同期限的资金供求关系，揭示了市场利率的总体水平和变化方向。

收益率曲线所反映的利率期限结构在金融市场上有广泛的应用价值，例如企业债券定价、股票估值、商业银行确定贷款利率等。利率期限结构不仅涉及不同期限，而且涉及不同时间点，所以还需要了解即期利率与远期利率的概念。即期利率是指当前（当期）对不同期限的债权债务所标明的利率，例如 1 年期或 5 年期的即期利率；远期利率是指站在当前时刻看未来某个时点的利率水平，例如 1 年以后的各个期限的利率水平就是远期利率，可以是远期的 1 年期、5 年期或者 10 年期利率。

利率期限结构理论就是用来刻画即期的长期利率与未来远期的短期利率之间关系的理论。根据特定的期限结构理论，我们可以获得远期利率与给定即期利率的某种联系。也就是说，利率期限结构理论表明，即期利率与远期利率存在一种内在的紧密联系和约束关系，这种内在联系本质上是使得当前一次性投资与未来分期投资的获利结果无差异。

下面举例来说明问题。假定现在是 2022 年 1 月 1 日，投资者面对 2 年投资周期，假设投资对象是国债，而且已知当前 1 年期和 2 年期的国债收益率分别为 2.25% 和 2.40%。如果你是投资者，你会选择如何投资呢？显然，我们可以有两种选择：一是一次性投资 2 年期国债（按复利计算）；二是当期购买 1 年期国债，然后在 1 年以后（远期）再购买一次 1 年期国债。这两种选择的边界条件（无差异条件）带来的获利结果对于投资者而言无差异，即：

$$(1+2.4\%)^2=(1+2.25\%)(1+{}_{t+1}r_1)$$

式中：${}_{t+1}r_1$ 表示 1 年以后的远期利率（1 年期）水平（左下标表示 $t+1$ 时刻，右下标表示期限）。

我们可以把即期长期利率写成即期短期利率与远期短期利率的几何平均（开平方）形式：

$$2.4\%=\sqrt{(1+2.25\%)(1+{}_{t+1}r_1)}-1$$

我们还可以根据这个条件计算出 1 年以后的 1 年期国债利率水平 ${}_{t+1}r_1$ 为 2.55%。当然，我们还可以根据以上思路依次推算出第 3 年、第 4 年……第 n 年的远期利率。

以上介绍的内容本质上是经典的利率期限结构理论中最重要的一种，即纯粹预期理论（pure expectations theory，PET）。概括起来，有四种经典的利率期限结构理论，即纯粹预期理论（PET）、流动性溢价理论（liquidity premium theory，LPT）、市场分割理论（segmented markets theory，SMT）、偏好栖息地理论（preferred habitat theory，PHT）。下面对这四种理论分别进行介绍。

二、纯粹预期理论

（一）纯粹预期理论的基本假设

纯粹预期理论是最基本和最重要的利率期限结构理论，也是其他几种理论的基础。对于纯粹预期理论来说，其基本假设如下：

（1）投资者有最大化持有期收益的愿望；

（2）投资者对不同期限债券没有机构偏好；

（3）交易成本为零；

（4）众多投资者对未来利率形成预期，并以此预期为行为指导。

基于以上假设，纯粹预期理论的基本内容是：即期长期利率是当期短期利率与预期的未来短期利率的几何平均。纯粹预期理论认为，收益率曲线的形状由借款人与出借人对未来利率的预期决定，预期变化会引起收益率曲线形状的变化。由此，收益率曲线的倾斜方向完全由预期利率变化决定。

在前面期限结构定义的例子中的远期利率 $_{t+1}r_1$ 更准确的说法是隐含远期利率（implicit forward interest rate）。我们仍然以 2 年为投资周期，然后用 R_1 和 R_2 分别表示 1 年期和 2 年期的即期利率，那么隐含远期利率 $_{t+1}r_1$ 与即期利率之间的一般表达式可以写成：

$$(1+R_1)(1+{}_{t+1}r_1)=(1+R_2)^2 \tag{18-1}$$

当然，如果当期投资不是复利形式而是简单的单利形式计算，上式就变成：

$$R_1+{}_{t+1}r_1=2R_2 \tag{18-2}$$

为了简单起见，我们下面以复利形式作为基准进行介绍。基于复利形式的纯粹预期理论公式，可以把隐含远期利率写出来，代入之前例子中的数据可得：

$${}_{t+1}r_1=\frac{(1+R_2)^2}{(1+R_1)}-1=\frac{(1.024)^2}{1.022\,5}-1=0.025\,502\approx 2.55\%$$

根据纯粹预期理论，隐含远期利率 2.55% 是市场对于 1 年以后的 1 年期利率水平的一致性预期。

（二）对收益率曲线的刻画

根据纯粹预期理论，当市场预期的远期利率水平发生变化，即期利率水平也会发生变化，从而改变当前的收益率曲线形状。例如，在刚才的例子中，市场预期的远期 1 年期利率水平是 2% 而不是 2.55%，显然投资者现在就会购买和持有 2 年期国债，而不购买（或者卖出手上持有的）1 年期国债，那么当前 1 年期国债的价格就会下降，收益率相应上升；与此相对应，当前 2 年期国债的价格会上升，收益率相应下降。从数字上看，当前 1 年期国债收益率就会高于之前的 2.25%，而当前 2 年期国债收益率就会低于 2.4%。投资者的买卖行为一直会持续下去，直到纯粹预期理论对应的等式再次成立为止。

当然，如果市场预期未来的 1 年期国债收益率会上升到 3%，那么上述情形就会发生反转。纯粹预期理论就是基于以上逻辑，认为市场预期主导投资策略变化，进而影响收益率曲线形状和利率期限结构，投资者在最大化投资收益过程中对于不同期限的投资处于无差异状态。

显然，如果对未来短期利率的预期发生变化，则当前的长期利率也会变化，则收益率曲线就会发生变化，因此收益率曲线形状受预期影响。如图 18-7 所示，在即期的 1 年期利率为 5% 时，预期 1 年以后的 1 年期利率为 7%，则即期的 2 年期利率为 5.99%；若预期 1 年以后的 1 年期利率变为 9%，则即期的 2 年期利率变为 6.98%。

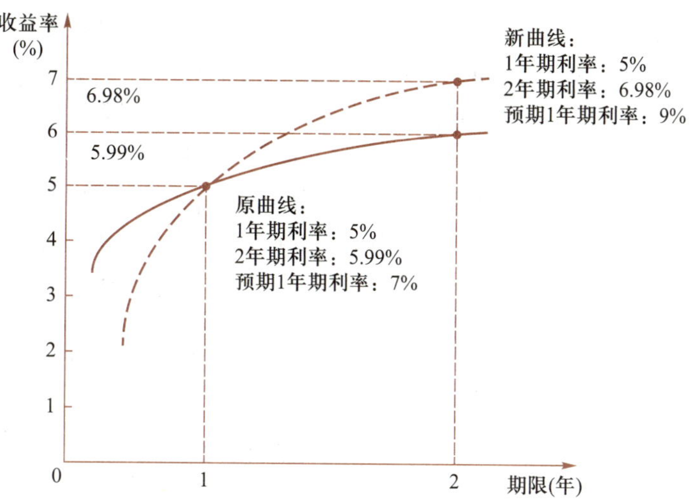

图 18-7 预期收益率变化对收益率曲线形状的影响

从之前的等式 $(1+R_1)(1+{}_{t+1}r_1)=(1+R_2)^2$ 还可以看出，如果预期的远期短期利率 ${}_{t+1}r_1$ 高于当前短期利率 R_1，那么 R_2 必定高于 R_1。也就是说，如果预期未来利率上升，那么当前的长期利率就会高于当前的短期利率，从而形成当前的一个向右上方倾斜的收益率曲线。同样道理，如果当前的情形是 R_2 高于 R_1，即向右上方倾斜的收益率曲线，那么就预示着市场预期未来短期利率会上升。也就是说，如果我们洞悉到市场预期的走势，可以判断当前的收益率曲线形状；反过来，如果我们观察到当前收益率曲线的形状，也可以通过收益率曲线形状判断未来利率走势。

（三）纯粹预期理论的一般公式

以上例子是 2 年期的投资周期，下面我们拓展到 10 年期或者 n 年期的情形，此时纯粹预期理论对应的表达式可以写成：

$$(1+{}_tR_L)^{10}=(1+{}_tR_1)(1+{}_{t+1}r_1)(1+{}_{t+2}r_1)\cdots(1+{}_{t+9}r_1) \tag{18-3}$$

或者将长期债券收益率写成整个投资周期内当前 1 年期债券收益率和预期未来 1 年期债券收益率的几何平均，这也是纯粹预期理论的核心内容：

$${}_tR_L=\sqrt[n]{(1+{}_tR_1)(1+{}_{t+1}r_1)(1+{}_{t+2}r_1)\cdots(1+{}_{t+n-1}r_1)}-1 \tag{18-4}$$

在纯粹预期理论框架内，隐含远期利率就是市场预期远期利率的无偏估计。也就是说，纯粹预期理论假定未来利率的预期值正好等于未来利率的现实值。可见，纯粹预期理论在一定程度上与有效市场假说有相同之处，因为二者都假设完美的市场环境，市场预期是资产价格的唯一决定因素。

（四）基准性与局限性

从上面的介绍不难看出，纯粹预期理论很好地刻画了长短期利率之间的变动关系，基于投资收益无差异条件给出了长短期利率之间的解析表达式，为刻画长短期利率的确切关系提供了基准性公式。

当然，纯粹预期理论对长短期利率关系的刻画完全基于投资收益无差异考虑，并没有考虑不同期限产品的流动性特征差异，与现实情况比较来看还存在一定的局限性。在现实中，有时候并不能达到这一理论所刻画的完美结果，即今天对不同期限的预期利率与未来实现的即期利率完全相等。

此外，尽管纯粹预期理论很好地解释了不同期限利率的同时变动情况，也给出了长短期利率之间的基准性数学关系，但它不能说明为什么收益率曲线在大多数时候是向右上方倾斜的，即为什么期限越长要求的回报越高。在前面对收益率曲线的刻画部分，我们已经说明，在纯粹预期理论情境下，由于市场对未来利率的预期会随经济繁荣与萧条的周期性变化而上升或下降，所以收益率曲线既可能向右上方倾斜，也同样可能向右下方倾斜，但在现实中，向右上方倾斜的正常型收益率曲线出现的频率一般高于其他形状的收益率曲线。所以，可能存在一些内在因素，使得投资者对较长期限的投资附加了更高的风险考虑，而纯粹预期理论尚未对这些情况加以考虑。

三、流动性溢价理论

纯粹预期理论假设投资者对于长短期证券的取舍完全取决于各自的利率对比，也就是认为长短期利率可以完全互相替代，并没有考虑长期证券面临更高的市场风险因素。流动性溢价理论对这一假设进行了修正，认为证券的期限较长则应该有一定的流动性溢价补偿，这种流动性溢价称为期限溢价（term premium，TP），这样才可以达到长短期完全可替代的情形。所以，债券的期限也就是流动性会影响收益率曲线：一般情况下，债券期限越长，市场风险（价格波动带来的）越大。

在纯粹预期理论中，我们假设投资者是风险中性的。但是如果是风险厌恶呢？考虑如下策略：

① 购买 1 年期债券；

② 购买 2 年期债券，1 年后将其卖掉。

策略①没有风险，因为投资者确定知道收益率；策略②有风险，因为最终的收益率取决于利率的变化情况。由于策略②有风险，因此如果两个策略的收益率相同，风险厌恶的投资人是不会选择策略②的。只有当策略②的预期收益率高于策略①时，风险厌恶的投资人才会认为策略①和策略②无差别。

在纯粹预期理论中我们看到，1 年后的即期利率是 ${}_{t+1}r_1$ 时，两个策略预期收益相同，因此在考虑到长期证券可能有更高风险之后，需要 ${}_{t+1}r_1$ 大于远期的即期利率才能实现两种投资方案无差异。事实上，债券期限不同从而流动性不同，会影响收益率曲线：债券期限越长，市场风险（价格波动带来的）越大。期限的风险补偿（期限溢价或者说流动性溢价）是流动性溢价理论在纯粹预期理论基础上的拓展。因此，流动性溢价理论给出的长期债券利率公式可以写成如下形式：

$$ {}_tR_L = \sqrt[n]{(1+{}_tR_1)(1+{}_{t+1}r_1)(1+{}_{t+2}r_1)\cdots(1+{}_{t+n-1}r_1)} - 1 + TP \tag{18-5} $$

式中：TP 表示期限溢价或者流动性溢价。

对比这个公式与之前纯粹预期理论中的公式可以看出,在其他条件相同的情况下,同一时刻流动性溢价理论对应的收益率曲线应该在纯粹预期理论对应的收益率曲线之上,而且期限越长对应的期限溢价越大,期限越长,从而使得收益率曲线在多数情况下向右上方倾斜。

图 18-8 演示了纯粹预期理论与流动性溢价理论各自对应的收益率曲线对比情况。可以看到,相同条件下,流动性溢价理论刻画的收益率曲线位于纯粹预期理论刻画的收益率曲线上方,而且随着期限不断增加,两条曲线的距离不断增大,即流动性溢价不断提高。

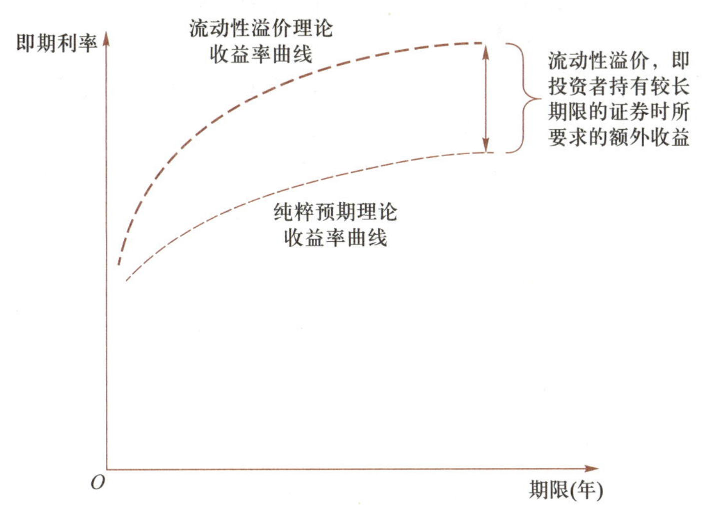

图 18-8　流动性溢价理论与纯粹预期理论对应的收益率曲线比较

四、市场分割理论

市场分割理论认为,不同期限的债券彼此之间的替代性很差,资金在不同期限的市场之间流动很少。市场分割理论对于纯粹预期理论的第二条假设(对于期限没有偏好)持有不同观点,认为投资者对不同期限的债券具有很强的偏好。

从资金出借方角度看,一方面短期证券产品具有流动性和价格稳定性,所以短期产品具有更低的市场风险;另一方面,长期证券产品可以提供稳定的收入,投资者(资金出借方)购买长期产品可以锁定长期固定收益,所以偏好稳定收入的投资者更倾向于长期产品,而偏好低风险的投资者则更倾向于短期产品。

从融资方(例如需要借钱的企业)角度来看,也存在明显的期限偏好。融资用于支持存货的企业更偏好短期资金,而需要资金购买住房的融资者则更偏好长期固定利率的住房抵押贷款产品,从而避免购房之后利率上升带来的风险;对于进行长期资本投资的融资企业来说,它们则更偏好长期资金,从而锁定资金成本。

从金融法规和政策角度看,也有针对投资主体和投资产品(市场)的要求和限制。例如,货币市场共同基金通常被要求只能投资于期限在 1 年以内的证券产品,而人寿保险公司和养老金机构往往被要求投资于期限在 1 年以上的证券产品。

因此，市场分割理论认为，企业拥有很强的动机来对它们的负债期限进行一一配对。例如，人寿保险公司的负债主要是长期类型，因此它们就更偏好长期企业债券和住房抵押信贷产品。对于这类企业来说，短期证券产品就没有什么吸引力。而对于商业银行来说，负债结构中短期流动性负债比较高，因此更偏好短期证券产品。

基于以上种种情形考虑，市场分割理论认为不同期限的证券产品彼此之间的可替代性很低，不同期限产品的市场几乎是彼此分割、互不相通的。根据这一理论，不同类型的投资者对期限品种有特定偏好。例如，有人只喜欢投资人寿保险和养老基金对应的长期证券，也有人只偏好货币市场产品，或者相关金融法规和政策对特定投资者的投资市场有所限制。

无论个人喜好还是法规要求，都可能形成分割市场。由于市场是分割的，所以各个期限产品对应的部门具有彼此分割的供给与需求情况。如图 18-9 所示，各自市场的供求关系决定了各自的收益率情况，其他期限产品的市场对与之不同的期限产品市场的收益率影响很小，因此资金也不会因为与之不同的期限市场的利率变化而出现流动。

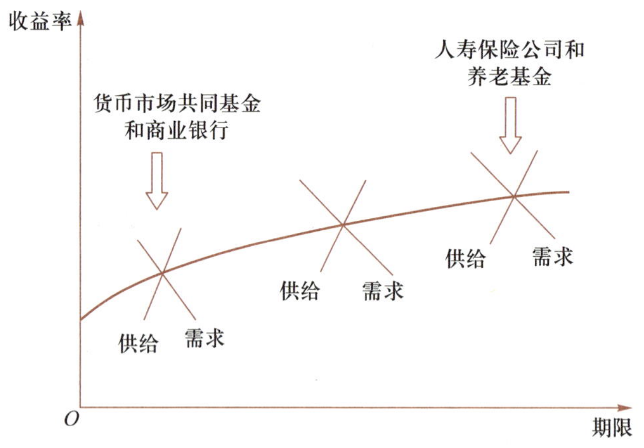

图 18-9 市场分割理论：不同类型参与者主导收益率曲线的不同部分

市场分割理论暗示，企业债券与国债的管理决定会显著影响收益率曲线的形状。如果企业和政府当前主要发行长期证券产品，那么收益率曲线相对陡峭。如果企业和政府主要发行短期产品，则短期收益率要比长期收益率更高。从市场分割理论来看，国债管理是影响收益率曲线形状的经济政策。假使财政部想要降低长期利率从而刺激企业进行厂房扩建等投资，那么财政部可以只发行短期国债，这样短期国债的到期收益率就会增加而长期债券到期收益率就会下降。中央银行还可以进一步在二级证券市场出售短期证券、买入长期证券，进而也会影响（降低）长期利率。

当然，市场分割理论不是唯一暗示财政政策可以影响长期利率的理论，纯粹预期理论和流动性溢价理论也表明财政政策可以影响市场利率，只不过影响机制主要是通过对未来市场利率的预期进行调控。在实践中，弄清楚究竟哪个利率期限结构理论更能刻画现实情况，据此而设计的宏观调控政策效果会更加明显。从这个意义上说，深入理解利率期限结构理论的内容具有重要的经济意义。

五、偏好栖息地理论

“偏好栖息地理论”（preferred habitat theory）也称为“偏好领地理论”。这里的“栖息地”是指投资者对某一种期限品类的证券产品具有偏好，犹如他们所偏好的一块栖息地一样，故而得名。有些翻译教材将该理论翻译成“偏好习性理论”“区域偏好理论”“优先聚集地理论”和“期限选择理论”等。

偏好栖息地理论综合其他三种期限结构理论的内容，是一个混合型理论，也可以视为市场分割理论的一种弱化形式。这一理论认为，投资者和融资者对特定期限产品具有很强的偏好，即投融资双方都有一个期限偏好的栖息地，从而会形成一定程度的短期和长期证券产品的市场分割（这是市场分割理论的假设内容）。因此，收益率曲线形状不完全与纯粹预期理论和流动性溢价理论相符。

同时，偏好栖息地理论又不同于市场分割理论，它认为预期在利率期限结构中也扮演重要角色（这是纯粹预期理论的核心内容）。也就是说，虽然投资者有偏好，但这种偏好并不是绝对的，而是会受到预期变化影响的。当不同期限的证券之间预期收益率之差达到一定临界值后（本质上就是流动性溢价足够高），投资者就可能放弃他所偏好的那种证券，转而投资于预期收益率较高的证券。

例如，当商业银行管理层预期长期证券收益率会大大超过短期证券收益率时，他们就会改变原来偏好的栖息地（短期产品市场），转而投资于中长期证券产品。因此，由于投资者偏好栖息地的存在，不同期限的证券不可能完全相互替代，但是当预期不同期限证券的收益率之差达到一定程度时，就会出现不同期限产品的相互替代。

第四节　信用风险、税收与利率期限结构

一、利率的风险结构

除了期限等因素影响利率之外，证券的信用风险（credit risk）和收益的纳税特性也影响不同利率彼此之间的差异。本节介绍信用风险和纳税特征对具有相同期限的证券产品的利率如何影响。

首先，信用风险涉及信用评级，信用评级能够表征出对应的证券产品的违约风险。所谓违约，是指证券发行者不能完全兑现产品发行合约中的条款。对于债券来说，违约指的是债券发行方不能按合约条款按期支付利息或者债券到期不能按照债券面值赎回债券。对于证券投资者来说，违约的损失程度有不同层次，从利息延期支付到本金和利息完全损失不等。

当市场动荡时，特别是市场出现违约时，投资者将其资本从风险较高的产品转移到现有的最安全的投资工具，低信用评级（高信用风险）产品遭到抛售，高信用评级产品（例如国债）受到青睐。这一行为有专门的术语相对应，被称为向安全资产转移（flight to quality）。

信用风险或者说违约风险可以表征违约或者投资损失的程度。信用风险是指证券发行

方不能按期支付利息或者既不能按期支付利息又不能到期偿付本金的概率(可能性)。事实上,信用风险度量了证券产品发行方的信誉情况。例如,国债被认为信用风险最低,因为国债由一国政府发行,由中央政府信誉支撑,违约概率极低。如果国债出现违约,那么可以想见整个国家的经济也就崩溃了,这种情况几乎不可能发生,这也是国债收益率一般被视为无风险收益率的原因。

企业债券则不同。企业的信誉情况千差万别,个别企业债券出现违约也不会导致整个国家经济出现问题。因此,企业债券会有不同的信用风险等级。有信用风险的证券产品收益率一般会高于同期限的无风险收益率,二者之差度量了风险溢价水平。所谓风险溢价,就是指有信用风险的证券产品对投资者的额外收益率补偿。

投资者面对市场上各种各样的债券进行投资,需要获得相应的信用风险信息。各国都有比较公认的信用风险评级(或者简称信用评级)公司对各类债券进行评级,并给出表征不同信用风险级别的表示符号。国际上比较常见的三大信用评级公司是标准普尔(Standard&Poor)、穆迪(Moody)和惠誉(Fitch),它们的信用评级表示方式大同小异,从A到D依次表示信用等级由高到低。表18-2归纳了三大评级公司的信用评级内容。从表中可以看到,穆迪评级Ba及以下对应的债券产品信誉从欠佳到违约,这些评级的债券统一称为垃圾债券(junk bonds)。

表 18-2 国际三大评级机构的债券信用评级标准

信用级别	标准普尔	穆迪	惠誉
信誉极好	AAA	Aaa	AAA
信誉优良	AA	Aa	AA
信誉较好	A	A	A
信誉一般	BBB	Baa	BBB
信誉欠佳(投机性)	BB	Ba	BB
信誉较差(高投机性)	B	B	B
信誉很差(高违约风险)	CCC	Caa	CCC
极高违约风险	CC,C	Ca	C
违约	D	C	DDD,DD,D

债券信用评级越低,风险溢价越高,因此整体收益率越高。图18-10对比了1919年1月至2022年3月穆迪对美国到期期限在20年及以上,信用评级分别为Aaa和Baa的企业债券对应的收益率情况。从图上可以看到,Baa评级的企业债券收益率几乎在所有时期都高于Aaa评级的企业债券,表明同期限的债券产品中,评级相对低的收益率相对高。另外值得说明的是,1930年和2008年前后美国遭受经济危机期间,高低信用评级产品之间的收益率之差明显增大,暗示经济危机期间风险溢价大幅增加。事实上,经济周期处于下行期间时,风险溢价一般都会升高。

图 18-10 美国到期期限 20 年及以上的企业债券对应收益率（1919 年 1 月—2022 年 3 月）

资料来源：美联储圣路易斯分行。

二、债券的纳税特性对收益率的影响

债券的税收分为两类：一类是资本利得税，针对投资者买卖债券获得价差征税；另一类是利息税，每年付息时，债券持有人都要缴纳利息税。不同债券的纳税特性也经常不同。例如，美国州政府对国债利息不征税，但是联邦政府对国债征税；企业债券的利息收入既需要向州政府纳税又需要向联邦政府纳税。在我国，税法规定，国债利息和国家发行的金融债券利息免纳个人所得税（国债利息是指个人持有我国财政部发行的国债而取得的利息所得，国家发行的金融债券利息是指个人持有经国务院批准发行的金融债券而取得的利息所得）；个人取得的企业债券利息收入则作为“利息、股息、红利所得”应纳税项目，按 20% 的比例税率缴纳个人所得税（以 2024 年为例）。

这种纳税特性的差异表明，即使一个企业债券没有违约风险，市场对于企业债券的风险溢价也要高于国债，因为国债纳税低于企业债券。因此，投资者在考虑投资何种债券时就会考虑税收因素。对于合并纳税的累进税率体系来说，边际税率更有影响。边际税率是指每增加一定额度的收入所需要缴纳的税率。因此，工资等其他收入越高，证券投资获得额外收入的边际税率（marginal tax rate）就会越高。

假设债券投资也按照累进税率进行纳税，如果投资者的工资性收入已经达到 35% 的适用税率，那么收益率为 4% 的国债与收益率为 6.15% 的应纳税企业债券在收益率方面对投资者的吸引力是一样的。当然，如果按照我国 20% 的企业债券利息纳税标准，企业债券提供 5% 的收益率才能与收益率为 4% 的国债具有同样的吸引力。不难看出，不同债券的纳税特征明显影响了债券的收益率之差。

在以上例子中，剔除税收因素影响的收益率称为税后收益率。假定债券收益的税率为 T，那么税后收益率可以写成：

$$税后收益率 = i - i \times T = i(1-T) \quad (18\text{-}6)$$

对于工资收入或者其他纳税收入较高的投资者来说，他们在投资债券时更关注的是税后收益率。对于高收入群体来说，免税的国债可能就更具有吸引力。所以，一个国家的征税体系设计，与金融市场投资特征紧密联系。

第五节 利率期限结构与货币政策

一、政策利率对收益率曲线短端的影响

中央银行的传统货币政策（如公开市场操作）通常能够影响收益率曲线的短端，通过引导市场力量再进一步决定长期收益率。从一定程度上看，长期收益率对短期政策利率变化的反应并不那么直接。尽管中央银行可以利用政策利率将市场利率紧紧固定在收益率曲线的短端，但金融市场上的长期收益率可能受到公开市场操作以外的其他因素影响而浮动。图 18-11 对此过程进行了演示。

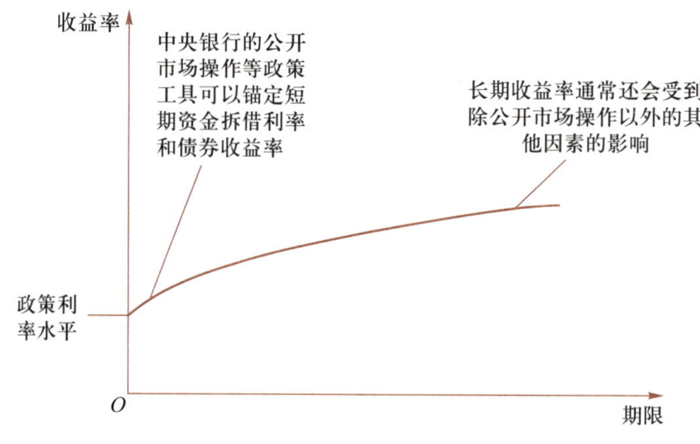

图 18-11 传统货币政策影响收益率曲线的短端

短期利率变化如何影响长期利率涉及多种因素，体现在不同的利率期限结构理论中。通过本章第三节介绍的四种利率期限结构理论可以看到，短期利率的变化对长期利率的影响结果并不完全明确可预测。例如，政策利率上调虽然可能推高其他短期利率，但并不一定总是转化为长期利率上升。事实上，短期利率变化对长期利率的影响取决于各种因素的相互作用，包括长期和短期利率的初始水平、市场对未来中央银行政策调整的预期以及金融市场参与者的流动性状况等。根据本章第三节所介绍的几种利率期限结构理论，可以看出短期利率和长期利率之间关系的复杂性。

二、政策利率对收益率曲线长端的影响

通过本章前面章节的学习可以看到，短期政策利率的调整可以改变市场对短期利率未来走势的预期（纯粹预期理论），也可以影响市场对经济状况和通胀走势的预期，从而可能影

响持有长期证券所需的流动性溢价(流动性溢价理论)。当然,对未来预期的这种变化还可能对不同市场主体有不同的影响,从而影响不同市场的供给与需求(市场分割理论和偏好栖息地理论)。所以,政策利率的变化最终将如何影响长期收益率,取决于所有这些因素的相互作用。

政策利率上调可能带来长期收益率出现不同变化。第一种情况会促使长期收益率与政策利率同比例上升,从而使收益率曲线平行向上移动。第二种情况是长期收益率不会与政策利率同比例上升,例如当长期利率已经相当高,或者当长期利率较低但是通胀预期相对稳定时,政策利率上调可能导致收益率曲线变平。在极端情况下,政策利率上调也会导致长期收益率下降,收益率曲线出现长短期倒挂。这种情况可能发生在政策利率上调后市场预期经济将放缓、抑制通胀预期以至于市场预期利率将随后下降的情况。图 18-12 演示了以上三种情形。

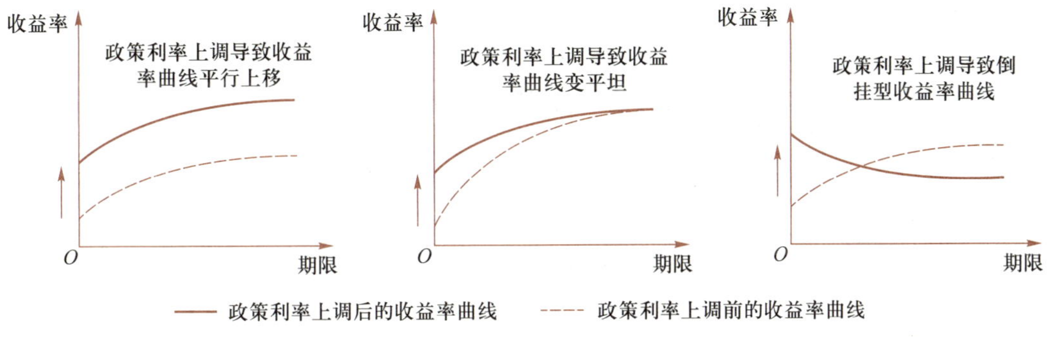

图 18-12　政策利率上调对长期收益率的影响

同样,降低政策利率也可能导致长期收益率出现不同反应。例如,长期收益率可能与政策利率下调成比例下降,导致收益率曲线平行向下移动。相比之下,长期收益率的降幅可能小于政策利率的降幅,从而导致收益率曲线变陡。在极端情况下,如果降息预期会大幅提振经济活动,导致长期通胀预期加速,长期收益率实际上可能因政策利率下调而上升。图 18-13 也演示了政策利率下调对长期收益率影响的三种情形。

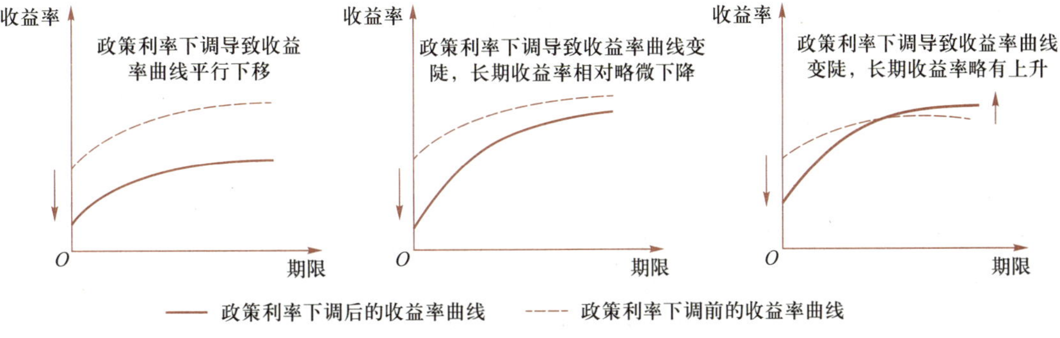

图 18-13　政策利率下调对长期收益率的影响

当然，还有一种可能，就是无论政策利率（短期利率）上调还是下调，长期利率都不跟随发生任何变化。对于中央银行来说，这种情况意味着长短期利率传导出现不畅，利率政策调控存在困境。2005 年，时任美联储主席格林斯潘（Greenspan）以美国银行间短期利率下调之后 10 年期国债收益率等长期利率没有相应变化为例，将这一现象称为利率调控的“谜题”（conundrum）。由此，短期利率变化而长期利率并不跟随变化的利率期限传导不畅问题被称为“格林斯潘之谜”。

三、量化宽松货币政策对收益率曲线的影响

在常规的货币政策操作（例如公开市场操作）中，中央银行尝试通过影响收益率曲线的短端，从而通过短期利率影响长期利率走势。然而，在 2007—2008 年美国次贷危机引发国际金融危机之后，许多受危机影响的经济体的中央银行都实施了量化宽松货币政策。本书在第十五章已经介绍过，量化宽松货币政策是一种非常规货币政策，中央银行通过购买长期证券（例如长期国债）来更直接地影响收益率曲线的长端。

中央银行使用量化宽松货币政策可能有如下考虑。首先，直接购买长期国债，有助于压低长期国债收益率。由于国债收益率通常被用作其他部门贷款定价的基准，所以国债收益率下降可能降低企业等部门的长期贷款利率。

第二，通过从银行等市场参与者手中购买抵押贷款支持证券等其他长期证券，中央银行可以在特殊时期有效地向这些参与者提供急需的流动性。提供的流动性将有助于参与者履行短期义务，并使金融市场能够继续平稳运行。

第三，通过购买足够多的证券，中央银行向经济注入资金。金融市场主体（如银行等金融机构）将有足够可贷资金为家庭和企业等经济活动提供融资。我们在第十五章已经介绍过，由于使用量化宽松货币政策时，政策利率通常为 0 或接近 0，因此中央银行通过购买多品类证券可以进一步放松货币政策。

总之，利率期限结构与货币政策紧密联系。货币市场利率对经济中其他利率的传递可以通过收益率曲线的变化来分析，政策利率处于收益率曲线的短期末端，政策利率的变化可以影响国债收益率，而国债收益率又经常被用来设定无风险贷款的基准利率，所以货币政策可以通过利率期限结构特征对长短期利率进行调控。在特殊时期，中央银行也可以选择使用量化宽松等非常规货币政策来直接影响收益率曲线的长端。

四、利率期限结构在货币政策分析中的应用

利率期限结构刻画了长短期利率之间的关系，在货币政策分析中具有重要应用。例如，具有发达金融体系的现代中央银行一般通过调整短期名义利率对通胀率和经济增长率（或者产出缺口）进行反应，这种反应机制可以用货币政策的泰勒规则来概括；短期利率的调整会影响企业的投资状况进而影响总体经济产出，即投资-储蓄曲线；经济产出变化又会影响总体通胀率的变化，即菲利普斯曲线。当然，当经济产出和通胀率变化以后，又会反过来进一步影响央行对短期名义利率的调整。

在这样一个互动体系内，*IS* 曲线中的利率本质上应该是长期利率，而央行实施货币政策进行调整的利率是短期利率。要想使这两个等式更紧密地联系到一起，从而形成一个完

整的宏观分析框架，就需要刻画长期利率与短期利率之间的关系等式，这就是利率期限结构等式。

为了方便说明，我们将上述核心等式概括如下：

$$\begin{cases} y_t = -\gamma\left(R_t - \pi_t\right) \\ \pi_t = \alpha\pi_{t-1} + \beta E_t(\pi_{t+1}) + \phi y_t \\ i_t = \rho_1 i_{t-1} + \rho_\pi \pi_t + \rho_y \tilde{y}_t \\ R_t = f(i_t) \end{cases} \tag{18-7}$$

式中：$\tilde{y}_t$ 表示真实产出缺口；R_t 表示 t 期的长期利率；π_t 表示 t 期的通胀率；$E_t(\pi_{t+1})$ 表示 t 期对 t+1 期的预期通胀率；i_t 表示短期名义利率；$R_t = f(i_t)$ 表示 R_t 是 i_t 的函数关系。

在式（18–7）的 4 个等式中，第 4 个等式是利率期限结构等式。我们可以根据市场上不同期限利率之间的关系，或者利率与期限之间的关系，利用一定的计量估计方法获得长期利率与短期利率之间的解析表达式，进而把第 1 个等式和第 3 个等式直接联系起来。显然，如果没有利率期限结构关系，类似上述分析则不得不对第 1 个和第 3 个等式中的利率进行折中选择（例如都选择 1 年期利率），才能使得各等式联系起来，例如用于预测或者开展其他分析。

复习要点

1. 到期收益率的概念。
2. 收益率曲线的定义。
3. 收益率需求的形状。
4. 利率期限结构理论。
5. 信用风险与利率的风险结构。
6. 纳税特征与收益率。
7. 利率期限结构与货币政策的联系。
8. 利率期限结构的应用。

关键术语

收益率曲线	国债收益率	无风险收益率
同业拆借利率	利率期限结构	套利交易
短期国债	中期国债	长期国债
货币市场基金	即期利率	远期利率
期限溢价	正常型收益率曲线	扁平型收益率曲线
倒挂型收益率曲线	驼峰型收益率曲线	纯粹预期理论
流动性溢价理论	市场分割理论	偏好栖息地理论
安全投资转移	格林斯潘之谜	风险溢价
垃圾债券		

即测即评

请扫码检测本章学习效果。

练　习　题

1. 为什么正常型收益率曲线向右上方倾斜?

2. 倒挂型收益率曲线有什么经济含义?

3. 利率期限结构理论有哪几种? 彼此之间有什么联系和区别?

4. 如果 Baa 评级的企业债券和国债的收益率之差出现大幅扩大,那么说明市场对未来经济走势有什么样的判断?

5. 利率期限结构有哪些方面的应用?

6. 在一般情况下,短期利率变动之后会通过利率期限结构影响长期利率的变动。但是,即使在发达的市场上,也可能出现短期利率调整但是长期利率不跟随变动的情况,这种情况被称为“格林斯潘之谜”。哪些原因可能造成这种情况?

参考答案

7. 中国债券网定期公布中国债券市场各主要关键期限到期收益率情况。请根据最新公布的各产品不同期限的到期收益率绘制相应的收益率曲线,观察并分析收益率曲线的形状。

补充阅读材料

扫码查看本章补充阅读材料。

第十九章
国际货币体系与汇率

学习目标

1. 掌握国际货币体系的历史演进阶段
2. 掌握不同货币体系下的汇率制度特征
3. 掌握汇率的基础知识
4. 掌握购买力平价理论
5. 掌握利率平价理论
6. 掌握开放经济下政策选择面临的“三元悖论”

本章导读

国际货币体系强调世界范围内的货币制度安排，不同的国际货币体系格局下各国货币兑换的基本规则有所不同，汇率制度安排也相应不同。本章前四节从跨国货币兑换制度安排角度介绍国际货币体系的历史演进，特别是最近150年左右国际货币体系的演进过程。这一过程从金本位制发展到现代信用货币体系。在金本位制下，铸币平价和黄金输送点决定了各国货币兑换的汇率相对稳定。第二次世界大战之后，全世界经历了既有金本位特征又具有信用货币体系特征的布雷顿森林体系（1944—1971年）以及信用货币体系——牙买加体系（1972年至今）。

本章第五至七节介绍汇率及汇率决定机制问题。在信用货币体系下，汇率由外汇市场的供求状况决定。同时，在一定条件下，通胀率和利率等经济指标对汇率变化具有重要影响，这种影响可以分别通过购买力平价和利率平价进行理解。购买力平价是一种长期汇率决定机制，体现了两国物价对比与汇率水平之间的关系（绝对购买力平价），或者说体现了两国通胀率之差与汇率变化率之间的关系（相对购买力平价）。利率平价则主要从货币（资本）跨境进行金融投资的收益无差异角度体现两国利率对比与汇率变化之间的关系。归纳来看，购买力平价表明，如果一国通胀率长期较高，则其货币远期有贬值压力；利率平价表明，如果一国利率升高，则其货币远期有贬值压力。

本章最后一节介绍开放经济环境下汇率政策、资本管制政策与货币政策之间存在的制约关系。

第一节 国际货币体系概览

在国际经济的交往当中，为了保证贸易活动和货币支付顺畅进行，需要有一定的规则和秩序。在历史的长河中，这些规则和秩序主要是在长期的国际经济交往中形成的，涉及一国货币制度以及跨国货币兑换制度（汇率制度），统称为国际货币体系。国际货币体系与国际金融市场（如外汇市场、国际货币市场、国际资本市场等）则共同构成国际金融体系。

本书第八章曾经介绍过货币体系的演进历程，主要从货币形态的演进角度考虑，可以分为足值货币体系、代用足值货币体系和信用货币体系。足值货币体系对应于商品货币（包括普通商品和贵金属商品）；代用足值货币体系是由金属货币背书的纸币（有限范围的信用货币）与金属货币同时使用的体系；信用货币体系则是由国家信用支撑的无内在价值的纸币体系。当然，这里的“纸币”是对无内在价值货币的统称，币材本身既可以是纸也可以是塑料、铜、铁等。

本章介绍的国际货币体系与上述不同货币形态对应的货币体系保持一致，不过本章主要介绍跨国货币兑换制度问题，即固定汇率及浮动汇率等问题。在这一背景下，图 19-1 归纳了 1870 年以来比较有代表性的几个历史阶段及其对应的国际货币体系，即金本位制、准金本位制、布雷顿森林体系和牙买加体系。

图 19-1 中的金本位制属于足值货币体系，准金本位制（包括金块本位和金汇兑本位）可以视为一种特殊的代用足值货币体系。布雷顿森林体系从单个国家的货币制度运行来看是信用货币体系，因为每个国家以其国家信用发行信用货币；如果从整个世界货币运行机制来看，布雷顿森林体系则属于准金本位制安排，是一种金汇兑本位制，因为各国货币与美元挂钩而不直接与黄金挂钩，只有美元与黄金直接挂钩（35 美元兑换 1 盎司黄金）。布雷顿森林体系在 1971 年左右解体，此后持续至今的牙买加体系（也称为布雷顿森林体系 2.0）则属于标准的信用货币体系。

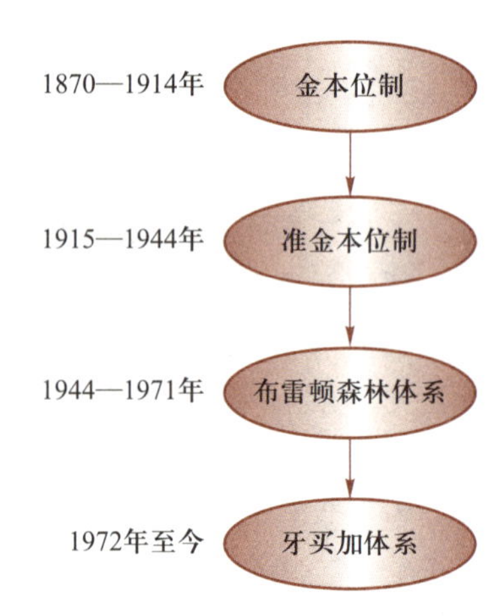

图 19-1 1870 年以来的国际货币体系演进历程

我们接下来在第二至四节主要介绍金本位、准金本位以及信用货币体系与汇率制度的相关内容。因为布雷顿森林体系与第一次和第二次世界大战期间出现的准金本位制在世界经济与政治格局等方面存在明显差别，所以我们把布雷顿森林体系安排在单独一节进行介绍。

第二节 金本位制与准金本位制（1870—1944 年）

经过长期的发展，支持商品货币的其他实物逐渐被金属取代。使用金属货币有诸多的优点：首先，它的制造需要人工，且无法从自然界大量获取，这就稳定了货币的币值，使其不会发生较为严重的通货膨胀。其次，储存也较为方便。数量稀少的黄金、白银和冶炼困难的铜逐渐成为主要的货币金属。其中，黄金可能是三者之中使用时间最长、适用范围最广的货币金属，并且衍生出了相关的货币制度——金本位制和准金本位制。

金本位制（gold standard）是以黄金为标准的货币制度。在金本位制下，每单位的货币价值等同于若干重量的黄金（货币含金量）。金本位制于19世纪中后期开始盛行，在历史上曾经有过三种形式的金本位制，即金币本位制、金块本位制和金汇兑本位制。其中，金币本位制是最典型的形式。狭义来说金本位制即指金币本位制，金块本位制和金汇兑本位制属于准金本位制。事实上，1914年第一次世界大战爆发以后，金币本位制难以满足战争支出需要，各国开始发行与黄金不直接挂钩的纸币，并禁止黄金外运，从而形成了金块本位制和金汇兑本位制。

一、金币本位制（1870—1914年）

（一）铸币平价

金币本位制（gold specie standard）是金本位制的最早形式，亦称为古典或纯粹金本位制，盛行于1870—1914年。在该制度下，各国政府以法律形式规定货币的含金量，货币含金量成为国际货币兑换的基础，两国货币含金量的对比即为决定汇率基础的铸币平价（mint parity）。黄金可以自由输出或输入国境，并在输送过程中形成铸币–物价流动机制，对汇率起到自动调节作用。

在1870—1914年这个时期的多数主要国家中，只有黄金不受铸币限制，黄金与本国货币之间可以双向兑换，且兑换比率较稳定，黄金可以自由地进口与出口。此时，两国之间的货币兑换汇率取决于铸币平价。例如，美元含金量为：100美元=1单位黄金，英镑的含金量为100英镑=2单位黄金，那么汇率取决于两种货币的相对含金量，即200美元=100英镑或者2美元=1英镑。

（二）黄金输送点

如果外汇兑换不完全等同于铸币平价，就会出现汇率兑换成本，即两国货币在铸币平价基础上的价值差（忽略其他因素的影响）。在金币本位制下，汇率兑换成本并不会无限放大。例如，1单位A国货币含金量为1单位黄金，1单位B国货币含金量为0.5单位黄金。基于铸币平价，1单位A国货币应兑换2单位B国货币；如果只能兑换1.8单位，这里的差值0.2单位B国货币就是汇率兑换成本。如果直接使用黄金兑换，1单位黄金兑换2单位B国货币，如果运输成本恰好为0.1单位黄金（等于0.2单位B国货币），此时两个成本相等，这个触发黄金输送的边界汇率水平被称为黄金输送点。这一过程举例如图19–2所示。

黄金输送点出现于两国贸易往来过程中的汇率兑换。本国与外国进行贸易时，有两种支付方式：用本币兑换成外币支付；直接使用黄金兑换外币支付。若汇率波动的范围超过铸币平价加上运输黄金的成本，此时使用本币兑换外币的成本就会超过使用黄金进行兑换的成本，因此贸易者倾向于直接使用黄金兑换。

所以，使汇率兑换成本等于直接用黄金购买货币的成本（运输成本）的点叫作黄金输送点。也就是说，黄金输送点是指汇率波动而引起黄金从一国输出或输入的界限。汇率波动的上限是铸币平价加运金费用，即黄金输出点；汇率波动的下限是铸币平价减运金费用，即

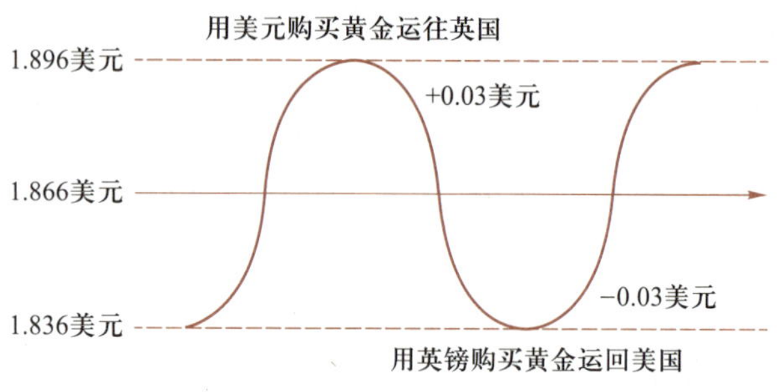

图 19-2 黄金输送点示意图

黄金输入点。因此,黄金输送点的计算公式可以写成如下形式:

$$黄金输送点 = 铸币平价 \pm 1 个单位黄金运送费用 \tag{19-1}$$

金币本位制实际上是一种固定汇率制度。由于铸币平价的作用和黄金输送点的限制,金币本位制下的汇率波动幅度不大。1914 年第一次世界大战爆发后,各国纷纷发行不兑现黄金的纸币,禁止黄金自由输出,金币本位制随之告终。

(三) 金币本位制的内容及特征总结

归纳起来,金币本位制主要内容有:第一,用黄金来规定流通货币的价值,每一货币单位都有法定的含金量,各国的货币按照所含黄金的重量而形成一定的比价关系。第二,金币可以自由铸造,任何人都可按法定的含金量,自由地将金砖交给国家造币厂铸造成金币,或以金币向造币厂换回相当的金砖。第三,金币是无限法偿的货币,具有无限制支付手段的权利。第四,各国的货币储备是黄金,国际结算也使用黄金,黄金可以自由输出或输入,当国际贸易出现赤字时,可以用黄金支付。

从这些内容可以看出,金币本位制具有自由铸造、自由兑换、自由输入三大特点。随着金币本位制的形成,黄金承担了商品交换的一般等价物,成为商品交换过程中的媒介。金币本位制是黄金的货币属性表现的高峰。

金币本位制的优点在于:在金币本位制下,高度稳定的汇率为国际贸易和投资提供了一个有利的环境;汇率失调和国际收支不平衡能通过价格与黄金流动机制自动调整。

金币本位制的不足之处在于:由于新铸造的金币数量有限,货币存量不足会阻碍世界贸易与投资的增长,从而造成通货紧缩。即使世界又开始实行金币本位制,任何一个国家最终也都会再次放弃这种制度。

二、准金本位制(1915—1944 年)

准金本位制是金币本位制的一种延续和拓展,但是属于一种不完全的金本位制,主要包括金块本位制和金汇兑本位制。从准金本位制的时期跨度不难看出,这种国际货币体系安排主要是在第一次和第二次世界大战的特殊时期发展起来的。

(一) 金块本位制

金块本位制(gold bullion standard)是以金块来办理国际结算的变相的金本位制,亦称金条本位制。在该制度下,由国家储存金块作为储备;流通中各种货币与黄金的兑换关系受到限制,不再实行自由兑换,但在需要时,可按规定的限制数量以纸币向本国中央银行无限制兑换金块。可见,金块本位制实际上是一种附有限制条件的金本位制。

在金块本位制下,国内不铸造、不流通金币,只发行含有一定量黄金的银行券或者纸币进行流通,而这些中央银行所发行的流通凭证无法自由兑换黄金,只能有条件地向发行银行兑换成金块。

金块本位制是将黄金作为一国中央银行的准备金,中央银行规定了各种面值的流通凭证的法定含金量,并发行对应数量的流通凭证,但不再以黄金作为流通手段。与此同时,中央银行持有一定数量的黄金,以保持黄金与货币之间的联系。在金块本位制下,金币的铸造和流通以及黄金的自由输入和输出已经被禁止,黄金已不可能发挥自动调节货币供求和稳定汇率的作用,从而使金块本位制失去了稳定的基础。因此,金块本位制实际上是一种不完全的金本位制。

拓展阅读 19-1

金块本位制建立的历史背景

1840 年前后,以英国为代表的西方国家完成了第一次工业革命,推动了其经济快速发展,促进了国际经济贸易体系的建设,并使得金币本位制得到巩固和强化。但是,1914 年第一次世界大战爆发,各国金币不够应付战争开支和费用,于是各国开始发行纸币。而纸币与黄金挂钩,黄金储量又有限,所以各国不得不禁止黄金自由输出,于是金币本位制被破坏,形成了金块本位制。

在金块本位制下,黄金不再自由铸造和流通,中央银行发行的纸币作为本位币,与中央银行储备的金块有固定承兑比例。但是,金块本位制并不稳定。1931 年因黄金储备大量外流,英格兰银行被迫宣布停止英镑兑换黄金。此后,其他各国也纷纷放弃金块本位制。

(二) 金汇兑本位制

金汇兑本位制(gold exchange standard)是指本国发行的纸币在国内不能直接兑换黄金和金币,只能兑换外汇的一种准金本位制。实行这种制度的国家必须把本国货币同另一个金本位制国家的货币固定比价,并在该国存放外汇储备,通过无限制供应外汇来维持本国币值稳定。采用这种货币制度必然使本国货币依附于与之相联系的国家的货币。

在金汇兑本位制下,国内只流通纸币(信用货币),纸币不能直接兑换黄金,可以兑换实行金块或者金币本位制国家的货币,然后再根据相关条件兑换黄金。国际储备除黄金外,还有一定比重的外汇,外汇在国外才可以兑换黄金,黄金是最后的支付手段。实行金汇兑本位制的国家,要使其货币与另一实行金块或金币本位制国家的货币保持固定比率,通过无限制地买卖外汇来维持本国货币币值的稳定。

实行金汇兑本位制的国家,与金块本位制类似,对货币只规定法定的含金量,禁止金块的铸造与流通。但是与金块本位制不同的是,在金汇兑本位制下,市场流通凭证不能向中央银行兑换黄金,而只能兑换外汇,外汇可以在国外自由兑换黄金。本国货币与某一实行金块本位制或者金币本位制国家的货币保持固定汇率，以存放外汇资产作为储备，以备随时出售外汇。

在金汇兑本位制下，流通中的货币无法与黄金自由兑换，黄金也无法自发地调节货币流通。同时，实行金汇兑本位制的国家，其货币政策和财政政策也会受到与之相联系的国家货币政策与财政政策的影响，因为其货币与该国货币需要保持一定的比价。所以，金汇兑本位制也不是一种稳定的金本位制。

金块本位制和金汇兑本位制是金币本位制的稳定性因素受到破坏后出现的两种不完全的金本位制。在这两种制度下，虽然都规定货币本位依然为黄金，但是只规定货币单位的含金量，市场中并无实际的金币，或者说并无实物黄金的流通；流通的是银行券，即中央银行所印发的法定货币凭证。在这两种制度下，黄金均无法调节市场中流通货币的数量，所以说这是两种不完全的金本位制。

第三节 布雷顿森林体系（1944—1971 年）

一、布雷顿森林体系建立的背景

布雷顿森林体系（Bretton Woods system）是指第二次世界大战后以美元为中心的国际货币体系。1944 年，44 个国家在美国新罕布什尔州的布雷顿森林小镇召开会议，目的是设计一个战后国际货币金融体制，使得汇率在不采用金本位制的前提下依然能够保持稳定，布雷顿森林体系由此得名。会议规定了各国的货币不准随意贬值以维持固定汇率，促进贸易的畅通，并顺利进行资本积累，以帮助第三世界的国家重建战后的经济体系。会议成果是国际货币基金组织和世界银行建立，同时两大国际金融组织也提供了黄金与美元之间的固定汇率，以适应世界黄金产量不足以支撑国际金融体系中不断增长的货币流量的现实。

布雷顿森林体系建立了美元和黄金挂钩的固定汇率制度，结束了混乱的国际金融秩序，为国际贸易扩大和世界经济增长创造了有利的外部条件。同时，美元作为储备货币和国际清偿手段，弥补了黄金的不足，提高了全球的购买力，促进了国际贸易和跨国投资，为战后世界经济的增长做出了巨大的贡献。

拓展阅读 19-2

几个重要的国际金融组织

一、国际货币基金组织

国际货币基金组织（International Monetary Fund，IMF）成立于 1944 年，截至 2022 年共有 190 个成员国。国际货币基金组织的职责是“促进全球货币合作，确保金融稳定，促进国际贸易，促进高就业和可持续经济增长，并在世界范围内减少贫困”，具体职责包括向发生国际收支困难的成员国提供贷款、监督成员国的经济金融政策和国际货币体系运行、向成员国提供技术支持和培训来帮助其建立有效的经济制度并实施正确的政策等。IMF 通过成员国缴纳的“份额”以及双边和多边借贷协议来为其业务融资。

二、世界银行

世界银行的概念有广义和狭义之分。狭义上的世界银行(The World Bank)是国际复兴开发银行和国际开发协会的统称,二者分别成立于1944年和1960年,并陆续扩大为由国际复兴开发银行、国际开发协会、国际金融公司、多边投资担保机构和国际投资争端解决中心五个机构组成的世界银行集团(The World Bank Group),也就是广义上的世界银行。截至2022年,世界银行集团共有189个成员国。世界银行集团的使命是"消除极端贫困,促进共享繁荣";主要业务是向低收入国家和中等收入国家提供贷款并制定减贫战略,具体内容涉及普及教育、公路建设、优质医疗服务、改善治理和包容性经济增长等各个领域。

三、国际清算银行

国际清算银行(Bank of International Settlement,BIS)成立于1930年,最初为处理第一次世界大战后德国战争赔款问题而设立,后演变为一家各国中央银行合作的国际金融机构,是世界上历史最悠久的国际金融组织。截至2022年,共有63家中央银行或金融管理当局加入国际清算银行。国际清算银行的任务是支持中央银行通过国际合作实现货币和金融稳定,并且扮演"中央银行的银行"的角色。国际清算银行的主要业务包括为中央银行间的对话和合作提供平台、与中央银行合作探索技术创新、针对中央银行和金融监管部门关注的主题开展政策研究以及向中央银行和国际组织提供金融服务等。

二、布雷顿森林体系的运行机制

在布雷顿森林体系下,美国作为储备发行国,主要有两个基本责任:美联储保证美元按照官价兑换黄金,维持协定成员国对美元的信心;提供足够的美元作为国际清偿手段。美元作为其中的中心货币,与黄金直接挂钩,35美元兑换1盎司黄金,其他所有货币按固定汇率以此价格钉住美元。每个国家都有义务通过买卖外汇使汇率保持在1%以内波动。布雷顿森林体系在本质上是以美元为基础的金本位制。结果是其他国家不再储备黄金,改为储备美元,而美元背后的价值由黄金决定。

从整个世界货币运行机制来看,1944—1971年的布雷顿森林体系属于一种特殊的金汇兑本位制;如果从单个国家的货币制度运行特征来看,其也可以视为一种信用货币体系。在1944—1971年的布雷顿森林体系下,美元与黄金直接挂钩(35美元兑换1盎司黄金),其他国家货币与美元挂钩,但并不与黄金直接挂钩,从而形成固定汇率体系。如果美国以外的其他国家货币要兑换黄金,则需要先兑换为美元之后才能兑换黄金,而且这种兑换只能是发生在国家间规定的机构。所以,布雷顿森林体系也可以看成一种美元本位制,美元是唯一的世界货币,美元和黄金的这种直接兑换关系也催生出"美金"这样的表述。

三、内在矛盾:特里芬两难

然而,布雷顿森林体系存在着内在的矛盾,即美元供给过多则不能保证美元能够全部兑换成黄金,供给不足则国际清偿手段不足,这就是特里芬两难(Triffin's dilemma)。特里芬两难由经济学家罗伯特·特里芬在其1960年出版的《黄金与美元危机——自由兑换的未来》一书中提出。美元与黄金挂钩，而其他国家的货币与美元挂钩，美元虽然取得了国际核心货币的地位，但是各国为了发展国际贸易，必须用美元作为结算与储备货币，这样就会导致流出美国的美元在其他国家不断沉淀，对美国国际收支来说就会发生长期逆差；美元作为国际货币核心的前提是必须保持美元币值稳定，这又要求美国必须是一个国际贸易收支长期顺差国。这两个要求互相矛盾。也就是说，美元作为唯一世界货币和世界储备货币天然存在着需求与供给的失衡矛盾，这也是布雷顿森林体系下国际货币体系格局的潜在问题。

随着欧洲经济在20世纪50—60年代持续增长，布雷顿森林体系的弊端进一步显现。欧洲各国纷纷将自身所持有的大量美元兑换为黄金，以保持其财富的价值。同时，20世纪60年代，美国深陷越战泥潭，国内经济状况恶化，美国为了弥补其财政赤字大量印发美元，从而基本摧毁了布雷顿森林体系的基础。1971年，美联储宣布不再履行向他国提供美元兑换黄金的承诺，这标志着布雷顿森林体系宣告崩溃。

也就是说，由于布雷顿森林体系下美元作为唯一世界货币存在天然矛盾，即美元作为唯一世界货币，既要求美国应该成为贸易顺差国（出口大于进口）从而限制美元供给以维持美元币值稳定，同时又要求美国应该作为贸易逆差国（出口小于进口）从而增加美元供给以满足全世界对流动性的需求。因此，布雷顿森林体系以及与之对应的固定汇率制度在1971年终止。

第四节 牙买加体系（1972年至今）

布雷顿森林体系在1971年瓦解之后，国际货币体系进入牙买加体系阶段。牙买加体系（名称来自会议召开地点）是标准的现代信用货币体系。信用货币是指由国家法律规定的不以贵金属为基础的独立发挥货币职能的货币，信用货币体系则是指信用货币在国内外流通和兑换的制度规则。

一、牙买加会议

在布雷顿森林体系崩溃之后，国际金融秩序再次陷入动荡之中。国际社会希望建立一种新的国际金融体系，来稳定金融秩序、促进经济发展。国际货币基金组织（IMF）于1972年7月成立专门委员会，研究国际货币制度改革问题。该委员会于1974年6月提出《国际货币体系改革纲要》，对黄金、汇率、储备资产、国际收支调节等问题提出了一系列原则性建议。在此基础上，IMF理事会于1976年1月在牙买加首都金斯敦召开的会议上，签订了《牙买加协议》，从而形成了新的国际货币体系格局。

二、《牙买加协议》的内容

《牙买加协议》的主要内容可以归纳为以下几点：第一，IMF成员声明可以使用浮动汇率制，允许中央银行干涉外汇市场以熨平突发的汇率波动；承认了固定汇率与浮动汇率并存的局面，成员国可自由选择汇率制度；IMF对各国货币政策实行严格监督。第二，推行黄金非货币化，协议做出了逐步使黄金退出国际货币的决定，取消成员国相互之间以及成员国与

IMF 之间用黄金清算债权债务的规定，从此黄金不再作为国际储备资产。第三，扩大信贷额度，增加对发展中国家的融资。非石油出口国和不发达国家被给予了更多获得 IMF 资助的机会。第四，增强特别提款权（SDR）的作用，主要是提高特别提款权的国际储备地位，扩大其在 IMF 一般业务中的使用范围。

拓展阅读 19-3

什么是特别提款权

特别提款权（special drawing right，SDR），也称为“纸黄金”（paper gold），是 IMF 根据成员国认缴的份额分配的一种记账资产，可用于偿还 IMF 债务、弥补成员国政府之间国际收支逆差。成员国在发生国际收支逆差时，可用它向 IMF 指定的其他成员国换取外汇，以偿付国际收支逆差或偿还 IMF 的贷款，还可以充当国际储备。它是 IMF 原有的普通提款权以外的一种补充，所以称为特别提款权。

SDR 最早发行于 1969 年，最初发行时每一单位 SDR 等于 0.888 671 克黄金，与当时的美元等值（35 美元等于 1 盎司黄金）。发行特别提款权旨在补充黄金及可自由兑换货币，以保持外汇市场的稳定。

2015 年 11 月 30 日，IMF 正式宣布人民币于 2016 年 10 月 1 日纳入 SDR。自 2016 年 10 月 1 日起，SDR 价值由美元、欧元、人民币、日元、英镑这五种货币所构成的一篮子货币的当期汇率确定。2022 年 8 月 1 日起，这五种货币所占权重分别调整为 43.38%、29.31%、12.28%、7.59% 和 7.44%。

三、牙买加体系的优势与局限性

在牙买加体系下，多种汇率兑换机制并存。发达国家多数采取单独浮动或联合浮动，少数国家采用有管理的浮动汇率，但有的也采取钉住自选的货币篮子。发展中国家多数钉住某种国际货币或货币篮子，或者以市场供求为基础，参考一篮子货币进行调节，实行有管理的浮动汇率制度（例如中国）。不同汇率制度各有优劣：浮动汇率制度可以为国内经济政策提供更大的活动空间与独立性，固定汇率制则减少了本国企业可能面临的汇率风险，方便生产与核算。

与布雷顿森林体系相比，牙买加体系的国际储备货币更加多元化。除了美元之外，德国马克和日元随着德国、日本两国经济的发展，逐渐成为仅次于美元的国际储备货币，一直持续到 1999 年。1999 年之后，欧元区发行欧元取代原来各国货币，成为欧洲部分国家的法定货币，使得欧元在国际储备货币中的地位也仅次于美元。

牙买加体系下多元化的储备结构为国际社会提供了多种清偿货币，很大程度上解决了储备货币供不应求的矛盾。浮动汇率、固定汇率等多种汇率安排满足了不同国家的需求，为各国经济的发展提供了灵活性与独立性，同时也有助于保持国内经济政策的连续性与稳定性，并使得各国能够更加方便地调节国际收支与国民经济。

但是，牙买加体系仍然有其局限性。为数不多的国际货币的储备国利用其经济优势地位，享有世界范围内的“铸币税”权利。同时，由于许多国家采用浮动汇率制度，国际外汇市场上的汇率波动较大，增加了各国国际收支的外汇风险，会在一定程度上影响国际贸易与国际投资活动。

拓展阅读 19-4

石油美元与世界货币

1. 石油美元

20世纪60年代中期，石油取代了煤炭，成为世界上最主要的工业原料和全球经济运行中最重要的能源。在现代金融市场中，原油期货市场使得石油本身就具有一定的金融资产属性。因此，石油对于一个国家的经济发展具有重要意义。

在20世纪60年代之后，欧洲国家走出了第二次世界大战给整个欧洲所带来的破坏，经济开始蓬勃发展，获得了更多的美元储备。在20世纪70年代初，欧洲一些国家在布雷顿森林体系规则下将其持有的大量美元兑换成黄金，使得美国黄金储备出现明显下降。同时，越南战争与美国国内民权运动使得美国政府产生大量财政赤字。因此，美联储不得不通过大量发行美元来缓解危机，导致美元贬值。在上述背景下，美国政府于1971年单方面宣布取消35美元兑换1盎司黄金的固定兑换比例承诺，从而宣告布雷顿森林体系瓦解。

不过，在布雷顿森林体系被抛弃以后，美国为了维持美元的世界货币地位，和沙特等石油输出国进行谈判并达成协议，石油出口国采用美元进行石油交易结算。这样，美元通过石油这一必需品而再次取得了世界货币的重要地位。

“石油美元”的名称正是在此背景下诞生的，即指石油生产国通过出口石油所获得的美元。石油美元保持了美元的世界货币地位，使得布雷顿森林体系下美元作为唯一世界货币的格局在20世纪70年代中期之后逐渐演变为“一超多强”的世界货币体系格局。“一超”即美元仍然是超级世界货币，而“多强”是指20世纪70年代之后涌现出的德国马克、日元、英镑以及1999年之后诞生的欧元等也逐渐成为主要世界货币。

2. 世界货币

世界货币也可以称为国际货币，是指在国际商品流通以及债务清偿等活动中发挥一般等价物作用的货币。世界货币随着商品生产和交换的发展而产生和发展。当商品交换超出国家界限发展为国际贸易时，作为其价值表现形态的货币，也就成为世界范围的商品的一般等价物。

一国主权货币成为世界货币需要具备多种条件。例如，发行这种信用货币的国家要有强大的经济实力，在国际经济领域中占有重要的或统治的地位。这种信用货币还必须具有相当强的稳定性。一些货币虽然可以在经济联系密切的国家之间充当支付手段，但要在世界范围内正式取得储备货币的资格，还要得到众多国家的认可，这就必须通过国际协议来实现。

四、牙买加体系下的多元汇率制度安排

在国际货币体系进入牙买加体系之后,各国汇率制度安排不尽相同。总结起来,主要有以下四种,即完全自由浮动制、管理浮动制、钉住汇率制和无本国货币制。

(一) 完全自由浮动制

大约有 48 个国家采用完全自由浮动制,它是使用国家最多的汇率制度安排。在完全自由浮动制下,汇率完全由外汇市场供求对比的相对力量所决定,政府对外汇市场不加任何干预。因为没有政策干预,所以完全自由浮动又称为清洁浮动。

(二) 钉住汇率制

钉住汇率是指一国货币与外币保持固定的比价关系,跟随着外币的变化而变化。一般来说,钉住汇率制有两种:第一种是本国货币与发达工业国货币保持一定的比率关系,例如钉住如美元或者欧元等。第二种是本国货币与一篮子货币之间保持稳定的比价,例如钉住 IMF 的特别提款权。在钉住汇率制下,一国货币钉住另一强势货币,保持比较稳定的比价,靠近固定汇率的特征。

(三) 管理浮动制

管理浮动制即有管理的浮动汇率制度,可以看成介于完全自由浮动制与钉住汇率制之间的一种制度安排。汇率由国家管控和市场力量共同决定,政府对外汇市场进行干预来影响外汇的供求关系。中国当前的汇率制度安排是以市场供求为基础、参考一篮子货币进行调节、实行有管理的浮动汇率制度。这种汇率制度很有特色,靠近于管理浮动制,同时兼具钉住汇率制的部分特征。

(四) 无本国货币制

一些国家由于本国货币极不稳定等原因,不发行本国货币,而直接使用美元作为货币。如厄瓜多尔在 2000 年之后就进行了货币美元化,即使用美元作为其货币,取代了厄瓜多尔货币苏克雷。

拓展阅读 19-5

欧洲货币体系

欧洲货币体系又称为欧洲货币制度,是指欧共体国家所形成的货币集团,旨在建立一个汇率稳定的机制,以此来促进成员国经济发展,同时削弱美元对欧洲经济的影响力。11 个欧盟国家将货币汇率加以捆绑,互相之间只在极窄范围内波动,对其他货币共同浮动。其目标是建立欧洲货币一体化区域,保证货币稳定;对非欧盟国家采取一致的汇率制度;为欧洲货币一体化铺路。

欧元是 1999 年 11 个成员国成立的欧洲货币联盟的单一货币。这些成员国包括比利时、德国、西班牙、法国、爱尔兰、意大利、卢森堡、芬兰、奥地利、葡萄牙和荷兰。截至 2023 年 1 月,欧元区已包括 20 个欧洲国家,欧元已经成为世界第二大储备货币。

> 欧元的诞生使得经济联盟中实现单一货币成为现实,促进了成员国与成员国之间的贸易。成员国双方在交易过程中无须兑换对方的货币,极大减少了交易成本。同时,欧元也有效地减少了成员国之间价格水平的差异,减少了套利空间,有助于消费者进行消费。

第五节 汇率基础知识

汇率是各国货币彼此兑换的价格,也是非常重要的金融价格之一。汇率对国际贸易、跨国投资等都具有重要影响。本节介绍汇率相关的基础知识。本章第二节介绍过金本位制下的汇率决定机制,也就是铸币平价。在金本位制下,两国货币的兑换基础是铸币平价,货币含金量是影响汇率的最重要因素。在信用货币体系下,各国货币兑换的影响因素更加复杂,汇率的直接影响因素是外汇市场的供求关系,供求关系背后还隐含着各国通货膨胀水平和利率变化等因素。

一、外汇市场

人们平时在国内商场购物时,都使用本国货币,不需要考虑货币兑换问题。同样,北京的超市通过商品供应链从海南省销售商处购进椰子产品时,双方都接受以人民币作为交易媒介,也不需要考虑货币兑换问题。

但是,当中国的苹果手机零售商从美国销售商那里进口苹果手机产品时,中国的零售商希望使用人民币支付,而美国的销售商则希望获得美元付款。同样,当美国零售商购买中国华为公司生产的华为手机时,美国零售商希望使用美元支付,而中国华为公司则希望收到人民币付款。在这些跨国交易情形下,就需要考虑货币兑换问题。在上述例子中,如果跨国交易双方确定了交易使用的货币是人民币,则不持有人民币的一方需要通过外汇市场将其所持有的货币兑换成人民币之后才能进行交易。同样,如果跨国交易双方达成一致使用美元进行交易,则持有人民币的一方需要将人民币兑换成美元之后才能开展交易。

以上货币兑换交易需要通过外汇市场实现。外汇市场就是各种货币进行兑换交易的市场。外汇交易意味着交易参与者在买入一种货币的同时卖出另外一种货币。因此,外汇交易是以货币对(currency pair)形式交易,例如人民币/美元(RMB/USD)或美元/日元(USD/JPY)。

外汇市场是一种场外交易市场,没有具体交易的物理地点,也没有中央交易所,而是通过银行、企业和个人间的电子网络进行交易。这意味着对于具体货币来说,没有单一统一的交易场所。例如,人民币外汇市场可以分为离岸外汇市场和在岸外汇市场。在岸外汇市场主要是中国外汇交易中心(全国银行间同业拆借中心)提供的交易平台,离岸外汇市场则包括世界范围内多个外汇交易中心。

外汇市场全天开放。个人和外汇经纪商、经纪商和银行以及银行和银行之间等可以在外汇市场全天 24 小时进行交易。当欧洲时段结束的时候,亚洲时段或者美国时段将开启,因此全世界所有货币除双休日之外可以连续 24 小时进行双向交易。如果有影响汇率变动的消息公布，交易商可及时作出反应，而不用像其他市场那样等待市场开盘。

外汇市场参与者包括各类银行、证券公司、外汇经纪商。事实上，各类企业甚至个人也可以参与外汇市场交易，不过个人和企业可能需要通过银行等金融机构参与外汇市场的交易。诸多市场参与者的交易形成了外汇市场上各种货币的供给与需求关系，从而决定了外汇市场上的汇率水平。

二、外汇汇率

（一）定义与标价法

汇率是指在具体时间点一国货币兑换另外一国货币的价格，或者说一国货币用另外一国货币表示的价格。只要两个国家不使用同一种货币，两国发生国际贸易、跨国投资或者债务清偿等往来事务，就会涉及外汇汇率问题。显然，两国的货币兑换，可以使用本国货币表示外国货币的价格，也可以使用外国货币表示本国货币的价格。

一般情况下，使用 1 单位或者 100 单位的外币表示本币的价格称为汇率的直接标价法；反之，使用 1 单位或者 100 单位的本币表示外币的价格则称为汇率的间接标价法。例如，2019 年 1 月 25 日，1 美元兑换 6.744 8 元人民币，或者 1 USD=6.744 8 RMB，这种汇率表示方式对于中国来说就是直接标价法。反过来，1 元人民币兑换 0.148 3 美元，或者 1 RMB=0.148 3 USD，这种表示方式对于中国来说称为间接标价法。

图 19-3 描绘了直接标价法对应的人民币对美元汇率自 1990 年 1 月至 2022 年 3 月的走势。从图上可以看到，人民币对美元汇率在 1990 年至 1994 年期间从 1 美元兑换 4.7 元人民币左右变化到 1 美元兑换 8.7 元人民币，之后一直到 2005 年 7 月汇率水平维持在 1 美元兑 8.4 元人民币上下，2005 年 7 月以后汇率在 1 美元兑换 6~8 元人民币。2022 年 3 月，汇率在 1 美元兑换 6.3 元人民币左右。

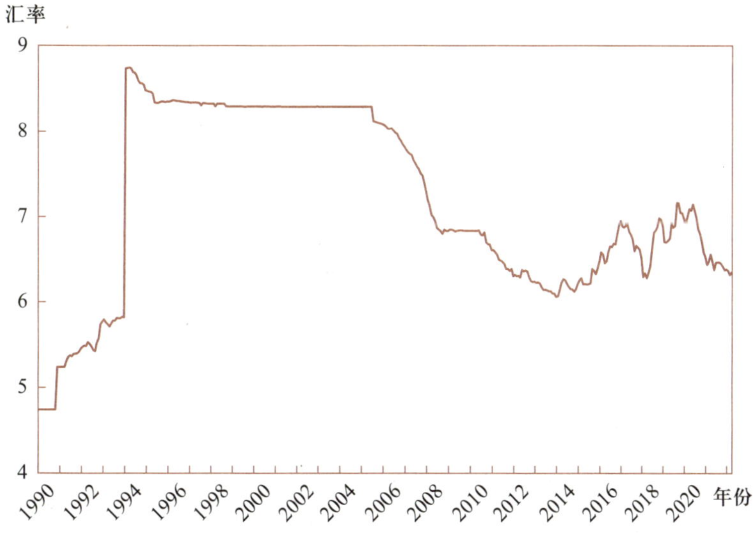

图 19-3 直接标价法下的人民币对美元汇率（1990 年 1 月至 2022 年 3 月）

资料来源：Wind。

（二）有效汇率

直接标价法和间接标价法都对应于两种货币的兑换。有的时候我们需要了解一国货币相对于一篮子货币的汇率水平，此时需要使用有效汇率的概念。所谓有效汇率（effective exchange rate），就是指一国货币相对于一篮子货币基于一定权重计算出来的加权平均汇率指数。权重可以根据一国与样本国双边贸易额占该国对所有样本国全部对外贸易额比重来计算。另外，有效汇率还可以根据是否经过相对物价指数调整划分为名义有效汇率和真实有效汇率两种。没有经过相对物价指数调整的有效汇率称为名义有效汇率（nominal effective exchange rate），经过了相对物价指数调整的有效汇率称为真实有效汇率（real effective exchange rate）。

（三）汇率的升值与贬值

在直接标价法下，汇率值增大说明本币贬值，相应的外币升值；反之，汇率值减小说明本币升值，相应的外币贬值。例如，表 19-1 中美元对人民币汇率从 1994 年的 8.678 3 到 2020 年的 6.963 1，数值上不断减小，对应于人民币对美元不断升值。

当然，以上直接标价法下本外币的升值或贬值都是两种货币之间相对比而言的。如果想要了解本币相对一篮子货币的升值或者贬值情况，就需要观察有效汇率的变化。无论名义有效汇率还是真实有效汇率，只要有效汇率的数值增大，则说明本币升值（相对于一篮子货币总体来说）；反之，如果有效汇率的数值减小，则说明本币贬值。表 19-1 中所列示的人民币名义有效汇率在 1994 年到 2020 年期间数值从 73.85 开始逐步增大到 115.68，真实有效汇率也呈现同样的变化走势，说明在此期间人民币相对一篮子货币总体上是在不断升值的。

表 19-1 人民币对外币的汇率（直接标价法：1 单位外币兑换人民币数量）

国家	货币单位	英文缩写	1994 年	2000 年	2010 年	2020 年
美国	美元（$）	USD	8.678 3	8.279 8	6.826 9	6.963 1
英国	英镑（£）	GBP	12.923 9	13.554 4	10.917 6	9.205 2
加拿大	加元（C$）	CAD	6.607 2	5.723 7	6.555 8	5.367 7
澳大利亚	澳元（A$）	AUD	5.960 8	5.447 3	6.232 0	4.874 7
人民币名义有效汇率			73.85	89.89	98.24	115.68
人民币真实有效汇率			65.82	91.87	97.98	124.80

注：各年汇率以当年 1 月第 1 个交易日为准。

资料来源：Wind。

（四）固定汇率与浮动汇率

前面曾经介绍过，1944—1971 年国际货币体系格局是布雷顿森林体系，各国货币彼此之间一般都是固定汇率，即汇率固定在一个设定好的水平之上保持基本不变，属于一种可调整钉住汇率体系（adjustable-peg exchange rate system）。在固定汇率制度下，每个国家都被要求将汇率维持在一个特定的水平上，除非特殊情况下有国家向 IMF 举证当前汇率水平不合适而且不可持续；此时，如果经过 IMF 评估后通过了新的汇率提案，那么汇率水平就可以调整到新的水平。

然而，1972 年之后，由于特里芬两难问题日益严重，同时世界各国国内通胀率水平出现较大的分化，固定汇率制度不再能适应经济发展的现实情况，因此很多国家的货币兑换进入了浮动汇率时代，即汇率随着市场因素变化而变化，诸多国家的中央银行不再对外汇市场进行干预以维系汇率保持在一个固定水平上。在浮动汇率制度下，两国货币兑换的汇率水平时刻变化，主要由影响外汇供求状况的各种因素决定。

（五）即期汇率与远期汇率

即期汇率是指货币进行即期兑换的汇率。远期汇率是指在未来某个时点进行货币兑换的汇率。一般来说，远期汇率发生在货币的远期合约交易中，合约双方提前约定交易的时间和汇率。

由于不同时间点上的汇率水平会变化，所以在讨论汇率变化或者汇率的影响因素时，也需要首先澄清讨论的汇率是什么时点上的汇率。例如，美联储加息会如何影响汇率变化？对于此类问题，首先需要确认的是考察即期汇率还是远期汇率变化。如果是分析远期汇率，那么确切是“多远的将来”也需要说清楚。否则，对于此类问题的回答就很难有一个统一的标准，甚至即期汇率和远期汇率的变动方向有可能是相反的。

第六节　购买力平价

在金币本位制下，各国都使用金币，因此各国货币兑换遵循铸币平价，即以各金币的含金量和成色作为兑换基础。在信用货币体系下，由于各国货币都是纸币，再加上各国的国际收支平衡表中资本账户开放程度不同，因此确定货币兑换的汇率标准显得更加复杂和困难。

从外汇市场上看，汇率水平主要是由货币的供求关系决定的。所以，要理解汇率的决定机制，可以根据影响汇率供求关系的因素进行判断。即便如此，汇率的影响因素也还是不容易确定，特别是短期影响因素众多。例如，当美联储宣布提高联邦基金利率时，短期内美元很可能表现为升值，因为利率提高直接对应的是美元资产的收益率提高，因此短期内其他货币有兑换成美元的动力。当然，美元短期内是否一定会升值以及升值幅度多大，还需要考察更多因素才能进一步判断。

从长期看，信用货币体系下的汇率决定机制经常使用的理论是一价定律和购买力平价。需要重申的是，这些平价关系是刻画汇率决定机制的长期关系（例如 3 年、5 年或者更长的时间），短期内很可能并不成立。

一、一价定律

一价定律（law of one price）是指在自由贸易和交易成本为 0 的条件下，同一种商品在两个国家的各自标价之比等于汇率。例如，一个某品牌汉堡在美国售价 1 美元，在中国售价 7 元人民币，如果美元对人民币的汇率是 7（或者表示为 USD∶RMB=1∶7），此时两国的这个汉堡的价格对比与汇率的关系符合一价定律。我们可以用公式表示一价定律，即：

$$S=\frac{P_i^{\mathrm{d}}}{P_i^{\mathrm{f}}} \tag{19-2}$$

式中：S 表示直接标价法对应的汇率；P_i^{d} 表示第 i 个商品的国内价格；P_i^{f} 表示第 i 个商品的国外价格。

因为一价定律描述的是一个长期过程，所以这里的汇率 S 一般不是某个时点的即期汇率，而是一个时期内的平均汇率。也就是说，从长期看，同一商品在两个国家的价格之比与汇率相等。

一价定律往往是人们比较特定商品的国内售价与国外售价是否相等的基础。例如，你在出国购物过程中，看到一部苹果手机在美国的售价是 500 美元，此时就会和国内售价的 5 000 元人民币进行对比。假设当前人民币对美元汇率是 7 : 1，那么美国销售的苹果手机通过当前汇率折算成人民币价格就是 500 × 7=3 500（元）。显然，就当前情况来看，在美国购买这部苹果手机比在国内购买要更便宜，此时你很可能决定买下这部手机。也就是说，一价定律为我们提供了一个对比物价与汇率关系的基准。

二、绝对购买力平价

由于单个商品的国内外价格对比与汇率之间的关系往往并不满足一价定律，即使在长期条件下也不容易满足，所以经济学家又把单个商品拓展到一篮子商品。此时不再以物价 P 的下标 i 来表示某个单一商品，而是以 P 来表示一篮子商品的价格指数。由此，一价定律可以拓展到购买力平价（purchasing power parity，PPP），即：

$$S=\frac{P^{\mathrm{d}}}{P^{\mathrm{f}}} \tag{19-3}$$

此时，S 仍然是相当长时间段内的平均汇率，P^{d} 和 P^{f} 则分别表示国内总体物价水平和国外总体物价水平。因为式（19-3）中的物价水平是绝对物价指数，因此这种形式的购买力平价称为绝对购买力平价（absolute PPP）。

假设在 2010 年至 2019 年，中国国内消费者价格指数（CPI）以 2010 年为基期核算的平均值为 110，美国相同篮子并且相同基期核算的 CPI 平均值为 18，那么满足中美两国对应期间的购买力平价的汇率水平应该是 S=110/18=6.11。

也就是说，如果 2010 年至 2019 年期间中美汇率平均值是 1 美元兑 6.11 元人民币，那么此时两国物价对比与汇率水平之间满足购买力平价。

三、相对购买力平价

需要说明的是，即使是一篮子商品，也很难满足两国的商品篮子统计口径完全相同。同时，各国核算 CPI 的方法以及统计核算的基期也经常不同。这就使得绝对购买力平价在现实中不容易应用。为此，可以将式（19-3）进行变形，将物价绝对值形式转换成物价增长率的形式，汇率也相应变成增长率的形式。因为物价增长率就是一国的通货膨胀率，所以变形后的购买力平价关系式更容易应用，相应的关系式称为相对购买力平价（relative PPP）。

将绝对购买力平价等式转化成相对购买力平价等式，可以运用自然对数的特定属性。

具体来说，可以将式（19–3）左右两侧同时取自然对数，并且将各个变量的下标加上 t，用以表示 t 时期对应的关系，即：

$$\ln S_t = \ln\left(\frac{P_t^{\mathrm{d}}}{P_t^{\mathrm{f}}}\right) \tag{19-4}$$

以上等式在 $t+1$ 时刻也成立，因此有：

$$\ln S_{t+1} = \ln\left(\frac{P_{t+1}^{\mathrm{d}}}{P_{t+1}^{\mathrm{f}}}\right) \tag{19-5}$$

利用如下自然对数的性质(时序变量自然对数差约等于变量的增长率)，即：

$$\ln X_{t+1} - \ln X_t \approx \frac{X_{t+1} - X_t}{X_t} \tag{19-6}$$

此时，只要用式（19–5）减去式（19–4），即可获得相对购买力平价等式，即：

$$\Delta S_{t+1} = \pi_{t+1}^{\mathrm{d}} - \pi_{t+1}^{\mathrm{f}} \tag{19-7}$$

式中：ΔS_{t+1} 表示汇率的变化率；π_{t+1}^{d} 和 π_{t+1}^{f} 分别表示国内通胀率和国外通胀率水平。

也就是说，相对购买力平价关系表明，从长期看，两个国家的通胀率差反映了汇率的变化率情况。换句话说，汇率会针对通胀率的变化情况进行调整，从而使得货币在两国之间的购买力相等。

汇率的变化分为升值和贬值，相应地也可以称为升水和贴水(升值即升水，贬值即贴水)。例如，长期看国内通胀率平均水平为 5%，国外通胀率平均水平为 3%，那么汇率变化率就是 5%–3%=2%。在直接标价法下，汇率变化率为正的 2%，意味着本币贬值 2%(例如，美元对人民币汇率从 6 变化到 6.12 对应人民币贬值 2%)，或者称为本币有贴水。也就是说，从长期看，通胀率水平相对高的国家的货币有贴水趋势；反之，通胀率水平相对低的国家的货币有升水趋势。

四、购买力平价的简单检验

我们在图 19 4 中描绘了 2000 年 1 月至 2022 年 3 月中国和美国的 CPI 通胀率(均为价格指数 P 的同比增长率形式，即 $\ln P_{t+12} - \ln P_t$)，同时给出了美元对人民币的汇率变化率的时序图。我们进一步根据样本区间的数据计算了中美 CPI 通胀率以及汇率变化率的平均数，中国 CPI 通胀率平均值为 2.17%，美国 CPI 通胀率平均值为 2.29%，汇率变化率平均值为–1.08%。与式（19–7）进行比照，可以看到 2000—2022 年中美相对购买力平价并不成立。

现实中出现购买力平价不成立的情况并不奇怪，因为购买力平价本身要求一定的前提假设。这些假设包括：所考虑的物价篮子应该包括完全相同的商品与服务，并且这些商品与服务在两国间可以自由贸易；跨国交易的交通成本可以忽略不计并且两国间不存在贸易壁垒(比如关税)；在样本区间内汇率只受到通胀率的影响。

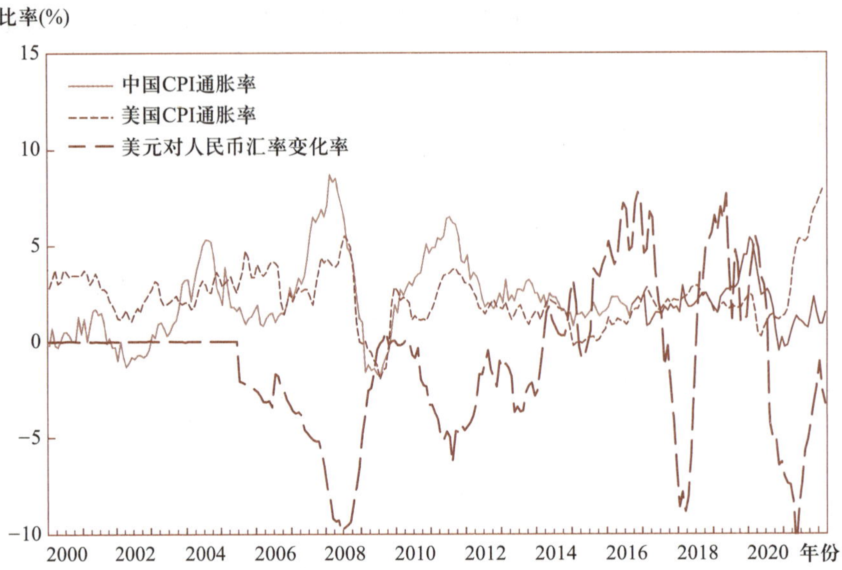

图 19-4 中美 CPI 通胀率以及美元对人民币汇率变化率（2000 年 1 月至 2022 年 3 月）

资料来源：Wind。

事实上，以上各个假设条件对于 2000—2022 年的中国和美国来说，都不容易满足，特别是 2018 年前后美国对中国的出口产品加征关税，而中国也实施对等的加征关税措施，这些都会导致购买力平价不成立。不过，即使如此，购买力平价仍然不失为考察长期汇率变化趋势的一个重要基准。在现实条件与假设条件不出现较大分歧并且其他影响汇率的因素变化不大的情况下，购买力平价就可以作为汇率决定机制的重要参考依据。

第七节 利率平价

一、利率平价的定义

利率平价是关于国内外利率与汇率之间变化关系的平价理论。在资本自由流动的条件下，投资者可以考虑在国内金融市场投资购买金融资产获得一定的回报率，当然还可以考虑在国外金融市场进行投资获得相应的回报率。当投资者进行跨国金融投资时，除了考虑国外金融资产的收益率，同时还要考虑金融资产到期之时汇率相比当初投资时的汇率变化了多少，才能计算出跨国金融投资的净回报率。

我们先来看一下例子：假定一位中国投资者以 700 万元人民币本金去购买美国市场上的 1 年期 NCD 产品，美国的 NCD 收益率是 5%。对于中国投资者来说，1 年以后可以获得 NCD 的收益率 5%，但是不要忽略汇率变化对其投资回报率的影响。假设期初美元对人民币汇率是 1∶7，中国投资者需要将 700 万元人民币兑换成美元进行投资，因此期初兑换的结果是 100 万美元，这 100 万美元获得的美元资产（NCD）回报是 100 × 5%=5（万美元），本利和一共 105 万美元。可是，期末（1 年以后）美元对人民币的汇率变化到 1∶ 6.5。也就是说，这位投资者在美国进行金融投资的过程中，在汇率上实际损失了（7−6.5）/7=7.14%。这个例子中投资者在汇率上的损失超过了他在美国投资金融资产的收益率，也就是说他实际上的收益率是 5%−7.14%=−2.14%！因此，当他 1 年以后将本利和 105 万美元资产兑换成 105 × 6.5=682.5（万元）人民币时，将会比他期初的 700 万元人民币更少。

二、利率平价的精确等式

可见，汇率的变化是跨国投资必须考虑的重要因素。利率平价就是刻画不同国家的金融资产回报率（利率）与汇率之间关系的理论。利率平价的内容是：在均衡状态下，投资者在国外进行金融投资获得的收益经过汇率变化的调整等于其在国内投资的收益。我们用公式表示如下：

$$1+i_t^{\mathrm{d}}=\frac{1}{S_t}\times(1+i_t^{\mathrm{f}})\times S_{t+1} \tag{19-8}$$

式中：i^{d} 和 i^{f} 分别表示国内和国外利率；S_t 表示 t 期汇率；S_{t+1} 表示 t+1 期的汇率，汇率均以直接标价法表示。

式（19−8）左侧表示 1 单位本国货币投资于本国金融资产在 1 年（当然可以是 n 年）以后的本利和，等式右侧表示期初 1 单位本币兑换成外币的金额（$1/S_t$）后进行投资，1 年后本利和再兑换成本币的金额。当等式成立时，利率平价成立。

式（19−8）是基于国内投资收益与国外投资收益（到期后兑换为本币的价值）相等来表示的。我们可以把式（19−8）整理成如下形式：

$$\frac{1+i_t^{\mathrm{d}}}{1+i_t^{\mathrm{f}}}=\frac{S_{t+1}}{S_t} \tag{19-9}$$

三、利率平价的约等形式

式（19−9）就是精确形式的利率平价等式。把式（19−9）左右两侧同时取自然对数，并且利用 $\ln(1+x)\approx x$（x 是较小的百分数）的性质，可以把式（19−9）写成：

$$i_t^{\mathrm{d}}-i_t^{\mathrm{f}}=\frac{S_{t+1}-S_t}{S_t} \tag{19-10}$$

或者

$$i_t^{\mathrm{d}}=i_t^{\mathrm{f}}+\frac{S_{t+1}-S_t}{S_t} \tag{19-11}$$

式（19−10）和式（19−11）是约等形式的利率平价等式，而且两个等式都有明确的经济含义。

式（19−10）表示国内外的利率差等于汇率的变化率；式（19−11）则表示国内金融投资的收益率等于国外金融投资经过汇率变化调整后的收益率。也就是说，在均衡状态下，投资者跨国进行金融投资获得的利差完全等于汇率的变化率，因此均衡状态下通过货币兑换然后进行跨国投资不会获得额外收益。

事实上，式（19–11）的等号右侧也可以理解成国内投资者在国外进行金融投资获得的预期收益率 R^{f}，即：

$$R^{\mathrm{f}}=i_t^{\mathrm{f}}+\frac{S_{t+1}-S_t}{S_t} \tag{19–12}$$

此时 S_{t+1} 就是投资者对 $t+1$ 期的汇率预期值。这样，在均衡状态下跨国进行金融投资的预期收益率等于国内利率 i^{d}，即：

$$i_t^{\mathrm{d}}=R^{\mathrm{f}}=i_t^{\mathrm{f}}+\frac{S_{t+1}-S_t}{S_t} \tag{19–13}$$

即利率平价条件成立。

如果市场没有达到均衡状态，假设投资者预期国外金融资产收益率 R^{f} 高于国内利率 i^{d}，那么就会不断有本国资金兑换成外国货币进行投资，此时 t 期对外币的需求就会增加，t 时刻外币相对于本币升值，或者说本币相对于外币贬值，因此直接标价法下的 S_t 的数值会升高。与此同时，本币在 t 期相对于外币贬值，暗示着 $t+1$ 期本币对外币有升值趋势（因为投资结束后外币资产要兑换成本币资金，所以在 $t+1$ 期对本币需求会增加），这样 S_{t+1} 的数值就会减小。最后的结果就是汇率变化率是负值，直到什么情况下才会进入均衡状态呢？就是当投资区间内国外投资回报率 $R^{\mathrm{f}}=i_t^{\mathrm{f}}+\frac{S_{t+1}-S_t}{S_t}$ 等于国内利率 i^{d} 的时刻。此时也就是式（19–8）至式（19–11）所表示的利率平价条件成立。

图 19–5 描绘了 2000 年 1 月至 2022 年 3 月中国和美国 3 年期的国债收益率走势以及美元对人民币的汇率变化率。我们根据样本区间的数据计算了中美国债收益率以及汇率变

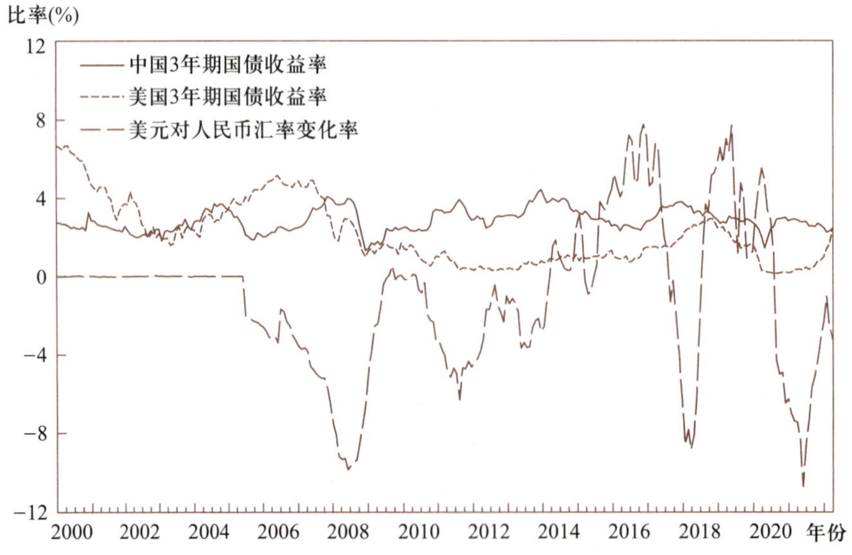

图 19–5　中美 3 年期国债收益率以及美元对人民币汇率变化率走势（2000 年 1 月至 2022 年 3 月）

资料来源：Wind 和美联储。

化率的平均数，分别为中国国债收益率平均值 2.85%，美国国债收益率平均值 2.14%，汇率变化率平均值-1.08%。与式（19-11）进行比照，可以看到 2000—2022 年中美利率平价也不完全成立，这可能是由于现实中资本跨境流动的摩擦等因素存在，利率平价关系的前提假设无法满足。

四、利率平价条件与均衡汇率水平

图 19-6 以人民币作为本币、美元作为外币为例，演示了利率平价条件如何决定均衡汇率水平。纵轴表示直接标价法下的美元对人民币汇率，横轴表示国内外金融投资的预期收益率，其中国内收益率曲线由 i^d 代表，国外收益率曲线由 R^f 代表。因为国内金融投资不受汇率变化影响，所以国内收益率曲线垂直于横轴。当预期国内收益率 i^d 增加时，国内收益率曲线向右移动；反之，预期国内收益率下降时，国内收益率曲线向左移动。

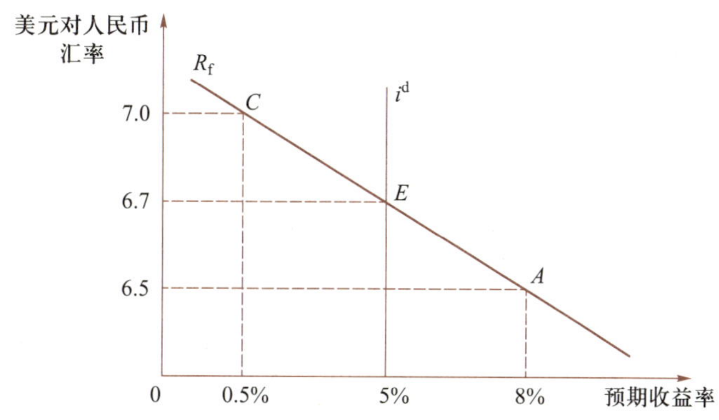

图 19-6　利率平价条件与均衡汇率水平

对于本国投资者到国外进行金融投资的预期收益率 R^f，式（19-12）已经表明其受三个因素影响，即国外利率、即期汇率 S_t 和 t+1 期的预期汇率 S_{t+1}。如果国外利率和预期汇率保持不变，则国外投资的预期回报率取决于即期汇率：即期汇率水平增加则意味着远期汇率水平下降（本币即期贬值而远期升值），此时本国投资者到国外进行金融投资的预期收益率 R^f 就会下降（因为此时 $\frac{S_{t+1}-S_t}{S_t}<0$），这也解释了为什么 R^f 曲线是向右下方倾斜的。

在图 19-6 中，i^d 与 R^f 相交于 E 点，即 E 点对应的各个变量数值处于利率平价条件下（均衡状态），此时即期汇率为 6.7，国内外投资预期收益率都等于 5%。如果即期汇率水平变为 6.5，此时人民币对美元相对于均衡状态有 3% 的贬值预期，这 3% 必须从国外利率中加上，然后得到 R^f=8%，此时对应于图中 A 点。当然，如果当前汇率是 7.0，则人民币对美元预期升值 4.3%（与均衡状态时的汇率 6.7 相比升值 4.3%），此时 R^f 应该在均衡状态值（5%）的基础上减去 4.3%，即 R^f=0.7%。

需要说明的是，利率平价可以用于判断短期汇率的变化趋势，即基于国内外利率和对未来远期汇率的预期来判断当前即期汇率的变化。例如，当预期远期汇率和国外利率都没有变化而国内利率上升时，根据式（19-10），国内外利差增大，而远期汇率不变，那么即期汇率

S_t 数值会减小，即本币升值。事实上，当国内利率增加时，短期内会带来本币需求增加，所以直接标价法的即期汇率水平会下降（本币升值），这与式（19–10）刻画的内容一致。

利率平价也可以用来判断远期汇率的走势，即根据国内外利率的对比情况判断汇率的变化率数值正负，进而判断未来汇率是升值还是贬值。例如，如果过去一个时期内中国的利率长期大幅高于美国的利率，则根据汇率平价等式（式（19–10））可以判断，从 t 期到 t+1 期汇率的变化率应该是正值，也就是说汇率的水平值应该由小变大，所以人民币相对于美元在未来有贬值趋势。当然，利率平价条件的重要前提假设是资本自由流动。如果现实中资本不能跨国自由流动，则利率平价条件可能很难成立。此时，如果利用利率平价进行汇率走势判断则需要谨慎。

五、抛补与无抛补利率平价

最后需要说明的是，在利率平价条件等式（如式（19–10））中，如果用外汇远期合约锁定的远期汇率来代表预期汇率 S_{t+1}，此时的利率平价称为抛补利率平价（covered interest rate parity）；如果预期汇率 S_{t+1} 没有经过外汇远期合约进行锁定，则称为无抛补利率平价（uncovered interest rate parity）。显然，所谓抛补，就是指在 t 期签订外汇远期合约来锁定预期汇率。事实上，利率平价为实践中确定外汇远期合约的汇率水平提供了基准。例如，中国当前的 1 年期平均利率水平是 4%，美国同期限利率为 2%，当前汇率水平为 1 美元兑 6.7 元人民币。根据式（19–9）可以推算出 S_{t+1} 的数值，即：

$$4\%-2\%=\frac{S_{t+1}-6.7}{6.7}$$

进而得到 S_{t+1}=6.834。也就是说，当前如果签订外汇远期合约，6.834 是一个参照的基准。

实际上，利率平价条件所刻画的均衡汇率正是通过国际抛补套利所引起的外汇交易形成的。当两国利率存在差异时，资金将从低利率国家流向高利率国家以谋取利润。但是，套利者在比较金融资产的收益率时，不仅要考虑两种资产的利率，还要考虑两种资产由于汇率变动所产生的收益变动，即外汇风险。套利者往往将套利与外汇远期合约业务相结合，以避免汇率风险。大量外汇远期合约交易的结果是，低利率国家货币的现汇汇率走弱（贬值），远期汇率走强（升值）；高利率国家货币的现汇汇率走强，远期汇率走弱。远期差价为远期汇率与现汇汇率的差额，由此低利率国家货币就会出现远期升水，高利率国家货币则会出现远期贴水。随着抛补套利不断进行，远期差价就会不断加大，直到两种资产所提供的收益率完全相等，这时抛补套利活动就会停止，远期差价正好等于两国利差，即利率平价成立。

第八节 三元悖论

一、外汇干预与货币政策

从本章前面各节的内容可以看到，一个国家的利率、通胀率等经济指标与汇率存在紧密联系，所以一国货币政策的制定与实施需要考虑国际经济环境，特别是跨国贸易和金融交易等对汇率的影响。汇率变化主要反映在外汇市场上，而各国中央银行是外汇市场的主要参与者之一。一国中央银行为影响汇率而在外汇市场上买卖货币的行为称为外汇干预。

一般来说，中央银行实施外汇干预措施，主要目的包括以下几点：一是防止本币汇率在短期内过度波动；二是避免出现中长期本币汇率失调；三是进行政策协调配合；四是调整外汇储备结构。其中，汇率失调（currency misalignment）是指现实中的汇率偏离理想的均衡汇率水平，会对经济产生深刻影响。

从定义不难看出，外汇干预的过程实际上是中央银行买入或卖出外汇资产，因此会引起中央银行资产负债表的变化，本质上影响的是基础货币的变化。例如，人民币对美元汇率出现贬值趋势时，中国人民银行为了维持本币汇率稳定，决定在外汇市场卖出其持有的美元储备来买入人民币，规模是 100 亿美元。这笔交易如果发生在人民币在岸市场，可以通过中国外汇交易中心（全国银行间同业拆借中心）提供的交易平台完成；如果发生在人民币离岸市场，则可以选择人民币离岸交易中心与交易对手（其他国际金融机构）完成交易。

不管上述交易通过在岸还是离岸市场完成，中国人民银行的资产负债表都会发生类似的变化。首先，卖出 100 亿美元会带来中国人民银行资产项下的外汇储备减少 100 亿美元对应的人民币额度。假设交易时汇率为 1 美元兑 6 元人民币，则外汇储备减少 600 亿元人民币。与此同时，交易对手可以通过其在中国境内商业银行的账户向中国人民银行支付 600 亿元，这一支付过程本质上使得商业银行在中国人民银行的准备金账户存款减少 600 亿元人民币，即中国人民银行资产负债表的负债项下的准备金存款减少 600 亿元人民币。上述变化在中国人民银行资产负债表中表现如表 19-2 所示。

表 19-2 出售 100 亿美元后中国人民银行资产负债表变化 单位：亿元人民币

资产		负债	
国外资产	-600	准备金存款	-600

因为商业银行在中央银行的准备金存款是基础货币的构成部分，所以在上例中，中国人民银行卖出美元的外汇干预带来的影响是其持有的国外资产减少 600 亿元人民币，同时基础货币减少 600 亿元人民币。也就是说，中央银行的外汇干预会影响基础货币，进而影响银行间市场利率以及货币供给量，即对本国货币政策带来影响。

显然，外汇干预带来的货币政策影响对于中央银行来说是被动的。如果中央不采取任何措施对这种影响进行冲销，则上述外汇干预称为非冲销干预（unsterilized intervention），即没有实施冲销措施的外汇干预。非冲销干预会带来均衡汇率水平发生变化，同时引起一国货币供给量及市场利率的变化。相反，如果中央银行在外汇市场上进行交易的同时，通过公开市场操作等其他货币政策工具来抵消前者对货币供给量等指标的影响，这种外汇干预称为冲销干预（sterilized intervention）。

在上面的例子中，由于外汇干预导致基础货币被动减少 600 亿元人民币，中国人民银行可以在公开市场操作业务中从商业银行买入 600 亿元有价证券,从而实现冲销干预。由此,中国人民银行向商业银行支付 600 亿元,表现为商业银行在中国人民银行的准备金存款增加 600 亿元。相应地,中国人民银行资产负债表在表 19-2 所示的基础上,资产项下增加有价证券 600 亿元,负债项下准备金存款增加 600 亿元。表 19-3 归纳了中国人民银行冲销干预后的资产负债表情况。可以看出,经过上述冲销干预,中国人民银行的资产和负债规模变化都为 0,即基础货币变化归零。

表 19-3 中国人民银行冲销干预后的资产负债表 单位:亿元人民币

资产		负债	
国外资产	-600	准备金存款	-600
有价证券	+600		+600

由于外汇冲销干预的结果是基础货币恢复到干预之前的水平,所以冲销干预对货币供给总量、国内市场利率以及通胀率没有影响。进一步结合购买力平价和利率平价的内容不难理解,冲销干预很可能不会使均衡汇率水平发生明显变化。即使外汇干预初期会暂时影响汇率变化,但是经过冲销操作之后,外汇供给与需求又会恢复到干预之前的状态,从而使汇率也恢复到干预之前的水平。

总结来看,中央银行的外汇非冲销干预会引起一国货币供给量及市场利率的变化,同时造成均衡汇率水平发生变化;冲销干预则对货币供给量和市场利率没有影响,同时对均衡汇率水平也几乎没有影响。

二、国际收支

在开放经济下,汇率与国际贸易和跨国资本流动都有紧密的联系。国际贸易和跨国资本流动等信息记录在一国的国际收支平衡表中。我国的国际收支平衡表由国家外汇管理局负责编制和发布。

国际收支平衡表是对一个国家与其他国家进行贸易和投资等交易的记录,可以综合反映一国的国际收支状况、收支结构及储备资产的情况,为制定对外经济政策、分析影响国际收支平衡的基本经济因素并采取相应的调控措施提供依据。按照国际货币基金组织发布的相关标准,国际收支平衡表的标准组成包括两个基本部分,即经常账户(current account)和金融账户(financial account)。

经常账户主要反映一国与他国之间的贸易往来项目,包括货物(贸易)、雇员报酬和投资收益、单方面转移(经常转移)等科目。经常项目顺差表示该国收入大于支出,经常项目逆差表示该国支出大于收入。

金融账户反映的是一国与他国之间的跨国资本流动情况,包括国际直接投资、证券组合投资、其他投资和储备资产变化情况等。金融项目余额反映了一国净资本流入情况。余额增加表明净流入该国的资本增加;反之,余额减少表明净流入该国的资本减少。

跨国资本流动由于涉及货币兑换,影响外汇市场供求状况,所以会直接影响汇率。为此，一些国家为了维持汇率稳定，对跨国资本流动采取一定的管制措施。对于采取完全浮动汇率制度的国家，则一般允许跨国资本自由流动。另外，跨国资本流动也会影响一国中央银行资产负债表的变化，特别是基础货币的变化，从而影响货币政策。总之，资本流动、汇率以及货币政策彼此之间存在一定的互动关系，这种关系反映在下面介绍的三元悖论中。

三、三元悖论的内容与拓展

三元悖论（policy trilemma）是指在开放经济下，一国难以同时实现独立货币政策、固定汇率和资本自由流动。也就是说，若一国选择固定汇率制度，同时又希望实施独立的货币政策，则需要对跨国资本流动进行管制，否则资本自由流动必然影响汇率稳定，难以实现固定汇率。同样，若一国选择固定汇率制度并允许资本自由流动，则本国货币政策必然随外国货币政策的变动而变动，才能得以维系固定汇率，此时难以实现独立货币政策。由此，独立货币政策、固定汇率和资本自由流动这三个要素构成了一个不可能三角，所以三元悖论也称为不可能三角。图 19-7 演示了三者之间的关系，图中的 × 号用来表示三者不可兼得。

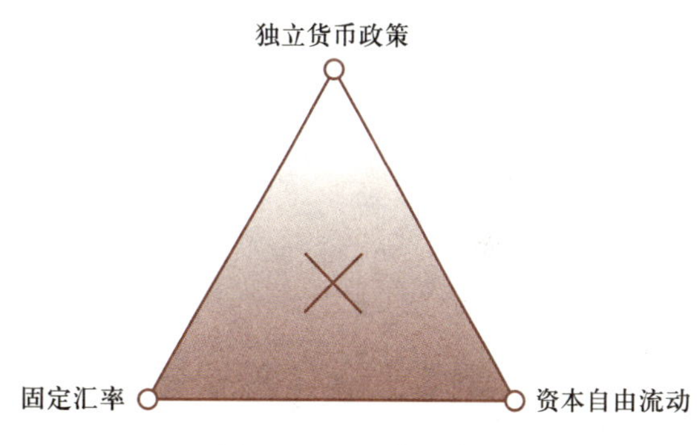

图 19-7　三元悖论演示

在实践中，中国走出了一条特色道路，由不可能三角实现了有可能三角，即通过有管理的浮动汇率和有管理的资本自由流动与相对独立的货币政策进行组合，从而实现开放经济环境下的政策协调配合，既维护了本币汇率的相对稳定，又实现了相对独立自主的货币政策调控。图 19-8 演示了中国在货币政策、汇率政策和跨国资本管理政策协调配合下形成的“有可能三角”。

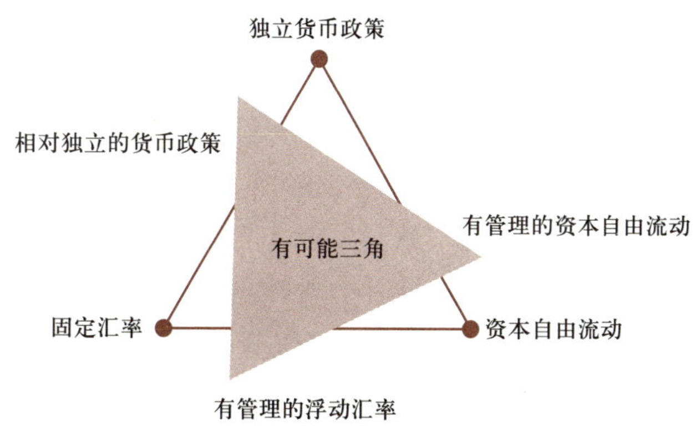

图 19-8　中国特色的“有可能三角”政策组合

拓展阅读 19-6

米德冲突与丁伯根法则

一、米德冲突

英国经济学家詹姆斯·米德(James Meade)于1951年提出了固定汇率制度下的内外均衡冲突问题,后人称之为“米德冲突”。在固定汇率制度下,政府只能运用影响社会总需求的政策来调节内外均衡,在开放经济下会出现内外均衡难以兼顾的情形。在固定汇率制度下,内部均衡主要是指经济增长与通货膨胀的平衡,外部均衡主要是指国际收支平衡。例如,在开放条件下,经济可能面临国内经济衰退和国际收支逆差并存的情况,这种情况意味着内外均衡的冲突,因为政府在通过调节社会总需求实现内部均衡时,会造成外部经济状况距离均衡目标更远。因此,如果一国希望同时达到内部均衡和外部均衡的目标,则必须同时运用支出调整政策和支出转换政策两种政策工具。支出调整政策即财政政策和货币政策的调整,支出转换政策指能够影响国际贸易的政策,如汇率调整、关税调整等政策。

二、丁伯根法则

为避免米德冲突,需要为不同的目标制定不同的政策,即满足丁伯根法则。丁伯根法是指由荷兰经济学家简·丁伯根(Jan Tinbergen)提出的关于国家经济调节政策和经济调节目标之间关系的法则。其基本内容是政策工具的数量至少要等于经济目标的数量,且这些政策工具必须相互独立。也就是说,要实现 n 个经济目标,则必须具备 n 种相互独立的政策工具。米德冲突可以看成丁伯根法则的一个例子,即要同时实现内外部均衡两个目标,需要两种政策工具。

复习要点

1. 国际货币体系的演进历程。
2. 金币本位制与金块本位制和金汇兑本位制的区别。
3. 布雷顿森林体系的特点。
4. 牙买加体系的特点。
5. 汇率的标价法与汇率的升贬值。
6. 名义与真实有效汇率。
7. 即期汇率与远期汇率。
8. 一价定律与购买力平价的内容。
9. 利率平价的内容。
10. 三元悖论的内容。

关键术语

货币体系　国际货币体系　国际货币基金组织　世界银行
国际清算银行　欧洲货币体系　商品货币　金属货币
铸币平价　金币本位　金块本位　金汇兑本位
汇率兑换成本　黄金输送点　关税　布雷顿森林体系
特里芬两难　牙买加体系　石油美元　特别提款权
世界货币　固定汇率　浮动汇率　外汇市场
直接标价法　间接标价法　有效汇率　即期汇率
远期汇率　外汇远期合约　一价定律　绝对购买力平价
相对购买力平价　利率平价　有抛补利率平价　无抛补利率平价
汇率失调　冲销干预　非冲销干预　三元悖论
米德冲突　丁伯根法则

即测即评

请扫码检测本章学习效果。

练　习　题

1. 1914 年至今，国际货币体系经历了哪几次重要变迁？
2. 美元自 1944 年之后成为世界主要货币的原因有哪些？
3. 金币本位制下汇率的稳定机制是什么？
4. 固定汇率与浮动汇率比较，各自的优缺点有哪些？
5. 购买力平价理论成立的前提条件是什么？
6. 对比相对购买力平价等式和利率平价等式，是否能推导出基于真实利率（real interest rate）的平价等式？（提示：真实利率=名义利率−预期通胀率）
7. 假定日本的 1 年期国债收益率是 2% 而美国同期限国债收益率是 4%，当前即期汇率是 110 日元兑 1 美元。如果利率平价成立，计算 1 年以后日元对美元的汇率水平。
8. 2022 年 3 月，美联储上调联邦基金利率目标区间 25 个基点到 0.25% 至 0.5%。试分析这个消息公布之后，美元对其他货币的汇率在短期内会如何变化。以美元对日元、英镑和人民币为例，请查找相关数据验证你的判断是否与现实情况相一致。

参考答案

补充阅读材料

扫码查看本章补充阅读材料。